# न्यूज़ चैनलों
# का
# जनतन्त्र

# न्यूज़ चैनलों का जनतन्त्र

## आनन्द प्रधान

वाणी प्रकाशन

प्रकाशन के उत्कृष्टतम 60 वर्ष

सजिल्द पहला संस्करण : 2024

vaniprakashan.com

वाणी प्रकाशन

4695, 21-ए, दरियागंज, नयी दिल्ली-110 002

फ़ोन : +91 11 23273167, 23275710

**शाखाएँ**

अशोक राजपथ, पटना-800 004, बिहार

कॉफ़ी हाउस कैम्पस, महात्मा गांधी मार्ग, इलाहाबाद-211 001, उत्तर प्रदेश

महात्मा गांधी अन्तरराष्ट्रीय हिन्दी विश्वविद्यालय, वर्धा-442 001, महाराष्ट्र

36/ए, शेक्सपियर सरणी, रानी बिरला गर्ल्स कॉलेज के पास, कोलकाता-700 017, प. बंगाल

sales@vaniprakashan.in

vaniprakashan@gmail.com

News Channelon ka Jantantra

*by* Anand Pradhan

ISBN : 978-93-5775-159-9

Media/Journalism



मूल्य : ₹ 1250



आर. टेक ऑफ़सेट प्रिंटर्स, दिल्ली-110 032 में मुद्रित

वाणी प्रकाशन का लोगो मक़बूल फ़िदा हुसेन की कूची से

## समर्पण

*बाबूजी, श्रीमोहन प्रधान के लिए*
*जिन्होंने मुझमें पढ़ने-लिखने की*
*आदत डाली*

# भूमिका

भारत में चौबीस घण्टे के प्राइवेट सैटेलाइट न्यूज़ चैनलों को शुरू हुए 25 या उससे कुछ ज़्यादा साल हो गये। एक मायने में न्यूज़ चैनल अपनी किशोरावस्था को पारकर युवावस्था में पहुँच गये हैं। निश्चय ही, प्राइवेट न्यूज़ चैनलों की 25 सालों की यह यात्रा सरल और सीधी नहीं बल्कि उतार-चढ़ाव, उपलब्धियों और नाकामियों, उम्मीदों और निराशाओं, साहस, जोख़िमों, समझौतों, समर्पण और फिसलनों से भरी रही है। इस दौरान न्यूज़ चैनलों की संख्या, उनके राष्ट्रीय से क्षेत्रीय और विभिन्न भारतीय भाषाओं में विस्तार और दर्शकों तक पहुँच में उल्लेखनीय वृद्धि हुई है।

वैसे तो यह उम्र आज़ादी, ऊर्जा-उत्साह, यथास्थिति के ख़िलाफ़ क्रिटिकल होने, उम्मीदों, प्रयोगों, सीखने, साहस, जोख़िम लेने और नयी राह खोजने के लिए जानी जाती है लेकिन ज़्यादातर न्यूज़ चैनलों को देखकर लगता है जैसे अपनी युवावस्था में ही वे अपनी चमक खो चुके और दोहराव, नक़ल और थकान से भरे हुए हैं। न्यूज़ चैनलों की पत्रकारिता पर कारोबारी सफलता के मानक—टेलीविज़न रेटिंग प्वाइंट (टीआरपी) के साथ-साथ सत्ता और कॉर्पोरेट पूँजी का दबाव साफ़ दिखता है।

नतीजा यह कि अधिकांश न्यूज़ चैनल 'सत्ता की जवाबदेही' तय करने की पत्रकारिता के बजाय एक तरह से सत्ता-कॉर्पोरेट हितों के भोंपू बन गये हैं और अपने समझौतों और फिसलनों को अनावश्यक शोर-शराबे, आक्रामकता, कर्कशता और राष्ट्रवाद से लेकर देशभक्ति के नाम पर सांप्रदायिक ध्रुवीकरण से ढँकने में लगे हैं। अधिकांश मीडिया आलोचकों और शोधकर्ताओं को लगता है कि एक ताक़तवर और प्रभावी माध्यम के बतौर व्यापक सम्भावनाओं से भरे होने और कुछ चमकदार कामयाबियों और प्रभाव के बावजूद न्यूज़ चैनलों ने मोटे तौर पर निराश किया है।

यह पुस्तक न्यूज़ चैनलों की इसी अपेक्षाकृत छोटी (समाचार-पत्रों की लम्बी और सुदीर्घ यात्रा की तुलना में) लेकिन हंगामा और तमाशाखेज़, कुछ चमकदार

कामयाबियों और ज़्यादा विवादों, विचलनों और फिसलनों भरी यात्रा के कई महत्त्वपूर्ण पड़ावों और पहलुओं की एक क्रिटिकल समीक्षा है। यह न्यूज़ चैनलों ख़ासकर हिन्दी न्यूज़ चैनलों की यात्रा के सबसे महत्त्वपूर्ण कालक्रम—2010 से 2018 की पड़ताल है जिसमें उनकी पत्रकारिता और उसकी राजनीति, वैचारिकी, अर्थशास्त्र, समाजशास्त्र, नीतिशास्त्र (एथिक्स) को उनके कंटेंट, कवरेज/रिपोर्टिंग और प्राइम टाइम बहसों और उनकी फ्रेमिंग/एंगल और प्रस्तुति के तौर-तरीक़ों के आधार पर समझने की कोशिश की गयी है।

दरअसल, यह किताब हिन्दी की कथा साहित्य और आलोचना की मासिक पत्रिका 'कथादेश' में प्रकाशित 'इलेक्ट्रॉनिक मीडिया' स्तम्भ में छपे मेरे लम्बे लेखों/टिप्पणियों का संकलन है जिन्हें मोटे तौर पर उनके मुख्य कलेवर/विषय के मुताबिक़ अलग-अलग खण्डों में रखा गया है। हालाँकि कई लेखों में सम्भव है कि मुख्य विषय/मुद्दे के इर्द-गिर्द कुछ और भी मुद्दे/विषय या पहलू भी उस लेख/टिप्पणी में हों और पाठकों को लग सकता है कि उस लेख को किसी और खण्ड में होना चाहिए था। यह स्वाभाविक है जब आप किसी ऐसे मुद्दे/विषय का विश्लेषण करने की कोशिश कर रहे हों जिसके कई पहलू और एंगल हों।

जैसे इस किताब के एक खण्ड-घ : चैनलों का अर्थशास्त्र में न्यूज़ चैनलों के स्वामित्व की प्रकृति, कारोबारी मॉडल और उसके प्रभावों की कई लेखों में विस्तार से चर्चा है। लेकिन चैनलों के स्वामित्व या उनके कारोबारी मॉडल और टेलीविज़न रेटिंग प्वाइंट (टीआरपी) की होड़ का उल्लेख या विश्लेषण और भी कई लेखों में दिख सकता है। इसके साथ, यह चैनलों के समाचार-कक्ष के अन्दर की दुनिया और उसमें पत्रकारों/सम्पादकों (गेटकीपरों) के कामकाज, उनकी सेवाशर्तों, वेतन और दैनिक समाचार-चर्या के दबावों, चुनौतियों और समस्याओं की पड़ताल भी करती है।

## न्यूज़ चैनलों को लेकर क्रिटिकल समझ और मीडिया साक्षरता की ज़रूरत

न्यूज़ चैनलों के कंटेंट, कवरेज और कामकाज को लेकर की गयी इन टिप्पणियों का मक़सद चैनलों के पाठकों/दर्शकों में चैनलों की सामाजिक-राजनीतिक भूमिका और उनके प्रदर्शन को लेकर एक क्रिटिकल समझ और व्यापक अर्थों में मीडिया साक्षरता पैदा करना है। यह इस दौर का एक ज़रूरी कार्यभार है।

इसकी वजह यह है कि आमतौर पर समाचार माध्यमों और ख़ासकर टीवी न्यूज़ चैनलों का राष्ट्रीय और क्षेत्रीय/स्थानीय राजनीतिक-सामाजिक-नागरिक जीवन, लोकतान्त्रिक संस्थाओं, प्रक्रियाओं और उनके कामकाज और जनमत पर असर बढ़ता जा रहा है। राष्ट्रीय विमर्शों और बहसों का एजेंडा तय करने में उनकी भूमिका बढ़ रही है। नीति-निर्माण और उससे सम्बन्धित विमर्शों को वे प्रभावित कर रहे हैं। राजनीतिक-सामाजिक-वैचारिक नैरेटिव गढ़ने, उसे तोड़ने-मरोड़ने, उसे प्रचारित और स्थापित करने में उनकी भूमिका दिन-पर-दिन महत्त्वपूर्ण होती जा रही है।

कई मीडिया विशेषज्ञ और राजनीति विज्ञानी 'मीडियाटाईज़ेशन' की परिघटना की ओर संकेत कर रहे हैं जहाँ उदार लोकतन्त्रों में समाचार मीडिया (न्यूज़ चैनलों सहित) का राजनीतिक-लोकतान्त्रिक संस्थाओं के कामकाज में हस्तक्षेप और प्रभाव इस हद तक बढ़ गया है कि वे उनका एजेंडा तय करने से लेकर उन्हें संचालित तक करने लगे हैं। इस कारण उदार लोकतन्त्र 'मीडिया गणराज्य' बनते जा रहे हैं। हालाँकि इस सैद्धान्तिकी के आलोचक इससे सहमत नहीं हैं और मानते हैं कि समाचार मीडिया की राजनीतिक-लोकतान्त्रिक संस्थाओं के एजेंडे को गढ़ने में बढ़ती भूमिका और इन संस्थाओं की उन पर बढ़ती निर्भरता के बावजूद राजनीतिक-लोकतान्त्रिक संस्थाओं ने लोकतान्त्रिक प्रक्रियाओं को निर्देशित करने में अपनी स्वतन्त्रता बनाये रखी है।

इसके बावजूद इस सच्चाई को अनदेखा करना मुश्किल है कि आम नागरिकों के राजनीतिक-सामाजिक-व्यक्तिगत जीवन में मीडिया (समाचार माध्यमों सहित) की घुसपैठ, संकेन्द्रण और एक्सपोज़र बढ़ती जा रही है। नागरिकों की बाहरी दुनिया ख़ासकर राजनीतिक-लोकतान्त्रिक संस्थाओं और प्रक्रियाओं के साथ अन्त:क्रिया में मीडिया और समाचार मीडिया की एक अत्यन्त महत्त्वपूर्ण मध्यस्थ (मेडिएटर) के रूप में निर्णायक भूमिका बढ़ती जा रही है। भारत भी इसका अपवाद नहीं है जहाँ सार्वजनिक जीवन ख़ासकर राजनीतिक एजेंडा और नरेटिव को तय करने में न्यूज़ चैनलों की भूमिका महत्त्वपूर्ण हो गयी है। वर्ष 2011 में भ्रष्टाचार के ख़िलाफ़ 'इंडिया अगेंस्ट करप्शन' और जन-लोकपाल आन्दोलन को राष्ट्रीय एजेंडा बनाने में न्यूज़ चैनलों की निर्णायक भूमिका थी।

ऐसे में, समाचार माध्यमों (न्यूज़ चैनलों सहित) के स्वामित्व, राजनीति-वैचारिकी और उसका उनके कंटेंट, कवरेज, कामकाज और राजनीतिक-सामाजिक प्रभावों को लेकर पाठकों/दर्शकों में क्रिटिकल समझ और मीडिया साक्षरता विकसित करने की ज़रूरत भी बढ़ती जा रही है।

यही इस पुस्तक का उद्देश्य है। न्यूज़ चैनलों के ढाँचे, कंटेंट/कवरेज और कामकाज की आलोचनात्मक समीक्षा के ज़रिये यह कोशिश की गयी है कि दर्शक न्यूज़ चैनल को निष्क्रिय दर्शक की तरह नहीं बल्कि एक सक्रिय, सचेत और सतर्क दर्शक की तरह कैसे देखें? न्यूज़ चैनलों को देखते हुए उन्हें किन बातों, कारकों और पहलुओं का ध्यान रखना चाहिए? न्यूज़ चैनलों से उन्हें क्या और क्यों अपेक्षा करनी चाहिए? न्यूज़ चैनलों की राजनीतिक-सामाजिक भूमिका को कैसे समझें? न्यूज़ चैनल कैसे काम करते हैं? उनके कामकाज को कौन-से बाह्य और आन्तरिक कारक प्रभावित करते हैं? उदार लोकतन्त्र में पत्रकारिता के मूल्य क्या हैं और न्यूज़ चैनल उनका कितना पालन करते हैं?

ये और ऐसे ही अनेक सवाल हैं जो न्यूज़ चैनलों के दर्शक के दिमाग़ में हमेशा रहने चाहिए। इन क्रिटिकल सवालों के ज़रिये ही दर्शक समाचार माध्यमों के सन्देशों और उनके प्रभावों ख़ासकर अवांछित प्रभावों को न्यूनतम कर सकता है। अगर एक गतिशील और भागीदारीपूर्ण लोकतन्त्र के लिए तार्किक और व्यापक रूप से सूचित नागरिक अनिवार्य शर्त है तो उसके लिए उदार लोकतन्त्रों में न सिर्फ़ एक स्वतन्त्र, विविधतापूर्ण और बहुलतापूर्ण समाचार मीडिया ज़रूरी है बल्कि सक्रिय, क्रिटिकल और मीडिया साक्षर नागरिक भी उतना ही अनिवार्य है। इस पुस्तक में इन लेखों/टिप्पणियों को इकट्ठा करके प्रस्तुत करने के पीछे भी यही लक्ष्य है।

## लोकतन्त्र, पब्लिक स्फीयर और न्यूज़ चैनल

न्यूज़ चैनलों की भूमिका और महत्त्व को समझने के लिए यह विचार करना ज़रूरी है कि भारत जैसे एक उदार पूँजीवादी (संवैधानिक तौर पर समाजवादी) लोकतन्त्र में समाचार मीडिया (न्यूज़ चैनलों) की भूमिका क्या होनी चाहिए? पारम्परिक और आदर्शवादी मानक सिद्धान्त यह कहता है कि एक उदार लोकतन्त्र में समाचार मीडिया (प्रकारान्तर से पत्रकारिता) लोकतन्त्र का चौथा स्तम्भ (फोर्थ इस्टेट) है जिसकी भूमिका अन्य तीन स्तम्भों—विधायिका, कार्यपालिका और न्यायपालिका की निगरानी (वाचडाग) और उनके कामकाज से नागरिकों को अवगत कराना है।

उससे यह भी अपेक्षा की जाती है कि वह नागरिकों की ओर से इन संस्थाओं की जवाबदेही तय करेगी। इसके साथ ही समाचार मीडिया से 'सत्ता को सच्चाई का आईना दिखाने', 'कमज़ोरों और जिनकी आवाज़ कहीं नहीं सुनायी देती या सुनी नहीं जाती, उनकी आवाज़ को सुनना और सामने लाना' और लोकतन्त्र में एक 'आलोचनात्मक और विपक्ष की' (क्रिटिकल और एड्वर्सेरियल) भूमिका निभाने

की उम्मीद की जाती है। यह भी कि पत्रकारिता (समाचार मीडिया) को 'सताये या तकलीफ़ में पड़े लोगों को राहत और मज़ा कर रहे ताक़तवर/सत्ता में बैठे लोगों को झटके देना/च्यूंटी काटना' चाहिए।

लेकिन इस मानक/निर्देशात्मक सिद्धान्त से इतर कई विचारकों और सिद्धान्तकारों ने पूँजीवादी उदार लोकतन्त्र में समाचार मीडिया की भूमिका और कार्यों को विभिन्न परिप्रेक्ष्यों में देखने की कोशिश की है। जर्मन विचारक जुर्गन हैबरमास ने समाचार मीडिया को आधुनिक लोकतान्त्रिक समाजों में 'पब्लिक स्फीयर' की अवधारणा के साथ जोड़कर देखने और समझने की कोशिश की है। हैबरमास (1989) के मुताबिक़, 'पब्लिक स्फीयर' संसद, कॉफ़ी हाउस या चायखाना, साहित्यिक/सांस्कृतिक क्लब, पब, मीटिंग हाल और ऐसी ही अन्य सार्वजनिक जगहें (पब्लिक स्पेस) हैं जहाँ लोग मिलते-बैठते और सामाजिक-राजनीतिक मुद्दों पर चर्चा और बहस करते हैं।

हैबरमास ने 'पब्लिक स्फीयर' को 18वीं सदी के उत्तरार्द्ध और 19वीं सदी के शुरुआत के यूरोप में लोकतन्त्र को गढ़ने-रचने और समृद्ध करने वाली संस्था के रूप में देखा जहाँ सभी नागरिक बराबरी के स्तर पर एक-दूसरे से मिलते और चर्चाएँ करते हैं और जो लोकतान्त्रिक प्रक्रिया में सबको सहभागिता का अवसर देती है। अख़बारों/पत्रिकाओं ने 'पब्लिक स्फीयर' के एक महत्त्वपूर्ण अंग के रूप में इस प्रक्रिया के लिए मंच मुहैया कराया और सार्वजनिक बहसों/चर्चाओं को प्रोत्साहित किया जिसके ज़रिये नागरिकों के निजी विचारों को जनमत के रूप में संगठित होने और प्रकट होने का मौक़ा मिला। इस खुले, समावेशी, बराबर और लोकतान्त्रिक 'पब्लिक स्फीयर' ने लोकतन्त्र की जड़ों को मज़बूत किया।

लेकिन औद्योगिकीकरण और पूँजीवाद के ताक़तवर होने के साथ बड़ी पूँजी और कॉर्पोरेट्स ने समाचार मीडिया को कब्ज़ा करना शुरू करे दिया, बड़ी पूंजी और विज्ञापनदाता कम्पनियों ने मुनाफ़े, वस्तुएँ और सेवाएँ बेचने और दूसरे हितों को पूरा करने के लिए उसका इस्तेमाल करना शुरू कर दिया। समाचार मीडिया के कारोबारीकरण के साथ ही उसके कंटेंट में कई तरह के तोड़-मरोड़, हेर-फेर और समझौते की प्रवृत्ति ज़ोर पकड़ने लगी। हैबरमास के मुताबिक़, इसने 'पब्लिक स्फीयर' को दूषित कर दिया और उसका क्षरण हो गया है क्योंकि अब वह तार्किक, क्रिटिकल और समावेशी बहसों के खुले मंच के बजाय विज्ञापनों और प्रचार का मंच बन गया है।

इस तरह बड़ी पूँजी और कॉर्पोरेट स्वामित्व वाले और विज्ञापन आय से चलने वाले न्यूज़ चैनलों का 'पब्लिक स्फीयर' सिद्धान्ततः लोकतन्त्र के लिए ज़रूरी

तार्किक और क्रिटिकल बहसों का मंच नहीं रह गया है। चैनलों का 'पब्लिक स्फीयर' सीमित, संकीर्ण, प्रोपेगंडा, स्पिन, मैनिपुलेशन और समझौतों से प्रदूषित और जनमत को तोड़ने-मरोड़ने का औज़ार बन गया है।

## वर्चस्व का वैचारिक नरेटिव और सहमति निर्माण

राष्ट्रीय जीवन में वैचारिक नरेटिव और उसे गढ़ने में न्यूज़ चैनलों की सामाजिक-राजनीतिक भूमिका को समझने के लिए नव मार्क्सवादी विचारक अन्तोनियो ग्राम्शी के वर्चस्व के सिद्धान्त, फ्रेंच विचारक लुई अल्थूसर, सांस्कृतिक अध्ययन के सिद्धान्तकार स्टुअर्ट हाल और मीडिया के राजनीतिक अर्थशास्त्र के सिद्धान्तकार नोम चोमस्की और एडवर्ड हरमन के प्रोपेगंडा मॉडल के विचारों से मदद मिल सकती है।

ग्राम्शी के सांस्कृतिक वर्चस्व (हेजेमनी) के सिद्धान्त में मीडिया का कामकाज संस्कृति, सत्ता और विचार के साथ जुड़ा हुआ है। ग्राम्शी के मुताबिक़, ताक़तवर सामाजिक समूह मौजूदा सामाजिक ढाँचे के प्रति समाज में दूसरे कमज़ोर समूहों में सहमति बनाने और उसे सर्वमान्यता दिलाने के लिए उन पर अपना वैचारिक-सांस्कृतिक-नैतिक वर्चस्व कायम करते हैं। इसके लिए वे उन विचारों को आगे बढ़ाते और उनका वर्चस्व कायम करते हैं जिन्हें सामाजिक-सांस्कृतिक संस्थाओं जैसे स्कूल, मीडिया, चर्च आदि के माध्यम से लोगों में स्वीकार्य और सर्वमान्य बनाया जाता है। ग्राम्शी के अनुसार, मौजूदा सामाजिक-राजनीतिक व्यवस्था के प्रति लोगों की सहमति निर्मित करने के लिए शासक वर्ग बल के साथ वैचारिक-सांस्कृतिक वर्चस्व का भी इस्तेमाल करता है जिसमें मीडिया महत्त्वपूर्ण भूमिका निभाता है।

फ्रेंच विचारक लुई अल्थूसर ने मीडिया को शासक वर्गों के विचारों को आगे बढ़ाने वाला राज्य का वैचारिक उपकरण माना। ग्राम्शी के विचारों को ही आगे बढ़ाते हुए अल्थूसर ने स्पष्ट किया कि शासक वर्ग मौजूदा राज्य-व्यवस्था के प्रति लोगों का समर्थन जुटाने के लिए बल-प्रयोग के साथ सहमति निर्माण के उपकरणों का इस्तेमाल करता है। पारम्परिक मार्क्सवादी सिद्धान्त में 'राज्य के दमनकारी उपकरणों' जैसे सेना, पुलिस, जेल, प्रशासन आदि की चर्चा की जाती है जिनका इस्तेमाल करके शासक वर्ग स्थापित सत्ता और समाज व्यवस्था और उसके नियम-क़ानूनों के प्रति लोगों की अनुपालना सुनिश्चित करता है। लेकिन इससे यह भ्रम

पैदा होता है कि बुर्जुआ राज्य केवल बल-प्रयोग और हिंसा की मदद से लोगों को नियन्त्रित करता है।

अल्थूसर के अनुसार, राज्य के दमनकारी उपकरण जहाँ हिंसा/दमन के ज़रिये कार्य करते हैं, वहीं वैचारिक उपकरण विचारों (आइडियोलॉजी) के ज़रिये काम करते हैं। हालाँकि अल्थूसर यह भी स्पष्ट करते हैं कि राज्य के दमनकारी उपकरण जैसे सेना या पुलिस की भी वैचारिकी होती है जो उन्हें इकट्ठा बाँधे रखने के लिए ज़रूरी है, वैसे ही राज्य के वैचारिकी उपकरण भी कई स्तरों पर परोक्ष या सीधा हिंसा और बल-प्रयोग का इस्तेमाल करते हैं जैसे मीडिया में (सेंसरशिप आदि) और स्कूल/परिवार में 'अनुशासन' के लिए दण्ड आदि के ज़रिये। इस तरह शासक वर्ग 'राज्य के वैचारिक उपकरणों' जैसे मीडिया, धर्म-चर्च, परिवार, स्कूल, राजनीतिक व्यवस्था, ट्रेड यूनियनें, सांस्कृतिक संस्थाओं, खेल आदि का उपयोग करके शासक वर्गों के विचारों को लोगों की सोच में बैठाता और उसके प्रति सहमति बनाता है।

इसमें मीडिया शासक वर्ग के वर्चस्ववादी विचारों को लोगों तक पहुँचाने और उसके मुताबिक़ उनकी धारणाएँ बनाने में अग्रणी भूमिका निभाता है। अल्थूसर के मुताबिक़, मीडिया पूँजीवादी राज्य-व्यवस्था की वास्तविकता की लोगों के लिए एक काल्पनिक तस्वीर गढ़ता है जिसमें लोगों के शोषण की वास्तविकताएँ छिपा ली जाती हैं। मीडिया वह वैचारिक औज़ार है जो चुनिन्दा विचार, सोच और धारणाएँ पेश करता है और उन्हें वास्तविक बताकर एक वैधता प्रदान करता है ताकि उसे स्वाभाविक मानकर लोग स्वीकार करें। अल्थूसर के मुताबिक़, संचार माध्यम (प्रेस, रेडियो, टीवी आदि) हर नागरिक को रोज़ाना राष्ट्रवाद, अन्ध-देशभक्ति, उदारवाद, नैतिकता का पाठ पढ़ाते हैं और इस तरह राज्य की अनिवार्यता और वैधता को स्वीकार्य बनाते हैं।

ग्राम्शी और अल्थूसर के सिद्धान्तों को आगे बढ़ाते हुए सांस्कृतिक अध्ययन के अध्येता स्टुअर्ट हाल ने मीडिया की वैचारिक भूमिका को अपने 'अर्थता (अर्थ या मायने देने) की राजनीति' (पॉलिटिक्स ऑफ़ सिग्निफ़िकेशन) के सिद्धान्त के ज़रिये स्पष्ट किया जिसके अनुसार, मीडिया अपने आसपास होने वाली घटनाओं को एक निश्चित अर्थ देने का काम करता है। हाल के मुताबिक़, मीडिया यथार्थ को प्रस्तुत नहीं करता है बल्कि वह यथार्थ को पारिभाषित करने की कोशिश करता है। मीडिया अपने आसपास होने वाली घटनाओं के पहले से तय अर्थ या मायने को प्रस्तुत करने के बजाय उन्हें सक्रिय तरीक़े से चुनने और प्रस्तुत करने और संरचित और गढ़ने के ज़रिये एक अर्थ या मायने देता है।

असल में, हर दिन सैकड़ों घटनाएँ होती हैं, उनमें से कुछ को चुनने और कुछ को नज़रअन्दाज़ करने, उन चुनी हुई घटनाओं में भी किसी ख़ास एंगल और तथ्य/तथ्यों को प्रमुखता और बाक़ी को अनदेखा करके समाचार मीडिया जिस वास्तविकता या यथार्थ को दर्शाने का दावा करता है, वह यथार्थ का प्रतिनिधि नहीं बल्कि मीडिया की रचना है। यही समाचार मीडिया की ताक़त है कि वह यथार्थ को सिर्फ़ प्रस्तुत नहीं करता बल्कि उसे पुन:प्रस्तुत करता है।

यहाँ एक पूँजीवादी उदार लोकतन्त्र में मीडिया के प्रोपेगंडा मॉडल के सिद्धान्तकार नोम चोमस्की और एडवर्ड हरमन के योगदान का उल्लेख भी ज़रूरी है। प्रोपेगंडा मॉडल पूँजीवादी व्यवस्था में सम्पत्ति और सत्ता/ताक़त की असमानता और उसका जन-संचार माध्यमों के हितों और चुनावों पर पड़ने वाले बहु-स्तरीय प्रभावों पर ज़ोर देता है। यह पूँजी और सत्ता की ओर से किये जाने वाले उन सांस्थानिक तरीक़ों/उपायों को सामने लाता है जिसके ज़रिये पूँजी और सत्ता उन फ़िल्टरों का इस्तेमाल करती है जिनसे गुज़रने के बाद ही कोई समाचार छपने लायक माना जाता है, असहमतियों को हाशिये पर डाला जाता है और उन सन्देशों और विचारों को आम नागरिकों तक पहुँचाया जाता है जिसे सरकार और कॉर्पोरेट्स प्रचारित करना चाहते हैं।

चोमस्की और हरमन के प्रोपेगंडा मॉडल की सबसे ख़ास बात यह है कि यह समाचार मीडिया में उन पाँच प्रमुख फ़िल्टरों को रेखांकित करता है जिनसे गुज़रने के बाद ही कोई घटना/मुद्दा/विचार 'समाचार' बनने लायक माना जाता है— (1) स्वामित्व और उसका प्रकार, उसके हित, मुनाफ़े पर ज़ोर, (2) विज्ञापन और विज्ञापनदाता और उसके हित, (3) समाचारों के लिए उन आधिकारिक सूत्रों पर निर्भरता जो सत्ता और पूँजी के हितों के प्रतिनिधि और उनसे सम्पोषित हैं, (4) आलोचना/ताड़ना जिसमें ताक़तवर समूह अपनी आलोचना/ताड़ना/धमकियों से मीडिया को नियन्त्रित करते हैं और (5) राज्य धर्म और वैचारिकी के रूप में 'साम्यवाद विरोध'। ये सभी फ़िल्टर एक-दूसरे से जुड़े हैं, एक-दूसरे के साथ मिलकर काम करते हैं और एक-दूसरे को मज़बूत करते हैं।

ये फ़िल्टर पूँजीवादी राज्य में अभिव्यक्ति की आज़ादी का एक दायरा तय करते हैं जिसके अन्दर समाचार माध्यम लोगों में राज्य-व्यवस्था और यथास्थिति के प्रति एक सहमति का निर्माण (मैन्युफैक्चरिंग ऑफ़ कन्सेंट) करते हैं। पूँजीवादी व्यवस्था को बनाये रखने के लिए उसके प्रति आम नागरिकों की यह वैचारिक सहमति अनिवार्य है।

दोहराने की ज़रूरत नहीं है कि ग्राम्शी, अल्थूसर, स्टुअर्ट हाल और नोम चोमस्की-एडवर्ड हरमन के सिद्धान्त न्यूज़ चैनलों के कंटेंट, कवरेज और कामकाज को पूँजीवादी राज्य में राज्य-व्यवस्था और यथास्थिति को बनाये रखने, उसे मज़बूत करने और उसके वैचारिक दस्ते के रूप में समाचार मीडिया की व्यापक सामाजिक-राजनीतिक भूमिका को देखने और समझने का लेंस देते हैं। यहाँ इन सिद्धान्तों के संक्षिप्त और सरल उल्लेख के पीछे उद्देश्य देश में न्यूज़ चैनलों के उद्भव और उनके विस्तार के साथ उनके कामकाज की आलोचनात्मक समीक्षा में विभिन्न विचारों की भूमिका को रेखांकित करना है।

## उदारीकरण की उर्वर ज़मीन और न्यूज़ चैनलों का विस्तार

हालाँकि देश में प्राइवेट सैटेलाइट टीवी ख़ासकर मनोरंजन चैनल 90 के दशक के मध्य से पैर पसारने लगे थे लेकिन प्राइवेट न्यूज़ चैनलों पर 24×7 समाचार और समाचार कार्यक्रमों के प्रसारण की परिघटना 21वीं सदी के पहले दशक की परिघटना है। हालाँकि उससे पहले सिंगापुर से प्रसारित होने वाले पहले भारतीय प्राइवेट सैटेलाइट टीवी चैनल—ज़ी टीवी ने 1995 के आसपास साप्ताहिक समाचार कार्यक्रमों और बाद में समाचार प्रसारण की शुरुआत की। इसी तरह हांगकांग से प्रसारित होने वाले स्टार टीवी के चैनल स्टार न्यूज़ पर 1998 में एक समझौते के तहत एनडीटीवी ने अंग्रेज़ी और हिन्दी में समाचार और समाचार कार्यक्रमों की शुरुआत की थी।

लेकिन देश का पहला 24 घण्टे का प्राइवेट सैटेलाइट न्यूज़ चैनल—आज तक (इंडिया टुडे समूह) है जो 31 दिसम्बर 2000 को शुरू हुआ। इस मायने में प्राइवेट न्यूज़ चैनल 90 के दशक के आर्थिक उदारीकरण, निजीकरण और भूमण्डलीकरण की पैदाइश हैं जब प्रसारण ख़ासकर टीवी प्रसारण पर से सरकार की पकड़ ढीली पड़ने लगी। सूचना और तकनीक क्रान्ति और बाज़ार सुधारों के साथ आये एस्पिरेशनल मध्यवर्ग की बढ़ती आकांक्षाओं ने प्रसारण पर सरकारी नियन्त्रण को बेमानी बना दिया। लेकिन 24×7 न्यूज़ चैनल की परिघटना 21वीं सदी के पहले दशक में ही स्थापित हुई जब न सिर्फ़ न्यूज़ चैनलों की संख्या और पहुँच तेज़ी से बढ़ी बल्कि उनका सार्वजनिक राजनीतिक-सामाजिक जीवन और विमर्शों पर प्रभाव दिखने लगा।

हालाँकि हाल के वर्षों में डिजिटल माध्यमों और सोशल मीडिया के उभार और विस्तार ने टीवी न्यूज़ चैनलों को कंटेंट और कारोबार (विज्ञापन और सब्सक्रिप्शन)

में चुनौती दी है। इसने न्यूज़ चैनलों को डिजिटल रूपान्तरण के लिए मजबूर किया है। लेकिन भारत जैसे विशाल, असमान विकास और विविधताओं वाले विकासशील देश में पारम्परिक टीवी और न्यूज़ चैनलों के लिए विस्तार और टिके रहने की सम्भावनाएँ मौजूद हैं। इसकी बड़ी वजह यह है कि देश में डिजिटल माध्यमों के तीव्र प्रसार के बावजूद लोगों के लिए न्यूज़ चैनल आज भी सूचनाओं-समाचारों के सबसे प्रमुख और प्रभावी माध्यम बने हुए हैं।

लोकनीति-सीएसडीएस की मीडिया की पहुँच, उपभोग और प्रभाव पर एक अखिल भारतीय सर्वेक्षण रिपोर्ट (2022) के मुताबिक़, लगभग 42 फ़ीसदी उत्तरदाताओं के लिए टीवी न्यूज़ चैनल समाचारों के प्राथमिक स्रोत हैं। न्यूज़ चैनलों की तुलना में अख़बार सिर्फ़ 6 फ़ीसदी और रेडियो सिर्फ़ 1 फ़ीसदी उत्तरदाताओं के लिए समाचार के प्राथमिक स्रोत हैं। हालाँकि नये माध्यम (इंटरनेट, सोशल मीडिया और मोबाइल फ़ोन) लगभग 22 फ़ीसदी उत्तरदाताओं के लिए समाचारों के प्राथमिक स्रोत बन गए हैं लेकिन वह अभी भी टीवी न्यूज़ चैनलों की तुलना में काफ़ी पीछे है। इस सर्वेक्षण के अनुसार, रोज़ाना टीवी देखने वाले उत्तरदाता दर्शकों में लगभग 68 फ़ीसदी हर दिन 2 से 4 घण्टे तक टीवी देखते हैं। इसी तरह टीवी देखने वाले उत्तरदाताओं में मनोरंजन चैनलों को देखने वालों (89 फ़ीसदी) के बाद न्यूज़ चैनल देखने वाले (84 फ़ीसदी) उत्तरदाता ही हैं।

फिक्की और अर्नेस्ट एंड यंग के सालाना मीडिया और मनोरंजन उद्योग रिपोर्ट (2022) के मुताबिक़, देश में टीवी कनेक्शन की संख्या में सालाना औसतन 5 फ़ीसदी की दर से वृद्धि होते रहने का अनुमान है और वर्ष 2025 तक कुल टीवी कनेक्शन देश के 67 फ़ीसदी घरों तक पहुँचने का अनुमान है। इसका अर्थ यह हुआ कि उसके बाद भी लगभग 33 फ़ीसदी घरों में टीवी कनेक्शन्स पहुँचाने की सम्भावना बनी रहेगी। हर नये टीवी कनेक्शन्स के साथ आमतौर पर मनोरंजन के साथ न्यूज़ चैनल भी लोगों के घरों में पहुँचते हैं।

सूचना एवं प्रसारण मन्त्रालय की सालाना रिपोर्ट (2020-21) के मुताबिक़, मन्त्रालय ने देश में कुल 914 टीवी चैनलों को प्रसारण की इजाज़त दी है जिसमें 388 न्यूज़ चैनल (42 फ़ीसदी) और 526 ग़ैर-समाचार यानी मनोरंजन चैनल (58 फ़ीसदी) हैं। मोटे तौर पर पिछले पाँच सालों से यह संख्या स्थिर बनी हुई है। हालाँकि सभी लाइसेंस प्राप्त न्यूज़ चैनल ऑपरेशनल नहीं हैं लेकिन इसके बावजूद शायद ही दुनिया के किसी और देश में इतने अधिक प्राइवेट सैटेलाइट न्यूज़ चैनल हैं।

मीडिया विशेषज्ञों को यह तथ्य हैरान करता रहा है। क्या न्यूज़ चैनलों की इतनी अधिक संख्या भारतीय दर्शकों में समाचारों-सूचनाओं की अत्यधिक भूख को इंगित करती है? क्या यह टीवी बाज़ार के तर्कों और ज़रूरतों की वजह से है? या, यह संख्या भारत जैसे विशाल जनसंख्या, संघीय राजनीतिक ढाँचे, तेज़ी से बढ़ती अर्थव्यवस्था और बाज़ार, उसकी विविधतापूर्ण बहु-भाषायी और सांस्कृतिक बहुलता का नतीजा है? या फिर, इसके लिए अन्य राजनीतिक और कारोबारी-कॉर्पोरेट हित और ज़रूरतें ज़िम्मेदार हैं?

ज़ाहिर है कि इन प्रश्नों का कोई एक निश्चित उत्तर नहीं है। भारत में न्यूज़ चैनलों की इतनी बड़ी संख्या, उनके विस्तार, पहुँच और प्रभाव के पीछे कई कारक ज़िम्मेदार हैं। इसके लिए 90 के दशक के उत्तर उदारीकरण दौर में आर्थिक सुधारों, मध्यमवर्ग (उपभोक्ता) के विस्तार के साथ विज्ञापनों का बढ़ता बाज़ार, सरकार नियन्त्रित दूरदर्शन की ढीली पड़ती पकड़, सूचना और संचार तकनीक में आये बदलाव, समाचार-पत्रों के सर्कुलेशन और कारोबार में उछाल, प्राइवेट सैटेलाइट चैनलों के आगमन, राजनीतिक-सामाजिक जागरूकता के बढ़ने, नयी सामाजिक-राजनीतिक अस्मिताओं के उभार और मोबिलाइज़ेशन के साथ राजनीतिक दावेदारी और प्रतियोगिता के तीखे होने से न्यूज़ चैनलों की शुरुआत के लिए उर्वर राजनीतिक-सामाजिक-आर्थिक ज़मीन तैयार हुई।

## न्यूज़ चैनलों का राजनीतिक अर्थशास्त्र

न्यूज़ चैनलों के कामकाज की आलोचनात्मक समीक्षा और उस पर किसी भी चर्चा में उनके मालिकाने या स्वामित्व का मुद्दा सबसे महत्त्वपूर्ण मुद्दा है क्योंकि उनकी राजनीतिक-वैचारिक दिशा से लेकर उनके कंटेंट, कवरेज, रिपोर्टिंग और बहसों की फ्रेमिंग/एंगल को तय करने में उनके स्वामित्व और प्रबन्धन की निर्णायक भूमिका होती है। चैनलों के स्वामी और उनका प्रबन्धन ही चैनल के सम्पादकों/एंकरों/रिपोर्टरों (गेट-कीपर्स) की नियुक्ति करते हैं।

भारत में न्यूज़ चैनलों का स्वामित्व मुख्यत: चार प्रकार का है—(क) बड़े कॉर्पोरेट्स जिनका मुख्यत: अनेक व्यवसायों और उद्योगों में निवेश/मालिकाना है जिसमें मीडिया कारोबार बहुत छोटा हिस्सा है। (ख) लिगेसी मीडिया स्वामी जिनका मुख्य कारोबार मीडिया उद्योग है लेकिन जिनमें से कुछ ने हाल के वर्षों

में और व्यवसायों/उद्योगों में भी प्रवेश किया है। इनमें प्रणय राय, रजत शर्मा और राघव बहल जैसे वे मीडिया स्वामी भी शामिल हैं जो पहली बार के उद्यमी हैं। (ग) छोटे/मँझोले कारोबारी और कम्पनियाँ जिनमें ज़्यादातर चिट फंड, रीयल इस्टेट/कंस्ट्रक्शन, इन्फ्रास्ट्रक्चर, खनन, प्राइवेट शिक्षा संस्थान/मेडिकल कॉलेज-अस्पताल, शराब जैसे धन्धों में हैं। (घ) राजनीतिक दल, राजनेता और उनके परोक्ष/एवजी (प्रॉक्सिज़) स्वामी।

शुरुआती दौर में प्राइवेट मँझोले कॉर्पोरेट टीवी उद्यमी, लिगेसी (मुख्यत: प्रिंट) समाचार माध्यमों के उद्यमी/स्वामी जैसे सुभाष चंद्रा का जी नेटवर्क इंडिया टुडे समूह और कुछ नये टीवी उद्यमी (मुख्यत: टीवी प्रोडक्शन हाउस जैसे प्रणय राय का एनडीटीवी और राघव बहल का टीवी-18) न्यूज़ चैनलों के कारोबार में आये। उनकी तत्काल कामयाबी और न्यूज़ चैनलों की बढ़ती पहुँच, जनमत को प्रभ्तावित करने की ताक़त और प्रभाव के साथ न्यूज़ चैनल कारोबार में प्रवेश के अपेक्षाकृत निचले अवरोधक (लो बैरियर) ने और ताक़तवर हित समूहों को टीवी न्यूज़ चैनल कारोबार में पूँजी लगाने के लिए आकर्षित किया।

अगले कुछ सालों में कई छोटे-बड़े कॉर्पोरेट्स, चिट फंड कम्पनियाँ, रीयल इस्टेट, खनन, प्राइवेट स्कूल/अस्पताल/यूनिवर्सिटी, शराब जैसे सत्ता संरक्षण में चलने वाले कारोबार से जुड़े कारोबारियों, राजनेताओं और राजनीतिक पार्टियों, बाबाओं/महन्तों आदि ने सीधे या परोक्ष न्यूज़ चैनल कारोबार में पैसा लगाना शुरू किया। इनमें से कई के लिए न्यूज़ चैनल का मालिकाना सत्ता के गलियारों तक पहुँच बनाने, बदले में सत्ता से ठेका/पट्टा/लाइसेंस लेने और अपने काले-सफ़ेद धन्धों को सत्ता के संरक्षण में आगे बढ़ाने का माध्यम रहा है। कई कारोबारियों और कम्पनियों ख़ासकर चिट फंड कम्पनियों के लिए न्यूज़ चैनल में निवेश उनके फर्जीवाड़े से भरे धन्धे को एक साख और सम्मान दिलाने के साथ सत्ता और प्रशासन का संरक्षण हासिल करने का माध्यम था।

दूसरी ओर, न्यूज़ चैनलों की बढ़ती ताक़त ख़ासकर राजनीतिक एजेंडे जनमत और नरेटिव को प्रभावित करने में उनकी निर्णायक होती भूमिका ने राजनेताओं ख़ासकर राज्यों में सत्तारूढ़ और ताक़तवर क्षेत्रीय पार्टियों और उनके नेताओं को अपने समर्थक उद्यमियों और कारोबारियों के ज़रिये न्यूज़ चैनल कारोबार में घुसने और चैनल शुरू करने के लिए प्रेरित किया। शुरुआत दक्षिण भारत के राज्यों से हुई और देखते-देखते यह एक अखिल भारतीय परिघटना बन गयी। आश्चर्य नहीं कि दक्षिण भारत समेत अधिकांश राज्यों में क्षेत्रीय भाषाओं में न्यूज़ चैनलों की कमान

राजनेताओं/पार्टियों और उनके प्रॉक्सिज़ के हाथ में है। ये न्यूज़ चैनल, वास्तव में, अपने राजनीतिक स्वामियों के लिए प्रोपेगंडा चैनल हैं।

इन न्यूज़ चैनलों का कारोबार पार्टी स्रोतों, राज्य सरकार और/या उसके समर्थक स्थानीय उद्यमियों/कारोबारियों/कॉन्ट्रेक्टरों से मिलने वाले विज्ञापनों और इवेंट्स से होने वाली आय से चलता है। चूँकि ऐसे ज़्यादातर चैनलों की फंडिंग/ख़र्च/आय का लेखा-जोखा अपारदर्शी है, इसलिए वे अक्सर घाटे में होते हुए भी चलते रहते हैं। इसके अलावा जिन राज्यों में सत्तारूढ़ राजनीतिक दलों या नेताओं (मुख्यमन्त्रियों आदि) और उनके प्रॉक्सिज़ के पास किन्हीं कारणों से न्यूज़ चैनल का स्वामित्व नहीं है, उनमें से कई (छत्तीसगढ़ और पंजाब आदि राज्यों) ने चैनलों के वितरण (केबल) व्यवसाय को नियन्त्रित करने के ज़रिये न्यूज़ चैनलों को नियन्त्रित करना शुरू दिया। इसके साथ ही ज़्यादातर राज्य सरकारें न्यूज़ चैनलों ख़ासकर क्षेत्रीय/राज्य-स्तरीय न्यूज़ चैनलों को विज्ञापन बजट से भी नियन्त्रित कर रही हैं।

लेकिन पिछले एक दशक में न्यूज़ चैनलों के स्वामित्व में आया सबसे बड़ा बदलाव बड़े कॉर्पोरेट्स का सीधा प्रवेश है जो आमतौर पर मीडिया कारोबार से दूर रहते आये हैं। सबसे पहले 2014 में देश के सबसे अमीर उद्योगपति मुकेश अम्बानी की कम्पनी रिलायंस इंडस्ट्री ने टीवी-18 और इनाडु समूह के अधिग्रहण के साथ न्यूज़ चैनलों के कारोबार में प्रवेश किया। इधर देश के दूसरे सबसे बड़े अमीर गौतम अडाणी और पिछले कुछ वर्षों में तेज़ी से उभरे कॉर्पोरेट समूह—अडाणी ग्रुप ने भी एनडीटीवी के अधिग्रहण के ज़रिये न्यूज़ चैनलों (समाचार मीडिया उद्योग) में प्रवेश की कोशिश शुरू की है।

क्या देश के बड़े कॉर्पोरेट्स के समाचार मीडिया (न्यूज़ चैनल) उद्योग में सीधे प्रवेश से न्यूज़ चैनल कारोबार में पहले से जारी गलाकाट प्रतियोगिता और तेज़ होगी? क्या इससे न्यूज़ चैनल कारोबार में छोटी-मँझोली पूँजी की कम्पनियों के लिए प्रतियोगिता में टिकना मुश्किल होता जायेगा? क्या न्यूज़ चैनल कारोबार में और अधिग्रहण और एकीकरण (मर्जर्स एंड एक्विजिशन) बढ़ेगा? क्या इस कारोबार में ऊँचे होते दाँवों (हाई स्टेक्स) के साथ बड़ी पूँजी पर निर्भरता और सत्ता के साथ समझौते की प्रवृत्ति और ज़ोर पकड़ेगी? इसका उनके राजनीतिक-वैचारिक रुझानों और कंटेंट, कवरेज और रिपोर्टिंग आदि पर क्या असर होगा? इसका नागरिकों के जानने के अधिकार, लोकतन्त्र के लिए ज़रूरी सूचना/विचार के विविधता और

बहुलतापूर्ण माध्यमों की उपलब्धता और लोकतान्त्रिक संस्थाओं और प्रक्रियाओं पर क्या असर होगा?

इस किताब के चौथे खण्ड के कई लेखों में इन सवालों को उठाने के साथ उनके असर के बारे में भी चर्चा है।

## समाचारों का मनोरंजनीकरण

न्यूज़ चैनलों के स्वामित्व का उनके कंटेंट, कवरेज, रिपोर्टिंग और प्राइम टाइम बहसों की राजनीतिक-वैचारिक दिशा, झुकाव, एंगल-फ्रेमिंग और प्रस्तुति पर भी दिखता है। आश्चर्य नहीं कि न्यूज़ चैनलों की पत्रकारिता को लेकर आज सवाल, शिकायतें और आलोचनाएँ ज़्यादा हैं। मुख्यधारा के कॉर्पोरेट न्यूज़ मीडिया (प्रिंट से लेकर टीवी और डिजिटल तक) और उसमें हो रही पत्रकारिता के कंटेंट और प्रस्तुति में नैतिक विचलनों, मूल्यों से समझौतों, वास्तविक मुद्दों को अनदेखा करने, सच्चाई को तोड़ने-मरोड़ने और हाल के वर्षों में सत्ता के लिए प्रोपेगंडा और धुर दक्षिणपन्थी हिन्दुत्ववादी राजनीति और वैचारिकी के साथ एम्बेड होने जैसे आरोपों और उसे लेकर जितनी आलोचना और सवाल हैं, उनमें सबसे ज़्यादा शिकायतें और सवाल न्यूज़ चैनलों को लेकर हैं।

यह आम धारणा बन चुकी है कि अधिकांश न्यूज़ चैनलों की पत्रकारिता का सबसे प्रमुख और कई बार एकमात्र उद्देश्य किसी भी तरह से टीवी दर्शकों का ध्यान आकर्षित करना और उसे चैनल के स्क्रीन से बाँधे रखना है। इसके लिए चैनलों पर 'समाचार को मनोरंजक' और 'मनोरंजन को समाचार' बनाने की परिघटना ने जड़ जमाया। इस दबाव में ही छिछले और सतही मनोरंजन, चुनिन्दा घटनाओं (अक्सर विचित्र या असामान्य) को उनके समाचारीय मूल्य के अनुपात से ज़्यादा बढ़ा-चढ़ाकर दिखाने, ब्रेकिंग न्यूज़ की जल्दी में तथ्यों और उनकी एक्यूरेसी को लेकर लापरवाही, घटनाओं/मुद्दों को पूर्व निश्चित एजेंडे और एंगल/फ्रेमिंग के आधार पर चुनकर रिपोर्ट करने और स्टूडियो को मीडिया ट्रायल (कंगारू कोर्ट) में बदल देने की होड़ शुरू हुई।

यही नहीं, चैनलों ने घटनाओं/मुद्दों की रिपोर्टिंग/कवरेज में तथ्यों, एक्यूरेसी, वस्तुनिष्ठता, फेयरनेस और सन्तुलन को किनारे रखकर अक्सर सनसनीपूर्ण, एकतरफ़ा, पक्षपातपूर्ण और कई मामलों में भावनात्मक पहलुओं पर अत्यधिक ज़ोर देना शुरू कर दिया। दर्शकों को चैनल की ओर आकर्षित करने के लिए उन्हें डराने,

चौंकाने से लेकर छिछले 'रतिदर्शन सुख' और उनके 'लोवेस्ट कॉमन डिनोमिनेटर' को सहलाने में कोई संकोच नहीं रहा। घटनाओं/मुद्दों के विश्लेषण में इन-डेप्थ रिपोर्टिंग और उसे पर्याप्त सन्दर्भों और परिप्रेक्ष्यों के साथ प्रस्तुत करने के बजाय सतही तरीक़े और अक्सर काले/सफ़ेद या सही/ग़लत की बाइनरी में पेश करने की प्रवृत्ति ज़ोर पकड़ती चली गयी।

## न्यूज़ चैनल और 'मीडिया कैप्चर' की परिघटना

जैसे इतना काफ़ी नहीं था। हाल के वर्षों में राष्ट्रीय राजनीति में आये दक्षिणपन्थी-अनुदार हिन्दुत्ववादी झुकाव, उग्र राष्ट्रवादी रुझान, बढ़ते इस्लामोफोबिया और सामाजिक स्तर पर 'सामाजिक प्रतिगमन' (सोशल रिग्रेशन) की प्रक्रिया ने ज़्यादातर न्यूज़ चैनलों को अपनी चपेट में ले लिया है। वे दक्षिणपन्थी-अनुदार हिन्दुत्ववादी राजनीति के पैरोकार बन गये हैं। नतीजा यह कि न्यूज़ चैनलों के कंटेंट और प्रस्तुति में धुर दक्षिणपन्थी-हिन्दुत्ववादी, उग्र राष्ट्रवादी, इस्लाम और मुस्लिम-विरोधी और सामाजिक प्रतिक्रियावादी एजेंडे के साथ सत्तापरस्त प्रोपेगंडा का ज़ोर बढ़ा है। इससे देश में धार्मिक ध्रुवीकरण गहरा हुआ है, धार्मिक विभाजन और अविश्वास बढ़ा है, साम्प्रदायिक तनाव के मामले बढ़े हैं और धार्मिक ध्रुवीकरण की राजनीति करने वाली पार्टियों को मदद मिली है।

यहाँ तक कि सुप्रीम कोर्ट ने भी न्यूज़ चैनलों पर हिन्दू-मुस्लिम समुदायों के बीच धार्मिक-सामाजिक विभाजन को बढ़ाने वाले नफ़रत भरे ज़हरीले प्रोपेगंडा को लेकर चिन्ता ज़ाहिर की है। इसके बावजूद न्यूज़ चैनल ज़हरीले साम्प्रदायिक प्रोपेगंडा के प्लेटफ़ॉर्म बने हुए हैं। वे न सिर्फ़ धुर दक्षिणपन्थी-हिन्दुत्ववादी, अन्ध-राष्ट्रवादी, इस्लाम विरोधी प्रोपेगंडा करने वाले कथित 'फ्रिंज एलिमेंट्स' यानी धार्मिक महन्तों और बाबाओं के साथ उग्र हिन्दू संगठनों के नेताओं को मंच और वैधता दे रहे हैं और उनके नफ़रत फैलाने वाले बयानों-भाषणों-माँगों को आगे बढ़ा (एम्पलीफाई कर) रहे हैं बल्कि उसे प्राइम टाइम बहसों का विषय बनाकर 'मुख्यधारा का विमर्श' बनाने में भी प्रमुख भूमिका निभा रहे हैं।

यह गड्ढे से खाई में गिरने की तरह है। हालाँकि न्यूज़ चैनलों की रिपोर्टिंग/कवरेज आदर्श कभी नहीं थी और उसमें गड़बड़ियाँ शुरू से थीं लेकिन शुरुआत सीधे खाई में गिरने से नहीं हुई थी। सीमित दायरे में ही सही लेकिन उनकी शुरुआत सम्भावनाओं से भरी थी। चैनलों की शुरुआती रिपोर्टिंग और चर्चाओं ने

सीमित और संकीर्ण दायरे में सत्ता से सवाल और उसकी जवाबदेही को सामने लाने के साथ-साथ नेताओं और अफ़सरों के सार्वजनिक व्यवहार, बयानों और कामकाज को सार्वजनिक निगाह में लाने की पहल की थी। टीवी कैमरों की मौजूदगी से सार्वजनिक जीवन में कुछ हद तक पारदर्शिता और जवाबदेही दिखी थी। न्यूज़ चैनलों के साथ सोशल मीडिया प्लेटफ़ॉर्म्स ने कुछ हद तक सार्वजनिक महत्त्व के मुद्दों पर (मुख्यत: शहरी और मध्यवर्गीय) जन गोलबन्दी और कार्रवाइयों को प्रोत्साहित किया था।

लेकिन न्यूज़ चैनलों की बढ़ती संख्या, कारोबारी हितों और टीआरपी के लिए गलाकाट होड़ और सफलता के लिए शॉर्टकट और दूसरे राजनीतिक-कारपोरेट हितों को पूरा करने के वास्ते वे जिस फिसलन और समझौते भरे रास्ते पर चल पड़े, उसमें एक के बाद दूसरे छोटे-बड़े समझौते करते हुए वे यहाँ तक आ पहुँचे हैं जहाँ से वापसी की गुंजाइश, कम-से-कम मौजूदा स्वामित्व और बिज़नेस मॉडल के अन्दर, नहीं के बराबर दिखती है।

इसकी एक बड़ी वजह 'मीडिया कैप्चर' की वह परिघटना भी है जिसमें समाचार मीडिया के कॉर्पोरेट स्वामियों और राजनीतिक सत्ताधारियों के राजनीतिक (वैचारिक)-आर्थिक-वित्तीय हित एक-दूसरे के साथ इस तरह एकमेव हो जाते हैं कि समाचार मीडिया अपनी स्वतन्त्र और क्रिटिकल भूमिका छोड़ देता है और राजनीतिक सत्ताधारियों से सवाल पूछने, उनकी निगरानी करने और उनके कामकाज की आलोचनात्मक समीक्षा करने के बजाय उनके पक्ष में प्रोपेगंडा करने लगता है। दोनों के बीच एक भ्रष्ट और अनैतिक गठजोड़ बन जाता है जिसका नकारात्मक असर लोकतान्त्रिक संस्थाओं के बीच 'चेक एंड बैलेंस' की व्यवस्था, नागरिकों के जानने के अधिकार और क्रिटिकल सूचनाओं के प्रवाह पर पड़ता है। उदार लोकतान्त्रिक व्यवस्था में राजनीति विज्ञानी और मीडिया विशेषज्ञ इसे लोकतान्त्रिक और गवर्नेंस की नाकामी मानते हैं। (शिफ्रिन, 2017)

'मीडिया कैप्चर' की यह परिघटना हाल के वर्षों में दुनिया के कई उदार पूँजीवादी लोकतन्त्रों में दिखाई दे रही है। हालाँकि सत्तासीन आभिजात्य और सत्ता प्रतिष्ठान पहले भी समाचार मीडिया को नियन्त्रित करता रहा है लेकिन वह नियन्त्रण कई बार मीडिया के सरकारी अधिग्रहण, सेंसरशिप, प्रेस के कड़े नियमन और अभिव्यक्ति को प्रतिबन्धित करने वाले क़ानूनों आदि प्रत्यक्ष तौर-तरीक़ों का इस्तेमाल करके हासिल किया जाता था। लेकिन अब इन प्रत्यक्ष और दमनकारी/प्रतिबन्धात्मक तरीक़ों के बजाय सत्ता प्रतिष्ठान के समर्थक और क़रीबी कॉर्पोरेट्स

का इस्तेमाल समाचार मीडिया को परोक्ष रूप से नियन्त्रित करने के लिए किया जा रहा है।

इसके लिए सत्ता समर्थक बड़े कॉर्पोरेट्स सत्ता की शह पर समाचार मीडिया कम्पनियों को ख़रीद कर या ज़ोर-ज़बर्दस्ती अधिग्रहित करके और नये मीडिया वेंचर में निवेश करके उसे मौजूदा सत्ता के राजनीतिक-वैचारिक हितों और ज़रूरतों के अनुकूल प्रोपेगंडा और नरेटिव खड़ा करने में इस्तेमाल कर रहे हैं। इसके बदले सत्ता प्रतिष्ठान उनके कॉर्पोरेट हितों को संरक्षण देने और आगे बढ़ाने में मदद कर रहा है। इसी तरह सत्ता प्रतिष्ठान लिगेसी और डिजिटल कॉर्पोरेट समाचार माध्यमों और प्लेटफ़ॉर्म की विज्ञापनों पर अति-निर्भरता की कमज़ोरी को भी भुना रहा है। वह सरकारी और सत्ता समर्थक कॉर्पोरेट विज्ञापनों और सत्ता के समर्थन से आयोजित होने वाले इवेंट्स कारोबार को भी समाचार मीडिया को नियन्त्रित (कैप्चर) करने के लिए इस्तेमाल कर रहा है।

'मीडिया कैप्चर' की इस परिघटना का एक और असर न्यूज़ चैनलों से सरकार या सत्तारूढ़ पार्टी के प्रति क्रिटिकल सम्पादकों/पत्रकारों को बाहर किया जाना भी है। यह एक नये तरह का मैकार्थीवाद है जिसके तहत पिछले कुछ वर्षों में इक्का-दुक्का अपवादों को छोड़कर ज़्यादातर न्यूज़ चैनलों से सरकार/सत्तारूढ़ पार्टी के प्रति क्रिटिकल, सवाल करने वाले या सत्ता समर्थक नरेटिव और प्रोपेगंडा विरोध करने वाले सम्पादकों को या तो चैनलों से बाहर कर दिया गया है या उन्हें महत्त्वहीन ज़िम्मेदारियों तक सीमित कर दिया गया है। इस नये मैकार्थीवाद के बारे में खण्ड ङ में एक लेख में विस्तार से चर्चा है।

## न्यूज़ चैनल और लोकतान्त्रिक राजनीति

'मीडिया कैप्चर' की परिघटना के गहरे राजनीतिक निहितार्थ हैं। इसके कारण सत्तासीन पार्टी और उसके नेता/ओं और विपक्षी दलों और उनके नेताओं के बीच राजनीतिक प्रतियोगिता का मैदान बराबर (लेवल प्लेइंग फील्ड) नहीं रह जाता है जोकि लोकतान्त्रिक राजनीति में बहुदलीय राजनीतिक प्रतियोगिता के लिए ज़रूरी शर्त है। ज़्यादातर न्यूज़ चैनलों के राजनीतिक सत्ता के साथ खड़ा हो जाने और उसके राजनीतिक हितों के अनुकूल नरेटिव को आगे बढ़ाने से उसे कम-से-कम राजनीतिक प्रचार और राजनीतिक एजेंडे को प्रभावित करने में एक स्वाभाविक बढ़त मिल जाती है।

लोकनीति-सीएसडीएस के सर्वेक्षण (2022) ने यह पाया कि उत्तरदाताओं के समाचार मीडिया उपभोग और भाजपा के प्रति समर्थन में एक सकारात्मक सम्बन्ध है। जो उत्तरदाता ज़्यादा समाचारों के लिए तीनों प्रकार के समाचार माध्यमों का इस्तेमाल करते हैं, उनमें भाजपा का समर्थन 42 फ़ीसदी है। लेकिन इसके साथ ही जो उत्तरदाता किसी तरह के समाचार मीडिया का इस्तेमाल नहीं करते हैं, उनमें भी सबसे ज़्यादा 36 फ़ीसदी भाजपा का समर्थन करते हैं। हालाँकि लोकनीति-सीएसडीएस के पूर्व के चुनाव अध्ययन सर्वेक्षण रिपोर्टों में यह देखा गया कि जिन उत्तरदाताओं का मीडिया एक्सपोज़र ज़्यादा था, उनमें भाजपा की ओर ज़्यादा झुकाव/समर्थन था।

इससे यह अनुमान लगाया जा सकता है कि भाजपा को देश की सबसे मज़बूत और बड़ी सत्तारूढ़ पार्टी के रूप में पार्टी संगठन के फैलाव के ज़रिये राजनीतिक विस्तार करने और समर्थन का दायरा बढ़ाने में मदद मिली है। हालाँकि यह केवल मीडिया प्रचार से नहीं बल्कि भाजपा के सांगठनिक और राजनीतिक प्रभाव के विस्तार से  भी सम्भव हुआ है। लेकिन यह भी सच है कि उसके समर्थकों का एक उल्लेखनीय हिस्सा समाचार मीडिया के प्रचार से प्रभावित होकर उसकी ओर आकर्षित हुआ है।

दरअसल, 90 के दशक में देश में उदारीकरण-निजीकरण-भूमण्डलीकरण के तहत बाज़ार सुधारों, मध्यवर्ग के विस्तार, उपभोक्तावादी और सूचना-संचार क्रान्ति के साथ टीवी चैनलों के विस्तार और प्रसार और इसी दौर में भाजपा के राजनीतिक उभार और क्षेत्रीय दलों के साथ गठबन्धन के ज़रिये पहली बार केन्द्रीय सत्ता में पहुँचने के बीच के सम्बन्धों को अनदेखा करना मुश्किल है। निश्चय ही, भाजपा के राजनीतिक उभार के पीछे कई और महत्त्वपूर्ण सामाजिक-आर्थिक-राजनीतिक कारक हैं लेकिन पहले 80 के दशक के उत्तरार्द्ध में दूरदर्शन पर लोकप्रिय धार्मिक-मिथकीय धारावाहिकों— 'रामायण' और 'महाभारत' के प्रसारण और भाजपा के रामजन्मभूमि आन्दोलन की राजनीतिक सफलता के बीच के सम्बन्धों से पार्टी को अपना राजनीतिक विस्तार करने में मदद मिली। (राजगोपाल, 2001)

यही नहीं, 90 के दशक के उत्तरार्द्ध में प्राइवेट टीवी न्यूज़ कार्यक्रमों, वीडियो समाचार कार्यक्रमों (न्यूजट्रैक आदि) और सैटेलाइट न्यूज़ चैनलों के आगमन और विस्तार का भारतीय राजनीति और राजनीतिक विमर्शों पर उल्लेखनीय प्रभाव पड़ा। इस दौर में न्यूज़ चैनलों ने राजनीति को और राजनीति ने चैनलों को बदला। भारतीय

राजनीति में अस्मिताओं की राजनीति के उभार, कांग्रेस की ढलान के साथ राष्ट्रीय राजनीति में उभरते 'स्पेस' के बीच न्यूज़ चैनलों ने शहरी मुख्यतः सवर्ण मध्यवर्ग और क़स्बों-छोटे शहरों में उभरते नये आकांक्षी वर्ग (एस्पिरेशनल क्लास) के बीच सीधे पहुँचने का 'स्पेस' खोला जिसे भाजपा ने भुनाने में कोई कसर नहीं छोड़ी।

असल में, भाजपा ने टीवी माध्यम, उसकी ताक़त, सीमाओं और ज़रूरतों को सबसे बेहतर तरीक़े से समझा। उसने अपने राजनीतिक सन्देशों और एजेंडे को टीवी न्यूज़ चैनलों के विशाल दर्शक वर्ग तक पहुँचाने के लिए उसके इस्तेमाल की स्मार्ट रणनीति बनाई, पार्टी को 24×7 टीवी कैमरों के लिए खोला, टीवी के अनुकूल युवा, सुन्दर और वक्तृत्व कला में माहिर प्रवक्ता चुने, पार्टी मुख्यालय में नियमित प्रेस कॉन्फ्रेंस, टीवी चर्चाओं/बहसों में नियमित भागीदारी और राजनीतिक/आन्दोलन/प्रदर्शन के ऐसे नियमित विजुअल इवेंट रचे जो चैनलों के एयर-टाइम को भरने के मुफ़ीद थे।

व्यावसायिक वस्तुओं और सेवाओं की मार्केटिंग और विज्ञापन की दुनिया में कहा जाता है—"जो दिखता है, वह बिकता है।" आश्चर्य नहीं कि न्यूज़ चैनलों पर नियमित दिखने वाले कई पार्टी प्रवक्ता भाजपा में बड़े राष्ट्रीय नेता बन गये जबकि ज़मीनी राजनीति में उनकी पकड़ कमज़ोर थी। यह 'राजनीति के टीवीकरण' का नतीजा था जिसके बारे में आप आगे के खण्डों में कई लेखों में और विस्तार से पढ़ेंगे। 'राजनीति के टीवीकरण' का असर दूसरी पार्टियों पर भी पड़ा। उन्हें भी न सिर्फ़ न्यूज़ चैनलों के कैमरों के लिए ख़ुद को खोलना पड़ा बल्कि टीवी के कैमरों की ज़रूरतों के मुताबिक़ अपने राजनीतिक संचार की रणनीति में बदलाव करने पड़े।

निश्चय ही, बीते ढाई दशकों में प्राइवेट न्यूज़ चैनलों ने भारतीय लोकतान्त्रिक व्यवस्था और उसकी राजनीति, समाज, अर्थतन्त्र और संस्कृति से जुड़ी घटनाओं, मुद्दों और विचारों को रिपोर्ट और विश्लेषित करते हुए और उनसे जुड़े विभिन्न मुद्दों और विषयों पर प्राइम टाइम स्टूडियो और उसके बाहर चर्चाओं और बहसों को संचालित करते हुए राष्ट्रीय राजनीतिक जीवन और सार्वजनिक विमर्शों को प्रभावित किया है। हालाँकि न्यूज़ चैनलों के राष्ट्रीय राजनीतिक और सामाजिक जीवन और सार्वजनिक विमर्शों और इस तरह जनमत पर उनके प्रभाव की तीव्रता और उससे अधिक उस प्रभाव की अच्छी-बुरी या निरपेक्ष प्रकृति को लेकर मीडिया विश्लेषकों, राजनीति विज्ञानियों, समाजशास्त्रियों और शोधकर्ताओं में गम्भीर मतभेद हैं।

अच्छा या बुरा लेकिन इस तथ्य को अनदेखा करना मुश्किल है कि न्यूज़ चैनल राष्ट्रीय और क्षेत्रीय राजनीतिक-सामाजिक जीवन को प्रभावित करने वाले कई महत्त्वपूर्ण कारकों में एक कारक (फैक्टर) बन गये हैं। न्यूज़ चैनलों ने राष्ट्रीय राजनीतिक और सामाजिक जीवन और उससे जुड़े दैनिक घटनाक्रम, मुद्दों और सार्वजनिक राजनीतिक-वैचारिक विमर्शों को सत्ता और कॉर्पोरेट एजेंडे के सीमित-संकीर्ण दायरे में ही सही लेकिन दर्शकों के एक बड़े हिस्से तक पहुँचाने और उन्हें उसके पक्ष में मोबिलाइज़ करने में उल्लेखनीय भूमिका निभायी है। कुछ मामलों में लोकतान्त्रिक प्रक्रिया को जवाबदेह और गतिशील भी बनाया है। एक हद तक लोगों को लोकतान्त्रिक-राजनीतिक प्रक्रिया में भागीदार भी बनाया है।

इसमें भी कोई दो राय नहीं है कि न्यूज़ चैनलों ने शुरुआती दौर में राजनीति को एक हद तक राजनेताओं के अन्त:पुर, पार्टियों के दफ़्तरों के बन्द कमरों और संसद-विधानसभाओं से बाहर निकालकर टीवी के कैमरों, साउंड-बाईट, लाइव प्रसारणों और स्टूडियो की शोर-शराबे, हंगामे भरी और कई बार तीखी और कर्कश चर्चाओं/बहसों के ज़रिये आम लोगों के लिए खोल दिया। इससे राजनीतिक पारदर्शिता का दबाव बढ़ा। न्यूज़ चैनलों के कैमरों के ज़रिये अब आम लोग ख़ासकर टीवी के दर्शक राजनीतिक ड्रामे, राजनेताओं के बयान और व्यवहार (पोस्चरिंग), आरोप-प्रत्यारोप और उठापटक को देख (कई बार लाइव) सकते थे। वे यह देख सकते थे कि नेता/मन्त्री किन सवालों और मुद्दों से मुँह चुरा रहे हैं, किन सवालों का सीधा उत्तर देने के बजाय घुमा-फिर रहे हैं और आम लोगों से सीधा सामना होने पर उनका व्यवहार कैसा है?

लेकिन इससे राजनीति एक हद तक 'सार्वजनिक तमाशे' (पब्लिक स्पैक्टिकल) में भी बदल गयी। राजनीतिक पार्टियों और नेताओं ने न्यूज़ चैनलों के लिए 'प्रदर्शनात्मक राजनीति' शुरू कर दी जिसे चैनलों ने भी प्रोत्साहित किया लेकिन जिसमें आम लोगों के वास्तविक मुद्दे पीछे चले गये और उसकी जगह हवाई-छिछले-भावनात्मक मुद्दों को आरोप-प्रत्यारोप और शोर-शराबे के राजनीतिक ड्रामे से बड़ा मुद्दा बनाने का खेल शुरू हो गया। नतीजा यह कि चैनलों पर राजनीतिक रिपोर्टिंग भी साउंड बाईट और एक्टिंग के साथ पीआर और कयासों तक सीमित हो गयी। यही नहीं, राजनीतिक दलों और नेताओं ने धीरे-धीरे न्यूज़ चैनलों की सीमाओं और कमज़ोरियों को पहचान लिया और उसे नियन्त्रित करना शुरू कर दिया।

इस तरह 'राजनीति के टीवीकरण' के बाद 'न्यूज़ चैनलों के राजनीतिकरण' की प्रक्रिया ने ज़ोर पकड़ना शुरू कर दिया। चैनलों ने निष्पक्षता और स्वतन्त्र होने का दावा छोड़कर अपनी राजनीतिक और वैचारिक लाइन का ऐलान करना शुरू कर दिया। वैसे किसी भी उदार पूँजीवादी लोकतन्त्र में किसी भी समाचार माध्यम के राजनीतिक-वैचारिक झुकाव और उसकी घोषणा में कोई बुराई नहीं है। समस्या तब होती है जब अधिकांश चैनल एक ही राजनीतिक-वैचारिक झुकाव के हो जायें और दूसरे, जब उनकी रिपोर्टिंग भी उनके राजनीतिक-वैचारिक झुकावों के रंग में रंग जाये। समाचारों के तथ्यों में तोड़-मरोड़ से लेकर राजनीतिक रूप से अनुकूल कुछ समाचारों को उछालने और कुछ प्रतिकूल समाचारों को दबाने पर ज़ोर बढ़ जाता है।

सबसे बदतर स्थिति वह है जिसमें वे सत्तारूढ़ पार्टी के साथ 'एम्बेडेड' होकर न सिर्फ़ उसके पक्ष में प्रोपेगंडा करने लगते हैं बल्कि विपक्षी पार्टियों और नेताओं को निशाना बनाने लगते हैं। कुछ मामलों में तो कुछेक चैनल और उनके सम्पादक जैसे सुपारी लेकर किसी ख़ास दल/नेता को खलनायक बनाने और उसे ख़त्म करने पर तुल जाते हैं। (सरदेसाई, 2014) 'इंडियन एक्सप्रेस' के पूर्व सम्पादक और पूर्व केन्द्रीय मन्त्री अरुण शौरी सरकार के पक्ष में अहर्निश प्रोपेगंडा में जुटे न्यूज़ चैनलों को 'उत्तर कोरियाई चैनल' कहते हैं। (2017)

न्यूज़ चैनलों के राजनीतिकरण का एक असर पत्रकारिता और पत्रकारों में राजनीतिक/वैचारिक आधारों पर बढ़ता ध्रुवीकरण है। हालाँकि राजनीतिक/वैचारिक खेमे पहले भी थे लेकिन इस तरह का तीखा ध्रुवीकरण और मुख्यधारा के कॉर्पोरेट न्यूज़ चैनलों में विचारधारा के आधार पर भर्ती और छँटनी नयी परिघटना ज़रूर है।

न्यूज़ चैनलों और राजनीति की आपसी अन्त:क्रिया, उसके अलग-अलग पहलुओं और उनके प्रभावों और राजनीति और लोकतन्त्र के लिए उसके निहितार्थों पर और अधिक विस्तार से इस पुस्तक के खण्ड-क के लेखों/टिप्पणियों में चर्चा है।

## न्यूज़ चैनलों की साख और उनका भविष्य

न्यूज़ चैनलों की साख दाँव पर है। हालाँकि सभी समाचार माध्यमों में न्यूज़ चैनल अब भी ज़्यादातर भारतीयों के लिए समाचारों के प्राथमिक स्रोत बने हुए हैं लेकिन लोकनीति-सीएसडीएस का सर्वेक्षण (2022) यह भी बताता है कि न्यूज़ चैनलों के दर्शक उत्तरदाताओं में सिर्फ़ 41 फ़ीसदी ही उन पर विश्वास करते हैं जबकि

लगभग एक-तिहाई का उन पर न के बराबर या बिल्कुल विश्वास नहीं है। इसके उलट अख़बारों के पाठक कम हैं लेकिन उनका अख़बारों पर भरोसा ज़्यादा है। सर्वेक्षण में अख़बारों के पाठक उत्तरदाताओं में 60 फ़ीसदी ने कहा कि वे अख़बारों पर विश्वास करते हैं जबकि एक-चौथाई ने कहा कि उनका अख़बारों पर कम या बिल्कुल विश्वास नहीं है।

यह न्यूज़ चैनलों के लिए चेतावनी है। वे साख के संकट का सामना कर रहे हैं। दर्शकों का एक अच्छा-ख़ासा हिस्सा उन्हें गम्भीरता से नहीं लेता। एक समाचार माध्यम के रूप में उनकी सार्वजनिक छवि टीआरपी के लिए बेवजह सनसनी फ़ैलाने, अतिरेकपूर्ण ड्रामा रचने, समाचारों को मनोरंजक बनाने, धार्मिक ध्रुवीकरण और विभाजन को गहरा करने वाले रिपोर्टों/मुद्दों को अत्यधिक उछालने और नफ़रत भरा ज़हरीला साम्प्रदायिक प्रचार और सत्ता के पक्ष में खुला प्रोपेगंडा चलाने, पक्षपातपूर्ण रिपोर्टिंग और कर्कश शोर-शराबे से भरी धार्मिक-राजनीतिक ध्रुवीकरण को बढ़ाने वाली बहसें/चर्चाएँ चलाने वाले माध्यम की हो गयी है।

न्यूज़ चैनलों का बड़ा हिस्सा तर्क, विवेक और तथ्य के ख़िलाफ़ खड़ा हो गया है। ऐसा लगता है कि वे दर्शकों को गढ़ी हुई नफ़रत और ग़ुस्सा बेचकर मानसिक रूप से बीमार बना रहे हैं। सबसे अधिक चिन्ता की बात यह है कि उनकी पत्रकारिता देश के सामाजिक ताने-बाने को कमज़ोर कर रही है। चैनलों के लिए पत्रकारिता के बुनियादी उसूल और आदर्श पहले ही बेमानी हो चुके थे लेकिन अब उन्हें उनकी खुलेआम धज्जियाँ उड़ाने में भी संकोच नहीं होता। टीआरपी और सत्ता को ख़ुश करने की होड़ में उनके लिए नीचे गिरने की कोई सीमा नहीं रह गयी है। ऐसा लगता है कि टीआरपी और दूसरे कारोबारी हितों के वास्ते चैनलों के लिए हर तिकड़म, समझौता और नैतिक स्खलन जायज़ हो चुका है। बार्क-टीआरपी स्कैंडल और उसमें कुछ न्यूज़ चैनलों की भूमिका इस प्रवृत्ति का एक उदाहरण भर है।

साप्ताहिक पत्रिका 'इकनॉमिस्ट' के मुताबिक़, एक स्वतन्त्र न्यायपालिका और शोर-शराबा (न्वायजी) मचाने वाला प्रेस लोकतन्त्र के लिए पहली पंक्ति के रक्षक हैं। (2018) लेकिन यहाँ प्रेस (समाचार मीडिया) के शोर-शराबे का अर्थ ऐसे प्रेस से है जो नागरिकों की ओर से सत्ता और लोकतन्त्र की दूसरी संस्थाओं की पहरेदारी करता है और उनकी अनियमितताओं, विचलनों और गड़बड़ियों पर शोर मचाता है। लेकिन न्यूज़ चैनलों में कुछेक अपवादों को छोड़कर अधिकांश एक

स्वस्थ और गतिशील लोकतन्त्र के लिए ज़रूरी 'पब्लिक स्फीयर' को प्रदूषित और ज़हरीला बना रहे हैं। इससे संवैधानिक और लोकतान्त्रिक मूल्यों, प्रक्रियाओं और संस्थाओं को गम्भीर चोट पहुँच रही है। इस अर्थ में, वे लोकतन्त्र के लिए ख़तरा बनते जा रहे हैं।

लेकिन यह सिर्फ़ लोकतन्त्र के लिए नहीं बल्कि ख़ुद उनके भविष्य के लिए ख़तरा है। न्यूज़ चैनल सिर्फ लोकतन्त्र को नहीं, ख़ुद को भी नुक़सान पहुँचा रहे हैं। अपनी साख गँवाकर वे अपने होने के तर्क पर सवाल उठा रहे हैं। साख गँवाकर हासिल कारोबारी सफलता टिकाऊ नहीं होने वाली है। यही नहीं, साख गँवाकर वे सत्ता और कॉर्पोरेट प्रोपेगंडा के लिए भी उपयोगी नहीं रह जायेंगे। उन्हें याद रखना होगा कि कोई भी माध्यम एक दिन में साख अर्जित नहीं करता है लेकिन साख जाने में समय नहीं लगता। एक बार गयी साख को दोबारा हासिल करना आसान नहीं होता है। उन्हें यह भी याद रखना होगा कि लोकतन्त्र और उसकी संस्थाएँ कमज़ोर होंगी तो देर-सबेर उसकी क़ीमत न्यूज़ चैनलों को भी चुकानी पड़ेगी।

यहाँ यह उल्लेख करना ज़रूरी है कि पहले सीएए-एनआरसी आन्दोलन और फिर तीन कृषि क़ानूनों के ख़िलाफ़ किसानों के आन्दोलन के दौरान प्रदर्शनकारियों ने कई न्यूज़ चैनलों और उनके रिपोर्टरों का बहिष्कार किया, उन्हें आन्दोलन कवर करने से रोका और उनके नेताओं ने उन चैनलों से बात करने से मना कर दिया। ऐसी घटनाएँ लगातार बढ़ रही हैं। इसी तरह कई कांग्रेस, राजद, सपा जैसी कई विपक्षी पार्टियों ने कई न्यूज़ चैनलों के बहस/चर्चा के कार्यक्रमों में आधिकारिक रूप से हिस्सा लेना बन्द कर दिया है। दूसरी ओर, सरकार और भाजपा के प्रति क्रिटिकल चैनल के कार्यक्रमों का भाजपा के नेता बहिष्कार कर रहे हैं। यह प्रवृत्ति आख़िरकार सभी न्यूज़ चैनलों के लिए भारी पड़ेगी।

ग़ौरतलब है कि कॉर्पोरेट न्यूज़ चैनलों की गिरती साख, लोकतान्त्रिक ज़िम्मेदारियों को पूरा करने में नाकामी और अगम्भीर, मज़ाक़ और आलोचना का विषय बनती उनकी छवि का नतीजा यह हुआ है कि स्वतन्त्र और क्रिटिकल यू-ट्यूब पत्रकारों, टिप्पणीकारों और छोटे समाचार साइटों की लोकप्रियता बढ़ रही है। हालाँकि इन स्वतन्त्र और क्रिटिकल यू-ट्यूबर पत्रकारों, यू-ट्यूब चैनलों और छोटे समाचार साइटों की लोकप्रियता की और भी कई वजहें हैं लेकिन सबसे बड़ी वजह कॉर्पोरेट समाचार मीडिया (न्यूज़ चैनलों सहित) से दर्शकों/पाठकों की बढ़ती निराशा है।

यह सही है कि बड़ी पूँजी के मालिकाने वाले कॉर्पोरेट न्यूज़ चैनलों के कारोबार और भविष्य को तुरन्त कोई ख़तरा नहीं है। वे लम्बे अरसे तक कारोबारी घाटा उठाकर भी सत्ता-कॉर्पोरेट गठजोड़ के पक्ष में प्रोपेगंडा करते रह सकते हैं। लेकिन उनसे कारोबारी होड़ कर रहे उन दर्जनों मँझोले-छोटे न्यूज़ चैनलों के लिए विज्ञापनों के सूखते स्रोत के बीच ख़ुद को टिकाये रखना मुश्किल होता जायेगा जो ख़ुद सत्ता के पक्ष में और धुर दक्षिणपन्थी-हिन्दुत्ववादी प्रोपेगंडा ब्रिगेड में शामिल हैं। ख़ासकर डिजिटल, सोशल मीडिया, यू-ट्यूब और ओटीटी प्लेटफ़ॉर्म्स की बढ़ती लोकप्रियता के बीच लिगेसी टीवी के कनेक्शन कटवाने कॉर्ड कटिंग की प्रवृत्ति और विज्ञापनों और सब्सक्रिप्शन के डिजिटल की ओर मुड़ने के कारण लिगेसी न्यूज़ चैनलों के लिए संकट बढ़ने वाला है।

लेकिन लगता नहीं है कि न्यूज़ चैनल इन चेतावनियों को सुन और समझ रहे हैं। क्या यह 'मीडिया कैप्चर' का नतीजा है? या, यह न्यूज़ चैनलों के राजनीतिक अर्थशास्त्र की स्वाभाविक परिणति है? या फिर, यह उनके राजनीतिकरण का परिणाम है? क्या न्यूज़ चैनलों में सुधार और बदलाव की कोई गुंजाइश है? क्या वे स्वतन्त्र, क्रिटिकल और विश्वसनीय पत्रकारिता की ओर लौटेंगे?

एक दर्शक और पाठक के साथ एक नागरिक के रूप में इन सवालों पर विचार ज़रूरी है क्योंकि इनसे भारतीय लोकतन्त्र और उसके 'पब्लिक स्फीयर' का स्वास्थ्य और भविष्य जुड़ा हुआ है। उम्मीद है कि यह किताब न्यूज़ चैनलों के कंटेंट, कवरेज और उनके कामकाज से जुड़े विभिन्न पहलुओं पर चर्चा को आगे बढ़ाएगी।

## आभार

यह किताब 'कथादेश' के सम्पादक श्री हरिनारायण जी के कारण सम्भव हो पायी है जिन्होंने न सिर्फ़ न्यूज़ चैनलों के कामकाज की नियमित समीक्षा और उससे जुड़े विमर्शों को ज़रूरी माना, कई सालों तक उत्साह के साथ 'इलेक्ट्रॉनिक मीडिया' स्तम्भ को छापते रहे बल्कि मेरी लापरवाही और ढिलाई के बावजूद हमेशा स्तम्भ लिखने के लिए प्रेरित करते रहे।

आभारी हूँ वाणी प्रकाशन की निदेशक (कॉपीराइट और अनुवाद) सुश्री अदिति माहेश्वरी-गोयल का, जिन्होंने जिस तत्परता और उत्साह के साथ किताब को छापने की सहमति दी, उसका कायल हो गया हूँ। व्यस्तताओं के बावज़ूद वे हर ईमेल या मैसेज का तुरन्त जवाब देती हैं, यह आसान काम नहीं है। मैं वाणी

प्रकाशन के प्रबन्ध निदेशक अरुण माहेश्वरी जी का आभार व्यक्त करना चाहता हूँ जिनके नेतृत्व में वाणी प्रकाशन ने हिन्दी के श्रेष्ठ प्रकाशकों की पहली कतार में अपनी जगह बनायी है।

अपने बड़े भाई प्रो. अवधेश प्रधान का हृदय से आभार, जो हमेशा इन लेखों को संगृहित करने और किताब बनाने के लिए प्रोत्साहित करते रहे। वे पीछे न लगे होते तो शायद मैं यह कभी नहीं कर पाता। नीरजा भाभी के स्नेह और ममत्व के बिना मैं अपने विश्वविद्यालय के दिनों की कल्पना नहीं कर पाता। भाई और मित्र प्रो. गोपाल प्रधान निरन्तर उत्साहित करते रहे, किताब की प्रगति के बारे में पूछताछ करते रहे। नयी-नयी चीज़ें पढ़ने, विचारों की दुनिया में सैर और उनके बारे में बात करने के मामले में वे मेरे लिए विचारों की खिड़की खोलते रहे हैं।

मित्र और पत्नी पूर्णिमा की प्रेरणा और सहयोग के बिना यह सम्भव नहीं था जिन्होंने अपने हिस्से का वाजिब समय नहीं माँगा और उदारता से मुझे इस किताब को सम्पादित करने का मौक़ा दिया। उनके स्नेह के लिए उन्हें आभार कहना कभी पर्याप्त नहीं होगा।

मित्र और सहकर्मी रहे प्रो. मुकुल शर्मा बड़े भाई की तरह हैं जो हमेशा लिखने-पढ़ने के लिए प्रोत्साहित करते हैं। इस किताब के पूरी होने में उनकी पूछताछ की बड़ी भूमिका है।

मैं भारतीय जनसंचार संस्थान और उसके महानिदेशक प्रो. संजय द्विवेदी का आभारी हूँ, जिन्होंने उदारता से अध्ययन अवकाश (सबैटिकल) दिया ताकि किताब पर काम कर सकूँ। संस्थान के सभी अकादमिक प्राध्यापक मित्रों, सहयोगियों और कर्मचारियों का बहुत आभारी हूँ जिनके सक्रिय सहयोग और प्रोत्साहन के बिना यह किताब सम्भव नहीं थी।

माँ को याद कर रहा हूँ, जो इस किताब पर काम करने के दौरान हमें छोड़कर चली गयीं। उनकी बहुत याद आती है। बाबूजी, श्री मोहन प्रधान, को कैसे आभार कहूँ, जो कुछ हूँ, उनका बनाया हुआ हूँ। वह और बेहतर बनाना चाहते थे लेकिन बन नहीं पाया, वह मेरी ग़लती है। बहन डॉ. पूनम प्रधान, जीजाजी देवेन्द्र जी और छोटे भाइयों डॉ. अविनाश प्रधान और अखिलेश प्रधान का भी हृदय से आभारी हूँ। वे अच्छे-बुरे समय में हमेशा मेरे साथ खड़े रहे हैं। प्रिय डॉ. परिमल और डॉ. पारिजात प्रधान के साथ बहुत लम्बा और सुन्दर साथ गुज़रा है। वे दोनों मुझे बहुत मानते और

प्रोत्साहित करते हैं। चाहता हूँ कि वे दोनों जीवन में ख़ूब आगे बढ़ें।

अपने सभी परिवारजनों के प्रति हार्दिक कृतज्ञता ज्ञापित करता हूँ जिन्होंने पढ़ने-लिखने और हमेशा कुछ नया करने को प्रोत्साहित किया है।

अपने यूनिवर्सिटी के दिनों के मित्र प्रो. राजीव सिंह से बहुत कुछ सीखा है। सुख-दुःख में वे हमेशा साथ रहे हैं। वे दोस्त से ज़्यादा भाई जैसे हैं। ज़बरदस्त स्टोरी-टेलर हैं।

हमेशा कोशिश की कि अपने प्रिय शिक्षक प्रो. आनन्द कुमार की तरह बन सकूँ लेकिन उनको छूना मुमकिन नहीं है। उनसे बहुत कुछ सीखा है। प्रो. सुभाष धूलिया और प्रो. जयश्री जेठवाणी का बहुत स्नेह और प्रोत्साहन मिला है। प्रो. धूलिया ही खींचकर मीडिया शिक्षा के क्षेत्र में ले आये। प्रो. नित्यानन्द तिवारी, डॉ. विश्वनाथ त्रिपाठी और प्रो. हरिमोहन शर्मा ने दिल्ली विश्वविद्यालय के दक्षिण परिसर में पढ़ाने का मौक़ा ही नहीं दिया बल्कि हमेशा आगे बढ़कर मदद की, प्रेरित किया।

मीडिया शिक्षा में संस्थान और उसके बाहर प्रो. गीता बामजई, प्रो. एस. राघवाचारी, प्रो. प्रदीप माथुर, प्रो. गोविन्द सिंह, प्रो. सुनेत्र सेन नारायण, प्रो. शाश्वती गोस्वामी, प्रो. अनुभूति यादव, प्रो. सुरभि दहिया, प्रो. गोपाल सिंह, प्रो. मुकेश कुमार, प्रो. नरसिम्हामूर्ति एन., डॉ. बालमुकुन्द सिन्हा, डॉ. भूपेन सिंह, डॉ. लाल बहादुर ओझा, प्रो. राजेश सिसौदिया, डॉ. अरविन्द कुमार सिंह और अन्य सभी मित्रों और सहकर्मियों का उनके स्नेह और प्रोत्साहन के लिए बहुत आभारी हूँ।

पत्रकार-सम्पादक राजकिशोर जी नहीं रहे लेकिन उनके लेखन का मुरीद था और उनसे बहुत सीखा। उनकी याद आती है। 'जनसत्ता' के सम्पादक रहे ओम थानवी जी ने ख़ूब मौक़े दिये। अपने प्रिय मित्र प्रियदर्शन का आभारी हूँ, जो न सिर्फ़ ख़ुद राजनीति से लेकर साहित्य और फ़िल्मों से लेकर क्रिकेट तक सभी विषयों पर बराबर की पकड़ से लिखते हैं, बल्कि मुझे भी हमेशा प्रोत्साहित करते रहे हैं। यूनिवर्सिटी में पत्रकारिता विभाग के सीनियर और बड़े भाई रंजीत कुमार जी छोटे भाई की तरह स्नेह करते हैं, उनका आभार। मित्र और भाई जैसे अजीत अंजुम और सतीश के. सिंह का बहुत आभार, जिनका प्रेम आलोचनाओं के बावजूद कम नहीं हुआ।

मैं अपने उन अनेक प्रिय विद्यार्थियों को भी शुक्रिया कहना चाहता हूँ जिनके प्रश्नों और टिप्पणियों से सिर्फ़ कक्षाएँ ही उत्तेजक और दिलचस्प नहीं हुईं बल्कि मैंने व्यक्तिगत रूप से बहुत कुछ सीखा। एक शिक्षक के रूप में मैं उन विद्यार्थियों का बहुत आभारी हूँ जिन्होंने मुझे बहुत कुछ सिखाया है। अच्छे विद्यार्थी ही शिक्षकों को गढ़ते-बनाते हैं। उनकी उत्सुकता, उत्साह और ज़िद धकेलती रहती है।

## सन्दर्भ


1. इकोनॉमिस्ट (2018)। हाउ डेमोक्रेसी डाइज : लेसंस फ्रॉम द राइज़ ऑफ़ स्ट्रांगमन इन वीक स्टेट्स। लीडर्स, 16 जून। लेख 26 अक्तूबर 22 को इस लिंक पर देखा गया। https://www.economist.com/leaders/2018/06/16/lessons-from-the-rise-of-strongmen-in-weak-states
2. एनुअल रिपोर्ट (20-21)। सूचना एवं प्रसारण मन्त्रालय। रिपोर्ट इस लिंक पर 10 अक्तूबर 22 को देखी गयी : https://mib.gov.in/sites/default/files/Annual%20Report%202020-21.pdf
3. एनडीटीवी (2017)। ट्रुथ कोहेर्स, फाल्सहुड फाल्स एपार्ट: अरुण शौरी टू एनडीटीवी। रियलिटी चेक, 6 जून। टीवी कार्यक्रम 19 अक्तूबर को इस लिंक पर देखा गया : https://www.ndtv.com/video/shows/reality-check/truth-coheres-falsehood-falls-apart-arun-shourie-to-ndtv-459370
4. फिक्की-ईवाई (2022)। ट्यूनिंग इनटू कंज्यूमर : इंडियन एम एंड ई रिबाउंड्स विथ अ कस्टमर सेंट्रिक अप्रोच। रिपोर्ट इस लिंक पर 19 अक्तूबर को देखी गयी : https://www.ey.com/en_in/news/2022/03/indian-m-and-e-sector-recovered-16-4-percent-to-reach-inr-1-61-trillion-in-2021-expected-to-exceed-pre-pandemic-levels-in-2022
5. राजगोपाल, अरविन्द (2001)। पोलिटिक्स आफटर टेलीविज़न : रिलिजियस नेशनलिज़्म एंड रिशेपिंग ऑफ़ द इंडियन पब्लिक। कैम्ब्रिज, यू.के : कैम्ब्रिज यूनिवर्सिटी प्रेस
6. लोकनीति-सीएसडीएस (2022)। मीडिया इन इंडिया : एक्सेस, प्रैक्टिसेज, कंसर्स एंड इफेक्ट्स (सर्वेक्षण रिपोर्ट)। नयी दिल्ली : लोकनीति-सीएसडीएस
7. सरदेसाई, राजदीप (2014)। टाइम फ़ार मीडिया टू टर्न द गेज इंवाड्र्स। हिन्दुस्तान टाइम्स, 24 मार्च। लेख 26 अक्तूबर 22 को इस लिंक पर देखा गया : https://www.hindustantimes.com/columns/time-for-media-to-turn-the-gaze-inwards/story-AzBfwzAOwGCSXGQPYeJRyL.html
8. शिफ्रिन, अन्या (सम्पादित) (2017)। इन द सर्विस ऑफ़ पावर : मीडिया कैप्चर एंड दे थ्रेट टू डेमोक्रेसी। वाशिंगटन: सीआईएमए , एनईडी और कोलम्बिया/एसआईपीए

# विषय सूची

खण्ड-ग

## न्यूज़ चैनलों का राजनीतिक अर्थशास्त्र



खण्ड-घ

## न्यूज़ चैनलों का समाजशास्त्र



खण्ड-ङ

## न्यूज़ चैनलों का नीतिशास्त्र (एथिक्स) और नियमन

खण्ड-च

## चैनलों की पत्रकारिता



खण्ड-छ

## चैनलों की अन्दरूनी दुनिया और पत्रकार

खण्ड-क

# न्यूज़ चैनलों की राजनीति

# नफ़रती न्यूज़ चैनलों का दौर

## देश को नये आरटीएलएमों और 'डे'र स्टूर्मरों' को पहचानना और उनसे सावधान रहना होगा

पिछले कुछ महीनों से न्यूज़ चैनलों पर राम मन्दिर का 'मुद्दा' समाचार बुलेटिनों की सुर्ख़ियों, प्राइम टाइम बहसों और सीधे अयोध्या से घण्टों की लाइव रिपोर्टिंग/बहसों पर छाया हुआ है। ऐसा लगता है जैसे देश में राम मन्दिर निर्माण से बड़ा कोई राष्ट्रीय 'मुद्दा' नहीं है। ख़ासकर नवम्बर और दिसम्बर के पहले सप्ताह के दौरान अधिकांश चैनलों ने जिस तरह से राम मन्दिर 'मुद्दा' को 24×7 कवरेज दी और उसे बढ़-चढ़कर उछाला, उससे ऐसा लग रहा था कि राम मन्दिर निर्माण का 'मुद्दा' भाजपा, संघ परिवार और उसके आनुषांगिक संगठनों (विश्व हिन्दू परिषद-विहिप और बजरंग दल आदि) का मुद्दा न होकर न्यूज़ चैनलों का अपना मुद्दा हो गया है, जैसे मन्दिर बनवाने की ज़िम्मेवारी उन्होंने अपने ऊपर ले ली है और अब वे अयोध्या में 'श्रीराम का भव्य मन्दिर' बनवाकर ही मानेंगे।

इस दौरान इक्का-दुक्का अपवादों को छोड़कर अधिकांश न्यूज़ चैनलों ने राम मन्दिर निर्माण के पक्ष में ऐसा प्रोपेगंडा अभियान चलाया जिसमें पत्रकारिता के बुनियादी मानकों—सत्यता, तथ्यपरकता, वस्तुनिष्ठता, स्वतन्त्रता, सन्तुलन और न्यायसंगतता को ताक पर रख दिया गया। इन न्यूज़ चैनलों ने दैनिक प्राइम टाइम चर्चाओं से लेकर नवम्बर के आख़िरी सप्ताह में अयोध्या और 10 दिसम्बर को दिल्ली में विहिप के कथित धर्म संसद के कवरेज के दौरान जिस तरह से अपना मंच विहिप से जुड़े धर्मगुरुओं, साधुओं और धार्मिक नेताओं और उनके साम्प्रदायिक रूप से भड़काऊ और ज़हरीले प्रोपेगंडा के लिए खोल दिया और उसे बिना किसी आलोचना और सन्तुलन के लाइव प्रसारित किया और यहाँ तक कि उनके एंकर और रिपोर्टर रामभक्त/भक्तिनों में बदल गये, वह कहीं से पत्रकारिता नहीं थी।

इस दौरान न्यूज़ चैनलों पर फ्रिंज कहे जाने वाले उग्र साम्प्रदायिक हिन्दूवादी संगठनों और उनके नेताओं/प्रवक्ताओं को खुलेआम ज़हर उगलने का मौक़ा दिया गया। ऐसा लग रहा था कि जैसे चैनलों के पर्दे ही विहिप के धर्म संसद के मंच हो गये हैं। वहाँ खुलेआम सुप्रीम कोर्ट और संविधान को चुनौती देते हुए राम मन्दिर बनाने के भड़काऊ बयान दिये गये। धर्म संसद को भारतीय संसद से बड़ा बताया गया। चैनलों और उनके एंकरों ने इसे नियन्त्रित करने के बजाय और उकसाने वाले सवाल पूछे और टिप्पणियाँ कीं।

चैनलों पर जिस तरह के पक्षपातपूर्ण, उत्तेजक और साम्प्रदायिक विभाजन को बढ़ाने वाले शीर्षकों के साथ लगभग हर दिन चर्चाएँ/बहसें करवायी गयीं, उनका उद्देश्य दर्शकों को इस मामले में सूचित करना या उनकी समझ बढ़ाना या सभी पक्षों के बीच चर्चा/संवाद के ज़रिये विवाद को हल करने के अनुकूल माहौल बनाना या एक संवेदनशील मामले में लोगों में शान्ति बनाये रखने के प्रयास करना नहीं था। इसके उलट इन टीवी चर्चाओं/बहसों और रिपोर्टिंग की फ्रेमिंग, उसके एंगल, टोन और तेवर और एंकर/रिपोर्टरों के झुकाव और उनके प्रश्नों/टिप्पणियों का एकमात्र मक़सद राम मन्दिर जैसे संवेदनशील लेकिन राजनीतिक मुद्दे को उछालकर उसके ज़रिये हिन्दू बनाम मुस्लिम के साम्प्रदायिक विभाजन और ध्रुवीकरण को और बढ़ाना, मुस्लिम समुदाय के ख़िलाफ़ बहुसंख्यकवादी हिन्दू भावनाओं को उभारना और उसे भुनाना, दोनों समुदायों के बीच नफ़रत और अविश्वास की दीवारें खड़ी करना था।

यह किसी से छिपा हुआ नहीं है कि पिछले चार सालों में ज़्यादातर न्यूज़ चैनलों का 'राष्ट्रवाद और देशभक्ति' की आड़ में साम्प्रदायिकीकरण लगातार गहरा हुआ है और वे खुलेआम हिन्दू बहुसंख्यकवादी, दक्षिणपन्थी साम्प्रदायिक राजनीति के भोंपू बन गये हैं। यही नहीं, उनके बीच ख़ुद को एक-दूसरे से ज़्यादा बड़ा राष्ट्रवादी (हिन्दूवादी) साबित करने की होड़ भी लगी हुई है। वे राष्ट्रीय राजनीति और समाज में आये दक्षिणपन्थी-अनुदार-साम्प्रदायिक झुकाव की धारा में उसके साथ बह रहे हैं। इस दौरान उनकी सम्पादकीय लाइन पर न सिर्फ़ गहरा भगवा रंग चढ़ गया है बल्कि उनका कंटेंट साम्प्रदायिक रूप से लगातार ज़हरीला, नफ़रत और अविश्वास के साथ धार्मिक ध्रुवीकरण को बढ़ाने वाला होता गया है।

आश्चर्य नहीं कि पिछले कुछ सालों में न्यूज़ चैनलों में स्व-घोषित दक्षिणपन्थी-हिन्दूवादी 'राष्ट्रवादी-देशभक्त' एंकरों/पत्रकारों/सम्पादकों की माँग बढ़ गयी है। यही

नहीं, इन न्यूज़ चैनलों के अन्दर सम्पादकीय विभाग और न्यूज़रूम में ऐसे एंकरों/सम्पादकों/पत्रकारों/रिपोर्टरों को न सिर्फ़ महत्त्वपूर्ण ज़िम्मेदारियाँ दी गयी हैं बल्कि चैनलों पर 90 फ़ीसदी प्राइम टाइम बहसों की एंकरिंग इन्हीं स्व-घोषित 'राष्ट्रवादी' एंकरों के ज़िम्मे है जो बिना किसी संकोच के अपने दक्षिणपन्थी-साम्प्रदायिक एजेंडे के साथ एंकरिंग करते और अपना स्टैंड बताते रहते हैं। वे अपने बहस/चर्चा के कार्यक्रमों की फ्रेमिंग ऐसे करते हैं जिसमें उनके पूर्वाग्रह और राजनीतिक रुझान साफ़ दिखाई देते हैं।

उदाहरण के लिए वे पत्रकारिता के उसूलों को अनदेखा करते हुए भड़काऊ शीर्षकों/सुर्ख़ियों के साथ ऐसी बहसें आयोजित करते हैं जिसमें सीधे-परोक्ष रूप से न सिर्फ़ दक्षिणपन्थी-साम्प्रदायिक राजनीति और उसके एजेंडे को आगे बढ़ाया जाता है बल्कि यह साबित करने की कोशिश होती है कि देश में बहुसंख्यक हिन्दू समुदाय भेदभाव का शिकार है, उसके हितों की अनदेखी करके मुस्लिम समुदाय का कथित तुष्टीकरण हो रहा है, हिन्दुओं की कहीं सुनवायी नहीं है, उन्हें हर जगह दबाने की कोशिश होती है, हिन्दुओं की भावनाओं का ख़्याल नहीं रखा जाता है और सबसे बढ़कर हिन्दू अपने ही देश में ख़तरे में हैं। तात्पर्य यह कि अधिकांश न्यूज़ चैनलों के कवरेज में सबसे ज़्यादा फोकस उन विषयों/मुद्दों/घटनाओं के चयन में होता है जो हिन्दू-मुस्लिम समुदाय के बीच टकराव या तनाव के हों। उन बहसों की भाषा, एंगल, टोन-तेवर से लेकर बहस के प्रतिभागियों (टाकिंग हेड्स) में संघ परिवार के आनुषांगिक संगठनों के नेताओं/प्रवक्ताओं से लेकर फ्रिंज हिन्दू संगठनों के प्रवक्ताओं को प्रमुखता दी जाती है।

ऐसा नहीं है कि इन टीवी कार्यक्रमों में मुस्लिम समाज के प्रतिनिधि नहीं होते हैं। लेकिन मुस्लिम समाज के प्रतिनिधि या प्रवक्ता के बतौर जिन मौलानाओं-मौलवियों या मुस्लिम समुदाय की फ्रिंज पार्टियों के नेताओं/प्रवक्ताओं को बुलाया जाता है, उनके बारे में यह कहना मुश्किल है कि वे किस हद तक अपने समुदाय के वास्तविक प्रतिनिधि या प्रवक्ता हैं? न्यूज़ चैनल उन्हें इसलिए बुलाते हैं ताकि वे उलटी-सीधी और उत्तेजक बातें करें या अपने समुदाय का उल्टे-सीधे तर्कों से बचाव करें और चैनल उसे हिन्दू हितों के विरुद्ध या मुस्लिम तुष्टीकरण के बतौर पेश कर सकें। लेकिन उन्हें बुलाने का सबसे बड़ा मक़सद हिन्दू-मुस्लिम के द्विचर (बाईनरी) को गढ़ने, उन्हें एक-दूसरे के ख़िलाफ़ खड़ा करने और एक-दूसरे से लड़ते हुए दिखाने का होता है ताकि साम्प्रदायिक ध्रुवीकरण को मज़बूत करने में मदद मिले।

दोहराने की ज़रूरत नहीं है कि अधिकांश न्यूज़ चैनल आज हिन्दू-मुस्लिम के बीच साम्प्रदायिक नफ़रत, घृणा और अविश्वास की खाई को बढ़ाने में जुटे हैं। वे लोगों को एक-दूसरे के ख़िलाफ़ खड़ा कर रहे हैं। वे पूरे देश में—हिन्दी पट्टी से लेकर दक्षिण में सबरीमाला तक जिस तरह से साम्प्रदायिक तनाव और टकराव का माहौल बना रहे हैं, आक्रामक हिन्दुत्व को एक तरह की वैधानिकता और सम्मान दे रहे हैं, उससे उन राजनीतिक शक्तियों को हिन्दू ध्रुवीकरण करने का मौक़ा मिल रहा है जो लोगों के दिमाग़ में नफ़रत और घृणा का ज़हर भर रहे हैं। इसके कारण ऐसा लगता है जैसे देश के बड़े हिस्से में ख़ासकर हिन्दी पट्टी के कई राज्यों के गाँव-क़स्बे-शहर साम्प्रदायिक बारूद के ढेर पर बैठे हुए हैं जिसमें कोई अफ़वाह, झूठी ख़बर और छोटी-मोटी घटना भी चिंगारी की तरह काम कर रही है।

बीते महीने बुलन्दशहर में गोहत्या की अफ़वाह के आधार पर जिस तरह भीड़ मरने-मारने पर उतारू हो गयी और एक पुलिस इंस्पेक्टर की हत्या कर दी गयी, उस त्रासद घटना की ज़मीन इसी ज़हरीले साम्प्रदायिक प्रोपेगंडा ने तैयार की है। यह ज़हर कितनी गहराई तक फैल गया है और माहौल किस हद तक बिगड़ चुका है, इसका अन्दाज़ा उन अख़बारी रिपोर्टों से लगाया जा सकता है जिनके मुताबिक़, बुलन्दशहर और उसके आसपास के ज़िलों के अनेक गाँवों-क़स्बों-मुहल्लों में जहाँ कल तक हिन्दू-मुसलमान एक-दूसरे के साथ मिलकर रहते थे, होली-ईद-दीवाली साथ मनाते थे और एक-दूसरे के सुख-दुःख में साथ खड़े होते थे, वहाँ आज उनके बीच नफ़रत-अविश्वास की दीवार खड़ी हो गयी है, सामाजिक सम्बन्ध टूट से गये हैं, बातचीत बन्द हो चुकी है और एक स्थायी तनाव का माहौल है।

निश्चित ही, इसकी बड़ी ज़िम्मेदारी उस नफ़रती न्यूज़ मीडिया ख़ासकर न्यूज़ चैनलों की है जो देश में साम्प्रदायिक प्रोपेगंडा के भोंपू बनकर सामाजिक माहौल को ज़हरीला बना रहे हैं, आम लोगों के बीच साम्प्रदायिक ध्रुवीकरण को गहरा कर रहे हैं और गोहत्या-लव जेहाद-मन्दिर/मस्जिद जैसे मामलों में अफ़वाहों/झूठी ख़बरों/छोटी-मोटी घटनाओं पर मरने-मारने को उतारू भीड़ तैयार कर रहे हैं। इसका नतीजा भी सामने है। बुलन्दशहर-कासगंज ट्रेलर हैं। ऐसा लगता है कि जैसे देश में अगले आम चुनावों से पहले साम्प्रदायिक ध्रुवीकरण के लिए बड़े दंगा-फ़साद और क़त्लेआम की तैयारी चल रही है। इसके लिए अनुकूल माहौल बनाने में नफ़रती न्यूज़ चैनल ज़ोर-शोर से लगे हुए हैं।

लेकिन यह भारत जैसे धार्मिक-जातीय-एथनिक-भाषायी रूप से इतने विविधतापूर्ण राष्ट्र के लिए कितना ख़तरनाक और घातक हो सकता है, इसका

अन्दाज़ा इन न्यूज़ चैनलों को नहीं है। असल में, उन्हें न तो भारत के इतिहास का और न ही दुनिया के कई देशों के इतिहास का पता है जिन्हें साम्प्रदायिक हिंसा की भारी क़ीमत चुकानी पड़ी है। यहाँ अफ़्रीकी देश रवांडा के एथनिक नरसंहार और जर्मनी में नाज़ी नरसंहार का उल्लेख ज़रूरी है। अगले साल अप्रैल में रवांडा के एथनिक नरसंहार के 25 साल पूरे होने जा रहे हैं जिसमें तुत्सी जनजाति के लगभग 8 लाख लोग बेरहमी से क़त्ल कर दिये गये थे।

यह 1994 की बात है। ग़रीब और पिछड़े देश रवांडा में बीते तीन सालों से दो प्रमुख जनजाति समूहों—हुतू और तुत्सी के बीच गृहयुद्ध छिड़ा हुआ था। दोनों जनजाति समूहों के बीच तनाव बढ़ा हुआ था जिसमें स्थानीय और क्षेत्रीय राजनीति, सैन्य विद्रोहियों और हथियारबन्द दस्तों (मिलिशिया) के साथ-साथ रवांडा के मीडिया ख़ासकर कुछ रेडियो स्टेशनों की सीधी भूमिका थी। हालाँकि अफ़्रीकी और एशियाई महाद्वीप के कई देशों की तरह रवांडा के इस गृहयुद्ध की जड़ें भी उसके औपनिवेशिक इतिहास से जुड़ी हुई थीं। बीते कुछ दशकों में उनके बीच छिटपुट काफ़ी खून-ख़राबा होता रहा था जिसमें सैकड़ों लोग मारे गये थे और लाखों लोग विस्थापित और शरणार्थी जीवन जीने को मजबूर थे।

लेकिन 1994 में 7 अप्रैल से लेकर मध्य जुलाई के बीच 100 दिनों में जो हुआ, वह सिर्फ़ रवांडा और अफ़्रीकी इतिहास का नहीं बल्कि आधुनिक विश्व के इतिहास का सबसे भयावह नरसंहार था जिसमें हुतू नेतृत्व वाली सरकार की सेना और ग़ैर-क़ानूनी हुतू मिलिशिया समूहों ने तुत्सी जनजाति के लगभग 8 लाख से ज़्यादा नागरिकों की हत्या कर दी। यही नहीं, इस नरसंहार में नरम हुतू लोगों के साथ-साथ कई और छोटे जनजाति समूहों को भी निशाना बनाया गया। एक मोटे अनुमान के मुताबिक़, रवांडा में आपसी नफ़रत और हिंसा की इस आग में दस लाख लोग मारे गये। कहने की ज़रूरत नहीं है कि रवांडा नरसंहार, अफ़्रीका और विश्व इतिहास के सबसे काले अध्यायों में से एक है।

लेकिन इस भयानक नरसंहार के अपराधियों और दोषियों की जब भी चर्चा होती है, उसमें उसके एक सबसे प्रमुख अपराधी और नरसंहार का माहौल बनाने वाले का ज़िक्र कम होता है। वह था—वहाँ का मीडिया ख़ासकर एक पत्रिका—कंगूरा और कुछ रेडियो स्टेशन, जिन्होंने कई महीनों से तुत्सी जनजाति के ख़िलाफ़ न सिर्फ़ एकतरफ़ा नफ़रत, घृणा और कुप्रचार का प्रोपेगंडा अभियान चला रखा था बल्कि नरसंहार से ठीक पहले रेडियो स्टेशन—आरटीएलएम ने खुलेआम तुत्सी लोगों के ख़िलाफ़ 'आख़िरी युद्ध' छेड़ने और 'तिलचट्टों (काक्रोचों) का सफ़ाया'

करने का आह्वान किया था। यही नहीं, आरटीएलएम रेडियो ने नरसंहार के दौरान अपने प्रसारणों में किन लोगों को मारा जाना है, उनकी लिस्ट प्रसारित की और वे कहाँ मिलेंगे, यह भी बताया।

'नफ़रत के रेडियो' (हेट रेडियो) के नाम से कुख्यात इन रेडियो स्टेशनों ख़ासकर आरटीएलएम ने अपने समाचारों और कार्यक्रमों में तुत्सी जनजाति के ख़िलाफ़ लगातार नफ़रत और घृणा से भरा प्रचार चलाया जिसमें यह बताया जाता था कि तुत्सी लोग ग़ैर-ईसाई हैं और वे तुत्सी राजतन्त्र कायम करने की कोशिश कर रहे हैं जिसमें हुतू लोगों को ग़ुलाम बनाकर रखा जायेगा। इन रेडियो स्टेशनों ने हुतू और तुत्सी समुदाय के बीच किसी भी बातचीत या शान्ति समझौते का खुलकर विरोध किया, शान्ति के प्रयासों के ख़िलाफ़ अभियान चलाया, नरम और मध्यमार्गी नेताओं/जनरलों का विरोध किया और हुतू मिलिशिया समूहों का समर्थन किया। इस तरह के ज़हरीले प्रचार अभियान के ज़रिये रेडियो स्टेशन—आरटीएलएम और पत्रिका 'कंगूरा' ने हुतूओं में तुत्सिओं के ख़िलाफ़ डर, नफ़रत और अविश्वास का ऐसा ज़हरीला और भड़काऊ माहौल बना दिया जिसमें हुतू, तुत्सियों के क़त्लेआम पर उतर आये।

हैरानी की बात नहीं है कि बाद में रवांडा में नरसंहार के आरोपियों के ख़िलाफ़ मुक़दमा चलाने के लिए गठित अन्तर्राष्ट्रीय अपराध न्यायालय (इंटरनेशनल क्रिमिनल ट्रिब्यूनल) में 2003 में रेडियो स्टेशन-आरटीएलएम और पत्रिका 'कंगूरा' के कर्ताधर्ताओं के ख़िलाफ़ नरसंहार, नरसंहार के लिए लोगों को उकसाने/भड़काने और मानवता के ख़िलाफ़ अपराध जैसे आरोपों में मुक़दमा चला। अन्तर्राष्ट्रीय अपराध न्यायालय ने इन आरोपों को सही पाया और आरटीएलएम के फर्डिनांड नाहिमाना को आजीवन कारावास और ज्यां बास्को बार्यग्विज़ा को 32 साल और 'कंगूरा' के हासन एन्ज़े को 35 साल जेल की सज़ा सुनायी। इसके साथ ही एक और कोर्ट ने आरटीएलएम की एनाउंसर वैलेरी बेमेरिकी को नरसंहार के लिए लोगों को भड़काने के आरोप में 2009 में आजीवन कारावास की सज़ा सुनायी।

लेकिन किसी एक समुदाय के ख़िलाफ़ ज़हरीले प्रोपेगंडा अभियान के ज़रिये नफ़रत, अविश्वास और डर का माहौल बनाने, लोगों को उस समुदाय के ख़िलाफ़ हिंसा के लिए उकसाने और देश को गृहयुद्ध में झोंक देने का यह पहला मामला नहीं था जिसमें नफ़रती मीडिया (रेडियो स्टेशन और प्रिंट मीडिया) की सीधी और सक्रिय भूमिका थी। 20वीं सदी के पूर्वार्द्ध में जर्मनी में नाज़ी पार्टी और उसके नेता एडोल्फ

हिटलर के उभार के दौरान वहाँ के मीडिया का एक बड़ा हिस्सा नफ़रती मीडिया में बदल गया था जिसने यहूदी समुदाय के साथ-साथ उदार-मध्यमार्गी बुद्धिजीवियों, वाम ट्रेड यूनियनों आदि के ख़िलाफ़ ज़हरीला और भड़काऊ प्रोपेगंडा अभियान चलाया और उनके ख़िलाफ़ हिंसा के लिए उकसाया।

यहाँ जर्मनी में न्यूरेमबर्ग शहर से 1923 में शुरू हुए साप्ताहिक अख़बार 'डे'र स्टूर्मर' (द स्टोर्मर) का उल्लेख ज़रूरी है जो नाज़ी पार्टी का मुखपत्र न होते हुए भी ज़हरीले और आक्रामक नाज़ी प्रोपेगंडा का भोंपू बनकर उभरा। इस अख़बार का प्रकाशक/सम्पादक जूलियस स्ट्रिचर था जिसने यहूदी समुदाय के नागरिकों के ख़िलाफ़ एकतरफ़ा जातीय (रेसियल) घृणा और नफ़रत का ऐसा ज़हरीला अभियान चलाया जो नाज़ी पार्टी के मुखपत्र में भी नहीं छपता था। उसके अख़बार में यहूदियों की खिल्ली उड़ाने वाले कार्टूनों से लेकर उनके बारे में झूठी लोकधारणाओं पर आधारित गल्प जैसे वे ईसाई बच्चों को मारकर उनका ख़ून पीते हैं या ख़ून निकालकर उसका अपने धार्मिक कर्मकाण्ड में इस्तेमाल करते हैं। स्ट्रिचर ने यहूदियों के ख़िलाफ़ जातीय प्रोपेगंडा में मध्ययुगीन स्टीरियोटाइप्स का ख़ूब इस्तेमाल किया।

यहाँ तक कि इस टैबलायड अख़बार की हर प्रति में पहले पृष्ठ के निचले हिस्से में यह ध्येय वाक्य छपता था—"यहूदी हमारा दुर्भाग्य हैं।" 'डे'र स्टूर्मर' की ख़ासियत यह थी कि वह ऐसे आमफहम मुद्दे उठाता था जिसमें ज़्यादा सोचने-विचारने की ज़रूरत नहीं होती थी। वह यहूदी समुदाय का ऐसा नकारात्मक और अश्लील चित्रण करता था जिससे बहुसंख्यक जर्मन समुदाय में उनके ख़िलाफ़ नफ़रत फैले और अविश्वास पैदा हो। वह यहूदियों के बारे में झूठी और अफ़वाहों पर आधारित रिपोर्टों से आम लोगों में उनका बढ़ा-चढ़ाकर और काल्पनिक डर पैदा करता था। वह यहूदियों को जघन्य सेक्स अपराधों का दोषी बताकर पेश करता था।

माना जाता है कि उसने इस ज़हरीले प्रोपेगंडा से ख़ूब कमाई की। अपनी चरम लोकप्रियता के दौर में 1937 में अख़बार का प्रसार 4.86 लाख प्रतियों तक पहुँच गया था जिसने स्ट्रिचर को करोड़पति बना दिया। लेकिन स्ट्रिचर के 'डे'र स्टूर्मर' ने जर्मनी में नाज़ी प्रोपेगंडा के भोंपू के बतौर यहूदियों के ख़िलाफ़ जिस तरह का ज़हरीला प्रचार अभियान चलाया, उसकी यहूदियों के नरसंहार में बड़ी भूमिका थी। आश्चर्य नहीं कि द्वितीय विश्वयुद्ध के बाद नाज़ी अधिकारियों के ख़िलाफ़ युद्ध अपराध में मुक़दमे चले तो स्ट्रिचर के ख़िलाफ़ भी मानवता के ख़िलाफ़ अपराध में मुक़दमा चला और उसे फाँसी की सज़ा हुई।

सवाल है कि रवांडा के एथनिक नरसंहार और जर्मनी के जातीय क़त्लेआम और उसकी ज़मीन तैयार करने में रेडियो स्टेशन—आरटीएलएम, पत्रिका 'कंगूरा' और 'डे'र स्टूर्मर' जैसे जन माध्यमों की सक्रिय भूमिका और भागीदारी के आज क्या सबक हैं जिन्हें बाद में 'मानवता के ख़िलाफ़ अपराध' माना गया? आज अधिकांश नफ़रती न्यूज़ चैनल जिस मोटे मुनाफ़े के लालच और राजनीतिक/बिज़नेस हितों के कारण ज़हरीले साम्प्रदायिक प्रोपेगंडा को समाज और लोगों की नसों में उतारने के अभियान में जुटे हैं, वह देश और समाज के लिए बहुत भारी पड़ रही है। अगर यह साम्प्रदायिक नफ़रत, घृणा और अविश्वास एक बार लोगों के अन्दर गहराई से बैठ गयी तो उसे बाहर निकालने में कई पीढ़ियाँ लग जायेंगी।

याद रहे, देश एक बार साम्प्रदायिक विभाजन की भयानक आग से गुज़र चुका है और उसने वह विभीषिका झेली है। उसके घाव अब भी स्मृतियों में हैं। अगर उस विभीषिका को दोहराने से बचना है तो नये आरटीएलएमों, 'कंगूरों' और 'डे'र स्टूर्मरों' से सावधान रहना होगा जो जाने-अनजाने देश को उसी ओर धकेल रहे हैं।

*(जनवरी, 2019)*

# प्रबन्धित न्यूज़ मीडिया के ज़रिये आम चुनावों की तैयारी

**चुनावों में कॉर्पोरेट न्यूज़ मीडिया-विज्ञापन-पीआर-इवेंट मैनेजमेंट कॉम्प्लेक्स की निर्णायक भूमिका को नज़रअन्दाज़ करना मुश्किल है**

2019 के आम चुनाव सिर्फ़ छह-सात महीने दूर रह गये हैं। उससे पहले अगले दो महीनों में उत्तर भारत के तीन महत्त्वपूर्ण राज्यों—मध्य प्रदेश, राजस्थान और छत्तीसगढ़ और दक्षिण में तेलंगाना में विधानसभा के चुनाव होने हैं। कहने की ज़रूरत नहीं है कि इन चुनावों को आम चुनावों की फाइनल टक्कर से पहले सेमीफाइनल चुनाव की तरह देखा जा रहा है। उत्तर भारत के तीनों राज्यों में सत्तारूढ़ पार्टी–भाजपा को इस बार सत्ता-विरोधी रुझान का सामना करना पड़ रहा है और उसके लिए ये चुनाव आसान नहीं रह गये हैं। लेकिन यह भी किसी से छुपा नहीं है कि प्रधानमन्त्री नरेन्द्र मोदी के नेतृत्व में भाजपा हर क़ीमत और स्थिति में ये चुनाव जीतना चाहती है। इन चुनावों के नतीजों से न सिर्फ़ उत्तर भारत के मतदाताओं के मूड का अन्दाज़ा लगेगा बल्कि आम चुनावों के लिए राष्ट्रीय हवा बनेगी।

इस कारण जैसे-जैसे ये विधानसभा चुनाव और अगले आम चुनाव नजदीक आ रहे हैं, वैसे-वैसे सभी बड़े राष्ट्रीय और क्षेत्रीय राजनीतिक दलों के लिए लेकिन ख़ासकर केन्द्र और तीनों राज्यों में सत्तारूढ़ पार्टी—भाजपा और एनडीए गठबन्धन के लिए राजनीतिक दाँव ऊँचे होते जा रहे हैं। यह प्रधानमन्त्री नरेन्द्र मोदी और भाजपा से बेहतर कौन जानता है! आश्चर्य नहीं कि भाजपा ने इन विधानसभा चुनावों के साथ-साथ आम चुनावों की भी युद्धस्तर पर तैयारी शुरू कर दी है। उसने इसके लिए कोई कोर-कसर नहीं उठा रखा है। संगठित, एकल-लक्ष्य केन्द्रित, योजनाबद्ध, अत्यधिक संसाधनों से भरपूर, आक्रामक और स्थायी चुनाव मशीन की तरह सक्रिय

रहने वाली भाजपा ने इन चुनावों की तैयारियाँ महीनों पहले शुरू कर दी थीं। उसकी तैयारी, संसाधनों और आक्रामकता के मुक़ाबले में विपक्षी दल कहीं दिखाई नहीं दे रहे हैं।

कहने की ज़रूरत नहीं है कि 2014 के आम चुनावों की तरह इन विधानसभा और अगले आम चुनावों में भी न्यूज़ मीडिया ख़ासकर न्यूज़ चैनलों की बहुत महत्त्वपूर्ण भूमिका रहेगी। यहाँ यह कहना ज़रूरी है कि इससे पहले के चुनावों में भी न्यूज़ मीडिया की भूमिका उल्लेखनीय रही है। देश में जैसे-जैसे जनसंचार माध्यमों का विस्तार हुआ है, उनकी पहुँच बढ़ी है और उनके उपभोग में तेज़ी आयी है, वैसे-वैसे मतदाताओं के निर्णय को प्रभावित करने में उनकी भूमिका बढ़ी है। ख़ासकर 1980 के दशक से चुनावों को प्रभावित करने में न्यूज़ मीडिया की भूमिका धीरे-धीरे बढ़ने लगी थी। 1984 के आम चुनावों में पहली बार इलेक्ट्रॉनिक माध्यमों ख़ासकर टीवी के साथ-साथ विज्ञापन-पीआर एजेंसियों, बड़े पैमाने पर केन्द्रीकृत विज्ञापन और रणनीतिक प्रचार अभियान और न्यूज़ मीडिया का संगठित और योजनाबद्ध इस्तेमाल देखा गया।

उसके बाद से यह प्रक्रिया और आगे ही बढ़ी है। 2004 के आम चुनावों में 'इंडिया शाइनिंग' प्रचार अभियान ने इसे एक और नयी ऊँचाई पर पहुँचा दिया। हालाँकि राजनीतिक रूप से वह नाकाम रहा लेकिन विज्ञापन-पीआर-इवेंट मैनेजमेंट-न्यूज़ मीडिया उद्योग की संगठित ताक़त के प्रदर्शन से कुछ महीनों के लिए देश की आँखें चौंधियाँ गयी थीं। यह सच है कि भारत में अभी भी अकेले मीडिया-विज्ञापन-प्रचार-पीआर के बल पर चुनाव नहीं जीते जा सकते हैं लेकिन अन्य महत्त्वपूर्ण कारकों के साथ-साथ चुनावों में अनुकूल माहौल और हवा बनाने में कॉर्पोरेट न्यूज़ मीडिया-विज्ञापन-पीआर-इवेंट मैनेजमेंट कॉम्प्लेक्स की बढ़ती और निर्णायक भूमिका को नज़रअन्दाज़ करना मुश्किल है।

इस अर्थ में, 2014 के आम चुनावों को भाजपा के अत्यधिक संगठित-रणनीतिक-आक्रामक प्रचार अभियान और न्यूज़ मीडिया ख़ासकर न्यूज़ चैनलों और सोशल मीडिया की पहले से कहीं ज़्यादा सक्रिय और निर्णायक भूमिका के लिए याद किया जायेगा। पिछले आम चुनावों के बाद से राजनीति विज्ञानियों, चुनावी पण्डितों और शोधकर्ताओं का एक बड़ा हिस्सा मानने लगा है कि चुनावों को प्रभावित करने में मीडिया की भूमिका काफ़ी निर्णायक हो गयी है। राहुल वर्मा और श्रेयस सरदेसाई के मुताबिक़, 2014 के आम चुनावों के नतीजे 'राजनीतिक

तर्क' की बजाय 'मीडिया तर्क' के परिणाम हैं। भाजपा की जीत का मुख्य कारण उसका हाई वोल्टेज मीडिया अभियान था।

भारतीय चुनावों और राजनीति के गम्भीर अध्येता और राजनीति-विज्ञानी सुहास पलशीकर ने उस समय लिखा था कि, "यह चुनाव (2014) सबसे अधिक 'मीडियाटाईज्ड' चुनाव होने जा रहे हैं। इस बार मीडियाटाईजेशन के कम-से-कम तीन पहलू साफ़ दिखाई देंगे—चुनावी प्रतियोगिता का सरलीकरण और व्यक्तिकरण, मीडिया द्वारा एजेंडा सेटिंग और राजनीतिक नेताओं द्वारा ख़ुद को 'मीडिया तर्क' के अनुसार ढालने की कोशिश।" वर्मा और सरदेसाई ने अपने एक अध्ययन (2014) में हाल के वर्षों में हुए शोधों का हवाला दिया है जिससे इस बात के पर्याप्त प्रमाण मिलते हैं कि मीडिया न सिर्फ़ रिपोर्टों को एक ख़ास झुकाव देकर लोगों को प्रभावित करता है बल्कि यह भी तय करता है कि क्या कवर करना है।

इस तरह से राजनीति-विज्ञानियों और मीडिया शोधकर्ताओं में आमतौर पर एक सहमति है कि मीडिया लोगों की राजनीतिक जानकारी, नज़रिया और व्यवहार को गढ़ता है। दुनिया के कई देशों में चुनाव में मीडिया की भूमिका और प्रभाव पर हुए शोध से यह तथ्य सामने आया है कि दुनिया भर में राष्ट्रीय स्तर पर निर्देशित, व्यक्ति (नेता) केन्द्रित, ख़र्चीले और मीडिया प्रदर्शन पर आधारित 'चुनाव प्रचार की अमेरिकीकृत शैली' उभरकर सामने आयी है। इसके बावजूद राजनीतिक विश्लेषकों, मीडिया विशेषज्ञों और अकादमिकों में चुनाव नतीजों पर मीडिया के निर्णायक प्रभाव को लेकर बहस हर चुनाव के बाद और तेज़ हो जाती है। 2014 के आम चुनाव भी अपवाद नहीं थे।

यहाँ भारत के सन्दर्भ में विकासशील देशों के अध्ययन केन्द्र (सीएसडीएस) के 2014 के राष्ट्रीय चुनाव अध्ययन (एनईएस, 2014) पर आधारित एक शोध अध्ययन के चार महत्त्वपूर्ण निष्कर्षों पर ग़ौर करना ज़रूरी है : पहला, पिछले दो दशकों में पहले के किसी भी दौर की तुलना में भारतीय मतदाताओं का 'मीडिया एक्सपोज़र' लगातार बढ़ा है। दूसरा, 2014 के चुनावों में जिन मतदाताओं का सबसे अधिक 'मीडिया एक्सपोज़र' था, उनकी भाजपा को वोट देने की सम्भावना सबसे ज़्यादा थी। तीसरा, जिन मतदाताओं का अधिक 'मीडिया एक्सपोज़र' था, उनकी पिछले लोकसभा चुनावों में भी भाजपा को ही वोट देने की सम्भावना थी और इस मामले में, यह चुनाव कोई अलग नहीं था। चौथा, 'मीडिया एक्सपोज़र' का मतदाताओं के वोट निर्णय पर असर पड़ता है। (वर्मा और सरदेसाई, 2014)

सीएसडीएस के सर्वेक्षण के मुताबिक़, भाजपा की लोकप्रियता उन मतदाताओं में सबसे ज़्यादा थी जो टीवी नियमित देखते थे और अख़बार पढ़ते थे। यह भी देखा गया कि टीवी न्यूज़ देखने वाले उत्तरदाता वोटरों में जुलाई'13 में कांग्रेस पर भाजपा की बढ़त सिर्फ़ तीन फ़ीसदी मतों की थी जो अगले नौ महीनों में मई'14 तक बढ़कर 20 फ़ीसदी तक पहुँच गयी। इसी तरह नियमित अख़बार पढ़ने वाले वोटरों में भाजपा की कांग्रेस पर बढ़त 7 फ़ीसदी से बढ़कर 20 फ़ीसदी और नियमित इंटरनेट इस्तेमाल करने वालों में 13 फ़ीसदी से बढ़कर 26 फ़ीसदी हो गयी। 'मीडिया एक्सपोज़र' वाले वोटरों में प्रधानमन्त्री पद के पसन्दीदा उम्मीदवारों को लेकर भी जुलाई'13 से मई'14 के बीच ऐसे ही फ़र्क़ बढ़ता हुआ दिखाई पड़ा। उदाहरण के लिए, नियमित टीवी न्यूज़ देखने वाले वोटरों में प्रधानमन्त्री पद के पसन्दीदा उम्मीदवारों में राहुल गाँधी पर नरेन्द्र मोदी की बढ़त 9 फ़ीसदी से बढ़कर 25 फ़ीसदी, नियमित अख़बार पढ़ने वालों में 11 फ़ीसदी से 27 फ़ीसदी और नियमित इंटरनेट इस्तेमाल करने वालों में 14 फ़ीसदी से 35 फ़ीसदी तक पहुँच गया।

इस अध्ययन के निष्कर्षों के संकेत साफ़ हैं। वह यह कि नौ महीने से अधिक लम्बे चले चुनाव प्रचार में मतदाताओं के वोटिंग रुझान को प्रभावित करने में न्यूज़ मीडिया की महत्त्वपूर्ण भूमिका थी। हालाँकि इससे यह निष्कर्ष निकालना अतिरेकपूर्ण होगा कि भाजपा और मोदी की जीत सिर्फ़ न्यूज़ मीडिया के कारण हुई लेकिन उनकी जीत में मीडिया की उल्लेखनीय भूमिका को अनदेखा करना सम्भव नहीं है। न्यूज़ मीडिया ने राजनीतिक दलों ख़ासकर भाजपा और उसके प्रधानमन्त्री पद के उम्मीदवार नरेन्द्र मोदी के चुनाव प्रचार को न सिर्फ़ मतदाताओं के एक बड़े हिस्से तक पहुँचाने और उसे उनके मानस में बैठाने में मदद की, उसे एक तरह का 'प्रतिध्वनि प्रभाव' (इको चैम्बर इफेक्ट) दिया बल्कि इस तरह से फ्रेम और पेश किया कि उसे एक विश्वसनीयता मिल गयी।

उदाहरण के लिए, सीएसडीएस के राष्ट्रीय चुनाव अध्ययन (एनईएस, 2014) में यह पाया गया कि जिन उत्तरदाताओं (वोटरों) का मीडिया एक्सपोज़र ज़्यादा था, उनमें उन उत्तरदाताओं (वोटरों) की तुलना में गुजरात को अन्य राज्यों से बेहतर प्रशासित राज्य मानने की सम्भावना चार गुना ज़्यादा थी जिनका कम या बिल्कुल मीडिया एक्सपोज़र नहीं था। यही नहीं, जिन उत्तरदाताओं (वोटरों) ने गुजरात को विकास के सूचकांकों पर अन्य राज्यों से बेहतर माना, उनमें कांग्रेस की तुलना में भाजपा को वोट देने का रुझान छह गुना ज़्यादा था। इसके उलट जो उत्तरदाता

गुजरात की तुलना में किसी अन्य राज्य को बेहतर मानते थे या जिन्होंने किसी राज्य का नाम नहीं लिया, उनमें कांग्रेस और भाजपा को बराबरी में वोट देने का रुझान था।

इस सर्वेक्षण से साफ़ है कि मीडिया में गुजरात में 'विकास और सुशासन' को लेकर जो प्रचार अभियान चला, उसका फ़ायदा भाजपा और प्रधानमन्त्री के उम्मीदवार के रूप में मोदी को हुआ। ज़ाहिर है कि यह कॉर्पोरेट न्यूज़ मीडिया-पीआर-इवेंट मैनेजमेंट-विज्ञापन उद्योग कॉम्प्लेक्स की निर्णायक और सक्रिय मदद के बिना सम्भव नहीं था। यह कहना मुश्किल है कि भाजपा और मोदी की प्रचार टीम ने अपने राजनीतिक प्रतिद्वन्द्वियों की तुलना में न्यूज़ मीडिया का बेहतर और ज़्यादा चतुराई से इस्तेमाल किया या फिर कॉर्पोरेट मीडिया ने चढ़ते सूरज को नमस्कार करना और उसके साथ सवारी करना उचित समझा? या कि यह भाजपा और मोदी के कॉर्पोरेट समर्थकों और कॉर्पोरेट मीडिया के बीच हितों की एकता थी?

कारण चाहे जो हो लेकिन यह एक तथ्य है कि कॉर्पोरेट मीडिया के बड़े हिस्से के कवरेज में न सिर्फ़ मोदी छाये हुए थे बल्कि उसमें उनके प्रति एक झुकाव भी साफ़ दिखाई देता था। इसका राजनीतिक फ़ायदा भाजपा और मोदी को मिला।

इसमें भी कोई शक नहीं है कि नरेन्द्र मोदी की अगुवाई में भाजपा ने जिस तरह से 2014 के संसदीय चुनावों को अमेरिकी राष्ट्रपति चुनावों की शैली में लड़ा, न्यूज़ मीडिया-पीआर-इवेंट मैनेजमेंट-विज्ञापन उद्योग के विशाल कॉर्पोरेट कॉम्प्लेक्स की मदद से मोदी की 'सशक्त और फ़ैसला लेने वाले नेता और विकासपुरुष' की मिथकीय छवि निर्मित की गयी, उसे एक ब्रांड की तरह पैकेज किया गया, उस छवि और ब्रांड को जनसंचार के आधुनिक माध्यमों के ज़रिये मार्केट और चुनाव का एजेंडा तय किया गया, उसका राजनीतिक विरोधियों के पास कोई जवाब नहीं था।

मोदी की प्रचार मशीनरी ने जिस 'स्तब्ध और भयभीत' (शाक एंड आव) करने वाली शैली में चुनाव अभियान चलाया, उसने कांग्रेस और यूपीए समेत सभी विपक्षी पार्टियों को हतप्रभ और निरुत्तर-सा कर दिया था। उसकी काट किसी भी पार्टी या नेता के पास नहीं दिखाई दे रही थी। यह सिर्फ़ संयोग नहीं है कि चुनाव प्रचार को संचालित-संयोजित और निर्देशित करने के लिए गठित मुख्यालय को 'वाररूम' कहा जा रहा था। मोदी की प्रचार टीम ने पूरा प्रचार अभियान युद्ध की तरह एक सुनियोजित-संगठित रणनीति के तहत चलाया।

नतीजा, चुनाव प्रचार के शुरुआती दौर में ही यह स्पष्ट हो गया था कि मोदी टीम के चुनाव प्रचार के पैमाने, रणनीति और मशीनरी के आगे कोई खड़ा नहीं हो पायेगा। इस मायने में यह एक असमान मुक़ाबला था। इस असमान मुक़ाबले का

नतीजा पहले से तय था। असल में, भारतीय आम चुनावों में ऐसा संगठित, व्यापक और सघन प्रचार अभियान इक्का-दुक्का अपवादों (1984 और 2004) को छोड़कर अब तक नहीं देखा गया था। इस प्रचार अभियान ने अतीत के सारे प्रचार अभियानों को बहुत पीछे छोड़ दिया। यह लगभग 'कारपेट बॉम्बिंग' की तरह था जिससे देश का कोई कोना—चाहे शहर हो या क़स्बा या गाँव और कोई मतदाता नहीं बचा। इस अत्याधुनिक, हाईटेक और मल्टी-मीडिया चुनाव प्रचार ने चुनाव अभियान की एक नयी और ऊँची लकीर खींच दी।

इस अर्थ में इस चुनाव ने चुनाव प्रक्रिया में प्रचार अभियान और धनशक्ति के बढ़ते प्रभाव को असन्दिग्ध रूप से स्थापित कर दिया। इन चुनावों में कम-से-कम प्रचार अभियान के स्वरूप और प्रकृति के मामले में धन की बहुत बड़ी और निर्णायक भूमिका थी। चुनाव प्रबन्धन की कला और विज्ञान को विज्ञापन-पीआर-इवेंट मैनेजमेंट-सोशल मीडिया-न्यूज़ मीडिया कम्पनियों और प्रोफ़ेशनल चुनाव प्रबन्धन कम्पनियों और उनके मैनेजरों ने जिस तरह से साध लिया है, उसने भारतीय चुनावों में राजनीतिक प्रतियोगिता की ज़मीन, रणनीति और औज़ारों को हमेशा के लिए बदल दिया है। इसकी पुष्टि पिछले चार सालों में दर्जनों विधानसभा चुनावों में केन्द्रीकृत-योजनाबद्ध-औद्योगिक स्तर के प्रचार अभियानों के बढ़ते स्केल और लगातार महँगे होते चुनावों से भी होती है।

लेकिन 2019 के आम चुनावों से पहले इन सबके अलावा एक और नयी परिघटना उभर रही है। यह नयी परिघटना उत्तर सत्य राजनीति के इस दौर में 'सत्य के प्रबन्धन' की है। 'सत्य का प्रबन्धन' कई स्तरों पर चल रहा है। इसने एक ललित कला का रूप ले लिया है। इसके तहत प्रोपेगंडा, कुसूचना (डिसइन्फॉर्मेशन) और स्पिन के ज़रिये सत्य को तोड़ने-मरोड़ने, उसे दबाने-छुपाने या झूठ को सच की तरह आगे बढ़ाने का संगठित और औद्योगिक स्तर का अभियान चल रहा है। इसने पूरे 'पब्लिक स्फीयर' को अपने घेरे में ले लिया है। इसने सत्य को बेमानी बना दिया है जहाँ "तथ्य, तथ्य नहीं रह गये हैं", वैकल्पिक 'तथ्य' पर ज़ोर है और भावनाओं/आस्था पर ज़ोर है।

'सत्य के प्रबन्धन' का एक प्रमुख हिस्सा मीडिया प्रबन्धन भी है। मीडिया प्रबन्धन भी कई शक्लों में सामने आ रहा है। इस मीडिया प्रबन्धन में जहाँ बड़े कॉर्पोरेट मीडिया कॉम्प्लेक्स के अन्दर से एक ओर उग्र दक्षिणपन्थी-ज़हरीले-पक्षपाती-सरकार समर्थक न्यूज़ मीडिया का उभार, उसका विस्तार और संगठित होकर एकतरफ़ा और अहर्निश सरकार और भाजपा समर्थक नैरेटिव गढ़ने और

एजेंडा तय करने का अभियान चल रहा है दूसरी ओर, सरकार और भाजपा पर सवाल उठाने वाले और उसकी आलोचना करने वाले अख़बारों/न्यूज़ चैनलों/न्यूज़ वेबसाइटों को चुप कराने के लिए उनके प्रबन्धन और मालिकों को लोभ-लालच देने से लेकर डराने-धमकाने और उदार-सेक्युलर और सरकार के प्रति क्रिटिकल पत्रकारों/सम्पादकों को न्यूज़ चैनलों/अख़बारों आदि से बाहर करने के लिए उन पर दबाव डालने के रूप में सामने आ रही है।

ऐसा नहीं है कि कांग्रेस और उसकी सरकारों ने मीडिया प्रबन्धन के तहत न्यूज़ मीडिया को लोभ-लालच से ख़रीदने और क्रिटिकल न्यूज़ मीडिया संस्थानों और पत्रकारों/सम्पादकों को डराने-धमकाने और चुप कराने की कोशिश नहीं की। आपातकाल (इमरजेंसी) को भूलना मुश्किल है। लेकिन पिछले तीन दशकों में ख़ासकर गठबन्धन सरकारों, सिविल सोसायटी के उभार, न्यायपालिका की सक्रियता और मीडिया के तीव्र विस्तार के दौर में न्यूज़ मीडिया के बड़े हिस्से ने एक निश्चित दायरे में ही सही लेकिन अपेक्षाकृत एक स्वतन्त्र और क्रिटिकल भूमिका निभानी शुरू की थी। न्यूज़ चैनलों के उभार और विस्तार ने इसे और मज़बूती दी। सीमित दायरे में ही सही और मुख्यत: मध्यवर्गीय सरोकारों के साथ मीडिया एक्टिविजम का दौर भी चला।

लेकिन 2014 के बाद से कॉर्पोरेट न्यूज़ मीडिया में जो हुआ और हो रहा है और जिस स्तर पर हो रहा है, उसे कई राजनीतिक विश्लेषक और वरिष्ठ पत्रकार/सम्पादक 'अघोषित इमरजेंसी' के साथ 'गोदी' (सरकारपरस्त) मीडिया और दक्षिणपन्थी-विभाजक/ध्रुवीकृत मीडिया का दौर बता रहे हैं। कहने की ज़रूरत नहीं है कि 2019 के आम चुनावों के लिए यह उग्र दक्षिणपन्थी 'गोदी न्यूज़ मीडिया' साम्प्रदायिक रूप से एक ऐसा ध्रुवीकृत-विभाजक-ज़हरीला राजनीतिक नैरेटिव बनाने में जुटा है जिसका सबसे अधिक फ़ायदा सत्तारूढ़ भाजपा को होता दिख रहा है। आश्चर्य नहीं कि अधिकांश न्यूज़ चैनलों के प्राइम टाइम पर हर शाम घण्टों चलने वाली बहसों का फोकस, एंगल और दिशा मुख्य रूप से एनडीए/भाजपा सरकार और प्रधानमन्त्री मोदी के कामकाज पर नहीं बल्कि साम्प्रदायिक रूप से संवेदनशील लेकिन विभाजक मुद्दों, विषयों और घटनाओं/बयानों पर है।

मज़े की बात यह है कि जब कभी सरकार की विफलताओं/कमियों पर चर्चा करना या उसे रिपोर्ट करना मजबूरी हो जाती है, उस समय भी अधिकांश न्यूज़ चैनलों  पर उस नाकामी का ठीकरा कांग्रेस के नेतृत्ववाली पिछली यूपीए सरकार या पिछले साठ सालों की सरकारों पर फोड़ा जाता है। इन दिनों चैनलों पर

कांग्रेस, उसके अध्यक्ष राहुल गाँधी या दूसरे विपक्षी नेताओं से ज़्यादा सवाल पूछे जाते हैं, उनकी नाकामियों/खामियों और ग़लतियों को उछाला जाता है और उनका खलनायकीकरण किया जाता है। लेकिन अगर कभी ग़लती से भी किसी चैनल या उसके एंकर/रिपोर्टर ने सरकार के कामकाज पर सवाल उठा दिया, क्रिटिकल रिपोर्ट दिखा दी या सवाल पूछ दिया, सरकार और भाजपा की ओर से उस चैनल पर रुख बदलने के लिए सीधा या परोक्ष दबाव बढ़ जाता है।

हाल के महीनों में ऐसे कई मामले सामने आये हैं और कुछ मामलों में न्यूज़ चैनलों/अख़बारों आदि के पत्रकारों/एंकरों/सम्पादकों की ओर से आये बयानों से इस बात के पर्याप्त संकेत मिलते हैं कि उन्हें सरकार से सवाल पूछने से रोकने के लिए कई तरीक़े आजमाये जा रहे हैं। जैसे, उस चैनल को प्रत्यक्ष या परोक्ष रूप से डराने-धमकाने, उनके कॉर्पोरेट विज्ञापनदाताओं पर विज्ञापन बन्द करने का दबाव डालने, स्थानीय स्तर पर केबल ऑपरेटरों पर दबाव डालकर उस चैनल या उसके क्रिटिकल रिपोर्टों/कार्यक्रमों को ब्लैकआउट करने से लेकर सोशल मीडिया पर संगठित ट्रोल हमले बढ़ जाते हैं।

सबसे अधिक चिन्ता की बात यह है कि इंटरनेट/सोशल मीडिया पर कथित तौर पर भाजपा-आरएसएस और सरकार विरोधी पत्रकारों/एंकरों/सम्पादकों के साथ-साथ क्रिटिकल बुद्धिजीवियों, राजनीतिक विश्लेषकों आदि की सूची बनाकर उनके ख़िलाफ़ संगठित अभियान चलाया जाता है। इस अभियान में उन क्रिटिकल पत्रकारों/एंकरों को सरकार विरोधी और कांग्रेस समर्थक घोषित करके उनकी चरित्र हत्या करने, उनकी साख पर सवाल उठाने, उन्हें जान से मारने की धमकियों से लेकर उनके ख़िलाफ़ फ़र्ज़ी वेबसाइटों और सोशल मीडिया पर फ़र्ज़ी ख़बरें या उनके नाम से फ़र्ज़ी लेकिन अत्यधिक भड़काऊ बयान छापकर लोगों को उनके ख़िलाफ़ भड़काने का एक पैटर्न-सा बन गया है।

ऐसे ही न्यूज़ मीडिया संस्थानों पर दबाव डालकर कुछ क्रिटिकल पत्रकारों/एंकरों/सम्पादकों को हायर करने/उन्हें नौकरी देने से रोका जा रहा है। कई पत्रकारों/सम्पादकों/न्यूज़ एंकरों को इस्तीफ़ा देने के लिए मजबूर किया गया है। ऐसे नये न्यूज़ चैनलों को लाइसेंस नहीं मिल रहा है, उसे बिना कारण लम्बे समय तक लटकाया जा रहा है जिनके बारे में ज़रा भी सन्देह है कि वह सरकार के प्रति क्रिटिकल हो सकता है या जिसके साथ सरकार के प्रति क्रिटिकल सम्पादकों/एंकरों/पत्रकारों के नाम जुड़े हैं। इसके बावजूद जिन चुनिन्दा न्यूज़ पोर्टलों आदि के सम्पादक/पत्रकार

सरकार के बारे में क्रिटिकल रिपोर्टें छाप रहे हैं या भ्रष्टाचार/अनियमितताओं के बारे में खोजी रिपोर्टें कर रहे हैं, उन्हें चुप कराने के लिए उन पर करोड़ों के सिविल और आपराधिक मानहानि के मुक़दमे दर्ज किये जा रहे हैं।

कहने की ज़रूरत नहीं है कि अधिकांश न्यूज़ चैनल न सिर्फ़ बड़ी पूँजी से चलते हैं, उनका लाइसेंस और उसका पुनर्नवीनीकरण का अधिकार सरकार के पास है, उनकी आय का मुख्य स्रोत कॉर्पोरेट और सरकारी कम्पनियों के विज्ञापन हैं बल्कि उनके कॉर्पोरेट मालिकों के और भी कारोबारी हित हैं और इस कारण वे सरकार को नाराज़ करने का जोख़िम नहीं उठा सकते हैं। सरकार के पास उन्हें पकड़ने/रगड़ने के अनेक मौक़े हैं। इसलिए अधिकांश चैनलों ने बहुत पहले से घुटने टेक दिये हैं। ऐसा नहीं है कि इक्का-दुक्का क्रिटिकल न्यूज़ चैनल और एंकर/सम्पादक/पत्रकार नहीं हैं लेकिन 80 से 90 फ़ीसदी न्यूज़ चैनल जिस तरह उग्र साम्प्रदायिक-दक्षिणपन्थी और सरकारपरस्त नैरेटिव के भोंपू बन गये हैं, उनके बीच ये स्वतन्त्र क्रिटिकल आवाज़ें नक्कारखाने में तूती बनकर रह गयी हैं। यही नहीं, उन पर एक कृत्रिम सन्तुलन बनाने के नाम पर अपनी आलोचना को हल्का या उसे 'टोन डाउन' करने का दबाव भी रहता है।

इस तरह 2019 के आम चुनावों से पहले एक प्रबन्धित यानी मैनेज्ड और सैनीटाइज्ड कॉर्पोरेट न्यूज़ मीडिया और उसके उग्र साम्प्रदायिक-दक्षिणपन्थी-सरकारपरस्त नैरेटिव (प्रोपेगंडा) के ज़रिये 'सच के प्रबन्धन' का काफ़ी हद तक बन्दोबस्त कर लिया गया है। मक़सद यह है कि आम वोटरों तक सरकार के कामकाज के बारे में न सिर्फ़ सच नहीं पहुँचे बल्कि उसे सिर्फ़ उन विषयों/मुद्दों पर सोचने तक सीमित रखा जाये जो सरकार और भाजपा के लिए राजनीतिक रूप से अनुकूल और फ़ायदेमन्द है। लेकिन क्या ऐसा हो पायेगा?

इतिहास गवाह है कि ऐसी कोशिशें एक समय के बाद न सिर्फ़ अपना असर खोने लगती हैं और उल्टा पड़ती (बूमरैंग करती) हैं बल्कि लोगों में तीखा प्रतिकार पैदा करती हैं। प्रोपेगंडा कुछ समय के लिए सच पर पर्दा डाल सकता है लेकिन वह सच को बदल नहीं सकता है। यह और बात है कि हर दौर में प्रोपेगंडाकर्ताओं को लगता है कि उनके पास सच को बदलने और तोड़ने-मरोड़ने के प्रभावी उपकरण और असीमित ताक़त है। लेकिन इतिहास ने हमेशा उन्हें ग़लत साबित किया है।

***(अक्तूबर, 2018)***

# साहित्यकारों का विरोध और मीडिया: पार्टनर, तुम्हारी पॉलिटिक्स क्या है?

**चैनलों में भारतीय भाषाओं के साहित्य और साहित्यकारों, उनकी राजनीति और वैचारिकी के बारे में अज्ञानता और अवमानना का भाव साफ़ दिखता है**

चेतन भगत/शोभा डे जैसे सेलिब्रिटी लेखकों से इतर साहित्य और साहित्यकार ख़ासकर भारतीय भाषाओं के लेखक/कवि/कहानीकार/संस्कृतिकर्मी इन दिनों अख़बारों और न्यूज़ चैनलों की सुर्ख़ियों में हैं। सोशल मीडिया में भी इन साहित्यकारों का विरोध ट्रेंड कर रहा है। याद नहीं पड़ता कि पिछली बार कब सेलिब्रिटी और 'लिटरेचर फेस्टिवल' नेटवर्क से अलग-थलग के लेखकों और संस्कृतिकर्मियों को अख़बारों और न्यूज़ चैनलों के पहले पन्ने और सुर्ख़ियों में इतनी और इतने दिनों तक जगह मिली थी?

कहने की ज़रूरत नहीं है कि मुख्यधारा के न्यूज़ मीडिया, यहाँ तक कि भाषायी अख़बारों और चैनलों में भी साहित्य और साहित्यकारों को न के बराबर जगह मिलती है। गोया उनके लिए साहित्य या साहित्यकारों ख़ासकर भारतीय भाषाओं के साहित्य या साहित्यकारों का कोई अस्तित्व ही नहीं हो। कभी-कभार साहित्य या साहित्यकारों को जगह मिलती भी है तो वह उनकी मौत या किसी विवाद के कारण होती है। कुछेक अख़बारों या चैनलों में किसी जाने-माने साहित्यकार की मृत्यु की ख़बर चैनलों पर कुछ सेकंडों-मिनटों के लिए और अख़बारों के अन्दर के पन्नों में जगह पा जाती है।

इसी तरह गाहे-बगाहे साहित्यकारों को पुरस्कारों या पद्मश्री/पद्म-विभूषण जैसे सरकारी सम्मान मिलने की ख़बर भी अख़बारों में छप जाती है। चैनलों में उस ख़बर को स्क्रोल में भी जगह मिल जाये तो बड़ी बात है। अलबत्ता, अंग्रेज़ी-हिन्दी

के अख़बारों और चैनलों में कॉर्पोरेट प्रायोजित जयपुर लिटरेचर फ़ेस्टिवल जैसे मेलों/आयोजनों और चेतन भगत/शोभा डे जैसे सेलिब्रिटी लेखकों को अच्छी-ख़ासी जगह मिलती रही है। यहाँ तक कि इन सेलिब्रिटी लेखकों को अंग्रेज़ी के अख़बारों के साथ-साथ हिन्दी और दूसरी भारतीय भाषाओं के अख़बारों में सम्पादकीय पृष्ठ पर अनुवाद करके काफ़ी महत्त्व के साथ छापा जाता है। चैनलों की प्राइम टाइम चर्चाओं में भी अक्सर ये सेलिब्रिटी लेखक ही दिखते/बोलते रहते हैं।

लेकिन देश में इनसे इतर भी साहित्य की एक बड़ी दुनिया और उसमें सक्रिय लेखक/संस्कृतिकर्मी हैं। उनके पढ़ने वाले पाठक हैं। ऐसा लगता है कि इसका इलहाम अख़बारों ख़ासकर चैनलों को अब हुआ है जब विभिन्न भारतीय भाषाओं के अनेक लेखकों ने देश में लेखकों और अन्धविश्वासों के ख़िलाफ़ तर्क-विवेक की बात करने वालों पर हो रहे जानलेवा हमलों, सार्वजनिक जीवन में असहमति के प्रति बढ़ती हिंसक असहिष्णुता, ज़हरीले दमघोंटू साम्प्रदायिक माहौल, अभिव्यक्ति की आज़ादी से लेकर खाने-पीने, पहनने आदि की आज़ादी पर सरकार से लेकर आर.एस.एस. और उसके अनुषंगी और शिव सेना/श्रीराम सेना/सनातन संस्था जैसे साम्प्रदायिक संगठनों की ओर से थोपी जा रही पाबन्दियों, सार्वजनिक संस्थाओं और संस्थानों की स्वायत्तता में हस्तक्षेप और उस पर साहित्य अकादेमी, केन्द्र और राज्य सरकारों ख़ासकर प्रधानमन्त्री की चुप्पी के प्रतिरोध में अपने पुरस्कार और सम्मान लौटाने शुरू कर दिये।

पुरस्कार लौटाने की शुरुआत हिन्दी के जानेमाने कथाकार उदय प्रकाश और कर्नाटक में छह लेखकों ने की। उदय प्रकाश ने कन्नड़ लेखक, बुद्धिजीवी, तर्कवादी और साहित्य अकादेमी पुरस्कार से सम्मानित प्रो. एम.एम. कलबुर्गी की हत्या के कुछ दिनों बाद इस मुद्दे पर साहित्य अकादेमी की चुप्पी और देश में असहमति और विरोध की आवाज़ों को दबाने-कुचलने, बढ़ती हिंसक असहिष्णुता और ज़हरीले साम्प्रदायिक माहौल के विरोध में साहित्य अकादेमी के पुरस्कार को लौटाने की घोषणा की जबकि कन्नड़ लेखकों ने राज्य की कन्नड़ साहित्य परिषद के पुरस्कार लौटा दिये। इसकी मुख्यधारा के न्यूज़ मीडिया में कुछ अपवादों को छोड़कर ज़्यादातर अख़बारों और चैनलों ने कोई ख़ास नोटिस नहीं ली।

लेकिन सोशल मीडिया में इसकी चर्चा बढ़ने लगी। ख़ुद हिन्दी लेखकों की दुनिया में उदय प्रकाश के फ़ैसले के पक्ष में और विरोध के तरीक़े से असहमत लेखकों के बीच भी बहस शुरू हो गयी। इस बीच, राजधानी दिल्ली से सिर्फ़ 50 किलोमीटर दूर नोएडा-दादरी के बिसाहरा गाँव में एक उन्मादी भीड़ ने 50 साल

के मोहम्मद अख़लाक़ को पीट-पीटकर मार डाला जबकि उसके 22 साल के बेटे दानिश को अधमरा कर दिया। इस हिंसक और उन्मादी भीड़ ने सिर्फ़ इस अफ़वाह पर कि अख़लाक़ के फ्रिज में गोमांस है, यह बर्बर हमला किया।

इस घटना ने नागरिक समाज के साथ साहित्यिकों की आत्मा को भी हिला दिया। इस घटना के बाद हिन्दी के जानेमाने कवि अशोक वाजपेयी और अंग्रेज़ी की लेखिका नयनतारा सहगल ने भी साहित्य अकादेमी पुरस्कार लौटाने का ऐलान कर दिया। इसके बाद तो फिर साहित्य अकादेमी पुरस्कारों को लौटाने से लेकर साहित्य अकादेमी की कार्यकारिणी और संगीत नाटक अकादेमी से इस्तीफ़ा देने वाले लेखकों/कलाकारों की सूची में रोज़ नये नाम जुड़ने लगे। इसमें कश्मीर से लेकर केरल तक और गुजरात से लेकर बंगाल तक विभिन्न भाषाओं के लेखक शामिल हैं।

यही नहीं, ऐसे लेखकों/कलाकारों/बुद्धिजीवियों की संख्या सैकड़ों में है जिन्होंने विरोध करने वाले लेखकों के समर्थन में बयान जारी किये हैं। देश के अनेक शहरों में लेखकों और कलाकारों ने मौजूदा माहौल के ख़िलाफ़ रचनात्मक तरीक़ों से सड़कों पर उतरकर अपना क्षोभ प्रकट किया है। इसमें कोई शक नहीं है कि देश में विरोधी विचारों और राय के ख़िलाफ़ बढ़ रही हिंसक असहिष्णुता और साम्प्रदायिक कट्टरपन्थ के कारण ज़हरीले और दमघोंटू होते माहौल के ख़िलाफ़ लेखकों/कलाकारों की ओर से उठे सामूहिक प्रतिरोध के इन सुरों ने पूरे देश का ध्यान खींचा है।

इससे कुछेक अपवादों को छोड़कर अधिकतर अख़बारों और चैनलों का ध्यान मजबूरी में उन लेखकों की ओर गया है जो हमेशा से उनकी ख़बरों के दायरे से बाहर रहे हैं। सम्भव है कि इन अख़बारों और चैनलों में काम करने वाले बहुतेरे सम्पादकों/पत्रकारों/एंकरों ने इन लेखकों का नाम भी नहीं सुना हो। आश्चर्य नहीं कि अधिकतर अख़बारों/चैनलों की इस मुद्दे पर रिपोर्टिंग और चैनलों पर हुई बहसों में एक हैरानी और चिढ़ का स्वर था कि इतने सारे लेखक अचानक मोदी सरकार के विरोध में क्यों खड़े हो गये हैं? उन्हें यह भी समझने में मुश्किल हो रही थी कि लेखकों में इतना साहस कैसे आ गया?

दूसरी ओर, एनडीए सरकार पर एक नैतिक दबाव बढ़ गया कि वह साम्प्रदायिक ज़हर फैलाने वाले तत्त्वों ख़ासकर ख़ुद शासक पार्टी—भाजपा के उन मुख्यमन्त्री-मन्त्रियों-सांसदों-विधायकों-नेताओं के ख़िलाफ़ सख़्त कार्रवाई करे जो संविधान और क़ानून का मखौल उड़ाते हुए आपत्तिजनक और ज़हरीले बयान दे रहे हैं या साम्प्रदायिक सौहार्द बिगाड़ने में लगे हुए हैं। लेकिन लेखकों/कलाकारों

के विरोध की भावना और संवेदनशीलता को समझने और उसके मुताबिक़ कार्रवाई करने के बजाय सरकार के कई मन्त्रियों और भाजपा-आर.एस.एस. प्रवक्ताओं ने लेखकों के विरोध और उसके उद्देश्य पर सवाल उठाना शुरू कर दिया, उन पर तीखे और व्यक्तिगत आरोप लगाने लगे और उन्हें कांग्रेस-वामपन्थी समर्थक साबित करने में जुट गये।

यहाँ तक कि एनडीए सरकार के सबसे वरिष्ठ मन्त्रियों में से एक वित्त मन्त्री अरुण जेटली ने लेखकों के विरोध को 'गढ़ा हुआ विरोध' बताते हुए उन्हें ख़ुद 'वैचारिक रूप से असहिष्णु' घोषित कर दिया। उनके मुताबिक़, वामपन्थी और नेहरूवादी सोच के जिन लेखकों को पिछली सरकारों का संरक्षण मिला हुआ था, वे मोदी सरकार के साथ ख़ुद को सहज नहीं महसूस कर रहे हैं। उन्होंने यह भी कहा कि कांग्रेस और वामपन्थी पार्टियों के कमज़ोर होने के बाद यह मोदी विरोधी-भाजपा विरोधी समूहों की ओर से विरोध की राजनीति का एक और नया तरीक़ा है जिसमें एक विवाद गढ़कर एक काग़ज़ी विरोध खड़ा किया जा रहा है।

मज़े की बात यह है कि लेखकों/कलाकारों के विरोध पर जिस तरह से भाजपा और आर.एस.एस. ने जवाबी हमला बोल दिया, उसी अन्दाज़ में न्यूज़ मीडिया ख़ासकर हिन्दी/अंग्रेज़ी के कुछ न्यूज़ चैनलों और स्तम्भकारों ने भी सवाल उठाना शुरू किया। इन सवालों में सबसे प्रमुख यह था कि इन लेखकों की आत्मा अभी ही क्यों जागी? वे इमरजेंसी और उसकी ज़्यादतियों के समय क्यों चुप रहे? उन्होंने 1984 में दिल्ली और देश के कई शहरों में कांग्रेस की नेतृत्व वाली सरकार के संरक्षण में सिखों के नरसंहार के ख़िलाफ़ विरोध और पुरस्कार क्यों नहीं लौटाये? वे भागलपुर से लेकर हाशिमपुरा-मलियाना में सत्ता के संरक्षण में हुए नरसंहारों और जम्मू-कश्मीर में पण्डित समुदाय के लोगों की हत्याओं और उनके पलायन से दुखी और क्षुब्ध क्यों नहीं हुए?

यह भी कि डॉ. नरेन्द्र दाभोलकर से लेकर प्रो. कलबुर्गी की हत्याओं तक और दादरी में अख़लाक़ की पीट-पीटकर की गयी हत्या तक के मामले उन राज्यों के हैं जहाँ या तो विपक्षी दलों की सरकारें थीं या हैं लेकिन लेखक उन सरकारों के ख़िलाफ़ आवाज़ उठाने के बजाय मोदी सरकार की आलोचना क्यों कर रहे हैं? इन लेखकों से यह भी पूछा जा रहा है कि जब सलमान रश्दी की पुस्तक प्रतिबन्धित हुई या उन्हें जयपुर लिटरेचर फ़ेस्टिवल में आने से रोका गया या तसलीमा नसरीन पर हैदराबाद में ओवैसी समर्थकों ने हमला किया या एम.एफ. हुसैन को देश छोड़ना पड़ा, तब उन्होंने अपने पुरस्कार क्यों नहीं लौटाये?

हालाँकि विरोध करने वाले लेखकों से भाजपा और सरकार के प्रवक्ताओं की ओर से पूछे जा रहे ये और ऐसे ही दर्जनों सवाल घुमा-फिराकर चैनलों के एंकर भी पूछ रहे हैं लेकिन मज़े की बात यह है कि लेखकों की ओर से उठाये गये सवालों पर सरकार और उसके प्रवक्ताओं से सवाल करने में चैनल हिचकिचाते दिखाई पड़े। या, उन्होंने सरकार और भाजपा/आर.एस.एस. प्रवक्ताओं के दावों/सवालों पर उसी उत्साह से प्रति-प्रश्न पूछने की कोशिश नहीं की। यहाँ तक कि उन्होंने यह शोध करने या जानने तक की कोशिश नहीं की कि लेखकों/कलाकारों ने इमरजेंसी, 1984 के सिख नरसंहार या हाशिमपुरा-मलियाना नरसंहार या भागलपुर दंगों के दौरान किस तरह से प्रतिक्रिया दी थी?

सच यह है कि विभिन्न भारतीय भाषाओं के लेखकों ने इमरजेंसी का न सिर्फ़ विरोध किया, उसके ख़िलाफ़ लिखा बल्कि उनमें से कई जेल भी गये। इसी तरह 1984 का सिख नरसंहार हो या कि अन्य बड़े साम्प्रदायिक नरसंहार—उन सभी के ख़िलाफ़ भारतीय भाषाओं के लेखकों ने लिखा है और सड़कों पर उतरकर विरोध भी किया है। यहाँ उन लेखकों का नाम गिनाने, लेखकों/संस्कृतिकर्मियों की ओर से जारी विरोध, संयुक्त बयानों या विरोध प्रदर्शनों का विवरण देने की ज़रूरत नहीं है जो हर छोटे-बड़े सामाजिक-राजनीतिक-सांस्कृतिक मुद्दे पर लिखते, बोलते और आन्दोलनों में सक्रिय रहे हैं। 'कथादेश' के पाठक उन लेखकों/कलाकारों से परिचित हैं।

यह कहना ग़लत न होगा कि भारतीय भाषाओं के लेखकों के बड़े हिस्से में सत्ता विरोधी रुझान रहा है। ऐसे साहित्य और लेखकों/कलाकारों की सामाजिक प्रतिष्ठा और लोगों में साख ऊँची रही है जिन्होंने सत्ता के ख़िलाफ़ खड़े होने का साहस दिखाया है। यह भी किसी से छुपा नहीं है कि भारतीय भाषाओं के लेखकों का बड़ा हिस्सा ख़ासकर 70 के दशक के बाद से कांग्रेस विरोधी रहा है। यह सच है कि इन लेखकों/संस्कृतिकर्मियों के एक हिस्से पर मार्क्सवाद और वामपन्थ का प्रभाव रहा है लेकिन उनमें से ज़्यादा स्वतन्त्र मार्क्सवादी रहे हैं। इन लेखकों का एक बहुत छोटा हिस्सा वामपन्थी पार्टियों का सदस्य रहा है।

आश्चर्य नहीं कि वामपन्थ का गढ़ माने-जाने वाले पश्चिम बंगाल में लेफ्ट फ्रंट की सरकार की ओर से सिंगुर/नंदीग्राम/लालगढ़ में किसानों/खेतिहर मज़दूरों के बर्बर दमन से लेकर लेखिका तसलीमा नसरीन को राज्य से बाहर करने के फ़ैसलों के ख़िलाफ़ लेखकों/कलाकारों/बुद्धिजीवियों ने सबसे आगे बढ़कर विरोध किया। लेफ्ट फ्रंट को इसकी भारी राजनीतिक क़ीमत चुकानी पड़ी। इसलिए यह कहना

कि मौजूदा माहौल के ख़िलाफ़ विरोध कर रहे लेखक कांग्रेस या लेफ्ट पार्टियों की शह पर 'विरोध गढ़' रहे हैं या राज्याश्रय ख़त्म हो जाने से नाराज़ हैं, यह भारतीय भाषाओं के साहित्यकारों/कलाकारों के साहित्य, उनकी सामाजिक भूमिका और उनके आन्दोलनों से अनभिज्ञता और साहित्यिक अज्ञानता का नतीजा है।

यही नहीं, अगर सत्तारूढ़ भाजपा और आर.एस.एस. विरोध करने वाले साहित्यकारों पर कांग्रेस-लेफ्ट समर्थक होने या उनके विरोध को राजनीति प्रेरित बताये तो उनकी नाराज़गी और बौखलाहट की वजह समझी जा सकती है। साम्प्रदायिक नफ़रत की राजनीति के ख़िलाफ़ देशभर में साहित्यकार/कलाकार जिस तरह से विवेक, तर्क और असहमति के एक नैतिक प्रतीक की तरह चुनौती बनकर खड़े हो गये हैं, और प्रतिरोध की आवाज़ बन गये हैं, उससे हिन्दुत्व के नाम पर तालिबानी राजनीति के पैरोकार बौखला गये हैं। वे गाली-गलौज पर उतर आये हैं। उनकी बौखलाहट से सहज अनुमान लगाया जा सकता है कि साहित्यकारों के विरोध का असर हो रहा है।

लेकिन हैरानी और अफ़सोस की बात यह है कि अख़बारों और चैनलों का एक हिस्सा भी तोते की तरह उनकी हाँ में हाँ मिला रहा है। कुछ चैनलों पर पेश चर्चा/बहस के कार्यक्रमों में देश में ज़हरीला साम्प्रदायिक माहौल बनाने, विरोध की आवाज़ों को दबाने और बुद्धिजीवियों/तर्कवादियों/साहित्यकारों की हत्या और उन्हें खुलेआम जान से मारने की धमकी और उस पर केन्द्र और राज्य सरकारों की चुप्पी, लापरवाही और मिली-भगत के ख़िलाफ़ आवाज़ उठाने वाले साहित्यकारों के विरोध को समझने, उसे ऐतिहासिक परिप्रेक्ष्य में रखने, उनकी ओर से उठाये गये सवालों पर चर्चा करने के बजाय उलटे साहित्यकारों को ही कटघरे में खड़ा करने की कोशिश की गयी।

इससे उसकी भारतीय भाषाओं के साहित्य और साहित्यकारों के साहित्यिक काम और सामाजिक-राजनीतिक मुद्दों पर उनकी गतिविधियों से पूरी तरह कटे होने और उनके बारे में कम या बिल्कुल जानकारी न होने का पता चलता है। इस बात की भी काफ़ी सम्भावना है कि इन अख़बारों/चैनलों के न्यूज़रूम में भाषायी साहित्य और साहित्यकारों के बारे में जानकारी-समझ रखने वाले पत्रकारों/एंकरों/सम्पादकों की संख्या 10 फ़ीसदी भी न हो। आश्चर्य नहीं कि अख़बारों ख़ासकर चैनलों में साहित्य ख़ासकर भाषायी साहित्य न सिर्फ़ एक उपेक्षित विषय है बल्कि उसके प्रति एक अवमानना का भाव भी है। इसका अन्दाज़ा अख़बारों और चैनलों

में साहित्य और साहित्यकारों को मिलने वाली जगह और उसकी प्रस्तुति के तरीक़े से लगाया जा सकता है।

यही नहीं, उनके लिए साहित्य का मतलब चेतन भगत जैसे बेस्ट-सेलर और सेलिब्रिटी लेखक हो गये हैं। अन्यथा, लेखकों की चुप्पी और अचानक विरोध को लेकर सवाल उठाने वाले चैनलों और अख़बारों ने 5 सितम्बर को दिल्ली में प्रो. कलबुर्गी की हत्या के विरोध में जन्तर-मन्तर पर लेखकों/कलाकारों के एक बड़े समूह की ओर से आयोजित विरोध सभा को ज़रूर कवर किया होता। लेकिन क्या यह सिर्फ़ उनकी अज्ञानता या अनभिज्ञता का नतीजा है? कहने की ज़रूरत नहीं है कि यह सिर्फ़ अज्ञानता और अनभिज्ञता का मामला नहीं है बल्कि इसके पीछे सत्ता और उसकी विचारधारा की ज़ुबान में बोलने का उत्साह भी है।

उदाहरण के लिए, टाइम्स नाऊ ने अक्तूबर के पहले पखवाड़े में इस मुद्दे पर प्राइम टाइम में एंकर-सम्पादक अर्नब गोस्वामी के कार्यक्रम 'न्यूज़आवर' में चार बार बहस आयोजित की जिनमें पुरस्कार लौटाने वाले साहित्यकारों को निशाना बनाया गया। जैसे इन चारों बहसों के शीर्षक देखिये: "#वायरलरिवोल्ट रियल ऑर मैन्युफैक्चर्ड?"; "अकादेमी रिवोल्ट "डिबंकड" #खेरवर्सेसरेबेल"; "#अकादेमीएक्सोड्स विच साइड इज़ ओवररिएक्टिंग?" और "#अकादेमीअनरेस्ट: द एक्सोड्स कंटिन्यूज"। मज़े की बात यह है कि इन कार्यक्रमों में साहित्यकारों पर राजनीति करने का आरोप लगाने वाले अर्नब गोस्वामी ने ख़ुद भाजपा-कांग्रेस-आर.एस.एस. के प्रवक्ताओं को बुलाकर उसे राजनीतिक बनाने में कोई कसर नहीं छोड़ी।

क्या इन कार्यक्रमों में सिर्फ़ साहित्यकारों, कलाकारों और बुद्धिजीवियों को नहीं बुलाया जाना चाहिए था? क्या कांग्रेस-भाजपा-आर.एस.एस. के प्रवक्ताओं के बिना कोई बहस नहीं हो सकती? क्या इस मुद्दे पर सिर्फ़ साहित्यकारों, कलाकारों और बुद्धिजीवियों के बीच बहस ज़्यादा सार्थक नहीं होती? आश्चर्य नहीं कि साहित्यकारों ख़ासकर भाषायी साहित्यकारों के विरोध की पृष्ठभूमि में हो रही इन बहसों में प्रत्येक कार्यक्रम में अमूमन 5 से 7 अतिथि बुलाये गये थे लेकिन उनमें पुरस्कार लौटाने वाले या उनके समर्थन में खड़े साहित्यकार/कलाकारों में से सिर्फ़ केकी दारूवाला (अंग्रेज़ी के कवि), माया कृष्णराव (कलाकार), चन्द्रशेखर पाटिल (कन्नड़ लेखक) और अरुण कमल (हिन्दी कवि) को बुलाया गया।

अलबत्ता, इन लेखकों के समर्थन में अंग्रेज़ी की सेलिब्रिटी लेखिका शोभा डे, बुद्धिजीवी और जे.एन.यू. के पूर्व प्रोफ़ेसर कमल मित्र चिनाय और नेशनल एलायंस

ऑफ़ पीपुल्स मूवमेंट के मधुरेश कुमार को दो-दो बार और फ़िल्मकार विनय शुक्ल को एक बार बुलाया गया। दूसरी ओर, भाजपा-आर.एस.एस. के प्रवक्ताओं के साथ-साथ साहित्यकारों को गाली देने के लिए दक्षिणपन्थी टिप्पणीकारों को बुलाया गया था। जैसाकि अर्नब गोस्वामी की बहसों में होता है, इनमें भी राजनीतिक दलों के प्रवक्ताओं में ख़ूब शोर-शराबा और तू-तू, मैं-मैं हुई लेकिन सबसे कम एयर टाइम साहित्यकारों/कलाकारों को मिला। उदाहरण के लिए, "#वायरलरिवोल्ट रियल ऑर मैन्युफैक्चर्ड?" शीर्षक 49 मिनट की बहस में अरुण कमल को 27वें मिनट में 15 सेकेंड के लिए समय मिला और एंकर ने बीच में ही उनकी बात काट दी।

यही दृश्य अन्य तीन कार्यक्रमों का भी था जिनमें आमन्त्रित साहित्यकारों को या तो बहुत कम समय मिला या उन्हें बीच में टोका/काटा गया या उन्हें अपनी बात कहने के बजाय सफ़ाई देने के लिए बाध्य करने की कोशिश की गयी। इसमें एंकर अर्नब गोस्वामी का पूर्वाग्रह साफ़ झलक रहा था जो साहित्यकारों पर तंज़ करने, उनका मज़ाक़ उड़ाने और कई बार अवांछित टिप्पणियाँ करने से भी नहीं हिचकिचाये। यहाँ तक कि "अकादेमी रिवोल्ट 'डिबंकड' #खेरवर्सेसरेबेल" में अर्नब गोस्वामी ने कार्यक्रम के समापन पर बहस का निष्कर्ष पेश करते हुए कहा कि, "मुझे दुःख के साथ कहना पड़ रहा है। तथ्य यह है कि इस मामले में (साहित्यकारों) की अचानक बनी एकता इस विरोध के बारे में कुछ संकेत करती है कि यह विरोध एक पाखण्ड है। इसकी टाइमिंग सन्देहास्पद है। एकपक्षीय और पूर्वाग्रह से प्रेरित है। इनकी एकता टाइमिंग के कारण सन्देहास्पद है।"

मज़े की बात यह है कि इस बहस के एक अतिथि मधुरेश कुमार ने शोर-शराबे के बीच अर्नब गोस्वामी को यह याद दिलाने की कोशिश की कि एक एंकर के बतौर कम-से-कम कार्यक्रम के आख़िर में उन्हें सन्तुलित रहना चाहिए। लेकिन अर्नब ने अपने निष्कर्ष में कोई फेर-बदल करने के बजाय ख़ुद को सही ठहराने की कोशिश करते हुए कार्यक्रम समाप्त कर दिया। हालाँकि इसमें हैरानी की कोई बात नहीं है क्योंकि अर्नब गोस्वामी का न्यूज़आवर इसके लिए कुख्यात हो चुका है। सच तो यह है कि देश में बन रहे ज़हरीले साम्प्रदायिक माहौल को बनाने और फैलाने में चैनलों/अख़बारों के बड़े हिस्से की भी सीधी या परोक्ष भूमिका है।

उदाहरण के लिए, शिव सेना जैसे कट्टरपन्थी हिन्दू संगठन जिस तरह से पाकिस्तान विरोध के बहाने एक अन्धराष्ट्रवादी उन्मादी माहौल बनाने में जुटे हैं, उस पाकिस्तान विरोधी माहौल को बनाने में न्यूज़ मीडिया ख़ासकर न्यूज़ चैनलों की प्रमुख भूमिका रही है। शिव सेना जैसे कट्टरपन्थी संगठन उसी माहौल का

राजनीतिक फ़ायदा उठाने की कोशिश कर रहे हैं। इस माहौल को बनाने में 'टाइम्स नाऊ', ज़ी-न्यूज़ और इंडिया टीवी जैसे चैनल अपनी ज़िम्मेदारी से नहीं बच सकते हैं। इसी तरह लव-ज़िहाद, घर वापसी से लेकर गोरक्षा जैसे मुद्दों पर चर्चा/बहस में चैनलों ने कट्टरपन्थी हिन्दू संगठनों, हिन्दू धर्म-गुरुओं और मुस्लिम मौलानाओं को जगह देकर जैसे उन्हें राष्ट्रीय विमर्श की मुख्यधारा में लाने, एक सामाजिक प्रतिष्ठा देने और उन्हें विमर्श की दिशा तय करने का मौक़ा दिया है, उससे भी ऐसे संगठनों को ताक़त मिली है।

लेकिन इस सबके ख़िलाफ़ और तर्क, विवेक और असहमति और अभिव्यक्ति की आज़ादी के अधिकार के पक्ष में साहित्यकारों ने जिस अभूतपूर्व एकता और साहस का परिचय दिया है, उससे माहौल बदलने की उम्मीद की जा रही है। आख़िर लम्बे अरसे बाद जैसाकि प्रेमचन्द के कहा था, "साहित्य, राजनीति के आगे मशाल लेकर चलती हुई" दिखाई दे रही है। इसके कारण सत्ता प्रतिष्ठान के साथ-साथ न्यूज़ मीडिया को भी साहित्य ख़ासकर भाषायी साहित्य और लेखकों को नोटिस करने के लिए मजबूर होना पड़ रहा है। यह कम बड़ी उपलब्धि नहीं है। इसके बावजूद आज मुक्तिबोध की तरह न्यूज़ मीडिया से भी पलटकर पूछने की ज़रूरत है कि पार्टनर, तुम्हारी पॉलिटिक्स क्या है?

***(नवम्बर, 2015)***

# क्या चैनल निभायेंगे विपक्ष की भूमिका?

## 2014 के बाद न्यूज़ चैनलों की सरकार विरोधी ट्रेडमार्क आक्रामकता, तेज़ी, धार और उत्तेजना कहाँ चली गयी?

आपकी नहीं कह सकता लेकिन इन दिनों मेरे अन्दर टीवी न्यूज़ चैनल देखने की इच्छा दिन-पर-दिन कमज़ोर होती जा रही है। न्यूज़ चैनलों के प्रति एक अरुचि-सी पैदा हो गयी है। कभी न्यूज़ चैनलों की ख़बरों और प्राइम टाइम बहसों के बिना वह शाम-रात कुछ अधूरी-सी लगती थी। हालाँकि चैनलों की कमज़ोरियाँ छिपी नहीं थीं और उनसे ढेर सारी शिकायतें और नाराज़गियाँ तब भी थीं लेकिन ऐसा कभी नहीं हुआ कि उन्हें देखने की इच्छा न हो। अब हालत यह है कि टीवी सेट पिछले दो सप्ताह से अधिक समय से डीटीएच बिल का भुगतान न करने के कारण बन्द पड़ा है और उसे चालू कराने का पहले जैसा उत्साह नहीं हो रहा।

ऐसा नहीं है कि न्यूज़ चैनल बिल्कुल नहीं देख रहा। गाहे-बगाहे रात का खाना खाते वक़्त बैठकखाने की टीवी पर न्यूज़ चैनल और उन पर चल रही ख़बरें या बहसें देख-सुन लेता हूँ। कभी-कभार शाम की चाय या दोपहर के खाने के समय भी थोड़ी देर के लिए न्यूज़ चैनल देख लेता हूँ लेकिन पहले की तरह यह 'तयशुदा देखना' (एप्वाइंटमेंट व्युइंग) नहीं है। ऐसा क्यों हो रहा है? क्या इसकी वजह यह है कि ज़्यादातर न्यूज़ चैनल इन दिनों अन्तर्वस्तु (कंटेंट) और कुछ हद तक प्रस्तुति में भी दूरदर्शन (डीडी) न्यूज़ की छाया प्रति दिखने लगे हैं? न्यूज़ चैनल इतने उबाऊ क्यों लगने लगे हैं?

चैनलों की ट्रेडमार्क आक्रामकता, तेज़ी, धार और उत्तेजना कहाँ चली गयी? ऐसा नहीं है कि न्यूज़ चैनलों के तेज़तर्रार एंकर और रिपोर्टर बदल गये हैं या उन पर ब्रेकिंग न्यूज़ की पट्टी दिखनी बन्द हो गयी है। यही नहीं, चैनलों पर प्राइम टाइम पर

गर्मा-गर्म बहसें भी बदस्तूर जारी हैं और उनकी ट्रेडमार्क पहचान शोर-शराबे और तू-तू-मैं-मैं में भी कोई ख़ास कमी नहीं आयी है। अगर मुद्दा लव-ज़िहाद का है, शाही इमाम के न्यौते या भारत-पाक सीमा पर फायरिंग का है या फिर अखिलेश यादव और जीतन राम मांझी जैसे विपक्षी सरकारों और मुख्यमन्त्रियों के कारनामों का हो–चैनलों की आक्रामकता में कोई कमी नहीं है। कहने का तात्पर्य यह कि सरसरी तौर पर देखने पर शायद चैनलों के उत्साह और उत्तेजना में कोई फ़र्क़ दिखाई न पड़े।

लेकिन इस उत्साह और उत्तेजना की प्रकृति में आये फ़र्क़ को नज़रअन्दाज़ करना मुश्किल है। उस फ़र्क़ के केन्द्र में है—केन्द्र की मौजूदा एनडीए सरकार के प्रति चैनलों के रवैये में आयी नरमी और एकतरफ़ा प्रेम का खुला इज़हार! आश्चर्य नहीं कि चैनलों के उत्साह में आक्रामकता के बजाय भक्ति और उत्तेजना के बजाय मुग्धता का भाव ज़्यादा दिखता है। वे छह महीने पहले सत्ता में आयी एनडीए सरकार के प्रति न सिर्फ़ कुछ ज़्यादा ही मुग्ध, नरम और भक्ति-भाव में हैं बल्कि कई चैनल नयी सरकार और यहाँ तक कि भाजपा के अघोषित आधिकारिक चैनल में बदल गये हैं।

यहाँ तक कि सबसे आक्रामक चैनलों और उनके स्टार एंकरों/सम्पादकों के सुर भी कुछ बदले-बदले से हैं। इसे अनदेखा कर पाना मुश्किल है कि एनडीए सरकार और ख़ासकर प्रधानमन्त्री नरेन्द्र मोदी के प्रति चैनलों के प्रशंसापूर्ण और अक्सर अतिरेकपूर्ण उत्साह में आलोचना, जाँच-पड़ताल और सवालों के लिए लगभग न के बराबर जगह रह गयी है। जिन चैनलों पर दिखाने के लिए सवाल और आलोचनाएँ हैं, उनमें भी वह तुर्शी/डंक (स्टिंग) नहीं है जो कुछ महीने पहले तक उनकी पहचान थीं। अब आलोचना के सुर मित्रतापूर्ण हैं। सवाल दबे स्वर में पूछे जा रहे हैं। ऐसा लगता है कि अब 'देश को आज रात जानने' की ज़रूरत नहीं रह गयी है।

यह ठीक है कि मोदी सरकार को सत्ता में आये सिर्फ़ छह महीने हुए हैं, इन शुरुआती महीनों में सरकार ने सँभलकर क़दम उठाये हैं, सरकार की प्रचार मशीनरी अति-सक्रिय है और सबसे बढ़कर विपक्ष कमज़ोर और दिशाहीन है। कई विश्लेषकों का तर्क है कि किसी भी सरकार के शुरुआती महीनों में हनीमून का माहौल रहता है और आमतौर पर न्यूज़ मीडिया उसके प्रति आलोचनात्मक नहीं रहता है या तीखे सवाल नहीं करता है। इस दौरान वह सरकार की छोटी-मोटी ग़लतियों और कमियों को अनदेखा करता है। इसलिए हैरानी की बात नहीं है कि न्यूज़ चैनलों में मोदी सरकार के प्रति नरमी और प्रशंसा का भाव है।

सवाल यह है कि क्या यह नरमी और प्रशंसा भाव तात्कालिक है और इसे चैनलों की स्थायी प्रवृत्ति नहीं मानना चाहिए? यह सवाल इसलिए बहुत महत्त्वपूर्ण है क्योंकि राष्ट्रीय राजनीति में लम्बे अरसे के बाद एक राजनीतिक दल को अकेले बहुमत मिला है और उसके नेतृत्व वाले गठबन्धन के पास प्रभावी बहुमत है। दूसरी ओर, संसदीय विपक्ष बहुत कमज़ोर और बिखरा हुआ है। यह राजनीतिक स्थिति किसी भी सरकार को निरंकुश बनाने के लिए पर्याप्त है। किसी भी लोकतन्त्र में इससे बड़ी चिन्ता की कोई बात नहीं हो सकती है। इसीलिए मज़बूत सरकार के साथ एक सक्रिय और प्रभावी विपक्ष ज़रूरी है ताकि वह सरकार को जवाबदेह बना सके और उसपर अंकुश रख सके।

लेकिन मुश्किल यह है कि फ़िलहाल ऐसा सक्रिय और प्रभावी राजनीतिक विपक्ष दूर-दूर तक नहीं दिखाई पड़ रहा है। दूसरी ओर, एनडीए सरकार अर्थव्यवस्था, विदेश नीति, रक्षा, पर्यावरण, शिक्षा, श्रम, संस्कृति से लेकर विभिन्न क़ानूनों में व्यापक बदलाव कर रही है और नीतिगत और रणनीतिक तौर पर दूरगामी नतीजों वाले फ़ैसले कर रही है। लेकिन वास्तविक विपक्ष के अभाव में इन व्यापक बदलावों और फ़ैसलों के निहितार्थों और नतीजों पर न तो खुली बहस हो रही है और न ही प्रासंगिक सवाल उठाये जा रहे हैं। वैसे भी संसदीय विपक्ष के बड़े हिस्से और आमतौर पर बड़े राजनीतिक स्पेक्ट्रम में इन बदलावों और फ़ैसलों को लेकर आम राजनीतिक सहमति है, इसलिए भी कहीं गम्भीर और बुनियादी बहस, सवाल और असहमति नहीं दिख रही है।

ऐसे में, लोकतन्त्र के चौथे खम्भे का दावा करने वाले न्यूज़ मीडिया की भूमिका बहुत महत्त्वपूर्ण और निर्णायक हो जाती है। आमतौर पर न्यूज़ मीडिया से अपेक्षा की जाती है कि वह लोकतन्त्र में दो महत्त्वपूर्ण भूमिकाएँ निभाये। पहली, एक विश्वसनीय और प्रासंगिक सूचना के स्रोत के रूप में और दूसरी, सत्ता के स्वतन्त्र निगरानीकर्ता के रूप में आलोचनात्मक-खोजी और विपक्ष की भूमिका। यहाँ विपक्ष की भूमिका से आशय यह है कि सत्तारूढ़ पार्टी/गठबन्धन और विपक्षी पार्टी, दोनों से इतर एक ऐसा स्वतन्त्र और वास्तविक विपक्ष जो व्यापक जनहित में सत्तातन्त्र की निगरानी करे। कहने की ज़रूरत नहीं है कि इस समय न्यूज़ मीडिया ख़ासकर न्यूज़ चैनलों से इन दोनों भूमिकाओं को निभाने की अपेक्षा की जाती है। यही नहीं, दोनों भूमिकाएँ एक-दूसरे की पूरक हैं। एक के बिना दूसरी भूमिका सम्भव नहीं है।

लेकिन इसमें भी आज दूसरी भूमिका और ज़्यादा महत्त्वपूर्ण और ज़रूरी हो गयी है क्योंकि राष्ट्रीय राजनीति में विपक्ष बहुत कमज़ोर और बिखरा हुआ है।

ऐसी राजनीतिक परिस्थितियों में स्वाभाविक तौर पर न्यूज़ मीडिया से ही विपक्ष की भूमिका निभाने की अपेक्षा है। यह कोई अनुचित या अतार्किक माँग नहीं है। एक बहुदलीय विरोधात्मक लोकतन्त्र (एड्वर्सारियल डिमोक्रेसी) में विरोधात्मक न्यूज़ मीडिया (एड्वर्सारियल प्रेस) का विचार नया नहीं बल्कि एक चर्चित विचार है। इसके बावजूद सच यह है कि दुनिया भर में ख़ासकर पश्चिमी उदार पूँजीवादी लोकतन्त्रों में घोषित स्वीकार्यता के बावजूद न्यूज़ मीडिया ने कुछ मौक़ों और अपवादों को छोड़कर आमतौर पर सत्ता और ख़ासकर पूँजीवादी व्यवस्था के वास्तविक विपक्ष की भूमिका नहीं निभायी है।

यही नहीं, पिछले कुछ दशकों में न्यूज़ मीडिया पर बड़ी पूँजी के बढ़ते दबदबे और उसके कॉर्पोरेटीकरण ने उसकी धार को और कुन्द किया है, सत्ता और बड़ी पूँजी के साथ उसके रिश्तों को और गहरा किया है और इस प्रक्रिया में, न्यूज़ मीडिया ख़ासकर कॉर्पोरेट न्यूज़ मीडिया की आलोचनात्मक—खोजी और ख़ासकर विपक्षी भूमिका कमज़ोर हुई है या उसने यह भूमिका लगभग छोड़ ही दी है। लेकिन न्यूज़ मीडिया की विपक्षी भूमिका के कमज़ोर पड़ने या उसे छोड़ने को लेकर बहसें ख़त्म नहीं हुई हैं। उदाहरण के लिए, अमेरिका में सरकारी एजेंसी एन.एस.ए. द्वारा नागरिकों की जासूसी मामले का भण्डाफोड़ करने वाले 'गार्जियन' के पत्रकार ग्लेन ग्रीनवाल्ड और 'न्यूयॉर्क टाइम्स' के पूर्व सम्पादक बिल केलर के बीच पिछले साल इस मुद्दे पर लम्बी बहस चली जिसमें ग्रीनवाल्ड ने कॉर्पोरेट न्यूज़ मीडिया की सत्ता से अत्यधिक नज़दीकी को निशाना बनाते हुए उसकी विपक्षी भूमिका की जमकर वकालत की।

इसके बावजूद यह सच है कि अमेरिका से लेकर ब्रिटेन तक में कॉर्पोरेट न्यूज़ मीडिया का बड़ा हिस्सा आमतौर पर सत्ता की आवाज़ बना हुआ है। भारत भी इसका अपवाद नहीं है। यहाँ भी कॉर्पोरेट न्यूज़ मीडिया के सत्ता और कॉर्पोरेट तन्त्र से गहरे सम्बन्ध हैं। हैरानी की बात नहीं है कि कॉर्पोरेट न्यूज़ मीडिया बिना किसी अपवाद के बड़ी पूँजी के हितों ख़ासकर नव उदारवादी आर्थिक सुधारों की खुली वक़ालत करता नज़र आता है। यह कोई नयी परिघटना नहीं है और न ही मोदी सरकार के आने के बाद सामने आयी है। अलबत्ता, जैसे कॉर्पोरेट क्षेत्र और बड़ी देशी-विदेशी पूँजी को एनडीए सरकार से बहुत उम्मीदें और अपेक्षाएँ हैं और उसे यह अपनी सरकार लगती है, वैसे ही कॉर्पोरेट न्यूज़ मीडिया (न्यूज़ चैनलों समेत) भी इस सरकार पर फ़िदा है और उसकी अदाओं पर बिछा जा रहा है।

आश्चर्य नहीं कि चैनलों पर इन दिनों सरकार और ख़ासकर प्रधानमन्त्री की वाहवाही गूँज रही है। आलोचना के सुर मन्द या ग़ायब हैं। सवाल नदारद हैं। छानबीन और जाँच-पड़ताल एजेंडे से बाहर है। ऐसा नहीं है कि इन छह महीनों में ऐसे मुद्दे और नीतिगत फ़ैसले और प्रश्न नहीं आये। लेकिन न्यूज़ चैनलों ने उन्हें अनदेखा किया या उन्हें उस ज़ोर-शोर से नहीं उठाया। जैसे वे कुछ महीनों पहले यूपीए सरकार के दौरान उठा रहे थे। दोहराने की ज़रूरत नहीं है कि ये वही न्यूज़ चैनल हैं जो कुछ महीनों पहले यूपीए सरकार के भ्रष्टाचार के ख़िलाफ़ काफ़ी आक्रामक थे, उसकी 'बैंड बजाने' का कोई मौक़ा नहीं छोड़ते थे और सीमित अर्थों में ही सही वे विपक्ष की भूमिका निभा रहे थे।

हालाँकि उसकी वजह जनहित के बजाय कॉर्पोरेट और बड़ी पूँजी के हित थे। याद रहे, कॉर्पोरेट न्यूज़ मीडिया ने यूपीए सरकार के बड़ी पूँजी और कॉर्पोरेट्स के अनुकूल नव उदारवादी आर्थिक सुधार के फ़ैसलों का हमेशा समर्थन किया। लेकिन जब घटते राजनीतिक समर्थन और राजनीतिक प्रबन्धन में नाकामी जैसे कारणों से वह सुधारों को आगे बढ़ाने में सक्षम नहीं रह गयी तो उस पर 'नीतिगत लकवे' का आरोप मढ़ने और भ्रष्टाचार, महँगाई जैसे मुद्दों पर उसे नंगा करने में भी उसने देरी नहीं की। यही नहीं, उसने विकल्प के रूप में भाजपा के नेतृत्व वाले एनडीए गठबन्धन और उसके नेता के बतौर नरेन्द्र मोदी को पेश करने में सक्रिय भूमिका निभायी। यहाँ तक कि न्यूज़ मीडिया के एक हिस्से ने भाजपा के अन्दर नेतृत्व के प्रश्न पर संघर्ष में मोदी को आगे बढ़ाया और पार्टी को मोदी को नेता के रूप में चुनने के लिए बाध्य कर दिया।

इसके बाद की कथा जारी इतिहास है। लेकिन यह सब कहने का अर्थ यह नहीं है कि यूपीए सरकार दूध की धुली थी और न्यूज़ मीडिया ने उसे बदनाम कर दिया। सच यह है कि ज़्यादातर मामलों में यूपीए सरकार की आलोचना, उस पर उठने वाले सवाल और भण्डाफोड़ सही थे लेकिन उसके पीछे असली मक़सद जनहित से ज़्यादा पूँजी/कॉर्पोरेट्स हित थे। अगर ऐसा नहीं है तो कॉर्पोरेट न्यूज़ मीडिया के सुर और तेवर जैसे छह महीने पहले थे, वैसे ही रहने चाहिए थे। अगर शुरुआती महीनों के हनीमून को छोड़ भी दें तो इधर के दो-तीन महीनों के कई फ़ैसलों और नीतिगत बदलावों की चैनलों के जनतन्त्र में जैसी पड़ताल होनी चाहिए थी, सवाल उठने चाहिए थे और आलोचना को जगह मिलनी चाहिए थी, वह कहीं दिखाई नहीं देती है।

सार्वजनिक और जनहित के ऐसे अनेक मुद्दे, फ़ैसले और नीतिगत परिवर्तन हैं जिन पर गम्भीर और खुली बहस बहुत ज़रूरी है। लेकिन लव-ज़िहाद से लेकर रामपाल विवाद तक के शोर-शराबे और प्रधानमन्त्री के विदेश दौरों के चकाचौंध में वे मुद्दे और सवाल एजेंडे से ग़ायब हैं। यह संसदीय विपक्ष के साथ-साथ कॉर्पोरेट न्यूज़ मीडिया ख़ासकर चैनलों की बहुत बड़ी नाकामी है। इस नाकामी की क़ीमत देश को बहुत भारी पड़ सकती है। ऐसे में, अब जब मोदी सरकार को सत्ता में आये छह महीने से ज़्यादा हो चुके हैं, क्या कॉर्पोरेट न्यूज़ मीडिया ख़ासकर चैनल अपने लोकतान्त्रिक दायित्व ख़ासकर आलोचनात्मक विपक्ष की भूमिका को ईमानदारी से निभाने के लिए आगे आयेंगे?

यह उनकी भी परीक्षा है। अगर वे सचमुच स्वतन्त्र और लोकतान्त्रिक हैं तो वे अपनी विपक्ष की भूमिका को गम्भीरता से लेंगे। यह उन्हें तय करना है कि आने वाले महीनों में चैनल मोदी सरकार के कामकाज के बारे में सक्रियता, स्वतन्त्रता और आलोचनात्मक तरीक़े से रिपोर्ट, खोजबीन करेंगे और सवाल उठाएँगे या डीडी न्यूज़ के कारपोरेट संस्करण बनकर रह जायेंगे?

*(दिसम्बर, 2014)*

# चुनावों में 'हवा' बनाते कॉर्पोरेट न्यूज़ चैनल

**भारतीय राजनीति 'मीडियाटाईज्ड' हो रही है जिसमें राजनीतिक तर्क से ज़्यादा प्रभावी 'मीडिया तर्क' हो रहा है**

जब यह अंक आपके हाथों में पहुँचेगा, देश में आम चुनावों का शोर अपने चरम पर पहुँच चुका होगा। आख़िरी चरण के वोट पड़ रहे होंगे या पड़ने वाले होंगे। फिर मई के मध्यान्त में वोटों की गिनती होनी है और फिर पिछले कई महीनों से जारी हाई वोल्टेज चुनाव प्रचार के नतीजे देश के सामने होंगे। कहने की ज़रूरत नहीं है कि इन नतीजों को लेकर देश में ज़बरदस्त उत्सुकता और बेचैनी है। यह स्वाभाविक भी है। भारत जैसे विविधतापूर्ण देश में जहाँ चुनाव नतीजों को प्रभावित करने वाले अनेक सामाजिक-राजनीतिक-आर्थिक-सांस्कृतिक-वैयक्तिक और क्षेत्रीय/स्थानीय कारक हैं और राजनीतिक प्रतिस्पर्धा इतनी तीखी और बहुकोणीय है कि नतीजों का ठीक-ठीक अनुमान लगाना बहुत मुश्किल है।

नतीजों को लेकर इस अनिश्चितता की एक बड़ी वजह यह भी है कि भारत में राष्ट्रपति का नहीं बल्कि संसद का चुनाव होता है जहाँ एक साथ 543 सांसद चुने जाते हैं और उस चुनाव में दर्जनों छोटी-बड़ी पार्टियों के अलावा हज़ारों प्रत्याशी चुनाव लड़ते हैं। यही नहीं, 80 के दशक के उत्तरार्ध से राष्ट्रीय राजनीति में कांग्रेस के वर्चस्व के पराभव और क्षेत्रीय पार्टियों के उदय के बाद से राष्ट्रीय नतीजों का मतलब विभिन्न राज्यों/क्षेत्रों के एक-दूसरे से भिन्न नतीजों का कुल जोड़ हो गया है जिससे राजनीतिक नतीजों का अनुमान लगाना और मुश्किल हो गया है और नतीजों को लेकर अनिश्चितता और बढ़ गयी है। लेकिन भारतीय आम चुनावों के साथ जुड़ी यही अनिश्चितता और उसमें छुपी अनेक सम्भावनाएँ उसे दुनिया के कई देशों ख़ासकर अमेरिका जैसे विकसित पश्चिमी देशों के चुनावों से अलग बनाती है।

ज़ाहिर है कि इस बार के आम चुनाव भी इसके अपवाद नहीं हैं। चुनाव के नतीजों का ठीक-ठीक अनुमान लगाना मुश्किल है। लेकिन न्यूज़ मीडिया ने इन चुनावों का विजेता नेता—नरेन्द्र मोदी, दल—भाजपा और गठबन्धन—एनडीए चुन लिया है। उसे नहीं लगता है कि इन चुनावों में 'मोदी लहर' के तमाम दावों के बावजूद अभी भी उतनी ही अनिश्चितता बनी हुई है और चुनावी सम्भावनाएँ खुली हुई हैं जितनी इससे पहले के चुनावों में या किसी भी चुनाव में दिखती रही हैं। दरअसल, इस बार के चुनावों की सबसे ख़ास बात यह है कि न्यूज़ मीडिया ख़ासकर न्यूज़ चैनलों ने चुनाव, मतदान और मतगणना से पहले ही विजेता नेता, पार्टी और गठबन्धन का नाम घोषित कर दिया है। उनके लिए चुनाव और मतदान-मतगणना सिर्फ़ औपचारिकता भर रह गयी है।

इसे साबित करने के लिए चुनाव पूर्व सर्वेक्षणों की आड़ ली जा रही है। उदाहरण के लिए, पिछले कुछ महीनों ख़ासकर बीते दो-ढाई महीनों में कई चैनलों पर एक के बाद दूसरे चुनाव पूर्व सर्वेक्षणों (ओपिनियन पोल) के उन नतीजों पर ग़ौर किया जाये जिनमें मोदी, भाजपा और एनडीए का ग्राफ अस्वाभाविक और अतार्किक रूप से बढ़ता ही जा रहा है। इन चुनाव पूर्व सर्वेक्षणों ने पहले भाजपा के नेतृत्व वाले एनडीए गठबन्धन की कांग्रेस के नेतृत्व वाले यूपीए गठबन्धन पर बढ़त से शुरू किया, फिर बहुमत के क़रीब दिखाया और आख़िर आते-आते ठीक चुनाव के बीच एनडीटीवी ने एनडीए गठबन्धन को बहुमत दे दिया। इन सर्वेक्षणों के मुताबिक़, भाजपा का सत्ता में आना और मोदी का प्रधानमन्त्री बनना तय हो चुका है।

इस चुनाव की अनेक सम्भावनाओं में एक सम्भावना के बतौर सम्भव है कि चुनाव पूर्व सर्वेक्षणों में बताये गये रुझान सही साबित हों लेकिन इसके साथ ही यह सम्भावना भी उतनी ही प्रबल है कि सर्वेक्षणों के रुझान वास्तविक नतीजों से दूर रह जायें। ऐसा कोई पहली बार नहीं होगा बल्कि पहले भी अनेकों बार हो चुका है जब चुनाव पूर्व सर्वेक्षणों में किये गये दावे मुँह के बल गिरे। कई बार ये सर्वेक्षण रुझान सही बताने के बावजूद नतीजों से काफ़ी दूर रह गये और कई बार रुझानों के बिल्कुल विपरीत नतीजे आये हैं। फिर इन चुनाव पूर्व सर्वेक्षणों को कयास क्यों न माना जाये? आख़िर ऐसे अनुमान और कयास लगाने के लिए सर्वेक्षण करने की क्या ज़रूरत है?

याद रहे कि चुनाव से पूर्व लगाये जाने वाले अनेक कयासों और सम्भावनाओं में कोई कयास सही भी साबित हो सकता है और होता रहा है। लेकिन कहने की

ज़रूरत नहीं है कि इन कयासों की कोई विश्वसनीयता नहीं होती है और वे उस तीर की तरह होते हैं जो लग गये तो तीर और नहीं तो तुक्का साबित होते हैं। लेकिन चुनाव पूर्व सर्वेक्षण कयास नहीं हैं और अक्सर ग़लत पूर्वानुमानों के बावजूद उनके साथ एक ख़ास तरह की साख जुड़ी होती है। असल में, सर्वेक्षण करने वाली एजेंसियों और टीवी न्यूज़ चैनलों का दावा रहा है कि वे वैज्ञानिक पद्धति से सर्वेक्षण करते हैं जिसमें ग़लती की सम्भावना दो से पाँच फ़ीसदी से ज़्यादा नहीं होती है।

लेकिन इसके उलट तथ्य यह है कि भारत में पिछले डेढ़-दो दशकों में अनेक 'वैज्ञानिक' सर्वेक्षण वास्तविक नतीजों का अनुमान नहीं लगा पाये। इसके बावजूद सर्वेक्षणों के कारोबार पर इसका कोई असर नहीं पड़ा है और न ही उनकी गुणवत्ता में कोई सुधार हुआ है। उलटे हर चुनाव में जैसे-जैसे दाँव ऊँचे और राजनीतिक प्रतियोगिता तीखी और कड़ी हो रही है, सर्वेक्षणों की तादाद बढ़ती ही जा रही है और दूसरी ओर, सर्वेक्षणों में तोड़-मरोड़ (मैनिपुलेट) करने की प्रवृत्ति भी बढ़ती जा रही है। यह सही है कि सर्वेक्षण के इस कारोबार में एक-दो एजेंसियों की अच्छी प्रतिष्ठा है और वे प्रोफ़ेशनल तौर पर काम करती हैं लेकिन इसके साथ ही यह भी सच है कि हाल के वर्षों में कई सन्दिग्ध और मौक़ापरस्त सर्वे एजेंसियाँ सक्रिय हुई हैं जो पैसे के लिए सर्वेक्षणों के नतीजों के साथ कोई भी समझौता करने के लिए तैयार हैं।

इसका नतीजा यह हुआ है कि जैसे खोटा पैसा अच्छे पैसे को चलन से बाहर कर देता है, वैसे ही मशरूम की तरह उग आयी इन सन्दिग्ध सर्वे एजेंसियों और निहित स्वार्थों/हितों से संचालित न्यूज़ चैनलों ने अच्छी सर्वे एजेंसियों और चैनलों/अख़बारों को बेमानी बना दिया है। पिछले दिनों 'न्यूज़ एक्सप्रेस' चैनल के स्टिंग से यह तथ्य सामने आ चुका है कि कई सर्वे एजेंसियाँ मोटे धन के बदले में ग्राहक की इच्छा के मुताबिक़ नतीजों में तोड़-मरोड़ और फेरबदल करने के लिए तैयार हैं। हालाँकि इस स्टिंग ने सर्वेक्षणों का धन्धा करने वाली कई सर्वे एजेंसियों की असलियत खोल दी। इसके बावजूद जनमत को प्रभावित करने और हवा बनाने के मक़सद से सर्वेक्षणों का धन्धा बदस्तूर जारी है।

कहने की ज़रूरत नहीं है कि इनमें से अधिकांश चुनाव पूर्व सर्वेक्षणों को किसी ख़ास पार्टी, गठबन्धन और प्रधानमन्त्री (मुख्यमन्त्री) पद के दावेदार के पक्ष में अनुकूल माहौल यानी हवा/लहर बनाने के लिए इस्तेमाल किया जाता है। असल में, वोटरों का एक हिस्सा ऐसा होता है जिसका मत 'तय' नहीं होता है और जो अक्सर 'हवा' के साथ जाता है। वोटरों का यह हिस्सा एक बहुपक्षीय और तीखे

मुक़ाबले में बहुत निर्णायक हो जाता है। इसे प्रभावित करने और लुभाने के लिए राजनीतिक पार्टियाँ/गठबन्धन प्रचार के ज़रिये ऐसा माहौल बनाने की कोशिश करती हैं कि मुक़ाबले में वे आगे हैं और वोटरों को हारती हुई पार्टी को वोट देकर अपना वोट 'बर्बाद' करने से बचना चाहिए। इस दावे को 'विश्वसनीयता' देने में चुनाव पूर्व सर्वेक्षणों की सबसे बड़ी और निर्णायक भूमिका होती है क्योंकि अधिकांश सर्वेक्षण कहने को 'स्वतन्त्र' एजेंसियों और न्यूज़ मीडिया द्वारा कराये जाते हैं।

यह किसी से छुपा नहीं है कि ताक़तवर पार्टियाँ इन सर्वेक्षणों का जमकर इस्तेमाल करती हैं। निश्चय ही, इन सर्वेक्षणों का वोटरों के एक हिस्से पर प्रभाव पड़ता है। वोटरों का यह हिस्सा सर्वेक्षणों में आगे दिखाये गये और बहुमत की ओर बढ़ती पार्टी के साथ जाना पसन्द करता है या उनके आख़िरी फ़ैसले पर इसका काफ़ी प्रभाव पड़ता है। इसे 'बैंडवैगन' प्रभाव भी कहा जाता है। कहने की ज़रूरत नहीं है कि इस बैंडवैगन प्रभाव का उन राजनीतिक पार्टियों/गठबन्धनों और नेताओं को फ़ायदा होता है जो सर्वेक्षणों में आगे या बहुमत के पास बतायी जाती हैं। इससे आमतौर पर उन पार्टियों को नुक़सान होता है जो मुक़ाबले में पीछे बतायी जाती हैं। इससे एक तरह से चुनाव का मैदान सभी के लिए बराबर होने के बजाय 'कमज़ोर' पार्टियों के लिए असमतल और प्रतिकूल हो जाता है।

आश्चर्य नहीं कि इन आम चुनावों में जहाँ दाँव इतने ऊँचे हैं, वहाँ इन सर्वेक्षणों का पहले किसी भी चुनाव से ज़्यादा और खुलकर इस्तेमाल हो रहा है। इन सर्वेक्षणों को भाजपा/एनडीए और नरेन्द्र मोदी की हवा बनाने में इस्तेमाल किया जा रहा है। यह और बात है कि चुनावों में अगर वास्तविक नतीजे अलग आते हैं तो न्यूज़ चैनल और सर्वेक्षण एजेंसी इसके लिए माफ़ी नहीं माँगेंगे और न ही अपनी ग़लती स्वीकार करेंगी। लेकिन अगले चुनावों में वे फिर एक सर्वेक्षण लेकर हाज़िर हो जायेंगे और उसकी विश्वसनीयता के उतने ही दावे ठोंकेंगे।

लेकिन इन चुनावों में मुद्दा सिर्फ़ सर्वेक्षण नहीं हैं जिनका 'हवा/लहर' बनाने और मतदाताओं को अनुचित तरीक़े से प्रभावित करने के लिए इस तरह से दुरुपयोग हो रहा है। वास्तव में, यह परिघटना एक कहीं बड़ी बीमारी की ओर इशारा कर रही है। यह भारतीय राजनीति के लगातार 'मीडियाटाईज्ड' होने का सबूत है जहाँ न्यूज़ मीडिया कम्पनियों के साथ-साथ विज्ञापन-पीआर/लाबीइंग उद्योग का मज़बूत होता कॉम्प्लेक्स कॉर्पोरेट पूँजी के हितों के अनुकूल राजनीतिक एजेंडा सेट कर रहा है। इन चुनावों में व्यक्तियों, मुद्दों से लेकर राजनीतिक बहस के मुद्दे तक यही कॉम्प्लेक्स तय कर रहा है। इन चुनावों में यह कॉम्प्लेक्स और अधिक मज़बूत और

प्रभावी हुआ है। इस कॉम्प्लेक्स की अगुवाई ज़्यादातर विदेशी बहुराष्ट्रीय विज्ञापन/पीआर एजेंसियाँ कर रही हैं।

इस कॉर्पोरेट न्यूज़ मीडिया-विज्ञापन-पीआर कॉम्प्लेक्स की लगातार बढ़ती ताक़त का सबसे बड़ा प्रमाण यह है कि उसने भाजपा नेता और गुजरात के मुख्यमन्त्री नरेन्द्र मोदी की एक 'प्रभावी, निर्णायक और शक्तिशाली' नेता के साथ-साथ 'विकासपुरुष' की एक अजेय छवि गढ़ने की कोशिश की है और उसे काफ़ी हद तक मतदाताओं को सफलतापूर्वक बेचने में भी कामयाब रहा है। इसके साथ ही, गुजरात में विकास का आधा सच-आधा झूठ पर आधारित ऐसा मिथक गढ़ दिया है जो इन चुनावों में मोदी के प्रचार की सबसे बड़ी करेंसी बन गयी है। यह भी किसी से छुपा नहीं है कि इस अभियान पर हज़ारों करोड़ों रुपये पानी की तरह बहाये जा रहे हैं। इसमें दोनों ही प्रमुख राष्ट्रीय पार्टियों—भाजपा और कांग्रेस के अलावा कई सत्तारूढ़ क्षेत्रीय पार्टियाँ और विपक्षी दल भी शामिल हैं।

लेकिन इसमें बी.जे.पी. और उसके प्रधानमन्त्री पद के उम्मीदवार नरेन्द्र मोदी का कोई जवाब नहीं है। कांग्रेस प्रचार अभियान में भाजपा का मुक़ाबला नहीं कर पा रही है। दूसरी ओर, मोदी का प्रचार अभियान किसी भी राजनीतिक पार्टी के प्रचार अभियान की तरह नहीं बल्कि किसी बड़े कॉर्पोरेट प्रचार अभियान की तरह संगठित, लक्ष्य समूह की ओर निर्देशित और आक्रामक है। सच पूछिये तो मोदी की प्रचार टीम ने एक मनोवैज्ञानिक युद्ध-सा छेड़ दिया है। इस युद्ध में मीडिया—टेलीविज़न/अख़बारों/रेडियो से लेकर सोशल मीडिया तक का ज़बरदस्त और रणनीतिक इस्तेमाल किया जा रहा है। न्यूज़ मीडिया को 'मैनेज' करने के लिए हर तरीक़े का इस्तेमाल किया जा रहा है।

इसमें चुनावी रैलियों की लाइव कवरेज से लेकर चुनावी विज्ञापनों की टीवी चैनलों/अख़बारों/रेडियो में प्लेसिंग तक और चुनिन्दा अख़बारों/चैनलों को पीआर इंटरव्यू देने और पेड न्यूज़ से लेकर न्यूज़ मीडिया कम्पनियों पर दबाव डलवाकर प्रतिकूल सम्पादकों को हटाने और अनुकूल सम्पादकों की नियुक्ति तक हर तिकड़म और तरीक़े का इस्तेमाल किया जा रहा है। उदाहरण के लिए, इस चुनाव से पहले 'द हिन्दू' के सम्पादक सिद्धार्थ वरदराजन और 'ओपन' के राजनीतिक सम्पादक हरतोष सिंह बल हटाये गये, उसमें उनकी मोदी विरोधी छवि कारण बनी। 'ओपन' में अनुकूल सम्पादक लाये गये। इसी तरह मोदी ने चुन-चुनकर उन पत्रकारों को इंटरव्यू दिये हैं जिनकी छवि या तो भाजपा/मोदी समर्थक की है या जिन्होंने कोई भी कठिन और विवादास्पद सवाल न पूछने का वायदा कर दिया।

दूसरी ओर, मोदी की रैलियों को न्यूज़ चैनलों पर लाइव कवरेज दी जा रही है। बात सिर्फ़ इतनी-सी नहीं है बल्कि इन रैलियों को कवर करने के लिए लगाये गये कैमरे और पूरा इन्तज़ाम ख़ुद मोदी टीम का है और चैनलों को सीधी फीड दी जा रही है जिसे वे लाइव दिखा रहे हैं। इसका अर्थ यह हुआ कि चैनलों का कवरेज पर कोई नियन्त्रण नहीं है और वे एक तरह से इन रैलियों को बिना किसी आलोचनात्मक जाँच-पड़ताल के दिखा रहे हैं। ज़ाहिर है कि कैमरों की पोजिशनिंग इस तरह से की जाती है कि उस रैली के सकारात्मक पहलू ही दिखाये जायें। इसमें भीड़ को बढ़ा-चढ़ाकर दिखाने के अलावा मोदी के भाषणों के साथ भीड़ के शोर और नारों को इस तरह से मिक्स किया जाता है कि उससे एक मोदी 'मैजिक' बनने लगता है।

हालाँकि भाजपा की देखा-देखी कांग्रेस ने भी राहुल गाँधी की रैलियों के लिए ख़ुद की व्यवस्था करके उसकी फीड चैनलों को मुहैया करानी शुरू कर दी है। यह एक ऐसी प्रवृत्ति है जिसमें चैनल की स्वतन्त्र, वस्तुनिष्ठ और आलोचनात्मक रिपोर्टिंग के बजाय अनुकूल और पेड कैमरों से लोगों के पास तस्वीरें पहुँचायी जा रही हैं। इसी तरह मोदी की प्रचार/पीआर टीम ने बहुत छानबीन करके और योजना के साथ कुछ चुने हुए पत्रकारों को इंटरव्यू दिया है। ज़ाहिर है कि इन इंटरव्यू में मोदी से वे तीखे, विवादास्पद और कठिन सवाल नहीं पूछे गये जिन पर वे बोलने से बचते रहे हैं। इन 'फिक्स्ड' से लगने वाले साक्षात्कारों में मोदी को अपनी इच्छा के अनुसार बोलने का मौक़ा दिया गया। हैरानी की बात नहीं है कि इन साक्षात्कारों में भी वे उन्हीं बातों को दोहराते हुए मिले जिन्हें वे रैलियों में कई बार बोल चुके हैं।

यह भी सही है कि कांग्रेस नेता राहुल गाँधी ने भी इस तरह के पीआर इंटरव्यू दिये जिसमें उनसे कठिन और विवादास्पद मुद्दों पर सवाल नहीं पूछे गये। यह एक चलन-सा बन रहा है जहाँ पत्रकार/चैनल/अख़बार 'एक्सक्लूसिव' इंटरव्यू के चक्कर में अपनी स्वतन्त्रता के साथ समझौता करने के लिए भी तैयार हैं। इससे नेताओं ख़ासकर प्रधानमन्त्री पद के दावेदारों को आलोचनात्मक जाँच-पड़ताल से बचकर निकलने और अपनी छवि गढ़ने का मौक़ा मिल जा रहा है। इसमें सबसे घाटे में वह पाठक/दर्शक है जिसके सामने पीआर इंटरव्यू और सूचनाएँ परोसी जा रही हैं लेकिन जिसे वोट देने से पहले विभिन्न पार्टियों और उनके प्रधानमन्त्री पद के दावेदारों के बारे में वस्तुनिष्ठ, स्वतन्त्र, तथ्यपूर्ण और निष्पक्ष सूचनाएँ चाहिए ताकि वह सही फ़ैसला कर सके।

यही हाल चैनलों पर होने वाली प्राइम टाइम बहसों का है जो काफ़ी हद तक एकतरफ़ा, मैनिपुलेटेड और फिक्स्ड हो गयी हैं। इन बहसों के लिए जिस तरह से

सतही-सनसनीखेज-विवादास्पद मुद्दों को उठाया जाता है, उनका चयन मुख्यत: या तो नेताओं के आपसी ज़बानी जंग पर होता है या इसी तरह के किसी विवाद पर। उसमें आम लोगों के ज़रूरी और बुनियादी मुद्दे आमतौर पर बहस में नहीं आते हैं। यही नहीं, इन सतही मुद्दों/विवादों पर होने वाली प्राइम टाइम बहसों में भी दोनों बड़ी पार्टियों के स्पिन डॉक्टर्स और प्रवक्ता रही-सही कसर पूरी कर देते हैं। ज़्यादातर प्राइम टाइम बहसों और यहाँ तक कि चुनावी बहसों में आरोप-प्रत्यारोप और शोर-शराबे के अलावा शायद ही कभी गम्भीर चर्चा होती हो।

आश्चर्य नहीं कि इस शोर-शराबे में नरेन्द्र मोदी एक 'विजनरी' नेता की तरह स्थापित किये जा रहे हैं। इसमें कोई दो राय नहीं है कि इन चुनावों को कॉर्पोरेट न्यूज़ मीडिया-विज्ञापन-पीआर उद्योग के प्रायोजित चुनाव के रूप में याद किया जायेगा जिसमें चुनाव प्रचार पूरी तरह से मैनेज्ड और मैनिपुलेटेड है और जिसकी तार्किक परिणति मोदी के राज्यारोहण में ही दिखाई पड़ती है।

*(मई, 2014)*

# लोकतन्त्र को 'टीवीकृत लोकतन्त्र' में बदलते न्यूज़ चैनल

**न्यूज़ चैनलों ने संसदीय चुनावों को राष्ट्रपति चुनाव बना दिया है**

राजनीतिक पार्टियों और नेताओं के साथ-साथ न्यूज़ चैनल भी अगले आम चुनावों की तैयारियों में जुट गये हैं। हालाँकि आम चुनाव अगले साल अप्रैल-मई में होने हैं लेकिन बढ़ती राजनीतिक अस्थिरता के बीच उसके इस साल अक्टूबर-नवम्बर तक होने के भी कयास लगाये जा रहे हैं। इसके संकेत इससे भी मिलते हैं कि दिल्ली की सत्ता की दावेदार पार्टियाँ ख़ासकर कांग्रेस और भाजपा और उनके प्रधानमन्त्री पद के घोषित-अघोषित उम्मीदवार ख़ासे सक्रिय हो गये हैं। व्यूह रचना तैयार होने लगी है। गठबन्धन टूटने-बिगड़ने लगे हैं। नेताओं के दौरों और बैठकों में तेज़ी आ गयी है। पार्टियों और नेताओं के बीच आरोप-प्रत्यारोप और बयानबाजी शुरू हो गयी है और उसका सुर लगातार कर्कश और तेज़ होने लगा है।

इसके साथ ही न्यूज़ चैनल भी चुनाव मोड में आ गये हैं। चैनलों पर भी राजनीतिक ख़बरें लौट आयी हैं। बुलेटिनों में राजनीतिक हलचलों और गतिविधियों की ख़बरें सुर्ख़ियाँ बनने लगी हैं। नेताओं, पार्टियों के प्रवक्ताओं के साथ-साथ राजनीतिक पण्डितों और रिपोर्टरों की माँग बढ़ गयी है। चैनल नेताओं के घरों और पार्टियों के दफ़्तरों से लेकर उनके सार्वजनिक कार्यक्रमों में दिलचस्पी दिखाने लगे हैं। 'कौन बनेगा प्रधानमन्त्री' के अन्दाज़ में प्रधानमन्त्री पद के दावेदारों की सभाओं और भाषणों का लाइव प्रसारण बढ़ गया है। राजनीतिक हलचलों और गतिविधियों पर प्राइम टाइम चर्चाएँ/बहसें बढ़ गयी हैं।

कहने की ज़रूरत नहीं है कि राजनीतिक दल और उनके नेता भी चैनलों की रिपोर्टिंग, बहसों और लाइव प्रसारणों में ख़ूब दिलचस्पी ले रहे हैं। वे चैनलों पर

दिखने और बोलने का कोई मौक़ा छोड़ नहीं रहे हैं। असल में, न्यूज़ चैनलों के पर्दे आगामी चुनावों के मद्देनज़र राजनीतिक युद्ध के असली अखाड़े बन गये हैं जहाँ पार्टियों और उनके नेताओं के बीच छवि और 'परसेप्शन' की लड़ाई लड़ी जा रही है। आश्चर्य नहीं कि राजनीतिक पार्टियाँ और उससे अधिक उनके नेता ख़ासकर प्रधानमन्त्री पद के दावेदार अपनी रणनीति और कार्यक्रम चैनलों को ध्यान में रखकर बना रहे हैं। वे चैनलों को अपनी बातों, दावों और वायदों को लोगों तक पहुँचाने और इस तरह अपनी छवि गढ़ने के लिए इस्तेमाल कर रहे हैं।

इन शुरुआती रुझानों और पिछले कुछ चुनावों के अनुभवों से यह अनुमान लगाना मुश्किल नहीं है कि इस बार के आम चुनावों में न्यूज़ मीडिया ख़ासकर न्यूज़ चैनलों की भूमिका पहले के किसी भी आम चुनाव की तुलना में ज़्यादा बड़ी और महत्त्वपूर्ण रहेगी। इसका संकेत इस तथ्य से मिलता है कि चुनावों की घोषणा और प्रचार शुरू होने से पहले ही चैनलों पर न सिर्फ़ प्रचार युद्ध शुरू हो गया है बल्कि 'कौन बनेगा प्रधानमन्त्री' की होड़ भी शुरू हो गयी है। यही नहीं, चैनलों ने जिस तरह से पिछले दो महीनों में प्रधानमन्त्री के दावेदार के बतौर गुजरात के मुख्यमन्त्री और भाजपा नेता नरेन्द्र मोदी और कांग्रेस उपाध्यक्ष राहुल गाँधी को उछाला है और पूरे राजनीतिक मुक़ाबले को इन दोनों के बीच सीमित कर दिया है, उससे पूरा चुनाव संसदीय चुनाव से ज़्यादा राष्ट्रपति चुनाव लगने लगा है।

हालाँकि राजनीतिक मैदान में और कई खिलाड़ी हैं और पिछले डेढ़ दशकों से आम चुनावों के नतीजे विभिन्न राज्यों के नतीजों के जोड़ से बनते रहे हैं जिसमें क्षेत्रीय पार्टियों और नेताओं की भूमिका बढ़ती जा रही है लेकिन न्यूज़ चैनल उसे अमेरिकी पैटर्न के द्वि-दलीय राष्ट्रपति चुनाव बनाने पर तुले हैं। पूरी चुनावी चर्चा और बहस को बिल्कुल अमेरिकी पैटर्न पर प्रधानमन्त्री पद के दोनों कथित उम्मीदवारों—नरेन्द्र मोदी और राहुल गाँधी के व्यक्तित्व के इर्द-गिर्द सीमित कर दिया गया है। दोनों उम्मीदवारों के व्यक्तित्व पर चैनलों और बाक़ी न्यूज़ मीडिया का इतना अधिक फोकस है कि एकाधिक महत्त्वपूर्ण मुद्दों को छोड़कर अन्य सभी राजनीतिक मुद्दे, नीतिगत सवाल और विचार पृष्ठभूमि में चले गये हैं।

सच पूछिये तो ऐसा लगने लगा है कि भारतीय लोकतन्त्र भी अमेरिका और दूसरे कई विकसित पश्चिमी देशों की तरह काफ़ी हद तक एक 'टीवीकृत लोकतन्त्र' (टेलीवाईज्ड डेमोक्रेसी) बनता जा रहा है जहाँ राष्ट्रपति चुनावों में रिपब्लिकन और डेमोक्रटिक पार्टी के उम्मीदवारों के नैन-नक्श, चाल-ढाल और फ़ैशन से लेकर वक्तृत्व कला, प्रस्तुति और स्टाइल की चर्चा उनके राजनीतिक विचारों, नीतियों,

और कार्यक्रमों से कहीं ज़्यादा होती है। इसकी वजह यह है कि अमेरिकी राजनीति में विचारों, नीतियों और कार्यक्रमों के स्तर पर शासक वर्ग की दोनों प्रमुख पार्टियों—रिपब्लिकन और डेमोक्रेटिक पार्टी के बीच आर्थिक-राजनीतिक-वैदेशिक नीति के मामले में फ़र्क़ बहुत कम रह गया है। कुछ यही स्थिति ब्रिटेन की भी हो गयी है।

सवाल यह है कि क्या भारतीय लोकतन्त्र भी उसी दिशा में बढ़ रहा है या बढ़ाया जा रहा है? यह किसी से छुपा नहीं है कि कांग्रेस के वर्चस्व के खात्मे के बाद शासक वर्ग लम्बे अरसे से कोशिश कर रहा है कि राजनीतिक विकल्प को शासक वर्ग की दोनों प्रतिनिधि पार्टियों—कांग्रेस और भाजपा के बीच सीमित कर दिया जाये और उन्हीं दोनों के बीच सत्ता का अदल-बदल होता रहे। यह भी किसी से छुपा नहीं है कि कांग्रेस और भाजपा की आर्थिक-वैदेशिक-राजनीतिक नीतियों में कुछ मामूली-दिखावटी फ़र्कों के बावजूद व्यापक समानता है। यही नहीं, साम्प्रदायिकता और धर्मनिरपेक्षता के आधार पर उनमें अन्तर दिखाने की कोशिश की जाती है लेकिन सच यह है कि यह भी काफ़ी हद तक भ्रम है।

दोनों ही पार्टियाँ साम्प्रदायिक गोलबन्दी का इस्तेमाल करती रही हैं, फ़र्क़ सिर्फ़ यह है कि भाजपा कट्टर हिन्दुत्व का कार्ड खेलती है जबकि कांग्रेस नरम हिन्दुत्व का सहारा लेती रही है। जनता का बड़ा हिस्सा धीरे-धीरे इस सच्चाई को समझने लगा है कि ये दोनों पार्टियाँ एक-दूसरे की वास्तविक विकल्प नहीं हैं। हैरानी की बात नहीं है कि शासक वर्गों की तमाम कोशिशों के बावजूद बड़ी संख्या में लोग न सिर्फ़ द्विदलीय व्यवस्था को स्वीकार करने को तैयार नहीं हैं बल्कि वह लगातार इन दोनों से इतर विकल्प की तलाश कर रहे हैं। क्षेत्रीय और छोटे दलों का उभार इसका प्रमाण है। हालाँकि शासक वर्ग इन क्षेत्रीय और छोटे दलों को कांग्रेस और भाजपा के नेतृत्व वाले दो गठबन्धनों में समेटने और अपने हितों के मातहत लाने में कामयाब रहा है लेकिन वह ख़ासकर बड़ी पूँजी-कॉर्पोरेट्स इस व्यवस्था से बहुत खुश नहीं हैं। उसकी बेचैनी बढ़ती जा रही है।

शासक वर्गों ख़ासकर बड़ी पूँजी-कॉर्पोरेट्स की नाराज़गी की वजह यह है कि गठबन्धनों के अन्दर राजनीतिक प्रतिद्वन्द्विता, हितों के टकराव और व्यक्तिगत महत्त्वाकांक्षाओं से पैदा होने वाले मतभेदों, खींचतान और पापुलिज़्म के कारण नव उदारवादी आर्थिक नीतियों को आगे बढ़ाने में मुश्किलें-रुकावटें आती हैं, देरी होती है और कई बार 'पापुलिज़्म' के दबाव में जनता को कुछ राहतें/रियायतें देने के लिए मजबूर होना पड़ता है। यही नहीं, शासक वर्गों ख़ासकर बड़ी पूँजी-कॉर्पोरेट्स की मौजूदा राजनीतिक व्यवस्था (अरेंजमेंट) से बेचैनी की वजह यह भी है कि नव उदारवादी आर्थिक नीतियों ख़ासकर 'जल-जंगल-ज़मीन-खनिज' की कॉर्पोरेट लूट

को देश भर में ग़रीब, किसान, श्रमिक और आदिवासी खुली चुनौती दे रहे हैं लेकिन यूपीए सरकार उसे दबाने या सँभालने में बहुत कामयाब नहीं हो पायी है।

ज़ाहिर है कि शासक वर्ग इस स्थिति को बदलना चाहता है और इसकी जगह 'एक विचार-दो पार्टियों' की व्यवस्था को आगे बढ़ाना चाहता है जिससे वह बेहतर राजनीतिक प्रबन्धन के साथ उन नव उदारवादी आर्थिक सुधारों को तेज़ी से आगे बढ़ा सके जो आम लोगों ख़ासकर ग़रीबों-दलितों-आदिवासियों-अल्पसंख्यकों के हितों की क़ीमत पर बड़ी पूँजी-कॉर्पोरेट की लूट का रास्ता साफ़ करते हैं। इस समझ और रणनीति के तहत ही बड़ी पूँजी-कॉर्पोरेट्स अगले आम चुनावों से पहले कांग्रेस और यूपीए के विकल्प के बतौर भाजपा और एनडीए को आगे बढ़ाने की कोशिश कर रहे हैं क्योंकि उन्हें पता है कि कांग्रेस-यूपीए की साख पाताल में पहुँच चुकी है और उसका दुबारा सत्ता में लौटना मुश्किल है।

लेकिन साथ में ही बड़ी पूँजी-कॉर्पोरेट्स यह भी चाहते हैं कि संसदीय विपक्ष का स्थान (स्पेस) भी उनके हाथ से नहीं निकल पाये और विपक्ष में कांग्रेस रहे। यही नहीं, वह एक ऐसे करिश्माई नेता की खोज में है जो न सिर्फ़ नव उदारवादी आर्थिक नीतियों के प्रति प्रतिबद्ध हो बल्कि अपने करिश्मे से लोगों को झाँसा देने और इन आर्थिक नीतियों के लिए आम लोगों ख़ासकर ग़रीबों का समर्थन जुटाने में भी माहिर हो। कहने की ज़रूरत नहीं है कि शासक वर्गों ख़ासकर बड़ी पूँजी-कॉर्पोरेट्स को भाजपा नेता और गुजरात के मुख्यमन्त्री नरेन्द्र मोदी में वह सम्भावना दिख रही है। मोदी ने गुजरात में हिन्दुत्व और कॉर्पोरेट विकास का ऐसा नशीला कॉकटेल तैयार किया है जहाँ न सिर्फ़ देशी-विदेशी बड़ी कम्पनियों को मुँह-माँगी रियायतें/छूट मिली हुई है बल्कि उन्हें कोई राजनीतिक चुनौती भी नहीं है क्योंकि जनता का बड़ा हिस्सा हिन्दुत्व के नशे में खोया हुआ है।

यह किसी से छुपा नहीं है कि कॉर्पोरेट विकास के इस मोदी मॉडल का देशी-विदेशी बड़ी पूँजी और कॉर्पोरेट्स में ज़बरदस्त आकर्षण है। वे मौजूदा राजनीतिक-आर्थिक संकट और गतिरोध से बाहर निकालने के लिए मोदी को सबसे बेहतर दाँव मान रहे हैं। आश्चर्य नहीं है कि मोदी इस समय कॉर्पोरेट्स के सबसे चहेते नेता हैं और अगले आम चुनावों से पहले बड़ी पूँजी-कॉर्पोरेट्स का बड़ा हिस्सा मोदी के पीछे गोलबन्द होता जा रहा है। इसे अनदेखा करना मुश्किल है कि पिछले कुछ महीनों में बड़ी पूँजी-कॉर्पोरेट्स और उनके लाबी संगठनों ने जिस तरह खुलकर मोदी को मंच दिया है और उनकी प्रधानमन्त्री पद की दावेदारी पर मुहर लगायी है, वैसा इससे पहले शायद ही कभी दिखाई पड़ा हो।

यही नहीं, बड़ी पूँजी-कॉर्पोरेट्स अपनी व्यापक रणनीति के तहत विपक्ष की जगह को भी अपने मातहत रखने और भविष्य के विकल्प के बतौर कांग्रेस और उसके नेता राहुल गाँधी को रेस में बनाये रखने की भी कोशिश कर रहे हैं। इस तरह बड़ी पूँजी-कॉर्पोरेट्स दोनों हाथों में लड्डू रखने की कोशिश कर रहे हैं। उदार पूँजीवादी लोकतन्त्रों में बड़ी पूँजी की यह भूमिका बहुतों से छुपी नहीं है लेकिन नयी बात यह है कि वह अब पर्दे के पीछे से नहीं बल्कि खुलकर अपनी राजनीतिक पसन्द बता रही है, उसे आगे बढ़ा रही है और उसके सामने अपना एजेंडा रख रही है। इसका सबूत है, पिछले कुछ सप्ताहों में कॉर्पोरेट लाबी संगठनों—एसोचैम, फिक्की और सीआईआई के सम्मेलनों में नव उदारवादी आर्थिक सुधारों के एजेंडे के तहत मोदी और राहुल को पेश करना और राजनीतिक बहस को कॉर्पोरेट विकास के इर्द-गिर्द सीमित करने की कोशिश करना।

यही वह पृष्ठभूमि है जिसमें कॉर्पोरेट न्यूज़ मीडिया ख़ासकर चैनलों में 'मोदी बनाम राहुल' की बहस को देखा-समझा जाना चाहिए। असल में, कॉर्पोरेट न्यूज़ मीडिया और उसके चैनल बुनियादी तौर पर कॉर्पोरेट्स के ही विस्तारित हाथ या 'वैचारिक उपकरण' हैं, इसलिए आश्चर्य नहीं कि वे न सिर्फ़ द्विदलीय व्यवस्था की वकालत में जुटे हैं बल्कि लोगों के लोकतान्त्रिक चयन को 'मोदी बनाम राहुल' में सीमित करने और उसमें भी मोदी को वरीयता देने के अभियान में सक्रिय हैं। इस अभियान में कॉर्पोरेट मीडिया की गहरी संलग्नता का अनुमान इस तथ्य से लगाया जा सकता है कि वे न सिर्फ़ कहीं दबे-कहीं खुले नरेन्द्र मोदी को आगे बढ़ाने में जुटे हैं बल्कि 'आजतक' और 'हेडलाइंस टुडे' (इंडिया टुडे समूह) और 'आईबीएन-7' और 'सीएनएन-आईबीएन' (टीवी-18 समूह) जैसे चैनलों ने तो मोदी की मेजबानी करने में भी संकोच नहीं किया।

यह सिर्फ़ संयोग नहीं है कि 'इंडिया टुडे समूह' में आदित्य बिरला समूह ने पिछले दिनों 27 फ़ीसदी शेयर ख़रीदे हैं और 'टीवी-18 समूह' में मुकेश अम्बानी ने 1700 करोड़ रुपये का निवेश किया है। दरअसल, मोदी को मीडिया की बहुत ज़रूरत है क्योंकि शासक वर्गों ख़ासकर कॉर्पोरेट्स की पहली पसन्द होने के बावजूद 2002 के गुजरात नरसंहार के धब्बे के कारण मोदी की राजनीतिक स्वीकार्यता अभी भी एक सीमा से आगे नहीं बढ़ पा रही है। ज़ाहिर है कि मोदी को एक बड़े और बारीक छवि पुनर्निर्मिति (इमेज मेकओवर) की ज़रूरत है। कॉर्पोरेट मीडिया इसी काम में लगा है और बहुत बारीकी से मोदी की छवि को एक 'विकासपुरुष' के रूप में गढ़ने की कोशिश कर रहा है।

इसके लिए उसने मोदी के नेतृत्व में गुजरात में पिछले दस सालों में हुए

'विकास' की आधी सच्ची-आधी झूठी कहानियों को मध्यवर्ग और उसके ज़रिये आम लोगों के बीच न सिर्फ़ ज़ोर-शोर से 'बेचने' (मार्केट) करने की कोशिश की है बल्कि उन कहानियों को एक तरह की विश्वसनीयता देने की मुहिम को भी आगे बढ़ाया है। आश्चर्य नहीं कि पिछले कुछ महीनों में विभिन्न मंचों पर मोदी के 'विकास' के बड़े-बड़े दावों और विचारों को कॉर्पोरेट न्यूज़ मीडिया ख़ासकर चैनलों ने बिना किसी आलोचनात्मक जाँच-पड़ताल और छानबीन के आगे बढ़ाया है। जैसे न्यूज़ मीडिया का काम सिर्फ़ पोस्ट-ऑफ़िस और डाकिये का हो जो सन्देशों को बिना जाँचे-परखे एक-दूसरे तक पहुँचाता है।

तथ्य यह है कि मोदी के अधिकांश दावे अर्धसत्य और कुछ तो पूरी तरह से झूठे हैं। लेकिन ऐसा लगता है कि कॉर्पोरेट मीडिया बड़ी पूँजी का भोंपू बन गया है। यही नहीं, चैनलों ने लगातार मोदी के 'विकास' के आधे सच्चे-आधे झूठे दावों और आइडियाज को बहस और चर्चा का मुद्दा बनाकर उसे एक विश्वसनीयता भी प्रदान की है। यह सही है कि इन चर्चाओं में मोदी मॉडल के आलोचकों को भी जगह दी जाती है लेकिन अन्ततः इससे मोदी के 'विकास' को ही एक तरह की वैधता और विश्वसनीयता मिलती है। इसी तरह मोदी के विकल्प में राहुल को पेश करके एक तरह से मोदी को एक तुलनात्मक बढ़त दी जाती है।

यहाँ यह भी ध्यान देने की बात है कि मोदी के छवि निर्माण में देशी-विदेशी पीआर कम्पनियों और स्पिन डॉक्टरों की संगठित टीम का भी इस्तेमाल किया जा रहा है। इस छवि निर्माण अभियान पर सैकड़ों करोड़ रुपये ख़र्चे जा रहे हैं। इसमें चैनलों से लेकर सोशल मीडिया के प्लेटफ़ॉर्म का भी संगठित और योजनाबद्ध तरीक़े से इस्तेमाल किया जा रहा है। ऐसा नहीं है कि कांग्रेस इन तौर-तरीक़ों का इस्तेमाल नहीं कर रही है या उसके पास पीआर कम्पनियों—सोशल मीडिया टीमों की कमी है। उसका और यूपीए सरकार का प्रचार बजट मोदी से कम नहीं है। मज़े की बात यह है कि कॉर्पोरेट मीडिया 'मोदी बनाम राहुल' के कृत्रिम टकराव का इस रूप में भी लाभार्थी है कि उसे दोनों के प्रचार बजट का बड़ा हिस्सा मिल रहा है।

कहने की ज़रूरत नहीं है कि मन्दी से जूझती अर्थव्यवस्था और घटते कॉर्पोरेट विज्ञापनों के बीच चुनाव उसके लिए बड़ी उम्मीद बन कर आया है। चुनावों के लिए उसकी जल्दबाजी की वजह यह भी है कि उसे 'मोदी बनाम राहुल' की ऊँचे दांवों की लड़ाई में अपने लिए छप्पर-फाड़ मुनाफ़े की उम्मीद दिखाई दे रही है। यह और बात है कि इस प्रक्रिया में अमीर होते कॉर्पोरेट न्यूज़ मीडिया के बीच भारतीय लोकतन्त्र की दरिद्रता कुछ और बढ़ जायेगी।

*(मई, 2013)*

# बाल ठाकरे के महिमामण्डन के ख़तरे

**भावुकता के अतिरेक में सन्तुलन और अनुपात बोध खोते न्यूज़ चैनल 'सामूहिक स्मृतिभ्रंश' के शिकार हो गये हैं**

न्यूज़ चैनलों ख़ासकर हिन्दी न्यूज़ चैनलों में बहुत शुरू से सन्तुलन और उससे ज़्यादा अनुपात बोध का अभाव रहा है। अक्सर उनकी कवरेज को देखकर यह आशंका होती रही है कि जैसे चैनलों ने ये शब्द कभी सुने नहीं हैं या कहें कि उनके सम्पादकीय शब्दकोश से सन्तुलन और अनुपात बोध जैसे दो महत्त्वपूर्ण सम्पादकीय मूल्यों और विचारों को पूरी तरह से विदाई दे दी गयी है। इसकी जगह न्यूज़ चैनलों में अतार्किकता, भावुकता और अतिरेक का बोलबाला रहा है। उस समय चैनलों के सम्पादकों का दावा हुआ करता था कि चैनल अभी अपने बाल्यकाल में हैं और जैसे-जैसे समय गुज़रेगा, वे परिपक्व होंगे और उनमें एक स्थिरता, सन्तुलन और अनुपात बोध भी बढ़ेगा।

लेकिन लगता है कि चैनलों की उम्र बढ़ने के साथ उनका सन्तुलन और अनुपात बोध और बिगड़ता जा रहा है। इसका सबसे ताज़ा उदाहरण महाराष्ट्र में शिव सेना नेता बाल ठाकरे की बीमारी और मौत के समय दिखा, जब सभी चैनल भावुकता की बाढ़ में ऐसे डूबने-उतराने लगे कि सन्तुलन और अनुपात बोध के साथ-साथ तथ्य और तर्क भी उसमें डूब गये। बाल ठाकरे की मौत से शोकाकुल चैनलों का सन्तुलन इस क़दर बिगड़ा कि उन्हें ठाकरे में ऐसे-ऐसे 'गुण' नज़र आने लगे, जिसके बारे में शायद ही पहले किसी ने सुना हो। विचित्र स्थिति यह हो गयी कि जिन कारणों से ठाकरे की जीवन भर आलोचना हुई, वे सभी उनके 'गुण' बन गये और चैनलों में उनके यशगान की होड़-सी चलती रही।

यह सचमुच हैरान करने वाला दृश्य था जब न्यूज़ चैनल एक साथ सामूहिक स्मृति भ्रंश के शिकार नज़र आये। वे भूल गये कि ये वही बाल ठाकरे थे जिन्होंने

जीवन भर क्षेत्रीय, साम्प्रदायिक, भाषायी और जातीय आधारों पर घृणा, विभाजन, गुण्डागर्दी और आतंक की संकीर्ण और ज़हरीली राजनीति की, मराठी मानुष के नाम पर देश के विभिन्न हिस्सों से मुम्बई आये आप्रवासी मज़दूरों से लेकर धार्मिक अल्पसंख्यकों को निशाना बनाया और लोकतन्त्र को गाली देने से लेकर हिटलर की खुलेआम प्रशंसा करने में कोई शर्म महसूस नहीं की। यही नहीं, चैनल यह भी भूल गये कि ये वही बाल ठाकरे थे और उनकी शिव सेना थी जिसने अनेक बार अख़बारों/चैनलों के दफ़्तरों पर हमला किया, तोड़फोड़ और पत्रकारों के साथ मारपीट की।

लेकिन मज़ा देखिये कि न्यूज़ चैनल इन्हीं कारणों से ठाकरे की प्रशंसा करने में जुटे रहे कि वे बहुत 'साहसी, बेलाग, खरी-खरी बात करने वाले और अपनी बातों पर डटे रहने वाले नेता' थे। लेकिन यह कहते हुए बहुत कम चैनलों ने बताया कि ठाकरे के कथित साहसिक बयान क्या थे और उनके मायने क्या थे? उल्टे ठाकरे को 'एक था टाइगर' जैसी उपमाओं से याद किया जाता रहा। ठाकरे की शवयात्रा और अन्तिम संस्कार में उमड़ी भीड़ ने तो चैनलों को ऐसा विह्वल कर दिया कि वे सभी ठाकरे के 'करिश्मे' से 'शॉक एंड आव' की स्थिति में पहुँच गये और शवयात्रा के साथ चैनलों पर कमेंट्री कर रहे एंकर-रिपोर्टर पत्रकार कम और कथाकार ज़्यादा लग रहे थे। वस्तुनिष्ठता, तथ्यात्मकता और सन्तुलन को ताखे पर रख दिया गया था।

नतीजा, बाल ठाकरे की बीमारी और ख़ासकर मृत्यु और शवयात्रा को चैनलों ने जिस तरह से 24×7 कवरेज दिया, उसने ठाकरे को रातों-रात 'हिन्दू हृदय सम्राट' और क्षेत्रीय (ख़ासकर मुम्बई-ठाणे) नेता से राष्ट्रीय नेता बना दिया। चैनलों के बीच बाल ठाकरे को वीरोचित विशेषणों से नवाज़ने की होड़ लगी हुई थी और साथ में आदरपूर्ण शोकधुन भी बज रही थी। यही नहीं, चैनल और उनके एंकरों-रिपोर्टरों के साथ-साथ बाल ठाकरे की परिघटना को समझाने के लिए स्टूडियो में बैठे विशेषज्ञ भी भावनाओं में बहे जा रहे थे। कई मौक़ों पर कुछ एंकरों-रिपोर्टरों के अन्दर बैठा शिव सैनिक बाहर निकल आया और कई बार उनकी आवाज़ भी रुँधने लगती थी।

कहना मुश्किल है कि चैनल और उनके एंकर-रिपोर्टर और विशेषज्ञ बाल ठाकरे के प्रति किसी वास्तविक श्रद्धा, आदर और आस्था के कारण भावनाओं में बहे जा रहे थे या बाल ठाकरे के शिव सैनिकों का ज्ञात-अज्ञात डर था जिसके कारण मुम्बई के फ़िल्म सितारों-उद्योगपतियों-नेताओं-खिलाड़ियों की भीड़ ठाकरे के बंगले मातोश्री पर अपनी मौजूदगी दर्ज करवाने में होड़ कर रही थी? इन दो के अलावा

चैनलों के कवरेज की कोई और व्याख्या नहीं हो सकती है क्योंकि यह सिर्फ़ सामान्य लोकाचार का मामला नहीं था जिसके कारण किसी मृत व्यक्ति की आलोचना नहीं की जाती है। सच पूछिये तो यह तो सिर्फ़ बहाना था क्योंकि अगर यह सिर्फ़ सामान्य लोकाचार होता तो चैनलों के कवरेज में सन्तुलन और अनुपात बोध दिखता जोकि सिरे से ग़ायब था।

यहाँ तक कि ठाकरे की राजनीति और विचारों के आलोचक सम्पादकों/पत्रकारों की भाषा भी बदली-बदली-सी थी और वे जिस सावधानी से शब्द चुन रहे थे, उनकी भाषा और लहजे में जिस तरह का असमंजस दिख रहा था, उसमें इस अज्ञात डर को महसूस किया जा सकता था। ऐसे में, असुविधाजनक सवाल पूछने की न तो गुंजाइश थी और न ही ऐसा करने का जोख़िम उठाने का साहस अधिकांश चैनलों में दिखाई पड़ा। यह ज़रूर है कि कई चैनलों पर कुछ वरिष्ठ पत्रकारों और विशेषज्ञों ने धारा के विपरीत तैरने और तथ्यों को रखने की कोशिश की लेकिन उनकी तार्किक बातें भी चैनलों पर ठाकरे के लिए उमड़ रही भावुकता के कोलाहल और शोकधुन में गुम हो गयीं।

सवाल यह है कि चैनलों की इस कवरेज की व्याख्या कैसे की जाये? पहली बात तो यह है कि इस भावुकता भरे कवरेज में लोकाचार से अधिक एक बिज़नेस सेंस था। असल में, मुम्बई न सिर्फ़ देश की आर्थिक और वित्तीय राजधानी है बल्कि वह चैनलों के कारोबार के लिए भी बहुत महत्त्वपूर्ण है। मुम्बई और महाराष्ट्र में न सिर्फ़ सर्वाधिक टीआरपी मीटर लगे हुए हैं बल्कि देश के सबसे समृद्ध राज्य और शहर होने के नाते विज्ञापनदाताओं की स्वाभाविक तौर पर उनमें सबसे अधिक दिलचस्पी भी होती है। इसके कारण चैनलों में मुम्बई और महाराष्ट्र के प्रति एक अतिरिक्त झुकाव दिखता रहा है। मुम्बई के खाते-पीते मध्यवर्गीय दर्शकों का ध्यान खींचने की अंग्रेज़ी और हिन्दी चैनलों में हमेशा होड़ रहती है।

कहते हैं कि चैनलों की दुनिया मुम्बई से दिल्ली तक और कुछ हद तक पश्चिमी भारत तक सीमित है। यही कारण है कि मुम्बई की अपेक्षाकृत सामान्य ख़बरें भी चैनलों पर तुरन्त छा जाती हैं जबकि देश के अन्य हिस्से ख़ासकर पूर्वी भारत और उनकी बड़ी घटनाएँ, समस्याएँ और मुद्दे अनदेखे चले जाते हैं। ठाकरे की बीमारी और मृत्यु/अन्तिम संस्कार भी इसके अपवाद नहीं थे। सच यह है कि अगर ठाकरे मुम्बई में न हुए होते तो उनकी बीमारी और मृत्यु की ख़बर चैनलों पर इतने विस्तार से नहीं चलती। बहुत दूर जाने की ज़रूरत नहीं है, पिछले साल नवम्बर में असम के मशहूर गायक/कलाकार भूपेन हज़ारिका की मौत हुई थी और

उनकी शवयात्रा और अन्तिम संस्कार में गुवाहाटी जैसे अपेक्षाकृत छोटे शहर में 5 लाख से ज़्यादा लोग जुटे थे लेकिन कितने चैनलों पर भूपेन हज़ारिका को ठाकरे की तरह कवरेज मिली?

साफ़ है कि ठाकरे को इतनी अधिक और महिमापूर्ण कवरेज मिलने की एक बड़ी वजह उनका टीआरपी राजधानी मुम्बई से होना था। चैनलों की टीआरपी आधारित 'न्यूज़ वैल्यू' में स्वाभाविक तौर पर यह 'बड़ी ख़बर' थी। यहाँ तक भी गनीमत थी लेकिन मुम्बई के ठाकरे भक्त 'मराठी मानुष' दर्शकों का दिल जीतने की चैनलों में ऐसी होड़ मची कि उन्हें ठाकरेमय होने में देर नहीं लगी। हालाँकि यह भी चैनलों की कोई नयी बीमारी नहीं है। वे हमेशा से 'पापुलर मूड' के साथ तैरने की कोशिश करते हैं। ऐसा नहीं है कि वे 'पापुलर मूड' के साथ बहने के ख़तरे नहीं जानते हैं लेकिन इसके बावजूद वे इसलिए भी करते हैं क्योंकि इससे उनके कारोबारी के साथ-साथ वैचारिक हित भी जुड़े हुए हैं।

आश्चर्य नहीं कि वे ऐसे मौक़ों पर 'पापुलर मूड' बनाने की कोशिश भी करते हैं। ठाकरे प्रकरण इसका एक और ताज़ा प्रमाण है। चैनलों ने जिस तरह से कोई एक सप्ताह तक घण्टों ठाकरे की बीमारी की कवरेज की और ठाकरे का महिमामण्डन शुरू किया, उसके साथ ही यह तय हो गया था कि हवा का रुख क्या है? उसी की तार्किक परिणति मृत्यु से लेकर अन्तिम संस्कार तक की कवरेज में भी दिखी। असल में, चैनल और उनके विशेषज्ञ मुम्बई में ठाकरे की शवयात्रा और अन्तिम संस्कार में उमड़ी जिस भीड़ को लोकप्रियता और पापुलर मूड के उदाहरण के बतौर पेश कर रहे हैं, वह काफ़ी हद तक ख़ुद चैनलों की अतिरेकपूर्ण 24×7 कवरेज का नतीजा थी।

एक तो चैनलों ने ऐसा माहौल बनाया जिसमें शुरू से लाखों की भीड़ जुटने के अनुमान-चर्चाओं और बाद में टीवी कैमरों के कमाल ने एक बैंड-वैगन प्रभाव पैदा कर दिया और जिसके कारण बहुतेरे लोग देखा-देखी और इस डर के साथ उस भीड़ का हिस्सा बनते गये कि वे कहीं पीछे न छूट जाएं। एक तरह की 'सामूहिक उन्माद' (मॉस हिस्टीरिया) की स्थिति पैदा हो गयी थी। कहते हैं कि भीड़ का अपना एक ख़ास मनोविज्ञान होता है। मुम्बई जैसे महानगर में जहाँ असुरक्षा बोध बहुत ज़्यादा है, वहाँ एक विशाल 'मराठी मानुष' भीड़ का हिस्सा बनकर ख़ुद को सुरक्षित और शक्तिशाली महसूस करने के मनोविज्ञान को नज़रअन्दाज़ नहीं किया जा सकता है। इसके साथ ही रविवार की छुट्टी, बाज़ार से लेकर सिनेमा की बन्दी और ख़ुद महाराष्ट्र सरकार की ओर से ठाकरे के अन्तिम संस्कार के लिए राजकीय

सम्मान और शिवाजी पार्क जैसी सार्वजनिक जगह पर अन्तिम संस्कार ने भी भीड़ बढ़ाने में योगदान किया।

लेकिन इसके बावजूद लोगों की विशाल भीड़ को कुछ तथ्यों के परिप्रेक्ष्य में देखा जाना चाहिए। पहला, मुम्बई की आबादी लगभग दो करोड़ के आसपास है और मुम्बई में आबादी का घनत्व देश में सबसे अधिक है। मुम्बई की आबादी का घनत्व 20484 प्रति वर्ग किलोमीटर है। इसे देखते हुए बाल ठाकरे की शवयात्रा में लाखों की भीड़ मुम्बई की कुल आबादी की अधिक से अधिक 5 से 10 फ़ीसदी के बीच थी। दूसरी बात यह है कि ठाकरे ने मराठी भाषियों को जिस संकीर्ण अस्मिता के आधार पर संगठित किया था और जिसमें वे एक सामूहिक गौरव, सुरक्षा और मुम्बई पर अपना दबदबा महसूस करते हैं, उसके लिए यह एक शक्ति प्रदर्शन का भी मौक़ा था। तीसरे, इस भीड़ में सभी शिव सेना समर्थक नहीं थे। उसमें अच्छी-खासी संख्या तमाशाइयों की भी थी।

लेकिन भीड़ के इस गणित को परे भी रख दिया जाये और स्वीकार कर लिया जाये कि ठाकरे की शवयात्रा और अन्तिम संस्कार में 10 लाख से लेकर 20 लाख तक लोग थे तो क्या इससे ठाकरे के सारे अपराध धुल जायेंगे? क्या यह भुला दिया जायेगा कि उन्होंने जीवन भर नफ़रत, विभाजन, तोड़फोड़-हिंसा और धमकी-भयादोहन की राजनीति की, धार्मिक अल्पसंख्यकों से लेकर दूसरे राज्यों से आये प्रवासी मज़दूरों पर खुलेआम हमलों को प्रोत्साहित किया, दंगे भड़काये और निर्दोषों की हत्या को संरक्षण दिया और मुम्बई के नागरिक जीवन से लेकर पुलिस प्रशासन तक का साम्प्रदायीकरण करने में कोई कोर कसर नहीं उठा रखा?

क्या इन तथ्यों को नज़रअन्दाज़ किया जा सकता है कि ठाकरे और शिव सेना को जस्टिस मदन आयोग से लेकर जस्टिस श्रीकृष्ण आयोग तक ने साम्प्रदायिक दंगों को आयोजित करने, उसे प्रोत्साहित करने और अल्पसंख्यक समुदाय को निशाना बनाने का दोषी पाया था? यह भी कि चुनावों में धर्म के दुरुपयोग के आरोप में सुप्रीम कोर्ट ने बाल ठाकरे को चुनाव लड़ने और मतदान के अधिकार से वंचित करने का फ़ैसला सुनाया था। सच पूछिये तो ठाकरे ने जिस तरह से खुलेआम लोकतन्त्र, क़ानून और संविधान की धज्जियाँ उड़ाईं और मुम्बई में क़ानून-व्यवस्था को ठेंगा दिखाते हुए समानान्तर सरकार चलाई, वह भारतीय लोकतन्त्र और क़ानून के शासन का खुला मज़ाक़ था।

लेकिन हैरानी की बात यह है कि न्यूज़ चैनलों के लिए यह ठाकरे का करिश्मा था। इसमें वे ठाकरे को शेर की तरह देख रहे थे। साफ़ है कि चैनलों ने ठाकरे के

एक सन्तुलित और तथ्यपूर्ण मूल्यांकन का मौक़ा गँवा दिया। इसके उलट चैनलों ने तथ्यों के विपरीत ठाकरे की विशाल प्रतिमा खड़ी कर दी। आश्चर्य नहीं होगा कि ठाकरे को भारत रत्न देने की माँग भी होने लगे। आख़िर चैनलों ने सच कहने का साहस क्यों नहीं दिखाया?

ऐसा लगता है कि चैनलों को एक ओर यह डर सता रहा था कि अगर उन्होंने बाल ठाकरे की मृत्यु और अन्तिम संस्कार की महिमामण्डन से भरी अतिरेकपूर्ण कवरेज नहीं की तो वे मुम्बई जैसे टीआरपी शहर में दर्शक खो सकते हैं और दूसरी ओर, नाराज़ शिव सैनिकों के हमलों और तोड़फोड़ का डर भी चैनलों में आन्तरिक सेंसरशिप का काम कर रहा था।

यह सही है कि धारा के विरुद्ध चलना आसान नहीं है और उसमें जोख़िम भी है। लेकिन इसके साथ ही यह भी सच है कि ऐसे समय में ही किसी लोकतान्त्रिक जन माध्यम की परीक्षा भी होती है। चैनलों से ऐसे समय में न सिर्फ़ सन्तुलित और तथ्यपूर्ण कवरेज की अपेक्षा थी बल्कि उन पर लोगों के शिक्षण की भी ज़िम्मेदारी थी। इस मौक़े पर वे बाल ठाकरे की राजनीति का महिमामण्डन करने के बजाय तथ्यपूर्ण और वस्तुनिष्ठ तरीक़े से उसकी कमियों-विकृतियों और ख़तरों की चर्चा कर सकते थे। अगर वे ठाकरे की राजनीति की कमियों-विकृतियों और ख़तरों की चर्चा से बचना चाहते थे तो ज़्यादा बेहतर था कि वे इस पूरे प्रकरण की एक सन्तुलित और अनुपात बोध के साथ कवरेज करते जिसमें ठाकरे की राष्ट्रीय राजनीति में जो और जितनी जगह थी, उसके बराबर कवरेज होती।

चिन्ता की बात यह है कि न्यूज़ चैनलों के अतिरेकपूर्ण और भावुक कवरेज ने ठाकरे ब्रांड राजनीति और विचारों को एक तरह की वैधता दी है। इसके ख़तरे किसी से छुपे नहीं हैं। घृणा और नफ़रत पर आधारित संकीर्ण अस्मितावादी राजनीति न सिर्फ़ लोकतान्त्रिक मूल्यों और व्यवस्था के लिए चुनौती है बल्कि मनुष्य और मानवता विरोधी है। अगर इस कवरेज से शिव सेना और मनसे जैसी शक्तियों को नयी ऊर्जा मिलती है और मुम्बई में भय और नफ़रत का यह माहौल मज़बूत होता है तो उसकी कुछ ज़िम्मेदारी न्यूज़ चैनलों को भी लेनी पड़ेगी।

*(दिसम्बर, 2012)*

# बिहारी मीडिया का 'नीतीश काल'

## अख़बार और चैनल राज्य सरकार के सूचना और जनसम्पर्क विभाग के एक्सटेंशन बन गये हैं

बिहार में न्यूज़ मीडिया ख़ासकर प्रेस पर नीतीश कुमार सरकार की ओर से आयद एक अघोषित क़िस्म की सेंसरशिप और मीडिया मैनेजमेंट की चर्चाएँ बहुत दिनों से चल रही हैं। बिहार के पत्रकारों से औपचारिक-अनौपचारिक चर्चाओं में और सभाओं-गोष्ठियों और सोशल नेटवर्किंग साइट्स पर होने वाली बहसों में आप इस बाबत बहुत कुछ सुन सकते हैं। लेकिन ये चर्चाएँ कभी भी बड़े मंचों पर नहीं पहुँच पायीं और मीडिया की सुर्ख़ियाँ नहीं बन पायीं। इसलिए जब प्रेस काउंसिल के अध्यक्ष जस्टिस मार्कण्डेय काटजू ने पटना के एक सेमिनार में इस ओर इशारा कर दिया तो हंगामा हो गया।

स्वाभाविक तौर पर सबसे ज़्यादा कड़ी प्रतिक्रिया राज्य सरकार की ओर से ही आयी। राज्य के उप-मुख्यमन्त्री सुशील कुमार मोदी ने जस्टिस काटजू के वक्तव्य को 'आधारहीन और बेबुनियाद' बताते हुए उन्हें बर्ख़ास्त करने की माँग कर दी। लेकिन दूसरी ओर विपक्षी राजनीतिक दलों ने लगभग एक सुर में उनके बयान को सच्चाई बताते हुए विधानसभा में काफ़ी हंगामा मचाया। विधानसभा से बाहर विभिन्न मंचों पर भी जस्टिस काटजू के बयान का ख़ूब समर्थन और विरोध हुआ है। लेकिन सवाल यह है कि उन्होंने ऐसा क्या कह दिया जिसपर इतना हंगामा मचा हुआ है?

प्रेस काउंसिल के अध्यक्ष ने सिर्फ़ इतना कहा कि मैंने सुना है कि बिहार में मीडिया में राज्य सरकार और उसके अधिकारियों के ख़िलाफ़ लिखने/बोलने पर अघोषित रोक है और इसका उल्लंघन करने वाले अख़बारों का विज्ञापन रोकने से लेकर पत्रकारों को नौकरी से निकालने के लिए सम्पादकों पर दबाव तक डाला जाता है। उन्होंने कहा कि यह अभिव्यक्ति की आज़ादी की भावना के विरुद्ध है और

संविधान के सुचारु संचालन में बाधा डालने की तरह है। उन्होंने यह भी कहा कि वे बिहार में मीडिया पर अघोषित सेंसरशिप के आरोपों की वस्तुस्थिति पता लगाने के लिए प्रेस काउंसिल की एक समिति गठित करेंगे जो पूरे मामले की छानबीन करके सच्चाई सामने लायेगी।

अपने वायदे के मुताबिक़ उन्होंने एक तीन सदस्यीय जाँच समिति गठित कर दी है। समिति ने जाँच शुरू कर दी है और यहाँ तक कि अख़बारों में विज्ञापन देकर इस बाबत पत्रकारों और अन्य लोगों से पक्ष रखने की अपील की है। कहने की ज़रूरत नहीं है कि प्रेस काउंसिल की यह पहलकदमी और सक्रियता बहुत महत्त्वपूर्ण और दूरगामी नतीजों वाली है। ऐसी कोई दूसरी नज़ीर हाल के वर्षों में नहीं दिखाई पड़ती है जब प्रेस काउंसिल जैसे वैधानिक संगठन ने किसी राज्य में मीडिया पर अघोषित सेंसरशिप आयद करने के आरोपों की जाँच के लिए समिति गठित की हो। समिति गठित करना तो दूर, तथ्य यह है कि प्रेस काउंसिल ऐसे आरोपों की नोटिस तक नहीं लेता रहा है।

यह भी सच है कि ये आरोप नये नहीं हैं और न ही यह केवल बिहार तक सीमित परिघटना है। ऐसे कई राज्य हैं जहाँ न्यूज़ मीडिया का मुँह बन्द रखने के लिए राज्य सरकारें हर हथकंडा अपना रही हैं। उनमें से कई सफल भी हैं। लेकिन बिहार का मामला इसलिए ख़ास है क्योंकि यहाँ न्यूज़ मीडिया राज्य सरकारों और नेताओं/अधिकारियों के भ्रष्टाचार, घोटालों, अनियमितताओं के खुलासों से लेकर ग़रीबों और कमज़ोर वर्गों के पक्ष में मुखर और सक्रिय रहा है। इस कारण बिहार की पत्रकारिता में ख़ासकर 1977 के बाद से एक धार रही है और उसे नियन्त्रित करने की कोशिशें उतनी सफल नहीं हो पायीं जितनी अन्य राज्यों में सफल रहीं।

यहाँ तक कि जब 1983 में तत्कालीन कांग्रेसी मुख्यमन्त्री जगन्नाथ मिश्र ने बिहार के अख़बारों और पत्रकारों को नियन्त्रित करने के लिए बिहार प्रेस विधेयक लाने की कोशिश की तो राज्य और उसके बाहर पत्रकार संगठनों और जनसंगठनों के आन्दोलन के कारण उन्हें अपने पैर पीछे खींचने पड़े। इस जीत ने बिहार की पत्रकारिता को एक नयी पहचान, धार और सबसे बढ़कर आत्मविश्वास दिया। हालाँकि 1983 में ख़ुद बिहार से छपने वाले प्रमुख अख़बारों की स्थिति बेहतर नहीं थी, उनमें से ज़्यादातर रीढ़विहीन और सरकार समर्थक थे लेकिन बिहार की पत्रकारिता में बहुत जीवन्तता और गतिशीलता थी।

इसकी सबसे प्रमुख वजह 1977 के बाद बिहार में नये जनान्दोलनों का उभार और 77 के बाद आये पत्रकारों की नयी पीढ़ी और साप्ताहिक/पाक्षिक/

मासिक पत्र-पत्रिकाएँ (जैसे 'रविवार', 'दिनमान' और 'माया') थीं। इन युवा और राजनीतिक रूप से जागरूक और संवेदनशील पत्रकारों के ज़रिये बिहार के तत्कालीन मुख्यमन्त्री जगन्नाथ मिश्र और उनके मन्त्रियों/अफ़सरों की कारगुज़ारियों से लेकर बिहारी समाज में सामन्ती और पुलिसिया जोर-जुल्म, ग़रीबों-दलितों के उत्पीड़न की ख़बरें/रिपोर्टें देश भर की पत्र/पत्रिकाओं में छपने लगीं। असल में, 77 में इमरजेंसी हटने के बाद देश भर में ख़ासकर बिहार और उत्तर भारत में ख़बरों की ज़बरदस्त भूख पैदा हो गयी थी। यह बिहार आन्दोलन का असर था जिसने लोगों को राजनीतिक रूप से जागरूक और सक्रिय कर दिया था।

यही वह दौर था जब राष्ट्रीय मीडिया में बिहार को ऐसी ख़बरों की खान समझा जाने लगा था। यही नहीं, इस दौरान बिहार में समाचार-पत्रों और पत्रिकाओं की बिक्री भी तेज़ी से बढ़ी। हिन्दी की प्रमुख पत्रिकाओं और अख़बारों की सबसे ज़्यादा माँग बिहार में थी। इसके बावजूद कुछ छोटे अख़बारों और पत्रिकाओं को छोड़ दिया जाये तो स्थानीय अख़बारों में तब भी कोई ख़ास परिवर्तन नहीं आया था। लेकिन 80 के दशक के मध्य में पटना में 'नवभारत टाइम्स' के प्रकाशन ने स्थानीय पत्रकारिता को नयी धार दी।

ऐसा नहीं है कि उस दौर में बिहार की पत्रकारिता कोई बहुत रैडिकल या क्रान्तिकारी हो गयी थी। इसके बावजूद यह सच है कि अख़बारों में न सिर्फ़ सरकार, मुख्यमन्त्रियों और अफ़सरों के ख़िलाफ़ बहुत कुछ छप जाता था बल्कि जनान्दोलनों और रैडिकल वामपन्थी आन्दोलन को भी कुछ हद तक सहानुभूतिपूर्ण कवरेज मिल जाती थी। इससे बिहार की पत्रकारिता की एक ऐसी विविधता और बहुलतापूर्ण छवि बनी जिसका अपना ख़ास तेवर, धार और स्वर था।

बिहार की पत्रकारिता की यह पहचान और छवि इसलिए महत्त्वपूर्ण है क्योंकि उसी दौर में पड़ोसी राज्यों ख़ासकर मध्य प्रदेश में तत्कालीन कांग्रेसी मुख्यमन्त्री अर्जुन सिंह के नेतृत्व में पत्रकारों और अख़बार मालिकों को विभिन्न वैध-अवैध सुविधाओं और उपहारों से लुभाने और ख़ामोश करने की सुनियोजित और संगठित कोशिश शुरू हो गयी थी। इसका असर भी जल्दी ही दिखने लगा। मध्य प्रदेश के सफल प्रयोग से सीखकर और भी कई राज्यों में मुख्यमन्त्रियों ने न्यूज़ मीडिया ख़ासकर अख़बारों और उनके पत्रकारों को साधने के लिए 'साम, दाम, दण्ड और भेद' का इस्तेमाल करना शुरू कर दिया।

इसमें भी ख़ासकर अख़बारों और पत्रकारों को चुप करने और अपने समर्थन में लिखने के लिए राज्य सरकारों ने उन्हें सरकारी ख़ज़ाने से लेकर निजी स्रोतों

से हर तरह की सुविधाएँ दीं। इसी दौर में अख़बारों और मीडिया समूहों को सस्ती दरों पर ज़मीन और अन्य सुविधाएँ देने से लेकर पत्रकारों को सरकारी आवास, चिकित्सा सुविधा, घर बनाने के लिए सस्ते प्लाट और नगद सहायता दी गयी। इसके अलावा यह आरोप भी लगते रहे हैं कि राज्यों की राजधानियों में चुनिन्दा पत्रकार और सम्पादक मुख्यमन्त्रियों और ताक़तवर मन्त्रियों/अफ़सरों के पे-रोल पर भी रहे हैं। उन्हें हर महीने एक निश्चित रकम मिलती रही है। इसमें दिल्ली के कुछ राष्ट्रीय अख़बारों/चैनलों में काम करने वाले पत्रकार/सम्पादक भी शामिल रहे हैं।

इसके अलावा कुछ मुख्यमन्त्री विवेकाधीन कोष से राष्ट्रीय और स्थानीय मीडिया के महत्त्वपूर्ण पत्रकारों/सम्पादकों को उनके एन.जी.ओ. या पत्रिका निकालने या किसी दूसरे नाम पर लाखों रुपयों की सहायता भी देते रहे हैं। यही नहीं, राज्यों में पत्रकारों और नेताओं/अफ़सरों के बीच की यह नज़दीकी यहाँ तक पहुँच गयी कि कुछ मुँहलगे पत्रकार अफ़सरों के मनमाफ़िक ट्रांसफर और पोस्टिंग से लेकर ठेका/लाइसेंस/कोटा-परमिट भी दिलाने लगे थे। आश्चर्य नहीं कि इन कुछ पत्रकारों/सम्पादकों के इस 'गुण' ने उनके मालिकों को भी उनका इस्तेमाल अपने दूसरे धन्धों को आगे बढ़ाने में करना शुरू कर दिया।

यही दौर था जब धीरे-धीरे पत्रकारिता और दलाली के बीच का फ़र्क़ मिटने लगा। हालाँकि इस दौर में भी बहुसंख्यक पत्रकार सरकारों/नेताओं की चमचागिरी और दलाली से दूर थे लेकिन उन्हें अपने ही अख़बारों में किनारे कर दिया गया। यही नहीं, जिन अख़बारों और पत्रकारों ने इस प्रवृत्ति के ख़िलाफ़ खड़े होने और लड़ने की कोशिश की, उन्हें डरा-धमका कर ख़ासकर उनके विज्ञापन रोककर रास्ते पर लाने की कोशिश की गयी।

लेकिन ज़्यादातर मामलों में डराने-धमकाने की ज़रूरत नहीं पड़ी क्योंकि मीडिया मालिक और कुछ हद तक सम्पादक/पत्रकार भी पहले से ही इस को-ऑप्शन के लिए तैयार थे। यह 'मैत्री और को-ऑप्शन' यहाँ तक पहुँच गयी कि कुछ राज्यों में सम्पादक और अख़बार मालिक शासक पार्टियों के कोटे से पार्टी सांसद के बतौर राज्यसभा और विधान परिषद भेजे जाने लगे।

दोहराने की ज़रूरत नहीं है कि यह बीमारी एक संक्रामक रोग की तरह सभी राज्यों में फैलने लगी। देर-सबेर सभी अख़बार और अब क्षेत्रीय/स्थानीय न्यूज़ चैनल भी इस खेल में शामिल होते चले गये हैं। इसी तरह राज्यों में सरकारों और मुख्यमन्त्रियों के बदलने से भी कोई फ़र्क़ नहीं पड़ा और बिना किसी अपवाद के लगभग सभी राज्यों में सरकार और मुख्यमन्त्री चाहे जिस पार्टी के हों, मीडिया

मैनेजमेंट के तरीक़ों में कोई फ़र्क़ नहीं पड़ता है। मीडिया को जो चाहिए, वह मिलता रहता है और बदले में मीडिया राज्य सरकारों और मुख्यमन्त्रियों की चरण वन्दना में लगी रहती है। ज़ाहिर है कि यह एक दिन में नहीं हुआ है।

दूसरी ओर, उस दौर में भी बिहार की पत्रकारिता एक हद तक खड़ी रही जब अधिकांश राज्यों में मीडिया के सुर बदलने लगे थे और वह राज्य सरकारों के साथ एम्बेड होने लगा था। यही कारण है कि लालू प्रसाद और बाद में राबड़ी देवी के मुख्यमन्त्रित्व काल के 15 वर्षों में आमतौर पर मुख्यधारा के न्यूज़ मीडिया ख़ासकर अख़बारों में सरकार और लालू प्रसाद की आलोचना और उनकी सरकार के कारनामों की ख़बरें ठीक-ठाक मात्रा में छप जाती थीं। कुछ अख़बार और पत्रकारों ने तो उनके ख़िलाफ़ मोर्चा-सा खोल दिया। शुरुआती वर्षों में लालू प्रसाद ने इन आलोचनाओं की ख़ास परवाह नहीं की लेकिन बाद के वर्षों में उन्होंने भी मीडिया को साधने की ख़ूब कोशिशें कीं। कुछ हद तक कामयाब भी रहे। उनके ज़माने में भी उनके प्रिय और अप्रिय पत्रकारों की चर्चाएँ कम नहीं थीं जिन्हें ठीक-ठाक माल-मलाई मिली।

हालाँकि इस दौर में बिहार की पत्रकारिता में लालू प्रसाद मार्का राजनीति के समर्थकों की कमी नहीं थी जो वैचारिक या सामाजिक आधारों पर उनका समर्थन करते थे। इसी तरह उनके आलोचकों में भी ऐसे पत्रकार/सम्पादक काफ़ी थे जो सामाजिक आधार पर उनका अन्ध विरोध करते थे। इस दौर में बिहार का न्यूज़ मीडिया और पत्रकार सामाजिक-धार्मिक आधारों पर बँट गये। इस कारण लालू प्रसाद को मीडिया को मैनेज करने के लिए बहुत कोशिश नहीं करनी पड़ी। मीडिया का एक हिस्सा जो उनका विरोधी था, उसे वह सवर्ण और सामाजिक न्याय विरोधी बताकर ख़ारिज कर देते थे। यहाँ तक कि ईमानदार आलोचनाओं और रिपोर्टों को भी लालू प्रसाद सवर्ण पत्रकारों की साज़िश घोषित कर देते थे।

इस कारण उस दौर में बिहार के मीडिया पर एक अलग तरह का दबाव रहा। उन्होंने मीडिया का मुँह बन्द करने के लिए दाम, दण्ड और भेद तीनों का इस्तेमाल किया। हालाँकि वह एक हद तक ही कामयाब हो पाये। लेकिन यह कहना पूरी तरह से सच नहीं है कि नीतीश कुमार की तुलना में लालू प्रसाद के कार्यकाल में मीडिया ज़्यादा स्वतन्त्र था। सच यह है कि नीतीश कुमार ने लालू प्रसाद के समय में शुरू हुई प्रक्रिया को उसके तार्किक नतीजे तक पहुँचा दिया है। लेकिन नीतीश कुमार के मीडिया मैनेजमेंट के तौर तरीक़ों में ऐसा कुछ नहीं है जिसका इस्तेमाल लालू ने नहीं किया या अन्य राज्यों में दूसरे मुख्यमन्त्री नहीं कर रहे हैं।

इसमें कोई दो राय नहीं है कि आज बिहार में न्यूज़ मीडिया ख़ासकर अख़बार और क्षेत्रीय चैनल पूरी तरह से गाँधी जी के बन्दरों की तरह 'बुरा देखने, बुरा सुनने और बुरा बोलने' से परहेज़ करने लगे हैं। अख़बार और चैनल काफ़ी हद तक 'सैनिटाईज' (धुले-पुँछे) दिखते हैं। बिना अपवाद के लगभग हर दिन न्यूज़ के पहले पन्ने और बुलेटिन की सुर्ख़ियों में मुख्यमन्त्री नीतीश कुमार छाये रहते हैं। उनकी सरकार की नयी योजनाओं, घोषणाओं और पहलक़दमियों की चर्चा रहती है। उन ख़बरों की संख्या और उन्हें मिलने वाली जगह खासी बढ़ गयी है जिनके आख़िर में 'गा, गे और गी' होता है और जो बिहार में 'विकास की गंगा बहाने' में 'नीतीश कुमार के विजन' के गुणगान से भरे होते हैं।

यह बिहार के स्थानीय मीडिया का 'नीतीश काल' है। इसमें मीडिया नीतीश सरकार का भोंपू बन गया है। उस पर पिछले छह-सात वर्षों से अहर्निश नीतीश राग चल रहा है। इसमें प्रशंसा अधिक है और सवाल नहीं के बराबर। इसमें आलोचकों और विरोधी सुरों के लिए जगह नहीं है। इसमें बिहार की सच्चाइयों और वास्तविकताओं को अनदेखा करने या उन पर पर्दा डालने की कोशिश साफ़ देखी जा सकती है।

इक्का-दुक्का अख़बार और चैनल जो राज्य सरकार और मुख्यमन्त्री नीतीश कुमार की खुली चारण वन्दना से बचने और ख़ुद को 'निष्पक्ष' दिखाने की कोशिश करते हैं वे भी इतनी सावधानी बरतते हैं कि सरकार विरोधी या नीतीश कुमार की छवि को नुक़सान पहुँचाने वाली ख़बरों/रिपोर्टों को अन्दर के पृष्ठों पर और अपेक्षाकृत कम जगह देकर छापा या दिखाया जाये।

ऐसी चर्चाएं हैं कि आमतौर पर उन ख़बरों या रिपोर्टों को दबाया जाता है, अन्दर के पन्नों पर धकेल दिया जाता है जिनसे नीतीश सरकार के दावों पर सवाल उठता है या उनकी बहुत परिश्रम और सुनियोजित तरीक़े से गढ़ी गयी छवि पर असर पड़ता है। यहाँ तक कि पटना के अख़बारों में पूर्णियां में गोलीकांड और पुलिस ज़ुल्म की ख़बरें अन्दर के पन्नों पर छपीं।

यह कुछ वर्षों पहले तक अकल्पनीय था। पटना के पत्रकार अनौपचारिक चर्चाओं में बताते हैं कि नीतीश कुमार को अपनी रत्ती भर आलोचना भी मंज़ूर नहीं है। उन्हें अपने ख़ुद के चेहरे से इतना प्यार है कि वह बिना अपवाद हर दिन अख़बारों के पहले पन्ने और क्षेत्रीय चैनलों की सुर्ख़ियों में अपना चेहरा ज़रूर देखना चाहते हैं। बिहार का मीडिया उन्हें निराश नहीं करता है।

एक मायने में यह लालू प्रसाद के 'मेगालोमैनिया' (आत्ममुग्धता) का ही ज़्यादा बारीक संस्करण है। यह सच है कि बिहारी मीडिया का एक छोटा लेकिन प्रभावशाली हिस्सा सचमुच में नीतीश कुमार के इस चेहरे को प्यार करता है। वह उनपर और उनकी अदाओं पर फ़िदा है। वह उनमें बिहार की मुक्ति देखता है। उसे नीतीश कुमार में एक वास्तविक नायक दिखता है। इस प्रेम के कारण उसे उनमें या उनकी सरकार में कोई कमी नहीं दिखती है या एक सच्चे प्रेमी की तरह वह उनकी कमियों/ग़लतियों/विफलताओं को नज़रअन्दाज़ करता है। इसमें कोई नयी बात नहीं है लेकिन ख़ास बात यह है कि नीतीश कुमार के साथ बिहारी मीडिया का यह हनीमून काफ़ी लम्बा चल चुका है।

निश्चय ही, यह सिर्फ़ प्रेम नहीं है बल्कि अब इसमें लेन-देन की भी बड़ी भूमिका हो गयी है। बिहार के न्यूज़ मीडिया को इस हद तक पालतू बनाने में उनकी सरकार ने मीडिया मैनेजमेंट की किताबों के हर तौर-तरीक़े का इस्तेमाल किया है जिसमें सबसे महत्त्वपूर्ण है राज्य सरकार के विज्ञापन। वे स्थानीय मीडिया की इस कमज़ोरी का भरपूर फ़ायदा उठा रहे हैं कि सरकार राज्य की सबसे बड़ी विज्ञापनदाता है। चूँकि बिहार के ग़रीब और निम्न आयवर्ग के पाठकों/दर्शकों में बड़े निजी/कॉर्पोरेट विज्ञापनदाताओं की बहुत दिलचस्पी नहीं है और उनसे मिलने वाले विज्ञापन से आय अपेक्षाकृत कम है, इसलिए राज्य के अख़बार/चैनल सरकारी विज्ञापनों पर निर्भर हैं।

बिहार सरकार स्थानीय मीडिया की इस कमज़ोरी को जानती और बखूबी इस्तेमाल करती है। उसने बिहारी मीडिया को क़ाबू में करने के लिए सरकारी विज्ञापनों को हथियार की तरह इस्तेमाल किया है। इस विज्ञापन के लिए अख़बारों/चैनलों के बीच इतनी प्रतियोगिता है कि वे राज्य सरकार की हर उचित/अनुचित शर्त को स्वीकार करने के लिए तत्पर रहते हैं। इस कारण बिहारी न्यूज़ मीडिया बिहार सरकार के सूचना और जनसम्पर्क विभाग का एक एक्सटेंशन बनता जा रहा है। सरकारी विज्ञप्तियों को बिना काट-छाँट के जितनी जगह मिलती है, उससे किसी भी और राज्य के जनसम्पर्क विभाग को रश्क हो सकता है।

यही नहीं, बिहारी मीडिया को नियन्त्रित करने के लिए नीतीश सरकार एक और रणनीति पर काम करती रही है। उसकी अख़बारों/चैनलों के प्रबन्धन के सामने एक शर्त यह भी रही है कि अख़बारों/चैनलों के उन पत्रकारों को महत्त्वपूर्ण पदों या बीट से हटाया जाये जिन्हें सरकार विरोधी माना जाता है या जो नीतीश कुमार के समर्थक नहीं हैं या जिनकी लालू प्रसाद-रामविलास पासवान से नज़दीकी रही है या

जो स्वतन्त्र माने जाते हैं। ऐसे कई उदाहरण हैं जिनमें अख़बारों/चैनलों के प्रबन्धन को असुविधाजनक पत्रकारों/सम्पादकों को बाहर करने या ट्रांसफर करने के लिए बाध्य किया गया है।

यही नहीं, अख़बारों/चैनलों में महत्त्वपूर्ण जगहों और बीट पर भक्त पत्रकारों को बैठाया गया है। यह अपेक्षाकृत एक नयी परिघटना है। सरकार के प्रति समर्पित और प्रतिबद्ध नौकरशाही के बाद अब प्रतिबद्ध पत्रकारों/सम्पादकों का युग शुरू हो चुका है। ज़ाहिर है कि इसके कारण बिहार में न्यूज़ मीडिया न सिर्फ़ अपनी पहरेदार (वाचडाग) की भूमिका को कुर्बान कर चुका है बल्कि पाठकों/दर्शकों को वास्तविक और सही सूचनाएँ देने से भी परहेज़ करने लगा है। आश्चर्य की बात नहीं है कि इसके कारण बिहार में न्यूज़ मीडिया की साख गिरी है। उसकी धार कमज़ोर हुई है और तेवर मन्द पड़ गया है। इसे अघोषित इमरजेंसी नहीं तो और क्या कहेंगे?

***(अप्रैल, 2012)***

# सत्ता के साथ 'एम्बेडेड' चैनल और चुनाव

**वोटरों को सचेत और सूचित करने के बजाय चैनल ताक़तवर राजनीतिक दलों के औज़ार बन गये हैं**

यह किसी से छुपा नहीं है कि समकालीन भारतीय राजनीति और चुनावों में मीडिया ख़ासकर न्यूज़ चैनलों की भूमिका दिन पर दिन बढ़ती जा रही है। इसका ताज़ा सबूत है उत्तर प्रदेश समेत पाँच राज्यों में विधानसभा चुनाव। इन दिनों न्यूज़ चैनलों ख़ासकर हिन्दी न्यूज़ चैनलों पर उत्तर प्रदेश विधानसभा चुनावों की गर्मी छायी हुई है। इस चुनाव की जिस तरह से व्यापक कवरेज हो रही है, उससे ऐसा लगता है कि जैसे चैनल ही चुनावों के असली अखाड़े बन गये हैं। इसकी एक वजह यह भी है कि चुनाव आयोग के सख़्त निर्देशों के कारण ज़मीन पर चुनाव प्रचार बहुत फीका हो गया है। इसलिए चुनाव प्रचार की जितनी गर्मी ज़मीन पर नहीं दिखाई पड़ रही है, उससे ज़्यादा जोश, शोर, सनसनी और काटा-काटी चैनलों पर मची हुई है।

सच पूछिये तो इन चुनावों ख़ासकर उत्तर प्रदेश विधानसभा चुनावों में बड़ी राजनीतिक लड़ाई अगर राज्य के गाँवों-क़स्बों और शहरों की पगडंडियों-गलियों और सड़कों पर लड़ी जा रही है तो उससे कम बड़ी राजनीतिक लड़ाई चैनलों के स्टूडियो में छिड़ी बहसों-चर्चाओं, शहर-दर-शहर 'कौन बनेगा मुख्यमन्त्री' जैसे कार्यक्रमों और जनमत सर्वेक्षणों में नहीं लड़ी जा रही है। कोई भी पार्टी इसमें पीछे नहीं रहना चाहती है। दरअसल, राजनीतिक रूप से बहुत महत्त्वपूर्ण और ऊँचे दाँव वाली इस लड़ाई में राजनीतिक 'हवा', जन धारणाओं (पब्लिक परसेप्शन) और छवियों की भूमिका बहुत अहम हो गयी है। सारी लड़ाई जनमत को अपने पक्ष में मोड़ने और इसके लिए अनुकूल जनमत तैयार करने की ख़ातिर जन धारणाओं और छवियों को गढ़ने और तोड़ने-मरोड़ने की हो गयी है।

दोहराने की ज़रूरत नहीं है कि इस लड़ाई का सबसे प्रमुख मंच मीडिया और उसमें भी न्यूज़ चैनल हो गये हैं। इस मायने में चैनल भी इस खेल के बहुत महत्त्वपूर्ण खिलाड़ी हो गये हैं। उत्तर प्रदेश विधानसभा चुनावों का एजेंडा तय करने से लेकर माहौल बनाने में उनकी भूमिका को अनदेखा करना मुश्किल है। इन चुनावों में मीडिया के प्रभाव का अन्दाज़ा इस तथ्य से लगाया जा सकता है कि उसने एक 'हवा' बना दी है कि इसबार त्रिशंकु विधानसभा बन रही है और किसी भी पार्टी को बहुमत नहीं मिलेगा। हालाँकि यह सिर्फ़ एक राजनीतिक कयास भर है लेकिन पूरे प्रदेश में इसे एक 'तथ्य' की तरह मान्यता मिल गयी है।

इसका असर यह हुआ है कि आप प्रदेश के किसी भी ज़िले या शहर में चले जाइए और पत्रकारों, शिक्षकों, वकीलों और राजनीतिक कार्यकर्ताओं से चुनावों के बारे में बात कीजिए तो वह छूटते ही कहेगा कि त्रिशंकु विधानसभा बनेगी और किसी को बहुमत नहीं मिलेगा। लेकिन उससे इस आकलन का आधार पूछिये तो हकलाने लगता है। ज़ाहिर है कि उसकी यह धारणा मीडिया रिपोर्टों और उन चुनावी सर्वेक्षणों के आधार पर बनी है जो 2007 के विधानसभा चुनावों के समय ग़लत साबित हो चुके हैं। हो सकता है कि 2012 में यह कयास सही साबित हो लेकिन उतना ही सम्भव है कि यह एक बार फिर ग़लत साबित हो।

असल में, उत्तर प्रदेश भौगोलिक रूप से इतना बड़ा, क्षेत्रीय रूप से विभिन्नताओं से भरा, सामाजिक-आर्थिक-सांस्कृतिक रूप से विभिन्नतापूर्ण, असमान और बहुलतापूर्ण और राजनीतिक रूप से इतना जटिल राज्य है कि उसके राजनीतिक मिज़ाज और 'हवा' को पकड़ना आसान नहीं है। उन लोगों के लिए तो यह और भी मुश्किल है जिनके पास राज्य के एक बड़े हिस्से का प्रत्यक्ष और ज़मीनी अनुभव नहीं है। लेकिन यह मीडिया ख़ासकर न्यूज़ चैनलों का ही कमाल है कि उन्होंने पूरे राज्य में त्रिशंकु विधानसभा की 'हवा' बना दी है। यही नहीं, मीडिया ने यह भी माहौल बना दिया है कि सबसे बड़ी पार्टी के रूप में सपा उभरेगी। बसपा दूसरे नम्बर पर खिसक गयी है और कांग्रेस-भाजपा तीसरे-चौथे स्थान की लड़ाई लड़ रहे हैं जिसमें कांग्रेस लगातार ऊपर चढ़ रही है।

निश्चय ही, ये सिर्फ़ कयास हैं क्योंकि इनके पक्ष में जो राजनीतिक कारण और आधार बताये जा रहे हैं, उसके ठीक उलट उतने ही मज़बूत राजनीतिक कारण और आधार हैं। चुनावी सर्वेक्षणों के बारे में जितना कहा जाये, कम है क्योंकि उनके बीच मुख्य निष्कर्ष पर सहमति होते हुए भी सीटों के आकलन में इतना फ़र्क़ है कि वे एक-दूसरे के ख़िलाफ़ खड़े हो जाते हैं। चैनलों पर मौजूद विशेषज्ञों के बीच भी यही

राग चल रहा है जो एक-दूसरे की तमाम बातों से असहमत होते हुए भी मूल निष्कर्ष पर सहमत हैं। इससे पूरे राज्य में एक राजनीतिक भ्रम और दुविधा की स्थिति बन गयी है। इसका राजनीतिक फ़ायदा किसे मिल रहा है, यह भी किसी से छुपा नहीं है।

लेकिन इससे मीडिया ख़ासकर न्यूज़ चैनलों के बढ़ते प्रभाव का भी पता चलता है। असल में, जैसे-जैसे राजनीति अधिक से अधिक मीडिया चालित (मिडिएटेड) होती जा रही है यानी आम लोगों/वोटरों का राजनीति, उसके मुद्दों, राजनीतिक प्रक्रियाओं और राजनीतिक कार्यकर्ताओं/प्रतिनिधियों से सीधा और प्रत्यक्ष सम्बन्ध कम होता जा रहा है और वे राजनीति के बारे में मीडिया के ज़रिये देख-सुन-समझ रहे हैं, वैसे-वैसे मीडिया का लोगों/वोटरों पर प्रभाव भी बढ़ता जा रहा है। एक अर्थ में यह मुख्यधारा की राजनीति के लोगों से कटते जाने, वोटरों से उसके सीधे संवाद के ख़त्म होते जाने और जोड़-तोड़, दाँवपेंच और ख़रीद-फ़रोख्त पर निर्भर होते जाने का नतीजा है।

आश्चर्य नहीं कि इन चुनावों में भी वही पार्टियाँ मीडिया पर सबसे अधिक निर्भर हैं जिनके पास वोटरों से सीधे संवाद के लिए ज़मीनी संगठन और राजनीतिक कार्यकर्ताओं की कमी है। वे इस कमी को मीडिया के ज़रिये पूरी करने की कोशिश कर रहे हैं। इसके लिए वे मीडिया को इस तरह से 'मैनीपुलेट' कर रहे हैं कि मीडिया उनके लिए अनुकूल राजनीतिक माहौल बनाने से लेकर उनके पक्ष में जनमत बनाने में इस्तेमाल हो रहा है। लेकिन इसका मतलब यह नहीं है कि मीडिया इस खेल में कोई मासूम और निर्दोष खिलाड़ी है जिसका राजनीतिक पार्टियाँ अपने हितों के मुताबिक़ इस्तेमाल कर रही हैं।

ज़ाहिर है कि पूँजीवादी लोकतन्त्र में कोई भी चीज मुफ़्त नहीं होती है। मीडिया तो बिल्कुल भी मुफ़्त नहीं है। मीडिया एक बिज़नेस है और हर बिज़नेस की तरह उसे भी मुनाफ़ा चाहिए। यह ठीक है कि मीडिया और सत्ता राजनीति के बीच बिज़नेस से ज़्यादा गहरा रिश्ता है। यह भी ठीक है कि मीडिया सत्ता संरचना का अभिन्न हिस्सा है और उसके व्यापक हित सत्ता और शासक वर्गों के साथ नाभिनालबद्ध रहे हैं। इसमें भी कोई दो राय नहीं है कि सत्ता प्रतिष्ठान मीडिया का इस्तेमाल अपने हितों के अनुकूल जनमत बनाने और उसके ज़रिये लोगों को नियन्त्रित करने के लिए करता रहा है।

लेकिन जब सत्ता के लिए मुक़ाबला शासक वर्ग की ही चार पार्टियों के बीच हो तो मीडिया 'राजनीतिक हवा' का रुख किसी एक ओर मोड़ने या उसके अनुकूल माहौल बनाने या फिर भ्रम पैदा करने या एजेंडा बदलने की क़ीमत वसूलने

से भी पीछे नहीं रहता है। 'पेड न्यूज़' की परिघटना इसी प्रक्रिया से निकली है। हालाँकि पिछले चुनावों में 'पेड न्यूज़' इतना ज़्यादा बेपर्दा हुआ कि ख़ुद मीडिया की विश्वसनीयता ही दाँव पर लग गयी और ख़तरा पैदा हो गया कि पूँजीवादी लोकतन्त्र में जनमत गढ़ने, सहमति निर्माण करने और लोगों को नियन्त्रित करने का यह औज़ार कहीं भोथरा न हो जाये। इस कारण खुले तौर पर 'पेड न्यूज़' की ख़ूब लानत-मलामत हुई, मीडिया संस्थानों ने 'पेड न्यूज़' से तौबा करने की क़समें खायीं और चुनाव आयोग-प्रेस काउंसिल जैसे सार्वजनिक नियामकों ने उसपर सख़्ती बरतने के ऐलान किये।

ऐसा लगा कि इन विधानसभा चुनावों में 'पेड न्यूज़' नामक धोखाधड़ी बीते दिनों की बात ही जायेगी। लेकिन जैसे चुनावों में कालाधन एक चुनावी सच्चाई है, वैसे ही 'पेड न्यूज़' भी एक चुनावी सच्चाई है। ख़बरें हैं कि इन चुनावों में भी मीडिया (अख़बार और न्यूज़ चैनल) 'पेड न्यूज़' के ज़रिये दोनों हाथों से पैसा बटोरने में लगा है। यह किसी से छुपा नहीं है कि इन चुनावों में पैसा पानी की तरह बह रहा है और अख़बारों के साथ-साथ छोटे-बड़े सभी चैनल इसमें डुबकी लगाने में पीछे नहीं हैं। हालाँकि इस बार थोड़ी सावधानी और चतुराई के साथ यह सब हो रहा है लेकिन अगर आप चैनलों के कवरेज और ख़ासकर कुछ पार्टियों-नेताओं की रैलियों/भाषणों के अत्यधिक लाइव कवरेज को बारीकी से देखें तो 'पेड न्यूज़' का कमाल साफ दिखने लगता है।

उदाहरण के लिए, चाहे राहुल गाँधी की रैलियों/सभाओं/रोड शो की अधिकांश चैनलों पर बिना अपवाद के लाइव कवरेज हो या उत्तर प्रदेश के अमेठी-रायबरेली-सुल्तानपुर में प्रचार करने पहुँची प्रियंका गाँधी को मिला अत्यधिक कवरेज हो, उसकी पत्रकारीय व्याख्या मुश्किल है। एक विदेशी पत्रकार ने हैरानी में ट्वीट किया कि 'प्रियंका गाँधी क्या हैं, किस राजनीतिक या संवैधानिक पद पर हैं जिन्हें चुनाव प्रचार में इतनी कवरेज मिल रही है?' यह सचमुच में विचारणीय है कि कांग्रेस और यूपीए अध्यक्ष सोनिया गाँधी की बेटी के अलावा वे क्या हैं जिन्हें इस हद तक कवरेज के लिए उपयुक्त समझा गया?

इसी तरह, इस चुनाव में अन्य दलों और उनके नेताओं की उपेक्षा करके राहुल गाँधी को जिस तरह से 24×7 कवरेज मिली है, वह कांग्रेस की ज़मीनी ताक़त और मौजूदगी से कई गुणा ज़्यादा है। इस कवरेज में न सिर्फ़ अनुपात का ध्यान नहीं रखा गया बल्कि उसमें वस्तुनिष्ठता, तटस्थता और तथ्यों की भी अनदेखी की

गयी। मज़े की बात यह है कि सभी पार्टियों के नेताओं में प्रचार में सबसे आगे रहने के बावजूद राहुल गाँधी एकमात्र ऐसे नेता हैं जो मीडिया के लिए सबसे अधिक अनुपलब्ध हैं। यह ठीक है कि मुख्यमन्त्री और बसपा नेता मायावती भी मीडिया से दूरी बनाकर रहती हैं लेकिन चुनावी मैदान की सबसे महत्त्वपूर्ण खिलाड़ी होने के बावजूद उन्हें और उनकी पार्टी को उस तरह का सहानुभूतिपूर्ण कवरेज नहीं मिला है।

इस तथ्य को भी अनदेखा करना मुश्किल है कि इन चुनावों में राहुल गाँधी की बहुत बारीकी से एक 'एंग्री यंगमैन, राजनीतिक रूप से आक्रामक, मेहनती, राजनीतिक जोख़िम उठानेवाला, कांग्रेस को लड़ाई में खड़ी कर देनेवाला और राजनीतिक रूप से परिपक्व होते' युवा की छवि गढ़ी गयी है। अगर आप राहुल गाँधी की सार्वजनिक उपस्थिति और सभाओं/रैलियों/रोड शो में उनकी बोलने की शैली, अदाएँ, मैनेरिज्म और भीड़ से मिलने-जुलने के तौर-तरीक़ों को देखें तो उसमें स्वाभाविकता और स्वत:स्फूर्तता के बजाय एक तरह का एनीमेशन दिखेगा। ज़ाहिर है कि इसमें कांग्रेस के मीडिया मैनेजरों और स्पिन डॉक्टरों की बहुत महत्त्वपूर्ण भूमिका है लेकिन इसके साथ ही, यह भी सच है कि ख़ुद मीडिया और ख़ासकर चैनल इस छवि निर्माण में खुलकर पार्टनर हो गये हैं।

कारण चाहे जो हो—स्वेच्छा या लालच लेकिन तात्कालिक तौर पर इसका राजनीतिक फ़ायदा कांग्रेस को मिला है। उत्तर प्रदेश में कांग्रेस अपने इर्द-गिर्द एक 'बज' यानी चर्चा पैदा करने में कामयाब हो गयी है। उसने मीडिया की मदद से चुनावी एजेंडा सेट करने में बहुत हद तक कामयाबी हासिल की है जिसके कारण उसका राजनीतिक ग्राफ चढ़ा है। मीडिया ने वास्तविक अर्थों में मैजिक मल्टीप्लायर की तरह 'राहुल मैजिक' को कई गुणा बढ़ाने में उल्लेखनीय भूमिका निभायी है। निश्चय ही, इस मायने में यह कांग्रेस की चुनाव मशीनरी के साथ-साथ मीडिया मैनेजमेंट की कामयाबी है और इसमें वह बाक़ी सभी दलों से काफ़ी आगे है। आश्चर्य नहीं कि कांग्रेस के प्रचार अभियान की कमान फ़िल्म अभिनेता और एम.पी. राज बब्बर के हाथों में है।

ऐसा लगता है कि कांग्रेस से सीख लेकर भाजपा, सपा और कुछ हद तक बसपा ने भी कॉर्पोरेट अन्दाज़ में विज्ञापन फ़िल्में बनाई हैं जिन्होंने सभी न्यूज़ चैनलों पर कुछ दिनों के लिए जाँघिये-बनियान के विज्ञापनों को पीछे छोड़ दिया है। एक तरह से इन विज्ञापन फ़िल्मों से पार्टियों की कॉर्पोरेट ब्रांडिंग की जा रही है। हैरानी की बात नहीं है कि कई पार्टियों और नेताओं ने पीआर कम्पनियों की मदद भी ली है

और छवि चमकाने के लिए जमकर पैसे बहाये जा रहे हैं। इससे चैनलों की चाँदी है। असल में, चैनलों के लिए मन्दी के बीच चुनाव एक बड़े सहारे की तरह आया है। इसलिए कोई पीछे नहीं रहना चाहता है और सभी बहती गंगा में हाथ धोने में जुटे हैं।

लेकिन इस सबके बीच चैनलों ने दर्शकों को सचेत और सूचित करने की अपनी उस प्राथमिक भूमिका को काफ़ी हद तक अनदेखा और कमज़ोर कर दिया है। पूँजीवाद लोकतन्त्रों में कम-से-कम सैद्धान्तिक तौर पर उनसे अपने दर्शकों को चुनावों के मुद्दों, पार्टियों के कामकाज, उनके घोषणा-पत्रों, उम्मीदवारों के व्यक्तित्व और प्रदर्शन को तथ्यपूर्ण, वस्तुनिष्ठ और निष्पक्ष तरीक़े से सूचित और सचेत करने की अपेक्षा की जाती है ताकि लोग अपने मताधिकार का सही तरीक़े से इस्तेमाल कर सकें। लेकिन ख़बर है कि इस बार मीडिया में 'पेड न्यूज़' नये रूप में चल रहा है। अख़बार और चैनल इस बार उम्मीदवारों की प्रशंसा में छापने के बजाय उनकी असलियत/सच्चाई न छापने के पैसे ले रहे हैं।

हैरानी की बात नहीं है कि उम्मीदवारों के बारे में सभी जानकारियाँ (उनकी कुल सम्पत्ति, शिक्षा और आपराधिक रिकॉर्ड) होने के बावजूद अख़बारों और चैनलों पर उनकी बारीकी से पड़ताल/छानबीन तो दूर है, उनकी तथ्यपूर्ण जानकारी भी नहीं दी जा रही है। माननीय विधायकों/मन्त्रियों की सम्पत्तियों में न्यूनतम दस-पन्द्रह गुने से लेकर सौ गुने तक की वृद्धि के पीछे क्या राज है? उम्मीदवारों के अतीत और वर्तमान की स्वतन्त्र खोजबीन तो बहुत दूर की बात है। क्या दर्शकों/पाठकों को यह जानने का अधिकार नहीं है? क्या यह सिर्फ़ चैनलों/अख़बारों और उनके पत्रकारों की उदासीनता और आलस है या इसके पीछे कोई निश्चित पैटर्न है? यह वाचडाग मीडिया है या पालतू पेड मीडिया?

लेकिन राजनीतिक सत्ता के साथ एम्बेडेड मीडिया से और अपेक्षा भी क्या की जा सकती है?

*(मार्च, 2012)*

# राजनीति बज़रिये पत्रकारिता बनाम पत्रकारिता की राजनीति

**'स्वतन्त्र' और 'निष्पक्ष' पत्रकारिता के नाम पर कॉर्पोरेट समाचार संस्थानों और सत्ता प्रतिष्ठान के बीच अघोषित गठबन्धन बन गया है**

वरिष्ठ पत्रकार, न्यूज़ एंकर और न्यूज़ चैनल—आईबीएन-7 के प्रबन्ध सम्पादक आशुतोष पिछले महीने चैनल से इस्तीफ़ा देकर आम आदमी पार्टी में शामिल हो गये (द हिन्दू, 11 जनवरी)। ऐसी चर्चा है कि आशुतोष 2014 के लोकसभा चुनावों में पार्टी के प्रत्याशी होंगे। आप पार्टी ने उन्हें अपने राष्ट्रीय प्रवक्ताओं की सूची में शामिल कर लिया है और आशुतोष पार्टी प्रवक्ता के बतौर चैनलों पर आम आदमी पार्टी की ओर से पार्टी का बचाव करने के साथ उसका पक्ष रखने लगे हैं। लेकिन उनके आप पार्टी में शामिल होने के बाद से पत्रकारों और राजनीति के बीच नज़दीकी सम्बन्धों को लेकर बहस फिर शुरू हो गयी है और विरोधी आरोप भी लगा रहे हैं।

सवाल उठ रहे हैं कि क्या आशुतोष पहले से आप पार्टी की राजनीति और विचारों के समर्थक थे? फिर उनकी पत्रकारिता उनके राजनीतिक विचारों से प्रभावित तो नहीं थी? कि, क्या यह हितों के टकराव (कन्फ्लिक्ट ऑफ़ इंटरेस्ट) का मामला नहीं है? कि, क्या आशुतोष ने पत्रकारिता के मूल्यों—स्वतन्त्रता, वस्तुनिष्ठता और निष्पक्षता के साथ समझौता नहीं किया है? (सम्राट, 2014) यही नहीं, उनके आलोचक और विरोधी उनपर राजनीतिक अवसरवाद का आरोप लगा रहे हैं।

उनके कई आलोचक उनकी राजनीति को लेकर भी सवाल उठा रहे हैं। उनका आरोप है कि जब वे आईबीएन-7 के प्रबन्ध सम्पादक थे और पिछले साल चैनल से सैकड़ों पत्रकारों/चैनलकर्मियों की छँटनी की गयी तो वे चुप क्यों रहे? क्या उन्हें

उस समय अपने सहकर्मियों के साथ खड़े नहीं होना चाहिए था, जैसे कि एक जनपक्षधर और ईमानदार राजनीति का दावा करने वाले राजनेता से अपेक्षा की जाती है?

खुद आशुतोष ने कुछ टीवी साक्षात्कारों में अपने बचाव में यह कहा है कि जब तक वे चैनल में सम्पादक रहे, उन्होंने एक प्रोफ़ेशनल पत्रकार, सम्पादक/एंकर की भूमिका और चैनल की रिपोर्टिंग और पत्रकारिता के साथ किसी तरह का समझौता नहीं किया। उनका यह भी दावा है कि उन्होंने पूरी ईमानदारी से पत्रकारिता की और उसके मूल्यों के साथ कोई समझौता नहीं किया। यह भी कि उन्होंने अपनी पत्रकारिता में कोई पक्षपात नहीं किया और अपनी स्वतन्त्रता बनाये रखी। अवसरवाद के आरोपों पर उनका यह तर्क है कि देश आज बदलाव के जिस ऐतिहासिक दौर से गुज़र रहा है, उसमें यह एक अवसर है जिसमें वह अपना योगदान करने से पीछे नहीं रहना चाहते हैं। (आशुतोष, 2014)

निश्चय ही, आशुतोष न तो पहले पत्रकार हैं जो पत्रकारिता छोड़कर सक्रिय पार्टी राजनीति में शामिल हो रहे हैं और न ही आख़िरी। अगर इतिहास में बहुत पीछे न भी जायें तो पिछले दो-ढाई दशकों में ऐसे पत्रकारों की सूची लम्बी है जो कुलवक़्ती पत्रकारिता छोड़कर राजनीति (जैसे एम.जे. अकबर, सन्तोष भारतीय, सीमा मुस्तफा, उदयन शर्मा, अरुण शौरी, चन्दन मित्र आदि) में आये। मज़े की बात यह है कि उनमें से कई चुनाव लड़ने और सांसद रहने के बाद मुख्यधारा की पत्रकारिता में वापस (जैसे एम.जे. अकबर, उदयन शर्मा, सीमा मुस्तफा आदि) भी लौट आये। चन्दन मित्र और सन्तोष भारतीय जैसे कुछ पत्रकार और नेता दोनों भूमिकाएँ निभा रहे हैं। इनके अलावा अशोक टंडन, हरीश खरे, पंकज पचौरी जैसे कुछ पत्रकारों ने पत्रकारिता छोड़कर तत्कालीन प्रधानमन्त्रियों के मीडिया सलाहकार का काम भी सँभाला है।

कहने का तात्पर्य यह कि कुलवक़्ती पत्रकारिता छोड़कर राजनीति में जाने की प्रक्रिया नयी नहीं है और राजनीति से वापस पत्रकारिता में लौटने या दोनों ही भूमिकाएँ निभाने की मिसालें भी कम नहीं हैं। ज़ाहिर है कि पत्रकारिता से राजनीति और फिर पत्रकारिता में आवाज़ाही की इस कड़ी में ही आशुतोष के राजनीति प्रवेश को भी देखा जाना चाहिए। लेकिन इसका पत्रकारिता और राजनीति—दोनों के लिए क्या अर्थ है?

असल में, दुनिया के ज़्यादातर उदार लोकतन्त्रों में पत्रकारिता को एक स्वतन्त्र संस्था और लोकतन्त्र के चौथे खम्भे के रूप में देखा जाता है और उससे अपेक्षा की जाती है कि वह लोकतान्त्रिक व्यवस्था की तीन प्रमुख संस्थाओं—

विधायिका, कार्यपालिका और न्यायपालिका के कामकाज पर निगरानी रखेगी और लोगों को उनके क्रियाकलापों के बारे में तथ्यपूर्ण, वस्तुनिष्ठ, सन्तुलित और निष्पक्ष समाचार देगी और विभिन्न विचारों से अवगत करायेगी।

माना जाता है कि इस ज़िम्मेदारी को पूरा करने के लिए यह ज़रूरी है कि पत्रकारिता न सिर्फ़ इन तीनों संस्थाओं और उनके प्रभाव/दबाव से मुक्त और स्वतन्त्र रहे बल्कि पत्रकारिता करने वाले पत्रकार भी उन सभी व्यक्तियों/संस्थाओं/हितों से स्वतन्त्र और मुक्त रहें जिन्हें वे रिपोर्ट या कवर करते हैं। इसकी वजह यह है कि लोकतन्त्र में अपने प्रतिनिधि से लेकर विभिन्न राजनीतिक विकल्पों के बीच चुनाव करते हुए नागरिकों के लिए तथ्यपूर्ण, वस्तुनिष्ठ और निष्पक्ष सूचनाएँ बेहद ज़रूरी हैं। लेकिन तथ्यपूर्ण, वस्तुनिष्ठ और निष्पक्ष सूचनाओं का सबसे महत्त्वपूर्ण स्रोत न्यूज़ मीडिया यानी पत्रकारिता है और पत्रकारिता यह अपेक्षा तब तक पूरी नहीं कर सकती है जब तक पत्रकार बिना किसी दबाव या प्रलोभन या सम्बन्ध के घटनाओं/समस्याओं/विचारों/मुद्दों को रिपोर्ट करे और लोग उसपर भरोसा करें।

यही कारण है कि अमेरिका समेत कई पश्चिमी देशों में प्रोफ़ेशनल पत्रकारों की पत्रकारीय आचार संहिता का यह अभिन्न हिस्सा है कि वे किसी भी राजनीतिक दल के सदस्य नहीं हो सकते हैं, किसी भी राजनीतिक पार्टी के कार्यक्रम में हिस्सा नहीं ले सकते हैं और सार्वजनिक तौर पर किसी भी राजनीतिक पार्टी के प्रति समर्थन या लगाव का इज़हार नहीं कर सकते हैं। इसके तहत पत्रकारों को किसी राजनीतिक पार्टी को चन्दा देने, उसका बैच लगाने या अपनी गाड़ी पर उसके स्टिकर आदि लगाने पर भी पाबन्दी है।

यहाँ तक कि अधिकांश समाचार संगठनों में पत्रकारों के लिए किसी मुद्दे जैसे महिला अधिकार या मानवाधिकार या ग्लोबल वार्मिंग से लेकर आक्युपाई वाल स्ट्रीट जैसे पर किसी स्वतन्त्र प्रदर्शन या रैली में हिस्सा लेने या सोशल मीडिया पर राजनीतिक मुद्दों  पर निजी राय ज़ाहिर करने पर भी प्रतिबन्ध है। आशय यह कि पत्रकार किसी भी रूप में किसी राजनीतिक पार्टी या विचार या मुद्दे के साथ जुड़े नहीं दिखाई दें और इन सभी को स्वतन्त्र रूप से रिपोर्ट, विश्लेषित और उसकी आलोचना कर सकें।

ऐसे एक नहीं, दर्जनों मामले हैं जब न्यूज़ मीडिया संस्थानों/कम्पनियों ने पत्रकारों को राजनीतिक सम्बन्धों या राजनीतिक मुद्दों पर निजी राय ज़ाहिर करने के कारण नौकरी से निकाल दिया है। इसके बावजूद अमेरिका में अधिकांश न्यूज़ मीडिया संस्थानों, सम्पादकों और पत्रकारों पर उदार या अनुदार विचारों और राजनीति के पक्ष में झुके होने का आरोप लगता रहा है। मज़े की बात यह है कि अमेरिकी मीडिया और पत्रकारों और यहाँ तक कि अकादमिक समुदाय

पर अनुदारवादियों (कंजर्वेटिव/रिपब्लिकनों) की ओर से उदार-वाम (लिबरल, वाम और डेमोक्रेटिक) पूर्वाग्रह या झुकाव का आरोप लगाया जाता रहा है जबकि लिबरलों का आरोप है कि अमेरिकी मीडिया पर अनुदारवादियों का दबदबा बढ़ता जा रहा है और वह उनके पक्ष में झुकता जा रहा है।

सच यह है कि रूपर्ट मर्डोक के फाक्स न्यूज़ चैनल और अन्य प्रकाशनों के नेतृत्व में हाल के वर्षों में अमेरिकी न्यूज़ मीडिया में दक्षिणपन्थियों और अनुदारवादियों का दबदबा लगातार बढ़ा है। यही नहीं, उनकी ओर से अपेक्षाकृत उदार न्यूज़ मीडिया संस्थानों और पत्रकारों पर लिबरल पूर्वाग्रह और झुकाव के आरोपों और लगातार हमलों के कारण इन संस्थानों और पत्रकारों की आवाज़ भी कमज़ोर पड़ी है। इसका एक बड़ा प्रमाण यह है कि इराक़ पर हमले से पहले मुख्यधारा के समूचे अमेरिकी कॉर्पोरेट मीडिया ने न सिर्फ़ हमले का समर्थन किया बल्कि युद्ध के पक्ष में माहौल बनाने में सक्रिय भूमिका निभायी। उस दौरान अमेरिकी न्यूज़ मीडिया बुश प्रशासन का भोंपू बन गया था।

यहाँ सवाल सिर्फ़ उन समाचार माध्यमों के वैचारिक-राजनीतिक स्टैंड का नहीं है बल्कि मुद्दा यह है कि इराक़ पर हमले के मुद्दे पर उनके वैचारिक-राजनीतिक स्टैंड से क्या उनकी रिपोर्टिंग/न्यूज़ कवरेज भी प्रभावित हुई? यह सवाल इसलिए महत्त्वपूर्ण है क्योंकि पत्रकारों के राजनीति से दूर रहने और निजी रुझानों को ज़ाहिर न करने के पीछे बुनियादी आइडिया यह है कि वे पूरी स्वतन्त्रता के साथ और तथ्यपूर्ण, वस्तुनिष्ठ और निष्पक्ष रिपोर्टिंग कर सकें; समाचार, उनके निजी विचारों से प्रभावित न हों और लोगों को सच पता चल सके।

लेकिन इराक़ युद्ध समेत अनेक मामलों में यह सच्चाई खुलकर सामने आयी कि पत्रकारों से ज़्यादा मुख्यधारा के कॉर्पोरेट न्यूज़ मीडिया ने स्पष्ट रूप से एक वैचारिक-राजनीतिक लाइन ली और पत्रकारों को अपनी स्वतन्त्रता छोड़कर उसके मुताबिक़ रिपोर्ट करना पड़ा। उन्होंने तथ्यों, वस्तुनिष्ठता और निष्पक्षता की माँग के ठीक उलट रिपोर्ट किया।

ऐसे में, यह सवाल ज़्यादा प्रासंगिक है कि किसी पत्रकार या सम्पादक की निजी वैचारिक-राजनीतिक राय और पक्षधरता से ज़्यादा महत्त्वपूर्ण मुद्दा क्या उस समाचार संस्थान की वैचारिक-राजनीतिक पक्षधरता नहीं है? यह सवाल इसलिए और ज़्यादा ज़रूरी है क्योंकि समाचार संस्थान के अन्दर विभिन्न स्तरों पर जाँच-पड़ताल और छानबीन की ऐसी व्यवस्था होती है जिसमें किसी एक या दो या उससे अधिक पत्रकारों की 'ख़बरों और रिपोर्टों' में मौजूद राजनीतिक झुकाव या पूर्वाग्रह हो तो उसे सम्पादित किया जा सकता है। लेकिन अगर वह समाचार संस्थान वैचारिक-राजनीतिक तौर पर ख़ुद एक पक्ष में झुका हो तो संस्थान के सभी

पत्रकारों/सम्पादकों पर उस 'लाइन' के अनुसार रिपोर्ट करने या विचार प्रकट करने के अलावा क्या विकल्प बचता है?

आश्चर्य नहीं कि अमेरिका समेत सभी उदार पूँजीवादी लोकतन्त्रों में मुख्यधारा के कॉर्पोरेट समाचार संस्थानों में 'समाचार और विचार के बीच चर्च और राज्य की तरह की स्पष्ट विभाजन रेखा और दीवार' के दावों और स्वतन्त्रता, तथ्यपूर्ण, वस्तुनिष्ठता, सन्तुलन और निष्पक्षता जैसे पत्रकारीय मूल्यों पर अत्यधिक ज़ोर के बावजूद उसकी वैचारिक-राजनीतिक पक्षधरता, पूर्वाग्रह और झुकाव किसी से छुपे नहीं रहे हैं।

यही नहीं, पत्रकारों और सम्पादकों के चयन में भी उनकी सोच का ध्यान रखा जाता रहा है। यहाँ तक कि 50-60 के दशक में अमेरिका में सीनेटर मैकार्थी के नेतृत्व में न्यूज़ मीडिया, अकादमिक जगत से लेकर शासन-प्रशासन के सभी हिस्सों से वाम-प्रगतिशील-लिबरल सोच रखने वाले पत्रकारों और बुद्धिजीवियों को योजनाबद्ध तरीक़े से बाहर निकाला गया था।

नोम चोमस्की और एडवर्ड हरमन के अध्ययनों से भी यह साफ़ है कि अमेरिकी मीडिया वैचारिक-राजनीतिक तौर पर पूँजीवादी व्यवस्था और सत्ता प्रतिष्ठान के साथ गहराई से नाभिनालबद्ध है और अभिव्यक्ति/प्रेस की आज़ादी एक बहुत संकीर्ण दायरे में बँधी हुई है। लेकिन कॉर्पोरेट न्यूज़ मीडिया की साख़ और विश्वसनीयता के भ्रम को बनाये रखने और वास्तव में, पत्रकारों की स्वतन्त्र रिपोर्टिंग की सम्भावनाओं को सीमित करने के लिए उन पर पार्टी राजनीति और यहाँ तक कि स्वतन्त्र राजनीतिक गतिविधियों से दूर रहने की आचार-संहिता थोपी जाती है। ऐसा लगता है कि प्रोफ़ेशनलिज़्म के नाम पर पत्रकारों को राजनीति और राजनीतिक गतिविधियों यहाँ तक कि स्वतन्त्र नागरिक पहलकदमियों और कार्रवाइयों से दूर रखने के पीछे असली उद्देश्य उनकी स्वतन्त्र रिपोर्टिंग की सम्भावनाओं को सीमित करना और सत्ता का भोंपू बनाये रखना है।

भारत भी इसका अपवाद नहीं है। यहाँ भी न्यूज़ मीडिया की पत्रकारीय आचार संहिता में पत्रकार/सम्पादक के किसी राजनीतिक पार्टी के साथ खुले सम्बन्धों और राजनीति गतिविधियों में शिरकत पर पाबन्दी है। पत्रकारों और रिपोर्टरों से अपेक्षा की जाती है कि वे बिना किसी वैचारिक-राजनीतिक पूर्वाग्रह या झुकाव के रिपोर्ट और विश्लेषण करें। लेकिन व्यवहार में सच्चाई ठीक इसके उलट है। अधिकांश समाचार संस्थानों का वैचारिक-राजनीतिक झुकाव स्पष्ट है और उनके सम्पादकों के विचार-राजनीतिक झुकाव भी किसी से छुपे नहीं हैं।

लेकिन मज़े की बात यह है कि फिर भी वे अपनी निष्पक्षता और स्वतन्त्रता

का दावा करते नहीं थकते हैं। यह भी तथ्य किसी से छुपा नहीं है कि इमरजेंसी के बाद आयी जनता पार्टी की सरकार के दौरान तत्कालीन सूचना एवं प्रसारण मन्त्री लालकृष्ण आडवाणी ने योजनाबद्ध तरीक़े से आर.एस.एस. समर्थकों और उससे सहानुभूति रखने वाले कार्यकर्ताओं को अख़बारों में घुसाया था।

दूसरी ओर, वाम आन्दोलनों और जे.पी. की सर्वोदयी राजनीति से कार्यकर्ता और समर्थक भी अच्छी-ख़ासी संख्या में अख़बारों में आये हालाँकि 90 और उसके बाद के दशक में ऐसे ज़्यादातर वाम समर्थक पत्रकारों/सम्पादकों को भारतीय क़िस्म के मैकार्थीवाद के तहत नव उदारवादी आन्तरिक तख़्तापलट में अख़बारों और दूसरे समाचार संस्थानों से बाहर कर दिया गया। इसके बाद ज़्यादातर कॉर्पोरेट न्यूज़ मीडिया संस्थानों में नव उदारवादी बाज़ार समर्थक सुधारों और दक्षिणपन्थी राजनीति के समर्थकों को जगह दी गयी या उन्हें आगे बढ़ाया गया और सम्पादक आदि महत्त्वपूर्ण पदों पर बैठाया गया।

इसी दौर में राजनीति से दूर रहने और अराजनीतिक न्यूज़ मीडिया के दावों के बीच मुख्यधारा के अधिकांश कॉर्पोरेट न्यूज़ मीडिया संस्थानों ने खुलकर नव उदारवादी अर्थनीति और अनुदार राजनीति का समर्थन किया। याद रहे कि 80 के दशक के उत्तरार्ध और 90 के दशक में घोर साम्प्रदायिक राम जन्मभूमि अभियान को अनेक अख़बार समूहों ने खुला समर्थन दिया और भाजपा के राजनीतिक उभार में मदद की।

इसी दौर में कई पत्रकार/सम्पादक 'निष्पक्षता' का चोला उतारकर भाजपा में शामिल हुए। दूसरी ओर, इसी दौर में बहुतेरे सम्पादकों/पत्रकारों को 'फ़्री मार्केट' में मुक्ति दिखाई दी जबकि कई लालू प्रसाद से लेकर मुलायम सिंह के 'सामाजिक न्याय' और 'धर्मनिरपेक्षता' पर फ़िदा दिखाई दिये। हैरानी की बात नहीं है कि आज आशुतोष समेत अनेक पत्रकारों/सम्पादकों को आम आदमी पार्टी में 'ईमानदारी' और 'बदलाव' की सम्भावनाएँ दिख रही हैं।

साफ़ है कि भारतीय पत्रकारिता में प्रोफ़ेशनलिज़्म, स्वतन्त्रता और निष्पक्षता के तमाम दावों के बावजूद न सिर्फ़ मुख्यधारा के कॉर्पोरेट न्यूज़ मीडिया संस्थानों का वैचारिक-राजनीतिक झुकाव और पूर्वाग्रह एक तथ्य है बल्कि ज़्यादातर सम्पादकों/पत्रकारों की राजनीतिक-वैचारिक पक्षधरता भी जगज़ाहिर रही है। यही नहीं, उनकी राजनीति का दायरा और दिशा भी उतनी ही स्पष्ट रही है। वह बिना किसी अपवाद के सत्ता प्रतिष्ठान और मुख्यधारा की राजनीतिक पार्टियों के साथ जुड़ी रही है। इसका नीरा राडिया टेप्स से बड़ा प्रमाण और क्या होगा? दूसरी ओर, वैकल्पिक और जन राजनीति के प्रति उसकी चिढ़ भी किसी से छुपी नहीं है।

यह एक कड़वी सच्चाई है कि 'निष्पक्षता' और 'ग़ैर-राजनीतिक' होने के दावों के बावजूद अनेक अख़बारों और न्यूज़ चैनलों में प्रधान सम्पादक और स्थानीय सम्पादक से लेकर ब्यूरो चीफ़ और संवाददाताओं की नियुक्ति में बड़े नेताओं, मन्त्रियों, मुख्यमन्त्रियों और कॉर्पोरेट्स की सीधी दखल है। 'द हिन्दू' और 'ओपन' के सम्पादकों की बर्ख़ास्तगी में राजनीतिक और कॉर्पोरेट्स की भूमिका की चर्चा आम है। इसी तरह ज़्यादातर रिपोर्टर ख़ासकर राजनीतिक बीट कवर करने वाले रिपोर्टर/ब्यूरो संवाददाताओं के राजनीतिक सम्बन्ध और झुकाव साफ़ दिखाई पड़ते हैं। उनमें से कई तो उन पार्टियों के प्रवक्ता की तरह व्यवहार करने लगते हैं। इसके कारण राजनीतिक रिपोर्टिंग और उसकी धार लगातार कमज़ोर और भोथरी हुई है और कॉर्पोरेट न्यूज़ मीडिया मुख्यधारा की कॉर्पोरेट-परस्त राजनीति का प्रवक्ता बन गया है। नरेन्द्र मोदी को लेकर इस कॉर्पोरेट न्यूज़ मीडिया का उत्साह किसी से छुपा नहीं है।

कहने का तात्पर्य यह है कि जब सारे कूप में भंग पड़ी है तो आशुतोष के बजरिये पत्रकारिता, राजनीति प्रवेश की शिकायत क्या करें? असल में, मुद्दा आशुतोष का पत्रकारिता छोड़कर पूर्णकालिक राजनीति में जाना नहीं बल्कि मुख्यधारा के कॉर्पोरेट न्यूज़ मीडिया की वैचारिक-राजनीतिक पक्षधरता और झुकाव का है। 'स्वतन्त्र' और 'निष्पक्ष' पत्रकारिता के नाम पर कॉर्पोरेट समाचार संस्थानों और सत्ता प्रतिष्ठान और उसके प्रतिनिधि राजनीतिक दलों के बीच जिस तरह का अघोषित गठबन्धन बना है और वह जिस तरह की राजनीति को आगे बढ़ा रहा है, उसमें आशुतोष के अलावा और क्या अपेक्षा की जा सकती है?

***(फ़रवरी, 2014)***

## सन्दर्भ

1. आशुतोष, ब्लॉग: व्हाई आई ज्वाइंड आप बाई फार्मर जर्नलिस्ट आशुतोष, एनडीटीवी, http://www.ndtv.com/blog/blog-why-i-joined-aap-by-former-journalist-ashutosh-548267 19 फ़रवरी 2014 को देखा गया।
2. द हिन्दू, टीवी जर्नलिस्ट आशुतोष ज्वाइंस आप, 11 जनवरी 14; http://www.thehindu.com/news/national/tv-journalist-ashutosh-joins-aap/article5566604.ece 10 फ़रवरी 15 को देखा गया।
3. सम्राट, पॉलिटिक्स आन देयर स्लीव्स, न्यूज़लौंड्री, http://www.newslaundry.com/2014/01/13/politics-on-their-sleeves/ 10 फ़रवरी 15 को देखा गया।

# विरोध का जनतन्त्र बनाम कॉर्पोरेट मीडिया प्रबन्धित जनतन्त्र

## बदलाव के आन्दोलनों के प्रति कॉर्पोरेट मीडिया का रवैया उनके आर्थिक-राजनीतिक हितों से तय होता है

देश-दुनिया में राजनीतिक झंझावातों और छोटे-बड़े राजनीतिक परिवर्तनों, सामाजिक-आर्थिक उथल-पुथल और प्राकृतिक-मानव निर्मित त्रासदियों के बीच एक और साल गुज़र गया। कई मामलों में काफ़ी हद तक गुज़रे सालों से मिलता-जुलता होने के बावजूद यह साल बहुत ख़ास रहा। देश के लिए भी और दुनिया के लिए भी। निश्चय ही, इस साल को पारिभाषित करने वाली सबसे महत्त्वपूर्ण परिघटना दुनिया भर में कॉर्पोरेट लूट, भ्रष्टाचार, बढ़ती सामाजिक-आर्थिक ग़ैर-बराबरी-विषमता और तानाशाही के ख़िलाफ़ और सच्चे जनतन्त्र के लिए भड़के आन्दोलनों, विरोध प्रदर्शनों और कब्ज़ा-घेराव-धरना-हड़ताल में आम लोगों ख़ासकर मध्य वर्ग की बड़े पैमाने पर हिस्सेदारी थी।

आश्चर्य नहीं कि मशहूर समाचार पत्रिका 'टाइम' ने वर्ष 2011 के 'पर्सन ऑफ़ द इयर' के बतौर उन 'प्रदर्शनकारियों' को चुना है जिन्होंने अरब जगत में ट्यूनीशिया से लेकर मिस्र में दमनकारी तानाशाहियों, यूरोप में बड़ी पूँजी को ख़ुश करने के लिए सामाजिक सुरक्षा में कटौतियों और अमेरिका में कॉर्पोरेट और आवारा पूँजी के लालच और हवस के ख़िलाफ़ 'वाल स्ट्रीट कब्ज़ा करो' (आक्युपाई वाल स्ट्रीट) से लेकर भारत में कॉर्पोरेट और राजनीतिक भ्रष्टाचार के ख़िलाफ़ लोकपाल के लिए शुरू हुए आन्दोलनों की अगुवाई की है। इन आम प्रदर्शनकारियों ने इस साल को बहुत ख़ास बना दिया।

इसमें कोई दो राय नहीं है कि ये आन्दोलन, विरोध प्रदर्शन और प्रदर्शनकारी कई मायनों में पहले के आन्दोलनों, विरोधों और प्रदर्शनकारियों से अलग थे। उनकी सक्रियता, भागीदारी, गोलबन्दी से लेकर विरोध प्रदर्शनों के तरीक़ों और सबसे बढ़कर उनके द्वारा उठाये गये मुद्दों ने न सिर्फ़ देश-दुनिया का ध्यान खींचा बल्कि उसके राजनीतिक-आर्थिक-सामाजिक एजेंडे पर कई नये सवालों और मुद्दों को खड़ा कर दिया है। सबसे महत्त्वपूर्ण बात यह है कि इन आन्दोलनों ने एक बार फिर बहुत मज़बूती से यह साबित करने की कोशिश की है कि लोकतन्त्र को लोकतन्त्र बनाने में लोगों की सक्रिय भागीदारी, गोलबन्दी, उनके आन्दोलनों और विरोध प्रदर्शनों की बहुत बड़ी भूमिका है।

सच पूछिये तो लोकतन्त्र की आत्मा है स्थापित-यथास्थितिवादी सत्ताओं और शासक वर्गों और उनके एजेंडे के ख़िलाफ़ असहमति के स्वर, विरोध प्रदर्शन और उन्हें चुनौती देनेवाले बदलाव के आन्दोलन। इस मायने में बीते साल दुनिया भर में कॉर्पोरेट भूमण्डलीकरण, नव उदारवादी अर्थनीतियों, आवारा पूँजी की मनमानी और तानाशाही के बीच निरन्तर सिकुड़ते और दमनकारी होते पूँजीवादी लोकतन्त्रों में असहमति की तेज़ होती आवाज़ों और विरोध प्रदर्शनों की नयी लहरों ने लोकतन्त्र की आत्मा को पुनरुज्जीवित करने की कोशिश की है। यही नहीं, इन आन्दोलनों ने राजनीति के नये मुहावरे गढ़े हैं, उनके मुद्दों-नारों ने समतामूलक, न्यायपूर्ण और सच्चे लोकतन्त्र की लड़ाइयों को नया आवेग दिया है और लोगों ख़ासकर मध्यवर्ग को घरों से बाहर सड़कों पर उतरने के लिए प्रेरित किया है।

लेकिन इन विरोध प्रदर्शनों और आन्दोलनों के बीच मुख्यधारा का मीडिया ख़ासकर इलेक्ट्रॉनिक मीडिया कहाँ खड़ा है? यह ऐसा सवाल है जो कॉर्पोरेट मीडिया को ख़ुद से ज़रूर पूछना चाहिए। यह सवाल इसलिए भी ज़रूरी है क्योंकि जो कॉर्पोरेट मीडिया ख़ुद को 'जन माध्यम' (मास मीडिया) कहता है, उसका 'जन यथार्थ' (मास रीयलिटी) से कितना सम्बन्ध रह गया है? कहने की ज़रूरत नहीं है कि दुनिया के अलग-अलग हिस्सों में तानाशाही और नव उदारवादी अर्थनीति के ख़िलाफ़ फूट पड़े इन विरोध प्रदर्शनों और आन्दोलनों के प्रति कॉर्पोरेट मीडिया का शुरुआती रुख उपेक्षा और सिरे से ख़ारिज करने का था। लेकिन जब नज़रअन्दाज़ करना मुश्किल होने लगा तो उसके प्रति एक शक-सन्देह और हैरानी से भरा भाव सामने आया और उसकी खिल्ली उड़ाने की कोशिश की गयी।

लेकिन जब विरोध प्रदर्शनों और आन्दोलनों का दायरा बढ़ने और उनकी आवाज़ और तेज़ होने लगी तो कॉर्पोरेट मीडिया ने अपना ट्रैक बदलकर एक ओर

उन्हें यूटोपियन, आदर्शवादी, अव्यावहारिक और अराजक बताना शुरू कर दिया, वहीं दूसरी ओर, उसे हड़पने में भी जुट गया। यही कारण है कि जो विरोध प्रदर्शन उसके अपने निहित स्वार्थों और हितों के अनुकूल थे, उन्हें उसने बढ़-चढ़कर समर्थन दिया, यहाँ तक कि इन प्रदर्शनों को गोद ले लिया लेकिन जहाँ भी ये विरोध प्रदर्शन और आन्दोलन सीधे उनके कॉर्पोरेट हितों पर चोट कर रहे थे, उन्हें यूटोपियन से लेकर खलनायक बनाने में कोई कोर कसर नहीं उठा रखी।

उदाहरण के लिए पश्चिमी कॉर्पोरेट मीडिया ने जिस तरह से अरब वसन्त से लेकर रूस में पुतिन विरोधी प्रदर्शनों तक को हाथों-हाथ लिया, उसी तरह का उत्साह आक्युपाई वाल स्ट्रीट और ग्रीस से लेकर इटली में बजट और सामाजिक सुरक्षा में कटौतियों के ख़िलाफ़ भड़के विरोध प्रदर्शनों के प्रति नहीं दिखाई पड़ा। वैश्विक कॉर्पोरेट मीडिया में अरब वसन्त ख़ासकर सीरिया और लीबिया में हुए विरोध प्रदर्शनों के प्रति न सिर्फ़ अतिरिक्त उत्साह दिखाई पड़ा बल्कि उन्होंने असद और गद्दाफी सरकार के ख़िलाफ़ एक तरह का मोर्चा खोल दिया। इसमें पश्चिमी मीडिया का पूर्वाग्रह खुलकर दिखाई पड़ा। उन्होंने सीरिया, ईरान और लीबिया में मानवीय आधार और परमाणु हथियारों के ख़तरे के मद्देनज़र नाटो/अमेरिकी सैन्य कार्रवाई के लिए जनमत बनाने की पूरी कोशिश की।

हैरानी की बात नहीं है कि लीबिया में गद्दाफी को एक क्रूर तानाशाह के बतौर पेश करते हुए पश्चिमी मीडिया ने नाटो की सैन्य कार्रवाई को खुलकर समर्थन दिया। हालाँकि इसमें कुछ भी नया नहीं है। यह पश्चिमी वैश्विक कॉर्पोरेट मीडिया की पुरानी रणनीति है। इस मायने में वह काफ़ी हद तक अमेरिकी विदेश विभाग और नाटो के प्रवक्ता की तरह काम करता है। सच यह है कि वह जनमत बनाने के ज़रिये ऐसी सैन्य कार्रवाइयों के लिए ज़मीन तैयार करता है। लीबिया में गद्दाफी शासन के अन्त के बाद इस वैश्विक कॉर्पोरेट मीडिया के निशाने पर सीरिया, ईरान और उत्तर कोरिया हैं जिनके खलनायकीकरण का अभियान ज़ोर-शोर से जारी है। आश्चर्य नहीं होगा अगर वर्ष 2012 में वैश्विक कॉर्पोरेट मीडिया की मदद से अमेरिका/नाटो इन्हें सैन्य निशाना भी बनायें।

लेकिन इसके ठीक उलट इन बहुराष्ट्रीय वैश्विक मीडिया कम्पनियों ने यूरोप और अमेरिका में कॉर्पोरेट पूँजीवाद और नव उदारवादी अर्थनीतियों के ख़िलाफ़ भड़के लोगों के ग़ुस्से, विरोध प्रदर्शनों और आन्दोलनों को उस तरह का सहानुभूतिपूर्ण कवरेज तो दूर उन्हें तथ्यपूर्ण, वस्तुनिष्ठ और निष्पक्ष कवरेज भी नहीं दिया। यह स्वाभाविक भी था। असल में, इन विरोध प्रदर्शनों और आन्दोलनों

ख़ासकर आक्युपाई वाल स्ट्रीट प्रदर्शनों में सिर्फ़ बड़े कॉर्पोरेट समूह, सत्ता प्रतिष्ठान और राजनीतिक वर्ग ही निशाने पर नहीं थे बल्कि ख़ुद कॉर्पोरेट मीडिया और उसका झूठ भी निशाने पर थे। सच पूछिये तो इस आन्दोलन ने जिस तरह से मुख्यधारा के कॉर्पोरेट मीडिया को नकार दिया और नये और वैकल्पिक मीडिया के ज़रिये लोगों के बीच सूचना-संवाद-बहस और गोलबन्दी शुरू की है, वह भविष्य की ओर संकेत करता है।

यह कॉर्पोरेट मीडिया के लिए ख़तरे की घण्टी है। उसकी विश्वसनीयता दिन पर दिन नीचे की ओर जा रही है। बीते साल में भी कई ऐसी घटनाएँ हुईं जिनसे वैश्विक कॉर्पोरेट मीडिया की विश्वसनीयता और साख को और गहरा धक्का लगा है। ख़ासकर ब्रिटेन में जिस तरह से मीडिया मुग़ल रूपर्ट मर्डोक और उनकी कम्पनी न्यूज़ इंटरनेशनल की ग़ैर-क़ानूनी और अनैतिक गतिविधियाँ सामने आयी हैं और उसके ख़िलाफ़ लोगों का ग़ुस्सा फूटा है, वह इस बात का सबूत है कि बड़े वैश्विक मीडिया समूहों के लिए आगे का रास्ता इतना आसान नहीं होगा। उनकी सार्वजनिक जाँच पड़ताल बढ़ेगी और उनसे अब कहीं ज़्यादा जवाबदेह होने की माँग की जायेगी।

यही नहीं, उनके लिए शासक वर्गों के हित में सूचनाओं और विमर्शों का प्रबन्धन करना भी उतना आसान नहीं रह गया है। इस मायने में बीता साल पारम्परिक कॉर्पोरेट मीडिया का नहीं बल्कि नये माध्यमों ख़ासकर विकीलिक्स जैसे मंचों और सोशल नेटवर्किंग साइट्स का था। रैडिकल समूहों ने लोगों को जागरूक बनाने से लेकर उन्हें गोलबन्द करने और सामूहिक कार्रवाइयों में उतारने में इन नये माध्यमों का जिस तरह से खुलकर उपयोग किया है, उसने कॉर्पोरेट मीडिया के साथ-साथ सत्ता प्रतिष्ठानों और शासक वर्गों को भी सतर्क कर दिया है। आश्चर्य नहीं कि इस साल सरकारों के निशाने पर ये नये माध्यम भी आ गये हैं।

दुनिया की सबसे ताक़तवर सरकारों ने जिस तरह से विकीलिक्स और उसके मुखिया जूलियन असांज को बर्बाद करने में कोई कोर कसर नहीं उठा रखी है, वह इसका प्रमाण है कि नये माध्यमों को क़ाबू में करने के लिए ख़ुद को लोकतन्त्र का सबसे बड़ा पहरुआ बतानेवाली सरकारें कहाँ तक जा सकती हैं। यही नहीं, विकीलिक्स की मदद से यह भी खुलासा हुआ है कि दुनिया भर में सरकारें कितने बड़े पैमाने पर आम नागरिकों की जासूसी कर रही हैं। भारत भी इसका अपवाद नहीं है। नये माध्यमों ख़ासकर सोशल नेटवर्किंग साइट्स को सेंसर करने और उन्हें

‘साफ़-सुथरा’ बनाने (सैनिटाइज) को लेकर संचार मन्त्री कपिल सिब्बल के बयान को इसी सिलसिले में देखा जाना चाहिए।

लेकिन सिब्बल के बयानों और कोशिशों का जिस तरह से विरोध हुआ है, उससे यह उम्मीद बँधी है कि कॉर्पोरेट मीडिया से निराश और नये माध्यमों पर मौजूद आज़ादी का लुत्फ़ उठा रहे लोग इतनी आसानी से हथियार नहीं डालने वाले हैं। अलबत्ता नये माध्यमों को सरकार और प्रभावशाली हित समूहों के बाद जिससे सबसे अधिक ख़तरा है, वह और कोई नहीं बल्कि उनके प्रोमोटर्स हैं जिनके बड़ी पूँजी से बहुत गहरे रिश्ते हैं। इस बारे में किसी भ्रम में नहीं रहना चाहिए। सच यह है कि गूगल से लेकर फ़ेसबुक तक और ट्विटर से लेकर यू-ट्यूब तक में अरबों डॉलर की पूँजी लगी हुई है और उनके दाँव बहुत ऊँचे हैं। वे भी एक सीमा से अधिक जोख़िम नहीं उठा सकते हैं।

हैरानी की बात नहीं है कि गूगल ने विभिन्न देशों की सरकारों से मिले अनुरोधों/निर्देशों के आधार पर ऐसा बहुत सारा कंटेंट हटाया है जिसमें राजनीतिक सत्ता या राजनेताओं की आलोचना थी। लेकिन इसके बावजूद नये साल में गहराते आर्थिक-राजनीतिक संकट और उथल-पुथल के बीच नये माध्यमों ख़ासकर सोशल नेटवर्किंग साइट्स, विकीलिक्स जैसे साइट्स के अलावा वैकल्पिक राजनीति और विचारों को आगे बढ़ाने वाले रैडिकल समूहों और राजनीतिक संगठनों/दलों की वेब साइट्स की प्रासंगिकता बनी रहेगी। वे लोगों में सूचना-विचार और संवाद की साझेदारी को बढ़ाने, उन्हें गोलबन्द करने और सामूहिक कार्रवाइयों में उतारने में उल्लेखनीय भूमिका निभाते रहेंगे। लेकिन इसके साथ ही, सरकारों द्वारा उनकी सख़्त निगरानी और उनके उपयोगकर्ताओं को व्यक्तिगत तौर पर दण्डित करने के मामले भी बढ़ेंगे।

बीते वर्ष में भारत में भी भ्रष्टाचार विरोधी प्रदर्शनों और जन लोकपाल के समर्थन में अन्ना हजारे के भूख हड़तालों में लोगों ख़ासकर शहरी मध्य वर्ग की अच्छी-ख़ासी भागीदारी दिखी। भारतीय न्यूज़ ख़ासकर इलेक्ट्रॉनिक मीडिया ने इस मौक़े को पेड न्यूज़ और नीरा राडिया जैसे प्रकरणों से अपनी साख पर लगे धक्के और अपने दाग-धब्बों को धोने के लिए किया। कॉर्पोरेट मीडिया ख़ासकर न्यूज़ चैनलों ने अन्ना हजारे की भ्रष्टाचार विरोधी मुहिम को जिस तरह से गोद ले लिया और उस आन्दोलन की गंगा में डुबकी लगाने लगे, उससे एकबारगी उनके ख़ुद के पापों की चर्चा थम-सी गयी और वे राजनीतिक रूप से सही जगह (पोलिटिकली करेक्ट) खड़े दिखाई पड़ने लगे।

लेकिन सच्चाई बहुत दिनों तक छिप नहीं सकी और जैसे-जैसे आन्दोलन का ज्वार उतरने लगा, न्यूज़ चैनलों की असलियत भी सामने आने लगी। कॉर्पोरेट भ्रष्टाचार के बारे में उनकी चुप्पी बोलने लगी। नतीजा, साल के उत्तरार्ध में प्रेस काउंसिल के नये अध्यक्ष जस्टिस मार्कण्डेय काटजू ने जिस तरह से न्यूज़ चैनलों के ख़िलाफ़ मोर्चा खोला और उसे लोगों का समर्थन भी मिला, उससे चैनलों के रेगुलेशन का सवाल फिर से सुर्ख़ियों में आ गया। न्यूज़ चैनलों की एसोसिएशन-एनबीए और ब्रॉडकास्ट एडिटर्स एसोसिएशन—बीईए सक्रिय हो गये और एक बार फिर से स्व-नियमन का राग अलापा जाने लगा। जस्टिस काटजू की झिड़की के बाद चैनलों ने सामूहिक रूप से तय किया कि वे ऐश्वर्या राय की बच्ची के जन्म की 'ख़बर' को संयत तरीक़े से कवर करेंगे।

मज़े की बात यह है कि उन्होंने यह कर दिखाया। लेकिन कहते हैं कि हाथी के दाँत खाने के और, दिखाने के और। ऐश्वर्या राय के मामले में सामूहिक कसम खाकर आत्म-नियमन का उदाहरण पेश कर चुके चैनल जल्दी ही अपने फॉर्म में आ गये। हैरानी की बात नहीं है कि साल के आख़िरी दिनों में चैनल अचानक ग़ायब हो गयीं पाकिस्तानी राखी सावंत कही जानेवाली टीवी कलाकार वीना मलिक को खोजते नज़र आये। वीना मलिक के लिए चैनलों की चिन्ता और बेचैनी देखने लायक थी। लेकिन यह कोई अकेला उदाहरण नहीं है और न ही कोई अपवाद है। अलबत्ता इससे तो यही लगता है कि ऐश्वर्या राय की बच्ची के मामले में चैनलों का संयम और धैर्य अपवाद था।

नियम अब भी सिनेमा, क्रिकेट, क्राइम, सेलिब्रिटीज ही हैं। वे ही अधिकांश चैनलों का न्यूज़ एजेंडा तय कर रहे हैं। साफ़ है कि आत्म-नियमन और बाज़ार में हमेशा बाज़ार ही हावी रहेगा। बाज़ार यानी टीआरपी की चौखट पर आत्म-नियमन की कुर्बानी चढ़ती रहेगी। मज़े की बात यह है कि इस साल न्यूज़ चैनलों में गुमशुदा 'ख़बरों की वापसी' की अफ़वाहें भी बहुत सुनाई पड़ती रहीं। लेकिन साल के गुज़रते-गुज़रते यह कहना मुश्किल है कि चैनलों पर ख़बरें कितनी लौटी हैं? अलबत्ता ख़बरों के नाम पर इस साल हिन्दी न्यूज़ चैनलों पर जिस तरह से स्पीड न्यूज़, बुलेट न्यूज़, न्यूज़ 20-20 और उनके दर्जनों क्लोन छा गये, उसे देखते हुए ख़बरों की वापसी की रही-सही उम्मीद भी जाती रही।

***(जनवरी, 2012)***

# चैनलों की भ्रष्टाचार विरोधी मुहिम के अन्तर्विरोध और विसंगतियाँ

### चैनल भ्रष्टाचार के माँग पक्ष पर जितना ध्यान देते हैं, उतना ही आपूर्ति पक्ष को अनदेखा करते हैं

भ्रष्टाचार के ख़िलाफ़ जन लोकपाल की माँग को लेकर समाजसेवी अन्ना हजारे के अनिश्चितकालीन अनशन और आन्दोलन के मीडिया कवरेज को लेकर बहस जारी है। इस आन्दोलन को मिले व्यापक मीडिया कवरेज ख़ासकर न्यूज़ चैनलों के 24×7 कवरेज की कुछ हद तक समाचार मीडिया ख़ासकर न्यूज़ चैनलों के अन्दर और उससे अधिक बाहर काफ़ी आलोचना हो रही है। इसमें कोई दो राय नहीं है कि अगस्त महीने के उत्तरार्द्ध में पूरे एक पखवाड़े ऐसा लग रहा था, जैसे पूरा देश दिल्ली के रामलीला मैदान में सिमट गया हो। इन दो सप्ताहों में न्यूज़ चैनलों ने अन्ना हजारे की 'अगस्त क्रान्ति' यानी उनकी गिरफ़्तारी, तिहाड़ जेल से लेकर रामलीला मैदान में उनके अनशन को नान स्टाप 24×7 लाइव कवरेज के साथ दिखाया।

बिना किसी अपवाद के सभी चैनलों पर सिर्फ़ अन्ना और अन्ना छाये हुए थे। इस मायने में, चैनलों ने अगस्त का दूसरा पखवाड़ा अन्ना हजारे और उनके भ्रष्टाचार विरोधी जन लोकपाल आन्दोलन को समर्पित कर दिया था। चैनलों का स्टूडियो न्यूज़ रूम से निकलकर रामलीला मैदान पहुँच गया था। चैनलों के एंकर और रिपोर्टर्स और यहाँ तक कि कुछ उत्साही सम्पादक भी धूप-उमस-बारिश और शोर के बीच पल-पल की ख़बर और अक्सर भीड़ के शोर से मुक़ाबला करते हुए नज़र आ रहे थे। यही नहीं, चैनलों ख़ासकर अंग्रेज़ी न्यूज़ चैनलों पर इन पन्द्रह दिनों में हर शाम प्राइम टाइम चर्चाओं में मुद्दा अन्ना आन्दोलन ही था जिसमें अक्सर तर्कों और तथ्यों के बजाय भावनाएँ, भावनाओं से टकराती दिखीं।

निश्चय ही, समाचार मीडिया ख़ासकर न्यूज़ चैनलों पर अन्ना हजारे के अनिश्चितकालीन अनशन को जिस तरह का सहानुभूतिपूर्ण, सकारात्मक और सन्तृप्ति की हद तक व्यापक कवरेज मिला, उससे न सिर्फ़ इस आन्दोलन के पक्ष में देशव्यापी माहौल बना बल्कि उसने काफ़ी हद तक कांग्रेस और मनमोहन सिंह सरकार को पीछे हटने के लिए मजबूर कर दिया। यही नहीं, कुछ इस आन्दोलन और कुछ इसके कवरेज ने यूपीए सरकार और यहाँ तक कि सभी राजनीतिक पार्टियों और राजनेताओं को खलनायक की तरह खड़ा कर दिया। हालाँकि यह राजनेताओं, राजनीतिक पार्टियों और यहाँ तक कि ख़ुद राजनीति की एक तरह की स्टीरियोटाइप मीडिया प्रस्तुति थी जो ख़ुद को अराजनीतिक बताने वाले मध्यवर्ग को पसन्द आती है लेकिन इसने राजनेताओं और राजनीतिक दलों को खिन्न और खासा नाराज़ कर दिया।

स्वाभाविक तौर पर इस कवरेज से सबसे ज़्यादा नाराज़ यूपीए सरकार दिखाई दी। यही नहीं, बाक़ी दलों के राजनेताओं ने भी अपनी नाराज़गी नहीं छुपाई। उनकी चिढ़ खुलकर सामने आ रही है। संसद में हुई विशेष बहस में शरद यादव समाचार मीडिया ख़ासकर न्यूज़ चैनलों की खिल्ली उड़ाते हुए पूछने लगे कि इस 'डिब्बे' (न्यूज़ चैनलों) का क्या करें? उनके पूछने का मतलब यह था कि अन्ना हजारे से तो निपटा जा सकता है लेकिन इन चैनलों से कैसे निपटें?

यह शिकायत करने वाले शरद यादव अकेले नहीं हैं। सरकार, राजनीतिक दलों, सिविल सोसायटी के कुछ समूहों से लेकर वाम-धर्मनिरपेक्ष-दलित और अल्पसंख्यक बुद्धिजीवियों और कई मीडिया आलोचकों ने इस कवरेज की आलोचना की है। चैनलों पर अन्ना आन्दोलन की 'एकतरफ़ा, अत्यधिक, असन्तुलित, पक्षपातपूर्ण' कवरेज और इसमें चैनलों और उनके पत्रकारों के 'सीधे भागीदार, भोंपू और चीयरलीडर' बन जाने के आरोप लगे हैं।

यह भी कि यह आन्दोलन टीआरपी के लिए रचा गया 'रियलिटी शो' या कुछ आलोचकों के मुताबिक़, 'कॉर्पोरेट मीडिया द्वारा प्रायोजित और निर्देशित षड्यन्त्र' था। यहाँ तक कहा गया कि अगर अन्ना हजारे को चैनलों पर 24×7 और एकतरफ़ा सहानुभूतिपूर्ण कवरेज नहीं मिली होती तो यह आन्दोलन खड़ा नहीं होता और न ही इतनी दूर चल पाता।

इन आलोचनाओं में कुछ में पूरी तरह और कुछ में आंशिक सच्चाई है। यह तथ्य है कि इस आन्दोलन को चैनलों पर सन्तृप्ति की हद तक अत्यधिक और असन्तुलित कवरेज मिला। लेकिन यह शिकायत करने वाले भूल जाते हैं कि यह

न्यूज़ चैनलों का स्वभाव बन चुका है। सन्तुलन शब्द उनकी डिक्शनरी में नहीं है। वे तथ्यों से कम और भावनाओं से अधिक चलते और खेलते हैं। किसी भी बड़ी घटना के कवरेज में पहला शिकार सन्तुलन ही होता है। ऐसा पहली बार नहीं हुआ है कि चैनलों ने सन्तुलन और वस्तुनिष्ठता जैसे पत्रकारीय मूल्यों को ताक पर रख कर किसी घटना/मुद्दे की कवरेज की हो।

बहुत दूर जाने की ज़रूरत नहीं है। दो महीने पहले कांग्रेस महासचिव राहुल गाँधी की भट्टा-पारसौल पदयात्रा को तीन-चार दिनों तक ऐसी ही एकतरफ़ा कवरेज मिली थी। न्यूज़ चैनलों की बीसियों ओ.बी. वैन और दर्जनों संवाददाता राहुल गाँधी के पीछे-पीछे दौड़ते रहे। प्राइम टाइम चर्चाएँ हुईं। उनमें राहुल गाँधी और उनकी राजनीति के प्रति चैनलों का स्वर सकारात्मक और सहानुभूतिपूर्ण था। हालाँकि उनकी अलीगढ़ किसान रैली में रामलीला मैदान की तुलना में एक-चौथाई लोग भी नहीं आये थे।

इसी तरह, पिछले दिनों गुजरात के मुख्यमन्त्री नरेन्द्र मोदी के तीन दिनों के उपवास को भी चैनलों पर 'अहर्निश सेवामहे' की तर्ज़ पर अत्यधिक कवरेज मिला। मोदी समेत अधिकांश भाजपा और एनडीए नेताओं के भाषणों की घण्टों लाइव कवरेज हुई। प्राइम टाइम के अलावा सुबह-दोपहर चैनलों के एंकर और राजनीतिक विश्लेषक मोदी की राजनीतिक उपलब्धियों की चर्चा करते रहे और कई मोदी के 'विकास पुरुष' के मिथ को गढ़ने और स्थापित करने में लगे रहे।

यही नहीं, चैनलों ने रातों-रात मोदी को प्रधानमन्त्री का उम्मीदवार बना दिया। हालाँकि कई चैनलों पर इस कवरेज का टोन एकतरफ़ा नहीं था और मोदी की राजनीति ख़ासकर 2002 के गुजरात नरसंहार में उनकी भूमिका को लेकर सवाल उठे। लेकिन इन चैनलों पर भी बिना किसी जाँच-पड़ताल के मोदी को 'विकास पुरुष' घोषित किया गया।

ऐसे और उदाहरणों की कमी नहीं है। ऐसा लगता है कि चैनलों में एक भेड़ियाधसान की प्रवृत्ति है। जहाँ और जिस घटना/मुद्दे/व्यक्ति को किसी एक या दो बड़े चैनलों ने कवरेज देना शुरू किया कि बिना आगा-पीछा सोचे सभी उसमें शामिल हो जाते हैं। कोई चैनल इस भीड़ से अलग खड़ा होने की कोशिश नहीं करता है। सबको एक डर सताता रहता है कि कहीं वह पीछे न छूट जाये। इस डर के साथ चैनलों की आपसी गलाकाट प्रतिस्पर्द्धा भी उन्हें स्वतन्त्र फ़ैसले लेने से रोकती है। चैनलों पर यह डर इस हद तक हावी हो चुका है कि वे अपने सम्पादकीय विवेक

और समझ के इस्तेमाल से भी परहेज़ करते दिखते हैं। चैनलों की यह भेड़ियाधसान प्रवृत्ति हास्यास्पद होने की हद तक पहुँच चुकी है।

इसी तरह, चैनलों की पूर्वनियोजित घटनाओं यानी इवेंट्स के प्रति कमज़ोरी जगज़ाहिर हो चुकी है। चैनल इवेंट्स कई कारणों से पसन्द करते हैं। एक, वे विजुअल्स के बिना चल नहीं सकते हैं। इवेंट्स में ऐसे विजुअल्स बनाये जाते हैं। दूसरे, इवेंट्स को कवर करने में बहुत कम ख़र्च करना पड़ता है। इन कारणों से चाहे कॉर्पोरेट समूहों की पीआर एजेंसियाँ हों या राजनीतिक पार्टियों और नेताओं के मीडिया मैनेजर—वे इवेंट्स बनाने और गढ़ने लगे हैं जिससे मीडिया ख़ासकर चैनलों को आकर्षित किया जा सके। यही नहीं, इवेंट्स गढ़ने और बेचने का एक बहुत बड़ा उद्योग खड़ा हो चुका है।

लेकिन सबसे महत्त्वपूर्ण बात यह है कि अधिकांश मौक़ों पर चैनलों की इस प्रवृत्ति का इस्तेमाल सरकार, प्रभावशाली नेताओं, बड़ी पार्टियों और कॉर्पोरेट ने किया है। चैनल उनके ही भोंपू बन रहे हैं। यह पहली बार है कि एक जनान्दोलन और उसके नेताओं ने मीडिया का इतनी सफलता के साथ इस्तेमाल किया है। इसमें कोई दो राय नहीं है कि अन्ना टीम ने आन्दोलन की रणनीति बनाते हुए मीडिया के इस्तेमाल को केन्द्र में रखा। रामलीला मैदान में अनशन के आयोजन से लेकर कब-किससे और क्या कहना है, इसकी रणनीति बनायी गयी।

लेकिन अगर चैनलों का कवरेज अतिरेकपूर्ण था तो यह कहना दूसरा अतिरेक है कि अगर चैनलों का खुला समर्थन न होता तो यह आन्दोलन खड़ा नहीं हो पाता या इतने बड़े पैमाने पर फ़ैल नहीं पाता। ऐसा मानने वाले मीडिया ख़ासकर चैनलों के प्रभाव और शक्ति को कुछ ज़्यादा ही आँक रहे हैं। अगर इस तर्क को स्वीकार कर लिया जाये कि मीडिया अकेले इतना बड़ा और व्यापक आन्दोलन खड़ा कर सकता है, तो यह भी मानना पड़ेगा कि चैनल देश के भाग्य विधाता बन गये हैं। यह सही है कि कई चैनलों ख़ासकर टाइम्स नाउ के अर्नब गोस्वामी को यह मुगालता है कि वे ही देश चला रहे हैं लेकिन इससे बड़ा भ्रम कुछ और नहीं हो सकता है। यह भ्रम ख़ुद इस देश की जनता ने कई बार तोड़ा है।

याद कीजिए, 'इंडिया शाइनिंग' का मीडिया कैम्पेन जो मुँह के बल गिरा था। माफ़ कीजिए, मीडिया और न्यूज़ चैनल आन्दोलन खड़ा नहीं कर सकते हैं। किसी आन्दोलन के पीछे कई राजनीतिक-सामाजिक-आर्थिक कारक और परिस्थितियाँ होती हैं। अलबत्ता वे किसी आन्दोलन को समर्थन और कवरेज देकर एक प्रतिध्वनि प्रभाव (इको इफ़ेक्ट) ज़रूर पैदा कर सकते हैं। यह हुआ भी। चैनलों ने रामलीला

मैदान की आवाज़ों को देश के करोड़ों घरों में गुँजाने में मदद की। इससे आन्दोलन और उसके मुद्दों को राष्ट्रीय एजेंडे पर लाने और सरकार पर दबाव बढ़ाने में मदद मिली।

असल में, चैनल एक हद तक 'मैजिक मल्टीप्लायर' की भूमिका अदा कर सकते हैं यानी किसी मुद्दे/आन्दोलन के प्रभाव को कई गुना बढ़ा सकते हैं लेकिन उसके लिए भी अनुकूल परिस्थितियाँ होनी चाहिए। यह स्वीकार करना पड़ेगा कि अन्ना के भ्रष्टाचार विरोधी आन्दोलन के लिए अनुकूल राजनीतिक-सामाजिक-आर्थिक परिस्थितियाँ मौजूद थीं। भ्रष्टाचार एक बहुत बड़ा मुद्दा बना हुआ है, सरकार और लगभग सभी राजनीतिक पार्टियों की साख पाताल में पहुँच चुकी है और लोगों में एक बेचैनी, ग़ुस्सा और हताशा थी जो अन्ना हजारे के ज़रिये फूट पड़ी।

सच पूछिये तो लोगों की इस बेचैनी और ग़ुस्से को आवाज़ देना चैनलों की मजबूरी थी। वे इसे चाहकर भी अनदेखा नहीं कर सकते थे। यह एक अच्छा बिज़नेस सेन्स और रणनीति भी थी। असल में, इस आन्दोलन में चैनलों के मध्यवर्गीय दर्शक भी बड़े पैमाने पर शामिल थे या उनकी खुली सहानुभूति थी। दूसरे, चैनलों के गेट-कीपरों में भी मध्यवर्ग का बहुमत है। नतीजा, वे पहले भी पब्लिक मूड के साथ बहते रहे हैं और एक बार फिर बहते नज़र आये।

तीसरी बात यह है कि यह 2011 का आन्दोलन था जब इस सच्चाई को अनदेखा नहीं किया जा सकता है कि देश में 150 से ज़्यादा छोटे-बड़े डिब्बे मतलब न्यूज़ चैनल और लाखों सदस्यों वाले सोशल नेटवर्किंग साइट्स हैं। याद रखिये जब कमिश्नर के कुत्ते के ग़ायब होने और अमिताभ बच्चन को सर्दी लगने की 'ख़बर' ब्रेकिंग न्यूज़ बन सकती है तो राजधानी और देश के और शहरों में हज़ारों लोगों के सड़कों पर उतर आने की ख़बर कैसे छुप सकती थी? इसके साथ यह भी सच है कि मीडिया के इस्तेमाल के खेल में अन्ना की टीम ने सरकार को लगातार दूसरी बार मात दे दी है। लेकिन खेल अभी ख़त्म नहीं हुआ है। यह सिर्फ़ ब्रेक है। ब्रेक के बाद एक बार फिर खेल जल्दी ही शुरू होगा।

इसमें कोई दो राय नहीं है कि चैनलों ने जिस तरह से एक के बाद एक कई बड़े घोटालों का पर्दाफ़ाश किया है या उन्हें ज़ोर-शोर से उछाला और मुद्दा बनाया है, उससे भ्रष्टाचार के ख़िलाफ़ माहौल और जनमत बना है। इसके कारण कई बड़े घोटालेबाज जेल गये हैं, कई मन्त्रियों और मुख्यमन्त्रियों को कुर्सी गँवानी पड़ी है

और देश भर में भ्रष्टाचार विरोधी आन्दोलन ज़ोर पकड़ने लगा है। पिछले कई महीनों से चैनलों ने जिस तरह से भ्रष्टाचार के ख़िलाफ़ एक युद्ध-सा छेड़ रखा है, उनके जोश को देखकर लगता है कि वे भ्रष्टाचार को ख़त्म करके ही मानेंगे।

लेकिन भ्रष्टाचार के ख़िलाफ़ लड़ाई में न्यूज़ चैनलों के जज़्बे और उत्साह की सीमाएँ और विसंगतियाँ भी किसी से छुपी नहीं हैं। उदाहरण के लिए, सितम्बर के पहले पखवाड़े में संसद में पेश रिपोर्ट में सी.ए.जी. ने एयर इंडिया में अनियमितताओं और विमानों की ख़रीदी में गड़बड़ियों पर उँगली उठाने के साथ कृष्णा-गोदावरी घाटी (के.जी. बेसिन) में गैस की खोज, उसकी क़ीमत तय करने और उत्पादन आदि में मुकेश अम्बानी की रिलायंस को अनुचित तरीक़े से फ़ायदा पहुँचाने से लेकर कम्पनी की धाँधलियों और मनमानियों को आड़े हाथों लिया। लेकिन न्यूज़ चैनलों ने एयर इंडिया की अनियमितताओं पर रस्मी हो-हल्ला किया और चुप मार गये।

लेकिन उससे भी हैरान करने वाली बात यह है कि के.जी. बेसिन-रिलायंस मामले पर सी.ए.जी. की रिपोर्ट के बावजूद चैनलों ने न तो उसे प्राइम टाइम चर्चा लायक समझा और न ही उसे समग्रता में रिपोर्ट किया। इस ख़बर को करते हुए चैनलों में वह उत्साह भी नहीं दिखा जो हाल के महीनों में अन्य घोटालों को रिपोर्ट करते हुए दिखा था। यह हैरान करने वाला इसलिए भी था कि चैनलों को अपनी ओर से कुछ ख़ास नहीं करना था क्योंकि सी.ए.जी. की रिपोर्ट में सारा खुलासा मौजूद था। यह भी 2-जी स्पेक्ट्रम की तरह गैस जैसे प्राकृतिक और क़ीमती सार्वजनिक संसाधन को राष्ट्रीय हितों की क़ीमत पर निजी और कार्पोरेट लाभ के लिए दुरुपयोग का गम्भीर मामला है।

यही नहीं, इसमें राजनीतिक एंगल भी मौजूद था। पूर्व पेट्रोलियम मन्त्री मुरली देवड़ा को रिलायंस समर्थक माना जाता रहा है। पिछले कैबिनेट फेरबदल में उन्हें हटाया गया था। उससे पहले अमेरिकी विरोध के कारण मणिशंकर अय्यर को पेट्रोलियम मन्त्रालय से हटाया गया था। नीरा राडिया टेप्स में एक बातचीत में यह प्रसंग आ चुका है कि "कैसे अब कांग्रेस भी मुकेश अम्बानी की दुकान बन चुकी है।" इसके अलावा हाल में, रिलायंस और बहुराष्ट्रीय तेल कम्पनी ब्रिटिश पेट्रोलियम के बीच बड़ी डील हुई है। इस डील को लेकर भी कई सवाल उठे हैं।

इसके बावजूद अधिकांश न्यूज़ चैनलों पर इस मुद्दे पर रहस्यमयी चुप्पी छायी रही। ऐसा लगा कि जैसे कुछ हुआ नहीं है या सी.ए.जी. की रिपोर्ट में कोई दम नहीं है। यहाँ तक कि भ्रष्टाचार के ख़िलाफ़ इस समय सबसे बड़े योद्धा अर्नब गोस्वामी

और 'टाइम्स नाऊ' भी रस्म अदायगी से आगे नहीं बढ़े। 'ख़बर हर क़ीमत पर' का दावा करने वाले चैनल की ज़ुबान नहीं खुली। यह स्वाभाविक भी था। आख़िर ख़ुद मुकेश अम्बानी और उनका रिलायंस उसी दिन चैनल पर प्रसारित हो रहे 'रियल हीरोज' कार्यक्रम में प्रायोजक के बतौर एडिटर इन चीफ के साथ मंच पर मौजूद थे। कमोबेश यही हाल बाक़ी चैनलों का भी था।

क्या यह नीरा राडिया प्रभाव है? याद रहे, नीरा राडिया रिलायंस के मीडिया मैनेजमेंट का काम देखती हैं। उन पर आरोप है कि वे रिलायंस और अपने दूसरे कॉर्पोरेट क्लाइंट टाटा के पक्ष में सकारात्मक जनमत बनाने के लिए अनुकूल समाचारों को आगे बढ़ाने और प्रतिकूल समाचारों को दबाने में समाचार माध्यमों और सम्पादकों/पत्रकारों को इस्तेमाल करती रही हैं। यहाँ तक कि कई सम्पादक उनके लिए लाबीइंग करते हुए भी पाये गये। इस बार भी जिस तरह से के.जी. बेसिन की ख़बर को चैनलों ने 'अंडरप्ले' किया है, उससे लगता है कि कोई न कोई 'अदृश्य शक्ति' है जो चैनलों के मुँह पर पट्टी बाँधने में कामयाब हुई है।

क्या वह 'अदृश्य शक्ति' रिलायंस जैसी बड़ी कम्पनियों की विज्ञापन देने की वह शक्ति है जिसे कोई निजी चैनल अनदेखा नहीं कर सकता है? आख़िर रिलायंस जैसे बड़े विज्ञापनदाता और प्रायोजक को नाराज़ करने का जोख़िम कितने चैनल उठा सकते हैं? इसके उलट लगभग सभी चैनलों पर एयर इंडिया में अनियमितताओं पर सी.ए.जी. की रिपोर्ट को न सिर्फ़ पर्याप्त कवरेज मिली बल्कि सबने प्राइम टाइम चर्चाएँ भी कीं। मज़े की बात यह है कि इन सभी चर्चाओं में अनियमितताओं के दोषी अधिकारियों/मन्त्रियों को पहचानने और उन्हें निशाना बनाने के बजाय चैनलों का सबसे अधिक ज़ोर इस बात पर था कि एयर इंडिया को बचाने के लिए उसका निजीकरण क्यों ज़रूरी है।

गोया निजीकरण हर मर्ज़ का इलाज हो। अगर ऐसा ही है तो टेलीकॉम क्षेत्र में 2-जी की लूटपाट में कौन शामिल थे? असल में, न्यूज़ चैनलों के भ्रष्टाचार विरोधी मुहिम की यही सीमा है। उनके लिए भ्रष्टाचार और घोटाला सिर्फ़ एक घटना या प्रकरण है जो कि कुछ व्यक्तियों ख़ासकर नेताओं और अफ़सरों तक सीमित है। सच यह है कि यह भ्रष्टाचार का माँग पक्ष है। लेकिन भ्रष्टाचार का आपूर्ति पक्ष भी उतना ही महत्त्वपूर्ण है। वे छोटी-बड़ी कम्पनियाँ जो अपने मुनाफ़े के लिए नेताओं और अफ़सरों को घूस खिलाकर तमाम नियम-क़ानूनों को तोड़ती-मरोड़ती हैं, संगठित लाबीइंग के ज़रिये अपने अनुकूल नियम-क़ानून बनवाती हैं, उनके अपराधों की कोई चर्चा नहीं होती है या बहुत कम होती है।

इसके उलट चैनलों को देखने और सुनने से ऐसा लगता है जैसे निजी यानी कॉर्पोरेट क्षेत्र में रामराज्य है जबकि यह किसी से छुपा नहीं है कि वह भ्रष्टाचार की जड़ में है। फिर क्यों न माना जाये कि भ्रष्टाचार विरोधी मुहिम के पीछे चैनलों का अघोषित एजेंडा सार्वजनिक क्षेत्र को बदनाम करने और उसके निजीकरण का रास्ता साफ़ करने का है? अगर ऐसा नहीं है तो चैनलों पर कॉर्पोरेट भ्रष्टाचार निशाने पर क्यों नहीं है? उसकी वैसी चर्चा क्यों नहीं है, जैसी प्रशासनिक/राजनीतिक भ्रष्टाचार की है? इससे लगता है कि चैनलों की दाल में ज़रूर कुछ काला है।

*(अक्तूबर, 2011)*

# आइये, राजनीतिक रिपोर्टिंग का मर्सिया पढ़ें

## नेताओं और सत्ता की गणेश परिक्रमा में राजनीतिक जवाबदेही को अनदेखा करती राजनीतिक रिपोर्टिंग

कहते हैं कि अगर किसी देश में लोकतन्त्र के स्वास्थ्य का हाल लेना है तो उसका कुछ-कुछ अन्दाज़ा उसकी पत्रकारिता की दशा-दिशा से लगाया जा सकता है। इसी तरह, अगर उसकी राजनीति और राजनीतिक संस्कृति की दशा का अनुमान लगाना है तो उसकी झलक समाचार मीडिया में राजनीतिक रिपोर्टिंग की स्थिति से भी मिल सकती है। कहने का अर्थ यह कि लोकतन्त्र और राजनीति के स्वास्थ्य का सीधा सम्बन्ध नागरिकों के प्रति उनकी जवाबदेही से बनता है। एक लोकतान्त्रिक ढाँचे में सत्ता और राजनीति को लोगों के प्रति जवाबदेह बनाने के लिए यह ज़रूरी है कि उनके कामकाज के बारे में बिना किसी दबाव और रोकटोक के सभी सूचनाएँ और उनके बारे में विभिन्न विचार लोगों को मिलते रहें।

ज़ाहिर है कि इसके लिए एक स्वतन्त्र, सजग, सक्रिय, बहुलतावादी और विविधतापूर्ण समाचार मीडिया अनिवार्य है। इस मामले में ग़ौर करने वाली बात यह है कि देश में समाचार मीडिया उद्योग का पिछले डेढ़-दो दशकों ख़ासकर पिछले कुछ वर्षों में काफ़ी तेज़ी से विस्तार हुआ है। जहाँ विकसित पश्चिमी देशों में अख़बारों की गिरती प्रसार संख्या और राजस्व के बीच उनकी मृत्यु की घोषणाएँ हो रही हैं, वहीं भारत में अख़बारों की प्रसार संख्या, पाठक संख्या और राजस्व तीनों में तेज़ी से वृद्धि हो रही है। माना जा रहा है कि बढ़ती साक्षरता, क्रयशक्ति और जागरूकता के कारण आने वाले दशकों में भी अख़बारों का विस्तार जारी रहेगा।

इसी तरह से, टेलीविज़न उद्योग का भी पिछले कुछ वर्षों में अभूतपूर्व विकास और विस्तार हुआ है। पहुँच के मामले में उसने अख़बारों को बहुत पहले ही काफ़ी

पीछे छोड़ दिया है। दुनिया में भारत इतनी भाषाओं और प्रकार के लगभग 1400 से अधिक चैनलों के साथ चौथे स्थान पर है। समाचार चैनलों के मामले में तो शायद यह एक रिकॉर्ड है कि इतने अधिक समाचार चैनल दुनिया के किसी देश में नहीं हैं। इससे सहज ही अन्दाज़ा लगाया जा सकता है कि भारतीय लोगों में सूचनाओं/समाचारों और मनोरंजन की कितनी अधिक भूख है।

यही नहीं, इतने अधिक अख़बारों और समाचार चैनलों की मौजूदगी से यह भी पता चलता है कि भारतीय लोग राजनीतिक रूप से कितने जागरूक और सजग हैं। आमतौर पर माना जाता है कि समाचार माध्यमों के विकास और विस्तार में अन्य कारकों के अलावा उनके पाठकों/दर्शकों की राजनीतिक जागरूकता भी महत्त्वपूर्ण भूमिका निभाती है। लेकिन यह एकतरफ़ा प्रक्रिया नहीं है। एक ओर जागरूक पाठक/दर्शक समाचार माध्यमों से देश/प्रदेश के राजनीतिक हालात, राजनीतिक दलों और उनके नेताओं के क्रियाकलापों, राजनीतिक मुद्दों और सवालों और उनके अन्त:सम्बन्धों के बारे में तथ्यपूर्ण सूचनाएँ और वैचारिक टिप्पणियाँ चाहते हैं तो दूसरी ओर, उनकी अपेक्षा यह भी होती है कि समाचार माध्यम ज़मीनी स्तर पर चल रही राजनीतिक हलचलों और परिवर्तनों के बारे में भी उसी सजगता से सूचनाएँ और टिप्पणियाँ पहुँचायें।

इसका महत्त्व यह है कि किसी भी लोकतन्त्र की सफलता के लिए सूचित और सजग नागरिक ज़रूरी हैं। यह बिना सजग और सूचित मीडिया के सम्भव नहीं है। अन्य कई मंचों के साथ समाचार मीडिया भी लोकतन्त्र में एक ऐसा प्लेटफ़ॉर्म है जहाँ सार्वजनिक महत्त्व के विभिन्न मुद्दों पर खुले बहस-मुबाहिसे के ज़रिये लोग अपनी राय बनाते हैं। यही कारण है कि समाचारों और समाचार मीडिया को लोकतान्त्रिक समाजों में एक 'सार्वजनिक महत्त्व' (पब्लिक गुड) की संस्था माना जाता है जिसे संवैधानिक गारंटी के साथ कई विशेषाधिकार भी प्राप्त होते हैं। उसे लोकतन्त्र का चौथा खम्भा भी कहा जाता है।

निश्चय ही, समाचार मीडिया से लोगों तक पहुँचने वाली हर सूचना महत्त्वपूर्ण है और लोगों को भी सभी तरह की सूचनाओं की ज़रूरत होती है। लेकिन इन सभी सूचनाओं में राजनीतिक ख़बरें और रिपोर्टें सबसे महत्त्वपूर्ण और ज़रूरी हैं क्योंकि वे सीधे-सीधे राजकाज से जुड़ी और इस तरह आम लोगों के जीवन को गहराई से प्रभावित करने वाली होती हैं। इन ख़बरों का सबसे ज़्यादा महत्त्व इसलिए भी है कि इनके ज़रिये ही राजनीति, राजनीतिक तन्त्र, राजनीतिक वर्गों और सत्ता तन्त्र को लोगों के प्रति जवाबदेह और ज़िम्मेदार बनाया जा सकता है। यही कारण है कि

दुनिया भर में समाचार मीडिया में राजनीतिक पत्रकारिता और राजनीतिक रिपोर्टिंग को बहुत प्रतिष्ठा हासिल रही है।

भारत भी इसका अपवाद नहीं रहा है। सच यह है कि आज़ादी की लड़ाई के दौरान भारतीय पत्रकारिता के उसके साथ गहराई से जुड़े होने और बाद में भारतीय राष्ट्र राज्य के नवनिर्माण में सक्रिय भूमिका निभाने के कारण उसका मूल चरित्र राजनीतिक रहा है। इस वजह से समाचार माध्यमों में राजनीतिक ख़बरों और रिपोर्टों को ख़ूब जगह मिलती रही है। नतीजा, अधिकांश पत्रकारों की सबसे बड़ी महत्त्वाकांक्षा राजनीतिक रिपोर्टिंग और पत्रकारिता करने की होती रही है। शायद यही कारण है कि कई लोग भारतीय पत्रकारिता में अत्यधिक राजनीतिक कवरेज की शिकायत करते रहे हैं। उनका आरोप रहा है कि समाचार माध्यमों में राजनीति के प्रति एक तरह का अत्यधिक व्यामोह (एक्सेसिव ओब्शेसन) है जिसके कारण अन्य विषयों और मुद्दों की उपेक्षा होती है।

लेकिन भारतीय पत्रकारिता के परिदृश्य पर समाचार चैनलों के उदय ने यह शिकायत काफ़ी हद तक दूर कर दी है। समाचार चैनलों में आज राजनीतिक पत्रकारिता और रिपोर्टिंग पूरी तरह से फ़ैशन से बाहर हो गयी है। वह चैनलों के हाशिये पर पहुँच गयी है और उनके राजनीतिक रिपोर्टर लगभग बेकार-से हो गये हैं। चैनलों में राजनीतिक रिपोर्टिंग की दुर्दशा का अन्दाज़ा इस तथ्य से लगाया जा सकता है कि सबसे तेज़ हिन्दी चैनल के ब्यूरो चीफ़ और राजनीतिक रिपोर्टर रहे पत्रकार लम्बे अरसे बाद चैनल पर टीवी रियलिटी शो स्वयंवर फेम राजनेता और प्रमोद महाजन के बेटे राहुल महाजन की पत्नी डिम्पी महाजन का एक्सक्लूसिव इंटरव्यू करके अपनी उपयोगिता साबित करते दिखे। यह और बात है कि इस दौरान देश में राजनीतिक हलचलें बहुत तेज़ थीं।

यही नहीं, अगर आपने पिछले महीने राजनीतिक गहमा-गहमियों के बीच 'स्टार न्यूज़' पर उसके राजनीतिक सम्पादक को राखी सावन्त से इंटरव्यू करते देखा हो तो आप चैनलों में राजनीतिक रिपोर्टिंग के अप्रासंगिक होने का सहज ही अन्दाज़ा लगा सकते हैं। ज़ाहिर है कि यह परिघटना सिर्फ़ कुछ चैनलों तक सीमित नहीं है और अधिकांश हिन्दी चैनलों में राजनीतिक रिपोर्टिंग इसी तरह हाशिये पर चली गयी है। स्वतन्त्र मीडिया शोध संस्था—सेंटर फार मीडिया स्टडीज़ के एक सर्वेक्षण के मुताबिक़ 2005 से 2007 के बीच हिन्दी और अंग्रेज़ी के छह समाचार चैनलों के प्राइम टाइम (रात 8 बजे से 10 बजे) पर राजनीतिक कवरेज में 50 प्रतिशत से अधिक की गिरावट दर्ज की गयी।

इस सर्वेक्षण के अनुसार इन चैनलों पर 2005 में प्राइम टाइम पर राजनीतिक रिपोर्टिंग को कुल 23.1 प्रतिशत की जगह मिली जो 2007 में घटकर मात्र 10.09 प्रतिशत रह गयी। हालाँकि सी.एम.एस. की एक ताज़ा रिपोर्ट के मुताबिक़ 2009 में आम चुनावों और कई विधानसभा चुनावों के कारण राजनीतिक रिपोर्टिंग में वृद्धि दर्ज की गयी और वह बढ़कर 20.36 प्रतिशत हो गयी। लेकिन यहाँ ग़ौर करने वाली बात यह है कि 2009 में आम चुनावों के बावजूद राजनीतिक कवरेज 2005 की तुलना में कम ही है।

दूसरी बात यह है कि जिन छह समाचार चैनलों—डीडी न्यूज़, आज तक, एनडीटीवी 24×7, सीएनएन-आईबीएन, स्टार न्यूज़ और ज़ी-न्यूज़ का सर्वेक्षण किया गया, उनमें एक सरकारी और दो अंग्रेज़ी के चैनल शामिल थे। इन तीनों चैनलों के कारण नतीजे फिर भी उतने निराशाजनक नहीं दिखाई पड़ते हैं, जितनी कि स्थिति वास्तव में ख़राब है।

सच पूछिये तो अगर केवल हिन्दी के प्रमुख प्राइवेट समाचार चैनलों के प्राइम टाइम का अध्ययन किया जाये तो उससे राजनीतिक रिपोर्टिंग की वास्तविक दुर्दशा का अन्दाज़ा चल सकता है। तथ्य यह है कि हिन्दी के अधिकांश निजी समाचार चैनलों के प्राइम टाइम पर हर क़िस्म का मनोरंजन—कामेडी, रियलिटी शो, सिनेमा, स्पोर्ट्स, अजीबोग़रीब ख़बरें और सेलेब्रिटीज गासिप छा गया है। सी.एम.एस के सर्वेक्षण के मुताबिक़ 2005 में मनोरंजन की ख़बरों को सिर्फ़ 6.1 प्रतिशत जगह मिली थी लेकिन 2007 में लगभग ढाई गुने से ज़्यादा की वृद्धि के साथ 16.15 प्रतिशत तक पहुँच गयी। हालाँकि पिछले साल चुनावों के कारण मनोरंजन की ख़बरों/कार्यक्रमों का कवरेज थोड़ा गिरकर 10.13 प्रतिशत हो गया लेकिन स्थिति एक बार फिर वही ढाक के तीन पात वाली हो गयी है।

किसी भी आम दिन किसी निजी हिन्दी समाचार चैनल को शाम 7 बजे से रात 11 बजे के बीच देख लीजिए, आपको चैनलों से ग़ायब होती राजनीतिक रिपोर्टिंग का अन्दाज़ा लग जायेगा। हालत इतनी ख़राब हो गयी है कि अब कई बार ऐसा होता है कि किसी बड़े राजनीतिक संकट या उठापटक, उथल-पुथल, सरगर्मी और परिवर्तन की ख़बर को भी कई निजी चैनल कवर करने लायक नहीं मानते हैं या उसकी सतही/चलताऊ-सी रिपोर्ट दिखाकर चुप हो जाते हैं। यहाँ तक कि संसद के महत्त्वपूर्ण सत्रों के दौरान भी संसदीय कार्यवाहियों और राजनीतिक सरगर्मियों को तब तक नज़रअन्दाज़ किया जाता है, जब तक कि कोई बड़ा हंगामा न हो जाये।

इस तरह, राजनीतिक रिपोर्टिंग का सबसे ज़रूरी पक्ष संसद सत्र की रिपोर्टिंग का मतलब आमतौर पर हंगामा रिपोर्टिंग हो गया है।

हैरानी की बात यह है कि हिन्दी समाचार चैनलों की तुलना में अंग्रेज़ी के समाचार चैनलों में राजनीतिक रिपोर्टिंग और कवरेज फिर भी ज़्यादा और बेहतर है। अंग्रेज़ी के चैनल आमतौर पर राजनीतिक रिपोर्टिंग में कमी की भरपाई प्राइम टाइम की नियमित राजनीतिक चर्चाओं से कर लेते हैं लेकिन हिन्दी चैनलों पर राजनीतिक चर्चाएँ अपवादस्वरूप ही दिखाई-सुनाई पड़ती हैं।

यह तथ्य इसलिए हैरान करता है क्योंकि आमतौर पर हिन्दी के दर्शकों को राजनीतिक रूप से अधिक सजग, सचेत और सक्रिय माना जाता है। राजनीति में उसकी गहरी दिलचस्पी से इनकार नहीं किया जा सकता है। यह मानने के पीछे आधार यह है कि चुनावों में सबसे अधिक वोटर ग़रीब, निम्न मध्यमवर्ग, सामान्य मध्यमवर्ग से ही निकलता है जो आमतौर पर हिन्दी के समाचार चैनल देखता है। यही नहीं, यही दर्शक हैं जो आज भी बड़े-छोटे शहरों, क़स्बों, ज़िलों और गाँव की चाय की दुकानों और चट्टियों पर राजनीतिक घटनाक्रम पर सबसे अधिक चर्चाएँ करते दिख जाते हैं।

सवाल है कि राजनीतिक पत्रकारिता और रिपोर्टिंग को समाचार चैनलों से इस तरह से बेआबरू करके क्यों बाहर कर दिया गया है? असल में, व्यापक अर्थों में समाचार मीडिया के इस अराजनीतिकरण की प्रक्रिया की शुरुआत 80 के दशक के आख़िरी वर्षों में 'टाइम्स ऑफ़ इंडिया' जैसे अंग्रेज़ी अख़बारों से हुई जिसने जल्दी ही हिन्दी अख़बारों को भी अपनी जद में ले लिया। हालाँकि इसकी शुरुआत राजनीतिक ख़बरों के प्रति 'एक्सेसिव ओब्शेसन' को कम करने और अन्य विषयों/मुद्दों को भी उपयुक्त कवरेज देने के तर्क के साथ हुई लेकिन जल्दी ही यह उत्तर उदारीकरण 'आई हेट पोलिटिक्स' पीढ़ी के मीडिया मालिकों और सम्पादकों के नेतृत्व में समाचार मीडिया के अराजनीतिकरण के अभियान में बदल गई।

राजनीति की जगह समाचार मीडिया में मनोरंजन की हलकी-फुलकी ख़बरों, स्पोर्ट्स, सिनेमा और पेज-थ्री समाचारों आदि की बाढ़-सी आ गयी। पेज-थ्री केवल पेज-थ्री तक सीमित नहीं रहा बल्कि पेज-वन पर आ धमका। ज़ाहिर है कि उसी अनुपात में राजनीति और आम जनजीवन से जुड़े मुद्दों की कवरेज भी घटती गयी। इसके बावजूद यह कहना पड़ेगा कि 90 के दशक के शुरुआती वर्षों तक अधिकांश हिन्दी अख़बारों और 1995 में शुरू हुए 'आज तक' (दूरदर्शन पर आधे घण्टे की बुलेटिन) का मुख्य स्वर राजनीतिक ही था। उनमें राजनीतिक ख़बरों और

रिपोर्टिंग को पर्याप्त जगह मिलती थी। शायद इसकी वजह यह भी थी कि 90 का दशक राजनीतिक रूप से बहुत झंझावाती था और मण्डल-मन्दिर, उदारीकरण-भूमण्डलीकरण और बसपा के उभार के बीच राजनीति को नज़रअन्दाज़ करना किसी के लिए भी असम्भव था।

लेकिन इस दशक में 24×7 समाचार चैनलों के आगमन और उनके बीच बढ़ती प्रतियोगिता का सबसे ज़्यादा नकारात्मक असर उनके कंटेंट पर ही पड़ा। राजनीतिक रिपोर्टिंग हाशिये पर धकेल दी गयी और मनोरंजन का साम्राज्य स्थापित हो गया। यह क्यों हुआ? इसका एक तर्क ख़ुद सफल टीवी सम्पादक रहे उदयशंकर से सुनिए—"...आज लोगों की दिलचस्पी राजनेताओं में कम हो गयी है। इसके लिए ज़िम्मेदार भी ख़ुद नेता हैं। आज कुछ बोलते हैं, कल कुछ। क्या आपको लगता है कि अम्बिका सोनी, अहमद पटेल, राजनाथ सिंह, अरुण जेटली जैसे नेता जो रोज़ बयानबाज़ी करते रहते हैं, उन्हें कोई देखना और सुनना चाहता है। एक ही बात हर रोज़। एक-दूसरे की खिंचाई। एक-दूसरे को नीचा दिखाने की गन्दी राजनीति। लोग बोर हो चुके हैं।" (हंस, जनवरी, 2007)

हालाँकि उदयशंकर यह मानते हैं कि लोग ख़ुद से जुड़ी राजनीतिक ख़बरें जैसे चुनाव या बजट देखना पसन्द करते हैं। लेकिन चैनलों में राजनीतिक रिपोर्टिंग की घटती जगह के लिए वह राजनीतिक रिपोर्टरों को भी ज़िम्मेदार ठहराते हैं—"हमारे राजनीतिक रिपोर्टरों को भी समझने की ज़रूरत है। उस लेवल पर भी दिमाग़ी दिवालियापन है। राजनीतिक रिपोर्टिंग का मतलब यह तो नहीं हो सकता है कि कौन नेता कहाँ जा रहा है, किससे मिल रहा है, आज उसने प्रेस कॉन्फ्रेंस में क्या कहा, आज उसने किसको गालियाँ दीं, आज कहाँ फीता काटा, आज रैली कहाँ की, रैली में राष्ट्र के नाम सन्देश क्या दिया, ग़रीबी हटाने के प्रति कितनी चिन्ता व्यक्त की... ये सब फालतू बातें हैं। सच यह है कि राजनीतिक रिपोर्टिंग कई बार इसी दायरे में सिमटी होती है, इसलिए भी उसे जगह नहीं मिल पाती है।"

उदयशंकर की समाचार चैनलों के राजनीतिक रिपोर्टरों के बारे में यह राय काफ़ी हद तक सच्चाई के क़रीब है लेकिन यह अधूरी सच्चाई है। पूरी सच्चाई यह है कि राजनीतिक रिपोर्टरों के दिवालियेपन के लिए उनके सम्पादक भी उतने ही ज़िम्मेदार हैं जिन्होंने पूरी टीवी पत्रकारिता को बाईट पत्रकारिता में सीमित कर दिया है, जो घटनाओं से आगे प्रक्रियाओं को देखने-पकड़ने के लिए तैयार ही नहीं होते हैं और जिनके लिए राजनीति का मतलब सिर्फ़ चुनाव और बजट यानी घटनाएँ हैं।

इसमें कोई दो राय नहीं है कि राजनीति का मतलब सिर्फ़ नेता और उनके क्रियाकलाप नहीं होते हैं। राजनीति का मतलब सिर्फ़ पार्टियों और उनके नेताओं के बयान भी नहीं हैं। राजनीति का मतलब सिर्फ़ नेताओं के भाषण, वायदे और दावे भर नहीं हैं।

लेकिन ऐसा भी नहीं है कि यह सब राजनीति नहीं है। यह ठीक है कि वास्तविक राजनीति इससे आगे जाती है। राजनीतिक रिपोर्टिंग के लिए असली चुनौती इसी वास्तविक राजनीति को पकड़ना होना चाहिए। अगर कोई राजनेता किसी नेता से मिलता है या कोई बयान देता है या किसी की आलोचना करता है या कोई घोषणा करता है तो ख़बर सिर्फ़ वह मुलाकात या बयान या आलोचना या घोषणा भर नहीं है बल्कि व्यापक राजनीतिक परिप्रेक्ष्य और सन्दर्भों में उसके मायने तलाशना, बयान में जो नहीं कहा गया, जो घोषणा नहीं की गयी और जो छुपाने की कोशिश की जा रही है, उसे खोजना राजनीतिक रिपोर्टिंग का उद्देश्य होना चाहिए।

अफ़सोस की बात यह है कि चैनलों की राजनीतिक रिपोर्टिंग इसके उलट बयानबाज़ियों, आरोप-प्रत्यारोपों और मिलने-टूटने से आगे नहीं बढ़ पाती है। उससे भी ज़्यादा चिन्ता की बात यह है कि ज़्यादातर राजनीतिक रिपोर्टर विभिन्न राजनीतिक बीट कवर करते हुए इस क़दर 'स्टाकहोम सिंड्रोम' के शिकार हो गये हैं कि वे उन पार्टियों और उनके बड़े नेताओं के माउथपीस से बन गये हैं। उनमें से कई अपनी ख़बरों के राजनीतिक स्रोतों (बड़े नेताओं) को ख़ुश और सन्तुष्ट करने के चक्कर में अपनी स्वतन्त्रता भी गिरवी रखने में संकोच नहीं करते हैं। कई जाने-माने राजनीतिक रिपोर्टर और सम्पादक पार्टियों और नेताओं से सीधे-सीधे इस क़दर जुड़ चुके हैं कि उनसे तथ्यपूर्ण, वस्तुनिष्ठ और सन्तुलित रिपोर्ट की अपेक्षा करना बेकार है।

अक्सर उनकी राजनीतिक रिपोर्टिंग एक नेता या राजनीतिक धड़े के मीडिया के ज़रिये दूसरे नेता या राजनीतिक धड़े को सम्बोधन प्रतीत होती है। सबसे ख़तरनाक बात तो यह हुई है कि कई बड़े राजनीतिक सम्पादक और टीवी पत्रकार नेताओं की किचेन कैबिनेट के हिस्सा बन गये हैं। वे नेताओं, उनके गुटों/धड़ों और दूसरे नेताओं और उनके गुटों/धड़ों के बीच, पार्टियों और पार्टियों के बीच और मन्त्रियों-नेताओं और कॉर्पोरेट समूहों के बीच लाबीइंग भी करने लगे हैं। मन्त्रियों, मुख्यमन्त्रियों, अफ़सरों की नियुक्ति में भूमिका निभाने लगे हैं। ज़ाहिर है कि ऐसे राजनीतिक रिपोर्टर और सम्पादक स्वतन्त्र और तथ्यपूर्ण राजनीतिक रिपोर्टिंग करने में सक्षम नहीं रह गये हैं। उनसे आप पूर्वाग्रहयुक्त, पक्षपातपूर्ण और आधी-अधूरी रिपोर्टों के अलावा और कोई उम्मीद नहीं कर सकते हैं।

दूसरी ओर, चैनलों में ऐसे राजनीतिक रिपोर्टर हैं जो भारतीय राजनीति के बारे में अपनी अज्ञानता, नासमझी और आधे-अधूरे ज्ञान के कारण बाईट पत्रकारिता पर निर्भर हैं। उनसे आप इससे अधिक की अपेक्षा नहीं कर सकते हैं। चूँकि उन्हें भारत के राजनीतिक इतिहास, प्रक्रियाओं और संरचना या उसमें कांग्रेस या भाजपा या वामपन्थी पार्टियों के इतिहास, उनके विकास और राजनीतिक स्थिति या राजनीतिक मुद्‌दों का ज्ञान नहीं है, इसलिए वे राजनीतिक रिपोर्टिंग करने में बौद्धिक रूप से अक्षम हैं। यह सिर्फ़ संयोग है कि चैनल ने उन्हें राजनीतिक रिपोर्टिंग में लगा दिया है। चैनल की उनसे सिर्फ़ यह अपेक्षा होती है कि वे नेताओं की बाईट इकट्‌ठा करके ले आयें और कभी-कभार ज़रूरत पड़ने पर लाइव ओ.बी. में पार्टियों और नेताओं के दफ़्तरों में सुनी-सुनाई अफ़वाहों, कानाफूसी और गप्पों को नमक-मिर्च लगाकर दोहरा दें।

कहने की ज़रूरत नहीं है कि इन दो तरह के राजनीतिक रिपोर्टरों और सम्पादकों के बीच राजनीतिक रिपोर्टिंग लगातार ख़ुद ही कमज़ोर और अप्रासंगिक होती जा रही है। सत्ता शीर्ष की राजनीति की गणेश परिक्रमा के कारण उसका ज़मीन और लोगों से सम्बन्ध काफ़ी हद तक कट गया है। कहना ग़लत नहीं होगा कि सतह के नीचे की राजनीतिक हलचलों, सरगर्मियों और परिवर्तनों के बारे में चैनलों के अधिकांश स्टार राजनीतिक रिपोर्टरों की कोई पकड़ नहीं रह गयी है। आश्चर्य नहीं कि 2004 के आम चुनावों में अख़बारों के साथ चैनल भी वोटरों के रुझान का अन्दाज़ा लगाने में मात खा गये। इसके बाद कुछ अपवादों को छोड़कर अधिकांश विधानसभा चुनावों और पिछले आम चुनाव के बारे में भी चैनल लोगों का मूड भाँपने में नाकाम रहे।

यह इसलिए भी आश्चर्य की बात है क्योंकि चैनल ख़ुद को चुनावों का विशेषज्ञ समझते हैं और वे आमतौर पर चुनावों की कवरेज के लिए काफ़ी तैयारी भी करते हैं। लेकिन सभी तैयारियों के बावजूद वे अक्सर चुनावों की राजनीतिक कवरेज को नेताओं की साउंड बाईट, आरोप-प्रत्यारोप और शोर-शराबे से आगे नहीं ले जा पाते हैं। इसमें मुद्‌दों के बजाय ज़्यादा ज़ोर व्यक्तित्वों पर होता है। इस रिपोर्टिंग की सबसे बड़ी कमज़ोरी यह है कि यह लोगों को राजनीतिक रूप से जागरूक और शिक्षित करने के बजाय उन्हें कुछ नेताओं और उनके सतही बयानों और ओछे मुद्‌दों तक सीमित कर देते हैं।

लेकिन इसके लिए अकेले राजनीतिक रिपोर्टर ही ज़िम्मेदार नहीं हैं बल्कि चैनलों के सम्पादक भी ज़िम्मेदार हैं जिन्होंने चैनलों में राजनीति को काफ़ी हद तक अछूत-सा बना दिया है। लेकिन इन दोनों से अधिक वे राजनीतिक और आर्थिक

प्रक्रियाएँ ज़िम्मेदार हैं जिसमें अराजनीतिकरण की राजनीति को बहुत सोच-समझकर आगे बढ़ाया गया है। समाचार चैनल उस विशाल-सर्वव्यापी नव उदारवादी प्रोजेक्ट के महत्त्वपूर्ण हिस्से भर हैं जो अर्थनीति को राजनीति के नियन्त्रण से अलग करने की राजनीति की वकालत करता रहा है।

सच्चाई यह है कि यह एक ऐसी राजनीति है जिसका इरादा अधिकांश लोगों को राजनीति से दूर रखने का है। यह राजनीति को सिर्फ़ वोटिंग तक सीमित रखना चाहती है। इसके लिए वह ऐसी राजनीतिक रिपोर्टिंग को बढ़ावा देती है जो राजनीति को कुछ पार्टियों और उनके नेताओं के अत्यन्त संकीर्ण दायरे में सीमित रखे। ज़ाहिर है कि ऐसी राजनीतिक रिपोर्टिंग को आगे बढ़ाने का फ़ायदा यह है कि उसमें वे ज़रूरी सवाल और मुद्दे सिरे से ग़ायब रहते हैं जो मौजूदा राजनीति को लोगों के प्रति जवाबदेह और उत्तरदायी बनाने के लिए ज़रूरी हैं।

साथ ही, राजनीतिक रिपोर्टिंग को हाशिये पर डालने का सबसे बड़ा फ़ायदा यह भी है कि सत्ता या विपक्ष में बैठे राजनेताओं और पार्टियों से कोई असुविधाजनक सवाल नहीं पूछेगा। दोहराने की ज़रूरत नहीं है कि जब समाचार चैनलों के प्राइम टाइम पर राजनीतिक सम्पादक राखी सावंत से 'देश को बिगाड़ने' के बारे में सवाल पूछ रहा होता है या दूसरा राजनीतिक सम्पादक डिम्पी महाजन से राहुल महाजन से उसके बिगड़ते रिश्तों पर इंटरव्यू कर रहा होता है या चैनलों पर राजनीतिक ख़बरों के बजाय मनोरंजन का डंका बज रहा होता है तो सबसे अधिक खुश सत्ता और विपक्ष में बैठे राजनेता ही होते हैं क्योंकि वे न सिर्फ़ असुविधाजनक सवालों के जवाब देने से बच जाते हैं बल्कि आराम से सो सकते हैं।

इसलिए यह मुद्दा सिर्फ़ राजनीतिक रिपोर्टिंग और पत्रकारिता के क्षय और राजनीतिक रिपोर्टरों के हाशियाकरण भर का नहीं है बल्कि इससे राजनीति और सत्ता तन्त्र को ज़िम्मेदार और जवाबदेह बनाने का बड़ा सवाल भी जुड़ा हुआ है। राजनीतिक रिपोर्टिंग के कमज़ोर और क्षरित होने का अर्थ है कि हमारी राजनीति और लोकतन्त्र भी कमज़ोर और छीज रहे हैं। अब इस कोढ़ में खाज जैसी एक और ख़तरनाक प्रवृत्ति पेड न्यूज़ की जुड़ गयी है जो चैनलों की रही-सही विश्वसनीयता को भी ख़त्म कर रही है। राजनीति से पैसा बनाने के इस सांस्थानिक उपक्रम से चैनल मुनाफ़ा चाहे जितना बना लें लेकिन यह उनकी राजनीतिक रिपोर्टिंग और उससे बढ़कर सम्पादकीय स्वतन्त्रता की ताबूत में आख़िरी कील की तरह होगी।

दरअसल, विचार करने की बात यह है कि उत्तर उदारीकरण दौर में जब मीडिया कम्पनियों का मुनाफ़ा लगातार बढ़ रहा है और वे आर्थिक रूप से समृद्ध

और सुदृढ़ हो रही हैं, उस समय भारतीय लोकतन्त्र और राजनीति वैचारिक रूप से दरिद्र और कमज़ोर हो रही है। समाचार मीडिया को भी इसकी कुछ ज़िम्मेदारी लेनी ही होगी। उसे अपने अन्दर झाँकना चाहिए और यह देखना चाहिए कि राजनीतिक पत्रकारिता और रिपोर्टिंग की उपेक्षा करके वह किन शक्तियों को मज़बूत और किन्हें कमज़ोर कर रही है?

निश्चय ही, चैनलों में राजनीतिक रिपोर्टिंग की यह दुर्दशा सभी के लिए चिन्ता और शोक का विषय होना चाहिए न कि 'मुझे क्या फ़र्क़ पड़ता है' वाली निरपेक्षता और उदासी का।

*(नवम्बर, 2010)*

## खण्ड-ख

# न्यूज़ चैनलों की वैचारिकी

# साम्प्रदायिक प्रोपेगंडा के भोंपू बनते चैनल

## साम्प्रदायिक नफ़रत का ज़हर बेचकर मुनाफ़ा कमाने में जुटे हैं न्यूज़ चैनल

पत्रकारिता के सिद्धान्तों और नीति-शास्त्र में माना जाता है कि उसकी पहली निष्ठा और दायित्व सत्य के प्रति है। हालाँकि व्यवहार में इस आदर्श के पालन को लेकर हमेशा से सवाल उठते रहे हैं। यह भी सच है कि पत्रकारिता के एक हिस्से ख़ासकर टेबलायड अख़बारों/चैनलों में सच को दरकिनार करने और झूठ-अफ़वाहों-कोरी गप्पों को 'ख़बर' बनाकर पेश करने का चलन पहले भी था। लेकिन उत्तर सत्य युग और फ़ेक न्यूज़ के दौर में ये सवाल और तीखे हो गये हैं जब अत्यन्त संगठित और नियोजित तरीक़े से और औद्योगिक स्तर पर झूठ, कुप्रचार (मिसइन्फॉर्मेशन), दुष्प्रचार (डिसइन्फॉर्मेशन) और प्रोपेगंडा के ज़रिये समूचे सूचना प्रवाह को प्रदूषित करने का अभियान सार्वजनिक जीवन और लोकतान्त्रिक चर्चा/विमर्श को भ्रष्ट और ज़हरीला बनाने पर तुला हुआ है।

नये माध्यमों ख़ासकर डिजिटल तकनीक और माध्यमों के कारण सच को नज़रअन्दाज़ करना या झूठ को 'सच' बना देना और उसे सेकेंडों में हज़ारों-लाखों लोगों तक पहुँचा देना इतना आसान हो गया है जितना पहले कभी नहीं था। लेकिन सबसे हैरानी की बात यह है कि झूठ को सच बना देने और उसे फैलाने का खेल सिर्फ़ न्यू मीडिया, सोशल मीडिया या व्हाट्सऐप पर या उसके ज़रिये ही नहीं चल रहा है बल्कि मुख्यधारा का समाचार मीडिया भी इस खेल में शामिल हो गया दिखता है। ऐसा लगता है कि बीते कुछ सालों में सोशल मीडिया-व्हाट्सऐप और मुख्यधारा के न्यूज़ मीडिया के बीच का फ़र्क़ ख़त्म सा हो गया है।

आश्चर्य नहीं कि झूठी (फ़ेक) ख़बरें, अफ़वाहें, गप्पें, सरकारी और कॉर्पोरेट पीआर-प्रोपेगंडा और 'स्पिन' (ख़बरों/तथ्यों की तोड़-मरोड़कर अनुकूल व्याख्या)

अब बड़ी आसानी से सोशल मीडिया-व्हाट्सऐप से बड़े अख़बारों/चैनलों/न्यूज़ पोर्टलों में और वहाँ से वापस सोशल मीडिया-व्हाट्सऐप में आवाज़ाही कर रही हैं। यह इतना नियमित और सुनियोजित है कि लगता नहीं कि यह किसी हड़बड़ी, असावधानी या भूलवश हो रहा है।

ऐसा लगता है कि यह बहुत सोच-समझकर, योजना और तैयारी के साथ और बहुत संगठित तरीक़े से नये/डिजिटल माध्यमों से लेकर मुख्यधारा के समाचार माध्यमों और उनके चुनिन्दा पत्रकारों के ज़रिये से फ़ेक न्यूज़, प्रोपेगंडा, पीआर और स्पिन को निश्चित राजनीतिक-सामाजिक-आर्थिक उद्देश्यों के साथ आम लोगों के दिलो-दिमाग़ में उतारा जा रहा है।

हालाँकि यह भी कोई नयी बात नहीं रह गयी है और न ही उनका मक़सद किसी से छुपा रह गया है। ऐसी झूठी और गढ़ी गयी 'ख़बरों' और प्रोपेगंडा-स्पिन का सबसे बड़ा मक़सद सरकारों और कॉर्पोरेट्स, उनके प्रमुखों, सत्तारूढ़ राजनीतिक दलों के शीर्ष नेताओं और ताक़तवर लोगों की लोकप्रिय, चमकदार और 'लार्जर दैन लाइफ़' छवि गढ़ना और उनके बारे में नकारात्मक सूचनाओं को दबाना या छुपाना है। यह भी कोई नयी बात नहीं है कि इन झूठी-फ़र्जी ख़बरों, अफ़वाहों और प्रोपेगंडा का इस्तेमाल अल्पसंख्यक मुस्लिम समुदाय को निशाना बनाने, हिन्दू-मुस्लिम समुदाय के बीच साम्प्रदायिक अलगाव बढ़ाने और दोनों समुदायों को आपस में लड़ाने के लिए किया जा रहा है।

पिछले कई सालों से नये डिजिटल माध्यमों ख़ासकर व्हाट्सऐप और सोशल मीडिया के ज़रिये हिन्दुत्व की राजनीति यानी बहुसंख्यकों को ध्रुवीकृत करने का यह संगठित और सुनियोजित ज़हरीला राजनीतिक-साम्प्रदायिक अभियान चल रहा है जिसकी तीव्रता लगातार बढ़ती ही जा रही है। यह भी किसी से छुपा नहीं है कि धार्मिक ध्रुवीकरण का यह ज़हरीला अभियान स्पष्ट राजनीतिक मक़सद से चलाया जा रहा है। इस धार्मिक/सामाजिक और राजनीतिक ध्रुवीकरण का मक़सद एक ओर सत्ता में पहुँचना और उसपर पकड़ मज़बूत करना है और दूसरी ओर, ग़रीबी, बेरोज़गारी, बीमारी, पीने का साफ़ पानी, शिक्षा, कृषि और किसानों की बदहाल स्थिति जैसे अनेक बुनियादी सामाजिक-आर्थिक सवालों और मुद्दों को राजनीतिक विमर्श से बाहर करना है।

कहने की ज़रूरत नहीं है कि बहुसंख्यक ध्रुवीकरण की यह ज़हरीली राजनीति अपने मक़सद में कामयाब दिख रही है। लोगों में साम्प्रदायिक घृणा और नफ़रत का ज़हर भरा जा रहा है। साम्प्रदायिक विभाजन को बढ़ाया और गहरा किया जा रहा है। इससे देश के बड़े हिस्से में सामाजिक-सामुदायिक जीवन का तानाबाना टूट रहा

है, अविश्वास बढ़ रहा है और अनेक शहरों/क़स्बों/इलाक़ों में हमेशा एक हलके स्तर का साम्प्रदायिक तनाव बना रहता है। इसके कारण मामूली सी बात/झगड़े पर भी साम्प्रदायिक तनाव फ़ैलना और दंगे तक की नौबत आ जा रही है। यही नहीं, झूठी/फ़र्ज़ी ख़बरों, अफ़वाहों और प्रोपेगंडा की वजह से पुलिस और प्रशासन के लिए स्थिति सँभालना दिन-पर-दिन मुश्किल होता जा रहा है।

आश्चर्य नहीं कि हाल के वर्षों में साम्प्रदायिक तनाव और दंगों से निपटने के लिए स्थानीय पुलिस और प्रशासन ने सबसे पहले उन जगहों पर इंटरनेट और कुछ मामलों में मोबाइल नेटवर्क तक को बन्द करने का फ़ैसला किया है ताकि अफ़वाहों और फ़र्ज़ी ख़बरों के प्रसार पर रोक लगाया जा सके। सॉफ्टवेयर फ्रीडम ला सेंटर (एसएफ़एलसी) की एक रिपोर्ट के मुताबिक़, भारत में 2012 के बाद से इंटरनेट शटडाउन के मामलों में तेज़ी से बढ़ोतरी हुई है। रिपोर्ट के अनुसार, 2012 में इंटरनेट शटडाउन के 3, वर्ष 2013 में 5, वर्ष 2014 में 6, वर्ष 2015 में 14, वर्ष 2016 में 31, 2017 में 70 और इस साल अब तक 15 मामले सामने आ चुके हैं।

हालाँकि इंटरनेट शटडाउन को लेकर कई सवाल हैं। यह ज़्यादातर मौक़ों पर पुलिस और प्रशासन की नाकामियों और मिलीभगत पर पर्दा डालने के लिए भी इस्तेमाल किया जाता है। यह समस्या का वास्तविक समाधान भी नहीं है क्योंकि जब सूचनाओं का पूरा पारिस्थितिक तन्त्र (इको सिस्टम) प्रदूषित और ज़हरीला होता जा रहा है तब तात्कालिक शटडाउन से स्थिति पर बहुत फ़र्क़ नहीं पड़ता है। दूसरे, यह समाधान नहीं बल्कि तात्कालिक प्रतिक्रिया भर है। ऐसी प्रतिक्रिया के नतीजे उलटे भी हो सकते हैं। तीसरे, इंटरनेट शटडाउन के पीछे धारणा यह है कि समस्या की जड़ में नये/डिजिटल माध्यम हैं।

सवाल यह है कि क्या इस स्थिति के लिए सिर्फ़ नये/डिजिटल माध्यमों और सोशल मीडिया को ही ज़िम्मेदार ठहराया जा सकता है जहाँ सूचनाओं के प्रवाह की सत्यता की जाँच के लिए कोई गेटकीपर नहीं है? उन जन माध्यमों (अख़बार/न्यूज़ चैनल आदि) की स्थिति क्या है जहाँ छानबीन और पड़ताल के ज़रिये सच तक पहुँचने के लिए पत्रकारिता की निश्चित सांस्थानिक व्यवस्था, प्रक्रियाएँ और उसूल हैं; गेटकीपर के बतौर प्रशिक्षित पत्रकार हैं और जिनसे यह उम्मीद की जाती है कि वे सच को सामने लायेंगे?

तथ्य यह है कि न्यूज़ चैनलों सहित मुख्यधारा के न्यूज़ मीडिया का बड़ा हिस्सा इस कसौटी पर न सिर्फ़ नाकाम रहा है बल्कि वह ख़ुद उत्तर सत्य युग और संगठित फ़ेक न्यूज़ के दौर में पहुँच गया है। ख़ासकर हिन्दी और अंग्रेज़ी के

ज़्यादातर न्यूज़ चैनल सत्य को अँगूठा दिखाकर खुलेआम झूठ बेचने के कारोबार में शामिल हो गये हैं।

ये चैनल बिना किसी शर्म के साम्प्रदायिक ज़हरीले प्रोपेगंडा और यहाँ तक कि फ़र्ज़ी/झूठी ख़बरों को आगे बढ़ाने के अभियान का हिस्सा बन चुके हैं। यह सचमुच अफ़सोस और चिन्ता की बात है कि साम्प्रदायिक ध्रुवीकरण और विभाजन को बढ़ाने वाली/भड़काने वाली झूठी/फ़र्ज़ी ख़बरें और प्रोपेगंडा को मुख्यधारा के न्यूज़ मीडिया ख़ासकर न्यूज़ चैनलों का खुला साथ मिल गया है। आज स्थिति यह हो गयी है कि कई न्यूज़ चैनल और कुछ अख़बार साम्प्रदायिक दुष्प्रचार के भोंपू बन गये हैं। पिछले दो-तीन सालों में इस प्रवृत्ति ने ख़ासा ज़ोर पकड़ा है। इसके कारण साम्प्रदायिक ज़हर फ़ैलाने वाली फ़र्ज़ी/झूठी ख़बरों, अफ़वाहों और प्रोपेगंडा के मामले में सोशल मीडिया (फ़ेसबुक-ट्विटर आदि)-व्हाट्सऐप और सन्दिग्ध वेबसाइटों और मुख्यधारा के न्यूज़ मीडिया ख़ासकर हिन्दी-अंग्रेज़ी के प्रमुख चैनलों के बीच का फ़र्क़ ख़त्म-सा होता दिख रहा है।

हालत यह हो गयी है कि साम्प्रदायिक प्रोपेगंडा के एजेंडे के अनुकूल-सी दिखती कोई भी 'ख़बर' या सूचना आ जाये तो ये चैनल उसे तुरन्त लपक लेते हैं और सुर्ख़ी बना देते हैं। उसे हर बुलेटिन में रिपीट करने और विशेष कार्यक्रम बनाने के अलावा उस पर प्राइम टाइम बहस/चर्चा कराने में भी पीछे नहीं रहते हैं। अक्सर वे उस कथित 'ख़बर' की सत्यता की जाँच-पड़ताल की भी ज़रूरत नहीं समझते हैं।

फ़ेक न्यूज़ का पर्दाफ़ाश करने वाली वेबसाइट आल्ट न्यूज़ की एक रिपोर्ट के मुताबिक़, इस साल जनवरी-फ़रवरी महीने में कई प्रमुख न्यूज़ चैनलों ने सोशल मीडिया और व्हाट्सऐप पर चलने वाली आधा दर्जन से ज़्यादा फ़र्ज़ी ख़बरों और अफ़वाहों को बिना किसी छानबीन और जाँच-पड़ताल के चैनलों पर चलाया और कुछ पर प्राइम टाइम बहसें/चर्चाएँ तक कर दीं।

उदाहरण के लिए, 'आजतक' चैनल ने 14 फ़रवरी को एक पैरोडी एकाउंट (टाइम्स हाउ) से किए गए इस ट्विट के आधार पर न सिर्फ़ ख़बर बना दी बल्कि उसपर स्टार एंकर अंजना ओम कश्यप ने अपने पूरे एक घण्टे के बहस/चर्चा के कार्यक्रम 'हल्ला बोल' में 'कजरारे नैनों वाली से क्यों डरे मौलाना' शीर्षक के साथ गर्मा-गर्म बहस भी कर दी। इस ट्विट में मौलाना आतिफ़ क़ादरी के हवाले से कथित तौर पर फ़तवा जारी करने की सूचना देते हुए कहा गया था कि केरल की अभिनेत्री प्रिया प्रकाश वारियर के वायरल वीडियो के बाद से जब भी मुस्लिम भाई नमाज़

पढने के लिए आँखें बन्द करते हैं, उनके सामने अल्लाह के बजाय उसकी तस्वीर आ जाती है जिससे उनकी भावनाएँ आहत हो रही हैं।

यह और बात है कि यह ट्विट एक पैरोडी एकाउंट से किया गया फ़र्ज़ी ट्विट था। लेकिन चैनल में मौलाना और इस तरह से मुसलमानों और इस्लाम को कटघरे में खड़े करने की ऐसी जल्दी थी कि उस ट्विट की सत्यता की भी छानबीन करने की ज़रूरत नहीं समझी गयी।

लेकिन यह ऐसा अकेला मामला नहीं है। जनवरी के आख़िरी सप्ताह में उत्तर प्रदेश के कासगंज में कथित तिरंगा यात्रा के बाद भड़की साम्प्रदायिक हिंसा के बाद व्हाट्सऐप और सोशल मीडिया की भड़काऊ फ़र्ज़ी ख़बरों, अफ़वाहों और प्रोपेगंडा को मुख्यधारा के न्यूज़ चैनलों पर आते देर नहीं लगी। बिना तथ्यों की जाँच-पड़ताल के कई राष्ट्रवादी चैनलों और उनके स्व-घोषित राष्ट्रवादी एंकरों ने प्राइम टाइम 'दंगल' में यह सवाल पूछना शुरू कर दिया कि क्या अपने ही देश में 26 जनवरी को तिरंगा फहराना अपराध है? यह भी कि क्या अब राष्ट्रध्वज फहराने के लिए भी अनुमति लेनी होगी? हिन्दुस्तान में नहीं तो क्या पाकिस्तान में फहराएँगे तिरंगा? कासगंज के देशद्रोहियों को कब दबोचेगी सरकार, आदि-आदि?

यही नहीं, एक राष्ट्रवादी एंकर श्वेता सिंह ने एक भड़काऊ ट्विट में पूछा कि, "जिस गली से गुज़रते हुए 'भारत माता की जय' साम्प्रदायिक हो जाता है। जिस मोहल्ले में तिरंगा अवैध माना जाता है। जहाँ एक नौजवान को गोली इसलिए मारी जाती है कि वह गणतन्त्र दिवस मना रहा था। वो जगह आज़ाद हिन्दुस्तान का हिस्सा कैसे हो सकता है। #Kasganj." इंडिया टुडे समूह के अख़बार 'मेल टुडे' के सम्पादक अभिजीत मजुमदार ने कासगंज दंगे के दौरान एक अफ़वाह/फ़र्ज़ी ख़बर को ट्विट कर दिया कि, "चन्दन गुप्ता के बाद कासगंज में तिरंगा यात्रा में हुई हिंसा में राहुल उपाध्याय की मौत भी हो गयी। हमें बताया जा रहा है कि वे इसी के लायक थे क्योंकि उन्होंने मुस्लिम मुहल्ले में भगवा झंडा फहराया और उत्तेजक नारे लगाये। ख़तरनाक तर्क।"

लेकिन इंडिया टुडे ग्रुप की एक न्यूज़-व्यूज की वेबसाइट डेली-ओ की वरिष्ठ पत्रकार अंगशुकांता चक्रवर्ती ने बिना किसी मीडिया समूह का नाम लिए यह ट्विट किया कि, "नफ़रत फैलाकर मुनाफ़ा कमाने वाले उन सभी मीडिया मालिकों पर अदालत में मुक़दमा चलना चाहिए जिन्होंने अपने संस्थानों के नफ़रत फैलाने वाले और फेक न्यूज़ को आगे बढ़ाने वाले न्यूज़ एंकरों, सम्पादकों, रिपोर्टरों और लेखकों की कारगुजारियों की ओर आँख मूँद ली हैं या उन्हें नियुक्त करते हैं।

धर्मनिरपेक्ष नेताओं और उद्योगपतियों को ऐसे लोगों का सामाजिक बहिष्कार करना चाहिए' तो उनसे उनके संस्थान ने पहले ट्विट को हटाने के लिए कहा और जब उन्होंने मना कर दिया तो उन्हें नौकरी से निकाल दिया गया।

लेकिन इंडिया टुडे/टीवी टुडे समूह ने अपने फ़ेक न्यूज़ और अफ़वाहों को हवा देने वाले, भड़काऊ और नफ़रत फैलाने वाले ट्विट और कार्यक्रम करने वाले एंकरों, सम्पादकों और रिपोर्टरों के ख़िलाफ़ आज तक कोई कार्रवाई नहीं की है। उलटे आज वे उस चैनल के चेहरे बने हुए हैं। ऐसा लगता है कि उन्हें प्राइम टाइम बहसों में राष्ट्रवाद की आड़ में कुछ भी कहने से लेकर कुछ भी ट्विट करने की छूट मिली हुई है।

जैसे इतना ही काफ़ी नहीं था। बीते महीने 'आजतक' के वरिष्ठ एंकर पुण्य प्रसून वाजपेयी को चैनल छोड़ना पड़ा। वे इस चैनल के उन इक्का-दुक्का एंकरों में रह गये थे जो अपने कार्यक्रम में एनडीए सरकार की नाकामियों पर उँगली उठाने और उससे सवाल पूछने की हिम्मत कर रहे थे। विडम्बना देखिये कि यह इंडिया टुडे/टीवी टुडे समूह में हो रहा है जो न सिर्फ़ 'सबसे लोकतान्त्रिक न्यूज़रूम' होने का दावा करता है बल्कि "विश्वसनीय पत्रकारिता के स्वर्णिम मानकों (गोल्ड स्टैंडर्ड) पर गर्व करता है।"

लेकिन इंडिया टुडे समूह के ज़ी-न्यूज़ीकरण में हैरानी की कोई बात नहीं है। यह संयोग नहीं है। इसके पीछे साफ़ पैटर्न है। उदाहरण के लिए, यह सिर्फ़ संयोग नहीं है कि गणतन्त्र दिवस की पूर्व सन्ध्या पर इंडिया टुडे ग्रुप और उसके टीवी टुडे समूह ने अपने तीन स्व-घोषित राष्ट्रवादी एंकरों/सम्पादकों—रोहित सरदाना, श्वेता सिंह और गौरव सावंत के साथ यूट्यूब पर एक नया 'भारत तक' चैनल शुरू करने का ऐलान किया।

इसके बारे में ख़ुद इस चैनल का कहना है—"एक ऐसा मंच, जहाँ भारत के इतिहास से लेकर वर्तमान तक, देश के रक्षक जवानों से लेकर आज़ादी तक, तिरंगे से लेकर राजनीतिक नेतृत्व तक और व्यक्तिगत अधिकारों से लेकर राष्ट्र कर्तव्यों तक यानी भारत से लेकर भारत तक, जन-जन से बनते भारत तक जो देश को जानना चाहिए, वो सब कुछ देश के सामने प्रस्तुत किया जायेगा। एक भारतीय होने के नाते किसी के भी मन में उठते हर सवाल का होगा एक जवाब–निर्भीक, निडर भारत तक।"

इस नये 'भारत तक' यूट्यूब चैनल के कुछ वीडियो के शीर्षक देखिये जिससे उसके एजेंडा का अन्दाज़ा लगाने में मुश्किल नहीं होगी— "फिर बँटेगा

पाकिस्तान", "रामजन्मभूमि के पुरातात्विक प्रमाण", "इस बार तो पाकिस्तान फँस गया", "भारत की राजनीति में पाकिस्तान ज़िन्दाबाद का क्या", "राम मन्दिर बनायेंगे, तभी 2019 बचा पायेंगे?", "क्या पाकिस्तान से युद्ध लड़ने का वक़्त आ गया है", "क्या आर्मी ट्रेनिंग सबके लिए ज़रूरी होनी चाहिए", "क्या भारतीय सभ्यता पर ख़तरा है वैलेन्टाइन डे?", "क्या सेना को आत्मरक्षा का अधिकार नहीं", "शहीदो हम शर्मिन्दा हैं", "दाउद की 'सीक्रेट सुरंग' बेनकाब", "चुनावी जीत पर भारत विरोधी नारे क्यों", "आज का पकौड़े वाला कल का मैकडोनाल्ड" आदि-आदि। इस सूची से साफ़ है कि 'भारत तक' का मिशन और एजेंडा क्या है?

कई विश्लेषकों को आश्चर्य होता है कि आमतौर पर एक उदार-सेक्युलर और प्रोफ़ेशनल मीडिया समूह माने जाने वाले इंडिया टुडे/टीवी टुडे समूह का ज़ी-न्यूज़ीकरण क्यों हो रहा है? आख़िर उसके मालिक-सम्पादक आँखें क्यों बन्द किये हुए हैं? इसकी सबसे बड़ी वजह यह है कि टीवी टुडे की राष्ट्रवादी-बहुसंख्यकवादी सम्पादकीय लाइन कम्पनी को भरपूर मुनाफ़ा दे रही है। मीडिया वेबसाइट 'द हूट' के मुताबिक़, कम्पनी का नेट मुनाफ़ा पिछले पाँच सालों में 12 करोड़ रुपये से बढ़कर 99 करोड़ रुपये तक पहुँच गया है। यही नहीं, कम्पनी के शेयरों की प्रति शेयर क़ीमत जो 2013 के मध्य में 70 रुपये थी, वह बढ़कर 518 रुपये प्रति शेयर पहुँच गयी है। इसका अर्थ यह हुआ कि कम्पनी के शेयरों की क़ीमत इन पाँच सालों में लगभग 7.5 गुना बढ़ गयी है। मार्च के मध्य में कम्पनी की बाज़ार (पूँजीकरण) क़ीमत 3114 करोड़ रुपये थी। साफ़ है कि टीवी टुडे के लिए राष्ट्रवाद और हिन्दुत्व की चाशनी फ़ायदे का सौदा है।

कहने की ज़रूरत नहीं है कि टीवी टुडे, ज़ी-न्यूज़ और उस जैसे दूसरे चैनलों की कारोबारी कामयाबी का पैटर्न एक नियम बनता जा रहा है और सभी चैनल उसके अनुकरण में अपना फ़ायदा देख रहे हैं। नतीजा सामने है। बीते महीने अररिया संसदीय सीट के उपचुनाव के नतीजों के बाद वायरल हुआ एक वीडियो जिसमें कथित तौर पर आरजेडी के जीते हुए प्रत्याशी के समर्थक युवकों को 'पाकिस्तान ज़िन्दाबाद और भारत तेरे टुकड़े होंगे' जैसे भड़काऊ नारे लगाते हुए बताया गया।

इसे लगभग सभी प्रमुख चैनलों ने लपक लिया और ख़ूब जोर-शोर से दिखाया। कुछ चैनलों और उनके एंकरों ने इस वीडियो की सत्यता की पुष्टि न होने की बात कहते हुए भी उसे उछालना जारी रखा और उस पर ऐसी टिप्पणियाँ करनी शुरू कर दीं गोया वह बिल्कुल सत्य हो। किसी ने इसकी सत्यता जाँचने की कोशिश नहीं की

और न ही इन्तज़ार करने की कोशिश की। किसी चैनल ने अपने रिपोर्टर को अररिया नहीं भेजा लेकिन अधिकांश ने इस पर फ़ैसला सुनाने में देर नहीं की।

इसकी वजह समझना मुश्किल नहीं है। उनके लिए यह जेएनयू मोमेंट की वापसी जैसा था। इसे एक राष्ट्रवादी लेकिन प्रकारान्तर से मुस्लिम विरोधी नैरेटिव के तहत पेश करना और भुनाना आसान था। ऐसे मामलों में चैनलों की रणनीति 'हिट एंड रन' यानी 'दिखाओ/उछालो-हमला करो-नुक़सान पहुँचाओ और भाग लो' की हो गयी है। इससे मौजूदा माहौल में एक मुस्लिम और इस्लाम विरोधी नैरेटिव बन जाता है। जब तक सच्चाई सामने आती है, तब तक बहुत देर हो चुकी होती है, वह ज्यादा लोगों तक नहीं पहुंच पाती है और तब तक चैनल ऐसी ही किसी अगली 'ख़बर' से खेल रहे होते हैं।

उदाहरण के लिए, अररिया के वायरल वीडियो की सत्यता पर जैसे ही सवाल उठने शुरू हुए चैनलों ने इस 'ख़बर' को सुर्खी बनाने में देर नहीं लगाई कि बिहार के दरभंगा में एक सड़क पर मोदी चौक का बोर्ड लगाने के विरोध में एक भाजपा नेता/कार्यकर्ता के पिता की हत्या कर दी गयी है। बाद में पुलिस जाँच में यह बात सामने आयी कि यह पारिवारिक रंजिश का नतीजा है और इसका मोदी चौक के नामकरण से कोई लेना-देना नहीं है।

असल में, ऐसी मुस्लिम-इस्लाम विरोधी 'ख़बरों-अफ़वाहों-प्रोपेगंडा' का देश में एक बड़ा आडियेंस वर्ग (कांसटिचुएंसी) तैयार हो गया है जिसे बनाने में दक्षिणपन्थी हिन्दुत्ववादी संघ परिवार के साथ-साथ न्यूज़ मीडिया ख़ासकर न्यूज़ चैनलों की बड़ी भूमिका है। इसके लिए हिन्दी-अंग्रेज़ी अधिकांश 'न्यूज' चैनलों ने पिछले तीन-चार सालों में पत्रकारिता के मूल्यों, उसूलों और मानकों की खुलेआम अनदेखी करके और कई मामलों में उसकी धज्जियाँ उड़ाकर हिन्दुत्ववादी वैचारिक प्रोपेगंडा को राष्ट्रवादी चाशनी में लपेटकर दिन-रात अहर्निश अभियान चलाया है।

इस वैचारिक प्रोपेगंडा अभियान के तहत एक ओर राष्ट्रवाद-राष्ट्रीय सुरक्षा और देशभक्ति की आड़ में हिन्दुत्ववादी-बहुसंख्यकवादी विमर्श को मुख्यधारा का विमर्श बना दिया गया है और दूसरी ओर, सरकार से सवाल पूछने के बजाय उसका एकतरफ़ा गुणगान और सरकार की कमियों-ग़लतियों को छुपाना और उसके लिए भी विपक्ष को कटघरे में खड़ा करना नियम सा बन गया है।

धीरे-धीरे यह प्रोपेगंडा इतना आम और आक्रामक हो गया है कि उसमें कुछ भी छुपा नहीं रह गया है। उसकी असलियत खुलने लगी है। लोग धीरे-धीरे समझ रहे हैं। हालत यह हो गयी है कि कई मीडिया विश्लेषक चेतावनी देने लगे हैं कि यह

खुला, आक्रामक और अतिशय प्रोपेगंडा मौजूदा सरकार को 2019 के आम चुनावों में उसी तरह उल्टा पड़ सकता है, जैसे तत्कालीन प्रधानमन्त्री अटल बिहारी वाजपेयी की पिछली एनडीए सरकार को 'इंडिया शाइनिंग' पड़ गयी थी। 2019 में क्या होगा और यह प्रोपेगंडा कितना काम करेगा, यह भविष्य की बात है। लेकिन सवाल यह है कि इस साम्प्रदायिक-विभाजनकारी और समाज में धार्मिक ध्रुवीकरण को बढ़ाने वाले प्रोपेगंडा के कारण सामाजिक तानेबाने को जितना गहरा और दूरगामी नुक़सान हो रहा है, उसकी भरपाई कैसे होगी?

*(अप्रैल, 2018)*

# रिपब्लिक टीवी : उग्र दक्षिणपन्थी-अनुदार प्रोपेगंडा पत्रकारिता का मंच

### रुपर्ट मर्डाक के अमेरिकी न्यूज़ चैनल—फ़ॉक्स टीवी की मानस सन्तान है रिपब्लिक टीवी

खोदा पहाड़, निकली चुहिया! ठेठ हिन्दी की यह कहावत स्टार न्यूज़ एंकर अर्नब गोस्वामी की 'पत्रकारिता' और उनके नये न्यूज़ चैनल *रिपब्लिक टीवी* पर सटीक बैठती है जो टाइम्स समूह के न्यूज़ चैनल 'टाइम्स नाऊ' छोड़ने के बाद ख़ुद उनके शब्दों में 'ठीक पाँच महीने 18 दिन' बाद ख़ूब धूम-धड़ाके और शोर-शराबे के साथ टीवी स्क्रीन पर दोबारा लौटे हैं। गोस्वामी पिछले पाँच महीने से यह दावा कर रहे थे कि वे भारतीय पत्रकारिता को आमूल-चूल बदल देंगे। वह उसके अब तक के तौर-तरीक़ों और ढंग-ढर्रे को 'छिन्न-भिन्न' (डिसरप्ट) कर देंगे। उसे नये सिरे से पुनर्भाषित करेंगे। उसे 'लुटियन दिल्ली' (सत्ता के केन्द्र) की जकड़ से आज़ाद कराएँगे।

गोस्वामी का यह भी दावा था कि उनका चैनल *रिपब्लिक टीवी* कॉर्पोरेट पूँजी और बिज़नेस एक्जीक्यूटिव्स के दबावों से पूरी तरह मुक्त एक स्वतन्त्र चैनल होगा। उनका यह भी कहना था कि *रिपब्लिक* आम लोगों की आवाज़ होगा। उन्होंने दावे और भी बहुत किये जिन्हें दोहराने का कोई फ़ायदा नहीं है क्योंकि अब हक़ीक़त सामने है। मई के दूसरे सप्ताह में *रिपब्लिक टीवी* के साथ लौटे अर्नब गोस्वामी और पाँच महीने पहले टाइम्स नाऊ के अर्नब गोस्वामी की 'पत्रकारिता' और उसकी अन्तर्वस्तु, राजनीतिक-वैचारिक दिशा और एजेंडे, सुर, शैली, तेवर और प्रस्तुति में कोई बुनियादी अन्तर नहीं है।

तथ्य यह है कि उनमें इतनी समानता है कि दोनों में फ़र्क़ करना मुश्किल है। इसमें बदलाव से ज़्यादा निरन्तरता दिखाई देती है। कहें तो सिर्फ़ बोतल बदली

है बल्कि बोतल भी नहीं, उस पर लगा लेबल बदला है, शराब और उसका रंग वही है लेकिन उसका नशा पहले से कहीं ज़्यादा तेज़ और घातक है। अगर कोई अन्तर है तो सिर्फ़ यह कि गोस्वामी पहले से अधिक आक्रामक और हमलावर हो गये हैं, उनका बड़बोलापन, बदज़ुबानी और नाटकीयता और बढ़ गये हैं और प्राइम टाइम चर्चाओं/बहसों में शामिल प्रवक्ताओं और अतिथियों ख़ासकर उनसे असहमत विपक्षी पार्टियों के प्रवक्ताओं और मानवाधिकार संगठनों के प्रवक्ताओं को अपमानित करने और उन्हें बुरा-भला कहने में कोई शर्म-लिहाज़ नहीं रह गया है।

लेकिन इसमें हैरानी की कोई बात नहीं है। असल में, रिपब्लिक एक मिशन के साथ शुरू हुआ है। आश्चर्य नहीं कि पहले दिन और पहले घण्टे से गोस्वामी और उनके *रिपब्लिक* टीवी का एजेंडा और उद्देश्य साफ़ हो गया है। वह यह कि *रिपब्लिक* टीवी धुर दक्षिणपन्थी-प्रतिक्रियावादी, विभाजनकारी, उग्र राष्ट्रवादी और सत्ता-कॉर्पोरेट गठजोड़ का स्व-घोषित प्रोपेगंडावादी चैनल है जिसका एकमात्र मक़सद धुर दक्षिणपन्थी राजनीति और अर्थनीति के लिए अनुकूल जनमत तैयार करना और विरोधी विचारों को निशाना बनाना और बदनाम करना है। हैरानी की बात नहीं है कि चैनल के लांच पर उसे सार्वजनिक शुभकामनाएँ देनेवालों में केन्द्र सरकार में भाजपा के मन्त्री, सांसद, विधायक और नेता सबसे आगे थे।

यही नहीं, संघ और भाजपा नेता और कार्यकर्ता व्हाट्सऐप आदि के ज़रिये *रिपब्लिक* को प्रोमोट करने में भी लगे थे। यह भी किसी से छुपा नहीं है कि *रिपब्लिक* टीवी के कई शेयरधारकों में से सबसे प्रमुख हैं— उद्योगपति राजीव चन्द्रशेखर जो केरल में भाजपा के नेतृत्व वाले एनडीए के उपाध्यक्ष हैं और जिनके कई धन्धे/कारोबार हैं। ऐसी भी रिपोर्टें आयीं थीं जिनके मुताबिक़ चन्द्रशेखर के मालिकाने वाले जुपिटर कैपिटल के सीईओ अमित गुप्ता ने एक मेल में रिपब्लिक टीवी के लिए भर्तियाँ करने वाली एचआर टीम को निर्देश दिया था कि सम्पादकीय विभाग में जिनकी भर्ती की जा रही है, उसमें इस बात का ध्यान रखा जाये कि उनकी राजनीतिक-वैचारिक स्थिति 'मध्य दक्षिण', 'भारत और सेना समर्थक', 'चेयरमैन की विचारधारा से जुड़ी' और 'राष्ट्रवाद और गवर्नेंस के मामले में उनकी सोच के क़रीब' होनी चाहिए।

यही नहीं, *रिपब्लिक* टीवी के लांच से पहले चैनल के प्रचार और मार्केटिंग के लिए जो अभियान चला, उसमें भी चैनल को राष्ट्रीय झंडे, सेना और राष्ट्र पहले के नारे के साथ जोड़कर पेश किया गया। चैनल के एक होर्डिंग में अर्नब गोस्वामी को पाकिस्तान का माइग्रेन बताया गया। उसके एक टीवी प्रोमो में गोस्वामी को राहुल

गाँधी को चिट्ठी लिखकर 'तैयार रहने और देख लेने' के लिए कहते हुए दिखाया गया। एक और प्रोमो में गोस्वामी ख़ुद को मुस्लिम महिलाओं के अधिकार के लिए लड़ने वाले और संविधान को सर्वोपरि बताते हुए मुस्लिम पर्सनल ला बोर्ड को 'तैयार रहने और देख लेने' के लिए कहते नज़र आते हैं।

एक और प्रोमो में वे एक बड़े मीडिया समूह (टाइम्स समूह) पर उन्हें डराने-धमकाने और उनके प्रिय वाक्य 'नेशन वांट्स टू नो' को छीनने का आरोप लगाते हुए सुनाई देते हैं। हालाँकि एक और प्रोमो में वे धुर दक्षिणपन्थी राजनीति के बड़बोले नेता सुब्रमनियन स्वामी को भी 'तैयार रहने और देख लेने' को कहते सुनाई देते हैं लेकिन इसमें उनकी भाषा और तेवर नरम हैं। इसके बावजूद अगर कोई शक-शुबहा था तो वह भी *रिपब्लिक* टीवी के लांच होने के पहले सप्ताह में ही ख़त्म हो गया। पूरे देश ने देख लिया कि चैनल 'किसे देखने' और किसका एजेंडा आगे बढ़ाने आया है। लांच के पहले दिन गोस्वामी ने चैनल पर पूरे जोशो-खरोश के साथ लम्बा भाषण दिया जिसमें उन्होंने ऐलान किया कि चैनल के तीन लक्ष्य हैं।

पहला, मीडिया को राजनीतिक सत्ता के केन्द्र दिल्ली से बाहर निकालना। दूसरा, मीडिया में अपने महान देश के प्रति गौरव का भाव भरना। गोस्वामी ने इसे स्पष्ट करते हुए कहा कि, "मुझे यह देखकर हैरानी है कि मीडिया में इतनी हिम्मत आ गयी है कि वह सेना से सवाल पूछ रहा है कि उसके एक अफ़सर ने एक कश्मीरी नागरिक को सेना की जीप की बोनट के आगे कैसे बाँध दिया जोकि सिर्फ़ आत्मरक्षा का एक उपाय भर था। मैं एक राष्ट्रवादी हूँ। मैं आज यह कहना चाहता हूँ कि राष्ट्रवादी होना, पत्रकार होने की पूर्व शर्त है। हमारी रिपोर्टिंग और सत्य की खोज में राष्ट्रवाद हमारी ताक़त है, वह हमारे मूल में है।"

गोस्वामी के अनुसार *रिपब्लिक* का तीसरा लक्ष्य वास्तविक ख़बरों की खोज और सच को सामने लाना होगा, उसके लिए हर साधन और तरीक़ा इस्तेमाल किया जायेगा। कहने की ज़रूरत नहीं है कि अर्नब गोस्वामी और *रिपब्लिक* टीवी 'अपने लक्ष्य' को हासिल करने निकल पड़े हैं। उनका निशाना साफ़ है। राजनीतिक रूप से जो भी भाजपा के विपक्ष में है या जो भी दक्षिणपन्थी-साम्प्रदायिक वैचारिकी के ख़िलाफ़ है या जो भी मानवाधिकार, अल्पसंख्यकों के अधिकार और सुरक्षा, कश्मीर से लेकर उत्तर-पूर्व में राजनीति और लोकतान्त्रिक प्रक्रिया पर ज़ोर देने या पाकिस्तान के साथ शान्ति और बातचीत की बात करता है, वह *रिपब्लिक* के निशाने पर है— बिल्कुल देख लेने और निपटा देने वाले अन्दाज़ में।

यही नहीं, जो भी निशाने पर है, उसे ध्वस्त करने के लिए हर सही-ग़लत साधन और तरीक़े का इस्तेमाल करने में कोई संकोच नहीं है। चैनल लांच के पहले दिन से इस टिप्पणी के लिखे जाने तक वह बिना नागा विपक्ष के उन नेताओं और पार्टियों को सॉफ्ट टार्गेट की तरह चुनकर पिल पड़ा है जिन पर पहले से भ्रष्टाचार से लेकर अपराधियों को संरक्षण देने के गम्भीर आरोप लगते रहे हैं या जो आरोपों और विवादों में घिरे रहे हैं, जैसे लालू यादव-शहाबुद्दीन, शशि थरूर या नेशनल हेराल्ड केस में सोनिया गाँधी और राहुल गाँधी या फिर अरविन्द केजरीवाल और आम आदमी पार्टी आदि।

हालाँकि इसमें किसी को आपत्ति नहीं होगी कि विपक्ष के नेताओं और पार्टियों की छानबीन की जाये, उनके भ्रष्टाचार या ग़लत कामों को उजागर किया जाये, उनसे सवाल पूछे जायें और जवाबदेही तय की जाये। लेकिन सवाल इसे लेकर नहीं है। सवाल यह है कि इस कथित छानबीन और खुलासों में साफ़ तौर पर न सिर्फ़ एक पूर्वाग्रह भरा एजेंडा दिखाई पड़ता है बल्कि उससे भी अधिक चिन्ता की बात यह है कि इसमें तथ्यों की कोई परवाह नहीं है या आधे-अधूरे तथ्यों को मनमाने तरीक़े से तोड़-मरोड़कर या फिर अफ़वाहों, आरोपों और कानाफूसी को तथ्य की तरह पेश किया जा रहा है।

साथ ही, *रिपब्लिक* टीवी का स्टूडियो एक तरह का कंगारू कोर्ट बन गया है जहाँ अर्नब गोस्वामी तुरत-फुरत में एक मीडिया ट्रायल चलाते हैं और ख़ुद ही "जाँचकर्ता, जज, जूरी और फाँसी चढ़ाने वाला" बनकर फ़ैसला सुना देते हैं। हालाँकि यह पत्रकारिता के बुनियादी उसूलों और मूल्यों के ख़िलाफ़ है। लेकिन गोस्वामी की टीवी पत्रकारिता से परिचित दर्शकों के लिए इसमें कोई नयी बात नहीं है। वास्तव में, यह अर्नब गोस्वामी की पत्रकारिता की पहचान या ट्रेडमार्क बन गया है। 'टाइम्स नाऊ' में रहते हुए उन्होंने इसी पत्रकारिता को आगे बढ़ाया। इसमें तथ्यों की परवाह पहले भी नहीं की गयी है। इस पत्रकारिता में विचार के अनुसार तथ्य खोजे या गढ़े जाते हैं।

गोस्वामी की पत्रकारिता पूरी तरह से धुर दक्षिणपन्थी-सैन्यवादी वैचारिक पूर्वाग्रह से संचालित है जिसमें मुद्दों/विषयों को देशभक्ति और राष्ट्रवाद की चाशनी में डुबोकर उस सवर्ण-शहरी-खाते-पीते मध्यवर्ग को पेश किया जाता है जो देश में दक्षिणपन्थी-प्रतिक्रियावादी राजनीति और वैचारिकी के सबसे मुखर समर्थक के रूप में उभरा है। यहाँ उन्माद बेचा जाता है और उसमें भी युद्धोन्माद सबसे ऊपर है। गोस्वामी वही मुद्दे/विषय रिपोर्टिंग और चर्चा के लिए चुनते हैं जिसे आसानी

से एक बाइनरी में बदला जा सके, प्रतिपक्ष को ग़लत/अनैतिक/भ्रष्ट/अपराधी और कई मामलों में देश-विरोधी साबित किया सके। कहना न होगा कि इसका एकमात्र मक़सद राजनीतिक-सामाजिक-धार्मिक ध्रुवीकरण को बढ़ाना होता है।

ज़ाहिर है कि इसका राजनीतिक-वैचारिक फ़ायदा दक्षिणपन्थी राजनीति और उसकी चैम्पियन भाजपा को होता है। इस अर्थ में, देश में दक्षिणपन्थी राजनीति के उभार में गोस्वामी के योगदान को अनदेखा करना मुश्किल है। 'टाइम्स नाऊ' के प्रधान सम्पादक और स्टार एंकर के बतौर उन्होंने पिछले कई सालों में उस दर्शक वर्ग को तैयार करने में उल्लेखनीय भूमिका निभायी है जो दक्षिणपन्थी राजनीति और वैचारिकी का मुखर समर्थक और प्रवक्ता बनके उभरा है। इस उग्र राष्ट्रवादी-दक्षिणपन्थी और हिन्दुत्ववादी दर्शक वर्ग को तैयार करने में 'टाइम्स नाऊ' और गोस्वामी के साथ-साथ कई और बड़े मीडिया समूहों के अख़बारों/न्यूज़ चैनलों और उनके सम्पादकों/एंकरों के साथ-साथ राष्ट्रीय स्वयंसेवक संघ (आरएसएस) यानी संघ परिवार के राजनीतिक-धार्मिक-सांस्कृतिक संगठनों, नेताओं और प्रचारकों की बड़ी भूमिका रही है।

असल में, इसके पीछे एक लम्बी प्रक्रिया है जो आज या पिछले कुछ सालों में नहीं बल्कि पिछले दो-ढाई दशकों में शुरू हुई, आगे बढ़ी और संगठित हुई है। न्यूज़ मीडिया के दक्षिणपन्थी झुकाव और उसके हिन्दूकरण की प्रक्रिया ख़ासकर रामजन्मभूमि-बाबरी मस्जिद विवाद/आन्दोलन के ज़रिये दक्षिणपन्थी-साम्प्रदायिक राजनीति के उभार के साथ तेज़ हुई। उस दौरान हिन्दी और दूसरी भाषाओं के कई अख़बार/पत्रिकाएँ 'हिन्दू' अख़बारों/पत्रिकाओं में बदल गये। उदारीकरण-आर्थिक सुधारों ने दक्षिणपन्थी-साम्प्रदायिक राजनीति और वैचारिकी को और मज़बूत किया। न्यूज़ मीडिया में बड़ी पूँजी के प्रवेश और उसके कॉर्पोरेटीकरण के साथ दक्षिणपन्थी राजनीति और अर्थनीति को और बल मिला।

यह भी किसी से छुपा नहीं है कि देश के अन्दर धुर दक्षिणपन्थी-साम्प्रदायिक-बहुसंख्यकवादी राजनीति और वैचारिकी के उभार की परिघटना सिर्फ़ राष्ट्रीय नहीं बल्कि अन्तर्राष्ट्रीय परिघटना का विस्तार है। इसमें देश के अन्दर और बाहर की राजनीतिक, सामाजिक, आर्थिक और सांस्कृतिक शक्तियों, कारकों और परिस्थितियों की बड़ी भूमिका है। लेकिन इसमें दक्षिणपन्थी-अनुदार बड़े कॉर्पोरेट मीडिया के अहर्निश और उग्र प्रोपेगंडा या प्रचार की भूमिका को अनदेखा नहीं किया जा सकता है। उसने ऐसा ज़हरीला माहौल बनाया है जिसमें पूरे सामाजिक-राजनीतिक पर्यावरण में नफ़रत, भय, हिंसा और युद्धोन्माद घुल गया है। इस ज़हरीले

और उन्मादी माहौल में साँसें ले रहा बड़ा दर्शक वर्ग दक्षिणपन्थी राजनीति और वैचारिकी को जाने-अनजाने स्वीकार कर रहा है।

दरअसल, भारत समेत दुनिया के अनेक देशों में बड़े कॉर्पोरेट समूहों और नये डिजिटल माध्यमों की मदद से पिछले कुछ दशकों और सालों में उग्र दक्षिणपन्थी-राष्ट्रवादी मीडिया का ऐसा इंफ्रास्ट्रक्चर तैयार हुआ है जिसके आक्रामक-ज़हरीले प्रचार और शोर-शराबे में तर्क और तथ्य बेमानी हो गये हैं, भावनाएँ और आस्था हावी हो गये हैं, झूठ का बोलबाला है और लोगों में नकली दुश्मनों (जैसे धार्मिक और एथनिक अल्पसंख्यकों ख़ासकर मुसलमानों, प्रवासियों-शरणार्थियों, ग़रीबों, पड़ोसी देशों आदि) का डर पैदा कर दिया गया है। इसने उदार, मध्यमार्गी, धर्मनिरपेक्ष और वामपन्थी राजनीति और राजनीतिक दलों, उनके नेताओं और बुद्धिजीवियों को भी अल्पसंख्यकों, प्रवासियों-शरणार्थियों, ग़रीबों, मानवाधिकारों आदि का समर्थक बताकर निशाना बनाया है।

वैश्विक स्तर पर इस दक्षिणपन्थी-अनुदार-बहुसंख्यकवादी न्यूज़ मीडिया का सबसे चर्चित उदाहरण अमेरिका का *फाक्स न्यूज़* है जो खरबपति मीडिया मुग़ल रुपर्ट मर्डोक का चैनल है। मर्डोक के दक्षिणपन्थी मीडिया साम्राज्य के अमेरिका, ब्रिटेन, ऑस्ट्रेलिया समेत दुनिया के कई देशों में अख़बार/न्यूज़ चैनल हैं जो दक्षिणपन्थी-अनुदार राजनीति और वैचारिकी का खुलकर और आक्रामक तरीक़े से प्रचार करते हैं। मर्डोक के चैनलों/अख़बारों को पत्रकारिता के उसूलों, मूल्यों और एथिक्स की रत्ती भर परवाह नहीं होती है। वे मूलत: टैब्लायड चैनल/अख़बार हैं जो सनसनी, आक्रामकता, युद्धोन्माद बेचने के साथ-साथ प्रवासियों/शरणार्थियों, एथनिक अल्पसंख्यकों, एलजीबीटी समुदाय आदि को निशाना बनाते हैं। आश्चर्य नहीं कि मर्डोक के चैनल टेलीविज़न रेटिंग में भी सबसे आगे रहते हैं क्योंकि वे उस अनुदार श्वेत-शहरी-कम पढ़े-लिखे-वर्किंग क्लास मध्यवर्ग के साथ-साथ अमीर और ताक़तवर लोगों की पहली पसन्द होते हैं।

इस मायने में आज भारत में *रिपब्लिक टीवी, टाइम्स नाऊ, न्यूज़ एक्स* जैसे अंग्रेज़ी न्यूज़ चैनलों से लेकर *ज़ी-न्यूज़* जैसे कई हिन्दी और दूसरी भाषाओं के दर्जनों चैनल रुपर्ट मर्डोक की मानस सन्तानें हैं और उनका मॉडल *फाक्स न्यूज़* है। आश्चर्य नहीं कि गोस्वामी का नया चैनल *रिपब्लिक* और पिछला चैनल *टाइम्स नाऊ* वैचारिक दिशा, कंटेंट, सुर, तेवर और प्रस्तुति शैली में *फाक्स न्यूज़* की नक़ल लगता है। यहाँ यह उल्लेख करना भी ज़रूरी है कि मर्डोक के चैनल/अख़बार अमेरिका में रिपब्लिकन पार्टी प्रतिष्ठान के साथ गहराई से जुड़े हुए हैं, उसे खुलकर

समर्थन देते हैं, जैसे हाल के राष्ट्रपति चुनावों में डोनाल्ड ट्रंप का समर्थन। इसी तरह ब्रिटेन में वे कंजर्वेटिव पार्टी के साथ खड़े रहते हैं।

हैरानी की बात नहीं है कि भारत में भी गोस्वामी और *रिपब्लिक* टीवी से लेकर ज़्यादातर दक्षिणपन्थी-उग्र राष्ट्रवादी प्रोपेगंडा न्यूज़ चैनलों के सम्पादकों/मालिकों के भाजपा और संघ परिवार से गहरे सम्बन्ध हैं। बाक़ी बचे चैनलों में से अधिकांश सत्ता के दबाव, दक्षिणपन्थी-उग्र राष्ट्रवादी-बहुसंख्यकवादी माहौल और बिज़नेस हितों के कारण इस समूह का हिस्सा बन गये हैं। वे भी उसी एजेंडे को आगे बढ़ा रहे हैं। इस तरह इक्का-दुक्का अपवादों को छोड़कर न्यूज़ मीडिया का बड़ा हिस्सा ख़ासकर न्यूज़ चैनल न सिर्फ़ धुर दक्षिणपन्थी-उग्र राष्ट्रवादी वैचारिकी और राजनीति के पैरोकार हो गए हैं बल्कि राजनीतिक-कॉर्पोरेट सत्ता के भोंपू बन गए हैं।

चिन्ता की बात यह है कि यही न्यूज़ मीडिया जिस तरह से राष्ट्रीय और क्षेत्रीय 'पब्लिक स्फीयर' पर छा गया है, उसका राजनीतिक-सामाजिक-आर्थिक एजेंडा तय कर रहा है, न्यूज़ कवरेज और बहसों/चर्चाओं का एजेंडा, दिशा, मुद्दा और दायरा तय कर रहा है, सत्ता के गुण गाने में जुटा हुआ है, जनमत को खुलेआम तोड़-मरोड़ रहा है, वह सामाजिक-राजनीतिक ध्रुवीकरण को बढ़ा रहा है। वह विरोधी विचारों और उससे जुड़े बुद्धिजीवियों, लेखकों, कार्यकर्ताओं और संस्थाओं का खलनायकीकरण कर रहा है, विपक्षी राजनीतिक पार्टियों और उनके नेताओं के ख़िलाफ़ एकतरफ़ा अभियान चला है और ग़रीबों-मज़दूरों-किसानों-कमज़ोर वर्गों की समस्याओं की अनदेखी कर रहा है, जिसके कारण जनतन्त्र के लिए वास्तविक ख़तरा पैदा हो गया है।

ज़ाहिर है कि यह पत्रकारिता नहीं है। यह प्रोपेगंडा है। इसे दक्षिणपन्थी-अनुदार-हिन्दुत्ववादी वैचारिकी और राजनीति की प्रोपेगंडा मशीन कहना चाहिए। इसे आप चाहें तो दक्षिणपन्थी प्रोपेगंडा पत्रकारिता कह सकते हैं। लेकिन इसपर टैब्लायड और पीत पत्रकारिता की भी गहरी छाप है। कुछ विश्लेषक इसे सुपारी पत्रकारिता भी कह रहे हैं और कुछ इसे सरकारी 'दूरदर्शनी' पत्रकारिता का विस्तार मान रहे हैं। सच यह है कि यह एक साथ दक्षिणपन्थी प्रोपेगंडा, टैब्लायड, पीत, सरकारी और सुपारी 'पत्रकारिता' का काकटेल है। *रिपब्लिक* टीवी और अर्नब गोस्वामी की पत्रकारिता इसी काकटेल से पैदा हुई है। फ़िलहाल, उसकी राजनीतिक-वैचारिक निष्ठा, स्वामी के प्रति समर्पण और मिशन के प्रति प्रतिबद्धता असन्दिग्ध दिख रही है।

इस मायने में *रिपब्लिक* टीवी और गोस्वामी ने सचमुच अपना वायदा पूरा किया है—उन्होंने पत्रकारिता को पूरी तरह से 'बदल' दिया है, 'छिन्न-भिन्न' (डिसरप्ट) कर दिया है और उसे नये सिरे से पुनर्भाषित किया है। यह और बात है कि इस प्रक्रिया में जो 'पत्रकारिता' सामने आयी है, उसे क्या पत्रकारिता कहना उचित होगा? माना जाता है कि पत्रकारिता की पहली और आख़िरी प्रतिबद्धता सत्य के प्रति होती है। सत्य छानबीन, क्रॉस-चेकिंग और अनेक और परस्पर विरोधी तथ्यों के बीच से सामने आता है। पत्रकारिता का बुनियादी उसूल है कि तथ्य पवित्र होते हैं और तथ्यों के साथ छेड़छाड़ और तोड़-मरोड़ नहीं की जा सकती है।

दूसरे, पत्रकारिता की एकमात्र निष्ठा जनता या आम लोगों के प्रति होती है। उसकी स्वतन्त्रता के बिना यह सम्भव नहीं है। तीसरे, लोकतन्त्र में पत्रकारिता की भूमिका पहरेदार (वाचडाग) की मानी जाती रही है जिससे प्राथमिक अपेक्षा सत्ता में बैठे प्रधानमन्त्री-मुख्यमन्त्रियों, मन्त्रियों, अफ़सरों के अलावा ताक़तवर कॉर्पोरेट समूहों की निगरानी करने, उनकी कमियों-खामियों को सामने लाने, उनसे सवाल पूछने और उनकी जवाबदेही तय करने की होती है। चौथे, पत्रकारिता की लोकतन्त्र में यह भी भूमिका होती है कि वह 'बेज़ुबानों की आवाज़' बने और 'तकलीफ़ भुगत रहे लोगों को राहत और आरामतलब ताक़तवर लोगों को चोट' दे।

क्या गोस्वामी और *रिपब्लिक* की पत्रकारिता इन शर्तों को पूरा करती है या उनकी पत्रकारिता में ऐसा कुछ दिखाई देता है? आप ख़ुद तय करिये कि इस पत्रकारिता को कैसे पारिभाषित किया जाये?

***(जून, 2017)***

# चैनलों की आख़िरी शरणस्थली बन गये हैं राष्ट्रवाद और देशभक्ति

## वास्तविक मुद्दों और सवालों को किनारे करने के लिए राष्ट्रवाद की आड़ ले रहे हैं चैनल

भारतीय न्यूज़ मीडिया ख़ासकर न्यूज़ चैनलों के बड़े हिस्से के लिए बीता साल खुलकर अपने रंग दिखाने, राजनीतिक-वैचारिक प्रतिबद्धता साबित करने और राजा का बाजा बजाने में एक-दूसरे से होड़ का साल था। हालाँकि इसकी शुरुआत 2014 में राष्ट्रीय राजनीति में दक्षिणपन्थी उभार और न्यूज़ मीडिया के एक बड़े हिस्से के उसके चीयरलीडर में बदल जाने के साथ हो गयी थी लेकिन बीते साल राष्ट्रीय राजनीति में दक्षिणपन्थी उग्र (सैन्यवादी) अन्ध-राष्ट्रवादी वैचारिकी और उसकी आक्रामक राजनीति के कारण राष्ट्रीय राजनीतिक विमर्श में जैसे-जैसे राजनीतिक-वैचारिक ध्रुवीकरण तेज़ हुआ, न्यूज़ मीडिया ख़ासकर न्यूज़ चैनलों के बड़े हिस्से ने सुर में सुर मिलाते हुए उग्र-सैन्यवादी (हिन्दू) राष्ट्रवाद और सत्ता का भोंपू बजाना शुरू कर दिया।

बीते साल न्यूज़ चैनलों ने 'निष्पक्षता' का दिखावटी चोला भी उतार फेंका। वैसे भी 'वस्तुनिष्ठता' उनके शब्दकोष में कभी नहीं रही और 'सन्तुलन' की उन्होंने कभी परवाह नहीं की। तथ्यों को लेकर थोड़ा-बहुत लिहाज़ था, उसे भी अधिकांश चैनलों ने ताखे पर रख दिया है। हालाँकि कई चैनल पहले भी गाहे-बगाहे 'ख़बरें' गढ़ते/बनाते रहे हैं लेकिन ज़्यादातर मौक़ों पर वे गढ़ी हुई 'ख़बरें' मनोरंजन, सेलिब्रिटी स्टार या हल्के-फुल्के विषयों पर हुआ करती थीं। लेकिन बीते साल राष्ट्रीय और सार्वजनिक जीवन को प्रभावित करने वाली राजनीति, सुरक्षा और अर्थनीति जैसे अत्यन्त महत्त्वपूर्ण विषयों के साथ जुड़ी ख़बरों में भी तथ्यों के साथ

तोड़-मरोड़ और मिलावट और उससे आगे बढ़कर फ़र्ज़ी 'ख़बर' बनाने का ट्रेंड भी ज़ोर पकड़ रहा है।

यही नहीं, उनमें ख़ुद को एक-दूसरे से ज़्यादा आक्रामक, तीखा, कानफाड़ू, हंगामेदार दिखाने के लिए सामाजिक-धार्मिक मुद्दों पर ध्रुवीकृत और कई बार ज़हरीली प्राइम टाइम चर्चाएँ/बहसें चलाने की पहले से जारी होड़ नयी ऊँचाई पर पहुँच गयी। साल के शुरुआती महीनों में जेएनयू में कश्मीर को लेकर हुए एक कार्यक्रम में कथित तौर पर राष्ट्र-विरोधी और देश को तोड़ने वाले नारे लगाने को लेकर शुरू हुआ राजनीतिक विवाद जो जल्दी ही राष्ट्रवाद साबित करने के अभियान में बदल गया, उसकी शुरुआत राजनीतिक पार्टी या सरकार के नुमाइन्दों ने नहीं बल्कि न्यूज़ चैनलों ने की।

*ज़ी-न्यूज़* ने जेएनयू के कथित अलगाववादियों और राष्ट्रद्रोहियों को सज़ा देने की माँग के साथ 'राष्ट्रवादी पत्रकारिता' के चैम्पियन के बतौर इस अभियान को शुरू किया। जल्दी ही *टाइम्स नाऊ, न्यूज़ एक्स, इंडिया न्यूज़, इंडिया टीवी* और *आज तक* में जेएनयू के 'देशद्रोहियों' को सज़ा दिलाने की एक होड़ सी शुरू हो गयी। न्यूज़ चैनलों ने जैसे जेएनयू पर धावा बोल दिया। इसके बाद का क़िस्सा उस इतिहास का हिस्सा है जिसमें न्यूज़ चैनलों और भाजपा और उसके सहोदर कट्टरपन्थी हिन्दू संगठन—विहिप, बजरंग दल आदि के बीच का बारीक-सा भेद भी मिट गया।

जेएनयू के खलनायकीकरण के राष्ट्रवादी अभियान में उनकी 'कल्पनाशीलता-सृजनात्मकता' को जैसे खुली छूट मिल गयी। राष्ट्रवाद और देशभक्ति के नाम पर तथ्य बेमानी हो गये। कहानियाँ गढ़ी जाने लगीं। हक़ीक़त और फ़साने के बीच का फ़ासला ख़त्म हो गया। सीमाएँ टूट गयीं। जेएनयू के आम छात्र-छात्राओं, उसकी वाम छात्र राजनीति, वाम छात्र संगठनों और छात्रसंघ के नेताओं को अलगाववादी, राष्ट्रद्रोही, आतंकवादियों के समर्थक से लेकर नक्सली, पतित शराबी, ड्रग एडिक्ट, फ्री सेक्स में विश्वास करने वाले बताने/दिखाने की होड़ सी लग गयी।

दोहराने की ज़रूरत नहीं है कि जेएनयू को 'राष्ट्र-विरोधी और देशद्रोही' घोषित करने के अभियान में न्यूज़ चैनल—*ज़ी-न्यूज़* ने ख़ुद को न सिर्फ़ राष्ट्रवादी न्यूज़ चैनल घोषित कर दिया बल्कि "प्यार और जंग में सब कुछ जायज़ है" मसल की तर्ज़ पर राष्ट्रवाद की इस जंग में वीडियो क्लिप से छेड़छाड़ और तोड़-मरोड़ कर 'ख़बरें' गढ़नी शुरू कर दीं। हालाँकि ख़ुद *ज़ी-न्यूज़* के प्रोड्यूसर विश्वदीपक ने उनके इस खेल का खुलासा करके उसे पंचर कर दिया। विश्वदीपक के खुले पत्र

से यह साफ़ हो गया है कि एक ख़ास सोच और राजनीति के मुताबिक़ न्यूज़रूम में किस तरह से फ़र्ज़ी कहानियाँ गढ़ी और बनायी जा रही हैं।

लेकिन ज़ी-न्यूज़ से विश्वदीपक का सार्वजनिक इस्तीफ़ा और इस्तीफ़े के कारणों का खुलासा बीते साल मुख्यधारा की पत्रकारिता के आमतौर पर बेहद निराशा भरे और अँधेरे माहौल में उम्मीदें जगानेवाला था। फ़र्ज़ी 'ख़बरों' और उत्तर सत्य के इस दौर में आज न्यूज़रूम में विश्वदीपक जैसे 'ख़तरे की घण्टी बजाने वाले' (व्हिसलब्लोवर) पत्रकारों की बहुत ज़्यादा ज़रूरत है। ऐसे साहसी पत्रकार ही न्यूज़रूम में जवाबदेही और पारदर्शिता ला सकते हैं और पत्रकारिता की नैतिकता और मूल्यों के पालन पर ज़ोर दे सकते हैं।

अफ़सोस की बात यह है कि विश्वदीपक जैसा अनुभवी और प्रतिभाशाली पत्रकार आज मुख्यधारा के न्यूज़ चैनलों के लिए अछूत हो चुका है। सच पूछिये तो विश्वदीपक न्यूज़ चैनलों की लोकतान्त्रिकता, जवाबदेही, पारदर्शिता, सम्पादकीय स्वतन्त्रता और पत्रकारीय मूल्यों के लिए एक टेस्ट केस हैं। पत्रकारीय नैतिकता और मूल्यों के हक़ में आवाज़ उठाने के 'अपराध' में विश्वदीपक जैसे पत्रकारों को न्यूज़ चैनलों की आपसी अघोषित सहमति के आधार पर मुख्यधारा के न्यूज़ मीडिया से बाहर किया जाता है तो यह मान लेना चाहिए कि न्यूज़ चैनलों को निर्भीक, स्वतन्त्र और पत्रकारीय मूल्यों के प्रति प्रतिबद्ध पत्रकार नहीं बल्कि आदेशपालक स्टेनोग्राफर्स और मशीन की तरह काम करने वाले रोबोट पत्रकार चाहिए।

इस निराश करने वाली स्थिति के बीच थोड़े सन्तोष की बात यह है कि 'इंडियन एक्सप्रेस', 'टेलीग्राफ', 'द हिन्दू', 'एनडीटीवी-इंडिया' और एक हद तक, 'टाइम्स ऑफ़ इंडिया', 'हिन्दुस्तान टाइम्स' और 'इंडिया टुडे' टीवी ने राष्ट्रवादी पत्रकारिता के इस अभियान में खुलकर शामिल होने में संकोच किया। हालाँकि राष्ट्रवादी अभियान के दबाव में इनमें से कई एक कृत्रिम क़िस्म का सन्तुलन बनाने की कोशिश में भी लगे रहे और इस प्रक्रिया में इस अभियान को एक तरह की वैधता भी देते रहे। लेकिन इनमें से कुछ ने राष्ट्रवादी अभियान के प्रति कुछ आलोचनात्मक रिपोर्टें छापीं, छद्म राष्ट्रवाद की राजनीति को सामने लाने की कोशिश की और सम्पादकीय लिखे या रिपोर्टें दिखाईं।

लेकिन इससे राष्ट्रवादी पत्रकारों और सम्पादकों के उत्साह और मिशन भाव पर कोई ख़ास असर नहीं पड़ा। उन्हें इससे भी कोई फ़र्क़ नहीं पड़ा कि जेएनयू प्रकरण की कवरेज करते हुए पटियाला हाउस कोर्ट में जेएनयू छात्रसंघ अध्यक्ष कन्हैया कुमार सहित कई पत्रकारों पर हमला हुआ जिनमें महिला पत्रकार भी

शामिल थीं। इस दौरान दक्षिणपन्थी हिन्दू राष्ट्रवादी समूहों और कुकुरमुत्तों की तरह उग आये स्व-घोषित देशभक्तों ने उन मुखर पत्रकारों/बुद्धिजीवियों को खुलेआम ख़ासकर सोशल मीडिया पर निरन्तर गालियाँ और धमकियाँ देने का ज़िम्मा सँभाल लिया है जो विचारों से उदार-सेक्युलर हैं और राष्ट्रवादी झाँसे में आने के लिए तैयार नहीं हैं।

दरअसल, सोशल मीडिया और उससे बाहर भी यह अब काफ़ी संगठित और औद्योगिक स्तर का उपक्रम बन गया है जिसमें उदार, सेक्युलर, हिन्दुत्ववादी समूहों की आक्रामक राजनीति के आलोचकों और केन्द्र की एनडीए सरकार से सवाल पूछने और उसकी आलोचना करने वाले पत्रकारों, स्वतन्त्र टिप्पणीकारों-विश्लेषकों, बुद्धिजीवियों और सामाजिक-राजनीतिक-पर्यावरण-मानवाधिकार एक्टिविस्टों को दैनिक रूप से निशाना बनाया जा रहा है। उन्हें भद्दी-भद्दी गालियाँ देने और कांग्रेस/वाम/आप समर्थक बताने से लेकर मारने-पीटने तक की धमकियाँ दी जा रही हैं।

यही नहीं, उन्हें पाकिस्तान और आतंकवादियों का हमदर्द और देशद्रोही घोषित कर दिया गया है। यहाँ तक कि केन्द्र सरकार में मन्त्री और सत्तारूढ़ पार्टी के वरिष्ठ नेता तक आलोचक पत्रकारों/सम्पादकों को 'प्रेस्टिच्यूट' और 'न्यूज़ ट्रेडर' कहते हुए नहीं हिचकिचाते हैं। दूसरी ओर, वैचारिक रूप से प्रेरित 'राष्ट्रवादी उग्र हिन्दू' ट्रोल्स सोशल मीडिया पर मोदी सरकार और हिन्दुत्ववादी संगठनों के आलोचकों और उन पर सवाल उठाने वालों को 'खान्ग्रेसी, सिकुलर, लिबतार्ड और आपतार्ड' बताते हुए पीछे पड़ जाते हैं। कहने की ज़रूरत नहीं है कि विरोधियों को ख़ामोश करने की इस 'राष्ट्रवादी रणनीति' का आलोचकों पर 'ठण्डा (चुप) करने वाला' (चिलिंग इफ़ेक्ट) असर पड़ रहा है।

एनडीटीवी-इंडिया के वरिष्ठ सम्पादक-एंकर रवीश कुमार ने सोशल मीडिया पर लिखना और साझा करना बन्द कर दिया है। ज़्यादातर न्यूज़रूम में एक अघोषित क़िस्म की स्व-सेंसरशिप का माहौल है। केन्द्र सरकार और उग्र हिन्दुत्ववादी राष्ट्रवादी राजनीति के बारे में एक निश्चित दायरे में रहकर और सँभलकर लिखने-बोलने का दबाव जारी है। पठानकोट एयर बेस पर आतंकवादी हमले की कवरेज में केबल टीवी नेटवर्क क़ानून के प्रोग्राम कोड के उल्लंघन के आरोप में एनडीटीवी-इंडिया को एक दिन के लिए ब्लैक आउट करने का आदेश सभी चैनलों के लिए एक सन्देश है। हालाँकि इस मुद्दे पर विरोध बढ़ने पर सरकार ने यह फ़ैसला स्थगित

कर दिया है लेकिन इसका अपेक्षित असर पड़ा है जो ख़ुद *एनडीटीवी* के सम्पादकीय टोन में आये बदलाव में दिख रहा है।

यहाँ इस तथ्य को अनदेखा करना मुश्किल है कि एनडीटीवी जैसे चैनल के ख़िलाफ़ कार्रवाई के लिए दबाव बनाने या ऐसे चैनलों और पत्रकारों के ख़िलाफ़ माहौल बनाने में भी राष्ट्रवादी चैनलों—*ज़ी-न्यूज़* और *टाइम्स नाऊ* का योगदान सबसे अधिक है जिन्होंने बिना किसी झिझक या शर्म के जेएनयू और पाकिस्तान जैसे मसलों पर अलग राय रखने वाले उदार, सेक्युलर और मोदी सरकार के आलोचक पत्रकारों/सम्पादकों और बुद्धिजीवियों को अफ़ज़ल गैंग और पाकिस्तान समर्थक घोषित कर दिया है और लगातार उनके ख़िलाफ़ कार्रवाई करने की माँग करते रहते हैं। इससे उन उग्र कट्टर हिन्दुत्ववादी संगठनों और सेनाओं को हिम्मत मिलती है जो सोशल मीडिया से लेकर वास्तविक दुनिया में अपने आलोचकों के साथ गाली-गलौज करने से लेकर खुलेआम धमकियाँ देते रहते हैं।

हालाँकि इसकी शुरुआत 2015 में ही हो गयी थी जब प्रधानमन्त्री मोदी की अमेरिका यात्रा के दौरान न्यूयॉर्क में वरिष्ठ पत्रकार और मोदी के आलोचक माने जाने वाले राजदीप सरदेसाई के साथ मोदी समर्थक भीड़ ने बदतमीजी और हाथापाई की और *ज़ी-न्यूज़* ने भीड़ की आलोचना करने के बजाय राजदीप को निशाना बनाते हुए उन पर आरोप लगाया कि वे विदेश में प्रधानमन्त्री की आलोचना करके देश का नाम बदनाम कर रहे थे। एक मायने में यह उस प्रक्रिया का ही हिस्सा है जिसमें प्रधानमन्त्री नरेन्द्र मोदी को देश का पर्याय और उनकी आलोचना को देश की आलोचना के बराबर बताने की कोशिश की जाती है।

याद रहे, भारत ने यह कोशिश पूर्व प्रधानमन्त्री श्रीमती इन्दिरा गाँधी के कार्यकाल में भी देखी थी जब 'इंडिया इज़ इन्दिरा एंड इन्दिरा इज़ इंडिया' के ज़रिये हर आलोचना को दबाने और हर सवाल पूछने वाले को ख़ामोश करने की कोशिश की गयी। इसकी अन्तिम राजनीतिक परिणति देश पर आपातकाल थोपे जाने के रूप में सामने आयी थी जिस दौरान कुछेक अपवादों को छोड़कर मुख्यधारा के अधिकांश अख़बार सरकार के आगे रेंगते नज़र आये थे और श्रीमती गाँधी की चापलूसी में जुट गये थे। भाजपा नेता लालकृष्ण आडवाणी के मुताबिक़, उस समय प्रेस को झुकने के लिए कहा गया था लेकिन उसने रेंगना शुरू कर दिया। देश ने उसकी भारी क़ीमत चुकाई थी।

लेकिन उस कड़वे अनुभव से न्यूज़ मीडिया और चैनलों ने क्या सीखा है? लोकतन्त्र में न्यूज़ मीडिया से यह अपेक्षा की जाती है कि वह सरकार और

ताक़तवर लोगों पर निगरानी रखेगा, उनकी जवाबदेही तय करेगा और एक सूचित-आलोचनात्मक जनमत तैयार करेगा। इसके लिए न्यूज़ मीडिया से सरकार के बरअक्स विपक्ष की भूमिका निभाने की उम्मीद की जाती है। उससे जनहित का पहरेदार बनने और सरकार से कड़े और तीखे सवाल पूछने की उम्मीद की जाती है। माना जाता है कि इसके ज़रिये ही सरकार को निरंकुश होने से रोका जा सकता है और उसपर जनहित में काम करने का दबाव बना रह सकता है। लेकिन क्या भारतीय न्यूज़ मीडिया ख़ासकर न्यूज़ चैनल यह ज़िम्मेदारी निभा रहे हैं?

सच पूछिये तो न्यूज़ चैनलों की आक्रामकता या उग्र तेवर को देखकर यह भ्रम हो सकता है कि वे अपनी भूमिका बखूबी निभा रहे हैं। चैनलों के सुर अभी भी तीखे और कर्कश हैं। आलोचना की आवाज़ अब भी ऊँची है। वे वैसे ही तीखे सवाल पूछ रहे हैं। लेकिन सिर्फ़ एक फ़र्क़ है। वह यह कि अब चैनलों की आक्रामकता, उग्र तेवर और तीखापन सरकार या सत्तारूढ़ पार्टी की आलोचना या उनसे सवाल पूछने में नहीं बल्कि विपक्ष के धुर्रे उड़ाने में इस्तेमाल की जाती है। यह नयी उत्तर सत्य (पोस्ट ट्रुथ) पत्रकारिता है जिसमें ज़्यादातर न्यूज़ चैनल सरकार से नहीं, विपक्षी दलों से तीखे सवाल पूछते दिखाई देते हैं या प्राइम टाइम में सारी ऊर्जा विपक्षी दलों की आलोचना करने में ख़र्च कर देते हैं।

चैनलों पर भ्रष्टाचार का पर्दाफ़ाश और खुलासे अब भी होते हैं लेकिन वे ज़्यादातर पूर्ववर्ती यूपीए/कांग्रेस सरकार के दौर में हुए घोटालों और गड़बड़ियों के होते हैं। चैनल कांग्रेस नेताओं और राहुल गाँधी या आम आदमी पार्टी और अरविन्द केजरीवाल या फिर विपक्ष के दूसरे नेताओं के बयानों पर हंगामा करते हैं, उस पर विवाद खड़ा करते हैं। वे पूरे जोश में विपक्षी दलों की राज्य सरकारों से सवाल पूछते हैं और उनके मुख्यमन्त्रियों/मन्त्रियों के बयानों, फ़ैसलों और कामकाज की चीरफाड़ करते हैं। इसमें कोई बुराई नहीं है। लोकतन्त्र में विपक्ष भी जवाबदेही से बच नहीं सकता है और उसके कामकाज और भूमिका की भी निगरानी अनिवार्य है। विपक्ष भी आलोचना और सवालों से परे नहीं है।

लेकिन अगर यह सरकार और सत्तारूढ़ पार्टी की ग़लतियों और कमियों को छुपाने के लिए हो रहा हो तो सवाल खड़े होते हैं। लोकतन्त्र में विपक्ष से ज़्यादा ज़िम्मेदारी और जवाबदेही सरकार और सत्तारूढ़ पार्टी की है। उनका कामकाज या फ़ैसले आम लोगों को सीधे प्रभावित करते हैं। यही नहीं, जब विपक्ष कमज़ोर और बिखरा हो और उसमें इतनी समस्याएँ हों तो न्यूज़ मीडिया से अपेक्षा और बढ़ जाती है क्योंकि उससे विपक्ष की भूमिका निभाने की अपेक्षा रहती है। लेकिन यहाँ समस्या

यह है कि न्यूज़ चैनल केन्द्र की एनडीए सरकार या भाजपा की राज्य सरकारों और भाजपा नेताओं के विवादास्पद बयानों, फ़ैसलों, कामकाज और अनियमितताओं के बारे में सवाल पूछने या उसकी जाँच-पड़ताल करने या उसकी आलोचनात्मक समीक्षा करने के मामले में या तो चुप्पी मार जाते हैं या दबे स्वर में आलोचना की औपचारिकता पूरी करते हैं।

मोदी सरकार के विमुद्रीकरण (नोटबन्दी) के फ़ैसले को ही लीजिए। अधिकांश चैनलों ने बिना किसी छानबीन और आलोचनात्मक पड़ताल के उसे 'ऐतिहासिक फ़ैसला', 'कालेधन के ख़िलाफ़ युद्ध', 'मोदी का मास्टरस्ट्रोक' और न जाने किन-किन विशेषणों से नवाज़ना शुरू कर दिया। यहाँ तक कि जब इस फ़ैसले की कमियाँ और विसंगतियाँ सामने आने लगीं और सबसे बढ़कर आम लोगों की मुश्किलें बढ़ने लगीं, उसके बावजूद चैनलों में सरकार की ओर से आगे बढ़ाया जा रहा यह नैरेटिव जारी रहा कि इस फ़ैसले से लोगों को मुश्किलें हो रही हैं लेकिन आम लोग इस फ़ैसले का स्वागत कर रहे हैं क्योंकि इससे लम्बे समय में देश को फ़ायदा होगा। चैनल लोगों की परेशानियों और तकलीफ़ों को दिखाते हुए भी यह कथा बनाते रहे कि लोग फ़ैसले का समर्थन कर रहे हैं।

असल में, बीते साल मुख्यधारा के न्यूज़ मीडिया में वैचारिक-राजनीतिक आधार पर पिछले दो-ढाई सालों से जारी ध्रुवीकरण और तेज़ होता दिखाई पड़ा। इसका नतीजा यह हुआ है कि इक्का-दुक्का अपवादों को छोड़कर न्यूज़ चैनलों का बड़ा हिस्सा आज सरकार और उसका अगुवा हिस्सा दक्षिणपन्थी, उग्र राष्ट्रवादी और हिन्दुत्ववादी शक्तियों के साथ खड़ा है। मुद्दा चाहे कोई हो—जेएनयू, पाकिस्तान, सर्जिकल स्ट्राइक या विमुद्रीकरण (नोटबन्दी) लेकिन कुछेक अपवादों को छोड़कर अधिकांश न्यूज़ चैनल सरकार के साथ सुर में सुर मिलाकर गाते दिखाई पड़े। आज स्थिति यह है कि न्यूज़ चैनल सरकार के सबसे प्रभावी प्रवक्ता और स्पिन डॉक्टर्स बन गये हैं।

इस तरह बीते साल ज़ी-न्यूज़ राष्ट्रवाद का वैचारिक और आधिकारिक हिन्दी चैनल बन गया जबकि टाइम्स नाऊ ने देशभक्ति का मोर्चा सँभाले रखा। एनडीटीवी जैसे इक्का-दुक्का अपवादों को छोड़कर बाक़ी सभी न्यूज़ चैनल कमोबेश उन्हीं दो की कार्बन कापी बन गये हैं। राजनीतिक-वैचारिक दिशा के मामले में ही नहीं बल्कि कंटेंट (विषय/मुद्दे), प्रस्तुति, सुर और शैली के मामले में भी उनमें कम फ़र्क़ रह गया है। इस समरूपता का एक नमूना शाम की प्राइम टाइम बहसों में दिखाई पड़ता है जहाँ पहले से ही संकीर्ण विचारों और चर्चाओं का दायरा और भी सिकुड़ गया है।

यह इन बहसों के लिए विषयों/मुद्दों के चुनाव, बहस के एंगल, उसमें उठाये जाने वाले सवालों से लेकर मेहमानों के चयन तक में साफ़ दिखाई पड़ता है।

आमतौर पर अधिकांश चैनलों में इन बहसों में शामिल पाँच-छह मेहमानों में एक भाजपा का आधिकारिक प्रवक्ता, एक आरएसएस के विचारक, एक किसी हिन्दूवादी संगठन का पदाधिकारी, एक भाजपा के प्रति सहानुभूति रखने वाला 'स्वतन्त्र' पत्रकार और एक कांग्रेस का और एक आम आदमी पार्टी या किसी और विपक्षी दल का प्रवक्ता होता है। इसके अलावा बहस संचालित करने वाले ज़्यादातर एंकरों का झुकाव भी सत्तारूढ़ पार्टी और सरकार के पक्ष में होता है। आश्चर्य नहीं कि बीते साल प्राइम टाइम चर्चाएँ/बहसें और भी एकतरफ़ा, एजेंडा प्रेरित, ध्रुवीकृत और ज़हरीली होती चली गयीं। सोचने की बात यह है कि इन बहसों से किस तरह का जनमत बनता है, वह कितना सूचित, आलोचनात्मक और विचारपूर्ण होता है और उससे लोकतान्त्रिक विचार-विमर्श को कितनी मदद मिलती है?

वैसे ऐसी एकतरफ़ा, एजेंडा प्रेरित और ध्रुवीकृत बहसों/चर्चाओं के सुपरस्टार अर्नब गोस्वामी ने साल के आख़िरी महीनों में टाइम्स नाऊ से विदाई लेकर एक नया न्यूज़ चैनल—*रिपब्लिक* शुरू करने का ऐलान किया। इस तरह राष्ट्रवादी और देशभक्त चैनलों की फ़ौज में एक और नयी बटालियन और वह भी देशभक्ति के मोर्चे के कमांडर-इन-चीफ़ अर्नब गोस्वामी की अगुवाई में आने से तय है कि नये साल में चैनलों में राष्ट्रवाद और देशभक्ति की होड़ और तेज़ होगी। इस कारण भारत-पाक सीमा पर तनाव बने रहने के आसार हैं और मोदी सरकार और फ़ौज पर 'एक सिर के बदले दस सिर काटकर लाने' का दबाव बना रहेगा।

यह और बात है कि उग्र राष्ट्रवाद और सुपर देशभक्ति के इस दौर में बीते साल कश्मीर में लाइन ऑफ़ कंट्रोल (एलओसी) पर उसके पहले के दो सालों की तुलना में दुगुनी संख्या में भारतीय सैनिक मारे गये हैं। लेकिन इस पर कोई सवाल नहीं है। इस पर भी कहीं कोई चर्चा नहीं है कि पाकिस्तान और कश्मीर के मामले में आक्रामक रणनीति के बावजूद कश्मीर पिछले साल कई महीनों तक उबलता क्यों रहा? वहाँ हालात सुधरने के बजाय बिगड़ते क्यों जा रहे हैं? वहाँ के नौजवानों में एक बार फिर अलगाववाद और इस्लामी उग्रवाद और आतंकवाद के प्रति आकर्षण क्यों बढ़ रहा है?

कहने की ज़रूरत नहीं है कि ये सवाल न तो न्यूज़ चैनल पूछेंगे और न ही उनके स्टार एंकर जिनके लिए कश्मीर घाटी में महीनों तक कर्फ्यू लगे रहना, सैकड़ों युवाओं का पैलेट गन से घायल होना या आँखें खो देना, अख़बारों को ज़ब्त कर

लेना या 'कश्मीर रीडर' अख़बार का प्रकाशन बन्द कर देना कोई असामान्य बात नहीं है। लेकिन कश्मीर में लोग राष्ट्रीय न्यूज़ चैनलों से सवाल ज़रूर पूछ रहे हैं। कश्मीर के युवा आईएएस अफ़सर शाह फैज़ल ने कश्मीर पर न्यूज़ चैनलों की उग्र राष्ट्रवादी रिपोर्टिंग और चर्चाओं की आलोचना करते हुए 'इंडियन एक्सप्रेस' में लिखा कि चैनलों पर कश्मीर पर होने वाली हर एक घण्टे की आक्रामक प्राइम टाइम चर्चा के साथ कश्मीर, भारत से एक मील और दूर पश्चिम (पाकिस्तान) की ओर खिसकता जा रहा है।

लेकिन मामला सिर्फ़ कश्मीर तक सीमित नहीं है। भोपाल में जेल से भागने वाले सिमी के आठ अंडरट्रायल आरोपियों के पुलिस एनकाउंटर में मारे जाने की ख़बर की भी जैसी जाँच-पड़ताल और छानबीन होनी चाहिए थी और ज़िम्मेदारी और जवाबदेही तय होनी चाहिए थी, न्यूज़ चैनल उससे बचते हुए दिखाई दिये। इस प्रकरण की रिपोर्टिंग में कई चैनलों ने पुलिस मुठभेड़ की कहानी पर सवाल उठाये, इस मुठभेड़ को सन्दिग्ध बनाने वाले वीडियो क्लिपिंग्स दिखाये लेकिन इस प्रकरण की स्वतन्त्र छानबीन करने और सच्चाई को सामने लाने की कोशिश नहीं की। इसी तरह विमुद्रीकरण (नोटबन्दी) की रिपोर्टिंग में ज़्यादा फोकस बड़े शहरों में मध्यवर्गीय लोगों की परेशानियों पर था लेकिन ग्रामीण इलाक़ों में ख़ासकर किसानों की मुश्किलों को नज़रअन्दाज़ किया गया या उसे उतनी जगह नहीं मिली।

बीते साल के ऐसे अनेक मामले और सार्वजनिक महत्त्व के मुद्दे हैं जिन्हें न्यूज़ चैनलों ने कवरेज के लायक नहीं माना या अनदेखा किया या उसकी सतही कवरेज करके खानापूरी की। जैसे भ्रष्टाचार और कालेधन के ख़िलाफ़ कार्रवाई के मुद्दे पर मौजूदा सरकार के प्रदर्शन की आलोचनात्मक समीक्षा हो या अर्थव्यवस्था से लेकर राष्ट्रीय सुरक्षा के मुद्दे पर सरकार के कामकाज का आलोचनात्मक मूल्यांकन हो—चैनल उससे बचते नज़र आते हैं। लेकिन इसके उलट वे उन विवादों को उछालने और उससे खेलने में लगे रहे जिनमें राष्ट्रवाद और देशभक्ति जैसी भावनाओं को उकसाया जा सके।

सच पूछिये तो वास्तविक मुद्दों और सवालों को किनारे करने के लिए सरकार के साथ-साथ चैनलों की भी आख़िरी शरणस्थली—राष्ट्रवाद और देशभक्ति बन गयी है। यह देश और लोकतन्त्र के लिए ख़तरे की घण्टी है। क्या आप इस घण्टी को सुन पा रहे हैं?

***(जनवरी, 2017)***

# सेना, सरकार और सवाल

## न्यूज़ चैनलों ने देशभक्ति को सत्ताभक्ति और टीआरपी कमाने का माध्यम बना दिया है

"युद्ध में सत्य सबसे पहला शिकार होता है।"

*ग्रीक नाटककार इस्किलस*

"अगर लोगों को सच्चाई पता हो तो युद्ध कल ख़त्म हो जायेगा। लेकिन उन्हें सच पता नहीं है और पता नहीं चल सकता। (एक तो) संवाददाता सच नहीं लिखते हैं और (दूसरे) सेंसर उन्हें पास नहीं करेगा।"

**ब्रिटिश प्रधानमन्त्री डेविड लायड जॉर्ज की गार्जियन अख़बार के सम्पादक सीपी स्कॉट से प्रथम विश्वयुद्ध के बारे में निजी बातचीत**

क्या किसी आधुनिक, स्वतन्त्र और संवैधानिक-लोकतान्त्रिक मुल्क में उसकी सेना सवालों और लोकतान्त्रिक बहसों से ऊपर हो सकती है? क्या सेना और उसकी कार्रवाइयों पर सवाल उठाना 'राष्ट्रीय सुरक्षा' के साथ समझौता या उसके लिए ख़तरा माना जाना चाहिए? क्या सेना और उसके फ़ैसलों/कार्रवाइयों के लिए नागरिक (सिविलियन) सरकार से सवाल पूछना या उस पर चर्चा/बहस करना 'राष्ट्रीय सुरक्षा के साथ राजनीति करना' है? क्या नागरिक सरकार और उसके मातहत काम करने वाली सेना के कामकाज, उसके फ़ैसलों और कार्रवाइयों को लेकर सवाल पूछना या उसपर चर्चा/बहस को 'देश पर सवाल उठाने' या 'राजनीतिक लाभ के लिए राष्ट्रीय सुरक्षा के साथ राजनीति करने' के बराबर माना जाना चाहिए?

क्या किसी सैन्य कार्रवाई को लेकर नागरिक सरकार से सवाल पूछना 'देश के साथ गद्दारी' मानी जानी चाहिए? क्या न्यूज़ मीडिया को 'राष्ट्रीय सुरक्षा और

सेना से जुड़े मसलों' पर सवाल उठाने या उसे सार्वजनिक बहस का मुद्दा बनाने से बचना चाहिए? क्या न्यूज़ मीडिया को राष्ट्रीय सुरक्षा से जुड़े मसलों पर हमेशा सरकार के साथ खड़े रहना चाहिए?

कहने की ज़रूरत नहीं है कि ये सवाल उन माँगों के जवाब में उठ रहे हैं जो मौजूदा एनडीए सरकार के नुमाइन्दों और समर्थकों की ओर से प्रत्यक्ष और परोक्ष रूप से उठाई जा रही हैं। बुनियादी रूप से सरकार के नुमाइन्दों की माँग है: सेना और उसके फ़ैसलों/कार्रवाइयों को किसी भी सवाल या आलोचना से परे रखा जाये और इस प्रक्रिया में 'राष्ट्रीय सुरक्षा' से जुड़े मुद्दों पर राजनीतिक नेतृत्व से भी सवाल न पूछे जायें या उसकी जवाबदेही की माँग न की जाये। ज़ाहिर है कि इस माँग के कारण ही उपर्युक्त सवाल पैदा हुए हैं जो पिछले कुछ सप्ताहों से अख़बारों/न्यूज़ चैनलों के न्यूज़रूम के अन्दर और बाहर, नागरिक समाज के चुनिन्दा मंचों और कुछ हद तक राष्ट्रीय मंचों पर भी चर्चाओं में हैं।

भारत जैसे आधुनिक, स्वतन्त्र और संवैधानिक-लोकतान्त्रिक मुल्क में ये माँगें या उनसे उठने वाले ये सवाल चाहे जितने अटपटे, बेमानी या असहज करने वाले लगें लेकिन इन दिनों सार्वजनिक विमर्श के विभिन्न मंचों पर ये औपचारिक-अनौपचारिक चर्चाओं/बहसों में हैं। हालाँकि ये माँगें नयी नहीं हैं और पिछली यूपीए सरकार के कार्यकाल में भी उठती रही हैं लेकिन पिछले कुछ महीनों में इनकी तीव्रता बहुत बढ़ गयी है। ख़ासकर कश्मीर के उरी में भारतीय सेना के कैम्प पर जैश-ए-मोहम्मद के आतंकवादी हमले में 19 जवानों की मौत और उसके बाद लाइन ऑफ़ कंट्रोल के साथ लगे जैश और लश्कर के आतंकवादियों के कई लांच-पैड पर भारतीय सेना की 29 सितम्बर की सर्जिकल स्ट्राइक के बाद से अपने चरम पर पहुँच गयी है।

इस अभियान की अगुवाई सरकार के नुमाइन्दों सहित सत्तारूढ़ पार्टी के वरिष्ठ नेता और कई रिटायर सैन्य अधिकारी-रक्षा विशेषज्ञों के साथ-साथ टाइम्स नाऊ, न्यूज़-एक्स, आज तक, ज़ी-न्यूज़ जैसे ज़्यादातर न्यूज़ चैनल और हिन्दी-अंग्रेज़ी के प्रमुख अख़बार कर रहे हैं। यहाँ एक बार फिर यह दोहराना ज़रूरी है कि सेना और राष्ट्रीय सुरक्षा को सवालों और बहसों के दायरे से बाहर रखने की यह माँग और उसके सन्दर्भ में उठ रहे ये सवाल और बहसें नयी नहीं हैं। अतीत में भी यह माँग शासक वर्ग के सबसे प्रभावशाली और रक्षा प्रतिष्ठान के बड़े हिस्से की ओर से उठती रही है और न्यूज़ मीडिया से लेकर विपक्षी दलों और सिविल सोसायटी

से लेकर मानवाधिकार संगठनों पर प्रत्यक्ष-परोक्ष यह दबाव डाला जाता रहा है कि वे सेना, उसकी कार्रवाइयों और राष्ट्रीय सुरक्षा को सवालों, आलोचना और बहसों से परे रखें।

यहाँ यह तथ्य रेखांकित करना भी ज़रूरी है कि देश में सेना, उसकी कार्रवाइयाँ और राष्ट्रीय सुरक्षा आमतौर पर सवालों, आलोचना और बहसों से बाहर ही रही हैं और राष्ट्रीय सुरक्षा से लेकर विदेश नीति के बुनियादी पहलुओं पर मुख्यधारा के राजनीतिक दलों, मुख्यधारा के व्यावसायिक न्यूज़ मीडिया और सिविल सोसायटी में व्यापक सहमति रही है। लेकिन इसके साथ ही यह भी सच है कि न्यूज़ मीडिया, राजनीतिक नेताओं और सिविल सोसायटी का एक छोटा हिस्सा सेना, उसकी कार्रवाइयों और उसके राजनीतिक इस्तेमाल से लेकर राष्ट्रीय सुरक्षा से जुड़े मसलों पर एक निश्चित दायरे में न सिर्फ़ सवाल पूछता रहा है बल्कि बहसें और यहाँ तक कि आलोचना भी करता रहा है।

ख़ासकर सेना को नियन्त्रित करने वाली और राष्ट्रीय सुरक्षा के लिए जवाबदेह नागरिक सरकार सवालों या अपनी कमियों-चूकों-ग़लतियों के लिए आलोचना से परे कभी नहीं रही है। विपक्षी पार्टियों और न्यूज़ मीडिया से लेकर नागरिक समाज के संगठन और बुद्धिजीवी राष्ट्रीय सुरक्षा के मामलों में चूक-लापरवाही और ग़लतियों के लिए तत्कालीन सरकारों, सत्तारूढ़ पार्टियों और उनके मन्त्रियों/नेताओं की आलोचना करते रहे हैं। उनके फ़ैसलों पर सवाल उठाने से लेकर विरोध में प्रदर्शन भी करते रहे हैं। यह और बात है कि सभी सरकारें, सत्तारूढ़ पार्टियाँ और उसके नेता अपनी भूलों-ग़लतियों-कमियों पर हमेशा 'राष्ट्रीय सुरक्षा, सेना और देशभक्ति' का पर्दा डालने और इसके ज़रिये लोगों का मुँह बन्द करने की कोशिश करते रहे हैं।

उदाहरण के लिए, भारत में 1962 में चीन के साथ युद्ध में पराजय को लेकर सवाल उठाने का मुद्दा हो या 1971 में पाकिस्तान के साथ बांग्लादेश युद्ध के बाद तत्कालीन प्रधानमन्त्री इन्दिरा गाँधी की तानाशाही प्रवृत्तियों की आलोचना का प्रश्न हो या 1984 में अमृतसर में स्वर्ण मन्दिर पर सैनिक कार्रवाई पर सवाल उठाने या कश्मीर से लेकर उत्तर-पूर्व के राज्यों में राजनीतिक मसलों का राजनीतिक समाधान ढूँढ़ने के बजाय सेना और अर्द्धसैनिक बलों के लम्बे समय तक इस्तेमाल पर सवाल उठाने का मामला हो या श्रीलंका में भारतीय शान्ति सेना भेजने का मुद्दा हो—आमतौर पर हर मामले में तत्कालीन कांग्रेस सरकारों ने 'राष्ट्रीय सुरक्षा पर ख़तरा, सेना और देशभक्ति' को अपनी नाकामियों को ढँकने और विपक्ष-न्यूज़ मीडिया का मुँह बन्द करने के लिए इस्तेमाल किया।

कहने की ज़रूरत नहीं है कि इस प्रक्रिया का चरम रूप 1975 में आपातकाल (इमरजेंसी), विपक्ष को कुचलने और प्रेस सेंसरशिप के बतौर सामने आया था। यहाँ याद दिलाना ज़रूरी है कि इस आपातकाल के लिए देश में 'आन्तरिक सुरक्षा को ख़तरा' प्रमुख कारण बताया गया था। साफ़ है कि 'राष्ट्रीय सुरक्षा, सेना और देशभक्ति' के राजनीतिक इस्तेमाल का इतिहास नया नहीं है। इसे भारत ही नहीं, दुनिया के अनेक देशों के समकालीन इतिहास में देखा जा सकता है। ज़्यादा दूर जाने की ज़रूरत नहीं है, ख़ुद पाकिस्तान का इतिहास इस तथ्य का गवाह है कि सेना और राष्ट्रीय सुरक्षा को सवालों और आलोचना के दायरे से बाहर रखने का नतीजा क्या होता है?

यह पृष्ठभूमि इसलिए ज़रूरी थी ताकि मौजूदा बहस और उसके राजनीतिक निहितार्थों और नतीजों को व्यापक सन्दर्भों में और गहराई से जाँचा-परखा जा सके। मौजूदा बहस में बुनियादी मुद्दा यह है कि एक स्वतन्त्र और संवैधानिक लोकतान्त्रिक राष्ट्र में सरकार से लेकर सेना और राष्ट्रीय सुरक्षा-विदेश नीति से लेकर सैन्य कार्रवाई तक को सवालों और आलोचना के दायरे से बाहर क्यों होना चाहिए? इसके पीछे क्या तर्क है कि 'सेना, उसकी कार्रवाइयों/फ़ैसलों और राष्ट्रीय सुरक्षा' के मुद्दों को सवालों और आलोचना के दायरे से बाहर होना चाहिए? क्या आम जनता को 'राष्ट्रीय सुरक्षा' सुनिश्चित करने के बारे में सरकार की नीतियों, फ़ैसलों-कार्रवाइयों और उसके राजनीतिक-आर्थिक-सामाजिक प्रभावों और सेना के कामकाज के बारे में जानने का हक़ नहीं है? क्या यह सरकार या सेना से राष्ट्रीय सुरक्षा से जुड़े मुद्दों पर सवाल पूछे बिना मुमकिन है?

सवाल यह भी है कि 'सेना और राष्ट्रीय सुरक्षा' से जुड़े मुद्दों को सवालों और आलोचना से बाहर करने की माँग क्या परोक्ष रूप से नागरिक सरकार को राष्ट्रीय सुरक्षा जैसे अत्यंत गंभीर मुद्दे पर उसकी लोकतान्त्रिक जवाबदेही से मुक्त करने की माँग नहीं है? वास्तव में, सेना के फ़ैसले और कार्रवाइयाँ नागरिक सरकार की सहमति से ही होते हैं और राष्ट्रीय सुरक्षा की जवाबदेही भी नागरिक सरकार की है। नागरिक सरकार के अधीन सेना की कार्रवाई और उसके फ़ैसले भी राजनीतिक फ़ैसले हैं जिनकी ज़िम्मेदारी और जवाबदेही नागरिक सरकार की है। लोकतान्त्रिक व्यवस्था में सेना भी संविधान के तहत काम करती है और अपने फ़ैसलों और कामकाज के लिए जनता और उसके प्रतिनिधियों के प्रति जवाबदेह है।

सवाल यह है कि क्या जवाबदेही के बिना लोकतान्त्रिक शासन चल सकता है? क्या जवाबदेही के बिना सरकार निरंकुश और तानाशाह नहीं हो जायेगी? क्या

'राष्ट्रीय सुरक्षा' जैसे अत्यन्त गम्भीर और संवेदनशील मुद्दे पर किसी भी सरकार पर आँख मूँदकर भरोसा किया जा सकता है? ज़ाहिर है कि ये बहुत गम्भीर सवाल हैं और इन्हें अनदेखा नहीं किया जा सकता है। यहाँ यह स्पष्ट करना भी ज़रूरी है कि दुनिया भर में आधुनिक लोकतान्त्रिक मुल्कों में पिछली सदी के अनुभवों के बाद इन सवालों को लेकर एक आम सहमति है कि लोकतन्त्र में सवालों से परे कोई नहीं है, नागरिक सरकार तो कतई नहीं। यह भी कि सेना, नागरिक सरकार के अधीन होनी चाहिए और इस तरह उसकी जवाबदेही भी सुनिश्चित होती है।

इस तरह राष्ट्रीय सुरक्षा को लेकर सेना और नागरिक सरकार की भूमिका और उनकी जवाबदेही की बहस बहुत पहले ही तय हो चुकी है। यही नहीं, 'राष्ट्रीय सुरक्षा' को लेकर सवालों और आलोचना का दायरा कहाँ तक है, यह भी काफ़ी हद तक तय हो चुका है। यहाँ यह स्पष्ट करना ज़रूरी है कि 'सेना, उसके फ़ैसलों/कार्रवाइयों और राष्ट्रीय सुरक्षा' से जुड़े मुद्दों पर सवाल उठाने या जानकारी माँगने का अर्थ उसकी ऑपरेशनल, तैनाती, रणनीतिक या वे गोपनीय जानकारियाँ माँगना नहीं है जिनसे उसकी रणनीतिक तैयारियाँ या आवाज़ाही प्रभावित होती हो या उससे समझौता होता हो। लेकिन उससे इतर सेना भी अपने कामकाज और प्रदर्शन के लिए उतनी ही ज़िम्मेदार और जवाबदेह है जितनी कोई और लोकतान्त्रिक संस्था या इकाई।

साथ ही, सेना और सरकार से प्रेम करते हुए भी उससे सवाल पूछा जा सकता है। सवाल पूछने या आलोचना करने का अर्थ यह नहीं है कि आप सेना से प्यार नहीं करते या देशभक्त नहीं हैं। सच यह है कि जिन्हें देश से सच्चा प्यार और लगाव होगा या जो राष्ट्रीय सुरक्षा में सेना की भूमिका को ज़्यादा गहराई से समझते और महसूस करते हैं, वे नागरिक सरकार और सेना के मुखिया से सवाल ज़रूर पूछेंगे और ज़रूरत पड़ने पर उनकी आलोचना भी करेंगे। उल्लेखनीय है कि पूर्ववर्ती अमेरिकी सरकार की वियतनाम नीति की आलोचना करने वाले संवेदनशील/गोपनीय सरकारी दस्तावेज़—पेंटागन पेपर्स को छापने के मामले में अमेरिकी सुप्रीम कोर्ट ने 'न्यूयॉर्क टाइम्स' और 'वाशिंगटन पोस्ट' के फ़ैसले को सही ठहराया था।

लेकिन अफ़सोस यह कि देश में जिस न्यूज़ मीडिया से लोकतान्त्रिक संस्थाओं की पहरेदारी (वाचडाग) की अपेक्षा की जाती है और उम्मीद की जाती है कि वह सवालों और आलोचना के ज़रिये उनकी जवाबदेही सुनिश्चित करेगी, वह ख़ुद न सिर्फ़ सवाल उठाने से बचने की कोशिश कर रही है बल्कि उसका एक बड़ा हिस्सा सवालों को दबाने और सवाल उठाने वालों को देशद्रोही साबित करने पर तुला है।

वह ‘राष्ट्रीय सुरक्षा’ के नाम पर न्यूज़ मीडिया से लेकर विपक्षी दलों और नागरिक समाज के संगठनों और बुद्धिजीवियों पर एक ऐसी स्वघोषित सेंसरशिप थोपने पर आमादा है जिसका मक़सद सरकार के फ़ैसलों को किसी भी तरह के सवाल या आलोचना से बाहर करना है।

हैरानी की बात नहीं है कि ‘टाइम्स नाऊ’ जैसा न्यूज़ चैनल और उसके स्टार एंकर-सम्पादक अर्नब गोस्वामी उस संगठित मुहिम की अगुवाई कर रहे हैं जो ‘राष्ट्रीय सुरक्षा’ और ‘सेना और उसके फ़ैसलों/कार्रवाइयों’ को राजनीति से परे रखने के नाम पर आलोचनात्मक सवाल तो दूर सामान्य सवाल पूछने की भी इजाज़त देने को तैयार नहीं हैं। इस मुहिम में उत्साह की अलग-अलग डिग्री के साथ लगभग सभी हिन्दी-अंग्रेज़ी और क्षेत्रीय न्यूज़ चैनलों के साथ-साथ हिन्दी के सभी और अंग्रेज़ी के इक्का-दुक्का अपवादों को छोड़कर सभी अख़बार शामिल हैं। टीआरपी के लिए कुत्ते-बिल्ली की तरह लड़ने वाले न्यूज़ चैनलों के बीच ‘राष्ट्रीय सुरक्षा’ के लिए ऐसी वैचारिक एकता ग़ौर करने वाली है।

हालाँकि यह वैचारिक एकता पहली बार नहीं दिखी है लेकिन नयी बात यह है कि न्यूज़ चैनलों में ख़ुद को सबसे बड़ा और सुपर देशभक्त साबित करने की आक्रामक होड़ लगी हुई है। इसमें पत्रकारिता के बुनियादी उसूलों जैसे स्वतन्त्रता, सत्य, तथ्यों की शुद्धता, छानबीन और जाँच-पड़ताल और सन्तुलन को भुला दिया गया है। पत्रकारिता के बुनियादी उद्देश्यों जैसे सत्ता से सवाल पूछने और उसकी जवाबदेही तय करने से मुँह मोड़ लिया गया है। पत्रकारिता की प्रतिपक्षात्मक भूमिका पृष्ठभूमि में चली गयी है। इसके उलट चैनल देशभक्ति की होड़ में एक-दूसरे को पछाड़ने में जुटे हुए हैं।

इस होड़ का अन्दाज़ा इससे लगाया जा सकता है कि जहाँ ‘टाइम्स नाऊ’ ने बुरहान वानी एनकाउंटर और उरी हमले के बाद से पाकिस्तान के ख़िलाफ़ दैनिक मोर्चा खोला हुआ है, भारत और हिन्दी फ़िल्मों में काम करने वाले पाकिस्तानी कलाकारों को देश से निकालने के अभियान से लेकर पाकिस्तान के साथ कड़ाई से पेश आने की मुहिम शुरू कर रखी है, वहीं देशभक्ति की होड़ में आगे निकलने की कोशिश में न्यूज़-एक्स चैनल ने फ़ैसला कर लिया कि वे पाकिस्तान का नाम लेने से पहले आतंकवादी राष्ट्र लिखेंगे और यही कहकर बुलायेंगे।

हिन्दी-अंग्रेज़ी के दूसरे न्यूज़ चैनलों के बारे में जितना लिखा जाये, कम है। उदाहरण के लिए ज़ी-न्यूज़ के कुछ प्राइम टाइम कार्यक्रमों के उत्तेजक शीर्षक देखिये : “एकमात्र विकल्प युद्ध?”, “देश को भरोसा नहीं, बदला चाहिए”,

"ख़ून खौलता है"! नम्बर एक चैनल होने का दावा करने वाले चैनल आज तक के चर्चा/बहस कार्यक्रम के शीर्षक देखिये : "पूछता है आज तक : पाक को जवाब कब तक", "बातों से मानेगा पाकिस्तान?", "घबराया पाकिस्तान जंग का बहाना ढूँढे", "सीरियल सर्जरी से सुधरेगा पाक", "जयश्री सर्जिकल स्ट्राइक", "आतंक के रावण के तीन सिर काटने ज़रूरी"। यह सूची बहुत लम्बी हो सकती है। लेकिन इससे साफ़ है कि सुपर देशभक्ति के इस खेल में ज़ी-न्यूज़ अकेला नहीं है।

पिछले एक-डेढ़ महीने से हिन्दी के टीआरपी रेटिंग में टाप न्यूज़ चैनलों आज तक, इंडिया टीवी, इंडिया न्यूज़, एबीपी न्यूज़, आईबीएन-7 से लेकर निचले क्रम के चैनलों सुदर्शन न्यूज़ तक पर पाकिस्तान के ख़िलाफ़ आक्रामक, उत्तेजक और युद्धोन्मादी कार्यक्रमों-शीर्षकों की ऐसी भरमार है जिनसे एकबारगी ऐसा लगता है जैसे चैनल युद्ध का नगाड़ा बजा रहे हों। इन सभी कार्यक्रमों में पाकिस्तान को सैन्य सबक सिखाने की माँग ज़ोर-शोर से की जा रही है। इनमें भारत-पाकिस्तान की सैन्य क्षमता की तुलना और भारतीय सैन्य ताक़त के बखान, युद्ध की स्थिति में पाकिस्तान की तबाही, सर्जिकल स्ट्राइक के बाद पाकिस्तान की दयनीय होती स्थिति, कूटनीतिक रूप से उसका अलग-थलग पड़ जाना और पाकिस्तान के अन्दर सेना-नागरिक शासन के बीच बढ़ते झगड़े और पाकिस्तान के बलूचिस्तान से लेकर गिलगिट-बाल्टिस्तान में उठते अलगाववादी विद्रोहों की ख़ूब चर्चा हो रही है।

ज़ाहिर है कि इन प्राइम टाइम चर्चाओं/बहसों में प्रधानमन्त्री नरेन्द्र मोदी और एनडीए सरकार के पाकिस्तान के ख़िलाफ़ कड़े रुख और सख़्त फ़ैसलों का यशोगान भी उसी उत्साह से चल रहा है। न्यूज़ चैनलों की 'एक्सक्लूसिव' रिपोर्टों और चर्चाओं/बहसों में बताया जा रहा है कि किस तरह मोदी सरकार ने पाकिस्तान को लेकर पूर्ववर्ती यूपीए सरकार की 'रणनीतिक संयम' की नीति को बदलकर 'रक्षात्मक आक्रमण' कर दिया है। यही नहीं, न्यूज़ चैनलों में सर्जिकल स्ट्राइक को लेकर अति-उत्साह का आलम यह है कि कई चैनलों में न्यूज़रूम, वाररूम में बदल दिये गये और एंकर सैन्य वर्दी में एलओसी पर सर्जिकल स्ट्राइक का ब्यौरा देते दिखाई दिये। चैनलों ने सर्जिकल स्ट्राइक के ऐसे-ऐसे 'एक्सक्लूसिव' ब्यौरे देने शुरू किये, गोया वे सेना की टुकड़ी के साथ शामिल थे।

एक-दूसरे से आगे निकलने की होड़ में चैनलों ने सर्जिकल स्ट्राइक के बारे में न सिर्फ़ अतिरंजनापूर्ण रिपोर्टें दिखाईं जिनमें ख़ुद भारतीय सेना के आधिकारिक संयमित प्रेस ब्रिफिंग्स की कोई परवाह नहीं की गयी बल्कि अति-उत्साह में परस्पर विरोधी रिपोर्टें भी चलाईं जिससे और भ्रम फैला। मज़े की बात यह है कि न्यूज़ चैनल

सर्जिकल स्ट्राइक को राजनीति से परे रखने की माँग करते हुए जाने-अनजाने उसकी राजनीति को हवा देते रहे। आश्चर्य नहीं कि न्यूज़ चैनलों पर कांग्रेस, आम आदमी पार्टी और दूसरी विपक्षी पार्टियों के उन नेताओं की ख़ूब लानत-मलामत की जा रही है जो एनडीए सरकार की कश्मीर नीति या सर्जिकल स्ट्राइक पर प्रत्यक्ष या परोक्ष सवाल उठा रहे हैं या सरकार की आलोचना कर रहे हैं।

सबसे हैरान करने वाली बात यह है कि छद्म देशभक्ति की इस लहर के बीच चैनलों में अपेक्षाकृत सन्तुलित, संयमित और उदार माने जाने वाले एनडीटीवी ने भी घुटने टेक दिये। उसने अचानक यह तय किया कि वह अपने नेटवर्क चैनलों पर सर्जिकल स्ट्राइक को राजनीतिक विवाद का विषय नहीं बनने देगा। इसके लिए चैनल ने 9 बजे की प्राइम टाइम बुलेटिन के दौरान 'इंडिया एबव पोलिटिक्स' शीर्षक साथ एक ग्राफिक्स के ज़रिये दर्शकों को सूचित किया कि, "राजनीति के लिए राष्ट्रीय सुरक्षा के साथ कोई समझौता नहीं किया जा सकता है। मौजूदा राजनीतिक बहस से इसका ख़तरा पैदा हो गया है। एनडीटीवी ऐसा कोई (राजनीतिक) बयान नहीं दिखायेगा जो राजनीतिक फ़ायदे के लिए राष्ट्रीय सुरक्षा को ख़तरा पैदा करता हो।"

हालाँकि इस घोषित सम्पादकीय नीति में वह पंक्ति नहीं है जो मीडिया रिपोर्टों के मुताबिक़, चैनल की सम्पादकीय निदेशक सोनिया सिंह ने अपने आन्तरिक मेल लिखी थी जिसमें कहा गया था कि "हमारी सेना पर कोई शंका नहीं की जा सकती है या उसे लेकर कोई सवाल नहीं किये जा सकते हैं या उसका राजनीतिक फ़ायदे के लिए इस्तेमाल नहीं किया जा सकता है।" एनडीटीवी ने इस ऐलान के बाद देश के पूर्व गृहमन्त्री पी. चिदम्बरम् का पूर्व रिकॉर्डेड और पूर्व घोषित इंटरव्यू का प्रसारण स्थगित कर दिया। यही नहीं, चैनल ने कांग्रेस के उपाध्यक्ष राहुल गाँधी के उस बयान को भी नहीं दिखाया जिसमें उन्होंने प्रधानमन्त्री पर 'सैनिकों के ख़ून की दलाली' करने का आरोप लगाया था।

कहने की ज़रूरत नहीं है कि चैनल के इस फ़ैसले के बाद सोशल मीडिया से लेकर न्यूज़ और मीडिया वेबसाइट्स पर एनडीटीवी की सम्पादकीय नीति पर तीखी बहस छिड़ गयी है। 'द वायर' के सम्पादक सिद्धार्थ वरदराजन ने 8 अक्तूबर की अपनी रिपोर्ट में एनडीटीवी की नयी सम्पादकीय नीति के अन्तर्विरोधों को उजागर करते हुए चैनल से कई सवाल पूछे हैं (http://thewire.in/71640/ndtv-censor-news-compromises-national-security/) जबकि ख़ुद चिदम्बरम और कांग्रेस पार्टी के प्रवक्ता ने भी चैनल से कई सवाल पूछे हैं और इंटरव्यू को सार्वजनिक

करने की चुनौती दी है। क्या विडम्बना है कि टाडा जैसे क़ानून बनाने वाली और अभिव्यक्ति की आज़ादी को निशाना बनाने से लेकर मानवाधिकारों को ठेंगा दिखाने वाली कांग्रेस पार्टी और उसके पैरोकार चिदम्बरम आज उदार विचारों और अभिव्यक्ति की आज़ादी की दुहाई दे रहे हैं?

कहने की ज़रूरत नहीं है कि 'सेना, उसकी कार्रवाइयों/फ़ैसलों और राष्ट्रीय सुरक्षा' को सवालों, आलोचनाओं और राजनीति से बाहर रखने की मौजूदा बहस एनडीटीवी के फ़ैसले के बाद और तेज़ हो गयी है। आख़िर एनडीटीवी को अपनी सम्पादकीय लाइन बदलने और उसकी सार्वजनिक घोषणा करने की ज़रूरत क्यों पड़ी? क्या इसकी वजह यह है जैसाकि कई विश्लेषक कह रहे हैं कि एनडीटीवी पर एनडीए सरकार का ज़बरदस्त दबाव था? रिपोर्टों के मुताबिक़, चैनल के ख़िलाफ़ वित्तीय गड़बड़ियों और अनियमितताओं के लिए ईडी और इनकम टैक्स की जाँच चल रही है। इन जाँचों और सरकार के कोप से बचने के लिए ही एनडीटीवी ने सम्पादकीय लाइन बदलने और ख़ुद को और चैनलों की तरह सुपर देशभक्त साबित करने की कोशिश की है।

लेकिन ऐसा लगता है कि एनडीटीवी की सम्पादकीय लाइन में बदलाव की एक वजह और भी है। असल में, सुपर देशभक्ति का प्रदर्शन और पाकिस्तान के ख़िलाफ़ आक्रामक रुख एक सफल धन्धा (बिज़नेस) भी है। जब देश में सुपर देशभक्ति की लहर हो और पाकिस्तान के ख़िलाफ़ बने माहौल में पाकिस्तान पर मौखिक प्रहार टीआरपी की गारंटी है। इसका सबूत यह है कि चैनलों की टीआरपी रेटिंग में टाइम्स नाऊ से लेकर आज तक सबसे ऊपर हैं। उनके बाद भी रेटिंग सूची में ज़्यादातर वे ही चैनल हैं जो सुपर देशभक्ति के इस खेल में ज़ोर-शोर से शामिल हैं।

कहने की ज़रूरत नहीं है कि सुपर देशभक्ति के इस खेल से एक हद तक बाहर रहा एनडीटीवी लम्बे समय से टीआरपी रेटिंग में पिछड़ रहा है। ऐसा लगता है कि उसने भी इस खेल में खुलकर शामिल होने का फ़ैसला कर लिया है। इससे एक साथ कई हित सधते हुए दिखते हैं—मौजूदा सरकार के 'गुडबुक' में शामिल होने और वित्तीय अनियमितताओं पर पर्दा डालने के साथ-साथ इससे टीआरपी भी सध सकती है। याद रहे कि कारगिल युद्ध के समय एनडीटीवी ने सुपर और भावुक देशभक्ति में सबको पीछे छोड़ दिया था। इसके बाद भी नेटवर्क ने 'जय जवान' और 'वतन के रखवाले' जैसे कई सॉफ्ट कार्यक्रमों के ज़रिये इस लीड को बनाये रखने की कोशिश की।

लेकिन इधर कुछ सालों में टाइम्स नाऊ, न्यूज़-एक्स, ज़ी-न्यूज़, आज तक जैसे चैनलों ने सुपर देशभक्ति की लकीर को इतना ऊँचा कर दिया है कि एनडीटीवी के चैनल उसमें काफ़ी पिछड़ गये हैं। ऐसा लगता है कि एनडीटीवी भी उपयुक्त मौक़े का इन्तज़ार कर रहा था और उरी के आतंकवादी हमले के बाद सर्जिकल स्ट्राइक से बने सुपर देशभक्ति के माहौल में वह भी इस दौड़ में कूद पड़ा है। एनडीटीवी के इस फ़ैसले ने व्यावसायिक कॉर्पोरेट टीवी न्यूज़ की सीमाओं और दबावों को एक बार फिर से उजागर कर दिया है। इससे यह साफ़ हो गया है कि किसी भी व्यावसायिक-कॉर्पोरेट टीवी न्यूज़ चैनल के लिए मौजूदा बिज़नेस मॉडल में धारा के विरुद्ध खड़ा होना कितना मुश्किल होता जा रहा है।

कहने की ज़रूरत नहीं है कि भारतीय पत्रकारिता में ख़ासकर न्यूज़ चैनलों की मोटे तौर पर तथ्यों, सच्चाई, वस्तुनिष्ठता और सन्तुलन जैसे पत्रकारीय उसूलों से किनारा करने से लेकर आलोचनात्मक-प्रतिपक्षी भूमिका के त्याग से पैदा हुई अभूतपूर्व स्थिति के बीच उनके ज़रिये संकीर्ण, अति-राष्ट्रवादी, सैन्य-सुरक्षावादी और युद्धोन्मादी दायरे में आगे बढ़ाये जा रहे सार्वजनिक विमर्श के कारण देश के लोकतान्त्रिक ढाँचे, संस्थाओं, विचार-विमर्श से लेकर राष्ट्रीय सुरक्षा तक के लिए गम्भीर ख़तरा पैदा हो गया है। असल में, सेना की राष्ट्रीय सुरक्षा सुनिश्चित करने में जो भूमिका और ज़िम्मेदारी है, उससे यह अपेक्षा की जाती है कि वह उसे प्रोफ़ेशनल ईमानदारी के साथ पूरी करेगी। इसी तरह राष्ट्रीय सुरक्षा सुनिश्चित करने के लिए नीतियाँ बनाने से लेकर उनके अमल की ज़िम्मेदारी सरकार की है और उससे अपेक्षा की जाती है कि वह उसे तत्परता और सक्षमता के साथ पूरी करेगी।

लेकिन इसकी छानबीन और उसकी रिपोर्ट करने की प्रोफ़ेशनल ज़िम्मेदारी भारतीय पत्रकारिता और न्यूज़ चैनलों की है। क्या वे अपनी भूमिका और ज़िम्मेदारी का उसी ईमानदारी और निष्ठा के साथ निर्वाह कर रहे हैं जिस ईमानदारी और निष्ठा के साथ भारतीय सेना कर रही है? तात्पर्य यह कि सेना और सरकार की अपनी भूमिका और ज़िम्मेदारी है और पत्रकारिता और न्यूज़ मीडिया की अपनी भूमिका और ज़िम्मेदारी है। दोनों में घालमेल करने से नुक़सान देश और आम लोगों का है। कहने की ज़रूरत नहीं है कि जैसे पहरेदार के सो जाने या उसका ध्यान भटक जाने पर सुरक्षा ख़तरे में पड़ जाती है, वैसे ही न्यूज़ मीडिया के सो जाने या अपनी भूमिका या ज़िम्मेदारी से मुँह मोड़ लेने पर उसकी क़ीमत देश और लोगों को चुकानी पड़ती है।

*(नवम्बर, 2016)*

# न्यूज़ चैनलों पर 'राष्ट्रवादी पत्रकारिता' के निहितार्थ

**न्यूज़ चैनल सत्ता की निगरानी करने के बजाय
उसके लाउडस्पीकर बन गये हैं**

"देशभक्ति, लफंगों की आख़िरी शरणस्थली होती है।"

*सैमुएल जॉनसन*

न्यूज़ चैनलों में पिछले कुछ सप्ताहों से देशभक्ति का उफान सा आया हुआ है। चैनलों पर अहर्निश राष्ट्रवाद का नगाड़ा बज रहा है। उनमें ख़ुद को सबसे बड़ा राष्ट्रवादी और देशभक्त साबित करने की होड़-सी मची हुई है। इनमें से एक ज़ी-न्यूज़ का दावा है कि उनकी पत्रकारिता 'राष्ट्रवादी पत्रकारिता' है। एक और न्यूज़ चैनल के स्टार एंकर की देशभक्ति इस क़दर ज़ोर मारने लगी कि वे लाइव कार्यक्रम के दौरान चीख-चीखकर एक पैनलिस्ट पर 'भारतमाता की जय' बोलने का दबाव डालने लगे। ये सभी चैनल ख़ुद को न सिर्फ़ राष्ट्रवाद के सबसे बड़े प्रवक्ता की तरह पेश कर रहे हैं बल्कि देशभक्ति और राष्ट्रवाद की उनकी व्याख्या से असहमत लोगों को देशद्रोही और राष्ट्र-विरोधी घोषित करने में भी देर नहीं कर रहे हैं।

आख़िर न्यूज़ चैनलों पर देशभक्ति और राष्ट्रवाद का ऐसा बलबला क्यों आया हुआ है? क्या देश पर किसी शत्रु देश ने हमला कर दिया है? क्या देश किसी गम्भीर ख़तरे में है? क्या देश किसी गम्भीर आन्तरिक या बाहरी संकट का सामना कर रहा है? न्यूज़ चैनलों पर चल रही रिपोर्टों और प्राइम टाइम बहसों को देखकर-सुनकर कोई भी अनजान व्यक्ति यही सवाल पूछेगा। कल्पना कीजिए कि देश में कोई विदेशी पर्यटक घूमने आया हो और अगर वह पिछले कई सप्ताहों से होटल में फुर्सत में देशी न्यूज़ चैनल देख-सुन रहा तो उसके मन में स्वाभाविक तौर पर यही

सवाल आयेंगे। विदेशी ही नहीं, देश में भी किसी भी सामान्य दर्शक के मन में भी इन दिनों यही सवाल उठ रहे होंगे।

अमेरिकी अख़बार 'वाशिंगटन पोस्ट' के प्रकाशक फिल ग्राहम के मुताबिक़, 'पत्रकारिता, इतिहास का पहला कच्चा ड्रॉफ्ट होती है।' अगर यह सच है तो कल्पना कीजिए कि आज से 20-25 साल बाद वर्ष 2016 के फ़रवरी-मार्च महीने का इतिहास लिखने की तैयारी करते हुए इतिहासकार जब न्यूज़ चैनलों के टेप देख रहे होंगे तो उनके मन में क्या सवाल उठ रहे होंगे? न्यूज़ चैनलों पर दिखाये गये 'इतिहास के पहले ड्राफ्ट' के बारे में वे क्या राय बनायेंगे? वे इन दिनों के इतिहास के बारे में क्या लिखेंगे? ज़ाहिर है कि उनके सामने भारी दुविधा होगी क्योंकि चैनलों पर जो दिखाया जा रहा था और जो बहसें चल रही थीं, उसका देश के वास्तविक राजनीतिक-सामाजिक-आर्थिक-सांस्कृतिक घटनाओं/मुद्दों/प्रक्रियाओं से कोई ख़ास सम्बन्ध नहीं था और जो कुछ ज़मीन हो रहा था, उसकी बहुत कम या न के बराबर झलक चैनलों में दिख रही थी।

भविष्य के इतिहासकार यह देखकर हैरान होंगे कि वर्ष 2016 के फ़रवरी-मार्च महीने में देश पर किसी शत्रु देश ने हमला नहीं किया था और न ही उसकी कोई आशंका दिख रही थी। देश किसी गम्भीर आन्तरिक या बाहरी ख़तरे का सामना नहीं कर रहा था। देश के उन राज्यों में भी जहाँ सालों से अलगाववादी आन्दोलन चल रहे थे, वहाँ भी अपेक्षाकृत शान्ति थी। अलबत्ता, उन दिनों देश में कई और बड़े सवाल/मुद्दे/घटनाएँ थीं जिनकी चैनलों में कोई ख़ास रिपोर्टिंग या चर्चा नहीं थी।

वे यह जानकार ज़रूर परेशान होंगे कि किसानों की आत्महत्या और कृषि क्षेत्र के संकट का मुद्दा हो या अर्थव्यवस्था ख़ासकर औद्योगिक विकास के लड़खड़ाने का प्रश्न हो या फिर दलितों-आदिवासियों-अल्पसंख्यकों पर होने वाले हमले हों या विश्वविद्यालयों तक में दलितों-पिछड़ों के प्रति होने वाले भेदभाव की शिकायतें हों और दूसरी ओर, जाट समुदाय को आरक्षण की माँग को लेकर आन्दोलन के नाम पर हरियाणा में कई दिनों तक चले लूटपाट, आगजनी और क़ानून-व्यवस्था के ढह जाने की घटना हो लेकिन उन सबकी बहुत कम या न के बराबर रिपोर्टिंग और चर्चा थी।

सवाल यह है कि न्यूज़ चैनलों का यह 'इतिहास का पहला कच्चा ड्राफ्ट' कौन, कैसे और क्यों लिख रहा है? ऐसा क्या हो गया कि चैनलों के लिए देशभक्ति और राष्ट्रवाद सबसे बड़ा मुद्दा बन गया? ख़ुद न्यूज़ चैनलों के मुताबिक़, दिल्ली के जवाहरलाल नेहरू विश्वविद्यालय (जेएनयू) में 9 फ़रवरी को कुछ छात्रों ने जम्मू-

कश्मीर की आज़ादी की माँग करने वाले अलगाववादी संगठन—जेकेएलएफ के मकबूल बट्‌ट और संसद पर हमले के मामले में दोषी अफ़ज़ल गुरु की फाँसी की सज़ा की बरसी के मौक़े पर 'ए कंट्री विथाउट पोस्टऑफ़िस' का आयोजन किया था जिसमें देश-विरोधी नारे लगाये गये। कुछ चैनलों ने इसे देशद्रोह बताते हुए दोषी छात्रों के ख़िलाफ़ कार्रवाई की माँग करते हुए एक अभियान सा शुरू कर दिया। नतीजा, पुलिस ने 11 फ़रवरी को छात्रसंघ अध्यक्ष कन्हैया कुमार को राजद्रोह के आरोप में गिरफ़्तार कर लिया।

हालाँकि इस कार्यक्रम में क्या नारे लगे, किसने वे नारे लगाये और उसमें जेएनयू छात्रसंघ के अध्यक्ष और दूसरे पदाधिकारियों और एबीवीपी सहित दूसरे छात्र संगठनों की क्या भूमिका थी, इसे लेकर काफ़ी विवाद, अन्तर्विरोधी बयान और आरोप-प्रत्यारोप और यहाँ तक कि कुछ फ़र्ज़ी वीडियो भी सामने आ गये हैं। लेकिन न्यूज़ चैनलों ख़ासकर ज़ी-न्यूज़, टाइम्स नाऊ, इंडिया न्यूज़ का दावा है कि यह एक देश-विरोधी और देश को तोड़ने वाला कार्यक्रम था जिसमें कश्मीर की आज़ादी और संसद पर हमले के दोषी अफ़ज़ल गुरु जैसे आतंकवादी का समर्थन किया गया। जैसाकि आजकल न्यूज़ चैनलों का चलन-सा बन गया है, इस मामले में भी चैनलों के एक बड़े हिस्से ने न सिर्फ़ आरोपी छात्रों के ख़िलाफ़ लगातार एकतरफा मीडिया ट्रायल चलाया है बल्कि उन्हें देशद्रोही भी घोषित कर दिया है।

हालाँकि इस मामले की पुलिस जाँच चल रही है और यह आलेख लिखे जाने तक आरोपियों के ख़िलाफ़ न तो कोर्ट में कोई चार्जशीट दाखिल की गयी है और न ही पुलिस ने सार्वजनिक तौर पर ठोस सबूत पेश किये हैं। उलटे परस्पर अन्तर्विरोधी रिपोर्टों के कारण मामला उलझता जा रहा है। यही नहीं, जेएनयू छात्रसंघ और शिक्षक संघ ने बाकायदा प्रस्ताव पारित करके न सिर्फ़ ख़ुद को आपत्तिजनक नारों से अलग किया है बल्कि उसकी निन्दा भी की है।

इस बीच, राजद्रोह के मामले में गिरफ़्तार तीनों आरोपियों—कन्हैया कुमार, अनिर्बान भट्‌टाचार्य और उमर ख़ालिद को न सिर्फ़ अन्तरिम जमानत मिल चुकी है बल्कि इस मामले में राजनीतिक दलों और सरकार-पुलिस जाँच-क़ानूनी प्रक्रिया/वकीलों-विश्वविद्यालय और मीडिया की भूमिका को लेकर अनेक गम्भीर सवाल उठ रहे हैं। इसके बावजूद कुछ चैनल आरोपी छात्रों और शिक्षकों के साथ-साथ पूरे जेएनयू को देशद्रोहियों का अड्डा बताते हुए एक ज़हरीला प्रचार अभियान चलाने में जुटे हुए हैं।

यही नहीं, 'राष्ट्रवादी पत्रकारिता' की अगुवाई कर रहा ज़ी-न्यूज़ आगे बढ़कर जेएनयू में राजनीति विज्ञान की प्रोफ़ेसर और जानी-मानी नारीवादी बुद्धिजीवी निवेदिता मेनन को उनके एक भाषण में से कुछ पंक्तियाँ सन्दर्भ से काटकर और वैज्ञानिक और उर्दू के शायर गौहर रज़ा को दिल्ली के मशहूर शंकर-शाद मुशायरे में पढ़ी गयी ग़ज़ल के आधार पर 'अफ़ज़ल प्रेमी गैंग' के सदस्य और देशद्रोही साबित करने में जुट गया है। इस 'राष्ट्रवादी पत्रकारिता' को मिल रही टीआरपी से प्रेरित कुछ और चैनल इस अभियान में शामिल हो गये हैं। इस तरह देशद्रोही घोषित करने का प्रचार अभियान सिर्फ़ जेएनयू के छात्रों और शिक्षकों तक सीमित नहीं रह गया है बल्कि जेएनयू के पक्ष में खड़े या उससे सहानुभूति रखने वाले या फिर इस पूरे अभियान पर सवाल उठाने वालों को निशाना बनाने पर उतर आया है। कोई नहीं जानता कि इस 'राष्ट्रवादी पत्रकारिता' के निशाने पर आगे कौन बुद्धिजीवी, लेखक या राजनीतिक-सामाजिक कार्यकर्ता आ जायेगा?

इसमें कोई शक नहीं है कि देशद्रोही घोषित करने का यह 'राष्ट्रवादी मीडिया अभियान' पत्रकारिता के बुनियादी सिद्धान्तों जैसे सच्चाई, तथ्यपूर्ण, वस्तुनिष्ठ, स्वतन्त्र, सन्तुलित, पारदर्शी और न्यायपूर्ण रिपोर्टिंग और खुली-लोकतान्त्रिक और सन्तुलित चर्चा/बहस की न सिर्फ़ अनदेखी और अवहेलना कर रहा है बल्कि एकतरफ़ा आक्रामक और भावनात्मक, पक्षपातपूर्ण, तथ्यों को तोड़ने-मरोड़ने, पूर्व निश्चित राजनीतिक/वैचारिक एजेंडे के तहत मौजूदा सत्ता और उसकी वैचारिकी से असहमत और उसका विरोध करने वालों को देशद्रोही साबित करने पर तुला हुआ है। इस शोर-शराबे और ज़हर भरे अभियान के नतीजे सबके सामने हैं। इससे एक ओर देश के ग़रीबों, किसानों, श्रमिकों, दलितों-आदिवासियों-अल्पसंख्यकों, युवाओं, महिलाओं के बुनियादी मुद्दे राष्ट्रीय एजेंडे और चर्चा से ग़ायब हैं।

दूसरी ओर, लोकतन्त्र की प्राण मानी जाने वाली अभिव्यक्ति की आज़ादी, असहमति, सत्ता से असुविधाजनक सवाल पूछने और विरोध के अधिकार को औपनिवेशिक राजद्रोह के क़ानून से कुचलने की कोशिश हो रही है। कहने की ज़रूरत नहीं है कि यह अभिव्यक्ति की आज़ादी और असहमति और विरोध के अधिकार के अपराधीकरण की कोशिश है जिसे न्यूज़ चैनलों और भाषायी अख़बारों के बड़े हिस्से का खुला समर्थन हासिल है। यही नहीं, न्यूज़ चैनलों पर यह अभियान जिस ज़हरीले तरीक़े से चलाया जा रहा है, उसके कारण कथित देशद्रोहियों और जेएनयू के आम छात्रों का जीवन ख़तरे में पड़ गया है। देश का राजनीतिक-सामाजिक माहौल इतना विषाक्त हो गया है कि हिंसक भीड़ और सिरफिरे कथित देशद्रोहियों

को सबक सिखाने के लिए कोर्ट से लेकर विश्वविद्यालयों और सार्वजनिक जगहों तक पर खुलेआम जान से मारने की धमकी देने से लेकर जान से मारने पर इनाम घोषित कर रहे हैं।

इसके कारण उदार लोकतान्त्रिक मूल्यों और विचार-विमर्श के लिए जगह न सिर्फ़ संकुचित और मुश्किल होती जा रही है बल्कि यह संवैधानिक अधिकारों, क़ानून के शासन और लोकतान्त्रिक संस्थाओं की स्वतन्त्रता और स्वायत्तता के लिए भी ख़तरे की घण्टी है। यह ख़ुद न्यूज़ मीडिया की साख और आज़ादी के लिए ख़तरा है क्योंकि एक स्वतन्त्र और आलोचनात्मक मीडिया एक उदार लोकतान्त्रिक माहौल में ही फल-फूल सकता है जहाँ बिना किसी भय और दबाव के तीखी से तीखी और असुविधाजनक बात कहने और ताक़तवर लोगों पर सवाल उठाने का अधिकार हो। वे भूल रहे हैं कि कश्मीर या अफ़ज़ल गुरु या याकूब मेनन जैसे मामलों में वर्चस्ववादी और 'राष्ट्रवादी' विमर्श के बरअक्स तीखे या असुविधाजक सवाल पूछने को देशभक्ति और राजद्रोह के रोडरोलर से कुचलकर वे सत्ता को वह अधिकार और मौक़ा दे रहे हैं, जहाँ वह कल किसी और मुद्‌दे को भी राष्ट्र की अस्मिता के लिए चुनौती बताकर सवाल पूछने से रोक देगी।

आख़िर उदार लोकतन्त्र में अभिव्यक्ति की आज़ादी का क्या अर्थ है? सम्भव है कि आप किसी सवाल या टिप्पणी/अभिव्यक्ति से असहमत हों और यहाँ तक कि उससे असहज हों और आपत्तिजनक मानते हों लेकिन अगर वह संविधान में अभिव्यक्ति की आज़ादी पर 'तार्किक प्रतिबन्धों' के दायरे में नहीं आता है तो उसे अभिव्यक्त करने का पूरा अधिकार है। याद रहे कि तार्किक प्रतिबन्धों में राजद्रोह नहीं है। यहाँ तक कि सुप्रीम कोर्ट ने राजद्रोह के कई मामलों में फ़ैसला देते हुए कहा है कि जब तक सीधे हिंसा के लिए उकसाने की कोशिश नहीं हो, राजद्रोह को अभिव्यक्ति की आज़ादी को प्रतिबन्धित करने या किसी अभिव्यक्ति के लिए सज़ा देने के लिए इस्तेमाल नहीं किया जा सकता है।

सवाल यह भी है कि पत्रकारिता का दायित्व अगर सत्ता और समाज से असुविधाजनक सवाल पूछना और कड़वी से कड़वी सच्चाई को सामने लाना है तो क्या उसे आम नागरिकों या समाज के अन्य हिस्सों जैसे छात्रों-शिक्षकों, बुद्धिजीवियों और लेखकों के इस अधिकार के पक्ष में नहीं खड़ा होना चाहिए? दुनिया और देश का इतिहास इस बात का गवाह है कि सत्ता चाहे उसका रंग कैसा भी हो या उसकी विचारधारा कैसी भी हो, वह कभी भी लोगों को आलोचना का अधिकार नहीं देना चाहती है और न ही उसे आलोचना और तीखे सवाल अच्छे लगते हैं। सत्ता हमेशा

अभिव्यक्ति की आज़ादी के दायरे को इस या उस ख़तरे का डर दिखाकर सीमित रखना चाहती है। दुनिया में ऐसे अनेक उदाहरण हैं जब देशभक्ति और राष्ट्रवाद की आड़ में अभिव्यक्ति की आज़ादी को सीमित करने की कोशिशें हुई हैं।

हैरानी की बात नहीं है कि अमेरिका में 11 सितम्बर 2001 को वर्ल्ड ट्रेड टावर पर आतंकवादी हमले के बाद पत्रकारिता और पत्रकारों पर यह दबाव बहुत ज़्यादा बढ़ गया कि वे पहले अमेरिकी हैं और उसके बाद पत्रकार और इसलिए उन्हें देशहित में आलोचना और असहमति को स्थगित कर देना चाहिए। उस दौरान कॉर्पोरेट न्यूज़ मीडिया के न्यूज़ चैनलों में पत्रकार अपनी देशभक्ति साबित करने के लिए कोट पर अमेरिकी झंडा लगाने लगे थे। कुछ ऐसे ही हालत भारत में भी बनने लगे हैं। सवाल पूछने और असहमति जताने वाले पत्रकारों की देशभक्ति पर सवाल उठाये जा रहे हैं। सोशल मीडिया में उन्हें जमकर गालियाँ दी जा रही हैं और राष्ट्रवादी न्यूज़ चैनल उन्हें 'अफ़ज़ल प्रेमी गैंग' के सदस्य बता रहे हैं। यह और बात है कि इन 'राष्ट्रवादी चैनलों' में से कई के पीछे लगी पूँजी का चरित्र सन्दिग्ध है और कई राष्ट्रवादी पत्रकारों का अतीत ब्लैकमेल और भ्रष्ट तरीक़ों से पैसे बनाने के आरोपों से घिरा है।

लेकिन सच यह है कि पत्रकारिता और पत्रकारों की देशभक्ति और राष्ट्रवाद की परीक्षा देशभक्ति के नारे लगाना या छात्रों-शिक्षकों-बुद्धिजीवियों-लेखकों को देशद्रोही साबित करना नहीं है बल्कि पत्रकारिता के बुनियादी धर्म यानी नागरिकों को सत्य, तथ्यपूर्ण, वस्तुनिष्ठ, स्वतन्त्र और सन्तुलित ख़बर देनी है ताकि वे नागरिक का अपना धर्म निभा पायें और उन्हें अपने फ़ैसले करने में आसानी हो। पत्रकारिता की ज़िम्मेदारी सत्य को सामने लाना है, चाहे वह कितना भी कड़वा और असुविधाजनक क्यों न हो। उससे यह अपेक्षा की जाती है कि वह तीखे से तीखे सवाल करे, असहज करने वाली आलोचना करे और सत्ता की निगरानी और नागरिकों के अधिकारों की हिफ़ाज़त करे। पत्रकारिता की देशभक्ति और राष्ट्रवाद की कसौटी इस ज़िम्मेदारी पर खरा उतरना है।

ठीक उसी तरह से जैसे न्यायपालिका की भूमिका और ज़िम्मेदारी संविधान और क़ानून के शासन की रक्षा करना है। यही उसकी देशभक्ति है। सवाल यह है कि क्या न्यूज़ चैनल इस ज़िम्मेदारी को पूरा कर रहे हैं? अफ़सोस के साथ कहना पड़ता है कि कुछेक अपवादों को छोड़कर ज़्यादातर मामलों में न्यूज़ चैनल सत्ता की निगरानी करने के बजाय उसके लाउडस्पीकर बन गये हैं। तीखे सवाल करने के बजाय सुर में सुर मिलकर गीत गा रहे हैं। यही नहीं, ख़बरों में तथ्यों के साथ

छेड़छाड़ और तोड़-मरोड़, एकपक्षीय, पूर्वाग्रहग्रस्त और बढ़ा-चढ़ाकर पेश करने की प्रवृत्ति लगातार ज़ोर पकड़ रही है। आलोचना को मीडिया ट्रायल में बदल दिया गया है। चर्चा और बहस पूर्व निश्चित एजेंडे के साथ शोर-शराबे और एक युद्ध में बदल गयी है। यही नहीं, हाल के महीनों में चर्चाएँ/बहसें एक साम्प्रदायिक अंडरटोन के साथ ज़हरीले अभियान में बदल गयी हैं।

निश्चय ही, इस विषाक्त माहौल के लिए अकेले न्यूज़ चैनल या अख़बार ज़िम्मेदार नहीं हैं। यह किसी से छुपा नहीं है कि इस विषाक्त अभियान से हो रहे ध्रुवीकरण का सबसे अधिक राजनीतिक फ़ायदा किसे मिल रहा है और इसे सबसे अधिक हवा कौन दे रहा है। यह सही है कि इसके लिए हिन्दुत्व के नाम पर खड़ी साम्प्रदायिक और विभाजनकारी राजनीति और उसे सत्ता/सरकार से मिल रहा सीधा/परोक्ष समर्थन ज़्यादा ज़िम्मेदार है। लेकिन इसके साथ ही यह भी सच है कि न्यूज़ चैनलों का एक बड़ा हिस्सा इस साम्प्रदायिक राजनीति के एजेंडे का भोंपू बन गया है। वह उसका ऐसा चीयरलीडर बन गया है जो ख़ुद भीड़ का नेतृत्व करने लगा है। आश्चर्य नहीं कि कई मामलों में ये चैनल साम्प्रदायिक राजनीति के पीछे नहीं बल्कि उसके आगे चलने लगे हैं और अपने अतिरेकपूर्ण उत्साह में सरकार के लिए भी मुश्किलें पैदा कर रहे हैं।

कहना मुश्किल है कि 'राष्ट्रवादी पत्रकारिता' के नाम पर देश में जिस तरह से भीड़ को भड़काया जा रहा है और भीड़ की भावनाओं के शेर की सवारी हो रही है, उसकी परिणति कहाँ और कैसे होगी? आख़िर इससे देश को क्या फ़ायदा हो रहा है? क्या आलोचना और विरोध के सुरों को देशद्रोही साबित कर देने से देश मज़बूत हो रहा है? क्या भारत इतना कमज़ोर देश है कि वह किसी विश्वविद्यालय में होने वाले कथित 'देश-विरोधी' कार्यक्रम से टूट जायेगा? इसलिए यह विचार करने का वक़्त आ गया है कि इस राष्ट्रवादी पत्रकारिता के कारण 'लोकवृत्त' (पब्लिक स्फियर) कितना प्रदूषित, संकीर्ण, निहित एजेंडा प्रेरित और तर्क विरोधी हो रहा है। यह भी सोचने ज़रूरत है कि इस पत्रकारिता से लोकतान्त्रिक राजनीति को कितना नुक़सान हो रहा है।

अच्छी बात यह है कि इक्का-दुक्का अपवादों और कुछेक अतिरेकपूर्ण रिपोर्टों को छोड़कर अंग्रेज़ी के ज़्यादातर अख़बारों ख़ासकर इंडियन एक्सप्रेस, द हिन्दू, द टेलीग्राफ, टाइम्स ऑफ़ इंडिया और हिन्दुस्तान टाइम्स और स्क्राल, वायर और कैच न्यूज़ जैसे न्यूज़ पोर्टलों ने 'राष्ट्रवादी पत्रकारिता' के चैम्पियनों की ओर से चलाये जा रहे एकतरफ़ा मीडिया ट्रायल अभियान के ख़िलाफ़ उदार लोकतान्त्रिक

पत्रकारिता के पक्ष में खड़े होने का साहस दिखाया है। यही नहीं, इस बार पत्रकारों के बीच भी चुप्पी नहीं रही। राष्ट्रवाद और देशभक्ति की संकीर्ण राजनीति करने वाले ज़ी-न्यूज़ के युवा प्रोड्यूसर विश्वदीपक ने जिस तरह से चैनल के एजेंडा प्रेरित पत्रकारिता से सार्वजनिक असहमति दिखाते हुए इस्तीफ़ा देने और अपने विरोध को सार्वजनिक करने का फ़ैसला किया, उसने पूरे अभियान की बहुत हद तक हवा निकाल दी।

उम्मीद करनी चाहिए कि पत्रकारिता की यह उदार, लोकतान्त्रिक, धर्म-निरपेक्ष, प्रगतिशील और तार्किक परम्परा और मज़बूत होगी जिसमें आलोचना, असहमति और विरोध के अधिकार की अधिक से अधिक जगह होगी। देश, समाज और नागरिकों की भलाई इसी में है।

***(अप्रैल, 2016)***

# मीडिया और मानवाधिकार

## मानवाधिकार हनन के बढ़ते मामलों में मीडिया और चैनलों की चुप्पी का राज़ क्या है?

"पहले वे यहूदियों के लिए आये
मैं कुछ नहीं बोला
क्योंकि मैं यहूदी नहीं था।
फिर वे मानवाधिकारवादियों के लिए आये
मैं कुछ नहीं बोला
क्योंकि मैं मानवाधिकारवादी नहीं था।
फिर वे ट्रेड यूनियन वालों के लिए आये
मैं कुछ नहीं बोला
क्योंकि मैं ट्रेड यूनियन वाला नहीं था।
फिर वे कम्युनिस्टों के लिए आये
मैं कुछ नहीं बोला
क्योंकि मैं कम्युनिस्ट नहीं था।
फिर वे मेरे लिए आये
और मेरे लिए बोलने वाला कोई नहीं था।"

***मार्टिन नीमोलर (हिटलर के दौर का जर्मन कवि)***

इस चर्चित कविता को आप सबने कई बार पढ़ा-सुना होगा। कई कारणों से आज के भारत में यह छोटी-सी कविता इतनी महत्त्वपूर्ण और ज़रूरी बन गयी है कि उसे बार-बार पढ़ा और सुनाया जाना चाहिए। लेकिन लगता है कि समाचार माध्यमों ख़ासकर न्यूज़ चैनलों के ज़्यादातर सम्पादकों/पत्रकारों ने इसे नहीं पढ़ा/सुना है या भूल गये

हैं। अगर ऐसा नहीं होता तो वे देश में मानवाधिकार हनन के बढ़ते मामलों पर ऐसे चुप नहीं होते। यह भी कि मानवाधिकार और सामाजिक-राजनीतिक कार्यकर्ता सीमा आज़ाद और उनके पति विश्वविजय कमल को आजीवन कारावास की सज़ा पर ख़ामोश नहीं रहते। सबसे बढ़कर इस फ़ैसले के ख़िलाफ़ रोष ज़ाहिर करने के लिए राजधानी दिल्ली में मानवाधिकार संगठनों और जाने-माने बुद्धिजीवियों की ओर आयोजित प्रेस कॉन्फ्रेंस में सिर्फ़ तीन संवाददाता नहीं पहुँचते।

यही नहीं, जहाँ तक मेरी जानकारी है कि उस प्रेस कॉन्फ्रेंस की रिपोर्ट 'द हिन्दू' को छोडकर किसी अख़बार में नहीं छपी और न ही किसी चैनल पर चली। छिछले से छिछले विषयों और मुद्दों पर घण्टों महाबहस और चर्चा करने वाले चैनलों पर इस मुद्दे का चलते-चलते भी कहीं ज़िक्र नहीं हुआ। गोया यह कोई मुद्दा ही नहीं हो। यह और बात है कि इस मुद्दे पर न्यू और सोशल मीडिया (ब्लॉग और फ़ेसबुक आदि) पर ख़ूब चर्चा हो रही थी और लोगों की प्रतिक्रियाएँ आ रही थीं। यही नहीं, मानवाधिकार संगठनों के अलावा बुद्धिजीवियों के बड़े हिस्से में इस फ़ैसले पर खासी बेचैनी दिखी। कोई 300 से ज़्यादा बुद्धिजीवियों/लेखकों/पत्रकारों/संस्कृतिकर्मियों ने इस फ़ैसले पर हैरानी, चिन्ता और नाराज़गी ज़ाहिर करते हुए बयान जारी किया लेकिन उसे भी किसी अख़बार या चैनल ने नोटिस लेने लायक नहीं समझा।

कहने की ज़रूरत नहीं है कि हिन्दी के चैनलों और अधिकांश अख़बारों के लिए हिन्दी के लेखक/संस्कृतिकर्मी/बुद्धिजीवी और उनकी राय कोई मायने नहीं रखती है। वे किसी भी मसले पर बोलें या राय रखें लेकिन चैनल और अख़बार उसे टिकर पर चलाने या कोने-अन्तरे में छापने लायक भी नहीं समझते हैं। इससे अन्दाज़ा लगाया जा सकता है कि वे अपनी ही भाषा के बुद्धिजीवियों/लेखकों की कितनी क़द्र करते हैं? सच पूछिये तो समाचार माध्यमों ख़ासकर हिन्दी के समाचार माध्यम हिन्दी के बुद्धिजीवियों/लेखकों से इतनी दूरी बरतते हैं कि उन्हें देखकर कहना मुश्किल है कि हिन्दी क्षेत्र में बुद्धिजीवी/लेखक भी हैं? किसी बड़े और चर्चित लेखक की मौत के बाद ही पता चलता है कि हिन्दी में ऐसा कोई लेखक भी था।

ऐसे में, स्वाभाविक ही था कि लेखकों/संस्कृतिकर्मियों/बुद्धिजीवियों के हस्ताक्षरित बयान को चैनलों/अख़बारों ने नोटिस लेने लायक नहीं माना। लेकिन असल सवाल यह नहीं है। मुद्दा यह है कि मुख्यधारा के अख़बारों और चैनलों के लिए दो नौजवान मानवाधिकार कार्यकर्त्ताओं को 'माओवादी' बताकर फँसाने

और फिर उन्हें आजीवन कारावास की सज़ा एक बड़ी ख़बर क्यों नहीं लगती है? उन्हें क्यों नहीं लगता है कि इस मामले की गहराई से जाँच-पड़ताल करने और मानवाधिकार संगठनों के आरोपों की छानबीन करके सच्चाई को सामने लाने के लिहाज़ से यह एक बड़ी 'स्टोरी' है? उन्हें सीमा आज़ाद का मामला भी विनायक सेन के मामले की तरह क्यों नहीं दिखता है जिसमें उन्होंने कुछ हद तक सक्रिय दिलचस्पी ली थी? उन्हें इस मामले में भी जेसिका लाल, प्रियदर्शिनी मट्टू जैसे मामलों की तरह 'न्याय' की हत्या क्यों नहीं दिखती है?

कहने की ज़रूरत नहीं है कि यह अकेला ऐसा मामला नहीं है जिसे लेकर मुख्यधारा के न्यूज़ मीडिया में एक 'षड्यन्त्रपूर्ण चुप्पी' दिखाई पड़ रही है। सीमा आज़ाद से पहले उत्तराखण्ड में पत्रकार प्रशान्त राही को 'माओवादी' बताकर कई साल जेल में बन्द रखा गया लेकिन चैनलों/अख़बारों ने शायद ही इस मामले की कभी सुध ली हो। वही नहीं, ऐसे दर्जनों स्थानीय पत्रकार/लेखक/संस्कृतिकर्मी/बुद्धिजीवी हैं जिन्हें पिछले कुछ वर्षों में देश के अलग-अलग हिस्सों में 'माओवादी साहित्य' रखने के आरोप में या माओवादियों से सम्पर्क रखने या दूसरे फ़र्ज़ी मामलों में गिरफ़्तार करके लम्बे समय तक जेल में रखा गया है।

आमतौर पर 90 फ़ीसदी मामलों में उन पत्रकारों/लेखकों/बुद्धिजीवियों का गुनाह यह रहा है कि उन्होंने अपने इलाक़ों में माओवाद से लड़ने के नाम पर पुलिस/ख़ुफ़िया एजेंसियों द्वारा निर्दोषों को सताये जाने और फ़र्ज़ी मुठभेड़ों का पर्दाफ़ाश करने और सुरक्षा बलों द्वारा मानवाधिकार हनन के मामलों का खुलासा और विरोध किया है।

इस कारण वे स्थानीय पुलिस की आँख में चुभते रहे हैं। पुलिस खुन्नस में उन्हें सबक सिखाने के लिए फ़र्ज़ी मामलों में फँसाती रही है। उनमें से कई को अपने इलाक़ों में विकास के नाम पर अन्धाधुन्ध विस्थापन और जल-जंगल-ज़मीन और खनिजों की लूट के विरोध की सज़ा के तौर पर फ़र्ज़ी मामलों में फँसाया गया है। सीमा आज़ाद का मामला इस प्रवृत्ति का ही एक और प्रमाण है। लेकिन एक मायने में यह पिछले मामलों से अलग और चिन्तित करने वाला भी है। इस बार पुलिस की कार्रवाई पर स्थानीय अदालत ने भी न सिर्फ़ मोहर लगा दी है बल्कि यूएपीए क़ानून के तहत आजीवन कारावास की सज़ा सुना दी है। इससे पहले के मामलों में आमतौर पर अदालतों में फ़र्ज़ी पुलिसिया कार्रवाइयाँ ठहर नहीं पायी हैं। लेकिन यह एक नयी और ख़तरनाक प्रवृत्ति है जब अदालतें भी सच देखने से इनकार कर रही हैं।

उल्लेखनीय है कि पत्रकार और 'दस्तक' पत्रिका की सम्पादक, सामाजिक-राजनीतिक और मानवाधिकार कार्यकर्ता (पीयूसीएल की सचिव) सीमा आज़ाद और उनके पति और इलाहाबाद विश्वविद्यालय के पूर्व छात्रनेता विश्वविजय कमल को इलाहाबाद की निचली अदालत ने बीते 8 जून को प्रतिबन्धित सी.पी.आई. (माओवादी) का सदस्य होने, अपने पास माओवादी साहित्य रखने, राज्य के ख़िलाफ़ युद्ध छेड़ने जैसे आरोपों में दोषी करार देते हुए आजीवन कारावास और 20 हज़ार रुपये के जुर्माने की सज़ा सुनाई है। उन्हें आईपीसी की धारा 120 बी, 121, 121ए के अलावा आतंकवाद विरोधी क़ानून यूएपीए के तहत सज़ा सुनायी गयी है। दोनों पिछले ढाई साल से अधिक समय से जेल में बन्द हैं।

मानवाधिकार संगठनों का आरोप है कि दोनों को 6 फ़रवरी, 2010 को दिल्ली में विश्व पुस्तक मेले में हिस्सा लेकर इलाहाबाद लौटने पर रेलवे स्टेशन से गिरफ़्तार किया गया। पीयूसीएल के मुताबिक़, दोनों को केन्द्र-राज्य की सरकारों की जनविरोधी नीतियों, पुलिसिया ज़ुल्मों और मायावती सरकार की गंगा एक्सप्रेस-वे जैसी योजनाओं के विरोध के कारण साज़िशन फ़र्ज़ी मामलों में फँसाया गया है। मानवाधिकार संगठनों को लगता है कि यह पूरा मामला सीमा आज़ाद और विश्वविजय कमल जैसे मानवाधिकार और राजनीतिक-सामाजिक कार्यकर्ताओं और पुलिसिया ज़ुल्मों और जनविरोधी विकास योजनाओं के ख़िलाफ़ बोलने और लड़ने वाले लेखकों, बुद्धिजीवियों, कार्यकर्ताओं-नेताओं को डराने और चुप कराने के लिए गढ़ा गया है।

निश्चय ही, सीमा आज़ाद का मामला अकेला ऐसा मामला नहीं है। मानवाधिकार हनन के मामलों को उठानेवाले मानवाधिकार कार्यकर्ता पहले भी सरकार और पुलिस के निशाने पर रहे हैं लेकिन हाल के वर्षों में ऐसे मामलों की संख्या तेज़ी से बढ़ी है। ऐसे अनगिनत मामले हैं जिनमें मानवाधिकार और सामाजिक-राजनीतिक कार्यकर्ताओं को केन्द्र-राज्य सरकारों की शह पर पुलिस और ख़ुफ़िया एजेंसियों ने उत्पीड़ित किया है, उन्हें फ़र्ज़ी मामलों में फँसाकर जेल में बन्द रखा है, उन पर थर्ड डिग्री पुलिसिया ज़ुल्म-यातना का इस्तेमाल किया है और कुछेक मामलों में तो उनकी हत्या तक करवा दी है। इसी कारण बहुतों को लगता है कि अघोषित इमरजेंसी जैसे हालात बनते जा रहे हैं जिसमें अपने हक और बुनियादी बदलाव के लिए लड़ने वालों के साथ-साथ उनके प्रति सहानुभूति रखने वाले मानवाधिकार कार्यकर्ताओं, लेखकों, पत्रकारों और बुद्धिजीवियों को सत्तातन्त्र द्वारा निशाना बनाया जा रहा है।

मानवाधिकार कार्यकर्ताओं के ख़िलाफ़ पुलिस/ख़ुफ़िया एजेंसियों की यह शत्रुता उन इलाक़ों में सबसे ज़्यादा दिखी है जहाँ भारतीय राज्य को सशस्त्र वामपन्थी आन्दोलनों (नक्सली/माओवादी धारा) या अलगाववादी आन्दोलनों (कश्मीर/उत्तर पूर्व/पंजाब) या नव उदारवादी आर्थिक नीतियों पर आधारित विकास योजनाओं के ख़िलाफ़ चल रहे जनतान्त्रिक आन्दोलनों (जल-जंगल-जमीन और खनिजों की कॉर्पोरेट लूट विरोधी आन्दोलन) से कड़ी चुनौती मिली या मिल रही है और राज्य द्वारा उसे सैन्य ताक़त से कुचलने की कोशिश के कारण युद्ध से हालात बन गये या बने हुए हैं।

कहने की ज़रूरत नहीं है कि इन आन्दोलनों को पुलिसिया ताक़त से दबाने की कोशिश में भारतीय राज्य ने न सिर्फ़ पुलिस को मनमानी करने की छूट दे रखी है बल्कि उसकी मनमानी और ग़ैर-क़ानूनी कार्रवाइयों को संरक्षण देने के लिए काले क़ानून बनाने में भी संकोच नहीं किया है। नतीजा यह कि इन इलाक़ों में मानवाधिकार बेमानी होकर रह जाते हैं। पुलिस और अर्द्ध सैनिक बल मानवाधिकारों की कोई परवाह नहीं करते हैं। यहाँ तक कि 'युद्ध' जैसी स्थिति का हवाला देकर मानवाधिकार हनन के मामलों का बचाव किया जाने लगता है। इस स्थिति में मानवाधिकार हनन के मामले उठाने वाले संगठन और कार्यकर्ता राज्य और पुलिस/ख़ुफ़िया एजेंसियों को खटकने लगते हैं।

यही नहीं, मानवाधिकार हनन के मामले उठाने वाले संगठनों और कार्यकर्ताओं को राज्य अपने दुश्मन की तरह देखने लगता है। हैरानी की बात नहीं है कि इन मामलों को उठाने वाले पीयूसीएल, पी.यू.डी.आर. जैसे मानवाधिकार संगठन और उनके कार्यकर्ताओं पर एक ओर 'आतंकवादियों के हमदर्द', 'माओवादियों के समर्थक' और 'विदेशी ताक़तों की कठपुतली' जैसे आरोप मढ़कर उनका खलनायकीकरण किया जाता है और दूसरी ओर, उन पर प्रत्यक्ष हमले भी बढ़े हैं। अफ़सोस की बात यह है कि समाचार माध्यम मानवाधिकार संगठनों और उनके कार्यकर्ताओं पर हो रहे परोक्ष और प्रत्यक्ष हमलों में उनके साथ खड़े होने के बजाय ज़्यादातर मामलों में राज्य और पुलिस/ख़ुफ़िया एजेंसियों के साथ खड़े नज़र आ रहे हैं। इस मामले में वे सत्तातन्त्र के भोंपू से बन गये हैं और राज्य और उसकी एजेंसियाँ उन्हें खुलकर मानवाधिकार संगठनों के ख़िलाफ़ प्रचार युद्ध में इस्तेमाल कर रही हैं।

सीमा आज़ाद के मामले में भी समाचार मीडिया के एक बड़े हिस्से का रवैया पुलिस के भोंपू की तरह ही था। जबकि समाचार मीडिया से अपेक्षा यह की जाती

है कि वे मानवाधिकार संगठनों और उनके कार्यकर्ताओं के साथ खड़े होंगे क्योंकि वे उनके सबसे स्वाभाविक मित्र हैं। असल में, न्यूज़ मीडिया जिस अभिव्यक्ति की आज़ादी की ताक़त पर खड़ा है, उसकी गारंटी के लिए संघर्ष करने वालों की क़तार में सबसे आगे मानवाधिकार संगठन ही रहते हैं।

अभिव्यक्ति की आज़ादी को बनाये रखने में मानवाधिकार संगठनों और उन हज़ारों-लाखों राजनीतिक-सामाजिक-सांस्कृतिक-मानवाधिकार कार्यकर्ताओं की बहुत बड़ी भूमिका है जो संविधान से हासिल विभिन्न मौलिक अधिकारों की किसी भी क़ीमत पर हिफ़ाज़त के लिए अपनी आवाज़ बुलन्द करते रहते हैं। उनके लिए मामूली-से-मामूली नागरिक के मानवाधिकार सबसे पहले हैं और वे इस मुद्दे पर किसी भी समझौते या सौदे के लिए तैयार नहीं हैं।

उनके समझौता-विहीन संघर्षों का ही नतीजा है कि देश में अभिव्यक्ति की आज़ादी काफ़ी हद तक बची हुई है। आख़िर यह कैसे भुलाया जा सकता है कि देश में इमरजेंसी के दौरान सेंसरशिप और मानवाधिकारों के हनन के ख़िलाफ़ लड़ने वालों में सबसे आगे राजनीतिक-सामाजिक-मानवाधिकारवादी कार्यकर्ता और नेता खड़े थे। अन्यथा कौन नहीं जानता कि अख़बारों के बड़े हिस्से ने 'घुटने के बल चलने के लिए कहे जाने पर रेंगना' शुरू कर दिया था। इसी तरह जगन्नाथ मिश्र के बिहार प्रेस विधेयक और राजीव गाँधी के मानहानि विधेयक के ख़िलाफ़ भी आवाज़ बुलन्द करने वालों में पत्रकारों के साथ मानवाधिकार कार्यकर्ता ही खड़े थे। सच पूछिये तो देश में अभिव्यक्ति की आज़ादी, उसमें कटौती करने या उसे सीमित करने के तमाम दबावों और परोक्ष-अपरोक्ष कोशिशों के बावजूद बनी हुई है तो इसकी वजह ये संघर्ष ही हैं।

सबक यह कि देश में अभिव्यक्ति की आज़ादी इसलिए नहीं बची हुई है कि सत्तातन्त्र उदार और जनवाद पसन्द है बल्कि यह उसकी हिफ़ाज़त के लिए निरन्तर सतर्क, सजग और मुखर नागरिक समूहों और राजनीतिक-सामाजिक संगठनों के दबाव और संघर्ष का नतीजा है। न्यूज़ मीडिया भी इन्हीं समूहों का हिस्सा है। वह उनसे अलग-थलग होकर अपनी आज़ादी की हिफ़ाज़त नहीं कर सकता है। दूसरे, अभिव्यक्ति की आज़ादी को अन्य मानवाधिकारों से अलग करके नहीं देखा जा सकता है। अन्य मानवाधिकार सुरक्षित हैं तो अभिव्यक्ति की आज़ादी सुरक्षित है और अभिव्यक्ति की आज़ादी बची हुई है तो अन्य मानवाधिकार भी बचे रहेंगे। उनकी परस्पर गारंटी ही उनका भविष्य है।

याद रहे कि अगर आप दूसरे की आज़ादी की हिफ़ाज़त के लिए नहीं बोलेंगे या उसके साथ नहीं खड़े होंगे तो आप अपनी आज़ादी को भी बहुत दिनों तक सुरक्षित नहीं रख सकते हैं। मीडिया को यह सच जितनी जल्दी समझ में आ जाये, उतना अच्छा होगा। लेकिन मुश्किल यह है कि कॉर्पोरेट न्यूज़ मीडिया के लिए अभिव्यक्ति की आज़ादी का मसला उतना बड़ा और महत्त्वपूर्ण मसला नहीं रह गया है। कॉर्पोरेट मीडिया और सत्तातन्त्र के मज़बूत गठजोड़ और गहरे होते रिश्तों के बीच मुख्यधारा के न्यूज़ मीडिया को मुनाफ़े के लिए अपनी आज़ादी भी गिरवी रखने में कोई संकोच नहीं रह गया है। मुनाफ़े के लोभ ने उनकी ज़ुबान बिना किसी सेंसरशिप के ही बन्द कर दी है। आज उन्हें चुप करने के लिए सत्तातन्त्र को किसी इमरजेंसी या बाहरी सेंसरशिप की ज़रूरत नहीं रह गयी है।

अलबत्ता, जब भी उनके मुनाफ़े, आर्थिक हितों या अन्य धन्धों पर कोई चोट होती है या उसकी आशंका दिखती है तो कॉर्पोरेट मीडिया समूहों को अभिव्यक्ति की आज़ादी याद आने लगती है। इस अर्थ में, वे अभिव्यक्ति की आज़ादी को सत्ता प्रतिष्ठान से एक मोल-तोल के औज़ार की तरह इस्तेमाल करने लगे हैं। अन्यथा उन्हें अभिव्यक्ति की आज़ादी की कोई ख़ास परवाह नहीं है। सच यह है कि सत्ता प्रतिष्ठान के साथ उनके आर्थिक-राजनीतिक हित इस हद तक एकाकार हो गये हैं कि वे बिना किसी बाहरी दबाव के ख़ुद व्यवस्था के सबसे बड़े पैरोकार और प्रवक्ता हो गये हैं।

ऐसे में, स्वाभाविक तौर पर कॉर्पोरेट मीडिया समूहों के अख़बारों/चैनलों के लिए भी माओवादी 'आन्तरिक सुरक्षा के लिए सबसे बड़ा ख़तरा' दिखने लगे हैं। इस अर्थ में, वे माओवाद के ख़िलाफ़ राज्य की ओर से छेड़े युद्ध यानी ग्रीन हंट में राज्य के साथ खड़े हैं। सच यह है कि मीडिया का बड़ा हिस्सा इस ग्रीन हंट में पुलिस/अर्द्ध सैनिक बलों/ख़ुफ़िया एजेंसियों के साथ 'नत्थी' (एम्बेडेड) हो चुका है और उनके प्रचार युद्ध का हथियार बन चुका है। यही कारण है कि सीमा आज़ाद या सोनी सोरी या ऐसे ही दूसरे मामलों में वह सच्चाई सामने लाने के बजाय राज्य और पुलिस/ख़ुफ़िया एजेंसियों की ओर से छेड़े उस कुप्रचार अभियान का हिस्सा बन जाता है जो सीमा आज़ाद जैसों को माओवादी और देश का दुश्मन साबित करने में कोई कसर नहीं उठा रखते हैं।

इसी का तार्किक विस्तार यह है कि कॉर्पोरेट मीडिया के अख़बार/चैनल माओवाद के ख़िलाफ़ युद्ध में सुरक्षा बलों/पुलिस की ओर से हो रहे मानवाधिकार हनन के गम्भीर मामलों को भी न सिर्फ़ अनदेखा करते हैं बल्कि उसे यह कहकर

जायज़ ठहराने लगते हैं कि युद्ध जैसी स्थिति में यह स्वाभाविक है, गेहूँ के साथ घुन भी पिस जाता है या ख़ुद माओवादी मानवाधिकारों का उल्लंघन करते हैं, इसलिए उनसे निपटने में मानवाधिकारों का ध्यान रख पाना सम्भव नहीं है। यह कॉर्पोरेट मीडिया का 'जनतन्त्र' है जिसमें आम नागरिकों के मानवाधिकार के साथ भी सौदा और समझौता सम्भव है। इस तरह देखा जाये तो सीमा आज़ाद के मामले में कॉर्पोरेट मीडिया और उसके अख़बारों/चैनलों की चुप्पी किसी नादानी, जानकारी/समझ के अभाव या अन्य ख़बरों में उलझे रहने के कारण नहीं है बल्कि बहुत सोची-समझी और रणनीतिक है।

साफ़ है कि कॉर्पोरेट मीडिया और उसके अख़बारों/चैनलों ने अपना पक्ष तय कर लिया है। वे भारतीय राज्य की माओवाद के ख़िलाफ़ लड़ाई में निष्पक्ष और वस्तुनिष्ठ प्रेक्षक नहीं हैं और न ही वे इस लड़ाई में पिस रहे निर्दोष नागरिकों के मानवाधिकारों के पैरोकार बनने को तैयार हैं। इस प्रक्रिया में उन्होंने सच को दाँव पर लगा दिया है। पत्रकारिता के बुनियादी उद्देश्यों और मूल्यों से किनारा कर लिया है। वे भूल गये हैं कि समाचार माध्यमों और पत्रकारिता से पहली अपेक्षा सच के साथ खड़े होने की की जाती है। उनकी पहली और आख़िरी प्रतिबद्धता सच के साथ खड़ा होना है। यह इसलिए भी ज़रूरी है कि जनतन्त्र में न्यूज़ मीडिया और पत्रकारिता की पहली वफ़ादारी नागरिकों के प्रति है और नागरिकों के लिए सच जानना इसलिए ज़रूरी है ताकि वे ख़ुद मुख़्तार बन सकें और अपने फ़ैसले ले सकें।

कहने की ज़रूरत नहीं है कि पत्रकारिता की स्वतन्त्रता और अभिव्यक्ति की आज़ादी जैसे आदर्श और मूल्य बेमानी हैं, अगर न्यूज़ मीडिया लोगों को सच बताने के लिए तैयार नहीं है। मानवाधिकार संगठन यही सवाल तो उठा रहे हैं कि आम लोगों को सीमा आज़ाद या सोनी सोरी या प्रशान्त राही के मामलों में पूरी सच्चाई बताने के लिए अख़बारों/चैनलों को आगे आना चाहिए। सवाल यह है कि क्या आम लोगों को यह जानने का हक़ नहीं है कि सीमा आज़ाद का 'अपराध' क्या है कि उन्हें आजीवन कारावास जैसी अधिकतम सज़ा दी गयी है? याद रहे कि पत्रकारिता की आत्मा या सत्व स्वतन्त्र छानबीन, जाँच-पड़ताल और खोजबीन के ज़रिये सच तक पहुँचना है। अफ़सोस की बात यह है कि कॉर्पोरेट मीडिया की पत्रकारिता ने छानबीन, जाँच-पड़ताल और खोजबीन का ज़िम्मा पुलिस/ख़ुफ़िया एजेंसियों को सौंप दिया है और वे सिर्फ़ उसके प्रवक्ता भर बनकर रह गये हैं।

ऐसे में, कॉर्पोरेट मीडिया और उसकी पत्रकारिता को यह याद दिलाना बेमानी है कि पत्रकारिता के उच्च आदर्शों और मूल्यों में एक महत्त्वपूर्ण मूल्य कमज़ोर

और बेज़ुबान लोगों की आवाज़ बनना भी है। भारत जैसे देश में पत्रकारिता की यह भूमिका अत्यधिक महत्त्वपूर्ण हो जाती है क्योंकि यहाँ ग़रीबों, आदिवासियों, दलितों और अल्पसंख्यकों की आवाज़ बहुत मुश्किल से सुनाई देती है। भारत जैसे अत्यधिक असमान और ग़ैर-बराबरी से भरे समाज में जहाँ ग़रीब और कमज़ोर लोगों को भाँति-भाँति के भेदभाव, उत्पीड़न और ज़ुल्म झेलने पड़ते हैं, वहाँ पत्रकारिता से स्वाभाविक तौर पर यह अपेक्षा की जाती है कि वह उनकी आवाज़ बने और उनके ख़िलाफ़ हो रहे भेदभाव, उत्पीड़न और ज़ुल्मों को सामने लाये।

इसके बिना न तो एक बेहतर और बराबरी पर आधारित समाज सम्भव है और न ही वास्तविक जनतन्त्र मुमकिन है। कहने की ज़रूरत नहीं है कि मौजूदा दौर में जब ग़रीबों और कमज़ोर लोगों के मानवाधिकार सबसे ज़्यादा संकट में हैं और उनपर हमले बढ़ रहे हैं तो एक जनपक्षधर न्यूज़ मीडिया और पत्रकारिता से यह अपेक्षा और उम्मीद और बढ़ जाती है कि वह कमज़ोर लोगों की आवाज़ बने, उनके मानवाधिकारों की रक्षा करे और सत्तातन्त्र को निरंकुश होने से रोके। लेकिन सवाल यह है कि क्या कॉर्पोरेट मीडिया और उसके अख़बार/चैनल जनपक्षधर रह गये हैं? सीमा आज़ाद का मामला एक और टेस्ट केस है और अफ़सोस और चिन्ता की बात है कि कॉर्पोरेट मीडिया इसमें बुरी तरह से फेल होता दिख रहा है।

*(जुलाई, 2012)*

# देशहित बनाम सवाल और आलोचना

### चैनलों के संकीर्ण देशभक्ति के दायरे में सवाल पूछना गुनाह है

"...सबसे बड़ा सवाल है कि विदेशी ज़मीन पर रिपोर्टिंग करने गये पत्रकारों को क्या देश की इज़्ज़त का ख़्याल नहीं रखना चाहिए?...सवाल ये उठता है कि क्या किसी पत्रकार को दूसरे देश में जाकर 125 करोड़ जनता की नुमाइन्दगी कर रहे प्रधानमन्त्री का मज़ाक़ उड़ाने का नैतिक अधिकार है? क्या विदेश में हुई इस घटना को एंटी नेशनल नहीं कहा जायेगा?...नरेन्द्र मोदी अमेरिका के दौरे पर हैं और इस दौरान उनके सभी कार्यों का सीधा सम्बन्ध भारत की 125 करोड़ जनता से है। ऐसे में, क्या किसी पत्रकार को अपने ही मुल्क के प्रधानमन्त्री के ख़िलाफ़ उनके घोषित कार्यक्रम के बाहर जुटी जनता के बीच उनकी छवि बिगाड़ने की कोशिश क्या स्वस्थ पत्रकारिता का नमूना है?...अब सवाल यह उठता है कि क्या किसी दल विशेष के एजेंडे को लेकर अमेरिका गये राजदीप सरदेसाई के साथ हुई हाथापाई की घटना को पत्रकारिता से जोड़कर देखा जाना चाहिए?"[1]

*ज़ी-न्यूज़ पर दिखाई गयी 4.6 मिनट लम्बी रिपोर्ट के कुछ अंश*

ये वे सवाल हैं जो पिछले दिनों प्रधानमन्त्री नरेन्द्र मोदी की अमेरिका यात्रा के दौरान न्यूयॉर्क में मैडिसन स्क्वायर पर उनके भाषण के कार्यक्रम से पहले वहाँ रिपोर्टिंग कर रहे वरिष्ठ पत्रकार और 'हेडलाइंस टुडे' के सलाहकार सम्पादक/एंकर राजदीप सरदेसाई और वहाँ मौजूद भीड़ के बीच मारपीट और गाली-गलौज की घटना के बारे में 'ज़ी-न्यूज़' ने अपनी एक रिपोर्ट में उठाये हैं। उल्लेखनीय है कि जब प्रधानमन्त्री नरेन्द्र मोदी अमेरिका के दौरे पर गये थे तो वहाँ उन्होंने न्यूयॉर्क के मैडिसन स्क्वायर में 20 हज़ार से ज़्यादा प्रवासी भारतीयों की एक विशाल सभा को भी सम्बोधित किया था।

सरदेसाई का आरोप है कि उस दौरान प्रवासी भारतीयों के एक छोटे लेकिन आक्रामक समूह ने उनके साथ न सिर्फ़ गाली-गलौज और हूटिंग की बल्कि हाथापाई भी की। 'हेडलाइंस टुडे' के एक वीडियो[2] में पत्रकार राजदीप सरदेसाई से नाराज़ प्रवासी भारतीयों का एक समूह 'मोदी-मोदी' और 'राजदीप मुर्दाबाद' के नारे लगाता हुआ राजदीप सरदेसाई को निशाना बनाते और सवालों पर शोर मचाते दिखाई देता है जिसमें कुछ भगवा टी-शर्ट पहने हुए और बहुत उग्र नज़र आते हैं। इस शोर-शराबे के बीच आख़िर राजदीप को कार्यक्रम बीच में ही ख़त्म करना पड़ता है। बाद में राजदीप सरदेसाई ने अपने साथ दुर्व्यवहार का आरोप लगाते हुए कहा कि भीड़ में कुछ लोग उन्हें लगातार अपमानित कर रहे थे और उनके काम में बाधा डाल रहे थे। सरदेसाई के साथ हुई इस घटना पर तीखी प्रतिक्रियाएँ सामने आयीं। यह एक मुद्दा बनने लगा।

लेकिन जल्दी ही भाजपा नेता सुब्रह्मण्यम स्वामी ने एक वीडियो लिंक[3] जारी करके बताया कि प्रवासी भारतीयों से गाली-गलौज और मारपीट की शुरुआत पत्रकार राजदीप सरदेसाई ने ही की। इस वीडियो में खीजे से दिखाई दे रहे राजदीप एक प्रवासी भारतीय को अपशब्द कहते और बदले में एक प्रवासी भारतीय से अपशब्द सुनते और फिर उसे आक्रामक तरीक़े से धक्का देते हुए दिखाई देते हैं। ज़ाहिर है कि इस वीडियो के सामने आने के बाद सोशल मीडिया पर राजदीप सरदेसाई पर हमले और बढ़ गये। हालाँकि इस घटना के एक प्रत्यक्षदर्शी और डीएनए अख़बार के पत्रकार अचिंत शर्मा ने फ़ेसबुक पर लिखते हुए पूरी घटना बयान की जिसमें प्रवासी भारतीयों की उस भीड़ पर राजदीप सरदेसाई को जान-बूझकर निशाना बनाने का आरोप लगाया गया।[4]

यही नहीं, इस घटना के कई और विवरण और रिपोर्टें सोशल मीडिया, वेब पोर्टलों और कुछ चैनलों पर आई हैं।[5] इस बीच घटना के कोई दो सप्ताह बाद राजदीप सरदेसाई ने एक बयान जारी करके न सिर्फ़ अपने साथ हुए गाली-गलौज और दुर्व्यवहार के बारे में अपना पक्ष रखा बल्कि यह कहते हुए अपने व्यवहार पर भी खेद जताया कि उन्हें अपना आपा नहीं खोना चाहिए था।[6] इसमें कोई दो राय नहीं है कि मोदी समर्थक उन प्रवासी भारतीयों के उग्र व्यवहार और गाली-गलौज के उकसावे के बावजूद राजदीप को यथासम्भव शान्त और सहज रहना चाहिए था। उनके जैसे वरिष्ठ और अनुभवी पत्रकार से निश्चय ही संयम और सन्तुलन बनाये रखने की अपेक्षा की जाती है।

यह तथ्य है कि उन्मादी भीड़ का ऐसा व्यवहार पत्रकारिता के अनिवार्य जोख़िमों में से एक है और यह एक पत्रकार के प्रोफ़ेशनल रवैये की परीक्षा का भी मौक़ा होता है। अफ़सोस, राजदीप सरदेसाई इस परीक्षा में फेल रहे। अच्छी बात यह है कि देर से ही सही उन्होंने उस घटना में अपने व्यवहार के लिए खेद जताना ज़रूरी समझा। लेकिन बात यहीं ख़त्म नहीं होती है। इस घटना के बाद न्यूज़ और सोशल मीडिया में पत्रकार और पत्रकारिता की भूमिका पर कई गम्भीर सवाल उठाये गये हैं और उन पर बहस भी हो रही है। इन सवालों पर चर्चा ज़रूरी है। ख़ासकर 'ज़ी-न्यूज़' ने इस घटना को लेकर जो सवाल उठाये हैं, उस पर बहस इस दौर में पत्रकारिता और पत्रकार की भूमिका के लिहाज़ से महत्त्वपूर्ण है।[7]

लेकिन सबसे पहले सरदेसाई प्रकरण पर ज़ी-न्यूज़ की रिपोर्टिंग और उसकी फ़्रेमिंग और प्रस्तुति के बारे में चंद बातें। सबसे पहली बात तो यह है कि सबकी ख़बर लेने और सबकी ख़बर देने का दावा करने वाले मुख्यधारा के कॉर्पोरेट न्यूज़ मीडिया में यह एक अघोषित नियम है कि वे आपस में कड़ी प्रतियोगिता के बावजूद एक-दूसरे के बारे में रिपोर्ट या चर्चा नहीं करते। जहाँ तक सम्भव हो, वे एक-दूसरे के नैतिक विचलनों और गड़बड़ियों को अनदेखा करते हैं। कभी-कभार जब किसी घटना या मुद्दे को क़ानूनी या अन्य कारणों से छुपाना मुश्किल हो जाये तो मजबूरी में उसकी रिपोर्टिंग और चर्चा करनी पड़ती है। अन्यथा इस अघोषित नियम या ओमेर्ता कोड का बिना अपवाद के पालन किया जाता रहा है।

उल्लेखनीय है कि नीरा राडिया के टेप चैनलों/अख़बारों के पास कई महीनों से थे लेकिन उसे किसी ने छापने या दिखाने की पहल नहीं की। बाद में, जब उसे छुपाना असम्भव होने लगा और 'आउटलुक' और 'ओपन' ने उसे छापने का फ़ैसला किया, तब उस पर बाक़ी अख़बारों और चैनलों में मजबूरी में रिपोर्टिंग और चर्चा हुई। कहने की ज़रूरत नहीं है कि कॉर्पोरेट न्यूज़ मीडिया में पेड न्यूज़ से लेकर अन्य तमाम नैतिक विचलनों, गड़बड़ियों और अनियमितताओं को दबाने-छुपाने या अनदेखा करने के कारण ही इन्हें बढ़ावा मिल रहा है। इससे न्यूज़ मीडिया की अपनी जवाबदेही तय नहीं हो पाती है। यह पाठकों/दर्शकों के साथ भी धोखा है क्योंकि उनसे सच्चाई छुपाई जा रही है और उसे जानकारी नहीं है कि जिस अख़बार/चैनल को वह पढ़/देख रहा है, उसकी ख़बरें किस हद तक विश्वसनीय हैं।

इसके मद्देनज़र इस प्रवृत्ति का स्वागत किया जाना चाहिए जिसमें न्यूज़ चैनल और अख़बार एक-दूसरे के बारे में और मालिकों/सम्पादकों/पत्रकारों के आचरण, कामकाज, नैतिक और क़ानूनी विचलनों के बारे में रिपोर्ट और चर्चा करें।

सच पूछिये तो इससे बेहतर कोई स्व-नियमन (सेल्फ-रेगुलेशन) नहीं हो सकता है। इस लिहाज़ से अगर ज़ी-न्यूज़ ने न्यूयॉर्क में पत्रकार/सम्पादक राजदीप प्रकरण को उसकी समाचार वैल्यू और गम्भीरता के कारण विस्तार और सक्रियता से रिपोर्ट और प्राइम टाइम चर्चा करने लायक माना तो उसका ज़रूर स्वागत किया जाना चाहिए।

ज़ाहिर है कि लोकतन्त्र में आलोचनाओं और सवालों से परे कोई नहीं है। राजदीप सरदेसाई की भी आलोचना होनी चाहिए और उनसे तीखे और असहज सवाल किये जाने चाहिए। यही नहीं, राजदीप सरदेसाई की कैश फार वोट मामले में स्टिंग को न दिखाने का प्रकरण हो या टीवी-18 समूह से 350 से ज़्यादा पत्रकारों/मीडियाकर्मियों को नौकरी से निकाले जाने में सन्दिग्ध भूमिका का मसला हो—तीखी आलोचना हुई है और गम्भीर सवाल उठे हैं। राजदीप सरदेसाई की राजनीतिक पक्षधरता और पूर्वाग्रहों पर भी सवाल उठ सकते हैं और उठाये जाने चाहिए।

लेकिन क्या ज़ी-न्यूज़ की राजदीप प्रकरण पर रिपोर्टिंग और चर्चा तथ्यपूर्ण, वस्तुनिष्ठ, सन्तुलित और निष्पक्ष (फेयर) थी? अफ़सोस के साथ कहना पड़ता है कि ज़ी-न्यूज़ की रिपोर्ट न सिर्फ़ तथ्यपूर्ण, वस्तुनिष्ठ और सन्तुलित नहीं थी बल्कि उसकी एंगल और फ्रेमिंग जिस तरह से की गयी, उसमें चैनल का एजेंडा और दुर्भावना साफ़ दिखाई पड़ रहे थे। उदाहरण के लिए, ज़ी-न्यूज़ की रिपोर्ट सिर्फ़ राजदीप के उग्र व्यवहार को दिखाती है। वह भीड़ के उग्र व्यवहार, नारेबाजी और धक्का-मुक्की को नहीं दिखाती है। वह यह नहीं बताती कि यह मामला कैसे शुरू हुआ? उसकी पृष्ठभूमि क्या थी? वह यह भी नहीं बताती कि भीड़ राजदीप से नाराज़ क्यों थी?

यही नहीं, वह पूरी रिपोर्ट में राजदीप को अपना पक्ष रखने का अवसर नहीं देती है जो पत्रकारिता में सन्तुलन और फेयरनेस की ज़रूरी माँग है। वह किसी प्रत्यक्षदर्शी से भी बात नहीं करती है। इसके उलट पूरी रिपोर्ट राजदीप को एकतरफ़ा खलनायक की तरह पेश करती है, 'पत्रकार की मंशा पर उठे सवाल', 'देश को शर्मसार करने वाली हरकत' और 'विदेश में ताक पर रखी देश की इज़्ज़त' जैसे स्लग के साथ राजदीप को पूरी घटना के लिए दोषी ठहराती है, उन्हें 'एक दल विशेष के एजेंडे' पर काम करने वाला बताती है और यहाँ तक कि उनके व्यवहार को 'एंटी-नेशनल' बताने तक पहुँच जाती है।

ज़ी-न्यूज़ यहीं नहीं रुकता है। रिपोर्ट के दूसरे हिस्से में वह राजदीप सरदेसाई और उनकी पत्रकार पत्नी सागरिका घोष की योग्यता पर सवाल खड़े करने के साथ-साथ उनकी सफलताओं में उनके प्रभावशाली रिश्तेदारों और सम्पर्कों की

भूमिका पर भी सवाल उठाता है। कहना मुश्किल है कि इस सबका इस प्रकरण से क्या सम्बन्ध था? यही नहीं, ज़ी-न्यूज़ की रिपोर्ट राजदीप सरदेसाई और उनकी पत्नी पर जो आरोप लगाती है, उसके लिए कोई तथ्य नहीं देती है। निश्चय ही, रिपोर्ट का दूसरा हिस्सा न सिर्फ़ चैनल की मंशा और बदनीयती को दिखाता है बल्कि ख़राब और पूर्वाग्रहपूर्ण रिपोर्टिंग का बदतर नमूना है। ऐसा लगता है जैसे ज़ी-न्यूज़ राजदीप सरदेसाई से कोई हिसाब चुकता कर रहा हो। क्या यही ज़ी-न्यूज़ की स्वस्थ पत्रकारिता का नमूना है?

लेकिन मुद्दा सिर्फ़ ख़राब और पूर्वाग्रहपूर्ण रिपोर्टिंग का ही नहीं है। इसे थोड़ी देर के लिए यह जानते हुए अनदेखा भी किया जा सकता है कि जब से ज़ी-न्यूज़ के मालिक सुभाष चन्द्र भारतीय जनता पार्टी के पक्ष में उसके एक कार्यकर्ता की तरह काम करने लगे हैं और भाजपा और आर.एस.एस. के नेताओं के साथ मंच शेयर कर रहे हैं, ज़ी-न्यूज़ का राजनीतिक झुकाव ज़्यादा स्पष्ट और मुखर हो गया है। यह भी किसी से छुपा नहीं है कि राजदीप सरदेसाई की पहचान उन कथित धर्मनिरपेक्ष (भाजपा समर्थकों की निगाह में 'सिकुलर' और 'न्यूज़ ट्रेडर') पत्रकारों/सम्पादकों में रही है जिनसे बहुतेरे भाजपा और मोदी समर्थकों की इस बात के लिए गहरी नाराज़गी रही है कि वे एक एजेंडे के तहत मोदी का विरोध करते हैं और इसके लिए 2002 के गुजरात दंगों का मुद्दा उठाते रहे हैं।

हैरानी की बात नहीं है कि मैडिसन स्क्वायर पर राजदीप सरदेसाई के विरोध में नारे लगा रही भीड़ में से भी राजदीप को 'न्यूज़ ट्रेडर' कहा गया।[8] वैसे इस विशेषण का इस्तेमाल ख़ुद नरेन्द्र मोदी ने 2014 के आम चुनावों से पहले दिये गये कुछ साक्षात्कारों में अपने विरोधी पत्रकारों/मीडिया समूहों के लिए किया था। हालाँकि मोदी ने उन साक्षात्कारों में राजदीप या किसी और पत्रकार या समाचार समूह का नाम नहीं लिया था लेकिन 2002 के गुजरात दंगों की रिपोर्टिंग को लेकर राजदीप सरदेसाई जैसे पत्रकारों से उनकी नाराज़गी बहुत छुपी नहीं है। यह भी किसी से छुपा नहीं है कि सुब्रह्मण्यम स्वामी जैसे कुछ भाजपा नेताओं और मधु किश्वर जैसी समर्थकों के अलावा सोशल मीडिया पर भाजपा और ख़ासकर मोदी के सैकड़ों-हज़ारों समर्थकों ने एनडीटीवी जैसे चैनलों और राजदीप सरदेसाई, बरखा दत्त, सिद्धार्थ वरदराजन जैसे सम्पादकों/पत्रकारों को निशाना बनाया हुआ है।

असल में, इस पूरे प्रकरण को इन सन्दर्भों और परिप्रेक्ष्य से काटकर नहीं देखा जा सकता है क्योंकि ज़ी-न्यूज़ ने अपनी रिपोर्ट और चर्चा में राजदीप प्रकरण के बहाने जो सवाल उठाये हैं या कहिए कि पत्रकारों और न्यूज़ मीडिया से माँग

की है, उनका सम्बन्ध सिर्फ़ राजदीप से नहीं बल्कि पूरी पत्रकारिता और पत्रकारों की भूमिका से है। इनमें सबसे महत्त्वपूर्ण सवाल यह है कि क्या प्रधानमन्त्री की विदेश यात्रा को कवर करने गये भारतीय पत्रकार का प्रधानमन्त्री के बारे में सवाल पूछना या उनकी आलोचना करना देशहित के ख़िलाफ़ है? ज़ी-न्यूज़ का तर्क है कि चूँकि प्रधानमन्त्री विदेश में देश की 125 करोड़ जनता के प्रतिनिधि के बतौर गये हैं, इसलिए उनकी यात्रा को कवर कर रहे भारतीय पत्रकार को न सिर्फ़ देश की इज़्ज़त का ध्यान रखना चाहिए बल्कि विदेशों में कुछ ज़्यादा भारतीय होना चाहिए।

इस सवाल/माँग और उसके लिए दिये गये तर्क की पड़ताल थोड़ी देर में करते हैं लेकिन यहाँ इस सवाल/माँग की तर्क-भूमि को समझना ज़रूरी है। राजदीप प्रकरण में उनके बहुतेरे आलोचकों ने भीड़ की नाराज़गी और राजदीप के साथ दुर्व्यवहार का इस आधार पर बचाव किया है कि मैडिसन स्क्वायर पर राजदीप सरदेसाई ने उत्तेजक और भड़काऊ सवाल पूछे। हालाँकि वे 'उत्तेजक और भड़काऊ' सवाल और ज़ी-न्यूज़ की निगाह में प्रधानमन्त्री और इस तरह देश की इज़्ज़त का मज़ाक़ बनाने वाले आपत्तिजनक सवाल क्या थे, यह बताने की ज़रूरत ज़ी-न्यूज़ और राजदीप के आलोचकों ने नहीं समझी।

'हेडलाइंस टुडे' के वीडियो में वे सवाल हैं। इनमें राजदीप सरदेसाई ने वहाँ मौजूद प्रवासी भारतीयों से मूलतः पाँच-छह सवाल पूछे हैं। जैसे, क्या वे यहाँ टिकट लेकर आये हैं? मोदी को 31 फ़ीसदी भारतीयों ने वोट दिया लेकिन देश में अभी भी उनके बहुत आलोचक हैं जो कहते हैं कि मोदी ने अभी तक कई सवालों के जवाब नहीं दिये हैं, आप उन आलोचकों से क्या कहेंगे? क्या एक व्यक्ति/नेता (यानी मोदी) देश बदल सकता है? क्या प्रवासी भारतीयों का देश-प्रेम दिखावा ज़्यादा नहीं है? क्या मोदी कहें तो वे देश लौटने के लिए तैयार हैं? आपमें से कुछ को लगता है कि मीडिया मोदी के प्रति पूर्वाग्रह से ग्रसित रहा है? और जब हंगामा और नारेबाज़ी बढ़ जाती है तो राजदीप ने पूछा कि क्या नरेन्द्र मोदी ने आपको बुरे व्यवहार की शिक्षा दी है? क्या अमेरिका ने आपको बुरा व्यवहार करने की शिक्षा दी है?

सवाल यह है कि क्या ये सवाल सचमुच, 'उत्तेजक, भड़काऊ और देश की इज़्ज़त का मज़ाक़' बनाने वाले हैं? क्या इनसे 'प्रधानमन्त्री की छवि' बिगड़ती है? अगर एक मिनट के लिए यह मान भी लिया जाये कि ये सवाल 'उत्तेजक और भड़काऊ' थे लेकिन इससे 'प्रधानमन्त्री की छवि' और उससे अधिक 'देश की इज़्ज़त' कैसे ख़राब होती है? फिर यह 'देश-विरोधी' कैसे है? क्या किसी पत्रकार का विदेशी भूमि पर तीखे और असहज करने वाले सवाल पूछना 'देश की इज़्ज़त

का मज़ाक़' बनाना और इस तरह 'देश-विरोधी' कार्यशैली का परिचायक है? क्या इसका अर्थ यह है कि विदेशी भूमि पर प्रधानमन्त्री की यात्रा कवर करने आये भारतीय पत्रकारों को सवाल पूछने और आलोचना करने का अधिकार देश में छोड़कर आना चाहिए?

इन सवालों के उत्तर से पहले कुछ और सवाल। क्या भारत के प्रधानमन्त्री की प्रतिष्ठा और 'देश की इज़्ज़त' इतनी हल्की और भुरभुरी है कि वह कुछ तीखे (या पूर्वाग्रहपूर्ण) सवालों, टिप्पणियों और आलोचनाओं से भरभरा के गिर जायेगी? दूसरे, क्या प्रधानमन्त्री को लेकर सवाल पूछना और उनकी आलोचना करना, देश की आलोचना करना है? क्या प्रधानमन्त्री और देश एक-दूसरे के पर्याय हैं? अगर ऐसा है तो मिस्र के शरम-अल-शेख में तत्कालीन प्रधानमन्त्री मनमोहन सिंह ने पाकिस्तान के साथ जो समझौता किया था, उसकी उनके विदेशी भूमि पर रहते हुए ही इतनी तीखी आलोचना क्यों हुई थी? यू.एन में भारतीय विदेशमन्त्री एस.एम. कृष्णा के किसी और का भाषण पढ़ने पर इतना मज़ाक़ क्यों उड़ा था?

ऐसे अनेक उदाहरण दिये जा सकते हैं। लेकिन मुद्दा यह नहीं है। मुद्दा यह है कि प्रधानमन्त्री की यात्रा कवर कर रहे भारतीय पत्रकार से देश में लोग क्या अपेक्षा करते हैं? क्या उससे यह अपेक्षा होती है कि वह यात्रा के बारे में केवल सकारात्मक और पीआर रिपोर्टिंग करे और आलोचना और सवालों को स्थगित कर दे? या उससे यह अपेक्षा होती है कि वह यात्रा के बारे में तथ्यपूर्ण, वस्तुनिष्ठ, फेयर और सन्तुलित रिपोर्ट करे, सच्चाई को सामने लाये और यात्रा के दौरान प्रधानमन्त्री की उच्चस्तरीय बैठकों, वार्ताओं, समझौतों और भाषणों की बारीक, विभिन्न कोणों से और आलोचनात्मक समीक्षा करे?

यह सवाल इसलिए महत्त्वपूर्ण है क्योंकि प्रधानमन्त्री की विदेश यात्राओं में जो वार्ताएँ और समझौते आदि होते हैं, उसमें दोनों पक्षों की ओर से कूटनीतिक और आर्थिक बार्गेनिंग होती है, कई तरह के राजनीतिक-कूटनीतिक दबाव होते हैं और अपेक्षाएँ होती हैं, उनमें देश का हित दाँव पर लगा होता है और उसके बारे में देश सच्चाई जानना चाहता है। इसके लिए तथ्यपूर्ण और वस्तुनिष्ठ रिपोर्टिंग और सच्चाई को सामने लाना ज़रूरी है। उदाहरण के लिए, प्रधानमन्त्री नरेन्द्र मोदी की अमेरिका यात्रा से पहले एनडीए सरकार ने कई दवाओं की क़ीमतें तय करने सम्बन्धी एक सर्कुलर को वापस लिया था जिसे लेकर विपक्ष का आरोप था कि यह अमेरिका के दबाव में किया गया। इसमें कितनी सच्चाई है?

ऐसे ही, ये ख़बरें भी थीं कि डब्ल्यू.टी.ओ. वार्ताओं में अमेरिका, भारत को खाद्य सब्सिडी पर अपना रुख बदलने के लिए दबाव डाल रहा है। इसमें कितनी सच्चाई थी और अमेरिका यात्रा के दौरान बातचीत में ये मुद्दे उठे या नहीं और उसमें क्या हुआ? क्या देश को इसका और ऐसे ही दूसरे महत्त्वपूर्ण सवालों का उत्तर नहीं मिलना चाहिए? आख़िर देशहित इसे बताने में है या छुपाने में? देश को सच से डर क्यों लगना चाहिए? यह भी कि सच प्रधानमन्त्री के विदेशों में रहते सामने आये या एक सप्ताह बाद उनके स्वदेश वापस लौटने पर उससे फ़र्क़ क्यों पड़ना चाहिए? यह सवाल इसलिए ज़रूरी है कि अगर आज इस तर्क को स्वीकार कर लिया गया कि प्रधानमन्त्री के विदेश यात्रा के दौरान तथ्यों और सच को सामने लाना, तीखे सवाल और आलोचना करना देशहित में नहीं है तो कल इसी कथित देशहित और 125 करोड़ भारतीयों के प्रतिनिधि होने का तर्क स्वदेश में भी उठाया जा सकता है।

कहने की ज़रूरत नहीं है कि सरकारें और प्रधानमन्त्री आते-जाते रहते हैं लेकिन देशहित ज़्यादा बड़ी और गम्भीर चीज़ है। यह देशहित में ज़रूरी है कि प्रधानमन्त्री से देश के अन्दर और देश के बाहर भी न सिर्फ़ तीखे और असहज सवाल पूछे जायें बल्कि उनके कामकाज की निरन्तर आलोचनात्मक समीक्षा की जाये। लोकतन्त्र में जहाँ जनता अपने प्रतिनिधि और सरकारें चुनती है, वहाँ न्यूज़ मीडिया और पत्रकारों से एक विरोधी (एड्वर्सेरियल) की भूमिका निभाने की अपेक्षा की जाती है ताकि न सिर्फ़ सरकार की जवाबदेही तय की जा सके बल्कि लोगों को अपना फ़ैसला करने में मदद मिले।

अफ़सोस की बात यह है कि प्रधानमन्त्री की अमेरिका यात्रा की रिपोर्टिंग करने गये विभिन्न न्यूज़ मीडिया समूहों के दर्जनों पत्रकारों/सम्पादकों की रिपोर्टों और चर्चाओं में ऐसी तथ्यपूर्ण जानकारियाँ और उससे जुड़े विभिन्न पहलू कम थे और प्रधानमन्त्री के फ़ोटो-ऑप, उसके बारे में आधिकारिक ब्रीफिंग और हलकी-फुल्की सूचनाएँ ज़्यादा थीं। ख़ुद राजदीप सरदेसाई की रिपोर्टिंग भी इसकी अपवाद नहीं थी। वे भी वही रिपोर्ट कर रहे थे जो और पत्रकार/सम्पादक/एंकर रिपोर्ट कर रहे थे। उस रिपोर्टिंग में तथ्य कम और गल्प और अतार्किक उत्साह ज़्यादा था। ज़्यादातर पत्रकार तथ्यों की कमी की भरपाई हाईप और ग़ैर-ज़रूरी सूचनाओं (ट्रिविया) से कर रहे थे।

कहना मुश्किल है कि ऐसी रिपोर्टिंग और चर्चाओं से क्या देशहित सध रहा था?

***(नवम्बर, 2014)***

## सन्दर्भ :

1. ज़ी-न्यूज़ की ख़बर का लिंक : https://www.youtube.com/watch?v=54xGasucqAc 18 अक्टूबर 14 को देखा गया
2. मोदी चान्ट्स रिजोइंड्स अमेरिका, हेडलाइन टुडे https://www.youtube.com/watch?v=tMNzGRnmHd0 18 अक्टूबर 14 को देखा गया
3. राजदीप सरदेसाई स्टार्टेड द फाइट अत मैडिसन स्क्वायर, सर जडेजा, यू-ट्यूब वीडियो लिंक: https://www.youtube.com/watch?v=Iv-EHQ4IbxQ 18 अक्टूबर को देखा गया
4. शर्मा, अचिंत. आई स्टैंड विथ राजदीप. आउटलुक : http://www.outlookindia.com/article/IStandWithRajdeep-/292078
5. वीडियो का सच, एबीपी न्यूज़ https://www.youtube.com/watch?v=gLBxQXrZqvU 18 अक्टूबर को देखा गया
6. राजदीप सरदेसाई ने खेद जताया, डीएनए की ख़बर का लिंक: http://www.dnaindia.com/india/report-rajdeep-sardesai-expresses-regret-over-scuffle-at-madison-square-2025289
7. ज़ी-न्यूज़ पर राजदीप सरदेसाई प्रकरण पर चर्चा का लिंक : https://www.youtube.com/watch?v=cDg4jn060-Y 18 अक्टूबर को देखा गया
8. महेन्द्र रेड्डी से इंटरव्यू, ज़ी-न्यूज़ का लिंक : https://www.youtube.com/watch?v=jGMvs-ptLmI 18 अक्टूबर 22 को देखा गया

## खण्ड-ग

# न्यूज़ चैनलों का राजनीतिक अर्थशास्त्र

# न्यूज़ मीडिया कम्पनियों का आर्थिक संकट

## कॉर्पोरेट न्यूज़ मीडिया के ढहते बिज़नेस मॉडल की क़ीमत पत्रकारों को चुकानी पड़ रही है

केन्द्र में प्रधानमन्त्री नरेन्द्र मोदी के नेतृत्व में आयी एनडीए सरकार को ढाई साल से ज़्यादा हो चुके हैं। वायदा था—अच्छे दिनों का। इस नारे ने आम लोगों के साथ-साथ न्यूज़ मीडिया को भी ख़ूब लुभाया था। लेकिन सरकार का आधे से अधिक कार्यकाल बीत जाने के बाद भी लोग अच्छे दिनों के आने का इन्तज़ार कर रहे हैं। न्यूज़ मीडिया उद्योग को भी अच्छे दिनों के आने की बहुत उम्मीद थी। इस उम्मीद में न्यूज़ मीडिया के बड़े हिस्से ने 2014 के आम चुनावों में मोदी को एक तरह से खुला समर्थन दिया, नयी सरकार को हाथों-हाथ उठा लिया और उसके ख़ूब गुण गाये। न्यूज़ मीडिया के बड़े हिस्से में यह गुणगान अभी भी जारी है।

लेकिन न्यूज़ मीडिया उद्योग का कहना है कि उसके अच्छे दिन आना तो दूर रहा, उल्टे बुरे दिन आ गये हैं। पिछले दो-तीन महीनों से न्यूज़ मीडिया उद्योग से आ रही रिपोर्टों से ऐसा लगता है कि न्यूज़ मीडिया उद्योग गहरे संकट में है और उसके अस्तित्व पर ख़तरा मँडरा रहा है। याद रखिये, यह मोदी सरकार के आलोचक नहीं कह रहे बल्कि ख़ुद न्यूज़ मीडिया कम्पनियों के मालिक और कर्ता-धर्ता कह रहे हैं। इस संकट का अनुमान देश के सबसे बड़े कॉर्पोरेट मीडिया समूह—बेनेट कोलमैन एंड कम्पनी लिमिटेड के फ्लैगशिप अख़बार 'टाइम्स ऑफ़ इंडिया' (19 जनवरी) के सम्पादकीय पृष्ठ पर छपे अग्रलेख—'इंडियन न्यूज़पेपर्स इंडस्ट्री : रेड इंक स्प्लैशड एक्रोस द बाटमलाइन' से लगाया जा सकता है।

इस सम्पादकीय में कहा गया है कि, "...दुनिया में समाचार-पत्रों के आख़िरी क़िलों में से एक (भारत) में पहले से ही फ़र्श पर ख़ून बिखरा हुआ है। बड़े राष्ट्रीय

अख़बार अपने संस्करण बन्द कर रहे हैं, पत्रकारों की छँटनी हो रही है, लागत कम करने की कोशिश में विस्तार और नये निवेश पर रोक लगा दी गयी है। छोटे अख़बार पिछले पाँच सालों से यह कर रहे हैं। हालात इससे भी बुरे हो जायेंगे, अगर जीएसटी की नयी व्यवस्था में टैक्स बढ़ाये गये, नोटबन्दी के नुक़सानदेह प्रभाव इस तिमाही और अगली तिमाही में भी जारी रहे और आगे सरकार ने वेतन आयोग की सिफ़ारिशों को आंशिक रूप से स्थगित नहीं किया।"

कहने की ज़रूरत नहीं है कि देश की सबसे बड़ी और ताक़तवर मीडिया कम्पनी के अख़बार—'टाइम्स ऑफ़ इंडिया' के इस सम्पादकीय में कम्पनी के निहित स्वार्थ बारीकी से बुने गये हैं, उसमें कई खेल और कुछ पेंच (स्पिन) हैं और उसे सावधानी से पढ़ा जाना चाहिए। यह भी साफ़ है कि इसमें न्यूज़ मीडिया उद्योग के संकट को संकीर्ण दायरे में देखने से लेकर उसके कारणों को पहचानने में पूर्वाग्रह साफ़ दिखाई देता है। यह भी कि टाइम्स समूह न्यूज़ मीडिया उद्योग के संकट को अपने बिज़नेस एजेंडे को आगे बढ़ाने के लिए इस्तेमाल करने की कोशिश कर रहा है।

लेकिन इसमें कोई दो राय नहीं है कि न्यूज़ मीडिया उद्योग संकट से गुज़र रहा है। इसका सुबूत यह है कि पिछले दो महीने में देश के दो बड़े अख़बार समूहों—हिन्दुस्तान टाइम्स और आनन्द बाज़ार पत्रिका समूह ने कोई एक हज़ार पत्रकारों/कर्मचारियों की छँटनी की घोषणा की है। हिन्दुस्तान टाइम्स ने आर्थिक संकट का हवाला देकर जनवरी के पहले सप्ताह में कोलकाता, भोपाल, इन्दौर, राँची, इलाहाबाद, वाराणसी और कानपुर संस्करण और ब्यूरो बन्द करने की घोषणा की। इसके कारण लगभग 300 पत्रकारों/कर्मचारियों की नौकरियाँ एक झटके में चली गयीं।

इसी तरह फ़रवरी के पहले सप्ताह में पूर्वी भारत के सबसे बड़े मीडिया समूह—आनन्द बाज़ार पत्रिका (एबीपी) समूह ने कोलकाता मुख्यालय के विभिन्न सम्पादकीय विभागों से लेकर कई राज्य/ज़िला ब्यूरो बन्द या सीमित करने का ऐलान किया। इसके कारण कोई 700 पत्रकारों/कर्मचारियों की नौकरी जाने का अनुमान है। एबीपी समूह ने कुछ महीने पहले ही लगभग 40 फ़ीसदी कर्मियों की छँटनी का संकेत दिया था। बीते दिसम्बर में भी लगभग 40 पत्रकारों की छँटनी हुई थी। लेकिन 2 फ़रवरी को एबीपी समूह में एक झटके में इतनी बड़ी संख्या में पत्रकारों/कर्मचारियों की छँटनी को मीडिया पर निगरानी रखने वाली वेबसाइट—

'द हूट' ने 'खून ख़राबे' (ब्लडबाथ) और 'आउटलुक' पत्रिका ने छँटनी के शिकार पत्रकारों के हवाले से 'नरसंहार' की संज्ञा दी है।

सचमुच, एक झटके में इतने पत्रकारों और समाचार-पत्र कर्मियों को नौकरी से बाहर कर देना किसी नरसंहार या ख़ून-ख़राबे से कम नहीं है। यह सही है कि इतने बड़े पैमाने पर पत्रकारों और समाचार-पत्र या न्यूज़ चैनल के कर्मियों की छँटनी पहली बार नहीं हुई है। पिछले चार-पाँच सालों में अख़बारों और न्यूज़ चैनलों से पत्रकारों/कर्मियों की बड़े पैमाने पर छँटनी, वार्षिक वेतन वृद्धि पर रोक, काम के बढ़ते बोझ और निरन्तर बदतर होती सेवाशर्तों की रिपोर्टें नियमित रूप से आती रही हैं। ऐसी कोई बड़ी-छोटी न्यूज़ मीडिया कम्पनी नहीं है जिसमें पिछले दो-तीन सालों में छँटनी नहीं हुई हो या पत्रकारों/कर्मियों की मुश्किलें न बढ़ी हों।

ऐसा नहीं है कि सिर्फ़ अख़बारों में ऐसा हो रहा है। टीवी न्यूज़ चैनलों में भी यही हाल है। पत्रकार यूनियनों के प्रतिनिधियों और न्यूज़ मीडिया पर स्वतन्त्र निगाह रखनेवाले विश्लेषकों के मुताबिक़, देश में पिछले चार-पाँच वर्षों से राष्ट्रीय और क्षेत्रीय न्यूज़ मीडिया कम्पनियों में लागत में कटौती के नाम पर स्टाफ़ की घटौती (डाउनसाइजिंग) की प्रक्रिया जारी है। दूसरी ओर, कई अख़बार/चैनल या तो बन्द हो गये या मरणासन्न स्थिति में हैं। इस कारण, एक मोटे अनुमान के अनुसार, अब तक कोई 15000 पत्रकारों/ग़ैर-पत्रकार कर्मियों की नौकरियाँ गयी हैं।

यह भी सच है कि इन्हीं दिनों में अन्य उद्योगों में भी बड़े पैमाने पर छँटनियाँ हुई हैं। उनके मुक़ाबले न्यूज़ मीडिया उद्योग और उसकी कम्पनियों में हो रही छँटनी कुछ नहीं है। उदाहरण के लिए, देश की सबसे बड़ी इंजीनियरिंग और इंफ्रास्ट्रक्चर कम्पनी—लार्सन एंड टुब्रो ने अकेले पिछले साल नवम्बर में 14000 नौकरियाँ ख़त्म करने का ऐलान किया है। कहने की ज़रूरत नहीं है कि लार्सन एंड टुब्रो अकेली ऐसी कम्पनी नहीं है। तथ्य यह है कि पिछले डेढ़-दो सालों से जारी औद्योगिक सुस्ती और ख़ासकर नोटबन्दी के बाद लाखों की संख्या में नौकरियाँ गयी हैं।

ज़ाहिर है कि न्यूज़ मीडिया उद्योग भी इस प्रवृत्ति का अपवाद नहीं है। यह भी काफ़ी हद तक सही है कि अन्य उद्योगों की तरह न्यूज़ मीडिया उद्योग भी सुस्त पड़ती अर्थव्यवस्था, घटते निवेश, उपभोग और निर्यात में गिरावट और उसकी वजह से कम्पनियों के विज्ञापन बजट में कटौती के कारण संकट में है। लेकिन इसके साथ यह भी उतना ही सच है कि न्यूज़ मीडिया उद्योग के आर्थिक संकट के लिए ख़ुद न्यूज़ मीडिया कम्पनियाँ भी कम ज़िम्मेदार नहीं हैं। उदाहरण के लिए, इन न्यूज़

मीडिया कम्पनियों के मालिकों, निदेशक मण्डल, सीईओ, दूसरे टॉप मैनेजरों और इक्का-दुक्का टॉप सम्पादकों की तनख़्वाहें और दूसरे भत्ते/ख़र्चे आसमान छू रहे हैं।

उनके मुक़ाबले आम पत्रकारों के वेतन और भत्तों पर होने वाला ख़र्च कुछ नहीं है। लेकिन आर्थिक संकट की गाज़ हमेशा आम पत्रकारों पर गिरती है। मालिकों और टॉप मैनेजरों/सम्पादकों की सेहत पर कोई ख़ास फ़र्क़ नहीं पड़ता। लेकिन उससे भी महत्त्वपूर्ण बात यह है कि न्यूज़ मीडिया कम्पनियों के आर्थिक संकट के लिए उनका वह कॉर्पोरेट बिज़नेस मॉडल भी ज़िम्मेदार है जो अधिक-से-अधिक मुनाफ़ा बटोरने के लिए न सिर्फ़ पूरी तरह से कॉर्पोरेट और सरकारी विज्ञापनों से होने वाली आय पर निर्भर है बल्कि इसके लिए अपनी विश्वसनीयता और साख को भी दाँव पर लगाकर 'ख़बरों का सौदा' (पेड न्यूज़, प्राइवेट ट्रीटी आदि) करने के लिए तैयार है।

असल में, भारत ही नहीं, दुनिया के तमाम उदार पूँजीवादी देशों में व्यावसायिक न्यूज़ मीडिया का यह कॉर्पोरेट बिज़नेस मॉडल संकट में है। अधिक से अधिक मुनाफ़े का लालच और उसके लिए विज्ञापनों पर अति निर्भरता और मीडिया इथिक्स के साथ समझौतों के कारण पत्रकारिता पीछे चली गयी है, पत्रकार सत्ता और कॉर्पोरेट गठजोड़ के आगे झुकने को मजबूर हैं जिसकी वजह से कॉर्पोरेट न्यूज़ मीडिया की साख/विश्वसनीयता गिरी है और इसके साथ पाठक/दर्शक भी उसका साथ छोड़ रहे हैं। रही-सही कसर नयी तकनीक और न्यू मीडिया ने पूरी कर दी है जिन्होंने पारम्परिक (लिगेसी) माध्यमों (अख़बार/टीवी न्यूज़) को चुनौती देना शुरू कर दिया है।

इस तरह कॉर्पोरेट न्यूज़ मीडिया का यह मॉडल एक ऐसी अन्धी गली में फँस गया है जहाँ से उसका निकलना दिन-पर-दिन मुश्किल होता जा रहा है। विकसित पश्चिमी देशों में यह संकट ज़्यादा साफ़ दिखाई दे रहा है। लेकिन भारत भी इसका अपवाद नहीं है। भारत में भी कॉर्पोरेट न्यूज़ मीडिया कम्पनियों के मौजूदा संकट में उसकी झलक देखी जा सकती है। देश में भी न्यूज़ मीडिया कम्पनियों के कॉर्पोरेटीकरण की प्रक्रिया जैसे-जैसे आगे बढ़ी है, वे मुनाफ़े की हवस में पत्रकारिता के उसूलों और दायित्वों को किनारे कर चुके हैं, न्यूज़रूम में सम्पादकों से ज़्यादा मैनेजरों की चलती है और टॉप सम्पादक प्रबन्धन के हिस्से बन चुके हैं।

ऐसे में, जब आर्थिक संकट या किसी और कारण से उनके मुनाफ़े पर दबाव बढ़ने लगता है, ये न्यूज़ मीडिया कम्पनियाँ ख़र्च घटाने के नाम पर सबसे पहले पत्रकारों/कर्मियों की छँटनी करती हैं। ऐसा शायद ही कभी हुआ हो कि आर्थिक

संकट की गाज मालिकों, टॉप मैनेजरों और सम्पादकों की आसमान छूती तनख़्वाहों, भत्तों और पाँच सितारा सुविधाओं पर गिरी हो। ऐसा लगता है कि जैसे अख़बारों और न्यूज़ चैनलों में सबसे ग़ैर-ज़रूरी पत्रकार और रिपोर्टर ही हैं जिन्हें कभी भी निकाला जा सकता है या जिनके बिना भी काम चल सकता है।

हैरानी की बात नहीं है कि 'टाइम्स ऑफ़ इंडिया' का उक्त सम्पादकीय (19 जनवरी) भी अख़बारों के संकट के लिए नोटबन्दी और प्रस्तावित जीएसटी में टैक्स जैसे कारणों के साथ प्रमुख रूप से पत्रकारों और ग़ैर-पत्रकार कर्मियों के लिए गठित मजीठिया वेतन आयोग की सिफ़ारिशों को बताता है। सम्पादकीय कहता है, "पिछली सरकार ने नये (मजीठिया) वेतन आयोग की सिफ़ारिशों को स्वीकार करके और उसे ज़बरदस्ती अख़बारों पर थोपकर उन्हें वेतन में 45-50 फ़ीसदी तक की बढ़ोतरी करने से लेकर एरियर देने को मजबूर करके पहले ही कई अख़बार कम्पनियों की हालत ख़राब कर दी है और उन्हें बीमार बना दिया है। इसके कारण अख़बारों के ब्ल्यू कालर स्टाफ़ जैसे चपरासी, क्लर्क और ड्राइवर आदि की तनख़्वाह भी दूसरे उद्योगों की तुलना में तीन गुनी तक बढ़ा दी है। वेतन आयोग की ऊँची तनख़्वाहों के कारण अब तक मुनाफ़े में चलने वाले बड़े अख़बार समूह घाटे में चले गये हैं।"

इस सम्पादकीय में आगे लिखा गया है, "सम्मानित अख़बार समूह—द हिन्दू ग्रुप वेतन आयोग की सिफ़ारिशों के मुताबिक़ वेतन-भत्तों में भारी भुगतान और स्टाफ़ लागत में उछाल के कारण लगातार दो वर्षों—2013-14 और 14-15 से टैक्स पूर्व घाटे में है। देश की सबसे बड़ी और नाट-फॉर-प्रॉफिट न्यूज़ एजेंसी-पीटीआई में पूर्ववर्ती साल की तुलना में वर्ष 2013-14 में स्टाफ़ लागत में 173 फ़ीसदी की बढ़ोतरी के कारण परिचालन घाटे में तेज़ वृद्धि दर्ज की गयी और जो लगातार जारी है।" सवाल है कि इन दावों और शिकायतों में कहाँ तक सच्चाई है? यह भी कि क्या सचमुच, पत्रकारों और ग़ैर-पत्रकारों के वेतन में वृद्धि के कारण अख़बार कम्पनियाँ संकट में हैं?

सच यह है कि इन न्यूज़ मीडिया कम्पनियों के दावों और शिकायतों में खास दम नहीं है। असल में, अख़बार कम्पनियाँ ख़ासकर बड़ी कॉर्पोरेट कम्पनियाँ तथ्यों को तोड़-मरोड़कर पेश कर रही हैं। वे बहुत चालाकी से पत्रकारों की कथित वेतन वृद्धि के लिए वेतन आयोग को ज़िम्मेदार ठहराकर संकट का सारा ठीकरा उस पर फोड़ना चाहती हैं और वेतन आयोग से पीछा छुड़ाने का बहाना बना रही हैं। तथ्य यह है कि समाचार-पत्र कम्पनियों ख़ासकर बड़ी कॉर्पोरेट कम्पनियों ने पिछले कई

सालों (बल्कि दशकों) से समाचार-पत्रों के पत्रकार/ग़ैर-पत्रकार कर्मियों के लिए श्रमजीवी पत्रकार क़ानून' 1955 के तहत गठित होने वाले वेतन आयोग के ख़िलाफ़ मुहिम छेड़ रखी है।

तथ्य यह भी है कि इन कम्पनियों ने श्रमजीवी पत्रकार क़ानून के प्रावधानों को धता बताने और इस क़ानून के तहत गठित होने वाले वेतन आयोग की सिफ़ारिशों को बेमानी बनाने के लिए पिछले दशकों में हर तिकड़म, जोड़तोड़, लाबीइंग, दबाव, धौंस-धमकी और क़ानूनी दाँव-पेंच का इस्तेमाल किया है। अधिकांश समाचार-पत्र कम्पनियों में श्रमजीवी पत्रकार क़ानून के प्रावधान और पत्रकार वेतन आयोग की सिफ़ारिशें सिर्फ़ काग़ज़ों पर हैं, वे लागू नहीं होतीं या आंशिक/आधे-अधूरे तरीक़े से लागू होती हैं। सभी व्यावहारिक अर्थों में श्रमजीवी पत्रकार क़ानून की बहुत पहले ही मौत हो चुकी है और वेतन आयोग सिर्फ़ रस्म अदायगी भर है।

यह किसी से छुपा नहीं है कि 80 के दशक के उत्तरार्द्ध और ख़ासकर 90 के दशक में उदारीकरण-निजीकरण के साथ अख़बारों में ठेके (कॉन्ट्रेक्ट) पर भर्ती का जो सिलसिला शुरू हुआ और स्थायी पत्रकारों/कर्मियों को भी दबाव डालकर कॉन्ट्रेक्ट के तहत लाया गया, उसके बाद अधिकांश अख़बारों में श्रमजीवी पत्रकार क़ानून और वेतन आयोग के तहत आने वाले पत्रकार/कर्मचारी नहीं के बराबर बचे हैं या केवल दिखाने भर को हैं। असल में, लगभग हर अख़बार गिने-चुने पत्रकारों/कर्मियों को स्थायी नियुक्ति पर दिखाता है ताकि उसके ज़रिये क़ानून और कोर्ट की आँख में धूल झोंक सके। यह उनकी मजबूरी है।

लेकिन अख़बार कम्पनियाँ इस मजबूरी को भी ख़त्म करना चाहती हैं। यही कारण है कि टाइम्स समूह समेत कई बड़ी कॉर्पोरेट समाचार-पत्र कम्पनियों ने श्रमजीवी पत्रकार क़ानून और मजीठिया वेतन आयोग की सिफ़ारिशों को लागू करने की सरकारी अधिघोषणा को इस तर्क के साथ सुप्रीम कोर्ट में चुनौती दी थी कि यह संविधान के अनुच्छेद-14 (क़ानून के सामने समानता के अधिकार), अनुच्छेद-19(1)(ए) (अभिव्यक्ति की आज़ादी) और अनुच्छेद-19(1)(जी) (पेशा चुनने का अधिकार) के ख़िलाफ़ है, इसलिए इसे रद्द कर दिया जाये। लेकिन सुप्रीम कोर्ट ने सुनवाई के बाद 7 फ़रवरी 14 को इस याचिका को ख़ारिज कर दिया और श्रमजीवी पत्रकार क़ानून और वेतन आयोग को वैध ठहराया।

इसके बावजूद टाइम्स समूह समेत अधिकांश बड़ी समाचार-पत्र कम्पनियों ने मजीठिया वेतन आयोग की सिफ़ारिशों को ईमानदारी से लागू नहीं किया है।

इस कारण सुप्रीम कोर्ट में न्यायालय की अवमानना के कई मामले लम्बित हैं। लेकिन बड़ी अख़बार कम्पनियाँ वेतन आयोग को ठेंगा दिखाते हुए श्रमजीवी पत्रकार क़ानून को ख़त्म करने के लिए लाबीइंग करने में जुटी हुई हैं। ताज़ा अभियान इसका एक और सबूत है। याद रहे कि पत्रकारों के वेतन-भत्तों, सेवाशर्तों, उनकी आज़ादी को संरक्षण देने के लिए 1955 में बने श्रमजीवी पत्रकार क़ानून को इससे पहले भी अख़बार कम्पनियों ने सुप्रीम कोर्ट में चुनौती दी थी लेकिन कोर्ट ने 1958 में इस क़ानून को संविधान सम्मत घोषित करते हुए याचिका ख़ारिज कर दी थी।

आख़िर मजीठिया वेतन आयोग ने ऐसी कौन-सी सिफ़ारिशें कर दी हैं जिसके कारण समाचार-पत्र कम्पनियाँ अख़बारों के संकट और उनकी बीमारी के लिए उसे ज़िम्मेदार ठहराती हैं? असल में, आयोग ने समाचार-पत्रों कम्पनियों को उनके कुल राजस्व के आधार पर आठ श्रेणियों में विभाजित करके उनके स्थायी और अंशकालिक कार्मिकों के लिए वेतन में बढ़ोतरी की सिफ़ारिश की है। उसने श्रेणियों और प्रकाशन स्थान के आधार पर मकान किराया और दूसरे भत्तों की सिफ़ारिश की है। वेतन आयोग ने वेतन वृद्धि की लागत का भी आकलन किया।

उसके मुताबिक़, पहली से चौथी श्रेणी के अख़बारों में वेतन आयोग की सिफ़ारिशों को लागू करने से वेतन पर होने वाला कुल व्यय उनके कुल राजस्व का सिर्फ़ 13.5 फ़ीसदी बैठेगा। आयोग के अनुसार, इन समाचार-पत्रों में मजीठिया आयोग की सिफ़ारिशों को लागू करने से उनके कुल राजस्व का सिर्फ़ 3.5 फ़ीसदी ख़र्च ही बढ़ेगा क्योंकि पत्रकारों/कर्मियों के वेतन पर पहले से इन समाचार-पत्रों के कुल राजस्व का 10 फ़ीसदी ख़र्च हो रहा है। आयोग के अनुसार, श्रेणी-पाँच से आठ के समाचार-पत्रों पर भी सिफ़ारिशों को लागू करने का उनके कुल राजस्व के तीन फ़ीसदी का अतिरिक्त बोझ पड़ेगा।

सवाल यह है कि समाचार-पत्र कम्पनियाँ पत्रकारों और ग़ैर-पत्रकार कर्मियों के वेतन वृद्धि के बुनियादी हक़ लिए यह मामूली बोझ भी उठाने को क्यों नहीं तैयार हैं? क्या पत्रकारों के बिना कोई अख़बार निकल सकता है? ऐसा क्यों है कि अख़बार कम्पनियाँ अपने पत्रकारों के वेतन/भत्तों पर अपने कुल राजस्व का 13.5 फ़ीसदी भी ख़र्च करने को तैयार नहीं हैं? अख़बार कम्पनी को अपने जीवनरक्त-पत्रकारों की क़ीमत पर सिर्फ़ अपने मालिकों और निवेशकों को अधिक से अधिक लाभांश देने की चिन्ता क्यों करनी चाहिए? पत्रकारों की वेतन वृद्धि पर इतनी हायतौबा मचानेवाली अख़बार कम्पनियाँ अपने मालिकों, निदेशकों,

टॉप मैनेजरों और सम्पादकों के मनमाने वेतन, भत्तों, बोनस, सुविधाओं आदि पर चर्चा क्यों नहीं करती हैं?

और क्या सचमुच, अख़बार कम्पनियाँ आर्थिक संकट में हैं? उदाहरण के लिए, हिन्दुस्तान टाइम्स मीडिया ने चालू वित्तीय वर्ष की तीसरी तिमाही (अक्तूबर-दिसम्बर' 16) में नोटबन्दी के बावजूद पिछले वर्ष की इसी तिमाही के मुक़ाबले लगभग 25 फ़ीसदी ज़्यादा मुनाफ़ा कमाया है। उसका कुल मुनाफ़ा पिछले साल की तिमाही के 85.23 करोड़ रुपये की तुलना में बढ़कर 106.36 करोड़ रुपये हो गया है। इसी तरह हिन्दी के सबसे बड़े अख़बार समूह—जागरण प्रकाशन के भी तीसरी तिमाही के मुनाफ़े में 25.6 फ़ीसदी की बढ़ोतरी हुई है और उसने 89.13 करोड़ रुपये कमाये हैं। दैनिक भास्कर की प्रकाशक कम्पनी—डीबी कार्प का मुनाफ़ा भी पिछले वर्ष की तीसरी तिमाही की तुलना में 7 फ़ीसदी बढ़कर 118 करोड़ रुपये पहुँच गया।

मज़े की बात है कि यही कम्पनियाँ पत्रकारों की वेतन वृद्धि का सबसे अधिक रोना रो रही हैं। इकनॉमिक एंड पोलिटिकल वीकली (28 जनवरी) में छपी एक टिप्पणी में दिल्ली जर्नलिस्ट यूनियन के हवाले से बताया गया है कि टाइम्स ऑफ़ इंडिया की प्रकाशक कम्पनी—बेनेट कोलमैन एंड कम्पनी लिमिटेड ने वर्ष 2010-11 में वेतन आदि पर कुल 551 करोड़ रुपये ख़र्च किये लेकिन उसका कुल राजस्व 4500 करोड़ रुपये और अन्य आय 300 करोड़ रुपये थी। इस तरह पत्रकारों और कार्मिकों का कुल वेतन व्यय उसके कुल राजस्व का मात्र 11 फ़ीसदी बैठता है। मज़े की बात यह है कि टाइम्स समूह ने कुल वेतन व्यय में भी 102 करोड़ रुपये यानी 20 फ़ीसदी व्यय सिर्फ़ 40 लोगों (मालिकों, निदेशकों, टॉप मैनेजरों और सम्पादकों) के वेतन/भत्तों पर किया था।

साफ़ है कि ज़्यादातर बड़ी अख़बार कम्पनियाँ न सिर्फ़ मुनाफ़े में हैं बल्कि उनके मुनाफ़े में वृद्धि की दर भी तेज़ है। लेकिन जिन छोटे-मँझोले अख़बार समूहों के मुनाफ़े या राजस्व पर दबाव है, उसकी ज़्यादा बड़ी वजह बड़ी अख़बार कम्पनियाँ हैं जिन्होंने समाचार-पत्र उद्योग में एक ऐसी गलाकाट प्रतियोगिता को आगे बढ़ाया है जिसके कारण छोटे-मँझोले अख़बार समूहों का प्रतियोगिता में टिकना दिन पर दिन मुश्किल होता जा रहा है। आश्चर्य नहीं कि बड़ी अख़बार कम्पनियों की ओर से छोटे-मँझोले अख़बार समूहों पर थोपी गयी इस असमान प्रतियोगिता और बड़ी कम्पनियों के अनैतिक तौर-तरीक़ों के कारण हाल के वर्षों में ज़्यादातर छोटे-मँझोले अख़बार बन्द हुए हैं या बड़ी कम्पनियों ने उन्हें ख़रीद लिया है।

इससे स्पष्ट है कि न्यूज़ मीडिया कम्पनियों ख़ासकर बड़ी कॉर्पोरेट कम्पनियों की ओर से मचाये जा रहे आर्थिक संकट के शोर में वास्तविकता कम और प्रचार ज़्यादा है। वे इस मौक़े का इस्तेमाल पत्रकारों की छँटनी, श्रमजीवी पत्रकार क़ानून और वेतन आयोग को ख़त्म कराने से लेकर सरकार पर दबाव डालकर अपने लिए पैकेज और सुविधाएँ बटोरने और इस तरह मुनाफ़े को अधिक-से-अधिक बढ़ाने के लिए कर रही हैं। उनकी निगाह सिर्फ़ और सिर्फ़ मुनाफ़े पर है। यही कारण है कि उनके लिए मुनाफ़ा बढ़ाने के लिए किये जा रहे अनैतिक समझौते और पत्रकारीय उसूलों/मूल्यों की अनदेखी और उसके कारण न्यूज़ मीडिया की गिरती साख संकट नहीं है और न ही इसको लेकर कोई चिन्ता है।

ज़ाहिर है कि इन न्यूज़ मीडिया (समाचार-पत्र) कम्पनियों के लिए पत्रकारों की छँटनी, बदतर होती सेवाशर्तें और कामकाज की आज़ादी पर बढ़ते दबाव जैसे मुद्दे किसी चिन्ता और सम्पादकीय के विषय नहीं हैं। लेकिन सच यह है कि पत्रकारों की छँटनी और बदतर होती सेवाशर्तें सिर्फ़ कुछ सौ या हज़ार पत्रकारों की नौकरी बचाने का मुद्दा नहीं है बल्कि यह उससे कहीं बड़ा पत्रकारों की आर्थिक सुरक्षा और उसके ज़रिये उनकी कामकाज की आज़ादी सुनिश्चित करने का मुद्दा है। क्या पत्रकारों को आर्थिक सुरक्षा की गारंटी दिये बिना उनकी आज़ादी की कल्पना की जा सकती है? और क्या पत्रकारों की आज़ादी के बिना प्रेस या अभिव्यक्ति की आज़ादी बेमानी नहीं है?

याद रहे कि संसद ने जब 1955 में श्रमजीवी पत्रकार क़ानून पास किया था तो उसके पीछे यही विचार था कि पत्रकारों को अख़बार कम्पनियों की मनमानी से बचाने, उन्हें नौकरी, उचित वेतन और कामकाज की बेहतर परिस्थितियाँ और इस तरह आर्थिक सुरक्षा दिये बगैर प्रेस की आज़ादी अर्थहीन होगी। लेकिन अफ़सोस की बात यह है कि क़ानून बनाने के बावजूद केन्द्र और राज्य सरकारों ने कभी भी ईमानदारी से इसे लागू कराने की कोशिश नहीं की। दूसरी ओर, अख़बार कम्पनियों ने इस क़ानून को ध्वस्त करने में कोई कोर कसर नहीं उठा रखी। इसके लिए इन कम्पनियों ने 90 के दशक में सरकार की मदद से अख़बारों में पत्रकारों की ट्रेड यूनियनों को ख़त्म किया।

इसके बाद उन्हें मनमानी की खुली छूट मिल गयी है। ये न्यूज़ मीडिया कम्पनियाँ अब पत्रकारों को नियन्त्रित करने के ज़रिये पत्रकारिता को नियन्त्रित कर रही हैं। यह राजनीतिक सत्ता और कॉर्पोरेट्स दोनों के हितों के अनुकूल है। दरअसल, पत्रकारों

को स्थायी से ठेके पर नियुक्त करके, टॉप सम्पादकों को ऊँची तनख़्वाहें देकर और प्रबन्धन का हिस्सा बनाके, मनमाने तरीक़े से छँटनी या नौकरी से निकालने का अधिकार हासिल करके ये बड़ी अख़बार कम्पनियाँ पत्रकारों को क़ाबू में रखना और अपने ग़ुलाम में बदलना चाहती हैं। इसके ज़रिये वे उनका मनोबल तोड़ने और कम्पनी के हितों के मुताबिक़ काम करने के लिए बाध्य करती हैं।

आख़िर हिन्दुस्तान टाइम्स या एबीपी में बड़े पैमाने पर पत्रकारों की छँटनी के बाद बाक़ी बचे पत्रकारों में कितनों में बोलने और स्वतन्त्र पत्रकारिता करने की हिम्मत बचेगी? इस माहौल में कितने पत्रकार/सम्पादक इन कॉर्पोरेट न्यूज़ मीडिया कम्पनियों की ख़बरों को बेचने (पेड न्यूज़) से लेकर उनके अनैतिक समझौतों और सौदों सहित बाक़ी धतकर्मों के विरोध का साहस जुटा पायेंगे? ऐसे में, बुनियादी सवाल यह है कि क्या इस माहौल में स्वतन्त्र, उसूलों की और जन-पक्षधर पत्रकारिता मुमकिन है? सवाल यह भी है कि पत्रकार/सम्पादक कॉर्पोरेट न्यूज़ मीडिया कम्पनियों और उनके हितों के एजेंट और भोंपू होंगे या सत्ता प्रतिष्ठान-राजनीतिक और कॉर्पोरेट के स्वतन्त्र निगरानीकर्ता और जनता के हितों के पहरेदार?

उससे भी बड़ा सवाल यह है कि क्या एक समझौतापरस्त, कॉर्पोरेट हितों से संचालित और निर्देशित प्रेस भारतीय लोकतन्त्र को मज़बूत कर सकता है? इन सवालों के उत्तर में ही भारतीय लोकतन्त्र का भविष्य छिपा है। साफ़ है कि न्यूज़ मीडिया के बुरे दिन का अर्थ कम्पनियों के मुनाफ़े में कमी नहीं बल्कि अधिक से अधिक मुनाफ़े की हवस में प्रेस और पत्रकारों की आज़ादी का सौदा करना है। इस मायने में सचमुच, न्यूज़ मीडिया के बुरे दिन आ गये हैं। यह हर नागरिक की चिन्ता का विषय होना चाहिए।

*(मार्च, 2017)*

# कॉर्पोरेट पत्रकारिता के युग में कॉर्पोरेट जासूसी

**पत्रकारों को 'साहस, दृढ़ता, स्वतन्त्रता और असहमति' के बजाय 'समझौता, समर्पण, सहमति और स्वीकार्यता' में बाँधने की कोशिश**

लगता है कि भारतीय पत्रकारिता और पत्रकारों का समय कुछ अच्छा नहीं चल रहा है। जैसे 'अच्छे दिन' के बजाय उनके 'बुरे दिन' आ गये हों। पिछले कुछ महीनों में ऐसे कई मामले सामने आये हैं जिससे न सिर्फ़ पत्रकारिता की साख पर कुछ और धब्बे लगे हैं, तस्वीर कुछ और मैली हुई है बल्कि उसके छींटे पत्रकारों पर भी पड़े हैं। उदाहरण के लिए, कॉर्पोरेट जासूसी मामले में कुछ पत्रकारों की गिरफ़्तारी हुई है जिनपर आरोप है कि वे आर्थिक-वित्तीय रूप से महत्त्वपूर्ण मन्त्रालयों के महत्त्वपूर्ण दस्तावेज़ों को बड़े देशी-विदेशी कॉर्पोरेट समूहों को बेचते थे।

इसके बाद सुप्रीम कोर्ट में दायर एक जनहित याचिका से यह तथ्य सामने आया कि एक बड़े कॉर्पोरेट समूह—एस्सार से छोटे-बड़े लाभ लेने वालों में नेताओं के साथ कुछ पत्रकार भी शामिल हैं। यह निश्चित तौर पर पत्रकारों की नेताओं और कॉर्पोरेट्स के साथ हद से ज़्यादा बढ़ती नज़दीकियों और एक-दूसरे का इस्तेमाल करने की अनैतिक प्रवृत्ति का एक और उदाहरण है। दूसरी ओर, अभिव्यक्ति और प्रेस की आज़ादी पर सत्तातन्त्र से लेकर ताक़तवर हित समूहों का दबाव लगातार बढ़ता जा रहा है। सत्ता प्रतिष्ठान की उग्र दक्षिणपन्थी-राष्ट्रवादी वैचारिकी के इर्द-गिर्द 'सहमति निर्मिती' (मैन्युफैक्चर्ड कंसेंट) और उस मुख्यधारा के दायरे से बाहर या उसे चुनौती देने वाली हर अभिव्यक्ति के प्रति असहिष्णुता और आक्रामकता बढ़ती ही जा रही है।

आश्चर्य नहीं कि फ़िल्मों-किताबों-डॉक्यूमेंटरी पर इस या उस बहाने प्रतिबन्ध लगाने से लेकर फ़िल्मकारों-लेखकों-कॉमेडियनों-सोशल मीडिया पर तीखा लिखने-

बोलने वालों को निशाना बनाया जा रहा है। यहाँ तक कि कॉर्पोरेट और याराना (क्रोनी) पूँजीवादी विकास मॉडल के आलोचकों और विरोधियों की 'देशभक्ति' पर सवाल उठाते हुए उन्हें 'देशद्रोही' और 'राष्ट्र-विरोधी' साबित करने में कोई कसर नहीं उठा रखी गयी है। सत्ता प्रतिष्ठान और उसकी ख़ुफ़िया एजेंसियों के साथ मुख्यधारा के कॉर्पोरेट न्यूज़ मीडिया का एक हिस्सा भी खुलेआम इस मुहिम में शामिल हो गया है। कल तक आईटी क़ानून की धारा 66-A के आलोचक रहे आज उसके प्रशंसक बन गये हैं।

तीसरी ओर, इक्का-दुक्का अपवादों को छोड़कर देश के सभी बड़े और मँझोले अख़बार समूह श्रमजीवी पत्रकार क़ानून और सुप्रीम कोर्ट को ठेंगा दिखाते हुए पत्रकारों के लिए घोषित मजीठिया वेतन आयोग की सिफ़ारिशों को बेमानी बनाने में कामयाब दिख रहे हैं। अच्छी बात यह है कि निराशा के इस दौर में भी उम्मीदें ख़त्म नहीं हुई हैं। ये उम्मीदें उन संघर्षों से बन रही हैं जो अभिव्यक्ति और लोकतान्त्रिक विरोध की आज़ादी से लेकर पत्रकारों के लिए घोषित वेतनमान को लागू कराने के लिए हो रही हैं। ये उम्मीदें उन लोकतान्त्रिक आवाज़ों से भी पैदा हो रही हैं जो मुख्यधारा के कॉर्पोरेट न्यूज़ मीडिया की एजेंडा सेटिंग और उसकी वैचारिक तानाशाही को चुनौती दे रही हैं।

सतही तौर पर ऐसा लग सकता है कि इन सभी घटनाओं, मुद्दों और प्रक्रियाओं के बीच कोई सीधा सम्बन्ध नहीं है लेकिन सच यह है कि इनके बीच गहरा सम्बन्ध है और वे एक-दूसरे से जुड़ी हुई हैं। असल में, इन सभी का सम्बन्ध उस विशाल पूँजीवादी प्रचार तन्त्र से है जो देश में पूँजीवादी कॉर्पोरेट विकास के मॉडल के पक्ष में एक आक्रामक 'सहमति निर्माण' करने में जुटा है। इसके लिए वह नव उदारवादी और उग्र हिन्दू राष्ट्रवादी-दक्षिणपन्थी-अनुदार वैचारिकी के घातक काकटेल का सहारा ले रहा है। इसके ज़रिये देश में राजनीतिक-वैचारिक असहिष्णुता का एक ऐसा माहौल बनाया जा रहा है जिसमें लगभग हर असहमत और विरोधी आवाज़ निशाने पर है।

यही नहीं, इस 'राजनीतिक-वैचारिक सहमति निर्माण' के लिए साम-दाम-दंड-भेद सभी तौर-तरीक़े आजमाये जा रहे हैं। इसके लिए एक ओर बड़ी कॉर्पोरेट पूँजी और भ्रष्ट/आपराधिक पूँजी को समाचार माध्यमों पर बेलगाम दबदबा बनाने की छूट दे दी गयी है जो बदले में समाचार माध्यमों को कॉर्पोरेट विकास मॉडल के अहर्निश गुणगान का भोंपू बनाने में जुटी हुई है। दूसरी ओर, पारदर्शिता और

सूचनाओं की साझेदारी के दावों के बीच सूचनाओं ख़ासकर कॉर्पोरेट विकास मॉडल और याराना पूँजीवाद के गठजोड़ को उजागर करने वाली सूचनाओं को दबाने-छुपाने के लिए गोपनीयता का अभेद्य आवरण तैयार किया जा रहा है।

इसके साथ ही, 'सूचनाओं के अनुकूल प्रबन्धन' के लिए तेज़ी से बढ़ते जनसम्पर्क (पब्लिक रिलेशंस) उद्योग और कॉर्पोरेट समूहों के कॉर्पोरेट संचार तन्त्र का समाचार माध्यमों के न्यूज़रूम में घुसपैठ और प्रभाव लगातार बढ़ता जा रहा है। आश्चर्य नहीं कि एक ओर सम्पादकों/पत्रकारों को सत्ता और कॉर्पोरेट के एजेंट या प्रवक्ता में बदलने के लिए लुभावने ऑफरों की भरमार है और दूसरी ओर, जो सम्पादक/पत्रकार इसके लिए तैयार नहीं हैं उन्हें समाचार माध्यमों से बाहर का रास्ता दिखाया जा रहा है। ज़्यादातर समाचार कक्षों में पत्रकारिता और पत्रकारों को 'साहस, दृढ़ता, स्वतन्त्रता और असहमति' के बजाय 'समझौता, समर्पण, सहमति और स्वीकार्यता' में बाँधने की कोशिश हो रही है।

ऐसा नहीं है कि यह सब पिछले कुछ महीनों में शुरू हुआ है और उससे पहले पत्रकारिता और समाचार माध्यमों का कोई आदर्श दौर था। सच यह है कि भारतीय समाचार माध्यमों के कॉर्पोरेट टेकओवर की यह प्रक्रिया लम्बे अरसे ख़ासकर नव उदारवादी आर्थिक सुधारों के पिछले डेढ़ दशकों से जारी थी जिसमें पिछले पाँच-सात सालों में और तेज़ी आयी है लेकिन पिछले कुछ महीनों में यह प्रक्रिया अपनी परिणति पर पहुँचती हुई दिखाई दे रही है। यही नहीं, एक बड़ा फ़र्क़ यह भी है कि इसे स्वाभाविक मान लिया गया है और इस परिणति को लेकर सवाल और आलोचना के सुर भी मन्द पड़ने लगे हैं।

उदाहरण के लिए, इन दिनों सुर्ख़ियों में छायी कॉर्पोरेट जासूसी और उसमें कुछ पत्रकारों के शामिल होने के मामले को ही लीजिए। रिपोर्टों के मुताबिक़, पुलिस ने केन्द्र सरकार के विभिन्न आर्थिक-वित्तीय मन्त्रालयों ख़ासकर पेट्रोलियम, खान, वित्त, स्टील, बिजली, उद्योग आदि में नीति निर्माण और महत्त्वपूर्ण फ़ैसलों से जुड़े संवेदनशील दस्तावेज़ों की चोरी और उसे बड़े कॉर्पोरेट समूहों को बेचने के मामले में कुछ निम्न स्तर के सरकारी कर्मचारियों, कॉर्पोरेट अधिकारियों, कंसल्टेंट्स और दो पूर्व पत्रकारों की गिरफ़्तारी की है। समाचार रिपोर्टों के अनुसार, ये पत्रकार कॉर्पोरेट समूहों के लिए उनके एजेंट की तरह काम कर रहे थे और मन्त्रालयों तक अपनी सहज पहुँच का इस्तेमाल करके उनके लिए सूचनाएँ लीक करते थे।

ख़बरों के मुताबिक़, पुलिस और ख़ुफ़िया सूत्रों को और कई पत्रकारों ख़ासकर बिज़नेस और आर्थिक बीट कवर करने वाले पत्रकारों पर शक है कि वे कॉर्पोरेट समूहों के लिए सूचनाएँ लीक करने का काम करते हैं। जानकारों का मानना है कि इन आरोपों में काफ़ी हद तक सच्चाई भी है। इसकी पुष्टि नीरा राडिया टेप प्रकरण से भी होती है जिसमें कई पत्रकारों/सम्पादकों को कॉर्पोरेट समूहों की लाबीइंग करने वाली नीरा राडिया के इशारों पर काम करते या रिपोर्ट करते सुना गया था। यही नहीं, पिछले दो-ढाई दशकों में ऐसे अनेक मामले सामने आये हैं जिसमें वरिष्ठ पत्रकारों/रिपोर्टरों/सम्पादकों ने पत्रकारिता छोड़कर कॉर्पोरेट समूहों के पीआर/कॉर्पोरेट कम्युनिकेशन/गवर्न्मेंट अफेयर्स विभाग को ज्वाइन कर लिया और उनके लिए पीआर/लाबीइंग करते हैं।

इसमें क़ानूनी रूप से ग़लत कुछ नहीं है लेकिन यह नैतिक सवाल है क्योंकि शक पैदा होता है कि कहीं यह हितों के टकराव (कनफ्लिक्ट ऑफ़ इंटरेस्ट) का मामला तो नहीं था? कहीं ये रिपोर्टर/सम्पादक पत्रकारिता करते हुए उन कॉर्पोरेट समूहों के लिए तो काम नहीं कर रहे थे? सम्भव है कि उनमें से कई उनके लिए काम न करते हों लेकिन ऐसे कई मामले हैं जिनसे इस आशंका को बल मिलता है कि अनेक रिपोर्टरों/पत्रकारों ने पत्रकारिता में रहते हुए कुछ ख़ास कॉर्पोरेट समूहों के लिए काम किया और बाद में उनके मुलाजिम बन गये।

ऐसे मामलों की कमी नहीं है जिनमें पत्रकारों/सम्पादकों ने किसी ख़ास कॉर्पोरेट समूहों के अनुकूल स्टोरी करने से लेकर उनके हितों को आगे बढ़ानेवाली स्टोरी प्लांट करने तक और उनकी सरकार के अन्दर तक पहुँच सुनिश्चित कराने से लेकर उनके लिए सत्ता के गलियारों में लाबीइंग करने तक जैसे ग़ैर-पत्रकारीय और अनैतिक काम किये हों। कई जानकारों का मानना है कि यह एक व्यापक और सांस्थानिक रोग बन चुका है ख़ासकर बिज़नेस पत्रकारिता में। उनके मुताबिक़, ईमानदारी और स्वतन्त्र तरीक़े से काम करने वाले रिपोर्टरों/पत्रकारों की संख्या दिन पर दिन कम होती जा रही है और उन्हें अपवाद माना जाना चाहिए।

हालाँकि इस दावे पर सहज विश्वास नहीं होता है लेकिन नीरा राडिया प्रकरण से लेकर अब तक यमुना में इतना पानी बह चुका है कि इस सच्चाई को नकारना आसान नहीं है। और अब कॉर्पोरेट जासूसी मामले से लेकर कॉर्पोरेट समूह—एस्सार से सुविधाएँ लेने वाले पत्रकारों की सूची सामने आने के बाद इसे नकारना और मुश्किल हो गया है। यह सचमुच बहुत शर्मनाक और लोगों की निगाह में पत्रकारिता और पत्रकारों की साख को गिराने वाला है। लेकिन क्या यह सिर्फ़ कुछ पत्रकारों/

सम्पादकों के निजी विचलन हैं या यह एक सांस्थानिक विचलन का नतीजा है जिसके शिकार पत्रकार हो रहे हैं?

यह बहुत महत्त्वपूर्ण और गम्भीर सवाल है क्योंकि कॉर्पोरेट मीडिया समूह इसे निजी विचलन बताकर और कुछ पत्रकारों/सम्पादकों के ख़िलाफ़ कार्रवाई करके ख़ुद को पाक-साफ़ बताने की कोशिश कर रहे हैं। सच यह नहीं है। सच यह है कि पत्रकारों/सम्पादकों के विचलन के लिए उनकी न्यूज़ मीडिया कम्पनियाँ कहीं ज़्यादा ज़िम्मेदार हैं। इस स्थिति के लिए सबसे ज़्यादा ज़िम्मेदार वजह समाचार माध्यमों का बढ़ता कॉर्पोरेटीकरण और उनमें अधिक-से-अधिक मुनाफ़ा कमाने की होड़ है।

हैरानी की बात नहीं है कि एस्सार से लाभ लेने के मामले में 'हिन्दुस्तान टाइम्स' की जिस वरिष्ठ बिज़नेस सम्पादक का नाम सामने आया है, उसने सवाल उठाया है कि अगर उसका एस्सार से अपने दोस्त के लिए रेंटल कार माँगना नैतिक विचलन है तो उसने अपने सम्पादकों और कम्पनी के कहने पर कॉर्पोरेट समूहों से उनके लिए जो स्पांसरशिप या मदद माँगी, वह नैतिक विचलन क्यों नहीं है?यह सवाल बहुत वाज़िब है। इसे अनदेखा नहीं किया जा सकता है।

असल में, हाल के वर्षों में कॉर्पोरेट मीडिया समूहों में इस प्रवृत्ति ने ज़ोर पकड़ा है जिसमें पत्रकारों/सम्पादकों की राजनेताओं और अफ़सरों तक सीधी पहुँच का इस्तेमाल संस्थानिक तौर पर कम्पनी के मुनाफ़े और हितों को बढ़ाने के लिए किया जा रहा है। मीडिया कम्पनियाँ पत्रकारों/सम्पादकों की पहुँच और प्रभाव का इस्तेमाल उनसे चैनल/अख़बार के लिए विज्ञापन लाने से लेकर मीडिया कम्पनियों की ओर से राजस्व जुटाने के लिए आयोजित विभिन्न कार्यक्रमों के वास्ते कॉर्पोरेट और सरकारी स्पांसर ढूँढ़ने तक के लिए कर रही हैं। यहाँ तक कि कई कॉर्पोरेट मीडिया कम्पनियों में रिपोर्टरों/सम्पादकों का सबसे महत्त्वपूर्ण एसाइनमेंट उनके और उद्योग-धन्धों के लिए लाइसेंस/परमिट दिलवाने के वास्ते लाबीइंग करने से लेकर उनके वैध/अवैध कामों को संरक्षण दिलवाना भी हो गया है।

हालत कहाँ तक पहुँच गयी है, इसका अन्दाज़ा इस बात से लगाया जा सकता है कि कुछ कॉर्पोरेट-बिज़नेस घरानों और चिट फंड जैसे धन्धे चलाने वाली मीडिया कम्पनियों में रिपोर्टिंग/सम्पादक के ऊपर के पदों तक नियुक्ति या वहां पहुँचने की यह सबसे बड़ी शर्त हो गयी है कि उस पत्रकार की सत्ता के गलियारों में किस स्तर तक पहुँच और प्रभाव है और वह कम्पनी के बिज़नेस हितों को कहाँ तक आगे बढ़ा सकता है? इसी तरह कई बड़े मीडिया समूहों ने स्थानीय स्तर पर अपने ज़िला

संवाददाताओं को सालाना विज्ञापन/बिज़नेस जुटाने का लक्ष्य दे दिया है जिससे उन्हें वेतन और कुछ कमीशन मिलता है।

ज़ाहिर है कि अपनी मीडिया कम्पनी के लिए विज्ञापन/स्पांसर जुटाते या उसके लिए लाइसेंस/परमिट की लाबीइंग करते हुए रिपोर्टर/पत्रकार/सम्पादक जिन नेताओं/मन्त्रियों/अफ़सरों/कॉर्पोरेट्स से मदद माँगते हैं, क्या वे उनके बारे में स्वतन्त्रता से और निष्पक्षता के साथ रिपोर्ट कर सकते हैं? क्या वे उनके कामकाज के बारे में क्रिटिकल ख़बर लिख सकते हैं? साफ़ है कि बाज़ार अर्थव्यवस्था में कोई चीज़ मुफ़्त नहीं है (देयर इज़ नो फ्री लंच)। यह एक तरह का अलिखित और अघोषित समझौता है। हालाँकि प्राइवेट ट्रीटी (ब्रांड कैपिटल) जैसी नैतिक रूप से विवादास्पद स्कीमों के ज़रिये 'टाइम्स ऑफ़ इंडिया' जैसी कई बड़ी कॉर्पोरेट मीडिया कम्पनियों ने इसे लिखित समझौते का रूप भी दे दिया है।

सवाल यह है कि जब कॉर्पोरेट मीडिया कम्पनियाँ ख़ुद अपने पत्रकारों/सम्पादकों को अपनी स्वतन्त्र भूमिका छोड़कर समझौते करने और कम्पनी के हितों को आगे बढ़ने के नाम पर उनका इस्तेमाल कर रही हैं तो अगर रिपोर्टर/सम्पादक ख़ुद भी लाभ लेने लगें और अपनी पहुँच/प्रभाव का इस्तेमाल अपने निजी हितों के लिए भी करने लगें तो इसके लिए किसे दोषी ठहराया जाना चाहिए? दूसरे, अगर न्यूज़ मीडिया कम्पनी/संस्थान स्वतन्त्र और ईमानदार हो तो वह उन पत्रकारों/सम्पादकों से बहुत आसानी से निपट सकता है जो अनैतिक कामों में लिप्त हैं। लेकिन अगर मीडिया कम्पनी ख़ुद पत्रकारों/सम्पादकों को अनैतिक कामों और समझौतों के लिए मजबूर करे तो क्या वहाँ किसी ईमानदार, स्वतन्त्र और साहसी पत्रकार के लिए टिक पाना सम्भव होगा?

एक बार फिर कॉर्पोरेट जासूसी मामले पर लौटते हैं। यहाँ एक और सवाल उठाना ज़रूरी है जिसे जान-बूझकर नज़रअन्दाज़ किया जा रहा है। यह ठीक है कि जो सरकारी कर्मचारी-अधिकारी-कॉर्पोरेट समूह-पत्रकार मन्त्रालयों से महत्त्वपूर्ण और संवेदनशील दस्तावेज़ निजी हितों के लिए लीक या चोरी कर रहे थे, वह न सिर्फ़ अनैतिक बल्कि एक गम्भीर अपराध है। लेकिन यहाँ सवाल यह है कि कॉर्पोरेट जासूसी के शोर-शराबे में कहीं सूचनाओं के प्रवाह को रोकने की कोशिश तो नहीं हो रही है? कहीं इस हंगामे की क़ीमत सरकार के अन्दर भ्रष्टाचार और अनियमितताओं के बारे में जानकारी देने वाले व्हिसल-ब्लोअरों और वास्तव में, याराना पूँजीवाद का पर्दाफ़ाश करने वाले पत्रकारों/न्यूज़ मीडिया समूहों को तो नहीं चुकानी होगी?

याद रहे कि खोजी पत्रकारिता भ्रष्टाचार और अनियमितताओं के मामलों का पर्दाफ़ाश करने के लिए सबसे ज़्यादा सरकार के अन्दर बैठे सूत्रों और गोपनीय सरकारी दस्तावेज़ों के लीक पर ही आश्रित रही है। अगर सरकार के अन्दर से ऐसी जानकारियाँ और दस्तावेज़ निकलने बन्द हो जायें तो समझिये कि खोजी पत्रकारिता का भी अन्त हो गया। यह सच है कि मीडिया समूहों के कॉर्पोरेटीकरण के इस दौर में खोजी पत्रकारिता को खोजना वैसे भी मुश्किल हो गया है और इक्का-दुक्का अपवादों को छोड़ दें तो ज़्यादातर न्यूज़ मीडिया कम्पनियों ने खोजी पत्रकारिता से तौबा कर ली है। आश्चर्य नहीं कि सरकार के अन्दर से सूचनाओं के प्रवाह को सीमित करने और उसपर अंकुश लगाने का कोई मीडिया समूह विरोध नहीं कर रहा है।

लेकिन कॉर्पोरेट जासूसी मामले में जिस तरह से सरकार के अन्दर सूचनाओं को बाहर आने से रोकने के लिए व्यापक उपाय, दिशा निर्देश और सख़्ती की जा रही है और भय का माहौल बन गया है, उससे तय है कि बचे-खुचे खोजी पत्रकारों के लिए आने वाले दिन और मुश्किल होने जा रहे हैं। विडम्बना यह है कि इससे सबसे ज़्यादा फ़ायदा भ्रष्ट नेताओं-अफ़सरों और कॉर्पोरेट्स को होगा क्योंकि गोपनीयता की आड़ में ही सबसे ज़्यादा भ्रष्टाचार फलता-फूलता है। इस आशंका को इस तथ्य से भी बल मिलता है कि बड़े देशी-विदेशी कॉर्पोरेट समूहों की सत्ता प्रतिष्ठान में ऊपर तक पहुँच है और उनके ताक़त और प्रभाव को देखते हुए यह मानना मुश्किल है कि सरकार के गोपनीय और महत्त्वपूर्ण दस्तावेज़ों तक उनकी पहुँच नहीं होगी।

याद रहे कि नीरा राडिया टेप से यह साफ़ हो चुका है कि कॉर्पोरेट समूह अपनी पसन्द के मन्त्री से लेकर अफ़सर तक नियुक्त कराने में कामयाब हैं। तथ्य यह है कि नव उदारवादी आर्थिक सुधारों के बाद से सरकारी नीतियों के निर्माण में कॉर्पोरेट क्षेत्र, बड़े उद्योगपतियों, उनके लाबी संगठनों, उनके पैसे पर चलने वाले थिंक टैंक्स और उनके सलाहकारों की घोषित-अघोषित भूमिका और हस्तक्षेप बहुत बढ़ गया है। प्रधानमन्त्री की आर्थिक सलाहकार समिति से लेकर नीति आयोग तक और संसदीय समितियों से लेकर टास्क फ़ोर्स और उच्च स्तरीय समितियों तक में बड़े कॉर्पोरेट समूहों और उद्योगपतियों की मौजूदगी किसी से छिपी नहीं है और न ही नीतियों को प्रभावित करने की उनकी क्षमता किसी से छिपी है।

ऐसे में, कॉर्पोरेट जासूसी पर अंकुश लगाने के दावे में कितनी आग है और कितना धुआँ इसका अनुमान लगाना मुश्किल नहीं है? इस कारण इस आशंका को ख़ारिज नहीं किया जा सकता है कि सरकार के अन्दर से सूचनाओं के प्रवाह के

रुकने, पत्रकारों की पहुँच सीमित करने और व्हिसल-ब्लोअर पर सख़्ती से सबसे ज़्यादा फ़ायदा याराना पूँजीवाद को होगा और उसकी सबसे ज़्यादा क़ीमत आमलोग चुकायेंगे।

आश्चर्य नहीं कि इन सबके बीच देश में कॉर्पोरेट विकास मॉडल की आलोचना करने वाली हर आवाज़ को दबाने, डराने, ख़ामोश करने और प्रतिबन्धित करने की कोशिशें बढ़ती ही जा रही हैं। इसके लिए राज्य की एजेंसियों के साथ-साथ ग़ैर-राज्य ताक़तों की सक्रियता बढ़ गयी है। असहमति और विरोध की आवाज़ों के प्रति इस बढ़ती असहिष्णुता के अगुवा दस्ते में बड़े मीडिया समूह भी शामिल हैं जो खुलेआम सामाजिक-राजनीतिक आन्दोलनों और उनके नेताओं-कार्यकर्ताओं के राष्ट्रवाद पर उँगली उठाने के अलावा उन्हें विकास विरोधी और देशद्रोही साबित करने के प्रचार अभियान में शामिल हैं।

हालाँकि यह भी एक कड़वा सच है कि देश में साम्प्रदायिक और धार्मिक नफ़रत की भाषा बोलने वालों (हेट स्पीच) और अल्पसंख्यक समुदायों को निशाना बनाने वाले संगठनों और नेताओं/धर्मगुरुओं को ज़हरीला अभियान चलाने की खुली छूट-सी मिल गयी है। लेकिन दूसरी ओर, असहमति की आवाज़ों और लोकतान्त्रिक और शान्तिपूर्ण जनान्दोलनों को निशाना बनाया जा रहा है। यही नहीं, जिस तरह एक बहुसंख्यकवादी (मेजारिटेरियन) सोच और शासन को वैधता दिलाने और आगे बढ़ाने की कोशिश हो रही है, उसमें अभिव्यक्ति की आज़ादी से लेकर तमाम संवैधानिक हकों/प्रावधानों के बेमानी होने का ख़तरा बढ़ता जा रहा है।

अफ़सोस की बात यह है कि कॉर्पोरेट न्यूज़ मीडिया का एक बड़ा हिस्सा इसे देखकर भी अनदेखा करने और कुछ मामलों में उसका सहभागी बनने में संकोच नहीं कर रहा है। उससे बहुत अपेक्षा करना भूल होगी। ऐसे में, नागरिक समाज की सचेतनता और सक्रियता के साथ-साथ राजनीतिक-सामाजिक जनसंगठनों के जनतान्त्रिक संघर्षों में ही उम्मीद की किरणें दिखाई देती हैं। इसके लिए उन्हें वैकल्पिक मीडिया को खड़ा करने पर भी सोचना होगा। उम्मीद पत्रकारों के उन छोटे और छिटपुट संघर्षों से भी बनी है जो 'चुप्पी और भय' के माहौल को तोड़कर अख़बारों में मजीठिया वेतन आयोग की सिफ़ारिशों को लागू कराने के लिए बड़ी-मँझोली कॉर्पोरेट मीडिया कम्पनियों से लड़ाई में उतर आये हैं। क्या कुछ महीनों पहले तक कोई इसकी उम्मीद कर सकता था?

***(अप्रैल, 2015)***

# समाचार मीडिया के मालिकाने का वैताल

## बड़ी पूँजी के बढ़ते दबदबे के बीच समाचार मीडिया में घटती विविधता और बहुलता चिन्ता का विषय

भारतीय दूरसंचार नियामक प्राधिकरण (ट्राई) को धन्यवाद दिया जाना चाहिए कि उसकी एक ताज़ा रिपोर्ट ने एक बार फिर समाचार मीडिया (न्यूज़ मीडिया) उद्योग में मालिकाने से जुड़े मुद्दों को सार्वजनिक चर्चा में ला दिया है। हालाँकि बड़े मीडिया समूहों और उनके अख़बारों/न्यूज़ चैनलों ने ट्राई की इस रिपोर्ट को यथासम्भव नज़रअन्दाज़ करने से लेकर उसकी एकतरफ़ा आलोचना करते हुए ख़ारिज करने तक की जानी-पहचानी कोशिश की है लेकिन उनके न चाहने के बावजूद ट्राई की रिपोर्ट ने ठहरे हुए तालाब में फेंके गये पत्थर की तरह हलचल और लहरें पैदा करने में कामयाबी हासिल की है।

कहने की ज़रूरत नहीं है कि ट्राई की इस रिपोर्ट का बेसब्री से इन्तज़ार किया जा रहा था और कई सीमाओं के बावजूद ट्राई ने निराश नहीं किया है। उसने इस रिपोर्ट के ज़रिये एक बार फिर न्यूज़ मीडिया ख़ासकर अख़बारों और न्यूज़ चैनलों के मालिकाने में बड़ी कॉर्पोरेट पूँजी की बढ़ती घुसपैठ, उनके कॉर्पोरेटीकरण और इसके नतीजे में न्यूज़ मीडिया उद्योग में मुट्ठी भर बड़े मीडिया/कॉर्पोरेट समूहों के बढ़ते दबदबे और न्यूज़ मीडिया उद्योग में संकेन्द्रण (कन्सेंट्रेसन), एकाधिकारी (मोनोपोली) और अल्पाधिकारी (ओलिगापोली) रुझानों की सूचनाओं और विचारों की विविधता और बहुलता पर पड़ने वाले नकारात्मक प्रभावों को मुद्दा बनाने की कोशिश की है।

यही नहीं, ट्राई ने न्यूज़ मीडिया उद्योग में बड़ी पूँजी के बढ़ते दबदबे के बीच मुनाफ़े की बढ़ती भूख के कारण पत्रकारिता के मूल्यों और नैतिकता (एथिक्स) और सम्पादकीय स्वतन्त्रता के साथ समझौते के मुद्दे को भी उठाया है। ट्राई ने सम्पादकीय

स्वतन्त्रता सुनिश्चित करने के लिए नियामक प्रावधान करने की सिफ़ारिश की है। उसने न्यूज़ मीडिया में कैंसर की तरह फैलते पेड न्यूज़, एडवरटोरियल और प्राइवेट ट्रीटी जैसी स्कीमों को पाठकों/दर्शकों के तथ्यपूर्ण और वस्तुनिष्ठ सूचनाएँ हासिल करने के अधिकार के साथ समझौता बताते हुए उनपर तुरन्त रोक लगाने और इसके लिए केन्द्र सरकार को प्रशासनिक आदेश जारी करने की सिफ़ारिश की है। ट्राई ने इस रिपोर्ट में न्यूज़ मीडिया यानी अख़बारों और चैनलों दोनों के लिए एक स्वतन्त्र नियामक बनाने और उसे दण्डात्मक अधिकार देने की सिफ़ारिश भी की है। ट्राई ने प्रसार भारती को भी सरकारी नियन्त्रण से मुक्त कार्यकारी स्वतन्त्रता और स्वायत्तता देने की वकालत की है।

लेकिन निश्चय ही, ट्राई की सबसे महत्त्वपूर्ण सिफ़ारिश न्यूज़ मीडिया उद्योग में बड़ी पूँजी के बढ़ते दबदबे और कॉर्पोरेटीकरण के कारण सूचनाओं और विचारों के मामले में घटती विविधता और बहुलता को लेकर है। ट्राई ने क्रॉस मीडिया मालिकाने से लेकर न्यूज़ मीडिया उद्योग में संकेन्द्रण, एकाधिकार और अल्पाधिकार के बढ़ते ख़तरों से निपटने के लिए कई महत्त्वपूर्ण सिफ़ारिशें की हैं। इस सिलसिले में ट्राई ने भारत में मीडिया बाज़ार को बारह भाषायी/क्षेत्रीय बाज़ारों में बाँटकर उनमें किसी मीडिया कम्पनी के दबदबे या संकेन्द्रण या एकाधिकारी/अल्पाधिकारी स्थिति की जाँच करने के लिए अन्तर्राष्ट्रीय तौर पर इस्तेमाल होने वाले हार्फिनडाल हिर्शमैन सूचकांक को आधार बनाया है।

ट्राई ने इस आधार पर किसी मीडिया बाज़ार में किसी एक न्यूज़ मीडिया कम्पनी के क्षैतिजीय (हारिजोंटल) आधार यानी अख़बार और न्यूज़ चैनल दोनों के मालिकाने के स्तर पर या ऊर्ध्वाधर (वर्टिकल) आधार यानी चैनल के साथ-साथ उसके वितरण माध्यम के मालिकाने के स्तर पर दबदबे को रोकने के लिए किसी एक माध्यम यानी अख़बार या न्यूज़ चैनल या न्यूज़ चैनल या वितरण माध्यम में मालिकाना छोड़ने की सिफ़ारिश की है।

दोहराने की ज़रूरत नहीं है कि यह एक दूरगामी नतीजों वाली सिफ़ारिश है। इसमें कोई शक नहीं है कि अगर इस सिफ़ारिश को सख़्ती और ईमानदारी से लागू किया गया तो भारतीय न्यूज़ मीडिया उद्योग में कुछ बड़ी मीडिया कम्पनियों के बढ़ते दबदबे पर अंकुश लगाने में काफ़ी हद तक कामयाबी मिल सकती है।

सवाल यह है कि न्यूज़ मीडिया उद्योग में बड़ी पूँजी के दबदबे यानी मीडिया बाज़ार में संकेन्द्रण या एकाधिकारी/अल्पाधिकारी स्थिति को रोकना क्यों ज़रूरी है? ट्राई ने अपनी रिपोर्ट में न्यूज़ मीडिया उद्योग में बड़ी पूँजी और कुछ बड़ी मीडिया

कम्पनियों के दबदबे के ख़तरों को रेखांकित किया है। सबसे महत्त्वपूर्ण बात यह है कि लोकतन्त्र में न्यूज़ मीडिया की यह ज़िम्मेदारी है कि वह नागरिकों को तथ्यपूर्ण, वस्तुनिष्ठ, सन्तुलित और पूर्वाग्रहों से मुक्त सूचनाएँ और विभिन्न प्रकार के विचार मुहैया कराये। एक नागरिक के लिए व्यापक सूचनाओं और विचारों से वाकिफ़ हुए बिना अपनी ज़िम्मेदारियों को पूरा करना मुश्किल है। लेकिन इसके लिए ज़रूरी है कि न्यूज़ मीडिया में अधिकतम सम्भव विविधता और बहुलता हो जिससे सभी ज़रूरी सूचनाएँ, समाचार और विचार लोगों तक आसानी से पहुँच सकें।

यही कारण है कि विविधता और बहुलतापूर्ण सूचनाओं, समाचारों और विचारों को लोकतन्त्र की प्राणवायु माना गया है। लेकिन न्यूज़ मीडिया उद्योग में अगर मुट्ठी भर मीडिया कम्पनियों और उनके अख़बारों/न्यूज़ चैनलों का दबदबा हो जाये तो उसका नतीजा यह होगा कि उनसे आने वाली सूचनाओं-समाचारों और विचारों में विविधता और बहुलता नहीं रह जायेगी। नागरिकों तक एक ही तरह की सूचनाओं-समाचारों और विचारों का प्रवाह होगा जिससे बना संकीर्ण और पूर्वाग्रहग्रस्त जनमत लोकतन्त्र के लिए घातक साबित हो सकता है।

ट्राई की रिपोर्ट के मुताबिक़ जिस तरह से किसी देश के वित्तीय स्वास्थ्य के लिए उसके बैंक महत्त्वपूर्ण हैं और एक भी बैंक की विफलता पूरे वित्तीय व्यवस्था के लिए व्यवस्थागत जोख़िम पैदा कर सकती है, वैसे ही न्यूज़ मीडिया में क्या हो रहा है, यह पूरे देश की चिन्ता और सरोकार का विषय है।

इसकी वजह यह है कि न्यूज़ मीडिया सूचनाओं और विचारों का मुख्य स्रोत है और इस नाते वह किसी देश में जनमत बनाने, लोगों के सोच, विचारों, आदतों और रुचियों को प्रभावित करने में अत्यन्त महत्त्वपूर्ण भूमिका निभाता है। ट्राई की रिपोर्ट साफ़-साफ़ कहती है कि न्यूज़ मीडिया उद्योग, अन्य उद्योगों से अलग है और न्यूज़ मीडिया कम्पनियाँ, अन्य कम्पनियों से बुनियादी तौर पर अलग हैं क्योंकि लोकतन्त्र के चौथे स्तम्भ के रूप में वे अन्य तीन संस्थाओं की तरह सार्वजनिक संस्था हैं। इस कारण ट्राई की रिपोर्ट का तर्क है कि न्यूज़ मीडिया पर कुछ संकीर्ण आर्थिक/व्यावसायिक हितों को हावी होने की इजाज़त नहीं दी जा सकती है।

लेकिन स्वाभाविक तौर पर ट्राई के इन तर्कों से बड़ी न्यूज़ मीडिया कम्पनियाँ सहमत नहीं हैं। वे ट्राई की रिपोर्ट और उसकी सिफ़ारिशों ख़ासकर क्रॉस मीडिया प्रतिबन्धों, मीडिया बाज़ार में इक्का-दुक्का या मुट्ठी भर कम्पनियों के दबदबे पर अंकुश और स्वतन्त्र नियामक आयोग बनाने जैसी सिफ़ारिशों को लेकर ख़ासी नाराज़ और बौखलाई हुई हैं। उनका तर्क यह है कि ट्राई की ये सिफ़ारिशें उसके

क्षेत्राधिकार से बाहर हैं, भारतीय न्यूज़ मीडिया उद्योग में किसी कम्पनी के दबदबे या एकाधिकार/अल्पाधिकार जैसी कोई स्थिति नहीं है और उसमें पर्याप्त विविधता और बहुलता है। बड़ी मीडिया कम्पनियों का यह भी कहना है कि ट्राई की इस रिपोर्ट से भारत में न्यूज़ मीडिया के स्वस्थ विकास और विस्तार पर नकारात्मक असर पड़ेगा।

हालाँकि ट्राई ने अपनी रिपोर्ट में न्यूज़ मीडिया उद्योग की बड़ी कम्पनियों और उनकी ताक़तवर लाबी के इन सभी तर्कों और आरोपों का विस्तार से उत्तर दिया है लेकिन हैरानी की बात नहीं है कि ज़्यादातर समाचार माध्यमों में ट्राई की रिपोर्ट में प्रस्तुत तथ्यों, तर्कों और सिफ़ारिशों को अनदेखा करने या ब्लैकाउट करने से लेकर उन्हें तोड़-मरोड़कर पेश करने की कोशिश की गयी है। इसकी वजह साफ़ है। बड़ी मीडिया कम्पनियाँ और कॉर्पोरेट्स नहीं चाहते हैं कि उनके बढ़ते दबदबे पर अंकुश लगाया जाये या उनके पेड न्यूज़ और प्राइवेट ट्रीटी जैसे अनैतिक धन्धों पर उँगली उठाई जाये। बड़े अख़बारों/चैनलों ख़ासकर बड़े मीडिया समूहों के अख़बारों/चैनलों के इस रवैये को देखते हुए इस बात की उम्मीद बहुत कम है कि ट्राई की रिपोर्ट के बहाने मीडिया स्वामित्व से जुड़े मुद्दों पर अख़बारों/चैनलों में खुली और व्यापक बहस/चर्चा हो पायेगी।

इसके उलट इस बात की आशंका ज़्यादा है कि बड़ी मीडिया कम्पनियों की लाबीइंग और दबाव में एनडीए सरकार भी इस रिपोर्ट को दबाकर बैठ जाये। इसके पहले यूपीए सरकार के कार्यकाल में ऐसा हो चुका है। असल में, कोई सरकार मीडिया कम्पनियों को नाराज़ नहीं करना चाहती है और उनके साथ बनाकर रखना चाहती है। एनडीए सरकार भी इसकी अपवाद नहीं है। इसमें दो राय नहीं है कि ट्राई की सिफ़ारिशों के मुताबिक़ बड़ी मीडिया कम्पनियों पर अंकुश लगाने के लिए केन्द्र सरकार को राजनीतिक इच्छाशक्ति दिखानी पड़ेगी। क्या ऐसा हो पायेगा, यह अगले कुछ सप्ताहों में पता चल जायेगा? निश्चय ही, यह आसान नहीं है और बिल्ली के गले में पहले घण्टी कौन बाँधे की चुनौती है।

लेकिन इतना तय है कि न्यूज़ मीडिया में बड़ी पूँजी की बढ़ती घुसपैठ और दबदबे और उसी अनुपात में घटती विविधता और बहुलता को देखते हुए मीडिया मालिकाने के लोकतान्त्रिक, पारदर्शी और स्वतन्त्र नियमन का समय आ गया है। इसे और टालने का मतलब मीडिया उद्योग में छोटी-मँझोली मीडिया कम्पनियों की क़ीमत पर संकेन्द्रण और इज़ारेदार प्रवृत्तियों को और बढ़ावा और बड़ी मीडिया कम्पनियों/कॉर्पोरेट्स को मनमानी की खुली छूट देना होगा। यह किसी से छुपा नहीं है कि कई प्रमुख मीडिया बाज़ारों में बड़ी मीडिया कम्पनियों और उनके अख़बारों/चैनलों का दबदबा कायम हो चुका है।

उदाहरण के लिए, मुम्बई और दिल्ली जैसे बड़े शहरों में अंग्रेज़ी अख़बारों के बाज़ार में क्रमश: एक (टाइम्स ऑफ़ इंडिया) और दो अख़बारों (टाइम्स ऑफ़ इंडिया और हिन्दुस्तान टाइम्स) का दबदबा है। यही नहीं, मुम्बई में टाइम्स ऑफ़ इंडिया समूह (बेनेट कोलमैन एंड कम्पनी) न सिर्फ़ अंग्रेज़ी अख़बार छापता है बल्कि हिन्दी (नवभारत टाइम्स), मराठी (महाराष्ट्र टाइम्स) और अंग्रेज़ी बिज़नेस अख़बार (इकनामिक टाइम्स) के स्वामित्व के अलावा टाइम्स नाऊ और ईटी नाऊ जैसे न्यूज़ चैनलों का भी संचालन करता है। हालाँकि मुम्बई से अंग्रेज़ी, हिन्दी, मराठी के कई और अख़बार छपते हैं लेकिन बाज़ार में टाइम्स समूह के दबदबे के आगे ज़्यादातर अख़बारों के लिए टिकना मुश्किल है।

इसी तरह से दिल्ली के बाज़ार में दो मीडिया समूहों—टाइम्स ऑफ़ इंडिया और हिन्दुस्तान टाइम्स का दबदबा है और उनके आगे प्रतियोगिता में किसी भी मीडिया कम्पनी के लिए टिकना मुश्किल होता जा रहा है। ऐसी ही परिस्थितियाँ कई और भाषायी/क्षेत्रीय बाज़ारों में भी पैदा हो गयी हैं जहाँ एक या दो मीडिया कम्पनियों का दबदबा-सा कायम हो गया है। यही नहीं, न्यूज़ मीडिया उद्योग में क्रॉस मीडिया स्वामित्व यानी एक ही मीडिया कम्पनी के अख़बार, चैनल, रेडियो, न्यूज़ पोर्टल से लेकर वितरण तक पर क़ब्ज़े की प्रवृत्ति बढ़ रही है। इसके अलावा न्यूज़ मीडिया उद्योग में हाल के वर्षों में बढ़ती गलाकाट प्रतियोगिता के कारण अधिग्रहण और विलय के मामले भी बढ़े हैं और बड़ी मीडिया कम्पनियों ने छोटी-मँझोली मीडिया कम्पनियों को निगलना शुरू कर दिया है।

हाल के संकेतों से साफ़ है कि यह प्रवृत्ति आने वाले महीनों और वर्षों में और तेज़ होगी क्योंकि बड़ी-कॉर्पोरेट मीडिया कम्पनियों के अलावा बड़ी देशी-विदेशी कॉर्पोरेट पूँजी भी मीडिया/न्यूज़ मीडिया उद्योग में दिलचस्पी दिखा रही है। रिलायंस ने हाल में जिस तरह से नेटवर्क-18/टीवी-18 समूह का अधिग्रहण किया है, वह स्पष्ट संकेत है कि आने वाले दिनों में और कई बड़े कॉर्पोरेट समूह मीडिया उद्योग में प्रवेश कर सकते हैं। इसकी व्यावसायिक और ग़ैर-व्यावसायिक दोनों ही वजहें हैं। बड़े कॉर्पोरेट्स समूहों को इसमें कारोबारी सम्भावनाओं के अलावा अपने दूसरे कारोबारों और व्यावसायिक हितों को आगे बढ़ाने और उन्हें संरक्षण देने के लिए राजनीतिक प्रभाव के इस्तेमाल की सम्भावना दिखाई पड़ती है। ट्राई की रिपोर्ट भी इसकी ओर इशारा करती है।

कहने की ज़रूरत नहीं है कि बड़ी मीडिया कम्पनियों के अलावा बड़ी देशी-विदेशी कॉर्पोरेट पूँजी के न्यूज़ मीडिया उद्योग में प्रवेश से छोटी-मँझोली मीडिया

कम्पनियों के लिए प्रतियोगिता में टिके रहना दिन-पर-दिन मुश्किल होता जायेगा। पूँजीवाद की यह स्वाभाविक प्रवृत्ति है कि बड़ी मछली, छोटी मछली को निगल जाती है। न्यूज़ मीडिया उद्योग भी इसका अपवाद नहीं है। दुनिया के ज़्यादातर पूँजीवादी देशों और वैश्विक तौर पर भी मीडिया बाज़ार में बड़ी कॉर्पोरेट मीडिया कम्पनियों का दबदबा बढ़ा है। इसी तरह मुट्ठी भर मीडिया कम्पनियों का वैश्विक मीडिया बाज़ार पर कब्ज़ा है।

भारत भी इसका अपवाद नहीं है। भले ही भारत में पंजीकृत समाचार-पत्रों/पत्रिकाओं की संख्या 94 हज़ार से ज़्यादा और अपलिंकिंग के लिए लाइसेंस प्राप्त न्यूज़ चैनलों की संख्या 350 से ज़्यादा हो लेकिन तथ्य यह है कि अख़बारों की कुल प्रसार/पाठक संख्या और न्यूज़ चैनलों की दर्शक संख्या के मामले में बड़े हिस्से पर डेढ़ से दो दर्जन मीडिया कम्पनियों और उनके अख़बारों/चैनलों का कब्ज़ा है। सच यह है कि कुछ प्रमुख भाषायी/क्षेत्रीय बाज़ारों में दो-तीन बड़ी मीडिया कम्पनियों और उनके अख़बारों/चैनलों का दबदबा है। मौजूदा रुझानों से साफ़ है कि आने वाले दिनों में यह दबदबा न सिर्फ़ और मज़बूत होगा बल्कि अधिग्रहण और विलय के ज़रिये और सघन होगा।

स्वाभाविक तौर पर इसके कारण न्यूज़ मीडिया उद्योग में विविधता और बहुलता और घटेगी। लेकिन भारतीय लोकतन्त्र, जनमत और लोगों के जानने के अधिकार के लिहाज़ से मीडिया मालिकाने का मुद्दा बहुत अहम है। यही नहीं, लोकतन्त्र और राजनीतिक प्रक्रिया में न्यूज़ मीडिया की भूमिका जितनी ही महत्त्वपूर्ण और निर्णायक होती जा रही है, मीडिया कम्पनियों के मालिकाने और मीडिया उद्योग में विविधता और बहुलता का सवाल उतना ही गम्भीर और ज़रूरी होता जा रहा है। ट्राई की रिपोर्ट ने इस मुद्दे को सार्वजनिक बहस/चर्चा में लाने का एक और मौक़ा दिया है। मीडिया कम्पनियाँ इस चर्चा को दबाने और सरकार को इस रिपोर्ट को ठण्डे बस्ते में डालने के लिए मजबूर करने में कोई कसर नहीं उठा रखेंगी।

ट्राई की रिपोर्ट ने न्यूज़ मीडिया उद्योग में मालिकाने से जुड़े सवालों के वैताल को एक बार फिर डार से उतार कर सार्वजनिक चर्चा में लाने की पहल की है लेकिन क्या सिविल सोसायटी और राजनीतिक वर्ग इस मौक़े को एक बार फिर यूँ ही निकल जाने देंगे? क्या इस वैताल को एक बार फिर इतनी आसानी से डार पर वापस उड़ जाने दिया जायेगा?

*(सितम्बर, 2014)*

# धनतन्त्र का मीडिया

## आम चुनावों में पैसे ने पैसे को हरा दिया

आम चुनावों में भाजपा और उसके नेतृत्व वाले एनडीए गठबन्धन की भारी जीत हुई है। यहाँ तक कि तमाम अनुमानों को पीछे छोड़ते हुए अकेले भाजपा ने अपने बल पर 282 सीटें हासिल करके बहुमत हासिल कर लिया है और एनडीए के साथ उसकी सीटें 336 तक पहुँच गयी हैं। यह 1984 के बाद पहली बार हुआ है कि किसी एक पार्टी को लोकसभा में बहुमत मिला है। कहने की ज़रूरत नहीं है कि अख़बारों के सम्पादकीय लेखकों से लेकर न्यूज़ चैनलों के राजनीतिक पण्डितों तक सभी एक सुर में इस भारी जीत का श्रेय भाजपा के प्रधानमन्त्री पद के उम्मीदवार नरेन्द्र मोदी के चमत्कारिक नेतृत्व को दे रहे हैं।

इसमें कोई शक नहीं है कि नरेन्द्र मोदी के नेतृत्व में भाजपा ने जिस तरह से इस संसदीय चुनाव को राष्ट्रपति चुनाव की शैली में लड़ा, कॉर्पोरेट मीडिया-पीआर-विज्ञापन उद्योग के कॉम्प्लेक्स की मदद से जिस तरह उनकी छवि निर्मित की गयी, उस छवि की ब्रांडिंग और मार्केटिंग की गयी और चुनाव का एजेंडा तय किया गया और उनकी प्रचार मशीनरी ने जिस 'स्तब्ध और भयभीत' (शाक एंड आव) करने वाली शैली में चुनाव अभियान चलाया, उसका जवाब कांग्रेस और यूपीए समेत किसी भी पार्टी या नेता के पास नहीं था। यह सिर्फ़ संयोग नहीं है कि चुनाव प्रचार को संचालित-संयोजित और निर्देशित करने के लिए गठित मुख्यालय को 'वाररूम' कहा जा रहा था। नतीजा, चुनाव प्रचार के शुरुआती दौर में ही यह स्पष्ट हो गया था कि मोदी की चुनाव प्रचार की रणनीति और मशीनरी के आगे कोई खड़ा नहीं हो पा रहा है।

इस मायने में यह एक असमान राजनीतिक मुक़ाबला था। जैसाकि पिछले महीने इसी स्तम्भ में संकेत किया गया था कि इस असमान मुक़ाबले का नतीजा पहले से तय

था। इसमें कोई शक नहीं है कि ऐसा संगठित, व्यापक और सघन प्रचार अभियान भारतीय आम चुनावों में अब तक नहीं देखा गया था। इस प्रचार अभियान ने अतीत के सारे प्रचार अभियानों को बहुत पीछे छोड़ दिया। यह लगभग 'कारपेट बाम्बिंग' की तरह था जिससे देश का कोई कोना—चाहे शहर हो या क़स्बा या गाँव और कोई मतदाता नहीं बचा। इस अत्याधुनिक, हाईटेक और मल्टी-मीडिया चुनाव प्रचार ने एक नयी और ऊँची लकीर खींच दी है जिसने दुनिया के बहुतेरे विकसित देशों की विजेता पार्टियों/नेताओं के प्रचार अभियान को भी पीछे छोड़ दिया है।

मोदी के चुनाव प्रचार को संगठित और निर्देशित करने वाली प्रचार मशीनरी की विशालता और ताक़त का अन्दाज़ा उस पर हुए ख़र्च से भी लगाया जा सकता है। हालाँकि भाजपा के राष्ट्रव्यापी प्रचार अभियान पर ख़र्च हुए कुल बजट का कोई आधिकारिक ब्यौरा उपलब्ध नहीं है लेकिन मीडिया और विज्ञापन उद्योग के सूत्रों के मुताबिक़ इस पर कोई 10 से 15 हज़ार करोड़ रुपये ख़र्च किये गये हैं। 'आउटलुक' (26 मई) की एक रिपोर्ट के मुताबिक़, आम चुनावों में प्रमुख पार्टियों ने चुनाव प्रचार पर लगभग 31950 करोड़ रुपये ख़र्च किये हैं जिसमें दो तिहाई ख़र्च अकेले भाजपा ने किया है।

इसी तरह 'हिन्दुस्तान टाइम्स' (13 अप्रैल) की एक रिपोर्ट के मुताबिक़, भाजपा का सिर्फ़ विज्ञापन अभियान का बजट पाँच हज़ार करोड़ रुपये का हो सकता है। यह रिपोर्ट विज्ञापन एजेंसी रेडिफ्यूजन के एक अधिकारी को उद्धृत करते हुए बताती है कि अकेले विज्ञापन अभियान में भाजपा का बजट कांग्रेस की तुलना में चार गुना अधिक था। ऐसा नहीं है कि कांग्रेस और दूसरी बड़ी पार्टियों ने चुनाव प्रचार में पैसा नहीं बहाया लेकिन वे भाजपा के मुक़ाबले में कहीं नहीं थे। भाजपा के प्रचार अभियान में यह पैसा बोल रहा था। यह कहना ग़लत नहीं होगा कि इन चुनावों में पैसे ने पैसे को हरा दिया। हालाँकि मोदी की भारी जीत सिर्फ़ प्रचार अभियान की कामयाबी नहीं है और इस चुनाव को छोड़ दिया जाये तो यह अभी पूरी तरह प्रमाणित होना बाक़ी है कि सिर्फ़ बेतहाशा पैसे ख़र्च करके चुनाव जीता जा सकता है।

लेकिन इसके साथ यह भी तथ्य है कि कम-से-कम प्रचार अभियान के मामले में धन की बहुत बड़ी भूमिका थी और इसकी ज़बरदस्त सफलता ने भारतीय चुनावों में राजनीतिक प्रतियोगिता की ज़मीन, रणनीति और औज़ारों को हमेशा के लिए बदल दिया है। यह इस चुनाव प्रचार की मशीनरी और उसकी रणनीति की

कामयाबी है कि उसने 2002 के गुजरात दंगों से लेकर फ़र्ज़ी मुठभेड़ हत्याओं और जासूसी मामले से जुड़े विवादों के कारण बनी मोदी की विवादास्पद-नकारात्मक छवि को लगभग पूरी तरह बदलकर 'सख़्त, निर्णायक और प्रभावी प्रशासक' और 'विकासपुरुष' की नयी और सकारात्मक-चमकदार छवि गढ़ दी। हालाँकि यह एक दिन में नहीं हुआ है और इसके पीछे कई सालों से जारी एक संगठित पीआर अभियान की भूमिका को अनदेखा करना मुश्किल है।

ज़ाहिर है कि यह कॉर्पोरेट न्यूज़ मीडिया-पीआर-इवेंट मैनेजमेंट-विज्ञापन कॉम्प्लेक्स की निर्णायक और सक्रिय मदद के बिना सम्भव नहीं था। इस प्रचार अभियान में विज्ञापन, पीआर, इवेंट प्रबन्धन, मार्केटिंग, डिजिटल से लेकर अत्याधुनिक 3-डी होलोग्राम तकनीक तक सभी शामिल थे। इस राष्ट्रव्यापी प्रचार अभियान की सबसे बड़ी कामयाबी यह थी कि इसने संसदीय चुनावों को नरेन्द्र मोदी के व्यक्तित्व के इर्द-गिर्द एक तरह के राष्ट्रपति चुनाव में बदल दिया। 'इंडिया टुडे' (19 मई) की एक रिपोर्ट के मुताबिक़, पिछले नौ महीनों से जारी इस चुनाव अभियान में मोदी ने कोई 3 लाख किलोमीटर की यात्रा की जिसका अर्थ है कि पृथ्वी की सात बार विषुवत रेखीय परिक्रमा कर ली।

इस दौरान मोदी ने कोई 5187 आयोजनों/इवेंट में हिस्सा लिया, 25 राज्यों में 477 रैलियों को सम्बोधित किया। इस प्रचार अभियान में मोदी अपनी बात सार्वजनिक रैलियों, 3-डी सभाओं, इंटरनेट और मोबाइल फ़ोन के ज़रिये कोई 23 करोड़ मतदाताओं तक यानी हर चार में से एक वोटर तक सीधे पहुँचाने में कामयाब रहे। इस रिपोर्ट के मुताबिक़, मोदी टीम ने प्रचार के मामले में 2012 के अमेरिकी राष्ट्रपति चुनावों में ओबामा के प्रचार अभियान से बहुत कुछ सीखा। मीडिया रिपोर्टों के अनुसार मोदी के प्रचार अभियान का कुल बजट ओबामा के प्रचार अभियान के बजट से थोड़ा ही कम था।

इसी अर्थ में, यह हज़ारों करोड़ रुपये के विशाल प्रचारतन्त्र की भी जीत है। कॉर्पोरेट मीडिया-पीआर/विज्ञापन उद्योग के इस विशाल प्रचारतन्त्र ने जिस तरह से मोदी के लिए प्रत्यक्ष और परोक्ष अभियान चलाया और चुनाव का एजेंडा सेट किया, उसकी हालिया भारतीय राजनीति में बहुत कम मिसालें हैं। यह राजनीति में धनबल की बढ़ती भूमिका का भी संकेत है। मोदी के प्रचार और पीआर/विज्ञापन अभियान पर बहाये गये हज़ारों करोड़ रुपये का स्रोत निश्चित रूप से बड़ी कॉर्पोरेट पूँजी, बड़े व्यापारी, रीयल इस्टेट/कंस्ट्रक्शन/इन्फ्रास्ट्रक्चर कम्पनियाँ और बिल्डर थे। बिना इस धनबल के यह प्रचार की सुनामी नहीं पैदा की जा सकती थी।

आश्चर्य नहीं कि हर चैनल पर मोदी, हर अख़बार में मोदी, रेडियो पर मोदी, हर सोशल मीडिया में मोदी, होलोग्राम/3-डी में मोदी और इस तरह हर घर में मोदी छाये रहे। हर ओर गूँज रही इस 'मोदी-महिमा' का असर न्यूज़ मीडिया ख़ासकर न्यूज़ चैनलों पर साफ़ तौर पर देखा जा सकता है। मीडिया शोध एजेंसी सीएमएस की एक रिपोर्ट के मुताबिक़, न्यूज़ चैनलों के प्राइम टाइम (रात 8-10 बजे) पर कवरेज/चर्चाओं में मोदी को 33 फ़ीसदी जगह मिली जबकि कांग्रेस के नेता राहुल गाँधी को सिर्फ़ 4 फ़ीसदी जगह मिली। इस असन्तुलित कवरेज का ही एक और नमूना है कि इस दौरान आप नेता अरविन्द केजरीवाल को 10 फ़ीसदी कवरेज मिली।

प्रचार के आख़िरी दौर में न्यूज़ चैनलों पर मोदी की कवरेज बढ़कर 40 फ़ीसदी तक पहुँच गयी। वाम और बहुतेरी क्षेत्रीय पार्टियाँ, उनके नेता और मुद्दे चैनलों के प्राइम टाइम से न सिर्फ़ ग़ायब थे बल्कि उन्हें गठबन्धन की राजनीति में राजनीतिक अस्थिरता और ब्लैकमेल के लिए ज़िम्मेदार ठहराते हुए 'खलनायक' की तरह पेश किया गया। यही नहीं, कॉर्पोरेट मीडिया-पीआर-विज्ञापन उद्योग के गठजोड़ ने नेताओं, पार्टियों और मुद्दों की फ्रेमिंग इस तरह की कि उसका सबसे सीधा फ़ायदा मोदी के प्रधानमन्त्री अभियान को मिला। निश्चय ही, मोदी के प्रचार अभियान की सफलता के लिए यूपीए सरकार ख़ासकर कांग्रेस और दूसरी विपक्षी पार्टियों का राजनीतिक-वैचारिक रूप से भ्रमित, बिखरा और रक्षात्मक अभियान भी ज़िम्मेदार था।

लेकिन इसके साथ ही यह भी काफ़ी हद तक सच है कि यह देश का टेलीविज़न पर राष्ट्रपति शैली में लड़ा गया पहला चुनाव था जिसमें छवि, मुद्दा और एजेंडा गढ़ने में चैनलों ने सीधी और सक्रिय भूमिका निभायी। वह जनमत को जिस ओर ले जाना चाहते थे, उस ओर ले जाने में कामयाब रहे। इसके लिए हवा बनाने वाले चुनाव पूर्व सर्वेक्षणों से लेकर प्रायोजित साक्षात्कारों और चुनावी रैलियों की लाइव कवरेज तक क्या नहीं किया गया? यह कहना ग़लत नहीं होगा कि भविष्य के चुनावों के लिए मीडिया ख़ासकर टेलीविज़न एक बहुत महत्त्वपूर्ण निर्णायक कारक बन गया है जिसके अपने महत्त्वपूर्ण निहितार्थ हैं।

उदाहरण के लिए, चुनावों में एजेंडा से लेकर छवि गढ़ने तक में चैनलों की लगातार बढ़ती और निर्णायक भूमिका ने यह तय कर दिया है कि आने वाले चुनावों में मुद्दों और विचारों से ज़्यादा महत्त्वपूर्ण भूमिका व्यक्तित्वों की होगी।

इस लिहाज़ से इन चुनावों से साफ हो गया है कि विशाल प्रचार/विज्ञापन उद्योग ख़ासकर टेलीविज़न के कारण भविष्य के चुनाव अमेरिकी शैली के राष्ट्रपति चुनावों की तरह लड़े जायेंगे। इसका सबसे ज़्यादा नुक़सान छोटी और क्षेत्रीय पार्टियों और उनके नेताओं को होगा। कहने की ज़रूरत नहीं है कि इससे भारतीय राजनीति में मौजूद राजनीतिक-वैचारिक-क्षेत्रीय विविधता और बहुलता घटेगी। आशंका है कि देश अमेरिका या ब्रिटेन की तरह कृत्रिम रूप से द्विदलीय राजनीतिक व्यवस्था की ओर बढ़ सकता है।

हैरानी की बात नहीं है कि इन चुनावों के नतीजों के बाद देश में सिर्फ़ दो राष्ट्रीय दल-भाजपा और कांग्रेस रह गये हैं और बहुजन समाज पार्टी, माकपा, भाकपा, राजद, राकांपा की मान्यता ख़तरे में पड़ गयी है। इन चुनावों में कांग्रेस और भाजपा को कुल पड़े वोटों का लगभग 50 फ़ीसदी मिला है और बाक़ी 50 फ़ीसदी वोट छोटे-मँझोले दलों और क्षेत्रीय पार्टियों में बँट गया है। लेकिन इसके बावजूद जिस तरह से न्यूज़ मीडिया ख़ासकर चैनलों ने इस चुनाव को मोदी बनाम राहुल बनाम केजरीवाल बना दिया था, उसके कारण अनेक छोटी-मँझोली और प्रभावी पार्टियाँ चुनाव की चर्चाओं/बहसों से ग़ायब हो गयी थीं। इसका उन्हें खमियाज़ा उठाना पड़ा है।

यही नहीं, व्यक्तित्वों के इस कृत्रिम टकराव में न्यूज़ मीडिया की पसन्द भी किसी से छुपी नहीं थी। मोदी के व्यक्तित्व को जिस तरह महत्त्व और कवरेज मिला, वह किसी से छुपा नहीं है। इससे यह साफ़ हो गया कि टेलीविज़न-निर्देशित राजनीति के इस दौर में व्यक्तियों में भी उस नेता/व्यक्ति के लिए ज़्यादा सम्भावनाएँ हैं जिसका व्यक्तित्व टेलीविज़न के ज़्यादा अनुकूल और आकर्षक है। तात्पर्य यह कि एक दृश्य माध्यम होने के नाते टेलीविज़न की ज़रूरतों के मुताबिक़ उस नेता को वक्तृत्व कला यानी लच्छेदार भाषण की कला में माहिर होना होगा, प्रस्तुति लायक आकर्षक व्यक्तित्व बनाना होगा यानी व्यक्तित्व की 'ग्रूमिंग'-नैन-नक्श से लेकर स्टाइलिश और फ़ैशनेबल कपड़ों तक और चाल-ढाल से लेकर शारीरिक भाषा तक का महत्त्व बढ़ेगा।

हैरानी नहीं होगी, अगर अगले चुनावों तक बड़ी इवेंट मैनेजमेंट कम्पनियों से ले कर बालीवुड के बड़े निर्देशक/सिनेमैटोग्राफर/सेट डिजाइनर/मेकअप आर्टिस्ट प्रधानमन्त्री पद के उम्मीदवार की पर्सनल ग्रूमिंग से लेकर वेशभूषा और रैलियों/कार्यक्रमों के सेट तैयार करते नज़र आएं। हालाँकि इन चुनावों में ही इवेंट मैनेजमेंट से

लेकर न्यूज़ मीडिया-विज्ञापन-पीआर कम्पनियों के कॉम्प्लेक्स की बहुत महत्त्वपूर्ण भूमिका थी लेकिन मोदी की भारी जीत के बाद इसका महत्त्व और बढ़ेगा। इस कॉम्प्लेक्स ने जनमत के रुख को मोड़ने में अपनी ताक़त निर्णायक रूप से दिखा दी है। ज़ाहिर है कि इससे चुनाव प्रचार और महँगा होगा, उसमें बड़ी पूँजी की भूमिका और बढ़ेगी और नतीजे में पार्टियों/नेताओं की बड़ी कॉर्पोरेट पूँजी पर निर्भरता भी और बढ़ेगी।

यही नहीं, चुनावों में प्रचार मशीनरी पर बढ़ते बेतहाशा ख़र्च के कारण भारतीय राजनीति में किसी भी नयी पार्टी के लिए प्रवेश करने की बाधा लगातार ऊँची और मुश्किल होती जा रही है। इससे भारतीय लोकतन्त्र, धनतन्त्र में बदलता जा रहा है। बड़ी कॉर्पोरेट पूँजी पर बढ़ती निर्भरता के कारण राजनीतिक दलों/नेताओं के लिए उन्हें ख़ुश रखना और उनके हितों को प्राथमिकता देना ज़्यादा महत्त्वपूर्ण और ज़रूरी होता जा रहा है।

इस लिहाज़ से इन चुनावों में कॉर्पोरेट मीडिया के ज़रिये बड़ी कॉर्पोरेट पूँजी वह करने में कामयाब रही है जो वह 2004 में नहीं कर पायी थी। उस समय इंडिया शाइनिंग अभियान मुँह के बल गिर गया था। हालाँकि 2009 में यूपीए की कामयाबी में भी काफ़ी हद तक कॉर्पोरेट पूँजी और मीडिया की बड़ी भूमिका थी। उस चुनाव में कॉर्पोरेट पूँजी और मीडिया ने जिस तरह से न्यूक्लीयर डील के पक्ष में माहौल बनाया और वामपन्थी पार्टियों समेत तीसरे मोर्चे की क्षेत्रीय पार्टियों को विकास विरोधी और सत्तालोलुप साबित करने में कोई कसर नहीं उठी रखी, उससे राष्ट्रीय राजनीति का एजेंडा बनाने, छवि निर्मित करने, जनमत गढ़ने और धारणाएँ बनाने में उसकी बढ़ती भूमिका दिखने लगी थी।

लेकिन 2014 के चुनावों में एक अहम फ़ैसलाकुन फैक्टर के रूप में बड़े कॉर्पोरेट मीडिया की निर्णायक भूमिका साबित हो गयी है। वह अब राजनीतिक घटनाक्रम और बदलावों का वस्तुनिष्ठ और तथ्यपरक वर्णनकर्ता भर नहीं बल्कि सक्रिय खिलाड़ी बन चुका है। वह 'फ़ोर्स मल्टीप्लायर' है और जनमत को तोड़ने-मरोड़ने और गढ़ने के मामले में उसकी बढ़ती ताक़त भारतीय लोकतन्त्र के लिए ख़तरे की घण्टी है। इसकी वजह यह है कि बड़ी कॉर्पोरेट पूँजी, मीडिया-पीआर विज्ञापन कॉम्प्लेक्स की मदद से जनमत को अपने हितों के अनुकूल मोड़ने में माहिर हो गयी है।

कहने की ज़रूरत नहीं है कि यूपीए और कांग्रेस के ख़िलाफ़ लोगों के वाज़िब गुस्से को जितनी चतुराई और कुशलता के साथ बदलाव के नाम पर भाजपा के पक्ष में मोड़ दिया गया, वह वास्तव में, भारतीय राजनीति में कॉर्पोरेट पूँजी और उसकी मदद से चलने वाले मीडिया-पीआर विज्ञापन कॉम्प्लेक्स की निर्णायक भूमिका का सबसे बड़ा सबूत है।

*(जून, 2014)*

# न्यूज़ मीडिया के बड़े शार्क

**यह कुछ मछलियों के तालाब को गन्दा करने का नहीं बल्कि 'सगरे कूप में भंग' पड़े होने का मामला है**

"आपको प्रेस की स्वतन्त्रता की पूरी गारंटी है, बशर्ते आप उसके मालिक हों।"

*—ए.जे. लीब्लिंग, 'द न्यूयॉर्कर' से जुड़े रहे अमेरिकी पत्रकार*

न्यूज़ चैनल सहित कई चैनलों और अख़बारों के मालिक और पश्चिम बंगाल में सारदा चिट फंड घोटाले के मुख्य आरोपी सुदीप्ता सेन की गिरफ़्तारी के बाद से देश में मीडिया स्वामित्व, उसके स्वरूप, कारोबारी और दूसरे हितों और उसका न्यूज़ मीडिया के अन्तर्वस्तु पर पड़ने वाले घोषित/अघोषित प्रभावों पर बहस तेज़ हो गयी है। हालाँकि यह बहस नयी नहीं है और न ही मीडिया कारोबार में सक्रिय किसी कम्पनी का धतकर्म पहली बार सामने आया है। यह सारदा चिट फंड की तरह अवैध धन्धों/कारोबार में शामिल किसी कम्पनी के अपने धन्धों को आवरण/संरक्षण/विश्वसनीयता देने के लिए मीडिया के धन्धे में घुसने का भी कोई पहला या अकेला मामला नहीं है।

इससे पहले भी सारदा की तरह ही जे.वी.जी. और कुबेर जैसी कई चिट फंड कम्पनियों ने भी धूमधाम के साथ अख़बार शुरू किये, उसके ज़रिये एक विश्वसनीयता हासिल की और उसकी आड़ में लाखों लोगों को बेवकूफ़ बनाया और उनकी जीवन भर की कमाई लूट ली। यह सिर्फ़ संयोग नहीं है कि इन दिनों 24 हज़ार करोड़ रुपये की अवैध वसूली के आरोपी सहारा का मामला सुप्रीम कोर्ट में चल रहा है, ज़ी-न्यूज़ के सम्पादकों पर कोयला घोटाले में फँसी जिन्दल स्टील एंड पॉवर कम्पनी से ख़बरें रोकने के बदले पैसा माँगने का आरोप लगा है और आन्ध्र

प्रदेश में साक्षी मीडिया समूह के मालिक जगनमोहन रेड्डी भ्रष्टाचार के आरोपों में जेल में हैं।

साफ़ है कि सारदा चिट फंड घोटाला कोई अपवाद नहीं है बल्कि वह एक प्रवृत्ति या पैटर्न की ओर इशारा करता है। इस प्रवृत्ति या पैटर्न के कई पहलू हैं। पहला यह कि वैध-अवैध धन्धों/कारोबार ख़ासकर चिट फंड/फिनांस/रीयल इस्टेट आदि में आम लोगों को झाँसा देकर पैसा बनाने के बाद या उसी दौरान सुदीप्तो सेन जैसा कोई ठग उसका एक हिस्सा मीडिया के धन्धे में लगाकर अख़बार और आजकल न्यूज़ चैनल शुरू करता है जिससे न सिर्फ़ उसके अवैध धन्धों को पुलिस/प्रशासन और राजनेताओं से संरक्षण हासिल करने में मदद मिलती है बल्कि धन्धे को भी एक तरह की विश्वसनीयता हासिल हो जाती है।

यही नहीं, इससे फ़र्ज़ी और अवैध धन्धे और धन्धेबाज़ को मीडिया की जाँच-पड़ताल और छानबीन से भी बच निकलने का मौक़ा मिल जाता है क्योंकि मीडिया कम्पनियों के बीच एक अघोषित लेकिन पक्का और ठोस समझौता है कि वे एक-दूसरे के वैध-अवैध धन्धों और धतकरमों के बारे में कोई रिपोर्ट नहीं करेंगी। जैसे कुत्ता, कुत्ते को नहीं खाता है, वैसे ही मीडिया कम्पनियाँ एक-दूसरे के बारे में लिखने/दिखाने से परहेज़ करती हैं। हैरानी की बात नहीं है कि ख़ुद को साफ़-सुथरी कहने वाली और हमेशा भ्रष्टाचार के ख़िलाफ़ बिगुल बजाने का दावा करने वाली बड़ी कॉर्पोरेट मीडिया कम्पनियों के अख़बारों/चैनलों से लेकर छोटे धन्धेबाज़ों/ठगों के अख़बारों/चैनलों में भी शायद ही कभी एक-दूसरे के वैध-अवैध धन्धों और कारनामों के बारे में छपता या दिखाया जाता है।

इस प्रवृत्ति का दूसरा पहलू यह है कि मीडिया कम्पनियाँ जैसे-जैसे बड़ी हो रही हैं, उनका कॉर्पोरेटीकरण हो रहा है, उनका मुनाफ़ा बढ़ रहा है, वैसे-वैसे वे मीडिया से इतर दूसरे धन्धों/कारोबार की ओर बढ़ रही हैं। हाल के वर्षों में ऐसे अनेक उदाहरण सामने आये हैं जिनमें मीडिया कम्पनियों ने रीयल इस्टेट, शॉपिंग मॉल्स, चीनी मिल, पॉवर स्टेशन, माइनिंग से लेकर हर तरह के कारोबार में निवेश करना और विस्तार करना शुरू कर दिया है। कहने की ज़रूरत नहीं है कि अपने कारोबार को फ़ैलाने में उन्हें अपनी मीडिया कम्पनियों से ख़ासी मदद मिल रही है क्योंकि उसके प्रभाव का इस्तेमाल करके वे सरकार और नेताओं/अफ़सरों के ज़रिये आसानी से लाइसेंस/ठेके और ज़मीन हासिल कर ले रहे हैं।

आश्चर्य नहीं कि हाल के दिनों में सामने आये बड़े घोटालों में कई बड़ी मीडिया कम्पनियों और उनके मालिकों के नाम भी लाभार्थियों के रूप में सामने

आये हैं। उदाहरण के लिए, कोयला खदानों के आवंटन में हुई धाँधली और घोटाले में कुछ मीडिया कम्पनियों (जैसे लोकमत समूह और उसके मालिक विजय दर्डा) के नाम चर्चा में आये थे। यही नहीं, ऐसी पुष्ट/अपुष्ट रिपोर्टें आपको देश के हर बड़े शहर/राज्यों की राजधानियों में सुनने को मिल जायेंगी कि कैसे इन मीडिया कम्पनियों ने अवैध तरीक़े से ज़मीन कब्ज़ा किया, रीयल इस्टेट में निवेश किया है और माइनिंग के पट्टे आदि हासिल किये हैं। कहते हैं कि इसी लोभ में बहुतेरी मीडिया कम्पनियों ने झारखण्ड और छत्तीसगढ़ जैसे खनिज संसाधनों से सम्पन्न राज्यों में अपने अख़बार और चैनल का विस्तार किया है क्योंकि उससे माइनिंग के ठेके हासिल करने में आसानी होती है।

इसी से जुड़ा इस प्रवृत्ति का तीसरा पहलू यह है कि मीडिया की इस शक्ति और प्रभाव ने बड़ी कम्पनियों/कॉर्पोरेट्स को भी मीडिया कारोबार में घुसने के लिए प्रेरित किया है। हालाँकि उनकी हमेशा से मीडिया कारोबार में दिलचस्पी रही है लेकिन हाल के वर्षों में जबसे आर्थिक उदारीकरण के नाम पर सार्वजनिक क्षेत्र की कम्पनियों के निजीकरण और प्राकृतिक संसाधनों ख़ासकर जल-जंगल-ज़मीन-खनिजों को कब्ज़ाने की होड़ शुरू हुई है और दूसरी ओर, मीडिया कम्पनियों का रसूख और उनकी लाबीइंग की शक्ति बढ़ी है, बड़े कॉर्पोरेट्स भी मीडिया कम्पनियों में बड़े पैमाने पर निवेश करते दिखाई पड़े हैं।

उदाहरण के लिए, पिछले दो वर्षों में मुकेश अम्बानी की रिलायंस ने न सिर्फ़ टीवी-18 समूह (सीएनबीसी और आईबीएन) बल्कि ईटीवी समूह की कम्पनियों में भी लगभग 50 फ़ीसदी शेयर ख़रीद लिए हैं। इसी तरह कुमारमंगलम बिरला की आदित्य बिरला समूह ने टीवी टुडे समूह में लगभग 27 फ़ीसदी का मालिकाना हासिल कर लिया है। अनिल अम्बानी की ज़्यादातर मीडिया कम्पनियों में 5 से लेकर 20 फ़ीसदी तक शेयर हैं। ओसवाल समूह ने एनडीटीवी में लगभग 15 फ़ीसदी शेयर ख़रीदे हैं। यही नहीं, मीडिया कम्पनियों और बड़े कॉर्पोरेट समूहों के बीच बढ़ते गठजोड़ का एक बड़ा प्रमाण यह भी है कि सभी बड़ी मीडिया कम्पनियों के निदेशक मण्डल में बड़े कॉर्पोरेट समूहों के प्रमुख शामिल हैं।

कहने की ज़रूरत नहीं है कि ये तीनों ही प्रक्रियाएँ एक साथ चल रही हैं। इसके साथ ही, मीडिया उद्योग में स्वामित्व के ढाँचे में बड़े और बुनियादी बदलाव भी हो रहे हैं। मीडिया उद्योग के इस नये पिरामिड में सबसे ऊपर मुट्ठी भर वे बड़े कॉर्पोरेट मीडिया समूह हैं जिनकी संख्या मुश्किल से 20 के आसपास है।

लेकिन तथ्य यह है कि वे ही आज मीडिया कारोबार को नियन्त्रित और निर्देशित कर रहे हैं। वे वास्तव में आभिजात्य शासक वर्ग के हिस्से हैं और इसका सबूत यह है कि उनके नाम देश के पचास और सौ सबसे ताक़तवर और प्रभावशाली लोगों की सूची में छपते रहते हैं। इन चुनिन्दा मीडिया समूहों के हाथ में देश के सबसे अधिक पढ़े जाने वाले 20 सबसे बड़े अख़बार और सबसे अधिक देखे जाने वाले 10 न्यूज़ चैनल हैं।

हाल के वर्षों में उदारीकरण और भूमण्डलीकरण का फ़ायदा उठाकर उन्होंने न सिर्फ़ विदेशी निवेश आकर्षित किया है बल्कि उनका तेज़ी से विस्तार हुआ है। इन बड़े कॉर्पोरेट मीडिया समूहों ने क्रॉस मीडिया प्रतिबन्धों और उससे सम्बन्धित रेगुलेशन के अभाव का फ़ायदा उठाकर न सिर्फ़ अख़बार, टेलीविज़न, रेडियो, इंटरनेट जैसे सभी मीडिया प्लेटफ़ॉर्मों पर अपने कारोबार का विस्तार किया है बल्कि उन्होंने भौगोलिक सीमाओं को लाँघकर क्षेत्रीय भाषाओं के मीडिया बाज़ार में भी घुसपैठ की है। इसके कारण हाल के वर्षों में मीडिया उद्योग में प्रतियोगिता बढ़ी और तीखी हुई है और इसमें छोटे-मँझोले प्रतियोगियों के लिए टिकना दिन पर दिन मुश्किल होता जा रहा है। इस बीच, कई छोटे और मँझोले अख़बार/चैनल बन्द हो गये हैं या बड़े मीडिया समूहों द्वारा ख़रीद लिए गये हैं।

इससे मीडिया उद्योग में संकेन्द्रण बढ़ा है और बड़े कॉर्पोरेट मीडिया समूहों के कारण एकाधिकारवादी प्रवृत्तियों को भी मज़बूत होते हुए देखा जा सकता है। आज वे ही तय करते हैं कि देश में लोग क्या पढ़ेंगे, देखेंगे और सोचेंगे? वे ही देश का एजेंडा तय करते हैं और जनमत बनाने में उनकी भूमिका पहले की तुलना में कई गुना बढ़ गयी है। इसकी वजह यह भी है कि आज मीडिया की पहुँच और उसका उपभोग बढ़ा है, अख़बारों/न्यूज़ चैनलों के पाठकों/दर्शकों की संख्या में कई गुना का इजाफ़ा हुआ है और इसके साथ ही, बढ़ते शहरीकरण/आप्रवासन/व्यक्तिकरण के कारण सूचनाओं के लिए उनपर लोगों की निर्भरता बढ़ी है। आज राजनीति और राज-समाज आदि के बारे में लोगों ख़ासकर शहरी मध्यवर्ग की सूचनाओं का मुख्य स्त्रोत कॉर्पोरेट न्यूज़ मीडिया होता जा रहा है।

ज़ाहिर है कि इसके कारण मीडिया उद्योग के पिरामिड के शीर्ष पर बैठे इन मुट्ठी भर कॉर्पोरेट मीडिया समूहों के मालिकों और उनके चुनिन्दा सम्पादकों/पत्रकारों की ताक़त और प्रभाव में भी भारी इजाफ़ा हुआ है। उनकी प्रधानमन्त्री से लेकर कैबिनेट मन्त्रियों और अफ़सरों तक और शासक पार्टियों के शीर्ष नेताओं

से लेकर बड़े उद्योगपतियों तक सीधी पहुँच है। इनकी पहुँच और प्रभाव का कुछ अन्दाज़ा इस तथ्य से भी लगाया जा सकता है कि इनमें से कई मीडिया मालिक और पत्रकार विभिन्न पार्टियों की ओर से और कुछ 'सामाजिक-सांस्कृतिक-साहित्यिक' योगदान के कोटे से राज्यसभा में नामांकित सदस्य हैं। इनके बढ़ते प्रभाव का अन्दाज़ा नीरा राडिया के टेप्स से भी चलता है जिसमें इन समूहों के जाने-माने पत्रकार लाबीइंग से लेकर कॉर्पोरेट के इशारे पर लिखते/बोलते और फिक्सिंग करते हुए पाये गये।

इस मीडिया उद्योग के पिरामिड के मध्य में वे क्षेत्रीय/भाषायी कॉर्पोरेट मीडिया समूह हैं जो हाल के वर्षों में तेज़ी से फले-फूले हैं और अपनी क्षेत्रीय सीमाओं से भी बाहर निकले हैं। इसके साथ ही उन्होंने अख़बार के साथ-साथ टीवी, रेडियो और इंटरनेट में भी पाँव फैलाया है। कहने की ज़रूरत नहीं है कि ये बहुत महत्त्वाकांक्षी हैं और इन्होंने स्थानीय शासक वर्ग में अपनी पैठ और प्रभाव के बल पर अपने कारोबार को फैलाया है। वे मीडिया के अलावा दूसरे कारोबारों में भी घुस रहे हैं ताकि बड़े कॉर्पोरेट मीडिया समूहों के मुक़ाबले टिक सकें। यही नहीं, इनमें से कई मौक़े की नजाकत को समझते हुए बड़े कॉर्पोरेट मीडिया समूहों के साथ गठजोड़ में चले गये हैं।

इन क्षेत्रीय/भाषायी मीडिया समूहों के लिए उनके कारोबारी हित सबसे ऊपर हैं और मुनाफ़े के लिए वे किसी भी समझौते को तैयार रहते हैं। हैरानी की बात नहीं है कि हाल के वर्षों में बिना किसी अपवाद के लगभग सभी राज्यों में क्षेत्रीय/भाषायी मीडिया समूहों और राज्य सरकारों के बीच सम्बन्ध अत्यधिक 'मधुर' बने रहे हैं। इसकी सबसे बड़ी वजह राज्य सरकारों से मिलनेवाला विज्ञापन राजस्व और दूसरे कारोबारी फ़ायदे रहे हैं। इस कारण ये मीडिया समूह राज्य सरकारों को नाराज़ नहीं करना चाहते हैं। यही नहीं, कई क्षेत्रीय मीडिया समूहों की क्षेत्रीय शासक दलों के साथ गहरी निकटता बन गयी है क्योंकि इन दलों के शीर्ष नेता और मीडिया समूहों के मालिक या तो एक हैं या उनके कारोबारी हित गहरे जुड़ गये हैं।

इसका एक और उल्लेखनीय पहलू यह है कि हाल के वर्षों में कई राज्यों में उनके ताक़तवर नेताओं/मुख्यमन्त्रियों/दलों ने जनमत को प्रभावित करने में मीडिया के बढ़ते महत्त्व को समझते हुए परोक्ष या सीधे मीडिया में निवेश किया है और अख़बार और ख़ासकर न्यूज़ चैनल शुरू किये हैं। यही नहीं, पंजाब, तमिलनाडु, छत्तीसगढ़ जैसे राज्यों में तो शासक दलों ने टीवी वितरण यानी केबल उद्योग पर

कब्ज़ा जमा लिया है और उसके ज़रिये चैनलों की बाँहें मरोड़ते रहते हैं। दूसरी ओर, कई राज्यों में कमज़ोर सरकारों/मुख्यमन्त्रियों को ताक़तवर क्षेत्रीय मीडिया समूह विज्ञापन से लेकर दूसरे कारोबारी फ़ायदों के लिए ब्लैकमेल करते भी दिख जाते हैं।

मीडिया उद्योग के पिरामिड के सबसे निचले हिस्से में हैं छोटी-मँझोली वे मीडिया कम्पनियाँ जिनके पीछे वैध-अवैध तरीक़े से रीयल इस्टेट, चिट फंड, लाटरी, ठेकेदारी, नर्सिंग होम/निजी विश्वविद्यालयों, डांस बार से लेकर अंडरवर्ल्ड तक से कमाई गयी पूँजी लगी है। इनका असली मक़सद मीडिया कारोबार से ज़्यादा न्यूज़ मीडिया को अपने वैध-अवैध धन्धों को पुलिस/प्रशासन/सरकार से बचाने और सार्वजनिक जीवन में साख बटोरने के लिए इस्तेमाल करना है। ये मीडिया कम्पनियाँ घाटे के बावजूद कैसे चलती रहती हैं, इस रहस्य का सीधा सम्बन्ध उनके दूसरे वैध-अवैध कारोबार के फलने-फूलने के साथ जुड़ा हुआ है। आश्चर्य नहीं कि इन मीडिया कम्पनियों के मालिक उसका इस्तेमाल नेताओं/अफ़सरों तक पहुँचने और उनसे लाबीइंग के लिए करते हैं।

यही नहीं, इन मीडिया कम्पनियों में काम करने वाले ज़्यादातर वरिष्ठ पत्रकारों और सम्पादकों को भी मालिकों के कारोबारी हितों को आगे बढ़ाने के लिए दलाली करनी पड़ती है। इन मीडिया समूहों में सम्पादक/ब्यूरो चीफ़ जैसे पदों पर पहुँचने की सबसे बड़ी योग्यता पत्रकारों की सत्तासीन पार्टी के साथ नज़दीकी और उनके सम्पर्क/पहुँच होते हैं। सारदा समूह को ही लीजिए जिसके चैनलों/अख़बारों के सीईओ कुणाल घोष पेशे से पत्रकार होने के बावजूद समूह के शीर्ष पर इसलिए पहुँच पाये कि उनके तृणमूल के शीर्ष नेतृत्व के साथ नज़दीकी सम्बन्ध थे। हैरानी की बात नहीं है कि कुणाल घोष तृणमूल के राज्यसभा सांसद भी बन गये।

लेकिन सारदा ऐसी अकेली कम्पनी नहीं है जो अपने अवैध धन्धों पर पर्दा डालने, उसे एक विश्वसनीयता देने और सरकार/सत्तारूढ़ पार्टी के साथ नज़दीकी का फ़ायदा उठाने के लिए अख़बार/चैनल चला रही थी। देश में ऐसे अख़बारों/चैनलों की संख्या सैकड़ों में है। क्या यह सिर्फ़ संयोग है कि देश में इस समय केन्द्र सरकार ने 825 चैनल के लाइसेंस दिये हुए हैं जिनमें लगभग आधे न्यूज़ चैनल हैं? ज़ाहिर है कि इन न्यूज़ चैनलों में से लगभग आधे ऐसे ही कारोबारियों के चैनल हैं जिनके धन्धे और आमदनी के स्रोत साफ़ नहीं हैं। हालाँकि वे घाटे में चल रहे हैं, वहाँ काम करने की परिस्थितियाँ बहुत ख़राब हैं, मीडियाकर्मियों को तनख़्वाह तक समय पर नहीं मिलती है और पत्रकारिता से इतर कामों का दबाव रहता है लेकिन

उनकी 'कामयाबी' देखकर ऐसे ही दूसरे कारोबारियों की मीडिया के धन्धे में उतरने की लाइन लगी हुई है।

हालाँकि मीडिया उद्योग के पिरामिड के शीर्ष से लेकर नीचे तक यानी बड़ी कॉर्पोरेट मीडिया कम्पनियों से लेकर छोटी-मँझोली कम्पनियों तक सभी कम या बेशी पत्रकारिता के नाम पर ख़बरों की ख़रीद-फ़रोख्त के धन्धे में लगी हुई हैं, भाँति-भाँति के समझौते करके अपने दूसरे कारोबारी हितों को आगे बढ़ाने में जुटी हुई हैं और पाठकों-दर्शकों की आँख में धूल झोंकने में शामिल हैं लेकिन बड़ी कॉर्पोरेट मीडिया कम्पनियाँ इसका सारा दोष पिरामिड के निचले और कुछ हद तक मध्य हिस्से की मीडिया कम्पनियों पर डालकर अपना दामन बचाने की कोशिश कर रही हैं। पिछले दिनों कोलकाता में इंडियन चैम्बर ऑफ़ कॉमर्स की एक सभा में ज़ी समूह के मालिक सुभाष चन्द्रा ने शिकायती लहजे में कहा कि पुलिस से बचने के लिए आज मीडिया कारोबार में बिल्डर्स, हिस्ट्री शीटर्स आ रहे हैं। (http://www.thehoot.org/web/Does-owning-media-help-/6761-1-1-10-true.html)

दूसरी ओर, 'इंडियन एक्सप्रेस' के सम्पादक शेखर गुप्ता ने भी अपने एक लेख 'मेरे पास मीडिया है' (http://www.indianexpress.com/news/national-interest-mere-paas-media-hai/1108319/) में दोष फिक्सर-कारोबारियों पर मढ़ते हुए अपनी साख बचाने के लिए बड़ी कॉर्पोरेट मीडिया कम्पनियों को सचेत किया है। लेकिन सवाल यह है कि क्या कुछ चिट फंड, रीयल इस्टेट, डांस बार आदि धन्धे करने वाले मीडिया कारोबार में आ गये हैं और मीडिया के पवित्र सरोवर को गन्दा कर रहे हैं या फिर मुद्दा 'सगरे कूप में भाँग' पड़ने की है? अगर मुद्दा सिर्फ़ कुछ मछलियों के तालाब को गन्दा करने का है तो साफ़-सुथरी और गम्भीर पत्रकारिता करने वाले बड़े मीडिया समूह ऐसी मछलियों का पर्दाफ़ाश क्यों नहीं करते हैं? वे ऐसी मीडिया कम्पनियों की कारगुजारियों पर चुप क्यों रहते हैं?

आख़िर शेखर गुप्ता के पास कौन-सी ऐसी जादुई ताबीज़ है जिससे वे बता सकते हैं कि मीडिया कारोबार का कौन-सा कारोबारी गम्भीर और साफ़-सुथरी पत्रकारिता करने के लिए इस धन्धे में है या आ रहा है और कौन पुलिस/प्रशासन से बचने और सरकार से अनुचित फ़ायदे लेने के लिए आया है? क्या यह सच नहीं है कि न्यूज़ मीडिया के धन्धे के बड़े खिलाड़ी ज़्यादा व्यवस्थित, सृजनात्मक और प्रबन्धकीय नवोन्मेष के साथ ख़बरें बेचते या तोड़ते-मरोड़ते हैं जबकि छोटे-मँझोले खिलाड़ी वह कला नहीं सीख पाये हैं और इसलिए बहुत भद्दे तरीक़े से ख़बरों का धन्धा करते हैं? उनकी चोरी जल्दी ही पकड़ी भी जाती है।

सबसे बड़ी बात यह है कि दर्शकों/पाठकों में उनकी साख न के बराबर है, इसलिए वे व्यापक पाठक/दर्शक समूह को बहुत नुक़सान नहीं पहुँचा पाते हैं लेकिन जिन बड़े अख़बारों/चैनलों पर सबसे अधिक पाठकों/दर्शकों का भरोसा है, वे ख़बरों का सौदा करके जब उन्हें अँधेरे में रखते हैं या उनकी आँखों में धूल झोंकते हैं, तो वे आम पाठकों/दर्शकों और उनके साथ व्यापक जन समुदाय और उनके हितों को सबसे ज़्यादा नुक़सान पहुँचाते हैं। क्या यह अब भी बताने की ज़रूरत है कि सारदा समूह के न्यूज़ चैनलों और ज़ी-न्यूज़ की पत्रकारिता में लोकतन्त्र के लिए ज़्यादा बड़ा ख़तरा कौन है?

*(जून, 2013)*

# कॉर्पोरेट मीडिया, खोजी पत्रकारिता और षड्यन्त्रपूर्ण चुप्पी

## कॉर्पोरेट मीडिया खोजी पत्रकारिता को लेकर सेलेक्टिव और संकीर्ण दायरे में काम करता है

एक छोटे से विराम के बाद न्यूज़ चैनलों में एक बार फिर भ्रष्टाचार और घोटालों की ख़बरें सुर्ख़ियों में हैं। यूपीए सरकार ने पिछले सप्ताहों में नव उदारवादी आर्थिक सुधारों को आगे बढ़ाने वाले कई फ़ैसले आनन-फानन में किये और एजेंडा बदलने की कोशिश की। चैनलों ने उसे हाथों-हाथ लिया भी और कुछ समय के लिए भ्रष्टाचार और घोटालों की ख़बरें सुर्ख़ियों से बाहर चली गयीं। लेकिन 'इंडिया अगेंस्ट करप्शन' के अरविन्द केजरीवाल और प्रशान्त भूषण ने सीधे कांग्रेस अध्यक्ष सोनिया गाँधी के दामाद रॉबर्ट वाड्रा की सम्पत्ति में हुए अभूतपूर्व उछाल और रीयल इस्टेट कम्पनी-डी.एल.एफ. के साथ उनके सौदों पर दस्तावेज़ों सहित गम्भीर सवाल उठाकर एक बार फिर से शीर्ष पदों पर भ्रष्टाचार के मुद्दे को राष्ट्रीय एजेंडे पर ला दिया।

इसके बाद ऐसा लगा कि जैसे चैनल इसी का इन्तज़ार कर रहे थे। इक्का-दुक्का अपवादों को छोड़कर अधिकांश चैनलों ने इस मुद्दे को लपकने में देरी नहीं की। रॉबर्ट वाड्रा के सवालिया सौदों पर अरविन्द केजरीवाल की प्रेस कॉन्फ्रेंस को न सिर्फ़ लाइव दिखाया गया बल्कि उस पर कई दिनों तक प्राइम टाइम चर्चाएँ भी हुईं। उसके बाद कांग्रेस, कई केन्द्रीय मन्त्रियों, ख़ुद रॉबर्ट वाड्रा और डी.एल. एफ. की सफ़ाई के मद्देनज़र अरविन्द केजरीवाल की ओर से जवाबी प्रेस कॉन्फ्रेंस को भी लाइव कवरेज मिली। गरज यह कि यह मुद्दा अगले एक सप्ताह

से अधिक समय तक न्यूज़ चैनलों पर छाया रहा और अभी भी ख़बरों/चर्चाओं में बना हुआ है।

मौजूदा ट्रेंड को देखकर ऐसा लगता है कि आने वाले दिनों में भी चैनलों और सार्वजनिक चर्चाओं में रॉबर्ट वाड्रा की अभूतपूर्व छलाँग की अनुगूँज बनी रहेगी। असल में, यह चैनलों के लिए एक टेस्ट केस भी है। भ्रष्टाचार और घोटालों के ख़िलाफ़ लड़ाई का चैम्पियन होने का दावा करने वाले कई चैनलों और उनके साहसी सम्पादकों के लिए यह परीक्षा की घड़ी है क्योंकि अरविन्द केजरीवाल और उनके साथियों ने कांग्रेस अध्यक्ष और सत्ता की असली केन्द्र सोनिया गाँधी के दामाद रॉबर्ट वाड्रा को निशाना बनाकर एक तरह से उस 'षड्यन्त्रपूर्ण चुप्पी' को ज़ोरदार झटका दिया है जिसके तहत चैनलों सहित समूचे कॉर्पोरेट मीडिया में एक अघोषित सहमति बनी हुई है कि वे गाँधी परिवार के बारे में कोई भी जाँच-पड़ताल नहीं करेंगे और उन्हें जवाबदेही और सवालों से परे रखेंगे।

यह सच है कि कॉर्पोरेट मीडिया की इस 'षड्यन्त्रपूर्ण चुप्पी' का संरक्षण सिर्फ़ गाँधी परिवार को ही नहीं मिला हुआ है बल्कि सत्ता के शीर्ष पर बैठे चुनिन्दा केन्द्रीय मन्त्रियों, बड़े कॉर्पोरेट समूहों, उनके मालिकों, ख़ुद बड़े मीडिया घरानों के मालिक भी इसके लाभार्थियों में हैं। आश्चर्य नहीं कि चैनलों सहित समूचे कॉर्पोरेट न्यूज़ मीडिया में आमतौर पर और इक्का-दुक्का अपवादों को छोड़कर कॉर्पोरेट मीडिया की खोजी पत्रकारिता इस दायरे को लाँघने की कोशिश नहीं करती है। यह भी एक कड़वी सच्चाई है कि हाल के वर्षों में प्रमुख न्यूज़ चैनलों सहित समूचे कॉर्पोरेट मीडिया में खोजी पत्रकारिता और स्टिंग ऑपरेशनों के गुणगान के बावजूद इस 'षड्यन्त्रपूर्ण चुप्पी' का दायरा घटने के बजाय बढ़ा है। क्षेत्रीय स्तर पर राज्यों के ताक़तवर मुख्यमन्त्री भी चैनलों और कॉर्पोरेट मीडिया की छानबीन से परे मान लिए गये हैं।

लेकिन अरविन्द केजरीवाल और उनके साथियों ने जिस तरह से रॉबर्ट वाड्रा पर सवाल उठाये हैं, उसके बाद से कॉर्पोरेट मीडिया की इस 'षड्यन्त्रपूर्ण चुप्पी' को एक झटका-सा लगा है। उसके बाद से ऐसा लगता है कि जैसे बहुत दिनों से बन्द भ्रष्टाचार/घोटालों/लूट के परनाले का मुँह खुल गया हो। एक के बाद दूसरी भ्रष्टाचार/घोटालों की कहानियाँ मीडिया और चैनलों पर आ रही हैं। केन्द्रीय क़ानून मन्त्री सलमान ख़ुर्शीद और उनकी पत्नी लुई ख़ुर्शीद के एनजीओ की अनियमितताओं

और घोटालों, आयकर के छापे में मिली डायरियों में इस्पात इंडस्ट्रीज ग्रुप की ओर से वी.बी.एस यानी पूर्व केन्द्रीय मन्त्री वीरभद्र सिंह को कथित तौर पर 2.28 करोड़ रुपये की घूस और महाराष्ट्र में 70 हज़ार करोड़ रुपये के सिंचाई घोटाले की ख़बरें सुर्ख़ियों में हैं।

लेकिन इस बीच घोटालों के भण्डाफोड़ का श्रेय लूटने की होड़ भी चैनलों समेत समूचे कॉर्पोरेट मीडिया में शुरू हो गयी है। सब गंगा नहाने और अपने पाप धोने में जुट गये हैं। पेड न्यूज़, नीरा राडिया प्रकरण से लेकर सरकारों/कॉर्पोरेट की चापलूसी में अपनी साख गँवाते चैनलों, कॉर्पोरेट मीडिया और सम्पादकों के लिए यह अपनी साख को बहाल करने और पापों पर पर्दा डालने का मौक़ा बन गया है। ज़ाहिर है कि कोई भी पीछे नहीं रहना चाहता है। लेकिन सवाल यह है कि भ्रष्टाचार के इन मामलों के भण्डाफोड़ और उनके सुर्ख़ियों में छाये रहने का श्रेय कॉर्पोरेट मीडिया को कितना मिलना चाहिए?

सच यह है कि पिछले दो वर्षों में जितने घोटालों और भ्रष्टाचार के मामलों का पर्दाफ़ाश हुआ है, उसका श्रेय कॉर्पोरेट मीडिया (न्यूज़ चैनलों समेत) के बजाय भ्रष्टाचार विरोधी आन्दोलन के कार्यकर्ताओं, आरटीआई कार्यकर्ताओं, अदालतों, सी.ए.जी. और कुछ (व्हिसल-ब्लोअर) ईमानदार अफ़सरों को जाता है। ख़ासकर उन आरटीआई और भ्रष्टाचार विरोधी आन्दोलन के कार्यकर्ताओं की हिम्मत, ज़िद, प्रतिबद्धता और सक्रियता को सलाम किया जाना चाहिए जिनमें से कइयों ने अपनी जान देकर भी अनियमितताओं, घोटालों और भ्रष्टाचार का पर्दाफ़ाश किया है। इसके साथ ही यह भी सच है कि हाल के महीनों में भ्रष्टाचार/घोटालों के जो कुछ बड़े मामले सामने आये हैं, उसकी वजह बड़े कॉर्पोरेट समूहों और सत्ता के शीर्ष पर बैठे राजनेताओं-अफ़सरों के अन्तर्विरोध और उनकी आपसी प्रतिद्वन्द्विता भी है।

हालाँकि खोजी पत्रकारिता को पहले भी ख़बरें शासक वर्गों के विभिन्न गुटों और खेमों के बीच के अन्तर्विरोधों और टकराव के कारण ही मिलती रही हैं और पर्दाफ़ाश के रूप में छपती रही हैं लेकिन हाल के वर्षों में न्यूज़ मीडिया के बढ़ते कॉर्पोरेटीकरण के कारण चैनलों/अख़बारों के आर्थिक हित और रिश्ते सत्ता और कॉर्पोरेट्स के साथ इतने गहरे बँध गये हैं कि भ्रष्टाचार और घोटालों की ख़बरें मिलने के बावजूद वे उसे छापने और दिखाने से परहेज़ करने लगे हैं। ख़ासकर सत्ता के शीर्ष पर बैठे नेताओं-अफ़सरों-कॉर्पोरेट्स के भ्रष्टाचार/घोटालों की ख़बरों की जाँच-पड़ताल और उन पर सवाल उठाने में कॉर्पोरेट मीडिया की दिलचस्पी लगातार कम होती गयी है।

इसकी एक बड़ी वजह यह भी है कि ज़्यादातर बड़े मीडिया समूह अब ख़ुद भी कॉर्पोरेट्स हैं और उनके मीडिया के अलावा और भी कई धन्धे हैं जिनके फलने-फूलने की अनिवार्य शर्त सत्ता के साथ निकटता और उसकी भक्ति है। इसी तरह कई बड़े मीडिया समूह बड़े कॉर्पोरेट समूहों के हिस्से हैं और कॉर्पोरेट समूह उन्हें अपने कारोबारी हितों को आगे बढ़ाने के लिए इस्तेमाल कर रहे हैं। आश्चर्य नहीं कि हाल के वर्षों में कई रीयल इस्टेट, नॉन-बैंकिंग फाइनांस, चिट फंड और इन्फ्रास्ट्रक्चर कम्पनियों ने मीडिया बिज़नेस में ख़ासी रुचि ली है और उनमें से कई ने अपने न्यूज़ चैनल खोले हैं। यही नहीं, कई ताक़तवर (और भ्रष्ट) राजनेताओं और क्षेत्रीय राजनीतिक पार्टियों ने भी अपने न्यूज़ चैनल खोले हैं या उनके सीधे या परोक्ष आशीर्वाद से न्यूज़ चैनल शुरू हुए हैं।

ज़ाहिर है कि इन चैनलों समेत समूचे कॉर्पोरेट मीडिया का मौजूदा ढाँचा और कारोबारी मॉडल ऐसा है कि वरिष्ठ पत्रकार पी. साईंनाथ के मुताबिक़, वे सच नहीं बोल सकते हैं बल्कि झूठ बोलने के लिए अभिशप्त हैं। अलबत्ता कारोबारी-राजनीतिक हितों के टकराव और अन्तर्विरोधों के कारण वे गाहे-बगाहे चुनिन्दा घोटालों के खुलासे भी करते दिख जाते हैं जिससे यह भ्रम बना रहता है कि वे सत्ता और ताक़तवर लोगों की निगरानी के अपने दायित्व का निर्वाह करने में पीछे नहीं हैं। लेकिन हक़ीक़त यह है कि ज़्यादातर चैनल और अख़बार भ्रष्टाचार/घोटालों के खुलासे के मामले में बहुत 'सेलेक्टिव' हैं और अपना नफ़ा-नुक़सान तौल करके ही 'खोजी पत्रकारिता' करते हैं।

हैरानी की बात नहीं है कि रॉबर्ट वाड्रा के अभूतपूर्व छलाँग के बारे में अरविन्द केजरीवाल के खुलासे से पहले कॉर्पोरेट मीडिया में उस बारे में चुप्पी छायी हुई थी। कहते हैं कि रॉबर्ट वाड्रा के बारे में अधिकांश जानकारियाँ कई चैनलों/अख़बारों और उनके पत्रकारों के पास पिछले कई महीनों से थीं लेकिन उनमें से किसी ने उनकी स्वतन्त्र जाँच-पड़ताल करने और छापने/दिखाने की हिम्मत नहीं की। यही नहीं, जब अरविन्द केजरीवाल ने रॉबर्ट वाड्रा के सौदों के बारे में दस्तावेज़ों के साथ कई सवाल खड़े कर दिये, उसके बाद भी इक्का-दुक्का अपवादों को छोड़कर अधिकांश चैनलों/अख़बारों ने उस स्टोरी की स्वतन्त्र जाँच-पड़ताल करने और फालो-अप स्टोरीज करने की पहल नहीं की।

यह सबसे हैरान करने वाली बात है। आख़िर चैनलों का काम क्या सिर्फ़ आरोप उछालना और फिर उस पर आरोपित की सफ़ाई दिखाना और उसके बाद

फिर नये आरोप दिखाना भर है। क्या स्वतन्त्र पत्रकारिता का अर्थ आरोप-प्रत्यारोप के लिए मंच उपलब्ध कराना भर है? सच पूछिये तो चैनलों और बाक़ी न्यूज़ मीडिया से यह अपेक्षा थी कि वह अरविन्द केजरीवाल के आरोपों और उस पर केन्द्रीय मन्त्रियों के अलावा रॉबर्ट वाड्रा-डी.एल.एफ.-हरियाणा सरकार की सफ़ाई और जवाबी आरोपों को दिखाने से आगे बढ़कर इस मामले की स्वतन्त्र छानबीन करता, इस प्रकरण से जुड़े अनुत्तरित सवालों के जवाब ढूँढ़ता और उसकी विभिन्न कड़ियों को जोड़ने के ज़रिये सच को सामने लाता। लेकिन इसके लिए हिम्मत चाहिए थी और चैनलों ने अरविन्द केजरीवाल के कन्धे पर रखकर बन्दूक़ चलाने में ही अपनी बहादुरी समझी।

दरअसल, रॉबर्ट वाड्रा की सम्पत्ति में आयी अभूतपूर्व छलाँग कोई अपवाद नहीं है। यह सिर्फ़ संयोग नहीं है कि पिछले डेढ़ दशक में देश में डॉलर अरबपतियों की संख्या में 15 गुना बढ़ोतरी हुई है और उनमें से आधे से अधिक रीयल इस्टेट, कंस्ट्रक्शन, इन्फ्रास्ट्रक्चर, मीडिया, माइनिंग जैसे उद्योगों में हैं जिनकी अभूतपूर्व छलाँग में राज्य के संरक्षण में सार्वजनिक संसाधनों की 'लूट और बन्दरबाँट' की बहुत बड़ी भूमिका है। यह किसी से छुपा नहीं है कि उदारीकरण-निजीकरण और आर्थिक सुधारों के नाम पर पिछले दो दशकों में जिस तरह से सार्वजनिक संसाधनों—जल, जंगल, ज़मीन और खनिजों को औने-पौने दामों पर कॉर्पोरेट्स और अपने क़रीबी उद्योगपतियों/उद्यमियों को लुटाया गया है, उसने रातों-रात देश में दर्जनों अरबपति और खरबपति पैदा कर दिये हैं।

आश्चर्य नहीं कि पिछले दो वर्षों में भ्रष्टाचार/घोटालों के सभी बड़े मामले—2-जी, कोयला आवंटन आदि का सम्बन्ध सार्वजनिक संसाधनों को औने-पौने दामों पर बड़े कॉर्पोरेट्स और चहेते कारोबारियों को लुटाने का है। ख़ासकर ज़मीन और खनिजों की लूट ने सारे रिकॉर्ड तोड़ दिये हैं। बड़े कॉर्पोरेट्स और कारोबारी सरकारों की मदद से किसानों की ज़मीन कौड़ियों के दाम ख़रीद कर लैंड बैंक बनाने में लगे हैं। दूसरी ओर, झारखण्ड, उड़ीसा और छत्तीसगढ़ से लेकर कर्नाटक और गोवा तक में खनिजों की लूट चल रही है। अवैध खनन नियम बन चुका है। लेकिन इस कॉर्पोरेट लूट के भण्डाफोड़ की ख़बरें कम ही दिखाई देती हैं और इसका एक बड़ा कारण यह भी है कि कई मीडिया समूह भी खनन के धन्धे में उतर चुके हैं। कोयला आवंटन मामले में कई मीडिया समूहों के नाम (जैसे लोकमत, प्रभात) (ख़बर-उषा मार्टिन आदि) भी सामने आये हैं और अवैध खनन से पैसा बनाने वाले कई कारोबारियों के अपने न्यूज़ चैनल भी हैं।

यही नहीं, सार्वजनिक संसाधनों की लूट और बन्दरबाँट की जो ख़बरें कभी-कभार दिखाई भी देती हैं, वे चैनलों/मीडिया की स्वतन्त्र जाँच-पड़ताल और खोज के कारण नहीं बल्कि अवैध खनन विरोधी या पर्यावरण या आदिवासियों के हक-हुकूक के लिए लड़ने वाले कार्यकर्ताओं या अदालतों के आदेश के कारण सामने आती हैं। उदाहरण के लिए 2-जी या कोयला आवंटन या बेल्लारी-गोवा अवैध खनन या महाराष्ट्र के सिंचाई घोटाले को देख सकते हैं। लेकिन सबसे अधिक महत्त्वपूर्ण बात यह है कि इधर 2-जी या कोयला आवंटन में धाँधली/घोटाले की जो रिपोर्टें दिखाई भी गयी हैं, उन्हें भ्रष्टाचार/घोटाले की अलग-थलग रिपोर्टों के रूप में दिखाया गया। गोया उनके बीच आपस में कोई सम्बन्ध नहीं हो।

जबकि सच यह है कि सार्वजनिक संसाधनों की इस लूट और बन्दरबाँट का सीधा सम्बन्ध नव उदारवादी आर्थिक नीतियों ख़ासकर निजीकरण से है। इन नीतियों के तहत ही बड़ी देशी-विदेशी कम्पनियों से लेकर अपने चहेतों/भाई-भतीजों को ज़मीन, खनिज से लेकर दूसरे बेशक़ीमती सार्वजनिक संसाधन हवाले किये जा रहे हैं। लेकिन कॉर्पोरेट मीडिया इस पहलू को न सिर्फ़ अनदेखा करता है बल्कि उसे दबाने की कोशिश भी करता है। इसकी वजह वैचारिक-राजनीतिक है। असल में, कॉर्पोरेट मीडिया ख़ुद नव उदारवादी आर्थिक नीतियों और निजीकरण की नीतियों का सबसे बड़ा पैरोकार और प्रवक्ता है। वह उसकी जमकर वकालत करता है क्योंकि नव उदारवादी नीतियों के लाभार्थियों में वह भी है।

ऐसे में, कॉर्पोरेट मीडिया नीतियों के स्तर पर हो रहे भ्रष्टाचार को देखने-पहचानने में संरचनागत रूप से अक्षम है। इस वजह से वह भ्रष्टाचार/घोटालों के मामलों को न सिर्फ़ व्यक्ति विशेष/व्यक्तियों (ख़ासकर नेताओं-अफ़सरों) के भ्रष्टाचार के रूप में देखता-दिखाता है बल्कि भ्रष्टाचार के विभिन्न मामलों को भी एक-दूसरे से अलग करके दिखाता है। भ्रष्टाचार/घोटालों के खुलासों के मामले में कॉर्पोरेट मीडिया (न्यूज़ चैनलों सहित) की यह सबसे बड़ी सीमा है। इस कारण भ्रष्टाचार/घोटालों के भण्डाफोड़ के मामले भी अन्ततः एक सनसनीखेज तमाशा बन करके रह जाते हैं और जैसे चैनलों पर कुछ समय के लिए आते और सुर्ख़ियों में छा जाते हैं, उसी तरह कुछ समय बाद गुमनामी में खो भी जाते हैं।

यही नहीं, चैनलों सहित समूचे कॉर्पोरेट मीडिया में खोजी पत्रकारिता के वास्तविक अर्थ और उसके क्षेत्र को भी बहुत सीमित और सतही बना दिया गया है। खोजी पत्रकारिता को भ्रष्टाचार और घोटालों के पर्दाफ़ाश तक सीमित कर दिया गया है।

जबकि खोजी पत्रकारिता के दायरे में सिर्फ़ भ्रष्टाचार/घोटालों का खुलासा ही नहीं बल्कि देश के विभिन्न इलाक़ों में आज भी जारी सामाजिक-सामन्ती उत्पीड़न, जोर-जुल्म, पुलिस ज़ुल्म-उत्पीड़न, मानवाधिकार हनन, साम्प्रदायिक-जातीय भेदभाव और ग़रीबों-दलितों-आदिवासियों-महिलाओं-अल्पसंख्यकों के अधिकारों के हनन और लूट के मामले भी आते हैं।

सच पूछिये तो 70 के दशक के उत्तरार्द्ध से लेकर 90 के दशक के शुरुआती वर्षों तक न्यूज़ मीडिया में सामन्ती उत्पीड़न, पुलिस ज़ुल्म, मानवाधिकार हनन (फ़र्ज़ी मुठभेड़), साम्प्रदायिक उत्पीड़न-भेदभाव और दलितों-आदिवासियों-महिलाओं-अल्पसंख्यकों के सामन्ती-सरकारी उत्पीड़न के मामले अक्सर सुर्ख़ियों में आ जाते थे। जैसे भागलपुर आँख-फोड़वा काण्ड, कमला को ख़रीदने, नेल्ली नरसंहार, मलियाना नरसंहार, बेलछी कांड जैसे अनेक मामले अख़बारों और पत्रिकाओं में छपे और दोषियों के ख़िलाफ़ कार्रवाई हुई। 80 के दशक में अख़बारों ने फ़र्ज़ी मुठभेड़ के मामलों की कई रिपोर्टें छापीं।

लेकिन आज यह स्थिति है कि चैनलों की भ्रष्टाचार/घोटालों के मामलों ख़ासकर सत्ता-कॉर्पोरेट शीर्ष पर बैठे नेताओं-उद्योगपतियों के घोटालों का खुलासा करने में तो घिग्घी बँध ही जाती है, सामाजिक-सामन्ती-पुलिसिया उत्पीड़न, भेदभाव और ग़रीबों के हक़-हुकूक मारने के लगातार बढ़ते मामलों के पर्दाफ़ाश करने में भी उनकी दिलचस्पी नहीं दिखाई देती है। ऐसा नहीं है कि आज ऐसी घटनाएँ नहीं हो रही हैं बल्कि सच यह है कि आज ऐसी घटनाएँ और भी बढ़ गयी हैं। उदाहरण के लिए, फ़र्ज़ी मुठभेड़ों के मामलों की ही लीजिए। आज छत्तीसगढ़-झारखण्ड-ओडिशा-आन्ध्र प्रदेश जैसे राज्यों से लेकर जम्मू-कश्मीर और उत्तर-पूर्व के राज्यों में मुठभेड़ हत्याओं और यूएपीए के तहत गिरफ़्तारियों से लेकर देश कई-कई हिस्सों में मुस्लिम युवाओं की 'आतंकवादी' बताकर हो रही गिरफ़्तारियों के मामलों में भी कॉर्पोरेट मीडिया की षड्यन्त्रपूर्ण चुप्पी साफ़ दिखाई पड़ती है।

साफ़ है कि खोजी पत्रकारिता के शोर-शराबे और घोटालों/भ्रष्टाचार के मामलों के भण्डाफोड़ के दावों के बावजूद न्यूज़ चैनलों सहित पूरे कॉर्पोरेट मीडिया की खोजी पत्रकारिता की सीमाएँ और अन्तर्विरोध दिन पर दिन खुलते जा रहे हैं। इसलिए यह न्यूज़ चैनलों समेत समूचे कॉर्पोरेट मीडिया के लिए परीक्षा की घड़ी

है। उनकी साख इस पर निर्भर है कि वे ख़ुद स्वतन्त्र तौर पर सत्ता के शीर्ष पर मौजूद भ्रष्टाचार/घोटालों के मामलों के पर्दाफ़ाश की कितनी हिम्मत दिखाते हैं और साथ ही, सार्वजनिक संसाधनों की कॉर्पोरेट लूट और बन्दरबाँट के मामले में नीतिगत भ्रष्टाचार को सामने लाने में कितनी सक्रियता दिखाते हैं। यही नहीं, उनकी खोजी पत्रकारिता की परीक्षा की एक बड़ी कसौटी सामन्ती-पुलिसिया ज़ुल्मों और मानवाधिकार हनन के मामलों को उजागर करने की भी रहेगी।

***(नवम्बर, 2012)***

# मीडिया का बढ़ता कॉर्पोरेटीकरण और संकेन्द्रण

## लोकतन्त्र और टीवी उद्योग के लिए रिलायंस-टीवी 18 डील के मायने

भारतीय मीडिया और ख़ासकर टीवी उद्योग के लिए वर्ष 2012 की शुरुआत बहुत धमाकेदार रही। देश में शेयर बाज़ार में लिस्टेड कम्पनियों में बाज़ार पूँजीकरण के लिहाज़ से सबसे बड़ी कम्पनी, मुकेश अम्बानी की रिलायंस इंडस्ट्रीज ने टीवी-18/नेटवर्क-18 (मनोरंजन चैनल कलर्स और न्यूज़ चैनल सीएनएन-आईबीएन, सीएनबीसी आदि) में कोई 17 अरब रुपये के निवेश का ऐलान करके सबको चौंका दिया। इस डील के तहत रिलायंस के मालिकाने वाले इंडिपेंडेंट मीडिया ट्रस्ट ने टीवी-18/नेटवर्क-18 में 1700 करोड़ रुपये का निवेश किया है जिसके बदले में टीवी-18/नेटवर्क-18 ने इनाडु टीवी समूह के सभी क्षेत्रीय समाचार चैनलों को पूरी तरह और मनोरंजन चैनलों में बड़ी हिस्सेदारी ख़रीद ली है।

इस डील के साथ एक ही झटके में मुकेश अम्बानी और उनकी कम्पनी रिलायंस मीडिया और मनोरंजन उद्योग की एक बड़ी खिलाड़ी बन गयी है। ख़बरें यह भी हैं कि रिलायंस टीवी वितरण के क्षेत्र में भी घुसने का रास्ता तलाश रही है और उसकी कई वितरण कम्पनियों से उनके अधिग्रहण के लिए सौदा पटाने की बातचीत चल रही है। इसके अलावा वह कुछ खेल चैनलों को भी अधिग्रहीत करने के प्रयास में भी है। उल्लेखनीय है कि रिलायंस आईपीएल क्रिकेट में सबसे महँगी टीमों में से एक मुम्बई इंडियन की भी मालिक है। इसके अलावा रिलायंस को पूरे भारत में चौथी पीढ़ी (4-जी) ब्राडबैंड सेवाएँ उपलब्ध करने का भी लाइसेंस मिल गया है।

असल में, मीडिया और मनोरंजन उद्योग ख़ासकर समाचार मीडिया और टीवी उद्योग में मुकेश अम्बानी के रिलायंस की दिलचस्पी किसी से छुपी नहीं है।

80 के दशक के आख़िरी वर्षों में अम्बानी ने 'बिज़नेस एंड पोलिटिकल ऑब्ज़र्वर' अख़बार शुरू किया था। हालाँकि वह अख़बार कई कारणों से नहीं चल पाया लेकिन इससे मीडिया में रिलायंस की दिलचस्पी कम नहीं हुई। अलबत्ता, उन्होंने उसके बाद सीधे और सामने से किसी मीडिया कम्पनी और उसके अख़बार या चैनल में पूँजी निवेश करने के बजाय पीछे से उसे नियन्त्रित करने की रणनीति अपनायी। माना जाता है कि परोक्ष रूप से देश के कई अख़बारों और न्यूज़ चैनलों में उनका पैसा लगा हुआ है।

लेकिन रिलायंस के ताज़ा फ़ैसले से ज़ाहिर है कि मुकेश अम्बानी की तैयारी अब नेपथ्य से मीडिया की राजनीतिक-रणनीतिक ताक़त और प्रभाव का इस्तेमाल करने के बजाय ख़ुद उसके एक बड़े खिलाड़ी की तरह खेल में उतरने की है। हालाँकि यह डील ख़ुद में बहुत जटिल प्रक्रिया के ज़रिये पूरी होगी और उसकी बारीकियाँ अभी भी स्पष्ट नहीं हैं लेकिन सबसे महत्त्वपूर्ण बात यह है कि इसके ज़रिये मुकेश अम्बानी की नेटवर्क-18 में कोई 44 फ़ीसदी और टीवी-18 में 28.5 फ़ीसदी हिस्सेदारी होगी और वे इन कम्पनियों में अकेले सबसे बड़े हिस्सेदार होंगे। तात्पर्य यह कि वे इन कम्पनियों के वास्तविक मालिक होंगे।

लेकिन ख़ुद रिलायंस समूह का दावा है कि नेटवर्क-18/टीवी-18 समूह और उसके ज़रिये इनाडु टीवी समूह पर मालिकाने के पीछे उसका एकमात्र मक़सद अपने 4-जी ब्राडबैंड सेवा के लिए कंटेंट जुटाना है। इस डील के बाद रिलायंस का इन दोनों मीडिया समूहों के टीवी चैनलों के कंटेंट और उनके अन्य मीडिया उत्पादों पर अधिकार होगा जिसे वह अपने ब्राडबैंड सेवा के ग्राहकों को लुभाने के लिए इस्तेमाल करेगी। यही नहीं, रिलायंस समूह ने यह भी सफ़ाई दी है कि इस डील के बाद भी नेटवर्क-18/टीवी-18 के प्रबन्धन, संचालन और सम्पादकीय नीति में कोई बदलाव नहीं होगा और वह उसमें कोई हस्तक्षेप नहीं करेगा। इसके लिए रिलायंस एक 'स्वतन्त्र' ट्रस्ट—इंडिपेंडेंट मीडिया ट्रस्ट गठित कर रहा है जिसमें कम्पनी के मालिकों और प्रबन्धकों के बजाय 'जाने-माने लोग' ट्रस्टी होंगे। रिलायंस इसी ट्रस्ट के ज़रिये नेटवर्क-18/टीवी-18 में निवेश कर रहा है।

लेकिन रिलायंस के अतीत और मीडिया व्यवसाय में व्यवसाय से इतर कारणों से उसकी गहरी दिलचस्पी को देखते हुए उसके इस दावे पर भरोसा करना मुश्किल है। यह सही है कि मुकेश अम्बानी और रिलायंस को अब मीडिया और मनोरंजन उद्योग में व्यवसाय की दृष्टि से भी बेहतर सम्भावनाएँ दिखने लगी हैं और रिलायंस के विस्तार के नये क्षेत्रों में मीडिया व्यवसाय भी एक महत्त्वपूर्ण क्षेत्र है। पिछले

एक-डेढ़ दशक में भारतीय मीडिया और मनोरंजन उद्योग का जिस गति और पैमाने पर विस्तार हुआ है, उसके कारण कई बड़े उद्योग और कारोबारी समूहों की उसमें दिलचस्पी बढ़ी है।

असल में, पिछले वर्ष की फिक्की-के.पी.एम.जी. मीडिया और मनोरंजन उद्योग रिपोर्ट के मुताबिक़, भारत में मीडिया उद्योग 2009 में 587 अरब रुपये का था जो 11 फ़ीसदी की वृद्धि दर के साथ बढ़कर वर्ष 2010 में 652 अरब रुपये का हो गया। इस रिपोर्ट का अनुमान है कि अगले साल कोई 13 फ़ीसदी की बढ़ोतरी के साथ इसका आकार बढ़कर 738 अरब रुपये हो जायेगा। यही नहीं, इस रिपोर्ट का यह भी आकलन है कि भारतीय मीडिया और मनोरंजन उद्योग आने वाले वर्षों में औसतन 14 फ़ीसदी सालाना की वृद्धि दर के साथ वर्ष 2015 में लगभग 1275 अरब रुपये का विशाल उद्योग हो जायेगा।

साफ़ है कि मीडिया और मनोरंजन उद्योग का तेज़ी से विस्तार हो रहा है। इसके साथ ही, इसमें दाँव ऊँचे और बड़े होते जा रहे हैं। स्वाभाविक तौर पर इसके विस्तार के साथ इसमें बड़ी देशी-विदेशी पूँजी की दिलचस्पी भी बढ़ रही है। इसका सबसे बड़ा प्रमाण यह है कि आमतौर पर छोटी-मँझोली पूँजी के इस असंगठित उद्योग में पिछले डेढ़-दो दशकों में कई मीडिया कम्पनियों ने शेयर बाज़ार से पूँजी उठाई है और उनमें देशी-विदेशी निवेशकों ने पैसा लगाया है। आज ऐसी दर्जनों मीडिया कम्पनियाँ हैं जो शेयर बाज़ार में लिस्टेड हैं और जिनमें देशी-विदेशी पूँजी लगी हुई है। इनमें से कुछ कम्पनियाँ परम्परागत मीडिया कम्पनियाँ हैं जो पिछले कई दशकों से समाचार-पत्र और फ़िल्म कारोबार में सक्रिय थीं।

लेकिन इनमें कई कम्पनियाँ ख़ासकर टीवी कम्पनियाँ ऐसी हैं जो नब्बे के दशक में टीवी उद्योग के विस्तार के साथ पैदा हुईं और तेज़ी से फली-फूली हैं। उनके विस्तार में बड़ी पूँजी ने बहुत बड़ी भूमिका निभायी है। बड़ी पूँजी के प्रवेश के साथ ये कम्पनियाँ जिनमें कई आठ-दस साल पहले तक छोटी प्रोडक्शन कम्पनी या एक ख़ास इलाक़े तक सीमित समाचार-पत्र कम्पनी थीं, कुछ ही सालों में बड़ी कम्पनियों में बदल गयीं। इनमें से कई का बाज़ार पूँजीकरण यानी बाज़ार भाव हज़ारों करोड़ रुपये का है। उदाहरण के लिए, दक्षिण भारत की सबसे बड़ी मीडिया कम्पनी, कलानिधि मारन की सन नेटवर्क का बाज़ार पूँजीकरण 11700 करोड़ रुपये है जबकि दूसरी बड़ी कम्पनी ज़ी-इंटरटेन्मेंट का बाज़ार पूँजीकरण 11367 करोड़ रुपये है। (19 जनवरी'12 की शेयर क़ीमतों पर)

इसी तरह टीवी-18 का बाज़ार पूँजीकरण लगभग 1122 करोड़ रुपये है जबकि यह कम्पनी डेढ़-दो दशकों पहले तक एक छोटी-सी प्रोडक्शन हाउस थी। इसके अलावा टीवी टुडे (आज तक और हेडलाइंस टुडे आदि) का बाज़ार पूँजीकरण 350 करोड़ रुपये, एनडीटीवी (एन.डी.टीवी-24×7, एनडीटीवी-इंडिया आदि) का 279 करोड़ रुपये और ज़ी-न्यूज़ का 273 करोड़ रुपये है। कई समाचार-पत्र कम्पनियाँ भी शेयर बाज़ार में लिस्टेड हैं जिनमें जागरण प्रकाशन (बाज़ार पूँजीकरण 3094 करोड़ रुपये), डेक्कन क्रानिकल (874 करोड़ रुपये), दैनिक भास्कर-डी.बी. कार्प (3390 करोड़ रुपये) और एचटी मीडिया (3084 करोड़ रुपये) शामिल हैं।

हालाँकि बेनेट कोलमैन (टाइम्स ऑफ़ इंडिया समूह), स्टार नेटवर्क, हिन्दू समूह, आनन्द बाज़ार पत्रिका समूह सहित देश की कई बड़ी मीडिया कम्पनियाँ अभी भी शेयर बाज़ार में लिस्टेड नहीं हैं लेकिन मौजूदा ट्रेंड को देखते हुए कहा जा सकता है कि आने वाले वर्षों में देर-सबेर इनमें से अधिकांश शेयर बाज़ार में आयेंगी और लिस्टेड कम्पनी होंगी। इसकी सबसे बड़ी वजह यह है कि मीडिया और मनोरंजन उद्योग में जिस तरह से गलाकाट प्रतियोगिता बढ़ रही है और दाँव ऊँचे से ऊँचे होते जा रहे हैं, उसमें अधिकांश कम्पनियों के लिए बड़ी पूँजी की शरण में जाने के अलावा और कोई विकल्प नहीं बचा है।

आश्चर्य नहीं कि टीवी-18 को रिलायंस की शरण में जाना पड़ा है। इसकी भी वजह यह है कि पिछले कुछ वर्षों में प्रतियोगिता में आगे रहने के लिए उसने बाज़ार से काफ़ी पैसा उगाहा है। इसमें दुनिया की सबसे बड़ी दस मीडिया कम्पनियों में से एक वायाकाम भी शामिल है जिसके साथ संयुक्त उपक्रम में नेटवर्क-18 ने 'कलर्स' नामक मनोरंजन चैनल की शुरुआत की है। लेकिन इस प्रक्रिया में नेटवर्क-18/टीवी-18 पर 1300 करोड़ रुपये से अधिक का क़र्ज़ भी हो गया था और साथ ही, उसे और विस्तार के लिए आगे भी और पूँजी की ज़रूरत थी। ऐसे में, उसने रिलायंस का दामन थामा और इसके साथ ही, मीडिया उद्योग में देश की निजी क्षेत्र की सबसे बड़ी कम्पनी के सीधे प्रवेश का रास्ता खुल गया।

ज़ाहिर है कि रिलायंस कोई मामूली कम्पनी नहीं है। बाज़ार पूँजीकरण के लिहाज़ से वह लगभग 257089 करोड़ रुपये की कम्पनी है जिसका अर्थ यह हुआ कि उसके आगे अधिकांश मीडिया कम्पनियाँ बहुत बौनी हैं। यहाँ तक कि शेयर बाज़ार में लिस्टेड सभी मीडिया और मनोरंजन कम्पनियों के मौजूदा कुल पूँजीकरण

को भी जोड़ दिया जाये तो रिलायंस के पूँजीकरण के आधे से भी कम हैं। यही नहीं, रिलायंस नगद जमा कम्पनी के मामले में भी देश की सबसे बड़ी कम्पनियों में से एक है जिसके पास 30 सितम्बर'11 को लगभग 14 अरब डॉलर यानी 70000 करोड़ रुपये का नगद जमा था जिसके इस वित्तीय वर्ष के आख़िर तक बढ़कर 25 अरब डॉलर (125000 करोड़ रुपये) हो जाने का अनुमान है।

मज़े की बात यह है कि बाज़ार में इस बाबत कयास लगाये जा रहे हैं कि रिलायंस इतने अधिक नगद जमा का क्या और कैसे इस्तेमाल करेगा? उस पर दबाव है कि वह इस पैसे को अधिक से अधिक मुनाफ़ा देने वाले उद्योगों/कारोबारों में इस्तेमाल करे। इसका अर्थ यह है कि अगर रिलायंस अपने नगद जमा का 10 फ़ीसदी भी मीडिया और मनोरंजन कारोबार में लगाये तो ज़ी नेटवर्क और सन नेटवर्क को छोड़कर वह सभी टीवी कम्पनियों को ख़रीद सकता है। इसमें कोई शक नहीं है कि मुकेश अम्बानी का इरादा 4-जी ब्रॉडबैंड सेवा में सबसे बड़े खिलाड़ी बनने के ज़रिये एक ओर दूरसंचार के बेहद लुभावने कारोबार में पैठ बनाने का है और दूसरी ओर, उसे मीडिया उद्योग से जोड़कर मनोरंजन कारोबार पर कब्ज़ा जमाने का है।

असल में, मुकेश अम्बानी और रिलायंस की दूरसंचार और मीडिया/मनोरंजन उद्योग पर बहुत पहले से नज़र है। रिलायंस की सहयोगी कम्पनी इंफोटेल ब्राडबैंड ने पिछले साल 13000 करोड़ रुपये चुकाकर 4-जी सेवाओं के लिए अखिल भारतीय लाइसेंस लिया है और उसकी योजना है कि वह उपभोक्ताओं को 3500 रुपये की सस्ती टैबलेट उपलब्ध करायेगा, जिस पर ब्रॉडबैंड के ज़रिये इंटरनेट से लेकर वीडियो/टीवी/फ़िल्म जैसी सभी सेवाएँ सस्ती दर पर उपलब्ध होंगी। यही नहीं, रिलायंस के पास आईपीएल की मुम्बई इंडियन टीम है। वह इसीलिए खेल के चैनल और साथ ही, केबल नेटवर्क कम्पनियों को भी ख़रीदने की कोशिश में है।

यहाँ यह उल्लेख करना भी ज़रूरी है कि दुनियाभर में ख़ासकर अमेरिका समेत कई विकसित देशों में सक्रिय बड़ी बहुराष्ट्रीय मीडिया कम्पनियाँ वास्तव में बड़े उद्योग समूहों की उपांग है। उदाहरण के लिए, दुनिया की सबसे बड़ी मीडिया कम्पनी जनरल इलेक्ट्रिक (जी.ई.) है जिसके मीडिया कारोबार के दर्जनों चैनल और अन्य मीडिया उत्पाद हैं लेकिन यह उसका मुख्य कारोबार नहीं है। वह अमेरिका की छठी सबसे बड़ी कम्पनी है और उसका मुख्य कारोबार ऊर्जा, टेक्नोलोजी इन्फ्रास्ट्रक्चर, वित्त, उपभोक्ता सामान आदि क्षेत्रों में है। ऐसे कई और उदाहरण हैं।

दूसरी ओर, दुनिया की कई ऐसी बड़ी बहुराष्ट्रीय मीडिया कम्पनियाँ हैं जिन्होंने पिछले दो-ढाई दशकों में दर्जनों छोटी और मँझोली मीडिया कम्पनियों को अधिग्रहीत या समावेशन (एक्विजेशन और मर्जर) के ज़रिये गड़प कर लिया है। असल में, यह पूँजीवाद का सहज चरित्र है जिसमें बड़ी मछली, छोटी मछली को निगल जाती है। इसी तरह बड़ी पूँजी धीरे-धीरे छोटी और मँझोली पूँजी को निगलती और बड़ी होती जाती है। अमेरिका में यह प्रक्रिया 70 के दशक के मध्य में शुरू हुई और 80 और 90 के दशक में आकर पूरी हो गयी जहाँ आज सिर्फ़ छह बड़ी मीडिया कम्पनियों का पूरे अमेरिकी मीडिया और मनोरंजन उद्योग पर एकछत्र राज है जबकि 1983 तक वहाँ लगभग 50 बड़ी मीडिया कम्पनियाँ थीं।

संकेत साफ़ है। भारत में भी मीडिया और मनोरंजन उद्योग में रिलायंस जैसी बड़ी कम्पनी के उतरने और स्टार नेटवर्क जैसी विदेशी बहुराष्ट्रीय मीडिया कम्पनी (रूपर्ट मर्डोक के न्यूज़ इंटरनेशनल की उपांग) की सक्रियता के अलावा बेनेट कोलमैन, ज़ी-नेटवर्क और सन नेटवर्क जैसे बड़े और प्रभावशाली खिलाड़ियों की मौजूदगी के कारण बड़े उथल-पुथल से इनकार नहीं किया जा सकता है। सच पूछिये तो मीडिया उद्योग में रिलायंस के नेटवर्क-18 और इनाडु समूह के साथ हुए डील के बाद जिस तरह से बेनेट कोलमैन (टाइम्स समूह) खेल चैनल निम्बस को ख़रीदने की कोशिश कर रहा है या स्टार क्षेत्रीय चैनलों को ख़रीदने में जुटा हुआ है, उसे देखते हुए हैरानी नहीं होगी कि आने वाले महीनों में ऐसे कई और बड़े सौदों की घोषणा हो।

इसका अर्थ यह हुआ कि आने वाले महीनों और वर्षों में छोटी, मँझोली और यहाँ तक कि कुछ बड़ी मीडिया कम्पनियों के लिए तीखी प्रतियोगिता में टिके रहना बहुत मुश्किल होता चला जायेगा। ख़ासकर उन मीडिया कम्पनियों को बहुत मुश्किल होने वाली है जो इक्का-दुक्का न्यूज़ चैनलों या एक अख़बार/पत्रिका या रेडियो चैनल पर टिकी कम्पनियाँ हैं और किसी बड़े उद्योग या मीडिया समूह का हिस्सा नहीं हैं। उदाहरण के लिए, एनडीटीवी समूह, इंडिया टुडे समूह, अमर उजाला समूह, नयी दुनिया समूह, प्रभात ख़बर समूह आदि से लेकर दर्जनों छोटी कम्पनियों के लिए यह अच्छी ख़बर नहीं है।

यहाँ यह उल्लेख करना भी ज़रूरी है कि मीडिया उद्योग में यह प्रक्रिया पिछले कई वर्षों से जारी है लेकिन उसकी गति धीमी थी। उदाहरण के लिए, पिछले कुछ वर्षों में कई क्षेत्रीय मीडिया समूह बड़ी मीडिया कम्पनियों से मुक़ाबले में कमज़ोर

हुए हैं और प्रतिस्पर्द्धा में बाहर होते जा रहे हैं। हिन्दी क्षेत्रों में बड़े अख़बार समूहों से प्रतियोगिता में बिहार में आर्यावर्त, प्रदीप, पाटलिपुत्र टाइम्स, जनशक्ति जैसे अख़बार बन्द हो गये, उत्तर प्रदेश में आज, स्वतन्त्र भारत, अमृत प्रभात, जनवार्ता, स्वतन्त्र चेतना और जनमोर्चा जैसे आधा दर्जन अख़बार या तो बन्द हो गये या मरणासन्न स्थिति में हैं, मध्य प्रदेश/छत्तीसगढ़ में नयी दुनिया और देशबन्धु की स्थिति अच्छी नहीं है जबकि राजस्थान में नवज्योति जैसे अख़बारों की स्थिति बिगड़ती जा रही है।

इसी तरह टीवी उद्योग में भी मनोरंजन क्षेत्र में स्टार, जी, कलर्स, सन नेटवर्क और न्यूज़ में टाइम्स टीवी, टीवीटुडे, स्टार न्यूज़ और टीवी-18 को छोड़कर बाक़ी चैनलों के लिए लम्बे समय तक प्रतियोगिता में टिके रहना मुश्किल होगा। स्पष्ट है कि मीडिया उद्योग में संकेन्द्रण यानी कुछ बड़ी कम्पनियों के और बड़ी होने और छोटी-मँझोली कम्पनियों के ख़त्म होने की प्रवृत्ति ज़ोर पकड़ रही है जिसके गहरे राजनीतिक-सामाजिक और आर्थिक निहितार्थ हैं। मीडिया उद्योग में बढ़ते कॉर्पोरेटीकरण के साथ तेज़ होती संकेन्द्रण की प्रक्रिया का सीधा अर्थ यह है कि पाठकों/दर्शकों को सूचनाओं, विचारों और मनोरंजन के लिए मुट्ठी भर कम्पनियों पर निर्भर रहना होगा।

यह सम्भव है कि उनके पास चयन के लिए मात्रात्मक तौर पर कई अख़बार/पत्रिकाएँ और चैनल उपलब्ध हों लेकिन गुणात्मक तौर पर बहुत कम विकल्प हों। इसकी वजह यह होगी कि उनमें से कई अख़बार/चैनल/फ़िल्म/रेडियो एक ही मीडिया समूह के हों। ज़ाहिर है कि उनका सुर कमोबेश एक-सा ही होगा। इस तरह मीडिया उद्योग में विविधता और बहुलता कम होगी जो किसी भी गतिशील लोकतन्त्र के लिए ख़तरे की घण्टी है। लोकतन्त्र की बुनियाद विचारों की विविधता और बहुलता पर टिकी है और एक सर्वसूचित और सक्रिय नागरिक के लिए ज़रूरी है कि उसके पास सूचनाओं और विचारों के अधिकतम सम्भव स्रोत हों।

यही नहीं, यह भी देखा गया है कि प्रतियोगिता में जितने ही कम खिलाड़ी रह जाते हैं, उनमें विचारों और सृजनात्मकता के स्तर पर कुछ अलग और नया करने के बजाय एक-दूसरे की नक़ल करने की प्रवृत्ति बढ़ती जाती है और जोख़िम लेने की प्रवृत्ति कम होती जाती है। यही नहीं, बड़ी कम्पनियों के लिए दाँव इतने ऊँचे होते हैं कि वे अक्सर सत्ता और दूसरी प्रभावशाली शक्तियों के क़रीब दिखाई देती हैं। मीडिया के कॉर्पोरेटीकरण के साथ यह सबसे बड़ा ख़तरा होता है कि उन कम्पनियों के आर्थिक हित शासक वर्गों के साथ इतनी गहराई से जुड़े होते हैं कि वे आमतौर पर शासक वर्गों की भोंपू और यथास्थितिवाद

के सबसे बड़े पैरोकार बन जाते हैं या अपने हितों के अनुकूल बदलाव की लाबीइंग करते हैं। उनमें वैकल्पिक स्वरों के लिए न के बराबर जगह रह जाती है।

यही नहीं, वे शासक वर्गों के पक्ष में जनमत बनाने से लेकर अपने राजनीतिक-सामाजिक और आर्थिक एजेंडे को आगे बढ़ाने के लिए अख़बारों/चैनलों का पूरी बेशर्मी से इस्तेमाल करते हैं। इसके अलावा चूँकि बड़ी मीडिया कम्पनियों का मुनाफ़ा मुख्य रूप से विज्ञापनों से आता है, इसलिए बड़े विज्ञापनदाता परोक्ष रूप से इन मीडिया कम्पनियों के कंटेंट को भी नियन्त्रित और प्रभावित करने लगते हैं। आश्चर्य नहीं कि कॉर्पोरेट मीडिया में जहाँ राजनेताओं/अफ़सरों के भ्रष्टाचार की ख़बरें और भण्डाफोड़ के मामले दिख जाते हैं लेकिन ऐसी रिपोर्टें अपवाद स्वरूप ही दिखती हैं जिनमें कॉर्पोरेट क्षेत्र के भ्रष्टाचार और अनियमितताओं का पर्दाफ़ाश किया गया हो।

कॉर्पोरेट मीडिया की रिपोर्टों से कई बार ऐसा भ्रम पैदा होता है कि देश में सारी समस्याओं और गड़बड़ियों ख़ासकर भ्रष्टाचार की जड़ में केवल नेता, राजनीतिक दल और नौकरशाही है। लेकिन सच यह है कि भ्रष्टाचार के मामले में वे सिर्फ़ माँग पक्ष का प्रतिनिधित्व करते हैं जबकि कॉर्पोरेट क्षेत्र आपूर्ति पक्ष है। अगर पैसा देनेवाला नहीं होगा तो पैसा लेने वाले को भ्रष्ट होने का मौक़ा नहीं मिलेगा। कहने की ज़रूरत नहीं है कि कॉर्पोरेट क्षेत्र नियमों/क़ानूनों को तोड़कर अपने हितों को आगे बढ़ाने के बदले में ही नेताओं/अफ़सरों को पैसा देता है। यही नहीं, कॉर्पोरेट क्षेत्र का प्रभाव इतना बढ़ गया है कि वह अपने आर्थिक हितों को आगे बढ़ाने के लिए मनोनुकूल नीतियाँ और क़ानून बनवाने में भी कामयाब हो रहा है।

लेकिन कॉर्पोरेट मीडिया इन मुद्दों पर आमतौर पर चुप रहता है या बड़ी पूँजी के पक्ष में खुलकर जनमत बनाता और लाबीइंग करता है। यही नहीं, कॉर्पोरेट मीडिया एक तरह से उस छलनी की तरह काम करता है जो सत्ता और व्यवस्था विरोधी या उसके हितों को नुक़सान पहुँचाने वाले कंटेंट को लोगों तक नहीं पहुँचने देता है। इस बारे में नोम चोमस्की/एडवर्ड हरमन ने प्रोपेगंडा मॉडल और 'मैन्युफैक्चरिंग कंसेंट' में विस्तार से बताया है कि कैसे कॉर्पोरेट मीडिया एक ओर व्यवस्था/सत्ता विरोधी सूचनाओं/विचारों को रोकता है और दूसरी ओर, एक फ़र्ज़ी सहमति का निर्माण करता है।

कॉर्पोरेट मीडिया की बढ़ती ताक़त के साथ हाल के वर्षों में एक और बड़ी चिन्ता उभर कर सामने आयी है। यह अनुभव किया जा रहा है कि दुनिया के कई

विकसित देशों में बड़ी पूँजी के साथ नाभिनालबद्ध कॉर्पोरेट मीडिया की ताक़त और प्रभाव के आगे वहाँ की चुनी हुई सरकारें भी घुटने टेक चुकी हैं और उन्हें ख़ुश करने में लगी रहती हैं। इस कारण कॉर्पोरेट मीडिया का नीति निर्माण और महत्त्वपूर्ण फ़ैसलों में भी हस्तक्षेप बढ़ा है। तथ्य यह है कि वे ही सरकारों का एजेंडा निर्धारित करने लगे हैं। इसके साथ ही, कॉर्पोरेट मीडिया को प्रभावित करने और उसका अपने हित में इस्तेमाल करने के लिए एक विशाल जनसम्पर्क और लाबीइंग उद्योग का जन्म और प्रसार हुआ है।

लेकिन इसका सबसे बड़ा नुक़सान यह हुआ है कि उन वर्गों और समुदायों की जिनकी बड़े कॉर्पोरेट मीडिया तक पहुँच नहीं है या जो बड़ी जनसम्पर्क कम्पनियों और लाबीइंग फर्मों की महँगी सेवाएँ नहीं ले सकते, उनकी आवाज़ें और मुद्दे कॉर्पोरेट मीडिया में सुनायी और दिखाई नहीं देते हैं। यही नहीं, कॉर्पोरेट मीडिया के इस अवांछित प्रभाव का नुक़सान यह भी हुआ है कि सरकारें उनकी बन्धक-सी हो गयी हैं। हाल के महीनों में जिस तरह से ब्रिटेन में रूपर्ट मर्डोक के मीडिया साम्राज्य और उसके अत्यधिक राजनीतिक प्रभाव की रिपोर्टें सामने आयी हैं, उससे यह साफ़ है कि मीडिया स्पेस में सिर्फ़ कुछ बड़ी कम्पनियों के वर्चस्व का राजनीतिक-सामाजिक और आर्थिक नतीजा कितना घातक हो सकता है।

असल में, राजनीति जिस तरह अधिक-से-अधिक मीडिया संचलित (मेडीएटेड) होती जा रही है और उसमें गढ़ी हुई 'छवियों' की भूमिका बढ़ती जा रही है, राजनेताओं और राजनीतिक पार्टियों की बड़े कॉर्पोरेट मीडिया समूहों पर निर्भरता बढ़ती जा रही है। मौजूदा दौर में 24×7 लोगों तक पहुँचने, राजनीतिक एजेंडा सेट करने, छवि गढ़ने से लेकर राजनीतिक नुक़सान को कम करने (डैमेज कंट्रोल) में कॉर्पोरेट मीडिया की बढ़ती भूमिका के कारण सरकारों, राजनेताओं और राजनीतिक पार्टियों के लिए कॉर्पोरेट मीडिया और उनके मालिकों को खुश रखना ज़रूरी हो गया है। वे उन्हें नाराज़ करने का राजनीतिक जोख़िम नहीं उठा सकते हैं।

ऐसे में, यह सवाल बहुत महत्त्वपूर्ण हो जाता है कि पहले ही सरकार और राजनीतिक तन्त्र पर अत्यधिक प्रभाव रखने वाले मुकेश अम्बानी और रिलायंस अपना मीडिया साम्राज्य खड़ा करने में कामयाब हो जाते हैं तो उसके नतीजे क्या होंगे? याद रहे मीडिया उद्योग में होने के कई अघोषित फ़ायदे हैं। नीरा राडिया टेप ने इस रहस्य से काफ़ी हद तक पर्दा हटा दिया है कि बड़े कॉर्पोरेट समूह मीडिया का अपने हित में किस तरह से इस्तेमाल करते हैं और कॉर्पोरेट मीडिया किस तरह

ख़ुशी-ख़ुशी इस्तेमाल होता है। मीडिया के एक सबसे ताक़तवर खिलाड़ी होने के नाते मुकेश अम्बानी और रिलायंस सरकार और राजनीतिक तन्त्र पर अपने प्रभाव का जमकर इस्तेमाल कर सकते हैं।

यह किसी से छुपा नहीं है कि आज से नहीं बल्कि आज़ादी के तुरन्त बाद से जूट प्रेस सरकार और राजनीतिक प्रतिष्ठान को अपने कारोबारी हितों को आगे बढ़ाने के लिए इस्तेमाल करता रहा है। निश्चय ही, मुकेश अम्बानी और रिलायंस मीडिया और मनोरंजन उद्योग में सिर्फ़ कारोबार के लिए नहीं आ रहे हैं। मीडिया कारोबार उनके लिए अपने विशाल औद्योगिक साम्राज्य के हितों की रक्षा और उन्हें आगे बढ़ाने का भी माध्यम दिख रहा है। कहने की ज़रूरत नहीं है कि आम लोगों के हितों और रिलायंस के कारोबारी हितों के बीच टकराव में मुकेश अम्बानी का मीडिया साम्राज्य किस ओर खड़ा होगा।

यह भी किसी से छुपा नहीं है कि कॉर्पोरेट समूहों के कारोबारी हितों के साथ आम लोगों ख़ासकर ग़रीबों, कमज़ोर वर्गों, आदिवासियों और दलितों के टकराव बढ़ते ही जा रहे हैं। ख़ासकर राष्ट्रीय और सार्वजनिक संसाधनों—जल, जंगल, ज़मीन और खनिज पर कब्ज़े और उनके अन्धाधुन्ध दोहन के मुद्दे पर यह टकराव निर्णायक स्थिति में पहुँच चुका है। ऐसे में, मीडिया और मनोरंजन उद्योग में बड़ी देशी-विदेशी कॉर्पोरेट पूँजी के निर्बाध प्रवेश और बढ़ते संकेन्द्रण के ख़तरे और भी स्पष्ट हो गये हैं। इसे अनदेखा करना बहुत बड़ी भूल होगी।

***(फ़रवरी, 2012)***

# सत्ता, पूँजी और लाबीइंग के खेल में मीडिया

## पीआर और लाबीइंग कम्पनियों ने कॉर्पोरेट न्यूज़रूम्स का टेकओवर कर लिया है

"भारतीय गणतन्त्र अब बिकाऊ है। इसके लिए लग रही बोली में ताक़तवर लोग, कॉर्पोरेट घराने, दलाल, नौकरशाह और पत्रकार सभी शामिल हैं।"

*साप्ताहिक 'आउटलुक' (कवर स्टोरी, 29 नवम्बर' 10)*

समाचार मीडिया का एक अंडरवर्ल्ड है। यह किसी से छुपा नहीं है। हाल के वर्षों में उसका न सिर्फ़ तेज़ी से विस्तार हुआ है बल्कि वह बेरोक-टोक फल-फूल रहा है। यह एक ऐसा सच है जिसके बारे में सब जानते हैं, समाचार मीडिया को नज़दीक से जानने वालों और पत्रकारों की निजी बातचीत में उसके बारे में ख़ूब चर्चा भी होती है लेकिन सार्वजनिक चर्चाओं में शायद ही उसका कभी ज़िक्र होता हो। हालाँकि यह अनेक कारणों से लोक महत्त्व का बहुत महत्त्वपूर्ण मुद्दा है लेकिन उसे सार्वजनिक चर्चा का विषय बनाने को लेकर एक ख़ास तरह की 'षड्यन्त्र भरी चुप्पी' (कांस्पिरेसी ऑफ़ साइलेंस) मीडिया और अन्य मंचों पर दिखाई पड़ती है।

मीडिया के इस अंडरवर्ल्ड के बारे में चर्चा से परहेज़ की कई वजहें हो सकती हैं। इसकी एक बड़ी वजह यह रही है कि संख्या में कम होते हुए भी यह अंडरवर्ल्ड बहुत संगठित, ताक़तवर, प्रभावशाली और इसका नेटवर्क बहुत व्यापक है। इसमें मीडिया समूहों के मालिक, टॉप मैनेजर, वरिष्ठ सम्पादक और टॉप रिपोर्टर शामिल हैं। इस अंडरवर्ल्ड का सीधा सम्बन्ध पावर लाबीज़ और पावर ब्रोकर—सत्ता के दलालों—से है या कहिये कि मीडिया का अंडरवर्ल्ड पावर लाबीज़ का अनिवार्य हिस्सा है। इस पावर लाबी में टॉप उद्योगपतियों, नौकरशाहों, राजनेताओं और उनके

दलालों के साथ-साथ मीडिया समूहों के मालिक, सम्पादक और वरिष्ठ पत्रकार शामिल हैं।

आज बिना किसी जोख़िम के कहा जा सकता है कि यही पावर लाबीज़ और सत्ता के दलाल केन्द्र और राज्यों की सरकारें चला रहे हैं। सरकारें चाहें जिस पार्टी या गठबन्धन की हों लेकिन उनकी नीतियों और फ़ैसलों पर इन पावर लाबीज़ और पावर ब्रोकर्स की छाप साफ़ देखी जा सकती है। इस पावर लाबी की ताक़त और प्रभाव का अन्दाज़ा 2-जी घोटाले में आ रहे नामों से लगाया जा सकता है जिसमें टेलीकाम मन्त्री ए. राजा के अलावा उद्योगपतियों, कॉर्पोरेट समूहों, अफ़सरों, राजनेताओं के साथ-साथ नीरा राडिया जैसे पीआर और लाबीइंग मैनेजरों और एनडीटीवी की ग्रुप एडिटर बरखा दत्त और हिन्दुस्तान टाइम्स के सम्पादकीय निदेशक वीर संघवी भी शामिल हैं।

यहाँ यह उल्लेख करते चलना ज़रूरी है कि टाटा समूह और मुकेश अम्बानी के रिलायंस समूह जैसे बड़े कॉर्पोरेट समूहों के लिए सत्ता के गलियारों में लाबीइंग करने वाली नीरा राडिया (वैष्णवी कम्युनिकेशन और नोएशिस स्ट्रेटेजिक कम्युनिकेशन आदि पीआर और लाबीइंग कम्पनियों की मालिक) और बरखा दत्त, वीर संघवी, प्रभु चावला और एम.के. वेणु जैसे वरिष्ठ पत्रकारों की प्राइवेट फ़ोन बातचीत के टेप हाल ही में जारी हुए हैं। हालाँकि इन सभी पत्रकारों का अपनी सफ़ाई में यह कहना है कि ये बातचीत एक पत्रकार और उसके सूत्र (सोर्स) के बीच की बातचीत है जिसमें कुछ भी ग़लत नहीं है। लेकिन इन टेपों में बातचीत के ऐसे कई प्रसंग हैं जो एक पत्रकार और उसके सूत्र के बीच वैध बातचीत की सीमाओं का उल्लंघन लगती हैं। उनसे ऐसा प्रतीत होता है कि ये वरिष्ठ पत्रकार भी सत्ता की दलाली और लाबीइंग के खेल में कहीं न कहीं से शामिल हैं।

कहने की ज़रूरत नहीं है कि 2-जी घोटाले और उससे जुड़े इस टेप प्रसंग की चर्चाएँ पिछले कई महीनों से हवाओं में थीं। यहाँ तक कि नीरा राडिया के टेप्स का उल्लेख संसद से लेकर बाहर तक भी हुआ लेकिन मीडिया के स्टार पत्रकारों की भूमिका पर फिर भी किसी ने बात करने की हिम्मत नहीं की। लेकिन अब उनके छपने और कई वेबसाइट्स पर आ जाने के बाद यह सवाल उठाने लगा है कि मीडिया के इस अंडरवर्ल्ड पर ख़ुद मीडिया में और उससे बाहर बात क्यों नहीं होती है? असल में, आपसी गलाकाट प्रतियोगिता के बावजूद इक्का-दुक्का अपवादों को छोड़कर सभी मीडिया समूहों और सम्पादकों में एक तरह की अलिखित सहमति है

कि एक-दूसरे के बारे में ख़ासकर एक-दूसरे के अवैध और अनुचित कामों के बारे में तब तक न कुछ छापेंगे और न दिखायेंगे जब तक कि वह बिल्कुल सार्वजनिक चर्चा का विषय नहीं बन जाये और जिसे छुपाना असम्भव हो।

क्या इसकी वजह यह है कि इस खेल में अलग-अलग स्तरों पर सभी कहीं न कहीं से शामिल हैं? अनुमान लगाना मुश्किल नहीं है। दूसरे, जो इक्का-दुक्का मीडिया समूह और पत्रकारों का बड़ा हिस्सा इस खेल में शामिल नहीं है, वह भी उनके ताक़त और प्रभाव के कारण कुछ बोलने-कहने में हिचकिचाता है। आख़िर इन मीडिया समूहों को भी कॉर्पोरेट समूहों से विज्ञापन और सरकार से सहूलियतें चाहिए और दूसरी ओर, अधिकांश पत्रकारों के सामने नौकरी और करियर की चिन्ता होती है। माना जाता है कि अगर आपने मीडिया के अंडरवर्ल्ड की कारगुजारियों पर सार्वजनिक चर्चा की तो एक प्रोफ़ेशनल पत्रकार के रूप में मीडिया में आपका टिके रहना मुश्किल हो जायेगा।

कुछ ऐसे संजीदा और समझदार लोग भी हैं जो एक ख़ास समझदारी के तहत मीडिया के इस अंडरवर्ल्ड के बारे में चर्चा नहीं करना चाहते हैं। उनका मानना है कि देश में अब कुछ ही संस्थाएँ ऐसी बची हैं जिनसे अभी भी लोगों को उम्मीद है और जो कुछ भटकावों के बावजूद अपनी भूमिकाएँ और ज़िम्मेदारियाँ निभा रही हैं। न्यायपालिका, चुनाव आयोग और सी.ए.जी. के साथ-साथ समाचार मीडिया भी इनमें से एक है। उनका मानना है कि अगर इनकी भी साख पर प्रश्नचिह्न लग गया तो देश में लोकतन्त्र का चलना और उसका जीवित रहना मुश्किल हो जायेगा। ख़ुद चुनाव आयोग के मौजूदा मुख्य चुनाव आयुक्त एस.वाई. कुरैशी ने कुछ समय पहले एक गोष्ठी में यह चिन्ता ज़ाहिर की थी। इसी तरह, नीरा राडिया टेप्स के सामने आने के बाद सुचेता दलाल जैसी पत्रकार भी इस तरह की आशंका ज़ाहिर कर रही हैं।

इस चिन्ता की मूल भावना से सहमत होते हुए सवाल यह है कि जो समाचार मीडिया सबकी ज़िम्मेदारी और जवाबदेही सुनिश्चित करता है, उसकी ज़िम्मेदारी और जवाबदेही कौन तय करेगा? क्या उसकी कोई जवाबदेही नहीं है? उससे भी बड़ा सवाल यह है कि क्या मीडिया की साख बचाने के नाम पर उसके अंडरवर्ल्ड और उसकी कारगुजारियों पर चुप रहने से मीडिया की साख और लोकतन्त्र बच जायेगा? असल में, मीडिया के अंडरवर्ल्ड से सबसे अधिक ख़तरा लोकतन्त्र को ही है क्योंकि वह धीरे-धीरे पूरे समाचार मीडिया को हाइजैक करता जा रहा है। चिन्ता की बात यह है कि पावर लाबीज़ और ब्रोकर्स के साथ मिलकर मीडिया के इस अंडरवर्ल्ड ने समाचार

मीडिया को उसकी लोकतान्त्रिक भूमिका और ज़िम्मेदारियों से दूर करना और सत्ता, बड़ी पूँजी और ताक़तवर लोगों की सेवा में लगाना शुरू कर दिया है।

यहाँ यह समझना बहुत ज़रूरी है कि आज मीडिया का यह अंडरवर्ल्ड ख़ुद लोकतन्त्र के साथ क्या खिलवाड़ कर रहा है? पेड न्यूज़ का विवाद सबके सामने है। ख़बरों की ख़रीद-फ़रोख्त के इस संगठित खेल ने सबसे अधिक लोकतान्त्रिक प्रक्रिया को ही नुक़सान पहुँचाया है। इसने न सिर्फ़ पाठकों-दर्शकों के जानने के संवैधानिक अधिकार का उल्लंघन किया है बल्कि उनके साथ दिखावा भी किया है। इस प्रसंग को यहीं छोड़ते हैं क्योंकि इस बारे में पिछले कई महीनों से काफ़ी चर्चा हो रही है। लेकिन पेड न्यूज़ का यह खेल सिर्फ़ चुनावों के समय ख़बरों की ख़रीद-फ़रोख्त तक सीमित नहीं रहा है। इसका दायरा बहुत बड़ा है और यह धीरे-धीरे सभी तरह की ख़बरों, फीचर और सम्पादकीय विचारों तक फ़ैल चुका है।

लेकिन अब बात यहीं तक सीमित नहीं रही। जैसाकि नीरा राडिया के टेप्स से ज़ाहिर है कि वरिष्ठ पत्रकार अब सीधे सत्ता के गलियारों में बड़ी पूँजी और कॉर्पोरेट्स के हक़ में दलाली कर रहे हैं। वे पीआर और लाबीइंग कम्पनियों के टॉप मैनेजरों से सिर्फ़ ख़बरों के लिए बात नहीं कर रहे हैं बल्कि उससे कहीं आगे बढ़कर उनके लिए काम कर रहे हैं। पीआर और लाबीइंग कम्पनियाँ उनके लेखन/ख़बरों का एजेंडा तय कर रही हैं। हालाँकि बरखा दत्त का अपनी सफ़ाई में कहना है कि जो लोग ऐसे आरोप लगा रहे हैं, उन्हें यह साबित करना चाहिए कि "मुझे दलाली के बदले में क्या मिला है? क्या मैंने ख़बरों से कोई समझौता किया है?"

लेकिन क्या बरखा दत्त यह बतायेंगी कि 2-जी घोटाले में ए. राजा को क्या मिला है? राजा को अनियमितताओं के बदले में क्या मिला है, यह अभी किसी को पता नहीं है और न ही यह साबित हुआ है कि राजा ने पक्षपात के बदले में क्या लिया है? इसलिए सवाल यह नहीं है कि दलाली के बदले क्या मिला है बल्कि सवाल यह है कि नीरा राडिया जैसे लाबीइंग और पावर ब्रोकिंग की खुली खिलाड़ी से बात करते समय एक पत्रकार की लक्ष्मण रेखा क्या होनी चाहिए? दूसरे, वीर संघवी के सन्दर्भ में उससे बड़ा सवाल यह कि एक पत्रकार को अपनी टिप्पणियाँ लिखते या टीवी पर बोलते हुए किस हद तक पीआर और लाबीइंग मैनेजरों से निर्देश लेना चाहिए?

ये सवाल इसलिए महत्त्वपूर्ण हैं कि हाल के वर्षों में न सिर्फ़ पेड न्यूज़ के रूप में बल्कि बड़े देशी-विदेशी कॉर्पोरेट समूहों, पार्टियों, मन्त्रियों-नेताओं और सरकार के लिए पीआर और लाबीइंग करने वाली कम्पनियों की घुसपैठ समाचार कक्षों में बढ़ी है। यह चिन्ता की बात इसलिए है कि पीआर और लाबीइंग कम्पनियों के

प्रभाव से न सिर्फ़ ख़बरों की स्वतन्त्रता, तथ्यात्मकता और निष्पक्षता प्रभावित होती है बल्कि ख़बरों का पूरा एजेंडा बदल जाता है। पीआर और लाबीइंग कम्पनियों को ख़बरों में अपने क्लाइंट के हितों के मुताबिक़ तोड़-मरोड़ करने, मनमाफिक ख़बरें प्लांट करने और नकारात्मक ख़बरों को रुकवाने के लिए जाना जाता है। यही कारण है कि समाचार मीडिया की स्वतन्त्रता सुनिश्चित करने के लिए सम्पादकों की एक ज़िम्मेदारी पीआर और लाबीइंग कम्पनियों और उनके मैनेजरों को समाचार कक्ष से दूर रखने की भी रही है।

लेकिन जब सम्पादक और वरिष्ठ पत्रकार ही पीआर और लाबीइंग कम्पनियों से प्रभावित और उनके लिए काम करने लगें तो अनुमान लगाना कठिन नहीं है कि इन कम्पनियों ने किस हद तक समाचार कक्षों का टेकओवर कर लिया है। नीरा राडिया प्रकरण इसी टेकओवर का सबूत है। असल में, भारत में लाबीइंग की घनघोर ताक़त पर अभी बात नहीं हो रही है जबकि देश में अधिकांश बड़े आर्थिक और व्यावसायिक फ़ैसले उसी के ज़रिये हो रहे हैं। लाबीइंग के महत्त्व को स्पष्ट करते हुए जानी-मानी पी.आर और लाबीइंग कम्पनी परफेक्ट रिलेशंस के मालिक दिलीप चेरियन कहते हैं कि, "...सभी चाहते हैं कि सरकार उनके पक्ष में रहे। इस बाज़ार आधारित अर्थव्यवस्था में कई लोग कह सकते हैं कि उन्हें इस बात की कोई परवाह नहीं है अगर सरकार उनके पक्ष में नहीं है बशर्ते वह उनके ख़िलाफ़ न हो। लेकिन यह सच नहीं है। सच यह है कि फ़िलहाल और आने वाले वर्षों में भी सरकार को प्रभावित करना किसी भी कम्पनी के सीईओ का सबसे महत्त्वपूर्ण काम होगा।"

चेरियन का कहना बिल्कुल सही है। हालत यह हो गयी है कि सरकार को अपने पक्ष में और विरोधियों के ख़िलाफ़ इस्तेमाल करने के लिए कॉर्पोरेट समूह अपने मनपसन्द मन्त्री और अफ़सर भी नियुक्त कराने लगे हैं। टेलीकाम मन्त्री के रूप में ए. राजा की नियुक्ति के लिए लाबीइंग इसका एक उदाहरण है। इसी तरह, अन्य आर्थिक मन्त्रालयों में हुई मन्त्रियों और अफ़सरों की नियुक्ति में भी लाबीइंग की ज़बरदस्त भूमिका रही है। असल में, हाल के वर्षों में ख़ासकर आर्थिक उदारीकरण के बाद जहाँ एक-एक सौदे और लाइसेंस में एक-दो नहीं बल्कि सैकड़ों-हज़ारों करोड़ दाँव पर लगे हुए हैं, वहाँ सौदे हासिल करने में पीआर और लाबीइंग की ताक़त का सहज ही अन्दाज़ा लगाया जा सकता है।

लाबीइंग कम्पनियाँ सरकार और उसमें शामिल नेताओं और अधिकारियों को अपने कॉर्पोरेट क्लाइंट के पक्ष में रखने के लिए हर तिकड़म आजमाती हैं। उनमें से

ही एक है—मीडिया और पत्रकारों का इस्तेमाल। कई बार उनका इस्तेमाल मन्त्रियों और अधिकारियों तक पहुँचने के लिए किया जाता है और कई बार उनके ज़रिये अपने अनुकूल राजनीतिक माहौल और जनमत तैयार किया जाता है। इस कारण पीआर अब सिर्फ़ पीआर नहीं है बल्कि वह लाबीइंग और उससे बढ़कर क्राइसिस मैनेजमेंट, परशेप्सन, इमेज मैनेजमेंट और इश्यू मैनेजमेंट तक पहुँच चुका है जहाँ पीआर कम्पनियाँ अपने क्लाइंट्स के हितों को पूरा करने के लिए अपने प्रतिकूल हर सूचना और जानकारी को न सिर्फ़ मैनेज कर रही हैं बल्कि जवाब में झूठी सूचनाएँ और जानकारियाँ प्रचारित कर रही हैं।

ज़ाहिर है कि इसके लिए समाचार मीडिया का जमकर इस्तेमाल किया जाता है। मीडिया एक तरह से पीआर और लाबींग कम्पनियों का अखाड़ा है जहाँ वे जनहित के नाम पर अपने क्लाइंट के हितों को आगे बढ़ाती हैं। ख़बरों को नया स्पिन देती हैं। इसलिए अगर आप कभी ध्यान से देखें कि चैनलों पर प्राइम टाइम की स्टूडियो चर्चाओं में चाहे वह राजनीतिक मुद्दा हो या आर्थिक या कोई अन्य मुद्दा—कुछ ख़ास चेहरे ही आपको सभी मुद्दों पर स्वतन्त्र एक्सपर्ट या सिविल सोसायटी के प्रतिनिधि के रूप में दिखाई पड़ेंगे। इनमें सुहेल सेठ, अलिक पद्मसी, शोभा डे, प्रह्लाद कक्कर आदि की अत्यधिक मौजूदगी एक ख़ास पैटर्न की ओर इशारा करती है। इसी तरह, कुछ ख़ास स्वतन्त्र पत्रकारों जैसे विनोद शर्मा, स्वपन दासगुप्ता, चन्दन मित्र, विनोद मेहता, शेखर गुप्ता आदि की उपस्थिति भी एक स्पष्ट संकेत है।

ऐसा लगता है कि धीरे-धीरे देश एक 'पीआर डेमोक्रेसी' की ओर बढ़ रहा है जहाँ पी.आर. और लाबीइंग की आड़ में मीडिया का अंडरवर्ल्ड बड़ी पूँजी और सत्ता के गठजोड़ के हक़ में जनमत बनायेगा। वह दिन दूर नहीं जब हालत कुछ-कुछ ब्रिटेन की तरह होगी जहाँ पत्रकारों की तुलना में पीआर प्रोफ़ेशनलों की संख्या ज़्यादा हो चुकी है। निक डेविस के मुताबिक़ इस समय ब्रिटेन में 47800 पीआर प्रोफ़ेशनल्स और 45 हज़ार के आसपास पत्रकार हैं। साफ़ है कि पीआर और लाबीइंग की ताक़त दिन पर दिन बढ़ती जा रही है। मीडिया में सच की क़ीमत पर झूठ का सिक्का चल निकला है। दर्शकों-पाठकों को सच के नाम पर मैनेज्ड ख़बरें और विचार परोसे जा रहे हैं। वह दिन दूर नहीं है जब लाबीइंग को पूरी तरह से एक वैध प्रोफ़ेशन बनाने की माँग उठने लगेगी।

*(दिसम्बर, 2010)*

## खण्ड-घ

# न्यूज़ चैनलों का समाजशास्त्र

# न्यूज़ चैनलों का टैब्लायडीकरण बज़रिये मर्डर मिस्ट्री

**चैनलों के कवरेज के एंगल और टोन में अति-महत्त्वाकांक्षी महिला (फेम फैटल) से भारतीय पारिवारिक मूल्यों और संस्कृति को बचाने पर ज़ोर**

सेलिब्रिटी या हाई सोसायटी क्राइम से टैब्लायड न्यूज़ मीडिया का 'ऑब्सेशन' किसी से छुपा नहीं है। हैरानी की बात नहीं है कि पिछले महीने अख़बारों और ख़ासकर न्यूज़ चैनलों में मुम्बई का शीना बोरा मर्डर केस और उसमें स्टार टीवी के सीईओ रहे पीटर मुखर्जी की पत्नी इन्द्राणी मुखर्जी की गिरफ़्तारी की ख़बर सुर्ख़ियों में छायी रही। मुम्बई की हाई सोसायटी और सेलिब्रिटी से जुड़ी इस ख़बर में सम्बन्धों के जितने पेंच, रहस्य, सनसनी, अन्तरंग कहानियाँ थीं, वह निश्चय ही एक बड़ी क्राइम स्टोरी थी। उसमें न्यूज़ मीडिया की दिलचस्पी स्वाभाविक थी।

लेकिन यह हाई-प्रोफाइल क्राइम स्टोरी जिस तरह से कई दिनों और सप्ताहों तक अख़बारों के पहले पन्ने और अनेक बार पहली हेडलाइन के रूप में और न्यूज़ चैनलों में 24×7 पल-पल की लाइव रिपोर्टिंग के साथ सुर्ख़ी बनी रही और प्राइम टाइम चर्चाओं में छायी रही, उसने एक बार फिर न सिर्फ़ अतिरेकपूर्ण और अत्यधिक कवरेज बल्कि कवरेज की गुणवत्ता ख़ासकर पत्रकारीय एथिक्स को लेकर कई गम्भीर सवाल खड़े कर दिये हैं। उन कुछ दिनों/सप्ताहों में ऐसा लगा कि जैसे देश में और कोई बड़ी घटना नहीं हुई है।

आश्चर्य नहीं कि चैनलों/अख़बारों ने इस स्टोरी को कवर करने के लिए मुम्बई, कोलकाता से लेकर गुवाहाटी तक 'क्रिएटिव' रिपोर्टरों की फ़ौज खड़ी कर दी जो इस मर्डर रहस्य को हल करने में पुलिस से एक क़दम आगे चलते दिखाई दिये। दूसरी ओर, चैनलों ने प्राइम टाइम में सोशलाइटों, रिटायर पुलिस अफ़सरों, वकीलों और पारिवारिक मूल्यों के संरक्षकों को बिठाकर मर्डर मिस्ट्री को हल करने

से लेकर इन्द्राणी मुखर्जी का चरित्र विश्लेषण और बिखरते भारतीय पारिवारिक मूल्यों की समीक्षा शुरू कर दी। चैनल एक साथ देश की सबसे बड़ी मर्डर मिस्ट्री को सुलझाने और इन्द्राणी मुखर्जी जैसी अति-महत्त्वाकांक्षी महिला (फेम फैटल) से भारतीय पारिवारिक मूल्यों और संस्कृति को बचाने में भी जुटे रहे।

यह सच है कि सेलिब्रिटी या हाई सोसायटी के बारे में सनसनीखेज, सस्पेंस और 'लव और लस्ट' में डूबी मर्डर मिस्ट्रीज, षड्यन्त्र, निजी जीवन से जुड़ी अन्तरंग कहानियाँ (गासिप) टैब्लायड अख़बारों और न्यूज़ चैनलों की पहली और आख़िरी पसन्द की स्थायी 'ख़बरें' रही हैं। वे हमेशा ऐसी चटपटी और सनसनीखेज ख़बरों की खोज में रहते हैं। अक्सर वे ऐसी 'ख़बरें' यानी स्टोरीज 'गढ़ने और बनाने' में भी संकोच नहीं करते हैं। टैब्लायड 'पत्रकारिता' का यह मूल स्वभाव है। इसी से उसे दुनिया भर में आसानी से पहचाना जाता है।

ऐसा नहीं है कि टैब्लायड अख़बारों/चैनलों से अलग अख़बारों और चैनलों (इन्हें क्वालिटी न्यूज़ मीडिया कहा जाता है) में ऐसी 'ख़बरों' को जगह नहीं मिलती है। उनमें भी ऐसी स्टोरीज छपती और दिखाई जाती हैं लेकिन उन्हें उनके 'न्यूज़ वैल्यू' के अनुपात में जगह और प्रमुखता मिलती है। उन्हें प्रस्तुत करने में ज़ोर सनसनी, नमक-मिर्च, अपुष्ट गासिप और अन्तरंग कहानियों पर नहीं बल्कि पुष्ट तथ्यों और सन्तुलित रिपोर्टिंग पर होता है। इसके अलावा 'क्वालिटी' अख़बारों में पेज-एक, पेज-तीन (थ्री) और पेज-सात पत्रकारिता की जगह निश्चित थी। पेज-एक देश-दुनिया की बड़ी और महत्त्वपूर्ण गम्भीर ख़बरों यानी हार्ड न्यूज़ के लिए, पेज-थ्री हल्की-फुल्की, मनोरंजक स्थानीय ख़बरों और पेज-सात सम्पादकीय विचारों का पृष्ठ था।

भारत का न्यूज़ मीडिया भी इसका अपवाद नहीं रहा है। लेकिन पिछले डेढ़-दो दशकों में एक बड़ा परिवर्तन यह आया है कि मुख्यधारा के न्यूज़ मीडिया में टैब्लायड और क्वालिटी का फ़र्क़ काफ़ी हद तक मिटता जा रहा है। लेकिन इसका मतलब यह नहीं है कि टैब्लायड अख़बार/चैनलों का क्वालिटी प्रेस में कायान्तरण हो गया है बल्कि इसके उलट क्वालिटी न्यूज़ मीडिया का टैब्लायडीकरण हुआ है। इसका नतीजा यह हुआ है कि देश में खालिस टैब्लायड अख़बार/चैनल नहीं के बराबर रह गये हैं लेकिन टैब्लायड न्यूज़ मीडिया की कोई कमी नहीं है। इक्का-दुक्का अपवादों को छोड़कर मुख्यधारा के ज़्यादातर अख़बारों और न्यूज़ चैनलों का पूर्ण या काफ़ी हद तक टैब्लायडीकरण हो चुका है।

यही कारण है कि आज देश में खालिस टैब्लायड न्यूज़ मीडिया के लिए जगह नहीं रह गयी है। यह कुछ ऐसे ही है जैसे 80 के दशक में बालीवुड में सुपर-स्टार परिघटना के उभार के बाद हिन्दी सिनेमा से कामेडियनों आदि की ज़रूरत ख़त्म हो गयी क्योंकि फ़िल्म का सुपर स्टार नायक ही ऐसी भूमिकाएँ भी निभाने लगा। इसी तरह मुख्यधारा के न्यूज़ मीडिया में जैसे-जैसे क्वालिटी अख़बारों और बाद में न्यूज़ चैनलों ने टैब्लायड पत्रकारिता के तौर-तरीक़े अपनाने शुरू कर दिये और ख़ुद को टैब्लायड अवतार में ढाल लिया, वैसे-वैसे स्वतन्त्र टैब्लायड की ज़रूरत ख़त्म होती चली गयी।

ख़ासकर जब 24 घण्टे के न्यूज़ चैनल शुरू हुए और उनमें अधिक से अधिक दर्शक यानी टीआरपी जुटाने की होड़ शुरू हुई तो चैनलों विशेषकर हिन्दी न्यूज़ चैनलों ने टैब्लायड पत्रकारिता की राह पकड़ी। यहाँ तक कि रूपर्ट मर्डोक के स्टार टीवी नेटवर्क ने जब 24 घण्टे का हिन्दी न्यूज़ चैनल—स्टार न्यूज़ शुरू किया तो उसे अमेरिकी टैब्लायड चैनल—फाक्स न्यूज़ की तर्ज़ पर पेश किया गया। उसकी मुखिया इंटरटेनमेंट उद्योग की रवीना राज कोहली को बनाया गया। हालाँकि चैनल विदेशी मालिकाने के नियामक/क़ानूनी झंझटों के कारण चल नहीं पाया और उसका मालिकाना आख़िरकार आनन्द बाज़ार पत्रिका समूह के हाथों में चला गया और वह एबीपी न्यूज़ बन गया।

लेकिन न्यूज़ चैनलों में स्टार न्यूज़ की टैब्लायड आत्मा ज्यों की त्यों मौजूद है। शीना बोरा मर्डर मामले की कवरेज इसका ताज़ा उदाहरण है जिसमें चैनलों और यहाँ तक कि अख़बारों में भी टैब्लायड कवरेज छाया रहा। चैनलों और अख़बारों की पूरी रिपोर्टिंग मुम्बई पुलिस के सूत्रों से मिल रही अपुष्ट जानकारियों और 'क्रिएटिव' रिपोर्टरों के कयासों पर टिकी हुई थी। रिपोर्टिंग/प्रस्तुति की पूरी फ्रेमिंग इन्द्राणी मुखर्जी को एक 'अति-महत्त्वाकांक्षी', पैसे-ताक़त की भूखी, 'रसूखदार मर्दों का इस्तेमाल करके हाई सोसायटी में ऊँची जगह' बनाने वाली और 'पथभ्रष्ट' महिला के रूप में पेश करने पर थी।

सवाल यह है कि क्या शीना बोरा मर्डर केस को इतनी अधिक कवरेज मिलनी चाहिए थी? क्या इस 24×7 और पहले पेज से लेकर अन्दर के पन्नों तक के कवरेज के कारण अख़बारों और चैनलों ने उसी दौरान घट रही और कई महत्त्वपूर्ण घटनाओं और मुद्दों को अनदेखा नहीं किया या उतना महत्त्व नहीं दिया, जितना उन्हें मिलना चाहिए था? उदाहरण के लिए, शीना बोरा मर्डर की गुत्थी को सुलझाने के उत्साह में चैनलों की टीमें और रिपोर्टर इन्द्राणी मुखर्जी के पिता और पहले पति की

तलाश में गुवाहाटी पहुँच गये और कई दिनों तक वहाँ से लाइव रिपोर्टिंग होती रही लेकिन उसी दौरान असम बाढ़ में डूबा हुआ था और लाखों लोग उससे प्रभावित थे जिसकी चैनलों और अख़बारों में कोई ख़बर नहीं थी।

इसी तरह देश के कई हिस्सों ख़ासकर मुम्बई से गुवाहाटी/असम की तुलना में काफ़ी नज़दीक मराठवाड़ा में किसान सूखे की मार झेल रहे थे, किसानों की आत्महत्याओं की रिपोर्टें आ रही थीं लेकिन चैनलों और अख़बारों में उसे सप्ताहों में वह कवरेज और जगह नहीं मिली जितनी शीना बोरा मर्डर मामले को एक दिन में मिल रही थी। यही वह समय था जब दिल्ली में डेंगू के शुरुआती मामले आने लगे थे लेकिन चैनलों और अख़बारों में उसके लिए जगह नहीं थी। कहने की ज़रूरत नहीं है कि चैनलों और अख़बारों में अगर मराठवाडा में सूखे की मार से जान देने को मजबूर किसानों या दिल्ली में डेंगू फैलने की ख़बर को शीना बोरा मर्डर मामले की कुल कवरेज की एक-चौथाई जगह और कवरेज मिल जाती तो केन्द्र और राज्य सरकारें सोती नहीं रहतीं।

इसी दौरान 2 सितम्बर को 10 केन्द्रीय ट्रेड यूनियनों के आह्वान पर मज़दूरों की देशव्यापी हड़ताल हुई जिसमें कोई 15 करोड़ मज़दूरों ने उचित वेतन और बेहतर काम की शर्तों की माँग और श्रमिक विरोधी श्रम सुधारों के ख़िलाफ़ हुई हड़ताल में हिस्सा लिया। लेकिन इस हड़ताल की रुटीन और चलताऊ कवरेज हुई जिसमें न्यूज़ मीडिया का वर्गीय पूर्वाग्रह भी साफ़ झलक रहा था। चैनलों ने न सिर्फ़ इसे अनदेखा करने या सीमित कवरेज देने की कोशिश की बल्कि उनकी कवरेज का फोकस मज़दूरों की समस्याएँ नहीं, हड़ताल से होने वाले कथित नुक़सान पर थीं। सिवाय एनडीटीवी-इंडिया और उसके एंकर रवीश कुमार के किसी चैनल/अख़बार ने श्रमिकों की बदहाली और बदतर जीवन को रिपोर्ट करने की ज़रूरत नहीं समझी।

इसी तरह अख़बारों और चैनलों में कोबरा पोस्ट के उस स्टिंग ऑपरेशन पर भी रहस्यमय चुप्पी दिखाई पड़ी जिसमें उसने बिहार में 100 से ज़्यादा दलितों के नरसंहार में शामिल रणवीर सेना और कई राजनेताओं/अफ़सरों की भूमिका का खुलासा किया था। याद रहे कि दलितों के आधे दर्जन से अधिक नरसंहार के मामलों में रणवीर सेना से जुड़े अपराधी कोर्ट से छूट चुके हैं। इन मामलों और जेसिका लाल और प्रियदर्शिनी मट्टू मामले में कोई फ़र्क़ नहीं है। इन मामलों में भी रसूखदार और ताक़तवर अपराधी छूट गये हैं और स्थिति यह है कि सैकड़ों दलित मारे गये लेकिन उनके हत्यारों का कोई पता नहीं है। लेकिन कोबरा पोस्ट के स्टिंग को शीना बोरा मामले की कवरेज की 5 फ़ीसदी जगह और प्रमुखता नहीं मिली।

यही नहीं, इस दौरान ऐसी अनेक घटनाएँ और मुद्दे थे जिन्हें वह कवरेज और ध्यान नहीं मिल सका जिसके वे हक़दार थे और जिससे लाखों लोगों का जीवन और रोज़ी-रोटी जुड़ी हुई थी। न्यूज़ मीडिया जब ऐसी घटनाओं और मुद्दों को अनदेखा करके शीना बोरा मर्डर जैसे हाई सोसायटी क्राइम मामले को उछालने में लगा होता है, उससे नुक़सान यह होता है कि राष्ट्रीय जनमानस और सार्वजनिक एजेंडा से भी वे घटनाएँ और मुद्दे ग़ायब हो जाते हैं। इससे राष्ट्रीय, क्षेत्रीय और स्थानीय प्राथमिकताएँ गड़बड़ा जाती हैं। इसकी क़ीमत आख़िरकार आम लोगों को चुकानी पड़ती है, जैसे मराठवाड़ा और दिल्ली में किसान और आमलोग चुका रहे हैं।

आख़िर ऐसा क्यों है कि असम की बाढ़, मणिपुर के राजनीतिक संकट और ब्लाकेड, 15 करोड़ मज़दूरों की हड़ताल, महाराष्ट्र का सूखा और दिल्ली और उसके आसपास डेंगू जैसे मुद्दों को वैसी कवरेज और प्रमुखता नहीं मिल पाती है जितनी सेलिब्रिटी और हाई सोसायटी क्राइम के मामले को मिल जाती है? इसका प्रमुख कारण तो न्यूज़ मीडिया के राजनीतिक अर्थशास्त्र यानी उसके कॉर्पोरेट मालिकाने और बिज़नेस मॉडल में है और कुछ उसके वर्ग चरित्र में है। कॉर्पोरेट न्यूज़ मीडिया की ग़रीबों, किसानों, श्रमिकों, आदिवासियों और दलितों से जुड़ी घटनाओं और मुद्दों में न सिर्फ़ उनकी कोई दिलचस्पी नहीं है बल्कि उनके ख़िलाफ़ एक सामाजिक और वर्गीय पूर्वाग्रह भी है।

कॉर्पोरेट न्यूज़ मीडिया में इन वर्गों और सामाजिक समूहों से जुड़ी ख़बरों/मुद्दों को उपयुक्त कवरेज और प्रमुखता न मिलने की वजह यह है कि वे अपने कंटेंट से सामाजिक-आर्थिक समूह-ए (एसईसी-ए) के अमीर, उच्च और मध्यमवर्गीय पाठकों/दर्शकों को आकर्षित करने की कोशिश करते हैं जिनमें विज्ञापनदाताओं की सबसे अधिक दिलचस्पी होती है।

असल में, कॉर्पोरेट न्यूज़ मीडिया कम्पनियाँ और उनके अख़बार/न्यूज़ चैनल विज्ञापनों के लिए चलते हैं। लेकिन विज्ञापनदाताओं की दिलचस्पी उन पाठकों/दर्शकों में होती है जिनमें उनके उत्पादों/सेवाओं को ख़रीदने के लिए क्रय शक्ति है। यही कारण है कि कॉर्पोरेट न्यूज़ मीडिया इन अप-मार्किट दर्शकों/पाठकों को लुभाने के लिए सारा ज़ोर लगा देता है जिनके बारे में आम धारणा है कि उसे सूखे, बाढ़, ग़रीबी, श्रमिकों, दलितों, किसानों और आदिवासियों में कोई दिलचस्पी नहीं है।

इन अप-मार्किट पाठकों/दर्शकों से ही टेलीविज़न रेटिंग पॉइंट (टीआरपी) तय होती है जिसके आधार पर विज्ञापनदाता मोटे तौर पर किसी चैनल को विज्ञापन देने

का फ़ैसला और उसकी दर तय करते हैं। एक और बड़ा कारण यह है कि शीना बोरा मर्डर जैसे मामले की टैब्लायड कवरेज में बहुत ख़र्च नहीं करना पड़ता है। यह सस्ता कंटेंट है क्योंकि उसे जुटाने के लिए बहुत मेहनत और संसाधन नहीं ख़र्च करने पड़ते हैं। ज़्यादातर कंटेंट 'क्रिएटिव' रिपोर्टर और डेस्क मिलकर गढ़ लेते हैं, सूत्रों से काम चल जाता है और बाक़ी कमी प्राइम टाइम बहस से पूरी हो जाती है। शीना बोरा मर्डर इस सस्ते टैब्लायड कंटेंट का अच्छा उदाहरण है।

जैसाकि टैब्लायड कंटेंट के साथ होता है, उसमें तथ्य कम और गल्प और गासिप ज़्यादा होता है, वह शीना बोरा मर्डर मामले की कवरेज में भी साफ़ देखा जा सकता था। इसके लिए इस क्राइम मिस्ट्री को एक 'मोरल थीम' के साथ बुना गया जिसके इर्द-गिर्द पूरी स्टोरी को बेचा गया। चैनलों की रिपोर्टिंग, कवरेज और प्राइम टाइम बहसों का लहजा (टोन) और अभिप्राय (टेनर) इस मामले को एक विषकन्या या 'फेम फेटल' के स्टीरियोटाइप फ्रेम में पेश करने पर था। इसमें शुरू से इन्द्राणी मुखर्जी को एक ऐसी रहस्यमय, मर्दों को रूप के जाल में फँसाकर हाई सोसायटी में ऊपर चढ़ते जाने वाली 'अति-महत्त्वाकांक्षी' महिला के रूप में पेश किया गया जो अपनी महत्त्वाकांक्षाओं को पूरा करने के वास्ते सम्बन्धों और पारिवारिक मूल्यों की भी कोई परवाह नहीं करती है। कहने की ज़रूरत नहीं है कि इस नैरेटिव में मर्डर से बड़ा जुर्म महिला का 'अति-महत्त्वाकांक्षी' होना था।

आश्चर्य नहीं कि इन्द्राणी मुखर्जी की गिरफ़्तारी के साथ ही चैनलों ने उसे अपनी ही बेटी शीना बोरा की हत्या का षड्यन्त्र रचने और उसकी हत्या करने का दोषी घोषित करके पेश करना शुरू कर दिया। बिना किसी न्यायिक प्रक्रिया और फ़ैसले के इन्द्राणी मुखर्जी खलनायिका बनाई जा चुकी थी। यह एकतरफ़ा मीडिया ट्रायल था जिसमें पत्रकारिता के बुनियादी उसूलों तथ्यपरकता यानी तथ्यों की पुष्टि, कई सूत्रों से छानबीन और जाँच-पड़ताल, वस्तुनिष्ठता, सन्तुलन और फेयरनेस को ताक पर रख दिया गया। पुलिस और मीडिया की कहानी में 'थियरिज' और 'स्टोरीज' ज़्यादा थीं, अनेक छिद्र और झोल थे और 'मोरल पुलिसिंग' थी।

यह कहने का अर्थ नहीं है कि इन्द्राणी मुखर्जी निर्दोष है या वह शीना बोरा के क़त्ल में शामिल नहीं हो सकती है। लेकिन इसके साथ ही यह भी उतना ही सच है कि इस बारे में पक्के तौर पर कुछ नहीं कहा जा सकता है। इन्द्राणी मुखर्जी पर हत्या या हत्या का षड्यन्त्र रचने में शामिल होने का शक है लेकिन इसे अभी क़ानूनी और न्यायिक रूप से साबित होना बाक़ी है। इसके लिए ठोस सुबूत चाहिए

जिसे जुटाने में पुलिस लगी है। लेकिन ऐसे मामलों में मीडिया की अति-सक्रियता के कारण पुलिस पर तुरन्त नतीजे देने का जैसा दबाव होता है, उस जल्दबाज़ी के कारण जाँच-पड़ताल में न सिर्फ़ ग़लतियाँ होती हैं बल्कि पुलिस भी मीडिया की बनायी धारणा और निष्कर्षों के मुताबिक़ चलने लगती है।

उदाहरण के लिए, आरुषि मर्डर केस में मीडिया और पुलिस पर ऐसे आरोप लगते रहे हैं। इसी तरह शीना बोरा हत्या मामले को ही लीजिए। चैनलों की 24×7 रिपोर्टिंग और कवरेज और प्राइम टाइम बहसों ने जिस तरह से इन्द्राणी मुखर्जी को दोषी साबित कर दिया है और पीटर मुखर्जी समेत बाक़ी पुरुषों को 'अति-महत्त्वाकांक्षी' महिला का शिकार—उसमें पुलिस जाँच के पास क्या सचमुच, इस पूर्व निश्चित नतीजे पर पहुँचने के अलावा कोई और विकल्प है? क्या इससे जाँच निष्पक्ष रह पायेगी? टैब्लायड मीडिया ट्रायल के साथ यह सबसे बड़ी मुश्किल है कि जाँच एजेंसियों को अत्यधिक दबाव में काम करना पड़ता है।

हालाँकि इसके लिए ख़ुद पुलिस और जाँच एजेंसियाँ कम ज़िम्मेदार नहीं हैं जो अपनी नाकामियों पर पर्दा डालने के लिए न्यूज़ मीडिया को चटपटी, सनसनीखेज और 'एक्सक्लूसिव' लेकिन अपुष्ट जानकारियाँ 'लीक' करती हैं। लेकिन इस प्रक्रिया में वह अपने ही बनाये जाल में फँस जाती हैं। उन 'लीक' के आधार पर बनी धारणाएँ जाँच को प्रभावित करने लगती हैं क्योंकि उससे अलग जाने पर न्यूज़ मीडिया की और सार्वजनिक आलोचना झेलनी पड़ती है। लेकिन दूसरी ओर, न्यूज़ मीडिया भी जैसी सनसनीखेज टैब्लायड रिपोर्टिंग करता है, उसके कारण उसकी भी साख प्रभावित होती है।

शीना बोरा मर्डर मामले में जैसी-जैसी 'ख़बरें' दिखाई गयीं, सुर्ख़ियाँ बनीं और छपीं और बाद में भुला दी गयीं, उससे एक बार फिर साफ़ हो गया कि मुख्यधारा के अख़बारों/चैनलों का किस हद तक टैब्लायडीकरण हो चुका है। यह भी साफ़ है कि इस टैब्लायडीकरण की क़ीमत किसे चुकानी पड़ रही है। किसानों, श्रमिकों, आदिवासियों, दलितों, ग़रीबों की उपेक्षा को छोड़ दीजिए लेकिन शीना बोरा मर्डर मामले में जिस तरह से इन्द्राणी मुखर्जी के बहाने महिलाओं की 'महत्त्वाकांक्षा' और उसके कारण परिवार के दायरे से बाहर निकलने और उनके 'पथभ्रष्ट' होने को निशाना बनाया गया है, उससे महिला विरोधी स्टीरियो-टाइप और खापवादी रुझानों को और बल मिलेगा।

*(अक्तूबर, 2015)*

# न्यूज़ चैनलों के पर्दे पर उत्तर-पूर्व

**न्यूज़ चैनल उत्तर-पूर्व को एक ख़ास 'राष्ट्रवादी' वैचारिक खाँचे में देखते और अपनी कवरेज में प्रचलित पूर्वाग्रहों और स्टीरियोटाइप्स को मज़बूत करते हैं**

अरुणाचल प्रदेश के छात्र नीडो तानिया की दिल्ली के एक पाश बाज़ार लाजपत नगर में नस्लीय हत्या और उसकी न्यूज़ मीडिया में कवरेज ने पिछले साल अक्टूबर में पन्द्रह दिनों के लिए अरुणाचल प्रदेश की राजधानी ईटानगर की यात्रा की दिला दी। ईटानगर के पास रानो हिल्स स्थित राजीव गाँधी विश्वविद्यालय में छात्र-छात्राओं को पत्रकारिता पढ़ाने गया था। वहीं मीडिया ख़ासकर न्यूज़ चैनलों पर चर्चा के दौरान एक छात्रा ने पूछा, 'देश के बड़े और राष्ट्रीय न्यूज़ चैनलों पर उत्तर-पूर्व के राज्य और उनकी ख़बरें क्यों नहीं दिखाई पड़ती हैं?' प्रश्न बहुत सीधा था और शायद उत्तर भी कि उत्तर-पूर्व नस्लीय भेदभाव का शिकार है।

हालाँकि उत्तर-पूर्व की रुटीन घटनाओं में राष्ट्रीय ख़बर बनने लायक न्यूज़ वैल्यू न होने से लेकर दिल्ली से दूरी जैसे तर्कों के ज़रिये विद्यार्थियों के सामने न्यूज़ चैनलों का पक्ष रखने की भी कोशिश की और ख़ूब गरमागरम बहस भी हुई लेकिन सच यह है कि ख़ुद इन कमज़ोर तर्कों से सहमत नहीं था। ऐसा लग रहा था कि जैसे बहाने बना रहा हूँ और जिसका बचाव नहीं किया जा सकता है, उसका असफल बचाव करने की कोशिश कर रहा हूँ। सच यही है कि उत्तर-पूर्व दिल्ली के राष्ट्रीय न्यूज़ मीडिया में एक बारीक और कई बार बहुत नग्न और बर्बर क़िस्म की नस्लीय उपेक्षा और पूर्वाग्रहों का शिकार है।

बात वहीं ख़त्म नहीं हुई। उसके बाद से लगातार सोचता रहा कि आख़िर हमारे राष्ट्रीय न्यूज़ चैनलों से उत्तर-पूर्व क्यों ग़ायब है? क्या वह देश का हिस्सा नहीं है? क्या वहाँ की राजनीतिक-आर्थिक-सामाजिक घटनाओं के बारे में देश के बाक़ी

हिस्सों के लोगों को नहीं जानना चाहिए? वहाँ के लोग देश के बाक़ी हिस्सों से किसी मायने में कमतर हैं? ख़ुद उत्तर-पूर्व के लोग राष्ट्रीय चैनलों में अपने इलाक़े और समाज को न देखकर क्या महसूस करते होंगे? बात-बात पर राष्ट्रभक्ति का राग अलापने वाले चैनलों के लिए आख़िर उत्तर-पूर्व के क्या मायने हैं और वह उनके न्यूज़ एजेंडा में कहाँ है?

तथ्य यह है कि जब कभी उत्तर-पूर्व चैनलों पर दिखता भी है तो वह किसी बड़े एथनिक नरसंहार या बम विस्फोट में बड़ी संख्या में मारे जाने या कन्फ्लिक्ट की किसी ऐसी बड़ी घटना के कारण दिखता है या फिर चीन की कथित घुसपैठ या अरुणाचल पर चीन के दावे या विभिन्न अलगाववादी आन्दोलनों और उनकी हिंसक कार्रवाइयों के कारण गाहे-बगाहे सुर्ख़ियों में दिख जाता है। गोया उत्तर-पूर्व में एथनिक झगड़ों, अलगाववादी आन्दोलनों, तनावों, हत्याओं, नरसंहारों के अलावा और कुछ होता ही नहीं है। कहने की ज़रूरत नहीं है कि इससे राष्ट्रीय मीडिया में उत्तर-पूर्व की एक इकहरी छवि बन गयी है जो नस्ली भेदभाव का ही विस्तार और उसे मज़बूत करने में मदद करती है।

इस अर्थ में दिल्ली में, नीडो तानिया की नस्ली हत्या के लिए ज़मीन तैयार करने में न्यूज़ मीडिया की भूमिका को अनदेखा नहीं किया जा सकता है। यह सच है कि नीडो की हत्या के मुद्दे को राष्ट्रीय न्यूज़ मीडिया में काफ़ी जगह मिली। न्यूज़ मीडिया के एक बड़े हिस्से ने उत्तर-पूर्व के लोगों के साथ राजधानी में नस्लीय भेदभाव को मुद्दा बनाया। इससे सरकार, पुलिस-प्रशासन और राजनीतिक दलों पर दिल्ली और देश के दूसरे शहरों में नस्लीय भेदभाव, छींटा-कशी और हमलों के शिकार उत्तर-पूर्व के लोगों ख़ासकर विद्यार्थियों और युवा पेशेवरों को संरक्षण देने और दोषियों के ख़िलाफ़ कड़ी कार्रवाई करने का दबाव बढ़ा।

लेकिन इसके साथ ही यह भी सच है कि नीडो तानिया की हत्या के मुद्दे को न्यूज़ मीडिया से पहले दिल्ली में रहने वाले उत्तर-पूर्व के युवाओं और सजग नागरिक समाज के एक हिस्से ने ज़ोर-शोर से उठाया। उनकी सक्रियता और लाजपत नगर थाने पर ज़ोरदार प्रदर्शन के कारण न्यूज़ मीडिया ख़ासकर चैनलों पर भी इसके कवरेज का दबाव बढ़ा। इसके बाद दिल्ली यूनिवर्सिटी और जंतर-मंतर पर विरोध प्रदर्शनों के सिलसिले और प्रदर्शनकारियों के दिल्ली के तत्कालीन मुख्यमन्त्री से लेकर केन्द्रीय मन्त्रियों और नेताओं से मिलकर दोषियों के ख़िलाफ़ कार्रवाई की माँग ने नस्ली भेदभाव के मुद्दे को न सिर्फ़ ज़िन्दा रखा बल्कि केन्द्र

सरकार और दिल्ली पुलिस को कार्रवाई और न्यूज़ मीडिया को कवरेज देने के लिए मजबूर किया।

अनुमान लगाना मुश्किल नहीं है कि अगर उत्तर-पूर्व के युवाओं और दिल्ली के नागरिक समाज ख़ासकर जे.एन.यू. छात्रसंघ और आइसा सहित दूसरे वाम-जनवादी छात्र संगठनों ने राजधानी की सड़कों पर इस मुद्दे को लगातार उठाया नहीं होता और उत्तर-पूर्व के लोगों के साथ वर्षों से जारी नस्ली भेदभाव, छींटा-कशी और हमलों को मुद्दा नहीं बनाया होता तो क्या न्यूज़ मीडिया और चैनल इस मुद्दे को इतना कवरेज देते या नस्ली भेदभाव को मुद्दा बनाते? अनुभव यही बताता है कि राष्ट्रीय मीडिया के लिए राजधानी और देश के बाक़ी हिस्सों में उत्तर-पूर्व के लोगों के साथ नस्ली भेदभाव कोई मुद्दा नहीं रहा है। अगर रहा होता तो शायद नीडो की जान नहीं जाती।

असल में, दिल्ली सहित देश के अन्य हिस्सों में उत्तर-पूर्व के लोगों के साथ नस्ली भेदभाव का मुद्दा एक ऐसा संवेदनशील मुद्दा है जिसे जान-बूझकर अनदेखा किया जाता है या छुपाया-दबाया जाता है। यही नहीं, मीडिया और राजनीतिक-बौद्धिक वर्ग के एक 'राष्ट्रवादी' हिस्से को लगता है कि उत्तर-पूर्व के लोगों के साथ नस्ली भेदभाव और छींटा-कशी की सच्चाई को स्वीकार करने पर इसका फ़ायदा उत्तर-पूर्व के अलगाववादी समूह उठायेंगे। इसलिए वह सच्चाई से अवगत होते हुए भी न सिर्फ़ उसे सार्वजनिक तौर पर स्वीकार करने से हिचकिचाता है बल्कि अक्सर उसे सख़्ती से नकारने की कोशिश करता है।

इसी तरह मीडिया और राजनीतिक-बौद्धिक वर्ग के एक हिस्से को लगता है कि यह भेदभाव सिर्फ़ उत्तर-पूर्व के लोगों के साथ नहीं बल्कि दिल्ली में दक्षिण और मुम्बई में बिहार-यू.पी. आदि के लोगों के साथ भी होता है। इसी तर्क के आधार पर कुछ साल पहले तत्कालीन गृहमन्त्री पी. चिदम्बरम् ने उत्तर-पूर्व के लोगों के साथ नस्ली भेदभाव के आरोपों को नकारने की कोशिश की थी।

लेकिन नीडो तानिया की हत्या के बाद राजधानी में जिस बड़ी संख्या में उत्तर-पूर्व के युवा सड़कों पर उतर आये और अपने ग़ुस्से और पीड़ा का इज़हार किया, उससे साफ़ है कि यह मामला सामान्य झगड़े-मारपीट और हत्या का नहीं बल्कि उससे कहीं ज़्यादा गम्भीर है। अगर यह एक सामान्य हत्या की घटना होती तो उत्तर-पूर्व के हज़ारों युवा सड़कों पर नहीं उतर आते। सच यह है कि नीडो तानिया की मौत एक ट्रिगर की तरह थी जिससे रोज़मर्रा के जीवन में नस्ली भेदभाव,

छींटा-कशी और हमलों को झेलने वाले उत्तर-पूर्व को लोगों के दबे ग़ुस्से और पीड़ा को फूटकर बाहर आने का मौक़ा दिया।

कई स्वतन्त्र संस्थाओं की रिपोर्ट्स इस कड़वी सच्चाई की पुष्टि करती है। जामिया मिलिया इस्लामिया के सेंटर फ़ॉर नॉर्थ ईस्ट एंड पॉलिसी रिसर्च की एक सर्वेक्षण रिपोर्ट के मुताबिक़ दिल्ली और राष्ट्रीय राजधानी क्षेत्र में रहने वाले उत्तर-पूर्व के 81 प्रतिशत नागरिकों ने स्वीकार किया कि उन्हें कॉलेज, विश्वविद्यालय, बाज़ार और अन्य सार्वजनिक स्थानों पर नस्लीय भेदभाव और छींटा-कशी का शिकार होना पड़ता है।

इसके अलावा नॉर्थ ईस्ट सपोर्ट सेंटर और हेल्पलाइन की 2009 की एक रिपोर्ट के मुताबिक़ उत्तर-पूर्व के 86 फ़ीसदी से ज़्यादा लोगों को नस्ली भेदभाव और यौन उत्पीड़न (सेक्सुअल हैरेसमेंट) का शिकार होना पड़ता है। इन रिपोर्टों से साफ़ है कि उत्तर-पूर्व के लोगों को अपने ही देश और उसकी राजधानी में नस्लीय भेदभाव का सामना करना पड़ता है।

इसके बावजूद न्यूज़ मीडिया ख़ासकर न्यूज़ चैनलों का एक हिस्सा इसबार भी नीडो तानिया की हत्या को नस्ली भेदभाव का मामला मानने से इनकार करते हुए इसे तात्कालिक उत्तेजना में हुए झगड़े और मारपीट के मामले की तरह पेश करता रहा। सबसे अफ़सोस की बात यह है कि शुरू में कई चैनलों और उनके रिपोर्टरों ने पुलिस के तोते की तरह नीडो की मौत को 'मामूली मारपीट' और 'ड्रग्स के ओवरडोज़' जैसी स्टीरियोटाइप 'स्टोरीज' से दबाना-छुपाना चाहा।

लेकिन सलाम करना चाहिए, उत्तर-पूर्व के उन सैकड़ों छात्र-युवाओं और प्रगतिशील-रैडिकल छात्र संगठनों का जिन्होंने नीडो की नस्ली हत्या के बाद लाजपत नगर से लेकर जंतर-मंतर तक अपने ग़ुस्से और विरोध का इतना जुझारू इजहार किया कि मीडिया से लेकर राजनीतिक पार्टियों-नेताओं और सरकार-पुलिस-प्रशासन को उसे अनदेखा करना मुश्किल हो गया।

अच्छी बात यह है कि न्यूज़ मीडिया और चैनलों के बड़े हिस्से ने इसे नस्ली भेदभाव के एक उदाहरण के रूप में पेश करते हुए मुद्दा बनाया। असल में, देश की राजधानी में उत्तर-पूर्व के लोगों के साथ होने वाला नस्ली भेदभाव एक ऐसा बर्बर और कड़वा सच है जिसे जानते सब हैं लेकिन सार्वजनिक तौर पर स्वीकार करने के लिए कम ही तैयार होते हैं। चाहे पुलिस-प्रशासन हो या मीडिया या फिर सिविल सोसायटी—सब अलग-अलग कारणों से उससे आँख चुराते हैं या बहुत

दबी ज़ुबान में चर्चा करते हैं। उन्हें इससे 'देश की छवि' से लेकर 'उत्तर-पूर्व में अलगाववादियों द्वारा भुनाने' की चिन्ता सताने लगती है। लेकिन इससे समस्या घटने के बजाय बढ़ती जा रही है।

विडम्बना देखिए कि दिल्ली और देश के अन्य राज्यों/शहरों में उत्तर-पूर्व के लोगों को जिस तरह का नस्ली भेदभाव, उत्पीड़न और अपमान झेलना पड़ता है, उसे मुद्दा बनाने और न्यूज़ मीडिया सहित नागरिक समाज की चेतना को झकझोरने के लिए अरुणाचल प्रदेश के छात्र नीडो तानिया को अपनी जान देनी पड़ी। हालाँकि नीडो नस्ली भेदभाव की क़ीमत चुकाने वाला पहला युवा नहीं है और स्थितियाँ नहीं बदलीं तो वह आख़िरी भी नहीं है। हालात कितने ख़राब हैं, इसका अन्दाज़ा इस तथ्य से लगाया जा सकता है कि नीडो की हत्या का ख़ून अभी सूखा भी नहीं था कि राजधानी के मुनिरका में मणिपुर की एक बच्ची के साथ बलात्कार और साकेत में एक युवा पर जानलेवा हमले का मामला सामने आ गया।

जैसे इतना ही काफ़ी नहीं हो, इस घटना के बाद मुनिरका गाँव की रेजिडेंट वेलफेयर एसोसिएशन ने बिल्कुल खाप की तरह व्यवहार करते हुए उत्तर-पूर्व के लोगों पर कई तरह की बेतुकी पाबन्दियाँ आयद कर दीं। यही नहीं, मुनिरका के मकान-मालिकों ने उत्तर-पूर्व के लोगों घरों से निकालने और उन्हें घर न देने का फ़ैसला भी कर लिया। हालाँकि इस फ़ैसले पर हंगामे के बाद मुनिरका के स्थानीय मकान-मालिकों ने उत्तर-पूर्व के लोगों के बारे में ऐसा कोई फ़ैसला करने से इनकार करते हुए दावा किया कि वे सिर्फ़ 'नशा करने, हंगामा करने और रात को देर से घर लौटनेवालों' को नियन्त्रित करने की कोशिश कर रहे हैं। कहने की ज़रूरत नहीं है कि उनके निशाने पर कौन है और क्यों?

हैरानी की बात यह है कि पुलिस ने बीच-बचाव की कोशिश की लेकिन मकान-मालिकों के फ़ैसले के आगे अपनी विवशता भी ज़ाहिर कर दी क्योंकि यह उनका 'अधिकार' है कि वे किसे किरायेदार रखें और किसे नहीं? सवाल यह है कि क्या यह नस्ली भेदभाव का एक और सुबूत नहीं है? ऐसा नहीं है कि इससे पहले ऐसी घटनाएँ नहीं होती थीं लेकिन होता यह था कि या तो उन्हें दबा दिया जाता था या फिर उन्हें रुटीन अपराध के मामले मानकर निपटा दिया जाता था। नस्ली छींटा-कशी और उपहास तो जैसे आम बात है। उत्तर-पूर्व के लोगों के रहन-सहन और खान-पान से लेकर बात-व्यवहार के बारे में आम दिल्लीवालों में अनेक भ्रामक धारणाएँ, स्टीरियोटाइप्स और पूर्वाग्रह हैं।

यहाँ तक कि ख़ुद पुलिस और प्रशासनिक मशीनरी का रवैया भी कम भेदभावपूर्ण नस्ली नहीं है। विभिन्न मामलों में दिल्ली पुलिस का व्यवहार भी उसी पूर्वाग्रह और स्टीरियोटाइप्स से संचालित होता रहा है। उदाहरण के लिए, दिल्ली पुलिस ने उत्तर-पूर्व के लोगों के बारे में स्थानीय लोगों को शिक्षित करने के बजाय उल्टे उत्तर-पूर्व के लोगों के लिए दिल्ली में "क्या करें और क्या न करें" की लम्बी सूची जारी की हुई है।

यही नहीं, जब चीन के राष्ट्रपति भारत के दौरे पर आ रहे थे तो दिल्ली पुलिस ने उत्तर-पूर्व के कई युवाओं को तिब्बती समझकर पकड़ लिया और थाने में बैठाये रखा । मामला सिर्फ़ दिल्लीवालों, दिल्ली पुलिस और प्रशासन तक सीमित नहीं है बल्कि सच यह है कि इस नस्ली भेदभाव की जड़ें काफ़ी गहरी और व्यापक हैं और आम जनजीवन का कोई भी वर्ग और समूह इसके प्रभाव से बचा हुआ नहीं है।

मीडिया भी इसका अपवाद नहीं है। राष्ट्रीय मीडिया ख़ासकर न्यूज़ चैनल उत्तर-पूर्व को एक ख़ास 'राष्ट्रवादी' वैचारिक खाँचे में देखते हैं और उत्तर-पूर्व के बारे में अपनी कवरेज में प्रचलित पूर्वाग्रहों और स्टीरियोटाइप्स को ही मज़बूत करते हैं। उदाहरण के लिए, अन्ना हजारे के अनशन को 24×7 कवरेज देने वाले और उन्हें 'महानायक' बनाने वाले चैनलों ने मणिपुर में सशस्त्र सैन्यबल विशेषाधिकार क़ानून के ख़िलाफ़ पिछले 14 साल से अनशन पर बैठी इरोम शर्मिला की कितनी बार सुध ली? यह सिर्फ़ एक उदाहरण है लेकिन उत्तर-पूर्व में ऐसे अनेक मामले/मुद्दे/घटनाएँ हैं जिन्हें राष्ट्रीय मीडिया ने या तो अनदेखा किया या फिर तोड़-मरोड़ कर पेश किया है।

लेकिन नीडो की मौत के बाद लगता है उत्तर-पूर्व के युवाओं का धैर्य जवाब देने लगा है। वे इसे और सहने के बजाय इससे लड़ने और चुनौती देने का मन बना चुके हैं। अच्छी बात यह है कि इससे चैनलों-अख़बारों से लेकर सिविल सोसायटी की अन्तरात्मा भी जागी दिखती है। अगले कुछ महीनों में होने वाले लोकसभा चुनावों के कारण नेताओं का दिल भी उत्तर-पूर्व के लोगों के लिए फटा जा रहा है। लेकिन सवाल यह है कि क्या यह स्थिति बदलेगी या फिर कुछ दिनों बाद फिर किसी नीडो को जान देनी पड़ेगी?

यह सवाल पूछना इसलिए ज़रूरी है क्योंकि उत्तर-पूर्व के लोगों के साथ लम्बे समय से जारी नस्ली भेदभाव के लिए एक ख़ास सवर्ण हिन्दू राष्ट्रवादी-मर्दवादी-नस्लवादी मानसिकता ज़िम्मेदार है जिसकी जड़ें पुलिस-प्रशासन से लेकर मीडिया

तक में फैली हुई हैं। इसके शिकार सिर्फ़ उत्तर-पूर्व के ही नहीं बल्कि सभी कमज़ोर वर्ग और अल्पसंख्यक ख़ासकर मुस्लिम-सिख और आदिवासी समुदाय आदि हैं।

यह इतनी आसानी से ख़त्म होने वाला नहीं है। इससे लड़ने के लिए न सिर्फ़ इस मानसिकता को चुनौती देने और एक सामाजिक-सांस्कृतिक आन्दोलन की ज़रूरत है बल्कि नस्लभेद के उन सभी दबे-छिपे रूपों और स्टीरियोटाइप्स को खुलकर नकारना और सार्वजनिक स्थानों/मंचों को नस्ली रूप से ज़्यादा-से-ज़्यादा समावेशी बनाना होगा। अपने न्यूज़ चैनलों को ही देख लीजिए, उनके कितने एंकर/रिपोर्टर उत्तर-पूर्व के हैं? इन चैनलों पर उत्तर-पूर्व की ख़बरों को कितनी जगह मिलती है? कितने चैनलों के उत्तर-पूर्व में रिपोर्टर हैं? यही नहीं, मनोरंजन चैनलों पर कितने धारावाहिकों के पात्र या कथानक उत्तर-पूर्व के हैं?

मनोरंजन से लेकर न्यूज़ चैनलों तक में उत्तर-पूर्व के लोगों और इलाक़े के प्रतिनिधित्व और उनकी पूर्वाग्रहों से मुक्त प्रस्तुति का सवाल बहुत महत्त्वपूर्ण है क्योंकि लोगों को शिक्षित करने और उनमें संवेदनशीलता पैदा करने में मीडिया की भूमिका बहुत महत्त्वपूर्ण है। यह एक तथ्य है कि अधिकांश राष्ट्रीय चैनलों ख़ासकर हिन्दी न्यूज़ चैनलों के न्यूज़रूम में उत्तर-पूर्व के लोगों की संख्या नगण्य है, वे फ़ैसले लेने की जगहों पर नहीं हैं और उत्तर-पूर्व के राज्यों में उनके संवाददाता भी नहीं हैं। यही नहीं, इन चैनलों के रिपोर्टर/सम्पादक शायद ही कभी उत्तर-पूर्व के राज्यों की रिपोर्टिंग पर गये हों। आश्चर्य नहीं कि न्यूज़रूम में ऐसे गेटकीपरों और रिपोर्टरों की संख्या बहुतायत में है जो कभी उत्तर-पूर्व नहीं गये और वहाँ के बारे में सुनी-सुनायी बातों के आधार पर धारणाएँ बना रखी हैं।

क्या नीडो की मौत के बाद न्यूज़ मीडिया अपने अन्दर भी झाँकेगा? क्या इस 'पब्लिक स्फीयर' में भी हम कुछ बदलाव की उम्मीद करें?

*(मार्च, 2014)*

# जन और माध्यमों के बीच बढ़ती दूरी और संवादहीनता

## न्यूज़ चैनलों के समाजशास्त्र में मुस्लिम, दलित, आदिवासी, उत्तर-पूर्व और श्रमिक समुदाय कहाँ हैं?

उम्मीद है कि आप सबने यह ख़बर पढ़ी होगी। असम और म्याँमार में मुसलमानों के साथ ज्यादती के विरोध में मुम्बई के आज़ाद मैदान में आयोजित विरोध सभा में हिस्सा लेने आये युवाओं का एक हिस्सा हिंसा पर उतर आया। मुस्लिम युवाओं के उस समूह ने उसके बाद पुलिस पर हमला किया, उसकी गाड़ियों में आग लगा दी, बसों में तोड़-फोड़ की और आग लगा दी और फिर वहाँ खड़ी मीडिया पर हमले किये ख़ासकर तीन न्यूज़ चैनलों की ओ.बी. वैन को आग लगा दी। मीडियाकर्मियों के कैमरे तोड़ दिये, पुलिसकर्मियों की पिटाई की और आम लोगों के साथ भी मारपीट की। पुलिस को भीड़ को क़ाबू में करने के लिए लाठीचार्ज करना पड़ा और हवा में गोलियाँ चलानी पड़ीं। उस हिंसा में दो लोग मारे गये और दर्जन भर से ज़्यादा गम्भीर रूप से घायल हो गये।

इसके बाद इससे मिलती-जुलती हिंसा और हुडदंग की घटनाएँ लखनऊ और इलाहाबाद में भी हुईं जहाँ नमाज पढ़कर मस्जिद से निकल रहे मुस्लिम युवाओं की उग्र भीड़ ने डंडों और सरियों से लैस होकर आम लोगों को पीटा, पत्रकारों-फ़ोटोग्राफरों पर हमला किया, उनके कैमरे तोड़ दिये, बाज़ार में तोड़फोड़ की और आसपास के पार्क में बुद्ध-महावीर की मूर्ति को तोड़ने की कोशिश की। ज़ाहिर है कि इन घटनाओं ने सबको चौंका दिया। पुलिस हैरान है। मीडिया हैरान है। इसलिए भी कि इन सभी घटनाओं में हिंसक और अराजक भीड़ के निशाने पर मुख्यतः पुलिस और मीडिया ही थी।

यही कारण है कि पुलिस और मीडिया के साथ राजनेता, बुद्धिजीवी और आमलोग भी हैरान हैं कि आख़िर असम और म्याँमार में मुस्लिम समुदाय के साथ

ज्यादती की कथित घटनाओं पर ऐसी हिंसक प्रतिक्रिया मुम्बई या लखनऊ और इलाहाबाद में क्यों हुई? क्या यह पूर्वनियोजित हिंसा की घटनाएँ थीं? इन और इन जैसे कई सवालों का अभी तक कोई सन्तोषजनक जवाब नहीं मिला है।

लेकिन एक बात तो स्पष्ट है कि हिंसा और उसके स्केल का अनुमान पुलिस भी नहीं लगा सकी और वह इससे निपटने में नाकाम रही। लेकिन मुम्बई की हिंसा के मामले में जहाँ इसका पूर्वानुमान लगा पाने और हिंसा को रोकने में नाकामी पर पुलिस की भूमिका की आलोचना हो रही है, वहीं हिंसक भीड़ से निपटने में संयम और उसे जल्दी ही नियन्त्रित कर लेने के लिए मुम्बई पुलिस की प्रशंसा भी हो रही है।

लेकिन सवाल न्यूज़ चैनलों को लेकर भी उठ रहे हैं। उनके दर्शकों को ज़रूर पूछना चाहिए कि मुम्बई या लखनऊ और इलाहाबाद की हिंसा क्यों हुई? इसके पीछे क्या कारण थे? हिंसक भीड़ पुलिस के साथ मीडिया ख़ासकर चैनलों से क्यों नाराज़ थी? मीडिया को भी मुस्लिम युवाओं के इस ग़ुस्से का इल्म क्यों नहीं हो पाया? आख़िर क्या कारण है कि न्यूज़ चैनल मुम्बई, लखनऊ और इलाहाबाद में मुस्लिम युवाओं के ग़ुस्से और उससे निकली हिंसा को भाँप नहीं पाये जबकि न्यूज़ चैनलों और अख़बारों की इन सभी शहरों में पर्याप्त मौजूदगी (रिपोर्टरों/सम्पादकों और ओ.बी./स्टूडियो सहित) है?

क्या यह चैनलों/मीडिया और मुस्लिम समाज के बीच बढ़ती दूरी और उसके कारण बढ़ते अविश्वास का नतीजा नहीं है? क्या यह इस बात का संकेत नहीं है कि न्यूज़ चैनल और मीडिया मुस्लिम समुदाय से कट से गये हैं और उनका मुस्लिम समाज ख़ासकर युवाओं से संवाद कमज़ोर हुआ है? क्या यह संवादहीनता न्यूज़ चैनलों/मीडिया में मुस्लिम समाज के प्रति बढ़ते पूर्वाग्रह, स्टीरियोटाइप और ख़ुद मीडिया में मुस्लिम समाज की कम मौजूदगी के कारण नहीं पैदा हुई और बढ़ी है? आख़िर मुम्बई के हिंसक युवाओं की चैनलों/मीडिया से शिकायत क्या थी?

रिपोर्टों के मुताबिक़, हिंसक मुस्लिम युवाओं की मीडिया ख़ासकर न्यूज़ चैनलों से यह शिकायत थी कि वे असम और म्याँमार में मुस्लिम समुदाय पर हो रहे ज़ुल्म और अत्याचार की रिपोर्टिंग नहीं कर रहे हैं, वे सच्चाई को सामने लाने के बजाय उसे दबा रहे हैं और ख़ासकर चैनलों और न्यूज़ मीडिया ने अमेरिका में गुरुद्वारे में सिख समुदाय पर हुई हिंसा की जितनी व्यापक रिपोर्टिंग की और उसे मुद्दा बनाया, उसकी तुलना में असम और म्याँमार में मुस्लिमों विरोधी हिंसा की बहुत कम कवरेज की।

आज़ाद मैदान में हुए भाषणों में भी ये मुद्दे उठे और मुस्लिम नेताओं की शिकायत थी कि न्यूज़ चैनलों/मीडिया में मुस्लिम समुदाय के साथ भेदभावपूर्ण रवैया अपनाया जा रहा है और उनके सवालों और मुद्दों को जान-बूझकर अनदेखा किया जाता है। इसके अलावा मुस्लिम समुदाय की यह शिकायत लम्बे समय से चली आ रही है कि चैनल/मीडिया उनकी नकारात्मक छवि पेश करते हैं और 'आतंकवाद से युद्ध' के नाम पर निर्दोष मुस्लिम युवाओं की भी ऐसी छवि बना दी है जैसे वे सभी आतंकवादी हों। इसके कारण उन्हें रोज़मर्रा के जीवन में भेदभाव और अपमान झेलना पड़ता है।

यह सही है कि चैनलों/मीडिया या पुलिस से कोई भी नाराज़गी या शिकायत मुम्बई या लखनऊ की आपराधिक हिंसा और गुण्डागर्दी को जायज़ नहीं ठहरा सकती है। लेकिन यह कहते हुए भी यह स्वीकार करना पड़ेगा कि चैनलों/मीडिया को लेकर मुस्लिम समाज की कई शिकायतों में दम है। इनमें से कई शिकायतें पुरानी हैं। इन शिकायतों को अनदेखा करने से न्यूज़ चैनलों और मीडिया की अपनी साख और विश्वसनीयता दाँव पर लग गयी है। न्यूज़ चैनलों और मीडिया की साख इसलिए भी दाँव पर है क्योंकि उसके दर्शकों और पाठकों की उससे सबसे बड़ी अपेक्षा यह होती है कि वे उन्हें देश-समाज में चल रही हलचल और खदबदाहट से अवगत करायेंगे।

लेकिन मुम्बई की हिंसा के मामले में मुस्लिम समाज के एक छोटे हिस्से में ही चल रही खदबदाहट को भाँपने और उसके बारे में अपने दर्शकों को सूचित करने के मामले में चैनलों की विफलता साफ़ दिखाई दे रही है। मुस्लिम युवा क्यों नाराज़ हैं? उसका एक बहुत छोटा हिस्सा ही सही लेकिन वह हिस्सा हिंसा पर क्यों उतारू हो रहा है और इंडियन मुजाहिदीन जैसे आतंकवादी समूहों से जुड़ रहा है? क्या यह जानना हम दर्शकों/पाठकों के लिए ज़रूरी नहीं है? क्या इस बारे में पर्याप्त जानकारी से मौजूदा विस्फोटक स्थिति में कोई बदलाव सम्भव है? क्या इस मुद्दे पर कोई गहरी, विवेकपूर्ण और संवेदनशील बहस और चर्चा, तथ्यपूर्ण और वस्तुनिष्ठ रिपोर्टिंग के बिना सम्भव है?

इससे कुछ वैसी ही स्थिति बन रही है कि जब अमेरिका में वर्ल्ड ट्रेड टावर पर आतंकवादी हमला हुआ तो सरकार, पुलिस, ख़ुफ़िया एजेंसियों से लेकर मीडिया तक सब हैरान थे कि यह कैसे और क्यों हुआ? उस दौरान सबसे अधिक पूछा जाने वाला सवाल यह था कि आख़िर उन्हें (आतंकवादियों को) अमेरिका से क्या शिकायत या चिढ़ है? वे अमेरिका से क्यों नाराज़ हैं? यह भी कि यह अफ़ग़ानिस्तान कहाँ है और उनकी समस्या क्या है?

कहने की ज़रूरत नहीं है कि अमेरिकी समाज और उसके नागरिक ऐसे किसी बड़े आतंकवादी हमले के लिए तैयार नहीं थे। इसकी बड़ी वजह यह थी कि अमेरिकी मीडिया ने उन्हें अँधेरे में रखा था। अमेरिकी मीडिया ने अमेरिकी नागरिकों को इस बारे में पर्याप्त रूप से सूचित और शिक्षित नहीं किया था कि मध्य पूर्व के मुस्लिम समाज में अमेरिकी नीतियों को लेकर कितनी नाराज़गी है? वह नाराज़गी मुस्लिम युवाओं ख़ासकर पढ़े-लिखे प्रोफ़ेशनल्स के एक हिस्से को किस तरह से आतंकवाद और हिंसा की ओर धकेल रही है, इसे लेकर अमेरिकी मीडिया ने लोगों को सूचित और शिक्षित नहीं किया था?

ये सवाल इसलिए महत्त्वपूर्ण हैं क्योंकि अगर इन मुद्दों पर अमेरिकी मीडिया ने अपने पाठकों/दर्शकों/श्रोताओं को सूचित और शिक्षित किया होता तो सम्भव है कि देश में एक ऐसा जागरूक जनमत तैयार होता जो अमेरिकी सत्ता प्रतिष्ठान को उन नीतियों पर पुनर्विचार करने और मुस्लिम समाज के साथ संवाद शुरू करने को बाध्य कर सकता था जिनके कारण टकराव यहाँ तक पहुँच गया। यह सही है कि अमेरिकी सत्ता प्रतिष्ठान ने अमेरिकी जनता को अँधेरे में रखा लेकिन उसके साथ ही यह भी उतना ही सच है कि इसमें अमेरिकी सत्ता प्रतिष्ठान का सबसे बड़ा मददगार अमेरिकी न्यूज़ मीडिया ही था।

नोम चोमस्की जैसे बहुतेरे मीडिया विश्लेषक इसी कारण अमेरिकी कॉर्पोरेट मीडिया पर यह आरोप भी लगाते रहे हैं कि वह सत्ता प्रतिष्ठान के साथ मिलकर जनमत को तोड़ने-मरोड़ने और उसके व्यापक राजनीतिक हितों के मुताबिक़ 'सहमति का निर्माण' करने में मदद करता रहा है। इस परिप्रेक्ष्य में देखा जाये तो यह काफ़ी हद तक सही है कि राष्ट्रीय न्यूज़ चैनलों और यहाँ तक कि पूरे भारतीय न्यूज़ मीडिया ने भी असम और म्याँमार की घटनाओं के बारे में बारीकी, विस्तार और गहराई से रिपोर्टिंग नहीं की।

असम की हिंसा की शुरुआत में बहुत कम कवरेज हुई, उसकी फील्ड रिपोर्टिंग में रुचि नहीं ली गयी, हिंसा के कारणों की छानबीन और उसकी तह में जाने की कोशिश नहीं हुई और जब मामला बहुत आगे बढ़ गया तो चैनलों/अख़बारों ने अपने रिपोर्टर भेजे लेकिन वे भी गुवाहाटी और कोकराझार के कुछ इलाक़ों तक सीमित रहे।

सबसे ज़्यादा चिन्ता की बात यह है कि फील्ड और शोधपूर्ण रिपोर्टिंग और चर्चा-बहस की कमी को सनसनीखेज रिपोर्टिंग और उत्तेजक चर्चाओं/बहसों से भरने की कोशिश हुई। कहने की ज़रूरत नहीं है कि न्यूज़ चैनलों पर असम की

सीमित, सतही और सनसनीखेज कवरेज के बहुत घातक नतीजे हुए। पहला, असम में हिंसा की आग फैलती रही और राज्य और केन्द्र सरकार सोती रहीं। अगर न्यूज़ मीडिया ने शुरू से ही इसे व्यापक कवरेज दिया होता तो राज्य-केन्द्र सरकार के लिए हाथ पर हाथ धरे बैठना सम्भव नहीं होता।

याद कीजिए, मशहूर अर्थशास्त्री अमर्त्य सेन की वह स्थापना जिसके मुताबिक़ लोकतान्त्रिक समाजों में एक सतर्क और सजग न्यूज़ मीडिया किसी आपदा/संकट के समय उस मुद्दे को ज़ोर-शोर से उठाकर सरकार और सिविल सोसायटी को उसपर तत्काल उपयुक्त कार्रवाई के लिए बाध्य कर देता है और बड़ी त्रासदी को टालने में मदद करता है। साफ़ है कि अगर न्यूज़ मीडिया और चैनलों ने असम की हिंसा को शुरू में ही उठाया होता तो उस हिंसा और आग को फैलने से रोकने में मदद मिल सकती थी।

दूसरा, असम की सीमित और सतही कवरेज के कारण समाजविरोधी और साम्प्रदायिक तत्त्वों को अफ़वाहें फैलाने का मौक़ा मिला। आख़िर अफ़वाहें वहीं फैलती हैं जहाँ वास्तविक जानकारी उपलब्ध न हो या बहुत सीमित मात्रा में हो। क्या यह कहना सही नहीं होगा कि न्यूज़ मीडिया की सीमित और सतही कवरेज और असम की सच्चाई को तथ्यों/पृष्ठभूमि के साथ पेश करने में उसकी नाकामी ने अफ़वाहों को मौक़ा दिया?

तीसरे, अफ़वाहों को कुछ हद तक स्वीकार्यता वहीं मिलती है जहाँ सूचना के दूसरे माध्यमों की साख और विश्वसनीयता कमज़ोर हो। सवाल यह है कि असम के मामले में अफ़वाहों को मुस्लिम समाज के बीच जो स्वीकार्यता मिली और जिसके कारण हिंसक विरोध प्रदर्शन हुए, क्या उसके पीछे एक बड़ा कारण मुस्लिम समाज में भारतीय न्यूज़ मीडिया की घटती साख और विश्वसनीयता तो नहीं है?

चौथे, न्यूज़ मीडिया और चैनलों की एक बड़ी नाकामी यह भी है कि वे इन अफ़वाहों और झूठी सूचनाओं को रोकने में समय रहते पहल नहीं कर सका। असल में, ये अफ़वाहें वेबसाइट्स, सोशल मीडिया और मोबाइल के ज़रिये झूठी ख़बरों और फ़ोटोग्राफ के रूप में लोगों तक पहुँच रही थीं, सर्कुलेट हो रही थीं और लोग उत्तेजित हो रहे थे लेकिन न्यूज़ मीडिया समय रहते इनकी पोल खोलने और पर्दाफ़ाश करने में नाकाम रहा।

मज़े की बात यह है कि सभी प्रमुख चैनलों/अख़बारों/न्यूज़ एजेंसियों के सम्पादकों से लेकर रिपोर्टर तक सोशल मीडिया पर खासे सक्रिय हैं, उनके अख़बार/चैनलों का सोशल मीडिया साइटों पर पेज है और वे जब तब सोशल मीडिया पर

चल रही बहसों/गतिविधियों को ख़बर का विषय भी बनाते हैं। लेकिन क्या कारण है कि वे समय रहते इन झूठी रिपोर्टों और फ़र्ज़ी फ़ोटोग्राफ की पोल नहीं खोल पाये?

क्या कारण है कि ख़ुद न्यूज़ मीडिया ने इस घृणा अभियान की बारीकी से जाँच-पड़ताल और छानबीन नहीं की? इसी तरह बेंगलुरु सहित दक्षिण भारत के कई शहरों से उत्तर-पूर्व के लोगों के पलायन की ख़बर भी हैरान करती हुई आयी। आख़िर ऐसा क्या हुआ कि अचानक उत्तर-पूर्व के हज़ारों लोग बेंगलुरु जैसे बड़े महानगरों से पलायन करने लगे और सरकार के साथ-साथ मीडिया भी सोता हुआ पाया गया? ज़ाहिर है कि इसके पीछे भी सबसे बड़ी वजह यह है कि बड़े महानगरों में पढ़ और काम कर रहे उत्तर-पूर्व के लाखों लोगों के बीच चैनलों और न्यूज़ मीडिया की पहुँच नहीं के बराबर है। उनसे उसका संवाद लगभग नहीं है। न्यूज़ मीडिया के लिए देश के अधिकांश शहरों में काम कर रहे आप्रवासी गुमनाम लोग हैं और अगर वे उत्तर-पूर्व के हैं तो उन्हें विदेशी मान लिया जाता है।

यही नहीं, इस संवादहीनता और ग़ैर-जानकारी का एक और कारण न्यूज़रूम में उत्तर-पूर्व के लोगों की बहुत कम मौजूदगी भी है। हिन्दी न्यूज़ चैनलों/अख़बारों में तो उत्तर-पूर्व का शायद ही कोई मिले। यही हाल मुस्लिम समुदाय का भी है जिसकी न्यूज़ मीडिया के अन्दर मौजूदगी कम है।

नतीजा यह है कि चैनलों/अख़बारों के न्यूज़रूम में जहाँ ख़बरों का चयन और प्रस्तुति का निर्णय होता है, उत्तर-पूर्व और मुस्लिम समाज के सरोकारों, चिन्ताओं और मुद्दों को अनदेखा किया जाता है। यही नहीं, इन समुदायों से जुड़ी हुई ख़बरों में भी उनका परिप्रेक्ष्य नहीं आ पाता है। सच पूछिये तो यह भारतीय न्यूज़ मीडिया का 'लोकतान्त्रिक घाटा' है जो उसके न्यूज़रूम और गेटकीपरों में भारतीय समाज के कई वर्गों का प्रतिनिधित्व बहुत कम या न के बराबर है।

भारतीय न्यूज़ मीडिया के इस 'लोकतान्त्रिक घाटे' का साफ़ असर उसकी कवरेज और प्रस्तुति के टोन में भी दिखाई पड़ता है। इसी का दूसरा पक्ष है कि भारतीय न्यूज़ मीडिया देश के सभी हिस्सों में अपने रिपोर्टर और न्यूज़ ब्यूरो नहीं रखता है। उत्तर-पूर्व इसका सबसे बदतर उदाहरण है जहाँ अधिकांश राष्ट्रीय कहे जाने वाले चैनलों/अख़बारों के संवाददाता नहीं हैं। कुछ ने रिपोर्टर रखे भी हैं तो आठ राज्यों को कवर करने के लिए एक संवाददाता गुवाहाटी में रख दिया है जबकि उत्तर-पूर्व के समाज-संस्कृति-भूगोल की मामूली समझ रखने वाले जानते हैं कि उत्तर-पूर्व के सभी आठ राज्यों को एक रिपोर्टर कवर नहीं कर सकता और न ही वह इस विविधतापूर्ण क्षेत्र की रिपोर्टिंग के साथ न्याय कर सकता है।

हैरानी की बात नहीं है कि उत्तर-पूर्व के राज्यों की ख़बरें हमारे राष्ट्रीय न्यूज़ मीडिया में बहुत कम दिखती हैं या जो दिखती भी हैं, उनमें गहराई नहीं होती है और ज़्यादातर मामलों में उत्तर-पूर्व के बारे में बने पूर्वाग्रहों और स्टीरियोटाइप को ही मज़बूत करती हैं। असम की ताज़ा हिंसा भी इस प्रवृत्ति की अपवाद नहीं है। इस हिंसा की जैसी व्यापक लेकिन संवेदनशील रिपोर्टिंग होनी चाहिए थी, वह नहीं हुई। वरिष्ठ टीवी पत्रकार राजदीप सरदेसाई ने इस कमी को ख़ुद स्वीकार किया है लेकिन उनका यह तर्क समझ से परे है कि असम की हिंसा को पर्याप्त और इन-डेप्थ कवरेज न मिलने के पीछे बड़ी वजह उसका दिल्ली और हिंसाग्रस्त इलाक़ों का राजधानी गुवाहाटी से दूर होना है।

इक्का-दुक्का अपवादों और मौक़ों को छोड़ दिया जाये तो सच यह है कि असम और पूरा पूर्वोत्तर भारत कथित राष्ट्रीय न्यूज़ मीडिया के राडार पर कहीं नहीं दिखता है। जैसे वह भारत का हिस्सा ही नहीं हो। अलबत्ता वहाँ देश से अलग होने का कोई आन्दोलन शुरू हो जाये या चीन अरुणाचल प्रदेश पर दावा करने लगे तो राष्ट्रीय न्यूज़ मीडिया का 'तीसरा नेत्र' खुल जाता है और राष्ट्रवाद मचलने लगता है। लेकिन बाक़ी समय में पूर्वोत्तर भारत के लोग किस तरह से रह रहे हैं, वहाँ क्या हो और चल रहा है, उनकी समस्याएँ क्या हैं, वे किस बात पर नाराज़ हैं और उनके सवाल और मुद्दे क्या हैं आदि को रिपोर्ट या चर्चा के लायक नहीं समझा जाता है।

हैरानी की बात नहीं है कि अधिकांश राष्ट्रीय चैनलों या अख़बारों के पूर्वोत्तर भारत के राज्यों में रिपोर्टर नहीं हैं। ख़ुद राजदीप सरदेसाई के मुताबिक़, किसी भी राष्ट्रीय चैनल के पास पूर्वोत्तर के सभी राज्यों में तो छोड़िये, असम की राजधानी गुवाहाटी में भी ओ.बी. वैन नहीं है। लेकिन क्या इसकी वजह सिर्फ़ पूर्वोत्तर भारत का दिल्ली से दूर होना या उसका दुर्गम होना है? या इसकी वजह पूर्वोत्तर भारत के प्रति न्यूज़रूम में गहरे बैठे सामाजिक-आर्थिक-सांस्कृतिक पूर्वाग्रहों का होना है? कहीं इसका एक बड़ा कारण यह तो नहीं है कि पूर्वोत्तर भारत में टीआरपी का एक भी पीपुलमीटर नहीं लगा है और बाक़ी देश में भी पूर्वोत्तर के दर्शकों की संख्या नाममात्र की है?

लेकिन अगर थोड़ी देर के लिए असम के बोडो इलाक़े में फैली साम्प्रदायिक हिंसा की असन्तोषजनक कवरेज का कारण उसका दिल्ली से दूर और दुर्गम होना मान भी लिया जाये तो दिल्ली से सटे मानेसर में मारुति की कार फैक्ट्री में श्रमिक असन्तोष के बाद भड़की हिंसा में एक अधिकारी की मौत और उसके बाद श्रमिकों के दमन-उत्पीड़न की लगभग एकतरफ़ा, आधी-अधूरी और कुछ मामलों में फ़र्ज़ी

रिपोर्टिंग का कारण क्या है? इक्का-दुक्का रिपोर्टों को छोड़ दिया जाये तो सभी चैनल/अख़बार मारुति के श्रमिकों और यूनियन के खलनायकीकरण में लगे रहे। सबका ध्यान 18 जुलाई की हिंसा की घटना पर था लेकिन किसी की दिलचस्पी उसके पीछे के कारणों को जानने में नहीं थी।

ऐसा लगा कि मानेसर और मारुति से दिल्ली और चैनलों/अख़बारों की ज़्यादा नज़दीकी उनके मारुति और ज़िला प्रशासन से नज़दीकी का कारण बन गयी और वे उनके प्रवक्ता की तरह रिपोर्ट करते दिखाई दिये। क्या यह सिर्फ़ संयोग है या फिर सोची-समझी सम्पादकीय नीति का नतीजा? आख़िर दिल्ली और चैनलों/अख़बारों के दफ़्तरों के आसपास लाखों मज़दूर छोटी-बड़ी फैक्ट्रियों में काम करते हैं लेकिन क्यों किसी चैनल/अख़बार में श्रमिक बीट कवर करने वाला रिपोर्टर नहीं है और न श्रमिक मुद्दों की नियमित रिपोर्टिंग होती है? गोया वे इस देश के नागरिक ही न हों।

आख़िर न्यूज़ चैनलों से उनके दर्शकों की क्या अपेक्षाएँ होती हैं? ज़ाहिर है कि उनकी पहली और सबसे बड़ी अपेक्षा यह होती है कि न्यूज़ चैनल उन्हें देश-दुनिया के महत्त्वपूर्ण समाचारों से अवगत करायेंगे। ख़ासकर वे जानना चाहते हैं कि देश के अन्दर राष्ट्रीय जनजीवन और राजनीति, समाज, अर्थव्यवस्था और संस्कृति की दुनिया में क्या महत्त्वपूर्ण घटा या चल रहा है? वे यह भी जानना चाहते हैं कि जो कुछ घटा या चल रहा है, उसके पीछे क्या कारण हैं और ऐसा क्यों हुआ? उनकी न्यूज़ चैनलों से यह भी अपेक्षा रहती है कि वे महत्त्वपूर्ण घटनाओं/मुद्दों पर समाज में मौजूद विभिन्न विचारों से भी अवगत करायें ताकि वे उसे व्यापक परिप्रेक्ष्य में समझ सकें।

इसके साथ ही दर्शकों की यह भी अपेक्षा रहती है कि न्यूज़ चैनल एक वाचडाग की बतौर उनके हितों की पहरेदारी करें और उन ख़बरों को सामने लायें जिन्हें सत्ता में बैठे ताक़तवर लोग दबाने-छुपाने की कोशिश कर रहे हैं। इस तरह वे उन ताक़तवर-प्रभावशाली लोगों की जवाबदेही सुनिश्चित करें। यही नहीं, न्यूज़ चैनलों का दर्शक यह भी चाहता है कि चैनल उन कमज़ोर और दबे-कुचले लोगों की आवाज़ बनें जिनकी कहीं कोई सुनवाई नहीं है। लेकिन इन सभी अपेक्षाओं के मूल में है कि दर्शक ख़ुद को जागरूक रखना चाहता है ताकि आगत संकटों/समस्याओं से निपट सके, अपने को बदलती हुई परिस्थितियों के अनुकूल एडजस्ट कर सके और सम्भावनाओं का इस्तेमाल कर सके।

लेकिन क्या भारतीय न्यूज़ मीडिया इन अपेक्षाओं को पूरा कर पा रहा है? अफ़सोस के साथ कहना पड़ रहा है कि असम की हिंसा से लेकर मानेसर की

मारुति फैक्टरी में श्रमिक असन्तोष को कवर करने तक के हालिया प्रसंगों में न्यूज़ मीडिया की विफलता साफ़ दिखाई पड़ी है। चिन्ता की बात यह है कि उसकी यह विफलता भारतीय समाज और लोकतन्त्र को बहुत भारी पड़ रही है। यही नहीं, उसकी ख़ुद की साख और विश्वसनीयता भी दाँव पर है। क्या न्यूज़ मीडिया इन सवालों और मुद्दों पर आत्मावलोकन और आत्मालोचन करने और भारतीय समाज के महत्त्वपूर्ण हिस्सों—मुस्लिम समुदाय, उत्तर-पूर्व और श्रमिक समुदाय से अपनी बढ़ती दूरी और संवादहीनता को ख़त्म करने के लिए ठोस पहल करेगा?

असम से लेकर मुम्बई तक और बेंगलुरु से लेकर मानेसर तक की घटनाएँ मीडिया के लिए भी चेतावनी की घण्टी हैं। लेकिन यह सिर्फ़ न्यूज़ मीडिया और उनके संचालकों के लिए ही चेतावनी नहीं है बल्कि उन आम दर्शकों/पाठकों से लेकर नागरिक समाज के लिए भी चेतावनी की घण्टी है जो एक मुक्त, सतर्क, सजग और ज़िम्मेदार न्यूज़ मीडिया को एक गतिशील और जवाबदेह लोकतन्त्र के लिए अनिवार्य शर्त मानते हैं। क्या कोई लोकतन्त्र बिना सर्व सूचित नागरिकों के चल सकता है? क्या नागरिक समाज और न्यूज़ मीडिया के दर्शकों/पाठकों को अपने चैनलों/अख़बारों से यह सवाल नहीं पूछना चाहिए कि आपने हमें असम से लेकर मानेसर तक और मुम्बई से लेकर बेंगलुरु तक के बारे में अँधेरे में क्यों रखा?

*(सितम्बर, 2012)*

# मीडिया और अल्पसंख्यक

## न्यूज़ चैनल मुस्लिम समुदाय और इस्लाम की स्टीरियोटाइप, साम्प्रदायिक पूर्वाग्रहों और द्वेष पर आधारित एकांगी छवि गढ़ रहे हैं

ऐसा लगता है कि मीडिया ख़ासकर समाचार मीडिया को जवाबदेह बनाने और इसके लिए इलेक्ट्रॉनिक मीडिया को स्व-नियमन के बजाय प्रेस काउंसिल जैसे किसी स्वतन्त्र नियामक के दायरे में लाने की माँग करके प्रेस काउंसिल के नये अध्यक्ष जस्टिस मार्कण्डेय काटजू ने बर्र के छत्ते में हाथ डाल दिया है। यही नहीं, उन्होंने पिछले कुछ वर्षों में समाचार मीडिया में उभरी कई नकारात्मक प्रवृत्तियों, विचलनों और पत्रकारीय मूल्यों और एथिक्स की अनदेखी और उल्लंघनों को आड़े हाथों लेते हुए इससे निपटने के लिए प्रेस काउंसिल को दण्डात्मक अधिकार देने की भी माँग की है।

कहने की ज़रूरत नहीं है कि उनके हालिया बयानों और साक्षात्कारों पर मीडिया जगत में हंगामा मचा हुआ है। हालाँकि कुछ मीडिया विश्लेषकों, सम्पादकों और पत्रकारों ने जस्टिस काटजू के बयानों ख़ासकर उसकी मूल भावना के प्रति काफ़ी हद तक सहमति जताई है लेकिन कई सम्पादकों के साथ-साथ एडिटर्स गिल्ड, अख़बार मालिकों के संगठन—आई.एन.एस. से लेकर न्यूज़ चैनलों के मालिकों के संगठन—न्यूज़ ब्रॉडकास्टर्स एसोसियेशन (एनबीए) और सम्पादकों के संगठन—ब्रॉडकास्टर्स एडिटर्स एसोसियेशन (बीईए) ने एक सुर में जस्टिस काटजू के बयानों की कड़ी आलोचना करते हुए उसे वापस लेने की माँग की है।

इन सभी की शिकायत है कि जस्टिस काटजू की समाचार मीडिया की समझ न सिर्फ़ बहुत सतही है बल्कि वे सभी अख़बारों, न्यूज़ चैनलों और पत्रकारों को एक साथ काले ब्रश से पेंट कर रहे हैं। उन्हें यह भी लग रहा है कि जस्टिस काटजू

जवाबदेही के नाम पर समाचार माध्यमों का गला दबाने का अधिकार माँग रहे हैं। हालाँकि जस्टिस काटजू ने अपने शुरुआती बयानों पर सफ़ाई दी है और थोड़ा पीछे भी हटे हैं लेकिन कुल मिलाकर वे समाचार मीडिया ख़ासकर न्यूज़ चैनलों को लेकर अपने मूल बयानों पर डटे हुए हैं।

नतीजा, दोनों ओर से तलवारें खिंच गयीं हैं। जस्टिस काटजू पीछे हटने को तैयार नहीं हैं। न्यूज़ चैनलों पर कुछ हद तक इसका असर भी दिख रहा है। उदाहरण के लिए, मशहूर अभिनेत्री ऐश्वर्या राय की बेटी के जन्म की ख़बर पर चैनल बावले नहीं हुए। यह और बात है कि इसके लिए बीईए ने सदस्य चैनलों को दस सूत्री निर्देश जारी किया था। चैनल इसे अपने स्व-नियमन व्यवस्था की कामयाबी के बतौर पेश कर रहे हैं। न्यूज़ चैनलों का दावा है कि स्व-नियमन की यह व्यवस्था हर लिहाज़ से बेहतर है और इसे काम करने और अपनी जड़ें जमाने का मौक़ा मिलना चाहिए।

इस बहस और टकराव का नतीजा चाहे जो हो लेकिन इसमें कोई दो राय नहीं है कि जस्टिस काटजू के बयानों ने न्यूज़ चैनलों के नैतिक विचलनों, कंटेंट के छिछलेपन, सनसनी और पूर्वाग्रहों-झुकावों से लेकर उनके नियमन, उसके स्वरूप, तरीक़े और दण्ड की सीमा जैसे मुद्दों पर पहले से ही जारी बहस को और तेज कर दिया है। इसका स्वागत किया जाना चाहिए। उम्मीद की जानी चाहिए कि इससे समाचार मीडिया को टीका-टिप्पणी और आलोचना से ऊपर एक 'पवित्र गाय' मानने की धारणा और उस पर ख़ुद समाचार मीडिया के अन्दर बरती जाने वाली 'षड्यन्त्रपूर्ण चुप्पी' टूटेगी।

दरअसल, न्यूज़ मीडिया का अपने कामकाज के तौर-तरीक़ों और प्रदर्शन पर ख़ुद मीडिया में खुली चर्चा को प्रोत्साहित करना स्व-नियमन का ही हिस्सा है। सच यह है कि जस्टिस काटजू ने वास्तव में कोई नया मुद्दा नहीं उठाया है। अलबत्ता, उनकी भाषा ख़ासकर उसकी टोन और कुछ मामलों में उनके अतिरेक पर उँगली उठाई जा सकती है लेकिन सच यह है कि उन्होंने वही बातें दोहराई हैं और वही सवाल उठाये हैं जो पिछले काफ़ी समय से विभिन्न मंचों उठा जा रहे हैं। लेकिन मीडिया में आमतौर पर उन्हें अनदेखा किया जाता रहा है। लेकिन अब समय आ गया है जब चैनलों को उन मुद्दों से नज़रें चुराने या उनकी अनदेखी के बजाय उन पर खुलकर चर्चा करनी चाहिए।

ऐसा ही मुद्दा है न्यूज़ चैनलों सहित समूचे समाचार मीडिया में अल्पसंख्यक समुदाय ख़ासकर मुस्लिम समाज के प्रति पूर्वाग्रहग्रस्त रवैये और उनकी एक

नकारात्मक स्टीरियोटाइप छवि प्रस्तुत करने का। जस्टिस काटजू ने इस मुद्दे से जुड़े एक बहुत संवेदनशील पहलू को उठाया है। उनके मुताबिक़, अधिकांश आतंकवादी हमलों, बम विस्फोटों आदि के बाद मीडिया ख़ासकर न्यूज़ चैनल जिस तरह से बिना किसी गहरी जाँच-पड़ताल और छानबीन के जल्दबाज़ी में आतंकवादी समूहों के बारे में कयास लगाने लगते हैं या किसी अज्ञात ई-मेल/फ़ोन के आधार पर किसी विशेष आतंकवादी समूह को ज़िम्मेदार ठहराने लगते हैं, उस दौरान चैनलों की भाषा और टोन के कारण एक पूरे समुदाय को शक की निगाह से देखा जाने लगता है।

जस्टिस काटजू के मुताबिक़, चैनलों समेत पूरे समाचार मीडिया के इस रवैये के कारण समाज में विभाजन बढ़ता है। हैरानी की बात यह है कि मीडिया में काटजू के बयानों/उद्गारों के हर पहलू पर चर्चा हुई और हो रही है लेकिन इस मुद्दे पर चुप्पी छायी हुई है। क्या यह मीडिया की 'षड्यन्त्रपूर्ण चुप्पी' का एक और उदाहरण है? निश्चय ही, यह मुद्दा समाचार मीडिया की एक ऐसी दुखती रग है जिसे या तो सिरे से ख़ारिज करने की कोशिश की जाती है और चर्चा लायक नहीं माना जाता है या फिर इसे एक अत्यधिक संवेदनशील मुद्दा बताकर उस पर चर्चा से बचने की कोशिश की जाती है। इस तरह इस मुद्दे पर एक सामूहिक चुप्पी साध ली जाती है।

लेकिन यह एक कड़वी सच्चाई है कि भारतीय समाचार मीडिया ख़ासकर न्यूज़ चैनलों में हाल के वर्षों में घटी आतंकवादी घटनाओं की कवरेज में कभी खुलकर और कभी बारीकी के साथ मुस्लिम समुदाय और इस्लाम धर्म के प्रति पूर्वाग्रह (कुछ मामलों में विद्वेष की हद तक) दिखाई पड़ा है। हालाँकि भारतीय मीडिया में अल्पसंख्यक समुदायों के प्रति यह पूर्वाग्रह नया नहीं है लेकिन पिछले डेढ़-दो दशकों में यह और अधिक गहरा और विकृत होता गया है। ख़ासकर 1993 के मुम्बई बम धमाकों के बाद से आतंकवादी हमलों और धमाकों की रिपोर्टिंग की भाषा, टोन और कलर में इस पूर्वाग्रह को साफ़ देखा जा सकता है। कुछ मामलों में इस कवरेज में एक साम्प्रदायिक रुझान भी किसी से छुपा नहीं है।

मीडिया के इस पूर्वाग्रह और अतिरेकपूर्ण कवरेज से मुस्लिम समुदाय और इस्लाम धर्म की ऐसी छवि बन गयी है जिसमें पूरा समुदाय आतंकवादी या फिर आतंकवाद के समर्थक या उससे छुपे तौर पर सहानुभूति रखने वाले समुदाय के बतौर पहचाना जाने लगा है जबकि इस्लाम धर्म की छवि एक हिंसक, आक्रामक, असहिष्णु, दकियानूसी और कट्टरपन्थी धर्म की बना दी गयी है। यह सच है कि हाल के वर्षों में हुए कुछ बड़े और बर्बर आतंकवादी हमलों/बम विस्फोटों में

कुछ मुस्लिम शामिल पाये गये हैं लेकिन इससे बड़ा सच यह है कि उन्हें न सिर्फ़ मुस्लिम समाज का समर्थन हासिल नहीं है बल्कि आम मुसलमान उसके ख़िलाफ़ है। यही नहीं, इन बम विस्फोटों और आतंकवादी हमलों में ख़ुद कई निर्दोष मुसलमान भी मारे गये हैं।

लेकिन मीडिया और चैनलों में अक्सर इन तथ्यों की अनदेखी की जाती है। यह भी देखा गया है कि इन आतंकवादी घटनाओं और कथित 'प्लाटों' के खुलासे की रिपोर्टिंग और कवरेज में एक अन्ध-राष्ट्रवादी दृष्टिकोण के साथ पाकिस्तान को निशाना बनाया जाता है लेकिन उसके वास्तविक निशाने पर देश के अन्दर मुस्लिम समुदाय होता है। इन मौक़ों पर चैनलों की देशभक्ति जैसे उबाल मारने लगती है। रिपोर्टिंग और कवरेज की भाषा और प्रस्तुति इतनी उग्र और आक्रामक होती है कि उसमें तर्क और तथ्यों के लिए जगह नहीं रह जाती है। आश्चर्य नहीं कि इस प्रक्रिया में सबसे महत्त्वपूर्ण पत्रकारीय मूल्यों—तथ्यपूर्णता (एक्यूरेसी), वस्तुनिष्ठता, निष्पक्षता और सन्तुलन की कुर्बानी सबसे पहले दी जाती है। ज़ाहिर है कि सबसे ज़्यादा ज़ोर सनसनी पैदा करने और दर्शकों को डराने पर रहता है।

चिन्ता की बात यह है कि पिछले डेढ़-दो दशकों की इस पूर्वाग्रहग्रस्त रिपोर्टिंग और कवरेज का नतीजा यह हुआ है कि पूरे मुस्लिम समुदाय की छवि आतंकवादी या आतंकवाद के समर्थक या उनके प्रति सहानुभूति रखने वाले समुदाय की बना दी गयी है। यही नहीं, 'इस्लामी आतंकवाद' का ऐसा हौव्वा खड़ा किया गया है जिसकी आड़ में पिछले एक-डेढ़ दशक में होने वाली हर आतंकवादी घटना को बिना किसी जाँच-पड़ताल के इस्लाम और मुसलमानों से जोड़ देना बहुत आसान हो गया है। यहाँ तक कि कई मामलों में अपनी नाकामी को छुपाने के लिए पुलिस और ख़ुफ़िया एजेंसियाँ भी मीडिया की इस कमज़ोरी का फ़ायदा उठाकर बम विस्फोटों और आतंकवादी हमलों का दोष मुस्लिम तंजीमों पर थोपती रही हैं और निर्दोष मुस्लिम युवाओं को इन हमलों में शामिल बताकर पकड़ती और अपनी पीठ ठोंकती रही हैं।

ऐसे एक नहीं दर्जनों उदाहरण हैं जिनमें निर्दोष मुस्लिम युवाओं को आतंकवादी बताकर पकड़ा गया और मीडिया ने बिना किसी छानबीन और पड़ताल के पुलिस और ख़ुफ़िया एजेंसियों की रिपोर्टों पर आँख मूँदकर भरोसा किया। यही नहीं, न्यूज़ चैनलों में ख़ुफ़िया एजेंसियों और पुलिस द्वारा मुहैया कराई गयी आधी-अधूरी, गढ़ी हुई और सच्ची-झूठी जानकारियों में और नमक-मिर्च लगाकर उसे एक्सक्लूसिव और खोजी रिपोर्ट के बतौर पेश करने की होड़ भी लगी रहती है। इसमें वे निर्दोष

मुस्लिम युवाओं को पुलिस से आगे बढ़कर बिना किसी ट्रायल के ही आतंकवादी घोषित कर देते हैं। उनके ख़िलाफ़ पूरा मीडिया ट्रायल चलता है जिसके कारण आम जनमत के साथ-साथ न्यायपालिका भी प्रभावित हो जाती है।

हालत यह हो जाती है कि आतंकवादी घोषित कर दिये गये इन मुस्लिम युवाओं को निष्पक्ष ट्रायल के अधिकार से भी वंचित कर दिया जाता है। उन्हें वकील तक नहीं मिलते हैं। कोई वकील उनका मुक़दमा नहीं लड़ना चाहता है और जो लड़ता है, उसे भी आतंकवादियों के समर्थक या उनसे सहानुभूति रखने वाले के बतौर पेश किया जाता है। इसके बावजूद ऐसे अनेक मामले हैं जिनमें फ़र्ज़ी सबूतों और कमज़ोर जाँच के कारण अदालतों ने आतंकवादी घोषित किये गये युवाओं को निर्दोष बताकर रिहा कर दिया। लेकिन इन युवाओं के लिए एक सामान्य जीवन शुरू कर पाना बहुत मुश्किल होता है क्योंकि मीडिया ने उनकी जो छवि बना दी होती है, उस दाग को छुड़ा पाना आसान नहीं होता है।

इस मामले में कश्मीरी पत्रकार इफ्तेखार गिलानी की गिरफ़्तारी और फिर उन्हें मीडिया के ज़रिये आतंकवादी और देशद्रोही घोषित करने के मामले का उल्लेख ज़रूरी है। गिलानी ने अपनी किताब में विस्तार से बताया है कि कैसे मीडिया ने उनके बारे में झूठी और गढ़ी हुई 'ख़बरें' पुलिस और ख़ुफ़िया एजेंसियों के हवाले से छापीं और दिखाईं जिसके कारण बनी उनकी छवि के कारण जेल में उनकी पिटाई होती थी। अभी हाल में, मालेगाँव बम विस्फोट मामले में पिछले पाँच वर्ष से गिरफ़्तार कोई आधा दर्जन मुस्लिम युवकों को जमानत पर छोड़ना पड़ा है क्योंकि यह सच्चाई सामने आ चुकी है कि इस मामले में असली मुजरिम हिन्दू उग्रवादी संगठन हैं। हैदराबाद के मक्का मस्जिद मामले में भी यही हुआ था।

इन मामलों ने यह साबित कर दिया है कि पुलिस और ख़ुफ़िया एजेंसियों का किस हद तक साम्प्रदायिकीकरण हो चुका है। वे मीडिया और न्यूज़ चैनलों के ज़रिये ख़ुद अपने ही फैलाये झूठ पर इतना विश्वास करने लगी हैं कि किसी भी आतंकवादी हमले या बम विस्फोट के बाद उनका सबसे पहला शक मुसलमानों ख़ासकर युवाओं पर जाता है। इस कारण हाल के वर्षों में ऐसे मामलों की संख्या बढ़ी है जिनमें अपनी नाकामयाबी छुपाने और वाहवाही लूटने (इनाम और प्रोमोशन) के लिए वे बिना किसी ठोस सबूत और जाँच-पड़ताल के निर्दोष मुस्लिम युवाओं को पकड़ने में भी हिचकिचा नहीं रहे हैं। लेकिन ऐसे मामले अक्सर अदालतों में मुँह के बल गिर रहे हैं लेकिन इससे उनके रवैये पर कोई फ़र्क़ नहीं पड़ रहा है।

दरअसल, पुलिस, स्पेशल सेल, ए.टी.एस और अन्य ख़ुफ़िया एजेंसियों का साहस इसलिए भी बढ़ा हुआ है क्योंकि उन्हें मीडिया और न्यूज़ चैनलों का समर्थन मिला हुआ है। इक्का-दुक्का चैनलों को छोड़ दिया जाये तो अधिकांश न्यूज़ चैनलों ने आतंकवादी हमलों और बम विस्फोटों से लेकर इन मामलों में कथित दोषियों और आतंकवादी प्लाटों के कथित भण्डाफोड़ के बाद होने वाली गिरफ़्तारियों तक के बारे में पुलिस और ख़ुफ़िया एजेंसियों की 'कहानियों' की न तो कभी स्वतन्त्र जाँच-पड़ताल करने और उन पर सवाल उठाने की कोशिश की और न ही कभी निर्दोष युवकों की खोज-ख़बर लेने की ज़रूरत समझी।

असल में, इस 'इस्लामी आतंकवाद' का हौव्वा खड़ा करने के मामले में अख़बार और चैनल और राष्ट्रीय और क्षेत्रीय सभी प्रकार के समाचार माध्यमों का रवैया कमोबेश एक समान ही रहता है। हालाँकि इस हौव्वे को खड़ा करने में सबसे बड़ी भूमिका सरकार, शासक और साम्प्रदायिक दलों और सुरक्षा-ख़ुफ़िया एजेंसियों की है लेकिन उनके इस प्रोपेगंडा अभियान के सबसे बड़े और विश्वसनीय भोंपू के बतौर मुख्यधारा के न्यूज़ चैनलों समेत समूचे समाचार मीडिया की सक्रिय भूमिका को नज़रअन्दाज़ नहीं किया जा सकता है। यहाँ तक कि 'इस्लामी आतंकवाद' के भूत को खड़ा करने के लिए न्यूज़ चैनलों और अख़बारों ने अक्सर ख़बरें 'गढ़ने' और 'बनाने' में भी संकोच नहीं किया है।

चैनल और अख़बार यह हौव्वा कैसे खड़ा करते हैं, इसका एक उल्लेखनीय उदाहरण है, पूर्वी उत्तर प्रदेश के जनपद आजमगढ़ को 'आतंकगढ़' और 'आतंकवाद की नर्सरी' घोषित कर देना। आजमगढ़ पर मीडिया की अतिरेक भरी रिपोर्टिंग के कारण ज़िले की ऐसी छवि गढ़ी गयी, गोया यहाँ का हर युवा आतंकवादी हो गया हो। नतीजा, आजमगढ़ के हर मुसलमान पर आतंकवादी या उसका समर्थक होने का शक किया जाने लगा। यहाँ की ऐसी छवि बन गयी है कि यहाँ के मुस्लिम युवाओं के लिए ज़िले से बाहर जाकर पढ़ाई और रोज़गार करना मुश्किल हो गया है। उन्हें दिल्ली और मुम्बई जैसे शहरों में किराये पर घर तक नहीं मिलते। यहाँ तक कि मुस्लिम बहुल इलाक़ों में भी उन्हें बहुत परेशानी का सामना करना पड़ रहा है।

इसी तरह, मीडिया की एकतरफ़ा और अतिरेकपूर्ण कवरेज ने मदरसों की 'इस्लामी आतंकवाद की नर्सरी' की ऐसी छवि गढ़ दी है जिससे आम जनमानस मदरसों को शक की निगाह से देखने लगा है। मदरसों की यह छवि इतनी स्टीरियोटाइप है कि आम जनमानस को यह लगता है कि मदरसों में बच्चों को केवल धार्मिक

शिक्षा दी जाती है, कुरआन पढ़ाया जाता है, उनमें धार्मिक असहिष्णुता और घृणा के बीज बोये जाते हैं और दकियानूसी सोच भरी जाती है। ख़ासकर इलेक्ट्रॉनिक मीडिया में जब भी मदरसों पर कोई रिपोर्ट दिखाई जाती है उसमें एक ख़ास विजुअल को ही बार-बार चलाया जाता है जिसमें टोपी लगाये बच्चों को क़तार में बैठकर ज़ोर-ज़ोर से धार्मिक ग्रन्थ पढ़ते हुए दिखाया जाता है।

निश्चय ही, यह मीडिया ख़ासकर न्यूज़ चैनलों की पूर्वाग्रहग्रस्त रिपोर्टिंग का नतीजा है। इसी पूर्वाग्रह का विस्तार आम मुस्लिम मामलों, समस्याओं और मुद्दों की मीडिया और चैनलों में रिपोर्टिंग और कवरेज में भी दिखाई देती है। कभी ग़ौर से देखिए कि चैनलों में मुस्लिम समाज और समुदाय से जुड़ी किस तरह की ख़बरों को सबसे ज़्यादा कवरेज मिलती है? यही नहीं, मुस्लिम मुद्दों पर समुदाय की राय पेश करने के लिए किन्हें बतौर अतिथि बुलाया जाता है? आप पायेंगे कि मुस्लिम समुदाय के मुद्दों और समस्याओं के बतौर तलाक और शादी जैसे पर्सनल मामलों, मौलानाओं और मौलवियों द्वारा विभिन्न मामलों पर दिये जाने वाले फ़तवों, मस्जिद-क़ब्रिस्तान के झगड़ों आदि को ही उछाला जाता है।

इन रिपोर्टों से ऐसा लगता है जैसे मुसलमानों में सुरक्षा, शिक्षा, स्वास्थ्य, रोज़गार और अन्य बुनियादी ज़रूरतों की कोई समस्या ही नहीं है। ऐसा नहीं है कि इन मुद्दों पर कभी रिपोर्ट नहीं आती है लेकिन ऐसी यथार्थपूर्ण रिपोर्टों और गढ़ी हुई अतिरेकपूर्ण रिपोर्टों के बीच का अनुपात 5:95 का है। यानी 95 फ़ीसदी रिपोर्टें एक ख़ास पूर्वाग्रह और सोच के साथ लिखी और पेश की जाती हैं जो मुस्लिम समुदाय की स्टीरियोटाइप छवियों को ही और मज़बूत करती हैं। इस पूर्वाग्रह के पीछे एक बड़ा कारण यह माना जाता रहा है कि चैनलों के न्यूज़ रूम में पर्याप्त मुस्लिम प्रतिनिधित्व नहीं है। इस कारण चैनलों की रिपोर्टिंग में वह सेंसिटिविटी नहीं दिखाई पड़ती है।

इसमें कोई शक नहीं है कि चैनलों के न्यूज़रूम में मुस्लिम पत्रकारों की संख्या देश की आबादी में उनकी संख्या की तुलना में नगण्य है। निश्चित तौर पर इसका असर चैनलों की रिपोर्टिंग, उसके टोन और एंगल और दृष्टिकोण पर पड़ता है। यही नहीं, चैनलों में जो मुस्लिम पत्रकार हैं भी, वे नीति निर्णय में प्रभावशाली पदों पर नहीं हैं। जो इक्का-दुक्का मुस्लिम पत्रकार सम्पादक हैं भी वे मुख्यधारा से अलग-थलग पड़ने के डर से अपने चैनलों में कुछ भी अलग नहीं करते हैं। यह सचमुच अफ़सोस की बात है कि हिन्दी के जिन दो प्रमुख चैनलों में समाचार निदेशक और

सम्पादक के पदों पर मुस्लिम पत्रकार हैं, उन चैनलों में भी आतंकवादी हमलों/बम विस्फोटों की रिपोर्टिंग और कवरेज उतनी ही पूर्वाग्रहग्रस्त, ग़ैर-ज़िम्मेदार, अतिरेकपूर्ण, सनसनीखेज और साम्प्रदायिक होती है जितनी अन्य चैनलों की।

लब्बोलुआब यह कि मीडिया और न्यूज़ चैनलों में गहराई से बैठे साम्प्रदायिक पूर्वाग्रहों और द्वेष के कारण मीडिया में मुस्लिम समुदाय और इस्लाम की ऐसी एकांगी छवि गढ़ी गयी है जिसके कारण पूरा समुदाय और इस्लाम धर्म न सिर्फ़ निशाने पर है बल्कि अपने को अलग-थलग महसूस करने लगा है।

***(दिसम्बर, 2011)***

# न्यूज़ चैनलों के 'अस्पृश्य'

**मज़दूर न्यूज़ चैनलों के 'लोकतन्त्र' से 'बहिष्कृत' और उसके परदे से 'अदृश्य' और ट्रेड यूनियनें विलेन क्यों हैं?**

याद कीजिए कि आपने श्रमिकों—संगठित और असंगठित यानी सभी तरह के श्रमिकों, उनकी आर्थिक-सामाजिक स्थिति और कामकाज की परिस्थितियों के बारे में टीवी न्यूज़ चैनलों पर आख़िरी बार कोई रिपोर्ट कब देखी थी? क्या आपने हाल में कोई ऐसी रिपोर्ट देखी जिससे यह पता चलता हो कि देश में श्रमिकों की क्या स्थिति है? क्या आपको न्यूज़ चैनलों पर हर दिन होने वाली प्राइम टाइम चर्चाओं में हाल में श्रमिकों की स्थिति, उनके मुद्दों, माँगों, संघर्षों, हड़ताल आदि पर कोई गरमागरम चर्चा सुनाई पड़ी? क्या आपको किसी भी न्यूज़ चैनल का कोई स्टार रिपोर्टर याद आता है जो नियमित तौर पर श्रमिक मामलों का बीट कवर करता हो?

मुझे डर है कि इनमें से अधिकांश का जवाब ढूँढ़ने के लिए आपको दिमाग़ पर बहुत ज़ोर डालना पड़ेगा। इसके बाद भी इस बात की उम्मीद बहुत कम है कि आपको ऐसी कोई हालिया न्यूज़ रिपोर्ट या प्राइम टाइम चर्चा या श्रमिक बीट कवर करने वाले रिपोर्टर की याद आये। यही नहीं, हाल-फ़िलहाल को छोड़ भी दें तो पिछले कई महीनों या सालों में भी शायद ही ऐसी किसी न्यूज़ रिपोर्ट, प्राइम टाइम चर्चा या श्रमिक बीट कवर करने वाले रिपोर्टर की याद आ पाये। सम्भव है कि दिमाग़ पर बहुत ज़ोर डालने पर आपको पिछले कुछ वर्षों में किसी श्रमिक हड़ताल ख़ासकर उसके दौरान हुई हिंसा पर हुई इक्का-दुक्का रिपोर्टों की याद आ जाये।

सम्भव है कि आपमें से कुछ लोग पिछले साल जेट एयरवेज से निकाले गये केबिन कर्मचारियों की हड़ताल या हाल में एयर इंडिया के पायलटों की हड़ताल या सरकारी बैंकों के कर्मचारियों की एकदिवसीय हड़ताल की कवरेज का हवाला

दें। निश्चय ही, एयरलाइन के केबिन कर्मचारियों और पायलटों की हड़ताल को ख़ासा कवरेज मिला। उन पर प्राइम टाइम चर्चाएँ भी हुईं। उन्हें कवर करने के लिए स्टार रिपोर्टरों में भी होड़ लगी हुई थी। लेकिन इसकी कई वजहें थीं। एयरलाइन उद्योग एक अप-मार्केट और इलीट उद्योग है जिसमें उच्च मध्यवर्ग और अमीरों की ख़ासी दिलचस्पी रहती है। दूसरे, अगर उन एयरलाइन कर्मचारियों और पायलटों को श्रमिक मान भी लिया जाये तो वे उच्च मध्यवर्गीय व्हाइट-कालर श्रमिक हैं जिनके प्रति इलीट समुदाय की सहानुभूति स्वाभाविक है।

तीसरे, पायलटों या बैंक कर्मचारियों की हड़ताल से प्रभावित होने वाले लोग—'पीपुल लाइक अस' (पी.एल.यू.) हैं। कहने की ज़रूरत नहीं है कि वे न्यूज़ चैनलों के टारगेट ऑडियंस हैं जिन्हें अनदेखा करना सम्भव नहीं है। आश्चर्य नहीं कि उनके हड़ताल को अच्छी-ख़ासी कवरेज मिली। ज़ाहिर है कि न्यूज़ मीडिया ख़ासकर न्यूज़ चैनलों में अच्छी-ख़ासी और सहानुभूतिपूर्ण कवरेज के कारण एयरलाइन कर्मचारियों और पायलटों के आन्दोलन सरकार और एयरलाइन कम्पनियों पर दबाव बनाने और काफ़ी हद तक अपनी माँगें मनवाने में भी सफल रहे।

लेकिन लगता है कि दिल्ली से सटे गुड़गाँव-मानेसर इलाक़े में स्थित जापानी ऑटोमोबाइल कम्पनी मारुति सुजूकी उद्योग के श्रमिकों में वह आकर्षण नहीं था कि न्यूज़ चैनल उनकी दस दिनों से भी ज़्यादा चली शान्तिपूर्ण हड़ताल को कवरेज और प्राइम टाइम चर्चा के लायक मानते। नतीजा यह कि इक्का-दुक्का अपवादों को छोड़ दिया जाये तो किसी भी न्यूज़ चैनल ने इस हड़ताल को कवरेज नहीं दिया। किसी स्टार रिपोर्टर ने दिल्ली से सिर्फ़ 50 किलोमीटर दूर मारुति उद्योग तक जाने का कष्ट उठाना ज़रूरी नहीं समझा। स्वाभाविक ही था कि देश का ठेका उठाये एंकर सम्पादकों और प्राइम टाइम टाइगरों ने इस मुद्दे को 10 मिनट की चर्चा के लायक भी नहीं माना।

यह ठीक है कि उन्हीं दिनों में चैनल बाबा रामदेव के अनशन, रामलीला मैदान की पुलिस कार्रवाई और अन्ना हजारे के प्रतिवाद अनशन के अलावा लोकपाल बनाम जोकपाल की दैनिक बहस में अति व्यस्त थे। सारे स्टार रिपोर्टर रामलीला मैदान, शास्त्री भवन, नार्थ ब्लाक, अकबर रोड, रेस कोर्स रोड से लेकर हरिद्वार तक दौड़-भाग में जुटे थे, उनके पास मारुति के दो हज़ार से अधिक श्रमिकों की शान्तिपूर्ण हड़ताल कवर करने की फुर्सत कहाँ थी? इसी तरह, स्टार और टाइगर एंकरों को भ्रष्टाचार, कालेधन और लोकपाल जैसे राष्ट्रीय महत्त्व के मुद्दों पर चर्चा से फुर्सत नहीं थी।

ऐसे में, आप कह सकते हैं कि इस दौरान श्रमिकों की हड़ताल ही क्यों, और भी कई बड़ी घटनाओं और मुद्दों के लिए 24 घण्टे के चैनलों पर जगह नहीं थी। लेकिन सवाल यह है कि क्या ये घटनाएँ और मुद्दे नहीं होते तो मारुति के श्रमिकों की 13 दिनों तक चली हड़ताल को एयरलाइन के केबिन कर्मचारियों या पायलटों की हड़ताल के बराबर कवरेज मिलती? या उतनी नहीं तो कम-से-कम इतनी कवरेज मिलती, जिसकी वह हकदार थी?

शायद नहीं। सम्भव है कि कुछ चैनलों में फटाफट ख़बरों में एकाध बार 30 सेकेण्ड की ख़बर के रूप में या बहुत हुआ तो एक मिनट के एक पैकेज के रूप में किसी बुलेटिन में यह ख़बर चल जाती लेकिन इसकी सम्भावना न के बराबर है कि उसे एक बड़ी ख़बर के रूप में प्राइम टाइम बुलेटिन में जगह मिलती। लाइव कवरेज या प्राइम टाइम चर्चा बहुत दूर की बात है।

यही नहीं, इस बात की सम्भावना काफ़ी ज़्यादा है कि उसे सिरे से अनदेखा कर दिया जाता, जैसाकि अधिकांश चैनलों ने किया और करते रहते हैं। इसकी वजह यह है कि दिन-रात लोकतन्त्र की कसमें खानेवाले चैनलों के कवरेज का लोकतन्त्र बहुत सीमित और संकुचित है। इस लोकतन्त्र में सबसे ज़्यादा जगह 'पीपुल लाइक अस' के लिए रिज़र्व है। ज़ाहिर है कि श्रमिक ख़ासकर असंगठित क्षेत्र के करोड़ों श्रमिक पी.एल.यू. नहीं हैं यानी उनमें विज्ञापनदाताओं की दिलचस्पी नहीं है, इसलिए चैनल की भी उनमें कोई रुचि नहीं है।

यही कारण है कि आमतौर पर चैनलों में श्रमिकों ख़ासकर अगर वह व्हाइट कॉलर कर्मचारी नहीं हैं तो उन्हें कवरेज के लायक नहीं समझा जाता है। संगठित क्षेत्र के श्रमिकों को अपवादस्वरूप थोड़ी-बहुत जगह मिल भी जाती है लेकिन असंगठित क्षेत्र के श्रमिकों को तो लगभग अछूत-सा समझा जाता है। आश्चर्य नहीं कि आप न्यूज़ चैनलों पर असंगठित क्षेत्र के उन करोड़ों श्रमिकों की दीन-दशा, समस्याओं और संघर्षों के बारे में अपवादस्वरूप भी कोई ख़बर या रिपोर्ट नहीं देखते हैं जिनके बारे में भारत सरकार द्वारा गठित अर्जुन सेनगुप्ता समिति की रिपोर्ट बताती है कि उनमें से 79 फ़ीसदी प्रतिदिन 20 रुपये से भी कम की आय में गुजर-बसर करने के लिए मजबूर हैं।

ऐसा लगता है, जैसे वे देश के नागरिक नहीं हैं। तथ्य यह है कि देश की कुल श्रमशक्ति में लगभग 92 फ़ीसदी श्रमिक असंगठित क्षेत्र में काम करने को मजबूर हैं जहाँ न्यूनतम मज़दूरी भी नहीं या बहुत मुश्किल से मिलती है। सामाजिक सुरक्षा आदि की बातें उनके लिए सपने की तरह हैं। यहाँ कोई श्रम क़ानून लागू नहीं होता है। उनके काम करने की अमानवीय और शारीरिक रूप से असुरक्षित परिस्थितियों

से लेकर उनके रहने की नारकीय स्थितियों तक ऐसा बहुत कुछ है जो किसी भी संवेदनशील व्यक्ति को बेचैन करने के लिए काफ़ी है। लेकिन देश-दुनिया के बोझ से परेशान चैनलों को इससे कोई बेचैनी नहीं होती है।

यहाँ तक कि न्यूज़ चैनलों पर संगठित क्षेत्र के श्रमिकों के लिए भी जगह नहीं है। मारुति के श्रमिकों की हड़ताल को अनदेखा किया जाना इसका ताज़ा उदाहरण है। सच पूछिये तो संगठित क्षेत्र कोई स्वर्ग नहीं है और न उसमें काम करने वाले सभी श्रमिक स्वर्ग का आनन्द उठा रहे हैं। तथ्य यह है कि हाल के वर्षों में संगठित क्षेत्र में भी श्रमिकों के लिए काम की परिस्थितियाँ लगातार बिगड़ी हैं। नौकरी की सुरक्षा बीते दिनों की बात हो चुकी है।

कारण, स्थायी श्रमिकों और कर्मचारियों की जगह ठेका और दिहाड़ी श्रमिकों की भर्ती की प्रवृत्ति बढ़ी है जिन्हें जब चाहा रखा और जब चाहा निकाल दिया जाता है। यहाँ तक कि निजी क्षेत्र की बड़ी-बड़ी देशी-विदेशी कम्पनियों में ज़्यादातर श्रमिक ठेके पर हैं जिन्हें स्थायी कर्मचारियों वाली सुविधाएँ और लाभ नहीं मिलते हैं। उन्हें यूनियन बनाने या अपनी माँग उठाने के संवैधानिक अधिकार से भी वंचित रखा जाता है।

इस मायने में संगठित और असंगठित क्षेत्र के श्रमिकों के बीच सिर्फ़ अब कहने भर को अन्तर रह गया है। माना जाता है कि बहुराष्ट्रीय कम्पनियों में श्रमिकों को बेहतर वेतन और सेवाशर्तों के तहत काम करने का मौक़ा मिलता है लेकिन सच यह है कि उनमें और देशी कम्पनियों में कोई ख़ास फ़र्क़ नहीं है। उदाहरण के लिए, मारुति सुजूकी फैक्टरी को ही लीजिए जोकि एक जापानी बहुराष्ट्रीय कम्पनी है। लेकिन तथ्य यह है कि मारुति सुजूकी में लगभग 85 फ़ीसदी श्रमिक ठेके पर हैं जिन्हें वे सुविधाएँ और लाभ नहीं मिलते जो स्थायी श्रमिकों को मिलते हैं या मिलने चाहिए। यहाँ तक कि मारुति सुजूकी का प्रबन्धन उन्हें यूनियन बनाने का अधिकार भी देने को तैयार नहीं है। आश्चर्य नहीं कि श्रमिकों की हड़ताल की सबसे बड़ी माँग अपनी यूनियन को मान्यता देने और 11 श्रमिक नेताओं की मुअत्तली को रद्द करने की थी।

मारुति सुजूकी ऐसी अकेली बहुराष्ट्रीय कम्पनी नहीं है। एक रिपोर्ट के मुताबिक़, नोकिया में 50 फ़ीसदी और फोर्ड मोटर्स में 75 फ़ीसदी श्रमिक ठेके पर हैं। सच यह है कि निजी क्षेत्र की अधिकांश देशी-विदेशी कम्पनियों की यही स्थिति है। दूर क्यों जायें, बिना किसी अपवाद के लगभग सभी न्यूज़ चैनलों में भी 90 से 100 फ़ीसदी टीवी पत्रकार, एंकर, रिपोर्टर और सम्पादक ठेके पर हैं। नौकरी की कोई सुरक्षा नहीं है। किसी को कभी भी निकाला जा सकता है और निकाला जाता है। दो साल पहले आर्थिक मन्दी के नाम पर सैकड़ों पत्रकारों की रातों-रात छुट्टी

कर दी गयी। सेवाशर्तें अमानवीय हैं। काम के निश्चित घण्टे नहीं हैं और न छुट्टी की कोई नियमित व्यवस्था है। काम का दबाव और तनाव इस क़दर रहता है कि बहुतेरे टीवी पत्रकार कम उम्र में डायबिटीज से लेकर स्लिप डिस्क के शिकार हो रहे हैं।

आमतौर पर बाहर यह धारणा है कि टीवी न्यूज़ चैनलों में पत्रकारों की संविदा पर नियुक्ति के बावजूद उन्हें बहुत मोटा वेतन मिलता है। लेकिन यह एक बहुत बड़ा मिथक है। सच यह है कि चुनिन्दा चैनलों को छोड़ दिया जाये तो 80 फ़ीसदी न्यूज़ चैनलों में न सिर्फ़ वेतन बहुत कम है बल्कि काम की परिस्थितियाँ भी बहुत दमघोंटू हैं। अधिकांश चैनलों में पत्रकारों की तनख़्वाहों के बीच बहुत ज़्यादा अन्तर है। चैनलों में शीर्ष पर बैठे चुनिन्दा पत्रकारों को मोटा वेतन दिया जाता है लेकिन दूसरी ओर, निचले स्तर पर पत्रकारों की बड़ी संख्या को बहुत मामूली वेतन मिलता है।

ज़ाहिर है कि न्यूज़ चैनल कोई अपवाद नहीं हैं। दोहराने की ज़रूरत नहीं है कि अधिकांश मैन्युफैक्चरिंग और सेवा क्षेत्र की कम्पनियों के अन्दर कामकाज की स्थितियाँ इतनी अमानवीय, दमघोंटू और ख़तरनाक हैं और प्रबन्धन का आतंक इस क़दर है कि अक्सर वहाँ श्रमिकों का ग़ुस्सा फूट पड़ता है। कई बार यह ग़ुस्सा हिंसक भी हो उठता है। स्थिति कितनी विस्फोटक हो चुकी है, इसका अन्दाज़ा इस तथ्य से लगाया जा सकता है कि पिछले दो-तीन वर्षों में श्रमिकों और प्रबन्धन के बीच हुए टकराव में नोएडा स्थित इटालियन कम्पनी ग्रेजियानो ट्रांसमिशन के सीईओ एल.के. चौधरी, कोयम्बतूर की प्राइकोल इंडस्ट्रीज के वाइस प्रेसिडेंट-एच.आर. रॉय जॉर्ज और ग़ाज़ियाबाद की एलाइड निप्पन के असिस्टेंट मैनेजर जोगिन्दर चौधरी की मौत हो गयी जबकि दर्जनों श्रमिक गम्भीर रूप से घायल हो गये।

हालाँकि इन हिंसक घटनाओं की न्यूज़ चैनलों में अच्छी-ख़ासी कवरेज हुई लेकिन रिपोर्टों में ज़ोर श्रमिकों की हिंसा पर था। इन रिपोर्टों में श्रमिकों में बढ़ती हिंसा, अराजकता और क़ानून हाथ में लेने की प्रवृत्ति के साथ-साथ औद्योगिक अशान्ति को उठाया गया था। प्राइम टाइम चर्चाओं में सबसे अधिक चिन्ता श्रमिकों की बदहाल स्थिति पर नहीं बल्कि इन घटनाओं से विदेशी निवेश पर पड़ने वाले कथित नकारात्मक प्रभाव पर व्यक्त की गयी। अधिकांश चैनलों ने इस बात की जाँच-पड़ताल करने की कोशिश नहीं की कि यह स्थिति क्यों आयी? श्रमिकों की माँगें क्या थीं और फैक्ट्री में उनकी स्थिति क्या थी?

ज़ाहिर है कि यह चैनलों के लिए सिर्फ़ एक और सनसनीखेज घटना भर थी और उनके पास अन्य घटनाओं की तरह इन घटनाओं के भी तह में जाने की फुर्सत और इच्छा नहीं थी। ध्यान देने वाली बात यह है कि जिस नोएडा में अधिकांश न्यूज़ चैनलों के दफ़्तर हैं, वह एक बड़ा औद्योगिक क्षेत्र भी है। लेकिन हैरान करने वाली

बात यह है कि चैनलों पर नोएडा के हज़ारों श्रमिकों की दास्तानें शायद ही कभी सुनायी देती हैं। न सिर्फ़ नोएडा बल्कि दिल्ली के 50 किलोमीटर के इर्द-गिर्द नोएडा, साहिबाबाद, ग़ाज़ियाबाद, गुड़गाँव, फरीदाबाद, मानेसर, कोंडली, नरेला, बवाना, सोनीपत आदि इलाक़े औद्योगिक क्षेत्र हैं जहाँ हज़ारों फैक्ट्रियों में लाखों श्रमिक काम करते हैं। इसके बावजूद चैनलों पर वे कभी दिखाई नहीं देते हैं।

इसका मतलब यह हुआ कि अगर आप चैनलों के ज़रिये दिल्ली और देश को जानते-पहचानते हैं तो सम्भव है कि आप कभी इस सच्चाई से परिचित न हो पायें कि अकेले राजधानी दिल्ली के बाहरी इलाक़ों में लाखों मज़दूर फैक्ट्रियों में काम करते हैं जिन्हें उनके क़ानूनी हक़ भी मयस्सर नहीं हैं। चैनलों के ज़रिये दिल्ली और उसके आसपास के उपनगरों की जो चमकती-दमकती, रंगीन और खुशनुमा छवियाँ हम-आप तक पहुँचती हैं, उससे ऐसा लगता है कि यहाँ दिन-रात रोशन बाज़ार हैं, शॉपिंग मॉल्स हैं, दमकता मध्यम और अमीर वर्ग है और कुलांचे भरती अर्थव्यवस्था है। इस ख़ुशनुमा तस्वीर में आप उन लाखों श्रमिकों को शायद ही कभी देखें जो इस बूमिंग अर्थव्यवस्था की नींव में होते हुए भी उसके लाभों से वंचित हैं।

दोहराने की ज़रूरत नहीं है कि चैनलों के लिए वे 'अस्पृश्य' हैं। नतीजा, वे चैनलों के 'लोकतन्त्र' से 'बहिष्कृत' और उसके परदे से 'अदृश्य' हैं। यही नहीं, चैनलों ख़ासकर बिज़नेस न्यूज़ चैनलों पर कभी श्रमिकों की बात होती भी है तो सबसे ज़्यादा चर्चा श्रम सुधारों की होती है। इन चर्चाओं में आमतौर पर औद्योगिक-वाणिज्यिक लाबी संगठनों जैसे फिक्की, सी.आई.आई. और एसोचैम आदि के प्रतिनिधि, उद्योगपति और नव उदारवादी आर्थिक सुधारों के पैरोकार अर्थशास्त्री बुलाये जाते हैं और वे एक सुर में श्रम सुधारों को आगे बढ़ाने की माँग करते हैं। यहाँ श्रम सुधारों का मतलब श्रमिकों की स्थिति में सुधार से नहीं बल्कि उन श्रम क़ानूनों को और ढीला, लचीला और उद्योग जगत के अनुकूल बनाने का है जो पहले से ही ठेका, कैज्युअल और दिहाड़ी व्यवस्था के ज़रिये बेमानी बना दिये गये हैं।

इस मामले में अधिकांश चैनल अपने मालिकों और बड़े विज्ञापनदाताओं की आवाज़ बन जाते हैं। इस मामले में प्रेस की आज़ादी पत्रकारों की आज़ादी न होकर मालिकों की आज़ादी बन जाती है। हालत का अन्दाज़ा इस तथ्य से लगाया जा सकता है कि इन दिनों कुछ टीवी न्यूज़ चैनल, अख़बार मालिकों की संस्था आई.एन.एस. के साथ मिलकर समाचार-पत्र और समाचार एजेंसियों के कर्मचारियों और श्रमिकों के लिए गठित न्यायमूर्ति मजीठिया वेतन आयोग की सिफ़ारिशों के ख़िलाफ़ मुहिम चलाये हुए हैं। उन्होंने सरकार पर ज़बरदस्त रूप से दबाव बनाया हुआ है कि वह मजीठिया आयोग की सिफ़ारिशों को न माने।

अख़बार मालिकों का तर्क है कि जब टीवी चैनलों के पत्रकारों के लिए सरकार ऐसा कोई वेतन आयोग नहीं गठित करती तो अख़बारों के कर्मचारियों के लिए अलग से वेतन आयोग क्यों बनाती है? उनका यह भी कहना है कि अगर यह सिफ़ारिशें मान ली गयीं तो समाचार-पत्र उद्योग उसका बोझ नहीं उठा पायेगा और बन्द होने के कगार पर पहुँच जायेगा। आई.एन.एस ने इसे लेकर एक ज़बरदस्त प्रचार अभियान छेड़ दिया है। मज़े की बात यह है कि अख़बारों में मजीठिया वेतन आयोग के ख़िलाफ़ ख़ूब रिपोर्टें छप रही हैं लेकिन अख़बारी श्रमिकों और पत्रकारों का पक्ष पूरी तरह से ब्लैक-आउट कर दिया गया है। यहाँ तक कि पत्रकार और कर्मचारी यूनियनों के आन्दोलन और उनके बयानों को भी ख़ुद के अख़बारों में जगह नहीं मिल रही है।

यही नहीं, कई बड़े मीडिया समूहों के न्यूज़ चैनलों में भी मजीठिया वेतन आयोग के ख़िलाफ़ इसी तरह से एकतरफ़ा रिपोर्टें दिखाई जा रही हैं। उदाहरण के लिए, टाइम्स समूह के न्यूज़ चैनल—टाइम्स नाउ में ख़ुद अर्नब गोस्वामी के कार्यक्रम न्यूज़ आवर में मजीठिया आयोग के ख़िलाफ़ एकतरफ़ा रिपोर्ट दिखाई गयी। ख़ुद को अन्याय के ख़िलाफ़ सबसे बड़े योद्धा की तरह पेश करने वाले अर्नब गोस्वामी ने बिना किसी हिचक के इस एकतरफ़ा रिपोर्ट को दिखाया। इससे अनुमान लगाया जा सकता है कि चैनलों की कथित आज़ादी वास्तव में किसकी आज़ादी है? इससे यह भी पता चलता है कि चैनलों के लिए देश की इतनी बड़ी श्रमिक आबादी अदृश्य और अस्पृश्य क्यों है?

आश्चर्य नहीं कि बिना किसी अपवाद के अधिकांश चैनलों में श्रमिक मामले की कोई अलग और नियमित बीट नहीं है और न ही उसे कवर करने के लिए अलग से कोई रिपोर्टर नियुक्त किया जाता है। यह बात और है कि लगभग सभी चैनलों में मनोरंजन यानी इंटरटेन्मेंट, फ़ैशन, लाइफ स्टाइल आदि कवर करने के लिए ख़ास और आम रिपोर्टरों की भरमार है। उनके लिए अलग से ब्यूरो है। चैनलों पर नियमित बुलेटिनों के अलावा अलग से आधे-आधे घण्टे के कार्यक्रम हैं। लेकिन करोड़ों श्रमिकों के लिए चैनलों के पास आधे घण्टे तो छोड़िये, एक मिनट का भी समय नहीं है। लेकिन चैनलों के 'गुड नाइट एंड गुड लक' जर्नलिज़्म से इसके अलावा और अपेक्षा भी क्या की जा सकती है?

*(जुलाई, 2011)*

**खण्ड-ङ**

# न्यूज़ चैनलों का नीतिशास्त्र (एथिक्स) और नियमन

# एथिक्स से समझौते और साख खोते न्यूज़ चैनल

**सत्ता प्रतिष्ठान ने ख़बरों का सूक्ष्म प्रबन्धन (माइक्रो मैनेजमेंट) और सुर्ख़ियों को निर्देशित करने के साथ न्यूज़रूम को अधिग्रहित कर लिया है**

न्यूज़ मीडिया के लिए एक और साल कई त्रासद, कड़वे और तीखे, कुछ खट्टे और बहुत थोड़े मीठे अनुभवों के साथ गुज़र गया। सच पूछिये तो न्यूज़ मीडिया के लिए वर्ष 2017 अच्छा नहीं रहा। बीते साल देश में अभिव्यक्ति (और प्रेस) की आज़ादी पर सरकारों, कॉर्पोरेट्स और उग्र दक्षिणपन्थी-साम्प्रदायिक समूहों के सीधे और परोक्ष हमले, अंकुश और दबाव और ज़्यादा बढ़ते दिखाई दिये।

दूसरी ओर, न्यूज़ मीडिया ख़ासकर न्यूज़ चैनलों के एक बड़े हिस्से ने जो आक्रामक दक्षिणपन्थी-साम्प्रदायिक एजेंडे और सरकार के साथ पूरी तरह से नत्थी (एम्बेडेड) हो चुका है, बीते साल भी पत्रकारिता की नैतिकता, मूल्यों और आदर्शों के विपरीत घोर पक्षपातपूर्ण, तथ्यों के साथ तोड़-मरोड़ करने वाली और प्रोपेगंडा से निर्देशित रिपोर्टिंग और बहस और चर्चा के नाम पर साम्प्रदायिक रूप से ज़हरीले, ध्रुवीकृत और विभाजनकारी एजेंडे को और ज़ोर-शोर से बढ़ाना जारी रखा।

लेकिन न्यूज़ मीडिया के लिए बीते साल को पारिभाषित करने वाली घटना, निस्सन्देह, बेंगलुरु में पत्रकार-एक्टिविस्ट और कन्नड़ साप्ताहिक 'लंकेश पत्रिके' की सम्पादक गौरी लंकेश की हत्या थी जिसने पूरे देश में सरकार और ख़ासकर दक्षिणपन्थी-साम्प्रदायिक हिन्दुत्ववादी विचारों और राजनीति के आलोचक बुद्धिजीवियों और पढ़ने-लिखने वालों को झकझोर दिया। यह किसी पत्रकार पर जानलेवा हमले या हत्या की सामान्य घटना नहीं थी जोकि हाल के वर्षों में देश में चिन्ताजनक रूप से बढ़ती जा रही हैं।

हालाँकि गौरी लंकेश की हत्या के चार महीने से ज़्यादा हो चुके हैं और हत्यारों की अब तक न तो शिनाख़्त हो सकी है और न ही गिरफ़्तारी, लेकिन उनकी हत्या

पर जिन शक्तियों ने खुलेआम ख़ुशियाँ मनायीं, उससे उनके हत्यारों को पहचानना मुश्किल नहीं है।

असल में, गौरी लंकेश की हत्या किसी और कारण से नहीं बल्कि उनके धर्मनिरपेक्ष, तर्कवादी और प्रगतिशील विचारों और उसके लिए खुलकर खड़े होने और लड़ने के कारण की गयी। उनकी हत्या को देश में पिछले तीन-चार सालों में महाराष्ट्र और कर्नाटक में जाने-माने तर्कवादी, प्रगतिशील और धर्मनिरपेक्ष बुद्धिजीवियों प्रो. नरेन्द्र दाभोलकर, गोविन्द पानसरे और प्रो. एम.एम. कलबुर्गी की हत्याओं की कड़ी में ही देखा जाना चाहिए। इसमें किसी को कोई शक नहीं रह जाना चाहिए कि पहले की हत्याओं की तरह गौरी लंकेश की हत्या भी 'लक्षित हत्या' (टार्गेटेड मर्डर) थी और उसका मक़सद और सन्देश बहुत साफ़ था।

इसका मक़सद और सन्देश था—देश भर में प्रगतिशील, तर्कवादी और धर्मनिरपेक्ष विचारों से जुड़े और मुखर बुद्धिजीवियों-लेखकों-कलाकारों-पत्रकारों को डराना और उन्हें ख़ामोश करना। यह सही है कि व्यक्तियों की हत्या से विचारों की हत्या नहीं होती। लेकिन यह भी उतना ही सच है कि अगर विचारों के कारण ऐसे ही व्यक्तियों की हत्याएँ होती रहीं, उन हत्याओं पर ख़ुशियाँ मनाई जाती रहीं, उन्हें सही ठहराने के लिए तर्क गढ़े जाते रहे, हत्यारे सुरक्षित रहें और पुरस्कृत किये जायें तो प्रतिरोधी विचार कितने दिन बचे और खड़े रहेंगे?

यही नहीं, अगर इसी तरह उन प्रगतिशील-तर्कवादी-धर्मनिरपेक्ष विचारों को राष्ट्र-विरोधी और हिन्दू-विरोधी घोषित करके उनके ख़िलाफ़ नफ़रत फैलाई जाती रही, भीड़ को उकसाया जाता रहा और उन्हें खुलेआम निशाना बनाया जाता रहा तो उस माहौल में ऐसे विचार कितने दिन ज़िन्दा रहेंगे?

कहने की ज़रूरत नहीं है कि गौरी लंकेश की हत्या के कारण देश में अभिव्यक्ति की आज़ादी पर 'सुन्न करने वाले प्रभाव' (चिलिंग इफ़ेक्ट) को महसूस किया जा सकता है। इस हत्या का मक़सद भी यही था। दरअसल, गौरी लंकेश की हत्या जिस दौर में हुई है, उसका एक वैचारिक-राजनीतिक-सामाजिक परिप्रेक्ष्य है। यह देश में उग्र दक्षिणपन्थी-साम्प्रदायिक ताक़तों के राजनीतिक दबदबे के साथ-साथ सामाजिक-सांस्कृतिक रूप से मध्ययुगीन-प्रतिगामी शक्तियों के उभार का दौर है जिसमें ये ताक़तें सत्ता मशीनरी का सहारा लेकर वैचारिक-राजनीतिक-सामाजिक-सांस्कृतिक और धार्मिक बहुलता और विविधता को दबाने-कुचलने और ख़त्म करने और देश में एक धार्मिक-साम्प्रदायिक बहुसंख्यकवादी शासन स्थापित करने के प्रोजेक्ट पर काम कर रही हैं।

इन हिन्दुत्ववादी प्रतिगामी ताक़तों ने देश भर में साम्प्रदायिक नफ़रत से भरी एक ऐसी भीड़, संगठन और व्यक्ति खड़े कर दिये हैं जो ज़हरीले दक्षिणपन्थी-साम्प्रदायिक प्रोपेगंडा से प्रेरित होकर मरने-मारने पर उतारू हैं और सत्ता के खुले या परोक्ष संरक्षण में कहीं गाय, कहीं 'लव-ज़िहाद' और कहीं किसी और बहाने धार्मिक अल्पसंख्यकों को निशाना बना रहे हैं। इसके ज़रिये देश को साम्प्रदायिक आधार पर ध्रुवीकृत करने की कोशिश की जा रही है। दोहराने की ज़रूरत नहीं है कि इस साम्प्रदायिक ध्रुवीकरण और हिन्दुत्ववादी अभियान के ख़िलाफ़ हर तार्किक, प्रगतिशील और धर्मनिरपेक्ष आवाज़—व्यक्ति, संगठन और संस्थाएँ सभी इन हिन्दुत्ववादी ताक़तों की आँख में लम्बे समय से किरकिरी की तरह चुभती रही हैं।

लेकिन बढ़ते राजनीतिक दबदबे और केन्द्र और राज्यों में सत्ता पर कब्ज़े के बाद से ये ताक़तें बहुत आक्रामक हो गयी हैं और अपने विरोधियों को और बर्दाश्त करने के लिए तैयार नहीं हैं। आश्चर्य नहीं कि पिछले तीन-चार सालों में देश में हर उस विरोधी आवाज़ को दबाने की कोशिश की जा रही है जो इस दक्षिणपन्थी-साम्प्रदायिक धार्मिक बहुसंख्यकवादी प्रोजेक्ट या उसकी ओर से पेश किये जा रहे नरैटिव पर सवाल उठा रहा है या उसका विरोध कर रहा है या उससे इतर मुद्दे उठाकर उसे चुनौती देने की कोशिश कर रहा है।

यह एक राष्ट्रीय अभियान सा बन गया है जो बिना किसी रोकटोक के बीते साल भी जारी रहा। गौरी लंकेश की हत्या भी इसी राष्ट्रीय अभियान का हिस्सा है। इसका सबूत है कि लंकेश की हत्या के बाद सोशल मीडिया पर ख़ुशियाँ मनाने वालों से लेकर हत्या के पक्ष में खुले-छिपे तर्क गढ़ने वालों तक सभी उन्हीं दक्षिणपन्थी-साम्प्रदायिक ताक़तों से जुड़े लोग और संगठन हैं।

इस अभियान को कॉर्पोरेट पूँजी से संचालित न्यूज़ मीडिया और ख़ासकर न्यूज़ चैनलों के बड़े हिस्से का सीधा या परोक्ष समर्थन भी हासिल है। कई चैनल इस अभियान के प्रवक्ता या लाउडस्पीकर बन गये हैं। बीते साल भी वे इस ज़हरीले साम्प्रदायिक प्रोपेगंडा के पक्ष में अहर्निश फ़र्ज़ी या तथ्यों को तोड़-मरोड़कर या सन्दर्भों से काटकर ख़बरें और रिपोर्टें गढ़ने से लेकर साम्प्रदायिक रूप से संवेदनशील मुद्दों और विषयों पर भावनाएँ भड़काने वाली, साम्प्रदायिक ध्रुवीकरण को गहरा करने वाली और नफ़रत और एक-दूसरे के प्रति अविश्वास और भय को बढ़ाने वाली प्राइम टाइम बहसें और चर्चाएँ संचालित करते रहे।

विडम्बना देखिये कि इस सबसे देश भर में ऐसा ज़हरीला साम्प्रदायिक और प्रतिगामी (रिग्रेसिव) माहौल बनता जा रहा है जिसमें करणी सेना और एक मुस्लिम

मज़दूर की निर्मम हत्या करने वाले शम्भूलाल रैगर जैसे अनेक भस्मासुर पैदा हो गये हैं जिनके कारण अभिव्यक्ति (और प्रेस) की आज़ादी पर दबाव बहुत ज़्यादा बढ़ गया है और वह वास्तव में गम्भीर ख़तरे में है।

आश्चर्य नहीं कि प्रेस की आज़ादी के क्षेत्र में काम करने वाली अन्तर्राष्ट्रीय संस्था-रिपोर्टर्स विथाउट बोर्डर्स प्रेस की आज़ादी की वैश्विक रैंकिंग में भारत तीन पायदान लुढ़ककर 180 देशों की सूची में 136वें स्थान पर पहुँच गया है। यह ठीक है कि भारत इस रैंकिंग में पहले भी बहुत नीचे था और उसका प्रदर्शन ख़राब था लेकिन 2017 में तीन पायदान और नीचे लुढ़क जाना स्थितियों के बदतर होने का प्रमाण है।

अभिव्यक्ति की आज़ादी पर बढ़ते दबाव और उसके लिए बदतर होती परिस्थितियों का अन्दाज़ा इस तथ्य से भी लगाया जा सकता है कि एक ओर मुख्यधारा के बालीवुड फ़िल्म निर्देशक संजय लीला भंसाली की फ़िल्म 'पद्मावती' के ख़िलाफ़ करणी सेना जैसे घोर जातिवादी संगठनों को बवाल करने और धमकियाँ देने की छूट मिल गयी है और दूसरी ओर, गोवा अन्तर्राष्ट्रीय फ़िल्म समारोह में जूरी की मंज़ूरी के बावजूद मलयालम फ़िल्म 'एस दुर्गा' और मराठी फ़िल्म 'न्यूड' के स्क्रीनिंग की मंज़ूरी नहीं दी गयी।

जैसे इतना ही काफ़ी न हो, राजस्थान की सरकार ने कई क़दम आगे बढ़कर प्रेस की आज़ादी पर अंकुश लगाने के लिए एक अध्यादेश—'आपराधिक क़ानून (राजस्थान संशोधन) अध्यादेश' 2017 जारी कर दिया जिसमें प्रेस को सरकारी अधिकारियों, जजों और मैजिस्ट्रेट के ख़िलाफ़ आरोपों के प्रकाशन/प्रसारण से प्रतिबन्धित करने का प्रावधान है। इसके उल्लंघन पर दो साल की सज़ा का प्रावधान है। इस अध्यादेश ने पत्रकारों और न्यूज़ मीडिया को दो काले क़ानूनों—1983 के बिहार प्रेस बिल और 1988 के मानहानि क़ानून की याद दिला दी। हालाँकि पत्रकारों, न्यूज़ मीडिया के एक हिस्से और नागरिक समाज के कड़े विरोध के बाद सरकार थोड़ा पीछे हटी है लेकिन उसने अभी भी विधेयक वापस नहीं लिया है।

यही नहीं, बीते साल में प्रेस और अभिव्यक्ति की आज़ादी को दबाने, उस पर अंकुश लगाने और उसे नियन्त्रित करने की सरकार, कॉर्पोरेट्स और उग्र दक्षिणपन्थी-साम्प्रदायिक संगठनों की ओर से कई और प्रत्यक्ष और परोक्ष कोशिशें हुईं। ऐसे कई उदाहरण हैं जिनमें बड़े न्यूज़ मीडिया संस्थानों ने सरकार और सत्तारूढ़ पार्टी के प्रत्यक्ष और परोक्ष दबावों में ख़बरों और रिपोर्टों को बिना कोई कारण बताये अपने वेबसाइट से चुपचाप हटा लिया। ज़ाहिर है कि इसका सीधा

सन्देश न्यूज़रूम और पत्रकारों में यह जाता है कि उन्हें क्या रिपोर्ट करना है और क्या अनदेखा करना है? यह साफ़ तौर से स्व-सेंसर (सेल्फ सेंसर) की ओर ले जाता है।

वैसे भी इन दिनों ज़्यादातर बड़े अख़बारों और न्यूज़ चैनलों को पढ़ते और देखते हुए ऐसा लगता है जैसे ख़बरों का सूक्ष्म प्रबन्धन (माइक्रो मैनेजमेंट) किया जा रहा है, सुर्ख़ियाँ निर्देशित की जा रही हैं और न्यूज़रूम में एक अघोषित सेंसर काम कर रहा है। आश्चर्य नहीं कि मुख्यधारा के न्यूज़ मीडिया में एनडीए सरकार और प्रधानमन्त्री नरेन्द्र मोदी का एकतरफ़ा यशोगान और विपक्ष की धुलाई अहर्निश जारी है। इसके बाद भी अगर ग़लती से कोई क्रिटिकल ख़बर छप गयी तो उसे हटाने में देर नहीं लगती है। इस कारण सरकार और न्यूज़ मीडिया के कई आलोचक इन न्यूज़ चैनलों को 'उत्तर कोरियाई' (नॉर्थ कोरियन) चैनल कहने लगे हैं जहाँ न्यूज़ मीडिया न सिर्फ़ पूरी तरह से सरकार के नियन्त्रण में है बल्कि खुलेआम सरकारी प्रोपेगंडा का उपकरण है।

यही नहीं, ख़बरों/रिपोर्टों के प्रबन्धन और नियन्त्रण की इस अघोषित लेकिन निश्चित व्यवस्था के तहत काम करने से जो चैनल/अख़बार, सम्पादक और पत्रकार इनकार करते हैं या कुछ दूरी या स्पेस रखना चाहते हैं या सीमित आज़ादी चाहते हैं, उन्हें अनेक बहानों और विभिन्न तरीक़ों से प्रत्यक्ष और परोक्ष निशाना बनाया जाता है। एनडीटीवी के ख़िलाफ़ जारी मुहिम इसका एक उदाहरण है। इसी तरह सरकार के आलोचक माने-जाने वाले कई सम्पादकों-पत्रकारों जैसे रवीश कुमार, राजदीप सरदेसाई, राणा अयूब, सागरिका घोष, स्वाति चतुर्वेदी आदि के ख़िलाफ़ सोशल मीडिया पर लगातार निजी हमले और गाली-गलौज चलती रहती है। उन्हें प्रेस्टीच्युट या न्यूज़ ट्रेडर या कांगी/खान्ग्रेसी/सिकुलर आदि के साथ-साथ भद्दी-भद्दी गालियाँ दी जाती हैं।

दूसरी ओर, स्वतन्त्र या झुकने के लिए तैयार न होने वाले सम्पादकों को हटाने के लिए उनके कॉर्पोरेट मालिकों पर दबाव बनाने की भी रिपोर्टें आती रहती हैं। न्यूज़ पोर्टल 'द वायर' के मुताबिक़, देश के सबसे बड़े न्यूज़ मीडिया समूहों में से एक 'हिन्दुस्तान टाइम्स' समूह के मालिकों ने सरकार में शीर्ष स्तर से आये दबाव के बाद अंग्रेज़ी अख़बार 'हिन्दुस्तान टाइम्स' के प्रधान सम्पादक बॉबी घोष से इस्तीफ़ा ले लिया। भाजपा का शीर्ष नेतृत्व घोष से इसलिए नाराज़ था क्योंकि उन्होंने देश भर में साम्प्रदायिक नफ़रत के कारण हो रही हत्याओं को ट्रैक करने के लिए अख़बार की वेबसाइट पर एक डिजिटल हेट ट्रैकर शुरू किया था। (द वायर, 25 सितम्बर' 17)

आश्चर्य नहीं कि अख़बार से घोष की विदाई के बाद हेट ट्रैकर को वेबसाइट से चुपचाप हटा लिया गया।

कहने की ज़रूरत नहीं है कि बॉबी घोष की विदाई एक बानगी भर है। थोड़ी भी आलोचना करने वाले या स्वतन्त्र न्यूज़ मीडिया समूहों, सम्पादकों और पत्रकारों को क़ाबू में करने के लिए और भी कई तरीक़ों का इस्तेमाल किया जा रहा है जिसमें उनके ख़िलाफ़ मानहानि के सिविल और आपराधिक मुक़दमे दायर करना भी है। पत्रकारों/न्यूज़ मीडिया समूहों का मुँह बन्द करने के लिए कॉर्पोरेट समूह और ताक़तवर लोग इसका खुलकर इस्तेमाल कर रहे हैं। इस तरह के मुक़दमों को स्ट्रेटेजिक ला सूट अगेंस्ट पब्लिक पार्टिसिपेशन (स्लैप) भी कहते हैं जिनका इस्तेमाल पत्रकारों/न्यूज़ मीडिया समूहों को डराने और ख़ामोश करने के लिए किया जाता है।

बीते साल उद्योगपति गौतम अडानी के अडानी समूह ने कम्पनी की वित्तीय अनियमितताओं और घोटाले पर तीन खोजी रिपोर्टें छापने वाली प्रतिष्ठित पत्रिका 'इकनामिक एंड पोलिटिकल वीकली' (ईपीडब्ल्यू) और रिपोर्ट के लेखक और पत्रिका के सम्पादक परंजय गुहा ठाकुरता के ख़िलाफ़ 500 करोड़ रुपये की मानहानि का नोटिस भेज दिया। इसका नतीजा यह हुआ कि ईपीडब्ल्यू के प्रकाशक ट्रस्टियों ने न सिर्फ़ उन तीन आलेखों को वेबसाइट से हटाने का फ़ैसला किया बल्कि सम्पादक ठाकुरता ने भी इस्तीफ़ा दे दिया। ईपीडब्ल्यू के ट्रस्टियों का फ़ैसला हैरान और निराश करने वाला था क्योंकि उनसे अपेक्षा थी कि वे अभिव्यक्ति की आज़ादी के पक्ष में डटे रहेंगे। इसी तरह की नोटिस 'द वायर' के सम्पादकों को भी मिली थी लेकिन उन्होंने वे आलेख हटाने से इनकार कर दिये।

ऐसा ही एक और मामला भाजपा अध्यक्ष अमित शाह के बेटे जय शाह के बारे में 'द वायर' की एक खोजी रिपोर्ट के बाद सामने आया। इस रिपोर्ट के छपने के बाद जय शाह ने अहमदाबाद की एक स्थानीय अदालत में 'द वायर' के सम्पादकों और रिपोर्टर के ख़िलाफ़ 100 करोड़ रुपये के हर्जाने का मानहानि का मुक़दमा दायर कर दिया। यही नहीं, जय शाह ने स्थानीय अदालत से इस मामले में 'द वायर' की ओर से आगे कोई रिपोर्ट न प्रकाशित करने का आदेश भी हासिल कर लिया जिसे न्यूज़ पोर्टल ने गुजरात उच्च न्यायालय में चुनौती दी लेकिन हाई कोर्ट ने भी कोई दख़ल देने से मना कर दिया। ध्यान देने की बात है कि जय शाह की ओर से दाख़िल मानहानि के मुक़दमे में अब तक पड़ी दो तारीख़ों में ख़ुद शाह उपस्थित नहीं हुए।

कहने की ज़रूरत नहीं है कि ताक़तवर कॉर्पोरेट्स, नेताओं और व्यक्तियों की ओर से दायर मानहानि के ज़्यादातर मुक़दमे-मामले पत्रकारों/सम्पादकों को महँगी

क़ानूनी लड़ाई में फँसाने और परेशान करने के लिए होते हैं। मज़े की बात यह है कि 'द वायर' के ख़िलाफ़ मानहानि का एक मुक़दमा बड़े उद्योगपति, नेता और 'रिपब्लिक' जैसे न्यूज़ मीडिया कम्पनी के मालिक राजीव चन्द्रशेखर ने भी बेंगलुरु की अदालत में कर रखा है। ऐसे मामले दिन पर दिन बढ़ते जा रहे हैं। इस कारण भी बड़ी न्यूज़ मीडिया कम्पनियों में ताक़तवर कॉर्पोरेट समूहों के बारे में खोजी रिपोर्टिंग करने की हिम्मत नहीं होती। एक तो उन्हें उन कम्पनियों के विज्ञापन खोने का डर होता है और दूसरे मानहानि के मामलों की पैरवी में होने वाले क़ानूनी ख़र्च की चिन्ता रहती है।

अफ़सोस की बात यह है कि अभिव्यक्ति की आज़ादी पर बढ़ते हमलों और उसे लेकर बढ़ती चिन्ताओं के बीच जिस न्यायपालिका से सबसे ज़्यादा राहत की उम्मीद थी, उसका रुख़ भी इस मामले में ढुलमुल या प्रतिकूल नज़र आ रहा है। तथ्य यह है कि बीते साल कई सार्वजनिक महत्त्व के मामलों में अदालतों ने न्यूज़ मीडिया को अदालती कार्रवाई या उस मामले की आगे रिपोर्टिंग करने से रोकने के आदेश दिये हैं। उदाहरण के लिए, सोहराबुद्दीन फ़ेक एनकाउंटर केस की सुनवाई कर रही मुम्बई की सीबीआई की विशेष अदालत ने अदालती कार्रवाई की रिपोर्टिंग के प्रकाशन और प्रसारण पर रोक लगा दी है। इसी तरह इलाहाबाद उच्च न्यायालय ने उत्तर प्रदेश के मुख्यमन्त्री योगी आदित्यनाथ से जुड़े हेट स्पीच के पुराने मामले की सुनवाई के प्रकाशन/प्रसारण पर रोक लगा दी है।

इससे पहले उच्च न्यायालय के जस्टिस करणन से जुड़े विवाद में सुप्रीम कोर्ट ने उस मामले की रिपोर्टिंग पर रोक लगा दी थी। कहने की ज़रूरत नहीं है कि विभिन्न अदालतों के इन अन्तरिम आदेशों और उनके अभिव्यक्ति की आज़ादी पर पड़ने वाले प्रभावों को लेकर न्यूज़ मीडिया, क़ानूनी मामलों से जुड़े जानकारों और नागरिक समाज में चिन्ता है। इस मामले के दूरगामी महत्त्व और प्रभाव को देखते हुए उन पर वैसी सार्वजनिक बहस नहीं हुई, जैसीकि होनी चाहिए थी। लेकिन देर-सबेर इन पर न्यायपालिका, विधिवेत्ताओं, मीडिया और नागरिक समाज को ज़रूर विचार करना होगा क्योंकि यह नागरिकों के जानने के अधिकार, अभिव्यक्ति और प्रेस की आज़ादी और पारदर्शिता/लोकतान्त्रिक मूल्यों से जुड़ा मुद्दा है जिनके बिना लोकतन्त्र और लोकतान्त्रिक संस्थाएँ ख़तरे में पड़ सकती हैं।

यह सचमुच चिन्ता की बात है कि बीते साल मुख्यधारा के कॉर्पोरेट न्यूज़ मीडिया का बड़ा हिस्सा न सिर्फ़ सत्ता का भोंपू और ज़हरीले दक्षिणपन्थी-साम्प्रदायिक प्रोपेगंडा का मंच बना रहा बल्कि उसकी बेशर्मी और नंगापन और बढ़ता ही जा रहा है।

वह धोखे और झूठ का माध्यम बनता जा रहा है। वह लोगों को साम्प्रदायिक आधार पर बाँटने और उकसाने का माध्यम बनता जा रहा है। कहने की ज़रूरत नहीं है कि इस कारण न्यूज़ मीडिया के बड़े हिस्से की साख और विश्वसनीयता पैंदे में चली गयी है। इसी बीच, अभिव्यक्ति की आज़ादी पर चौतरफ़ा हमले भी बढ़ रहे हैं लेकिन विभाजित मीडिया, पत्रकार और नागरिक समाज इससे मुक़ाबले के लिए तैयार नहीं हैं। संकट सचमुच गहरा है। लेकिन इस संकट और उसकी गम्भीरता को समझने और उसके मुक़ाबले की जैसी एकजुट तैयारी होनी चाहिए, वह कहीं दिखाई नहीं देती है।

हालाँकि इस अन्धकार से भरे दौर में उम्मीद की भी कुछ किरणें हैं जिनका ज़िक्र ज़रूरी है। गौरी लंकेश जैसे पत्रकारों, बुद्धिजीवियों और लेखकों का धमकियों के बावजूद मैदान में डटे रहना उम्मीद की वजह है। ऐसे हज़ारों गौरी लंकेश, कलबुर्गी, पानसरे और दाभोलकर देश भर में छोटे-छोटे क़स्बों, तहसीलों, ज़िला मुख्यालयों और शहरों में लिख-बोल रहे हैं। 'द वायर', 'स्क्रोल', 'जनचौक', 'मीडिया विजिल' जैसे दर्जनों छोटे वेबसाइट और पत्रिकाएँ पत्रकारीय ईमानदारी, साहस और लोकतान्त्रिक मूल्यों के साथ आवाज़ उठा रहे हैं। मुख्यधारा के न्यूज़ मीडिया में भी एनडीटीवी पर रवीश कुमार जैसे कई पत्रकार उन मुद्दों को उठा रहे हैं जिन्हें दबाने-छुपाने की कोशिश हो रही है।

आज ज़रूरत है इन आवाज़ों को मज़बूत करने की। उनके साथ खड़े होने की। उनकी आवाज़ में आवाज़ मिलाने की। यह 2018 की चुनौती है।

***(जनवरी, 2018)***

# नव मैकार्थीवादी प्रोपेगंडा और चैनलों के नियमन की चुनौती

## चैनलों की पक्षपातपूर्ण और ज़हरीली प्रोपेगंडा 'पत्रकारिता' स्व-नियमन की क़ब्र पर पनपी और फल-फूल रही है

न्यूज़ चैनलों के दिन पर दिन एकतरफ़ा और ज़हरीले दक्षिणपन्थी, अन्ध-राष्ट्रवादी, साम्प्रदायिक और विभाजनकारी प्रोपेगंडा के मंच और सरकारी प्रचार के भोंपू बनते जाने और इस प्रक्रिया में पत्रकारिता के बुनियादी उसूलों और आचार संहिता की खुलेआम धज्जियाँ उड़ाने के बढ़ते मामलों के बीच एक बार फिर उनके नियमन (रेगुलेशन) का मुद्दा चर्चाओं में है।

ख़ासकर जब से स्व-घोषित 'राष्ट्रवादी' चैनल—ज़ी-न्यूज़ ने न्यूज़ चैनलों की ख़ुद की बनाई संस्था—न्यूज़ ब्राडकास्टर्स एसोसिएशन (एनबीए) और उसकी ओर से चैनलों के स्व-नियमन (सेल्फ रेगुलेशन) के लिए गठित संस्था—न्यूज़ ब्राडकास्टिंग स्टैंडर्ड अथारिटी (एनबीएसए) के एक महत्त्वपूर्ण आदेश को अँगूठा दिखा दिया है, उसके बाद से न्यूज़ चैनलों की स्व-नियमन की व्यवस्था को लेकर फिर से सवाल उठने लगे हैं।

उल्लेखनीय है कि सुप्रीम कोर्ट के पूर्व जज आर.वी. रवीन्द्रन की अध्यक्षता में गठित आठ सदस्यीय एनबीएसए ने ज़ी-न्यूज़ को अपने एक प्राइम टाइम कार्यक्रम में वरिष्ठ वैज्ञानिक और उर्दू शायर डॉ. गौहर रज़ा को 'अफज़ल प्रेमी गैंग का सदस्य' और 'राष्ट्र-विरोधी' (एंटी-नेशनल) आदि घोषित करने के मामले में न्यूज़ चैनलों की ख़ुद की बनाई गाइडलाइंस के उल्लंघन का दोषी माना था। एनबीएसए ने इस मामले में महीनों तक चली सुनवाई की प्रक्रिया और दोनों पक्षों की ओर से रखे गये तथ्यों और तर्कों को सुनने के बाद 31 अगस्त, 17 को आदेश दिया था कि

इस मामले में ज़ी-न्यूज़ अपनी ग़लती के लिए 8 सितम्बर को चैनल पर अपने प्राइम टाइम में सार्वजनिक माफ़ी माँगे और साथ में, एक लाख रुपये का जुर्माना भरे।

लेकिन ज़ी-न्यूज़ ने यह आदेश नहीं माना। यही नहीं, इस मामले में न्यूज़ चैनलों की संस्था—एनबीए भी चुप है जिस पर इस आदेश को लागू कराने की ज़िम्मेदारी है। वह कोई सार्वजनिक प्रतिक्रिया देने को भी तैयार नहीं है। किसी को पता नहीं है कि एनबीएसए का यह आदेश लागू होगा कि नहीं या आदेश नहीं लागू करने पर ज़ी-न्यूज़ के ख़िलाफ़ क्या कार्रवाई होगी या फिर डॉ. गौहर रज़ा अपनी शिकायत लेकर कहाँ जायें? सवाल उठ रहे हैं कि जब एनबीए अपने एक सदस्य न्यूज़ चैनल को एनबीएसए का आदेश मानने के लिए तैयार करने में नाकाम है या उसे लागू कराने की स्थिति में नहीं है तो यह कैसा स्व-नियमन है और इसका क्या औचित्य है? क्या स्व-नियमन मज़ाक़ बनकर नहीं रह गया है?

यह सवाल कई कारणों से महत्त्वपूर्ण हो गया है। सवाल यह है कि सबकी ज़िम्मेदारी और जवाबदेही तय करने वाले और उसके लिए उनसे सार्वजनिक जवाब माँगने वाले न्यूज़ चैनलों की भी किसी के प्रति कोई जवाबदेही है या नहीं? क्या उनके दर्शकों को यह जानने का अधिकार है कि उनका न्यूज़ चैनल पत्रकारिता के उसूलों और आचार संहिता का पालन कर रहा है या नहीं? आख़िर चैनलों की यह जवाबदेही कौन तय करेगा? ये सवाल इसलिए महत्त्वपूर्ण हो गये हैं क्योंकि इस जवाबदेही को तय करने के लिए न्यूज़ चैनलों ने स्व-नियमन की जो व्यवस्था ख़ुद बनाई है और जिसके पालन की ज़िम्मेदारी भी उनकी है, उसे वे ख़ुद अँगूठा दिखा रहे हैं और उसका मज़ाक़ बना रहे हैं।

इससे यह सन्देश जा रहा है कि न्यूज़ चैनलों को कुछ भी दिखाने ख़ासकर पत्रकारिता के उसूलों और आचार संहिता की धज्जियाँ उड़ाते हुए झूठ को सच बताकर पेश करने, तथ्यों को तोड़ने-मरोड़ने, आरोपों को तथ्य बताने, एकतरफ़ा ज़हरीला साम्प्रदायिक प्रोपेगंडा करने और डॉ. गौहर रज़ा जैसे लेखक को अपमानित करने और उनकी जान को ख़तरे में डालने का लाइसेंस मिल गया है। यह गहरी चिन्ता की बात इसलिए है क्योंकि यह सिर्फ़ ज़ी-न्यूज़ और डॉ. गौहर रज़ा तक सीमित मामला नहीं है और न ही यह कोई अकेला अपवाद है। सच यह है कि यह न सिर्फ़ नियम सा बन गया है बल्कि आज यह टीवी न्यूज़ का एक प्रमुख ट्रेंड बन चुका है।

दरअसल, इक्का-दुक्का अपवादों को छोड़कर ज़ी-न्यूज़ से लेकर रिपब्लिक टीवी तक हिन्दी और अंग्रेज़ी न्यूज़ चैनलों का बड़ा हिस्सा 'राष्ट्रवादी' या 'नेशन

फर्स्ट' पत्रकारिता के नाम पर तथ्यों के साथ तोड़-मरोड़, झूठ को सच बनाने और सच पर पर्दा डालने, ज़हरीले साम्प्रदायिक प्रोपेगंडा, सरकार पर सवाल उठानेवाले विपक्षी दलों और नेताओं से लेकर मानवाधिकार, विस्थापन और पर्यावरण जैसे मुद्दों पर काम करने वाले एनजीओ एक्टिविस्टों और स्वतन्त्र और विरोधी विचारों वाले उदार, वाम, लोकतान्त्रिक बुद्धिजीवियों-लेखकों को निशाना बनाने और उनकी छवि बिगाड़ने के सुनियोजित और संगठित अभियान का भोंपू बन गया है।

देश में एक ग़ैर-बुद्धिवादी और तर्क विरोधी उन्माद (हिस्टीरिया) पैदा करने की कोशिश की जा रही है जिसके तहत स्वतन्त्र, उदार और आलोचनात्मक आवाज़ों के खलनायकीकरण का सुनियोजित अभियान चल रहा है। इस अभियान के तहत देश भर में ऐसा ज़हरीला माहौल बनाया गया है जहाँ धुर दक्षिणपन्थी, साम्प्रदायिक और प्रतिक्रियावादी राजनीति से असहमत उदार, लोकतान्त्रिक, वाम और तर्कशील आवाज़ें ख़तरे में हैं। बीते महीने प्रगतिशील पत्रकार-सम्पादक, बुद्धिजीवी और एक्टिविस्ट गौरी लंकेश की हत्या जिन परिस्थितियों में हुई है, उसके लिए काफ़ी हद तक मौजूदा बुद्धिविरोधी-तर्कविरोधी ज़हरीला माहौल ज़िम्मेदार है। गौरी ऐसी अकेली बुद्धिजीवी नहीं हैं जिनकी हत्या हुई है। पिछले चार साल में डॉ. नरेन्द्र दाभोलकर, गोविन्द पानसारे और प्रो. कलबुर्गी की हत्या ऐसे ही माहौल में हुई है।

स्वातन्त्रयोत्तर भारत के न्यूज़ मीडिया इतिहास में ऐसी स्थिति पहले कभी नहीं देखी गयी। इसकी तुलना सिर्फ़ आपातकाल के काले दौर से ही की जा सकती है। हालाँकि इस दौर की तुलना कई अर्थों में अमेरिका में 50-60 के दशक में मैकार्थीवाद के आतंक से की जा सकती है जब रिपब्लिकन सीनेटर जो (जोसफ) मैकार्थी की अगुवाई में प्रगतिशील और वाम विचारों और बुद्धिजीवियों के ख़िलाफ़ एक उग्र और ज़हरीला दक्षिणपन्थी और अन्ध-राष्ट्रवादी प्रोपेगंडा अभियान चला था जिसके निशाने पर वामपन्थी ट्रेड यूनियन नेता, बुद्धिजीवी, लेखक, पत्रकार, फ़िल्म कलाकार और युद्ध विरोधी एक्टिविस्ट थे और जिन्हें चुन-चुनकर निशाना बनाया गया था।

कहने की ज़रूरत नहीं है कि भारत भी एक नये तरह के मैकार्थीवाद की चपेट में है। लगभग उसी तर्ज़ पर देश में एक उग्र और ज़हरीला दक्षिणपन्थी-फ़ासीवादी प्रोपेगंडा अभियान चल रहा है जिसके अग्रगामी दस्ते में कई प्रमुख न्यूज़ चैनल शामिल हैं। इस दस्ते में फ़ेसबुक और ट्विटर जैसे सोशल मीडिया और व्हाट्सऐप जैसे मेसेंजर प्लेटफ़ॉर्म भी शामिल हैं जो हर दिन फ़ेक न्यूज़ और

ज़हरीले साम्प्रदायिक प्रचार को करोड़ों लोगों तक पहुँचा रहे हैं और उनके दिमाग़ में ज़हर भर रहे हैं।

स्वतन्त्र, उदार, वाम और असहमत/क्रिटिकल बुद्धिजीवियों/पत्रकारों/सामाजिक कार्यकर्ताओं को 'लिबटार्ड, आपटार्ड, सिकुलर, कॉमि, खान्ग्रेसी, प्रेस्टीच्यूट, न्यूज़ ट्रेडर्स, लुटियन मीडिया' आदि संज्ञाओं से नवाज़ा जा रहा है और उन्हें 'विदेशी/ईसाई मिशनरियों से फंडेड, पश्चिमपरस्त, हिन्दू विरोधी, भारत विरोधी, विकास विरोधी' आदि घोषित कर दिया गया है।

इस प्रोपेगंडा अभियान ने न सिर्फ़ पूरा राष्ट्रीय विमर्श हाईजैक कर लिया है बल्कि पूरे पब्लिक स्फीयर को प्रदूषित और ज़हरीला बना दिया है। इस ज़हरीले अभियान का ही एक उदाहरण ज़ी-न्यूज़ का वह प्राइम टाइम कार्यक्रम था जिसमें न सिर्फ़ वरिष्ठ वैज्ञानिक और शायर डॉ. गौहर रज़ा को निशाना बनाया गया बल्कि उस मुशायरे को ही 'अफ़ज़ल प्रेमी गैंग का मुशायरा' घोषित कर दिया गया।

असल में, दिल्ली में वर्ष 1954 से यह शंकर शाद (भारत-पाकिस्तान) मुशायरा हर साल आयोजित होता है। यह मुशायरा दिल्ली के सालाना सांस्कृतिक कैलेंडर के प्रमुख कार्यक्रमों में से एक है जिसमें भारत और पाकिस्तान के नामी-गिरामी शायर शिरकत करते हैं और हज़ारों लोग उसे सुनने के लिए जमा होते हैं। पिछले साल 5 मार्च को 51वें शंकर शाद मुशायरे में डॉ. गौहर रज़ा ने भी तीन कवितायें सुनाई थीं जिसमें एक सफ़दर हाशमी की हत्या के बाद 1989 में लिखी गयी थी जबकि दूसरी इराक़ में दो पत्रकारों की हत्या पर 2010 में और तीसरी 2016 में लिखी थी।

इस कार्यक्रम के तीन दिन बाद 9 मार्च को ज़ी-न्यूज़ ने प्राइम टाइम पर 'अफज़ल प्रेमी गैंग का मुशायरा' शीर्षक से एक कार्यक्रम दिखाया जिसका अगले तीन-चार दिनों तक अलग-अलग समय पर रीपीट टेलीकास्ट भी किया गया। इस न्यूज़ कार्यक्रम में बार-बार भड़काऊ वायसओवर के साथ टैगलाइन में 'अफ़ज़ल गुरु गैंग', 'अफज़ल प्रेमी गैंग', 'देश-विरोधी शायर' का इस्तेमाल किया गया और डॉ. गौहर रज़ा को उस गैंग का सदस्य बताते कहा गया कि, "ये ऐसा गैंग है जो भारत के टुकड़े करने वाली सोच के साथ खड़ा दिख रहा है।" न्यूज़ कार्यक्रम में मुशायरे और डॉ. गौहर रज़ा के विजुअल्स के बीच ज़ी-न्यूज़ ने जेएनयू के 9 फ़रवरी के वे विवादित विजुअल्स भी बिना किसी 'फ़ाइल फुटेज' टैग के जोड़ दिये थे।

कहने की ज़रूरत नहीं है कि पूरे न्यूज़ कार्यक्रम की भाषा, उसका सुर और तेवर आक्रामक, भड़काऊ और डराने वाला था। डॉ. गौहर रज़ा का 'कसूर' यह था

कि उन्होंने अपनी शायरी पढ़ने के दौरान जेएनयू के कन्हैया कुमार और हैदराबाद विश्वविद्यालय के रोहित वेमुला का नाम लिया था। सिर्फ़ इस बिना पर ज़ी-न्यूज़ ने डॉ. गौहर रज़ा को अफ़ज़ल गुरु गैंग का समर्थक और दर्शकों समेत पूरे मुशायरे को अफ़ज़ल प्रेमी गैंग का मुशायरा घोषित कर दिया। वैसे ही जैसे जेएनयू में 9 फ़रवरी के एक कार्यक्रम की विवादित वीडियो फुटेज के आधार पर पूरे विश्वविद्यालय को 'राष्ट्र-विरोधी' और छात्रसंघ के चुने हुए प्रतिनिधियों और छात्र नेताओं, शिक्षकों और उनका समर्थन करने वाले लेखकों-बुद्धिजीवियों तक को 'देशद्रोही' घोषित कर दिया गया था।

याद दिलाने की ज़रूरत नहीं है कि किस तरह न्यूज़ चैनलों के बड़े हिस्से, सोशल मीडिया और दक्षिणपन्थी-साम्प्रदायिक संगठनों ने जेएनयू जैसे प्रतिष्ठित विश्वविद्यालय के खलनायकीकरण का अभियान छेड़ दिया था। जेएनयू को 'राष्ट्रविरोध' से लेकर 'फ्री सेक्स' का अड्डा बताया गया। सोशल मीडिया पर जेएनयू को बन्द करने के लिए #ShutdownJNU जैसे अभियान चलाये गये। सवाल उठाये गये कि जेएनयू जैसे 'राष्ट्र-विरोधी' विश्वविद्यालय पर करदाताओं के टैक्स का पैसा क्यों ख़र्च किया जाये? यह अभियान आज डेढ़ साल बाद भी वैसे ही जारी है। रिपब्लिक और टाइम्स नाऊ जैसे न्यूज़ चैनलों पर एंकर और दक्षिणपन्थी-साम्प्रदायिक संगठनों से जुड़े प्रवक्ता या उनके समर्थक विश्लेषक अक्सर जेएनयू का मज़ाक़ उड़ाते, उलाहने देते और आलोचना करते दिख जायेंगे।

असल में, ज़ी-न्यूज़ के लिए डॉ. गौहर रज़ा और शंकर शाद मुशायरा एक सॉफ्ट लेकिन राजनीतिक-वैचारिक रूप से उपयुक्त टार्गेट थे। पहली बात तो यह है कि डॉ. रज़ा मुस्लिम हैं और शंकर-शाद मुशायरा उर्दू भाषा की शायरी का कार्यक्रम था जिसे मौजूदा मुस्लिम विरोधी उन्माद के माहौल में आसानी से भुनाया जा सकता था। दूसरे, वे प्रगतिशील-वाम रुझानों के लेखक हैं और धर्मनिरपेक्षता की वकालत करते हैं, इसलिए वे ज़ी-न्यूज़ जैसे 'राष्ट्रवादी' चैनलों के स्वाभाविक निशाने पर हैं। तीसरे, भले ही जेएनयू छात्रसंघ के पूर्व अध्यक्ष कन्हैया कुमार पर राजद्रोह के मामले में कोर्ट का फ़ैसला तो दूर चार्जशीट भी नहीं दाखिल हुई हो लेकिन 'राष्ट्रवादी' और 'नेशन फर्स्ट' चैनलों के लिए वे घोषित 'देशद्रोही' हैं और उनका नाम लेना देशद्रोह और ईशनिन्दा से कम नहीं है।

आश्चर्य नहीं कि ज़ी-न्यूज़ ने अपने बचाव में यही 'तर्क' दिया है कि डॉ. गौहर रज़ा ने शायरी के दौरान जेएनयू, कन्हैया और वेमुला का उल्लेख क्यों किया? ज़ी-न्यूज़ से यह सवाल पूछना बेमानी है कि किस क़ानून के तहत जेएनयू, कन्हैया

कुमार या रोहित वेमुला का नाम लेना अपराध है? क्या ज़ी-न्यूज़ कंगारू कोर्ट है जिसे आरोप लगाने, मुक़दमा चलाने से लेकर फ़ैसला सुनाने तक का अधिकार हासिल है?

मानें या न मानें लेकिन यह सच है कि इन दिनों 'राष्ट्रवादी' और 'नेशन फर्स्ट' का झण्डा उठाये न्यूज़ चैनल और उनके एंकर-सम्पादक कंगारू कोर्ट ही बन गये हैं जहाँ वही आरोप लगाते हैं, ख़ुद छानबीन करते हैं, फिर चार्जशीट पेश करते हैं और प्राइम टाइम में ख़ुद ही जज और जूरी बनकर फ़ैसला सुनाते हैं। इस अदालत में फ़ैसला पहले से तय रहता है और उसके मुताबिक़ ही आरोप, गवाह और सबूत गढ़ लिए जाते हैं।

डॉ. गौहर रज़ा का मामला भी इस नियम का अपवाद नहीं है। उनका दोष और फ़ैसला पहले से तय था। हैरानी की बात नहीं है कि ज़ी-न्यूज़ ने डॉ. रज़ा को अपना पक्ष रखने का मौक़ा भी नहीं दिया। आमतौर पर माना जाता है कि न्यूज़ मीडिया जब कोई ऐसी रिपोर्ट कर रहा हो जिसमें बहुत अकाट्य सबूत न हों और जिसका नकारात्मक असर उस व्यक्ति या संगठन की छवि पर पड़ सकता है तो उसे भी अपना पक्ष रखने या सफ़ाई का मौक़ा दिया जाये। लेकिन ज़ी-न्यूज़ ने इसकी कोई ज़रूरत नहीं समझी। चैनलों की ख़ुद की बनाई स्व-नियमन संस्था—एनबीएसए ने भी ज़ी-न्यूज़ की इस चूक पर उँगली उठाई है। लेकिन ज़ी-न्यूज़ को यह चूक नहीं लगती है।

यही नहीं, एनबीएसए ने दोनों पक्षों के वकीलों और उनके लिखित बयानों की जाँच और ख़ुद कार्यक्रम की सीडी देखने के बाद 31 अगस्त 17 के अपने फ़ैसले में माना है कि ज़ी-न्यूज़ ने टीवी न्यूज़ चैनलों की ख़ुद की बनाई गाइडलाइंस के मुताबिक़ तथ्यों की शुद्धता (एक्यूरेसी), निष्पक्षता आदि मानदण्डों का पालन नहीं किया। एनबीएसए के अनुसार, इस गाइडलाइंस में साफ़ तौर पर कहा गया है कि "चैनल किसी भी विवाद या टकराव से प्रभावित होने वाले सभी पक्षों को अपना पक्ष रखने का मौक़ा दें" और "चैनलों को यह सुनिश्चित करने की कोशिश करनी चाहिए कि आरोपों को तथ्यों की तरह और आरोप-पत्र को किसी के दोषी होने की तरह न पेश किया जाये।"

लेकिन एनबीएसए के मुताबिक़, ज़ी-न्यूज़ ने न सिर्फ़ इसका पालन नहीं किया बल्कि गाइडलाइंस में निर्देशित और कई प्रावधानों जैसे, वस्तुनिष्ठता, निजता के अधिकार, न्यायसंगतता आदि का भी उल्लंघन किया है। यही नहीं, ज़ी-न्यूज़ के कार्यक्रम का शीर्षक 'अफ़ज़ल प्रेमी गैंग का मुशायरा' अत्यधिक आपत्तिजनक

और अपमानजनक था। एनबीएसए के सभी सदस्यों ने सर्वसम्मति से माना कि पूरा कार्यक्रम पक्षपातपूर्ण तरीक़े से पूरे मुद्दे को सनसनीखेज बनाने के लिए तैयार किया गया है और तथ्यों को इस तरह से तोड़ा-मरोड़ा गया है कि वह समाचार दिखाई पड़े। इस निष्कर्ष के आधार पर ही एनबीएसए ने ज़ी-न्यूज़ के ख़िलाफ़ एनबीए के प्रावधानों के मुताबिक़ सख़्त फ़ैसला दिया जिसे उसने मानने से इनकार कर दिया है।

हालाँकि यह स्थिति पहली बार नहीं आयी है। इससे पहले भी जब न्यूज़ चैनलों ने एनबीए बनाया था और बड़े-बड़े दावों के बीच वर्ष 2008-09 में न्यूज़ चैनलों के स्व-नियमन के लिए सुप्रीम कोर्ट के पूर्व चीफ़ जस्टिस जे एस वर्मा की अध्यक्षता में एनबीएसए गठित किया था, उस समय भी चैनलों की ख़ुद की बनाई गाइडलाइंस और आचार संहिता के उल्लंघन के शुरुआती मामलों में से एक में जब इंडिया टीवी को चैनल पर सार्वजनिक माफ़ी माँगने और एक लाख का जुर्माना भरने का आदेश दिया गया तो इंडिया टीवी ने आदेश मानने से इनकार कर दिया था। यही नहीं, इंडिया टीवी के मालिक और सम्पादक रजत शर्मा ने इस आदेश के विरोध में एनबीए छोड़ने का ऐलान कर दिया लेकिन एनबीए या एनबीएसए उनका कुछ नहीं कर पाये।

उल्टे एनबीए के कर्ताधर्ताओं ने पर्दे के पीछे कई महीनों तक रजत शर्मा की मान-मनुहार की जिसके बाद वे और इंडिया टीवी एनबीए में वापस तो लौट आये लेकिन उन्होंने एनबीएसए का आदेश नहीं माना और न ही एनबीए ने इसके लिए कोई दबाव डाला। एनबीएसए के उस आदेश का क्या हुआ और वह क्यों नहीं लागू हुआ, इसके बारे में सार्वजनिक तौर पर कोई स्पष्टीकरण देने की ज़रूरत नहीं समझी गयी। यही नहीं, आगे चलकर रजत शर्मा एनबीए के अध्यक्ष भी चुने गये और उनके नेतृत्व में स्व-नियमन की यह व्यवस्था चलती रही। सहज अनुमान लगाया जा सकता है कि अपने पहले ही टेस्ट में फेल होने वाली व्यवस्था कैसे चल रही होगी?

सच यह है कि पिछले आठ साल में इस स्व-नियमन व्यवस्था की सीमाएँ और कमियाँ खुलकर सामने आ गयी हैं। एक तो न्यूज़ चैनलों ख़ासकर क्षेत्रीय न्यूज़ चैनलों का बड़ा हिस्सा इस स्व-नियमन के दायरे से बाहर है। दूसरे, बहुतेरे ख़ासकर बड़े और ताक़तवर न्यूज़ चैनलों के लिए स्व-नियमन का अर्थ मनमानी हो गया है। वे अपनी ही बनायी गाइडलाइंस का शब्दों और भावना के साथ पालन करने के लिए तैयार नहीं हैं। वे हर दिन उसे अँगूठा दिखाते हैं। लेकिन डॉ. गौहर रज़ा जैसे कम दर्शक या प्रभावित पक्ष हैं जो न्यूज़ चैनलों से शिकायत करने और उसे एनबीएसए तक ले जाने और वहाँ अपनी बात रखने की तैयारी, साहस और धैर्य दिखा पाते हैं। न्यूज़ चैनल दर्शकों की इस कमज़ोरी का फ़ायदा उठा रहे हैं।

लेकिन सबसे महत्त्वपूर्ण बात यह है कि पिछले तीन सालों में अधिकांश न्यूज़ चैनल जिस तरह से अपनी ही गाइडलाइन और पत्रकारिता के मूल्यों और उसूलों को ताखे पर रखकर एक पूर्वाग्रह और पक्षपातपूर्ण और ज़हरीले प्रोपेगंडा में जुटे हैं, उसने स्व-नियमन की व्यवस्था को पूरी तरह से मज़ाक़ (फार्स) बना दिया है। ज़ी-न्यूज़ समेत कई न्यूज़ चैनल रोज़ स्व-नियमन की धज्जियाँ उड़ा रहे हैं और एनबीए और उसके तहत एनबीएसए आँखों पर पट्टी बाँधे बैठे हैं। इसलिए यह देखकर हैरानी नहीं होती है कि ज़ी-न्यूज़ ने एनबीएसए के आदेश को अँगूठा दिखा दिया है। इसमें ज़ी-न्यूज़ अकेला नहीं है। आख़िर इस मामले में एनबीए की चुप्पी क्या बताती है?

सच यह है कि अधिकांश न्यूज़ चैनल हर दिन स्व-नियमन को अँगूठा दिखा रहे हैं। इन प्रोपेगंडा न्यूज़ चैनलों को पत्रकारिता के बुनियादी उसूलों, नैतिकता और परम्पराओं की कोई परवाह नहीं है। वे जिस तरह की पक्षपातपूर्ण और ज़हरीली प्रोपेगंडा 'पत्रकारिता' कर रहे हैं, वह स्व-नियमन की क़ब्र पर ही पनपी और फली-फूली है। वह स्व-नियमन के अन्दर मौजूद छिद्रों का इस्तेमाल कर रही है। इसलिए स्व-नियमन उसका कुछ नहीं बिगाड़ सकता है और न ही उन्हें बदल सकता है। उल्टे स्व-नियमन उनका कवच और बचाव का माध्यम बन गया है। उसकी आड़ में उन्हें कुछ भी दिखाने और बोलने की छूट मिल गयी है।

साफ़ है कि स्व-नियमन की मौजूदा व्यवस्था विफल हो गयी है। मुश्किल यह है कि उसके विकल्पों को लेकर कई आशंकाएँ और डर हैं, देश और नागरिक समाज में आम सहमति नहीं है। सबसे बड़ा डर यह है कि स्व-नियमन की जगह सरकारी नियमन न आ जाये जिसे लेकर लगभग आम सहमति है कि वह पहले से भी बदतर व्यवस्था होगी। एक और विकल्प सरकार और न्यूज़ मीडिया उद्योग दोनों से स्वतन्त्र लेकिन वैधानिक अधिकारों से लैस जनतान्त्रिक नियमन प्राधिकरण के गठन का है जिसके आदेशों को मानने की बाध्यता सरकार और न्यूज़ चैनलों दोनों पर हो और जिसके पास अपने आदेशों को लागू करने के क़ानूनी अधिकार भी हों।

लेकिन लगता नहीं है कि मौजूदा माहौल में ऐसे स्वतन्त्र और जनतान्त्रिक मीडिया नियामक का गठन सम्भव है। यह एक मृग मरीचिका है जो अभी बहुत दूर और भ्रामक उम्मीद है। लेकिन उससे भी ज़्यादा महत्त्वपूर्ण बात यह है कि नव मैकार्थीवाद एक राजनीतिक प्रोजेक्ट है और न्यूज़ चैनल और मीडिया उसके सिर्फ़ भोंपू भर हैं। इस राजनीतिक प्रोजेक्ट और उसके प्रोपेगंडा का नियमन या नियन्त्रण

कोई भी नियामक नहीं कर सकता है, चाहे वह कितना भी स्वतन्त्र क्यों न हो। यह दुनिया भर के उदाहरणों से भी ज़ाहिर है।

लेकिन लोकतान्त्रिक व्यवस्था में कोई भी सार्वजनिक संस्था जिसमें न्यूज़ मीडिया भी शामिल है, लोकतान्त्रिक जवाबदेही से इनकार नहीं कर सकती है। न्यूज़ चैनल भी अपने कामकाज, कंटेंट यानी समाचारों और विचारों के कवरेज और कार्यक्रमों की प्रस्तुति के लिए आम लोगों के प्रति जवाबदेह हैं। सवाल यह है कि न्यूज़ चैनलों को उनके कंटेंट के लिए कैसे जवाबदेह बनाया जाये? यह भी कि उनके पक्षपातपूर्ण और ज़हरीले साम्प्रदायिक प्रोपेगंडा का मुक़ाबला कैसे किया जाये? ज़ाहिर है कि इसका कोई आसान जवाब नहीं है। लेकिन एक बात साफ़ है कि इसका मुकम्मल जवाब आम लोगों को जागरूक और सतर्क बनाने, मीडिया साक्षरता बढ़ाने और नव मैकार्थीवाद को राजनीतिक-वैचारिक चुनौती देकर ही हो सकती है।

*(अक्तूबर, 2017)*

# किसे बचाने के लिए है आपराधिक मानहानि?

**बड़े कॉर्पोरेट्स मानहानि क़ानून का इस्तेमाल पत्रकारों/लेखकों/कार्यकर्ताओं को डराने और चुप कराने के लिए कर रहे हैं**

इस बार इस स्तम्भ में न्यूज़ चैनलों के शोर-शराबे और सनसनी से अलग एक ऐसे मुद्दे को उठाने की कोशिश की है जिसका गहरा सम्बन्ध ख़ुद न्यूज़ चैनलों और उससे बढ़कर हर नागरिक के अभिव्यक्ति की आज़ादी के बुनियादी अधिकार से है। यह मुद्दा है—156 साल पुराने औपनिवेशिक आपराधिक मानहानि क़ानून को ख़त्म करने का क्योंकि हाल के वर्षों में बड़े कॉर्पोरेट्स और ताक़तवर लोगों ने इस क़ानून का इस्तेमाल न्यूज़ मीडिया और उससे जुड़े खोजी पत्रकारों, लेखकों और नागरिक समाज से जुड़े कार्यकर्ताओं की आवाज़ को बन्द कराने के लिए करना शुरू किया है। हालाँकि ख़ुद न्यूज़ चैनलों की रोज़ शाम होने वाली गर्मागर्म चर्चाओं या मुद्दा विशेष कार्यक्रमों में आपने इस मुद्दे की चर्चा शायद ही सुनी हो।

यह और बात है कि यह मुद्दा सुप्रीम कोर्ट के पास विचार के लिए था और उसने पिछले महीने इस पर फ़ैसला भी सुनाया। आमतौर पर सुप्रीम कोर्ट में उठनेवाले मुद्दों, उसकी टिप्पणियों और फ़ैसलों को न्यूज़ मीडिया और चैनलों में ख़ासी जगह मिलती है। इसके बावजूद कुछ अंग्रेज़ी अख़बारों को छोड़कर लगभग सभी हिन्दी अख़बारों और हिन्दी-अंग्रेज़ी के चैनलों ने इस मुद्दे को गम्भीर चर्चा के लायक नहीं समझा। अख़बारों और चैनलों में सुप्रीम कोर्ट के फ़ैसले की ख़बर आयी लेकिन कुछेक अपवादों को छोड़कर इस फ़ैसले के प्रभावों, उसके महत्त्व और उसकी बारीकियों की व्याख्या की ज़रूरत नहीं समझी गयी।

असल में, देश में संविधान और नागरिकों के मौलिक अधिकारों ख़ासकर अभिव्यक्ति की आज़ादी के रक्षक और व्याख्याता के रूप में सुप्रीम कोर्ट से यह उम्मीद की जा रही थी कि वह आपराधिक मानहानि के क़ानून यानी भारतीय दण्ड

संहिता (आईपीसी) की धारा 499 और 500 को ख़ारिज कर देगा। इस अपेक्षा के पीछे कई कारण थे। नागरिक अधिकार संगठनों से लेकर प्रेस/मीडिया संगठन और सम्पादक लम्बे अरसे से यह माँग कर रहे हैं कि आपराधिक मानहानि का अभिव्यक्ति की आज़ादी पर बहुत डरावना और 'सर्द करने वाला प्रभाव' (चिलिंग इफेक्ट) पड़ रहा है। भारतीय दण्ड संहिता के इस ब्रिटिशकालीन प्रावधान को ख़त्म करने की माँग इसलिए भी हो रही है क्योंकि ख़ुद ब्रिटेन समेत दुनिया के अधिकांश उदार पूँजीवादी लोकतन्त्रों में आपराधिक मानहानि के प्रावधान को ख़त्म कर दिया गया है।

ऐसे में, सुप्रीम कोर्ट से यह अपेक्षा की जा रही थी कि वह अभिव्यक्ति की आज़ादी पर अनुचित प्रतिबन्ध लगाने वाले आपराधिक मानहानि को संविधान विरोधी बताने वाली याचिकाओं को स्वीकार करते हुए इस क़ानून को निरस्त कर देगा। यह याचिका भाजपा नेता और राज्यसभा सदस्य सुब्रह्मनियन स्वामी ने दायर की थी और बाद में इसमें कांग्रेस के उपाध्यक्ष राहुल गाँधी और आप नेता अरविन्द केजरीवाल भी पार्टी बन गये थे। आपराधिक मानहानि के प्रावधान का विरोध करने वालों का कहना है कि जब क़ानून में दीवानी मानहानि का प्रावधान है तो आपराधिक मानहानि का प्रावधान तर्कसंगत नहीं है।

सुप्रीम कोर्ट से यह उम्मीद इसलिए बढ़ गयी थी क्योंकि उसने पिछले दिनों श्रेया सिंघल बनाम भारत सरकार के मामले में सूचना तकनीक क़ानून की धारा 66ए को संविधान विरोधी मानते हुए निरस्त कर दिया था। उल्लेखनीय है कि आई टी क़ानून की धारा 66ए के तहत ही कई राज्यों में सोशल मीडिया और ब्लॉग पर सरकार विरोधी टिप्पणियाँ लिखने वाले नागरिकों को पुलिस द्वारा गिरफ़्तार करने की घटनाएँ सामने आयी थीं। इसी के मद्देनज़र अभिव्यक्ति की आज़ादी के पैरोकारों को यह उम्मीद हो गयी थी कि अभिव्यक्ति की आज़ादी पर बढ़ते चौतरफ़ा हमलों और दबावों के बीच सुप्रीम कोर्ट न सिर्फ़ उसके रक्षक के रूप में खड़ा होगा बल्कि आपराधिक मानहानि के क़ानून को निरस्त करके उसके दायरे को और विस्तृत करने की कोशिश करेगा।

लेकिन इस मामले में सुप्रीम कोर्ट की दो जजों की बेंच के फ़ैसले ने नागरिक अधिकार संगठनों और अभिव्यक्ति की आज़ादी के पैरोकारों को निराश कर दिया। कोर्ट ने यह कहते हुए आपराधिक मानहानि को मानहानि क़ानून का हिस्सा बनाये रखा कि अभिव्यक्ति की आज़ादी के नाम पर किसी दूसरे के सम्मान को सूली पर चढ़ाने की इजाज़त नहीं दी जा सकती है। कोर्ट का तर्क यह था कि अभिव्यक्ति की

आज़ादी असीमित नहीं है। कोर्ट के मुताबिक़, आपराधिक मानहानि का प्रावधान अभिव्यक्ति की आज़ादी पर अनुचित प्रतिबन्ध नहीं है क्योंकि अभिव्यक्ति की आज़ादी से सम्बन्धित संविधान के अनुच्छेद-19(2) में 'तर्कपूर्ण प्रतिबन्धों' का प्रावधान किया गया है।

लेकिन आपराधिक मानहानि के मुद्दे पर सुप्रीम कोर्ट के इस अनुदार फ़ैसले की काफ़ी आलोचना हो रही है। आलोचकों का कहना है कि सुप्रीम कोर्ट ने आपराधिक मानहानि को संविधान सम्मत ठहराने के लिए जो तर्क दिये हैं, उनमें न सिर्फ़ दम नहीं है बल्कि उनमें काफ़ी अन्तर्विरोध भी हैं। असल में, आपराधिक मानहानि क़ानून के आलोचकों का कहना है कि यह अतिरेकपूर्ण है क्योंकि यह एक ऐसे आक्षेप/गुनाह के लिए व्यक्ति को अपराध क़ानून के तहत दण्डित करने का प्रावधान करता है जो वास्तव में अपनी प्रकृति में निजी है। क़ानून में निजी गुनाह से आशय है कि अपनी प्रकृति में गुनहगार और पीड़ित के बीच का सीमित निजी अपराध जिसका समाज पर कोई सीधा असर नहीं पड़ता।

उदाहरण के लिए, किसी व्यक्ति ने आपको गाली दी तो यह उसके और आपके बीच का मामला है और इसका समाज पर कोई असर नहीं पड़ेगा। इसलिए उस पर आपराधिक मामला नहीं बनता है। लेकिन अगर कोई किसी पर शारीरिक हमला करके उसे घायल कर दे या हत्या कर दे तो यह निजी गुनाह नहीं रह जाता बल्कि इसका व्यापक समाज की व्यवस्था पर नकारात्मक असर पड़ता है। इसलिए ऐसे मामले में पीड़ित व्यक्ति नहीं बल्कि राज्य गुनहगार के ख़िलाफ़ आपराधिक क़ानून के तहत मुक़दमा करके सज़ा दिलवाने की व्यवस्था करता है। दूसरी ओर, निजी गुनाह में राज्य नहीं बल्कि पीड़ित व्यक्ति मुक़दमा दायर करके जुर्माने और सज़ा की माँग करता है।

इस आधार पर मानहानि का क़ानून आपराधिक नहीं होना चाहिए क्योंकि यह दो लोगों के बीच का निजी विवाद है जिसका समाज और उसकी व्यवस्था पर कोई असर नहीं पड़ता है। लेकिन इंग्लैंड में दो सदी पहले मानहानि को आपराधिक क़ानून बना दिया गया क्योंकि निजी प्रतिष्ठा पर आक्षेप यानी मानहानि के मामलों में ख़ून-ख़राबा होने लगा था। इसलिए उस समय मानहानि को निजी मामला होते हुए भी आपराधिक क़ानून का दर्जा दिया गया। लेकिन यह मध्ययुगीन इंग्लैंड की बात है। आज मानहानि के मामले से कोई मल्लयुद्ध के ज़रिये नहीं निपटता है। आश्चर्य नहीं कि दुनिया के अधिकांश सभ्य समाजों में मानहानि अब आपराधिक नहीं बल्कि दीवानी मामला है।

लेकिन सुप्रीम कोर्ट का तर्क है कि चूँकि समाज, व्यक्तियों का समुच्चय है, इसलिए एक व्यक्ति के प्रति निजी अपराध भी समाज के प्रति अपराध है। लेकिन यह तर्क को अतिरिक्त रूप से खींचना है। इस आधार पर तो दो लोगों के बीच हर रार या विवाद अपराध है। मान लीजिए कि आपके पालतू कुत्ते ने मुझे काट लिया तो क्या इसे ऐसा अपराध माना जायेगा जिसका असर पूरे समाज पर पड़ता है? क्या इसके लिए राज्य का हस्तक्षेप, मुक़दमा और जेल की सज़ा जायज़ है? यह सवाल इस सन्दर्भ में और मौजूं हो जाता है कि मानहानि के मामलों से निपटने के लिए दीवानी प्रावधान मौजूद है।

असल में, सुप्रीम कोर्ट के सामने प्रश्न यह था कि क्या आपराधिक मानहानि को अभिव्यक्ति की आज़ादी पर 'उचित या तर्कसंगत प्रतिबन्ध' माना जा सकता है? यह सच है कि संविधान के जिस अनुच्छेद-19(i) के तहत अभिव्यक्ति की आज़ादी का प्रावधान है, उसके 19(ii) में अभिव्यक्ति की आज़ादी पर 'उचित या तर्कपूर्ण प्रतिबन्धों' का भी प्रावधान है जिसमें कोई 9 आधारों पर यह प्रतिबन्ध लगाया जा सकता है। इसमें मानहानि का प्रावधान भी है। लेकिन जब मानहानि का दीवानी प्रावधान है तो क्या आपराधिक मानहानि के अतिरिक्त प्रावधान को 'उचित या तार्किक' माना जा सकता है? क्या यह अपराध की तुलना में ग़ैर-अनुपातिक, अत्यधिक और अनुचित नहीं है?

यह प्रश्न इसलिए और महत्त्वपूर्ण हो जाता है क्योंकि मुद्दा अभिव्यक्ति की आज़ादी का है जिसे लोकतान्त्रिक अधिकारों में सबसे महत्त्वपूर्ण और सभी नागरिक अधिकारों की जननी माना जाता है। यह सही है कि अभिव्यक्ति की आज़ादी असीमित, निर्बाध या स्वच्छन्द नहीं है। उसकी सीमाएँ हैं। लेकिन ये सीमाएँ अतार्किक और अनुचित नहीं हो सकती हैं। तात्पर्य यह कि सीमाओं की भी सीमा है। इन सीमाओं को अनुचित या अतार्किक तरीक़े से अभिव्यक्ति की आज़ादी को बाधित करने के लिए इस्तेमाल नहीं किया जा सकता है। याद रहे कि अभिव्यक्ति की आज़ादी सर्वोच्च है न कि उसकी सीमाएँ या उस पर प्रतिबन्ध।

आपराधिक मानहानि के आलोचकों का तर्क है कि आईपीसी की धारा 499 के तहत आपराधिक मानहानि का प्रावधान इसलिए भी अनुचित और अतार्किक है क्योंकि इसमें 'ईमानदार भूल' के लिए गुंजाइश नहीं है। असल में, आपराधिक मानहानि के मामले में दीवानी मानहानि की तरह सिर्फ़ सच्चाई बचाव नहीं है बल्कि उसके अतिरिक्त वह कथन/आलेख लोकहित में होना चाहिए या फिर वह किसी सार्वजनिक विषय पर नेक नीयत से व्यक्त विचार होना चाहिए। इसमें समस्या यह है

कि अगर आपका कथन/आलेख तथ्यगत ग़लती या त्रुटि है तो आपका कोई बचाव नहीं है, भले ही आप यह साबित करने में कामयाब हों कि आपने अपनी ओर से यथासम्भव भली-भाँति जाँच-पड़ताल की थी।

उल्लेखनीय है कि दुनिया के अनेक देशों में न्यायालयों ने इसे अभिव्यक्ति की आज़ादी की भावना के प्रतिकूल माना है। मज़े की बात यह है कि ख़ुद सुप्रीम कोर्ट ने दो दशक पहले आर राजगोपाल बनाम तमिलनाडु राज्य के दीवानी मामले में 'ईमानदार भूल' को बचाव माना। सवाल यह है कि दीवानी मानहानि के मामले में जो बचाव है, वह आपराधिक मानहानि में भी बचाव क्यों नहीं होना चाहिए? क्या यह स्थिति अतार्किक और असंगत नहीं है? अफ़सोस कि सुप्रीम कोर्ट ने अपने ताज़ा फ़ैसले में इस पहलू को लगभग अनदेखा कर दिया। कहने की ज़रूरत नहीं है कि न्यूज़ मीडिया और पत्रकारों के काम की प्रकृति ऐसी है कि कई बार तमाम सावधानी और जाँच-पड़ताल के बावजूद तथ्यगत भूल या अशुद्धि रह जाती है।

कल्पना कीजिए कि ऐसे हर मामले में न्यूज़ मीडिया कम्पनियों, सम्पादकों और पत्रकारों के ख़िलाफ़ आपराधिक मानहानि के मामले दायर किये जाने लगे तो इसका न्यूज़ मीडिया के कामकाज पर क्या असर पड़ेगा? दोहराने की ज़रूरत नहीं है कि इससे न सिर्फ़ पत्रकारों पर मानसिक दबाव बहुत ज़्यादा बढ़ जायेगा बल्कि उनका काम करना मुश्किल हो जायेगा। यह एक तरह के अघोषित सेंसरशिप की तरह काम करने लगेगा। इसे ही 'सर्द प्रभाव' (चिलिंग इफेक्ट) कहते हैं। इसके कारण पहले से विभिन्न दबावों और अनैतिक प्रभावों में काम कर रही पत्रकारिता के पूरी तरह से पीआर पत्रकारिता में बदल जाने का ख़तरा है।

उदाहरण के लिए, ब्रिटेन और दूसरे कई पश्चिमी देशों में मानहानि के दीवानी प्रावधान का पत्रकारिता पर यह असर हुआ है कि अख़बारों/चैनलों के दफ़्तरों में पत्रकारों के साथ-साथ वकील भी बैठते हैं जो महत्त्वपूर्ण/विवादास्पद ख़बरों/आलेखों की एक-एक लाइन, तथ्य और दावों की क़ानूनी जाँच करते हैं और उसे मानहानि के दीवानी दावों से बचाने के लिए सुझाव देते हैं। लेकिन इसका असर पत्रकारिता की धार और तेवर पर पड़ा है। वह बहुत ज़्यादा 'स्वच्छ' (सैनीटाईज) होने के प्रयास में फूँक-फूँककर लिखती/बोलती है। पत्रकार अतिरिक्त रूप से सावधान रहते हैं और सम्पादक और न्यूज़ मीडिया कम्पनियाँ उनसे भी ज़्यादा सतर्क रहती हैं।

यहाँ इसकी कतई वकालत नहीं की जा रही है कि पत्रकारों और सम्पादकों को ख़बरों की सत्यता और उनके तथ्यों की जाँच-पड़ताल नहीं करनी चाहिए।

सच यह है कि ख़बरों के प्रकाशन/प्रसारण से पहले उनकी पूरी छानबीन और पुष्टि करना पत्रकारिता के बुनियादी सिद्धान्तों में से एक है बल्कि यह पत्रकारिता का सत्व है। यह तथ्य और गल्प के बीच के अन्तर को ख़त्म करने के लिए अनिवार्य है। यहाँ इसकी भी वकालत नहीं की जा रही है कि पत्रकारों को तथ्यहीन, भ्रामक और तोड़-मरोड़कर गढ़ी हुई ख़बरों/रिपोर्टों के ज़रिये किसी व्यक्ति या संस्था को बदनाम करने की आज़ादी होनी चाहिए। ऐसी पत्रकारिता की कोई साख नहीं होती और उसे ठीक ही पीत पत्रकारिता कहते हैं।

यह भी सच है कि देश के कई छोटे-बड़े अख़बारों/पत्रिकाओं और न्यूज़ चैनलों में पीत पत्रकारिता का असर दिखाई पड़ता है। कई में तथ्यों के प्रति एक लापरवाही और उदासीनता भी दिखती है। कुछ न्यूज़ चैनल तथ्यों के साथ तोड़-मरोड़ करने और ब्लैकमेल से लेकर फ़र्ज़ी ख़बरें चलाने के भी आरोपी हैं। कई मीडिया समूहों पर पैसा लेकर ख़बरें बेचने (पेड न्यूज़) से लेकर पीआर पत्रकारिता और कॉर्पोरेट हितों को आगे बढ़ाने के गम्भीर आरोप लगे हैं। इन सबके कारण देश में न सिर्फ़ न्यूज़ मीडिया की साख पर बुरा असर पड़ा है बल्कि उनकी नैतिकता और मूल्यों पर भी सवाल उठ रहे हैं। इन कारणों से हाल के वर्षों में कड़े मानहानि क़ानून और न्यूज़ मीडिया के नियमन (रेगुलेट) की माँग भी उठ रही है।

लेकिन यह मीडिया और अभिव्यक्ति की आज़ादी के परिदृश्य का एक पक्ष है। इसका दूसरा पक्ष यह है कि न्यूज़ मीडिया ख़ासकर छोटे-मँझोले अख़बारों, न्यूज़ चैनलों के एक हिस्से और ख़ासकर नये माध्यमों—न्यूज़ पोर्टलों, ब्लागों और सोशल मीडिया के अलावा अनेक स्वतन्त्र पत्रकार/लेखक कम संसाधनों में जोख़िम उठाकर जनहित के मुद्दों और विषयों पर सच्चाई सामने लाने, खोजी पत्रकारिता के ज़रिये कॉर्पोरेट और ताक़तवर नेताओं और अधिकारियों के भ्रष्टाचार और अनियमितताओं का पर्दाफ़ाश करने की कोशिश कर रहे हैं। ऐसे पत्रकार/लेखक/कार्यकर्ता नागरिकों के सामने सच्चाई सामने लाने और उन्हें सूचित करने की ज़िम्मेदारी निभा रहे हैं।

लेकिन उन्हें ही चौतरफ़ा हमलों और दबावों को झेलना पड़ता है। उन्हें ही सरकार से लेकर कॉर्पोरेट और ताक़तवर/प्रभावशाली लोगों के कोप और दमन का सामना करना पड़ता है। उन्हें झूठे मामलों में फँसाकर जेल भेजने से लेकर उनकी हत्या तक के मामले बढ़े हैं। ऐसे ही तत्त्वों के हाथ में मानहानि क़ानून ईमानदार और साहसी पत्रकारों/लेखकों/कार्यकर्ताओं को चुप कराने का नया हथियार बन गया है।

हाल के वर्षों में ऐसे कई चर्चित मामले सामने हैं जिसमें मानहानि क़ानून के दीवानी और आपराधिक प्रावधानों का इस्तेमाल पत्रकारों/लेखकों/कार्यकर्ताओं को डराने और चुप कराने के लिए किया जा रहा है।

ख़ासकर बड़े कॉर्पोरेट समूहों और अमीर/ताक़तवर लोगों ने अपने अकूत संसाधनों और भारी-भरकम क़ानूनी टीम की मदद से मानहानि क़ानून का रणनीतिक इस्तेमाल शुरू कर दिया है। इसे एसएलएपीपी या स्लैप (स्ट्रेटेजिक लॉ-सूट अगेंस्ट पब्लिक पार्टिसिपेशन) कहा जा रहा है जिसमें बड़े कॉर्पोरेट समूह अपने ख़िलाफ़ लिखने/बोलनेवाले पत्रकारों/स्वतन्त्र लेखकों और कार्यकर्ताओं पर मनमाने तरीक़े से मानहानि के बड़े-बड़े दावे (100 करोड़ से लेकर 200 करोड़ रुपये) और आपराधिक मानहानि के मुक़दमे दायर कर रहे हैं। (ऐसे मामलों के बारे में विस्तार से सुबीर घोष और परन्जॉय गुहा ठाकुरता की हाल में आयी किताब 'सू द मेसेंजर' में पढ़ सकते हैं)।

कहने की ज़रूरत नहीं है कि यह पत्रकारों/लेखकों/कार्यकर्ताओं को परेशान और तंग करने के मक़सद से किया जाता है क्योंकि इन मुक़दमों से निपटने के लिए उन्हें देश भर में कोर्ट-कचहरी के चक्कर लगाने पड़ेंगे और सीमित संसाधनों में से पैसे ख़र्च करने पड़ेंगे। आम पत्रकारों/स्वतन्त्र लेखकों/कार्यकर्ताओं के लिए इससे निपटना आसान नहीं है जबकि कॉर्पोरेट्स के लिए पत्रकारों आदि का मुँह बन्द करने और अपनी गड़बड़ियों पर पर्दा डाले रखने के लिहाज़ से यह ख़र्च कुछ भी नहीं है।

यही नहीं, स्लैप के मामलों में बड़े-मँझोले मीडिया समूह भी पत्रकारों/सम्पादकों को क़ानूनी ख़र्च देने में आनाकानी करने से लेकर अपना हाथ झाड़ने में संकोच नहीं करते हैं। आमतौर पर वे ऐसे मामलों में क़ानूनी खर्चों से बचना चाहते हैं और अक्सर माफ़ी माँगने और रिपोर्ट वापस लेने में देर नहीं करते हैं।

आश्चर्य नहीं कि न्यूज़ मीडिया में वास्तविक खोजी पत्रकारिता मन्द पड़ रही है ख़ासकर बड़े कॉर्पोरेट समूहों और ताक़तवर लोगों की खोजबीन और उनके भ्रष्टाचार और अनियमितताओं को सामने लाने वाली खोजी रिपोर्टें कम या नहीं के बराबर दिखती हैं। गोया कॉर्पोरेट क्षेत्र में बिल्कुल रामराज्य हो।

हालाँकि सच्चाई यह है कि भ्रष्टाचार के मामलों में माँग पक्ष (मन्त्री-नेता-अफ़सर) के साथ-साथ आपूर्ति पक्ष (कॉर्पोरेट्स और कारोबारी) भी होता है जिसके बारे में बहुत कम चर्चा होती है। ख़ासकर आर्थिक उदारीकरण की प्रक्रिया की शुरुआत के बाद कॉर्पोरेट्स अर्थव्यवस्था की ड्राइविंग सीट पर हैं और भ्रष्टाचार के

ज़्यादातर मामलों की जड़ में वे और प्राकृतिक संसाधनों की उनकी भूख है। लेकिन इसकी पड़ताल न के बराबर होती है।

इसके लिए न्यूज़ मीडिया के ख़ुद के कॉर्पोरेट चरित्र और मालिकाने के अलावा स्लैप की बड़ी भूमिका है। यही कारण है कि आपराधिक मानहानि क़ानून और दीवानी मानहानि में स्लैप की गुंजाइश को ख़त्म करने की माँग ज़ोर पकड़ रही है। यह अभिव्यक्ति की आज़ादी की मूल भावना, नागरिकों के जानने के अधिकार के साथ-साथ लोकतन्त्र में ताक़तवर/प्रभावशाली लोगों की जवाबदेही तय करने के लिहाज़ से ज़रूरी है। अफ़सोस यह है कि सुप्रीम कोर्ट ने आपराधिक मानहानि को निरस्त करने से इनकार करके एक ऐतिहासिक मौक़ा गँवा दिया है। इसके बाद नागरिक समाज के सामने विधायिका पर दबाव बनाने और संसद में इन क़ानूनों में संशोधन करने के अलावा और कोई रास्ता नहीं बचा है।

निश्चय ही, 156 साल पुराने औपनिवेशिक क़ानून को एक आज़ाद और लोकतान्त्रिक देश से विदा करने का समय आ गया है। लेकिन क्या न्यूज़ मीडिया इस लड़ाई में नागरिक समाज के साथ खड़ा होगा?

*(जून, 2016)*

# न्यूज़ चैनलों का सुदर्शनीकरण

**चैनल जाने-अनजाने टीआरपी और अपने संकीर्ण राजनीतिक-आर्थिक हितों की पूर्ति के लिए आग से खेल रहे हैं**

वर्ष 2014 की उथल-पुथल के बाद 'अच्छे दिनों' की उम्मीद कर रहे न्यूज़ चैनलों के लिए बीता साल भी कुछ ख़ास अच्छा नहीं गुज़रा। चैनलों के अन्दर और बाहर उथल-पुथल का माहौल न सिर्फ़ बना हुआ है बल्कि अनिश्चितता, निराशा और घबराहट बढ़ती जा रही है। चुनिन्दा चैनलों को छोड़कर अधिकांश न्यूज़ चैनलों का आर्थिक-वित्तीय संकट और गहरा हुआ है। नतीजा, बीते साल कई न्यूज़ चैनल बन्द हो गये और कई बन्द होने के कगार पर खड़े हैं। इसके कारण सैकड़ों टीवी पत्रकार/कर्मी बेरोज़गार हुए हैं या अनिश्चित भविष्य का सामना कर रहे हैं। कई चैनलों में पत्रकारों को महीनों से वेतन नहीं मिल रहा है या लम्बे विलम्ब से मिल रहा है।

यह सही है कि बन्द होने वाले या गम्भीर आर्थिक संकट का सामना कर रहे ज़्यादातर न्यूज़ चैनल वे हैं जिनके पीछे किसी चिट फंड कम्पनी या ऐसे ही सन्दिग्ध कारोबार/धन्धे में शामिल कम्पनी/व्यक्तियों की पूँजी लगी थी। इन कम्पनियों पर जब से सेबी/रिज़र्व बैंक जैसे नियामकों और दूसरी एजेंसियों ने कार्रवाई शुरू की और उनकी धन उगाही का स्रोत सूखने लगा, उनके न्यूज़ चैनल गम्भीर संकट में फँस गये या एक-एक कर बन्द हो रहे हैं। लेकिन इनके अलावा कॉर्पोरेट पूँजी से चलने वाले कई चैनलों की वित्तीय स्थिति भी अच्छी नहीं है। इनमें से अधिकांश घाटे में चल रहे हैं और उनके टिके रहने पर सवाल उठ रहे हैं।

इस आर्थिक-वित्तीय संकट से बचने के लिए कुछ न्यूज़ चैनल जहाँ बड़े कॉर्पोरेट्स समूहों के शरण में जा रहे हैं और घोषित-अघोषित डील कर रहे हैं या सवालिया सौदे कर रहे हैं। इससे उनकी सम्पादकीय आज़ादी भी सवालों के घेरे में

आ गयी है। ऐसे ही सौदे के कारण वर्ष 2014 में नेटवर्क-18 और टीवी-18 समेत ईटीवी पर मुकेश अम्बानी की रिलायंस ने कब्ज़ा कर लिया था जिसके बाद कई सम्पादकों को उसके चैनलों से बाहर जाना पड़ा था। इस प्रकरण से टीवी न्यूज़ उद्योग में रिलायंस जैसे बड़े कॉर्पोरेट समूह के प्रवेश और अधिकांश न्यूज़ चैनलों के बदतर होते आर्थिक-वित्तीय संकट के मद्देनज़र कॉर्पोरेट एकाधिकार और हितों के टकराव के ख़तरों और न्यूज़ मीडिया में विविधता और बहुलता पर बढ़ते दबाव को लेकर बहस शुरू हो गयी थी।

सवाल उठने लगे थे कि कितने न्यूज़ चैनल समूह मौजूदा आर्थिक-वित्तीय संकट को झेल पायेंगे? क्या न्यूज़ चैनलों का मुख्यत: विज्ञापन राजस्व पर आधारित मौजूदा बिज़नेस मॉडल पूरी तरह विफल हो गया है? वित्तीय संकट का सामना कर रहे कितने चैनल बन्द होंगे या फिर नेटवर्क-18 की गति को प्राप्त होंगे? क्या मुकेश अम्बानी की रिलायंस के बाद देश के और बड़े कॉर्पोरेट समूह न्यूज़ मीडिया उद्योग ख़ासकर न्यूज़ चैनलों का मालिकाना हासिल करने की कोशिश करेंगे? इसका इन चैनलों की सम्पादकीय आज़ादी, स्वतन्त्रता और नागरिकों के जानने के अधिकार पर क्या असर पड़ेगा?

ये सवाल 2015 में और प्रासंगिक हो गये और इन्हें लेकर बहस भी जारी है। वजह साफ़ है। इस साल 10 हज़ार करोड़ रुपये की जिन्दल स्टील एंड पावर कम्पनी ने नॉन प्रॉफिट ट्रस्ट के ज़रिये एफ-7 ब्रॉडकास्ट प्राइवेट लिमिटेड में निवेश और फोकस न्यूज़ चैनल को न्यूज़ वर्ल्ड इंडिया के बतौर री-लांच किया। हालाँकि मीडिया उद्योग में जिन्दल समूह के प्रवेश को उनके ज़ी मीडिया समूह के साथ तीखे और खुले कॉर्पोरेट युद्ध के नतीजे के रूप में देखा जा रहा है लेकिन इसके निहितार्थ कहीं ज़्यादा गहरे हैं। यह आने वाले दिनों में न्यूज़ मीडिया कम्पनियों पर प्रत्यक्ष कॉर्पोरेट नियन्त्रण की प्रक्रिया को तेज़ कर सकता है। दूसरे, इससे कॉर्पोरेट युद्ध और सत्ता के गलियारों में पहुँच और लाबीइंग के लिए न्यूज़ चैनलों के खुले इस्तेमाल की प्रवृत्ति भी तेज़ हो सकती है।

आश्चर्य नहीं कि एक और बड़े और प्रतिष्ठित न्यूज़ चैनल समूह—एनडीटीवी के फंडिंग स्रोतों और वास्तविक निवेशकों को लेकर सवाल उठाये जा रहे हैं। इनकम टैक्स और इन्फोर्समेंट डायरेक्टरेट जैसी एजेंसियाँ उसपर लगे आरोपों की जाँच भी कर रही हैं। 'कैरावन' पत्रिका ने दिसम्बर के मीडिया अंक की कवर स्टोरी में एनडीटीवी के वित्तीय संकट और उसके फंडिंग स्रोतों को लेकर कई सवाल उठाये हैं। हालाँकि ख़ुद एनडीटीवी का कहना है कि उसे बदनाम करने के लिए

उसके ख़िलाफ़ एक सुनियोजित अभियान चलाया जा रहा है। इसमें एक हद तक सच्चाई है। एनडीटीवी की एक हद तक मध्य-वाम और उदार सम्पादकीय नीति से संघ परिवार के संगठनों, सत्तारूढ़ पार्टी के नेताओं और विचारकों की चिढ़ किसी से छुपी नहीं है और वे उसे निशाना बनाते रहे हैं।

लेकिन इस कारण एनडीटीवी के फंडिंग स्रोतों को लेकर उठ रहे सवालों को अनदेखा नहीं किया जा सकता है क्योंकि इससे उसके भी नेटवर्क-18 की राह पर जाने के ख़तरे बढ़ गये हैं। दूसरे, एनडीटीवी के 'अज्ञात' निवेशकों के उद्देश्य क्या हैं और उसका चैनल की सम्पादकीय आज़ादी और लाइन पर क्या असर पड़ रहा है? ये सवाल इसलिए ज़रूरी हैं क्योंकि दर्जनों न्यूज़ चैनलों के बीच एनडीटीवी की अपेक्षाकृत एक साफ़-सुथरी, सन्तुलित, स्वतन्त्र और लोकतान्त्रिक न्यूज़ चैनल की छवि है। इसके लिए काफ़ी हद तक उसके मालिक और प्रवर्तक प्रणय राय और राधिका राय को भी श्रेय जाता है लेकिन पिछले कुछ वर्षों में उनकी महत्त्वाकांक्षाओं और सवालिया वित्तीय लेनदेन और सौदों के कारण एनडीटीवी मुश्किल में भी फँस गया है।

इस कारण उसके भविष्य पर सवाल उठ रहे हैं। यह भी कि वह कितने दिनों तक अपनी सम्पादकीय को स्वतन्त्र बचाये रख सकेगा? ख़ासकर एनडीटीवी में भी मुकेश अम्बानी की रिलायंस के परोक्ष निवेश की रिपोर्टों के बाद यह सवाल और महत्त्वपूर्ण हो गया है। यह सच है कि ज़्यादातर न्यूज़ चैनल कम्पनियों और यहाँ तक कि अधिकांश मीडिया कम्पनियों के मालिकाने, उनके ज्ञात-अज्ञात निवेशकों और अत्यन्त जटिल और घुमावदार, टेढ़े-मेढ़े निवेश और सौदों के तौर-तरीक़ों को लेकर सवाल उठते रहे हैं। यह भी सही है कि पिछले कुछ वर्षों में न्यूज़ चैनलों के राजनीतिक प्रभाव और ताक़त से आकर्षित होकर कई बड़े कॉर्पोरेट समूहों और राजनेताओं ने इन चैनलों में प्रत्यक्ष और परोक्ष निवेश किया है।

असल में, इन कॉर्पोरेट समूहों के लिए न्यूज़ चैनलों में निवेश एक तरह का बीमा है जो उन्हें किसी संकट में फँसने के वक़्त (ख़बरों को अपने मुताबिक़ तोड़ने-मरोड़ने या स्पिन करने या अनुकूल धारणा बनाने के) काम आ सकता है या उस निवेश का इस्तेमाल वे एक ऋणाधार (कोलैटरल) की तरह भी करते हैं जिससे लाइसेंस/कोटा/परमिट हासिल करने में मदद मिलती है। हैरानी की बात नहीं है कि चिट फंड और रीयल इस्टेट कम्पनियों के न्यूज़ चैनलों से इतर कई प्रमुख हिन्दी-अंग्रेज़ी न्यूज़ चैनल कम्पनियों में देश के कई बड़े कॉर्पोरेट समूहों का अप्रत्यक्ष

पैसा लगे होने की रिपोर्टें आती रही हैं। इनमें मुकेश और अनिल अम्बानी, टाटा, कुमारमंगलम बिरला, जिन्दल आदि के नाम प्रमुख हैं।

लेकिन 2014 से स्थिति बदलने लगी है। रिलायंस ने जिस तरह से नेटवर्क-18 पर कब्ज़ा किया और ज़ी समूह के मालिक सुभाष चन्द्र से कॉर्पोरेट मुक़ाबले के लिए जिन्दल ने न्यूज़ चैनल शुरू करने का फ़ैसला किया, उससे यह साफ़ हो गया कि बड़े कॉर्पोरेट समूह अब पर्दे के पीछे से नहीं बल्कि सामने से न्यूज़ चैनल चलाने के लिए उत्सुक हैं। वर्ष 2015 में यह सवाल उठता रहा कि क्या एनडीटीवी इस कॉर्पोरेट टेकओवर का अगला शिकार बनेगा? यह भी कि संघ परिवार और सत्ता के दबावों और आर्थिक-वित्तीय संकटों के बीच एनडीटीवी कितने दिनों तक टिका रहेगा? सवाल यह भी है कि क्या न्यूज़ चैनल कॉर्पोरेट युद्ध के अखाड़े बन जायेंगे?

एनडीटीवी के टिके रहने का प्रश्न इसलिए और महत्त्वपूर्ण हो गया है क्योंकि राष्ट्रीय न्यूज़ चैनलों—अंग्रेज़ी और हिन्दी में सूचनाओं और विचारों की विविधता और बहुलता का दायरा लगातार सिकुड़ता और संकीर्ण होता जा रहा है। वैसे भी यह कभी बहुत व्यापक, समावेशी, लोकतान्त्रिक, पारदर्शी और खुला नहीं था लेकिन वर्ष 2014 में केन्द्र में सत्ता परिवर्तन और भाजपा के नेतृत्ववाले एनडीए गठबन्धन के सत्ता में आने के बाद से यह न सिर्फ़ और संकीर्ण हुआ है बल्कि और अधिक पक्षपातपूर्ण, विद्वेषपूर्ण और कर्णभेदी होता जा रहा है। इक्का-दुक्का अपवादों को छोड़कर चैनलों के कंटेंट, कवरेज और प्रस्तुति में साफ़ तौर पर दक्षिणपन्थी-अनुदारवादी झुकाव और कुछ मामलों में पक्षपातपूर्ण झुकाव को देखा जा सकता है।

दरअसल, संघ परिवार के क़रीब और ख़ुद को 'दुनिया का पहला सामाजिक-देशभक्त चैनल' का दावा करने वाला न्यूज़ चैनल—'सुदर्शन' जो पक्षपातपूर्ण और विद्वेषपूर्ण रिपोर्टिंग और बहसों के लिए जाना जाता रहा है और हमेशा से एक हाशिये (फ्रिंज) का चैनल रहा है लेकिन एक वैचारिक प्रवृत्ति का प्रतीक भी रहा है, आज वह चैनल ख़ुद तो नहीं लेकिन वह प्रवृत्ति हाशिये (फ्रिंज) से मुख्यधारा में आ गयी है। कुछेक अपवादों को छोड़कर ज़्यादातर न्यूज़ चैनलों का सुदर्शनीकरण हो गया है। बीते वर्ष में यह प्रवृत्ति और गहरी हुई है। कई मीडिया जानकारों और पत्रकारों को पहले लग रहा था कि यह प्रवृत्ति तात्कालिक और चुनिन्दा चैनलों तक सीमित है।

लेकिन ऐसा नहीं है। पिछले साल हिन्दी और अंग्रेज़ी के अधिकांश राष्ट्रीय न्यूज़ चैनलों की घटनाओं/मुद्दों के कवरेज, रिपोर्टिंग और बहसों के कार्यक्रमों को सरसरी तौर पर भी देखने से यह साफ़ हो जाता है कि उनकी दक्षिणपन्थी वैचारिक दिशा और झुकाव में कोई ख़ास बदलाव नहीं आया है और न ही पक्षपातपूर्ण रवैये

पर कोई फ़र्क़ पड़ा है। उलटे यह और ज़्यादा तीखा, विद्वेषपूर्ण और कर्णभेदी हुआ है। कई चैनल इस दक्षिणपन्थी वैचारिक हमले के अगुवा दस्ता बन गये हैं। कल तक जो मुद्दे और विषय और साधु-स्वामी, साध्वियाँ और संघ/विहिप विचारक सुदर्शन चैनल पर दिखते थे, वे मुख्यधारा के चैनलों की ख़बरों/बहसों में छा गये हैं।

बीते साल चैनलों पर सबसे ज़्यादा दिखाई और सुनायी देने वालों में निश्चय ही प्रधानमन्त्री नरेन्द्र मोदी के मुक़ाबले दूर-दूर तक कोई नहीं था। चैनलों पर एयर टाइम के लिए उनका अगर किसी से मुक़ाबला था तो वे महन्त आदित्यनाथ, साक्षी महाराज, साध्वी प्राची, साध्वी निरंजन ज्योति, प्रवीन तोगड़िया और इनके कई प्रतिरूपों और ख़ुद मोहन भागवत से था। यही नहीं, चैनलों पर घर वापसी, लव-ज़िहाद और असहिष्णुता से लेकर राजनीतिक-सामाजिक मुद्दों पर होने वाली प्राइम टाइम चर्चाओं/बहसों में भाजपा के प्रवक्ताओं के अलावा संघ के विचारक भी नियमित हो गये। कई मौक़ों पर तो पैनल में भाजपा के प्रवक्ता के साथ-साथ संघ के विचारक, विहिप के प्रवक्ता और एक साधु या स्वामी या महन्त भी बुलाये गये।

कहने की ज़रूरत नहीं है कि किनारे या हाशिये (फ्रिंज) से मुख्यधारा (मेनस्ट्रीम) में लाने का इससे बेहतर उदाहरण नहीं हो सकता है। इसमें न्यूज़ चैनलों की अग्रणी भूमिका को भी अनदेखा करना मुश्किल है। ऐसा लगता है कि न्यूज़ चैनल इस फ्रिंज के भोंपू बन गये हैं जो इन तत्त्वों की ओर से उछाले गये हर मुद्दे को न सिर्फ़ लपक लेते हैं बल्कि उसे सैकड़ों बार दोहराते हैं। हालाँकि कई चैनलों का दावा है और सतही तौर पर यह सही भी लगता है कि वे यह ऐसे कट्टरपन्थी तत्त्वों की आलोचना या उन्हें एक्सपोज करने के लिए करते हैं। लेकिन सच यह है कि उनके कवरेज और प्रस्तुति के तरीक़ों से जाने-अनजाने ऐसे कट्टर हिन्दूवादी तत्त्वों को न सिर्फ़ प्रचार और अपनी पहचान बनाने का मंच मिल रहा है बल्कि उन्हें एक तरह का सम्मान भी मिल रहा है।

उदाहरण के लिए बीते साल आम ख़बरों/बुलेटिनों से लेकर प्राइम टाइम चर्चाओं और बहसों तक में घर वापसी, मुसलमानों की बढ़ती जनसंख्या, लव-ज़िहाद, गो-हत्या पर प्रतिबन्ध, असहिष्णुता, समान नागरिक संहिता जैसे अनेक विवादास्पद और सामाजिक-धार्मिक विभाजन बढ़ाने वाले मुद्दे छाये रहे। ज़ाहिर है कि कट्टर हिन्दूवादी संगठनों और समूहों की इन मुद्दों को उछालने में दिलचस्पी थी। उनका मक़सद साफ़ है। उनकी दिलचस्पी इन मुद्दों के ज़रिये धार्मिक ध्रुवीकरण को बढ़ाने और उसका राजनीतिक फ़ायदा उठाने की थी। चैनलों ने उनको यह मौक़ा और मंच देकर अपना मक़सद पूरा करने का अवसर दिया है।

चैनलों को अन्दाज़ा नहीं है कि इससे सार्वजनिक विमर्श का स्तर कहाँ पहुँच गया है, सामाजिक-धार्मिक माहौल कितना विषाक्त हो रहा है और आपसी भाईचारे-सौहार्द पर कितना बुरा असर पड़ रहा है! चैनल मानें या न मानें लेकिन दादरी (उत्तर प्रदेश) में गोमांस रखने का आरोप लगाकर भीड़ ने मोहम्मद अख़लाक़ की जिस तरह से पीट-पीटकर हत्या कर दी या ऐसी कई और घटनाएँ उत्तर प्रदेश, हरियाणा और जम्मू में हुई हैं, उसके लिए विषाक्त माहौल बनाने में न्यूज़ चैनलों का भी योगदान कम नहीं है। देश में बढ़ते दक्षिणपन्थी उग्र हिन्दूवादी झुकाव के बीच जिस तरह से अल्पसंख्यक ख़ासकर मुसलमान विरोधी माहौल बनाया गया है, उसमें न्यूज़ चैनलों के ऐसे विवादास्पद मुद्दों की अहर्निश कवरेज और बहसों/चर्चाओं में ऐसे तत्त्वों को मंच देने की बड़ी भूमिका है।

असल में, चैनल सिर्फ़ घर वापसी, लव-ज़िहाद और गोमांस आदि मुद्दों पर ही नहीं बल्कि सीरिया-इराक में इस्लामी स्टेट के बढ़ते आतंक और पाकिस्तान को लेकर कई चैनलों ख़ासकर हिन्दी चैनलों पर जिस तरह की रिपोर्टिंग और विशेष कार्यक्रम तैयार किये जाते हैं और उन पर जो चर्चाएँ होती हैं, उससे जाने-अनजाने मुसलमानों और इस्लाम के ख़िलाफ़ पहले से मौजूद पूर्वाग्रह और धारणाएँ और मज़बूत हो रही हैं। इससे कट्टरपन्थी हिन्दूवादी संगठनों को इस्लाम और मुस्लिम-फोबिया फैलाने में मदद मिल रही है। यहाँ तक कि इन चैनलों ख़ासकर 'टाइम्स नाऊ' ने जिस तरह से पाकिस्तान को अपनी ओर से आतंकवादी देश घोषित करके उसके राजनीतिक-कूटनीतिक बायकाट का अभियान चला रखा है, उसके कारण मोदी सरकार को पाकिस्तान से बातचीत शुरू करने में राजनीतिक मुश्किल हो रही है।

हालाँकि चैनलों का अपने बचाव में यह कहना रहा है कि जब राष्ट्रीय राजनीति ख़ुद दक्षिणपन्थी की ओर झुकी है और देश में संघ परिवार और उससे जुड़े कट्टरपन्थी हिन्दूवादी संगठन अपना एजेंडा बढ़ाने में लगे हैं तो उसे अनदेखा कैसे किया जा सकता है? चैनल जो वस्तुस्थिति है, उसे रिपोर्ट करने या उसपर चर्चा/बहस करने से कैसे बच सकते हैं? उनका तर्क है कि चैनल तो सिर्फ़ सन्देशवाहक (मेसेंजर) हैं और सन्देश देने वालों के बजाय उन्हें निशाना बनाना ठीक नहीं है। यह तर्क सतही तौर पर ठीक दिखाई देने के बावजूद सन्देशवाहक और सन्देश प्रसारक के बीच के जटिल रिश्ते का सरलीकरण है। यह रिश्ता इतना सीधा-सादा नहीं है।

सच यह है कि सन्देशवाहक के रूप में चैनल तटस्थ या निरपेक्ष सन्देशवाहक नहीं हैं। इसके उलट वे सन्देशों को पूरी सक्रियता और सोच के मुताबिक़ चुनते

और उसकी फ्रेमिंग/एन्गलिंग करते हैं, उसे मिलने वाला समय, क्रम और प्रमुखता तय करते हैं और इस चयन, फ्रेमिंग और प्रस्तुति की प्रक्रिया में चैनल के मालिकों के साथ-साथ उनके सम्पादकों/पत्रकारों (गेटकीपरों) की वैचारिकी, आर्थिक-राजनीतिक-सामाजिक दबावों, पूर्वाग्रहों और धारणाओं की बहुत महत्त्वपूर्ण भूमिका होती है। अगर ऐसा नहीं होता तो ज़ी-न्यूज़ और इंडिया टीवी और एनडीटीवी और एबीपी न्यूज़ के बीच ख़बरों के चयन और प्रस्तुति में मामूली ही सही लेकिन अन्तर क्यों होता?

चैनल मानें या न मानें लेकिन इससे इनकार करना मुश्किल है कि उनकी दिलचस्पी विवादास्पद, भावनात्मक और ध्रुवीकृत करने वाले मुद्दों/घटनाओं में होती है क्योंकि उन्हें लगता है कि विवाद ख़ासकर भावनात्मक ध्रुवीकरण करने वाले विवाद ज़्यादा से ज़्यादा दर्शकों को आकर्षित करते हैं। इसका सम्बन्ध उनकी रेटिंग पॉइंट-टीआरपी से है जिसके लिए ज़्यादातर चैनल कुछ भी करने को तैयार रहते हैं। इसके लिए वे विवाद न हो तो गढ़ने और बनाने की कोशिश भी करते हैं। इसके साथ ही कवरेज की फ्रेमिंग और एंगल भी चैनल ही तय करते हैं और बहसों/चर्चाओं में चर्चा के विषय, उसकी दिशा, उसके दायरे से लेकर चर्चाकारों के चुनाव तक का फ़ैसला भी चैनल ही तय करते हैं।

इसलिए उनका यह कहना सच्चाई से दूर है कि वे सिर्फ़ सन्देशवाहक हैं और उनका सन्देश की प्रकृति से कोई लेनादेना नहीं है। सच यह है कि बीते साल राष्ट्रीय न्यूज़ मीडिया ख़ासकर न्यूज़ चैनलों ने जिस तरह से समाज में भावनात्मक ध्रुवीकरण करने वाले विवादों को उछालने और उन्हें एजेंडा बनाने में सक्रिय भागीदार की भूमिका निभायी है, उसके कारण लोक विमर्श न सिर्फ़ काफ़ी विषाक्त और विकृत हुआ है बल्कि सामाजिक-धार्मिक भाईचारे-सौहार्द को अपूरणीय क्षति पहुँची है। साफ़ है कि चैनल जाने-अनजाने टीआरपी और अपने संकीर्ण राजनीतिक-आर्थिक हितों की पूर्ति के लिए आग से खेल रहे हैं।

लेकिन बात सिर्फ़ यहीं तक सीमित नहीं है बल्कि यह चैनलों के कॉर्पोरेट पूँजी और सत्ता के साथ और गहराई के साथ नत्थी होते जाने की भी तार्किक परिणति है। आश्चर्य नहीं कि ज़्यादातर चैनल बीते साल भी सत्ता के विस्तारित भोंपू की तरह 'सेल्फी पत्रकारिता' और 'सुपारी पत्रकारिता' में जुटे रहे जिसका कुल जोड़ सुदर्शनीकरण है। 2014 में शुरू हुई 'सेल्फी पत्रकारिता' अपवाद नहीं थी, यह 2015 में एक बार फिर प्रमाणित हो गया।

प्रधानमन्त्री नरेन्द्र मोदी की बहुचर्चित विदेश यात्राओं और घरेलू कार्यक्रमों/घोषणाओं की कवरेज देख लीजिए। इसी तरह दिल्ली विधानसभा चुनावों के दौरान अरविन्द केजरीवाल और आम आदमी पार्टी के ख़िलाफ़ जैसे कुछ चैनलों ने सुपारी लेकर एकतरफ़ा ख़बरें चलायीं (राजदीप सरदेसाई की टिप्पणी: http://scroll.in/article/706667/supari-journalism-when-arvind-kejriwal-defeated-the-indian-media), वह 'सुपारी पत्रकारिता' साल के आख़िरी महीनों में बिहार विधानसभा के चुनावों में भी जारी रही।

यह और बात है कि दोनों ही जगहों पर सेल्फी और सुपारी पत्रकारिता को मात खानी पड़ी। वोटर पहले से ज़्यादा सजग, सतर्क और स्मार्ट निकले। सवाल यह है कि क्या चैनल इससे कोई सबक सीखेंगे? क्या पिछले दो सालों की तुलना में इस साल चैनलों में अपेक्षाकृत सन्तुलित, तथ्यपूर्ण, आलोचनात्मक और निगरानी पत्रकारिता की वापसी होगी? ज़ाहिर है कि इन सवालों का जवाब बहुत हद तक चैनलों की मौजूदा आर्थिक-वित्तीय संकट से निकल पाने और टिकाऊ बिज़नेस मॉडल खोजने की जद्दोजहद पर भी निर्भर है।

***(जनवरी, 2016)***

# काटजू को ग़ुस्सा क्यों आता है?

**न्यूज़ मीडिया की विकृतियों, विचलनों और भ्रष्टाचार का दायरा व्यक्तिगत पत्रकारों से आगे बढ़कर सांस्थानिक स्वरूप ले चुका है**

न्यूज़ मीडिया में पिछले डेढ़-दो दशकों में कई विकृतियाँ दिखाई दी हैं। न्यूज़ मीडिया की भ्रष्ट गतिविधियों में शामिल होने से लेकर उसके गम्भीर नैतिक विचलनों और गुणवत्ता में आयी गिरावट को लेकर लम्बे समय से चिन्ताएँ ज़ाहिर की जा रही हैं। लेकिन हाल के वर्षों में न्यूज़ मीडिया विशेषकर न्यूज़ चैनलों के कंटेंट और उसकी प्रस्तुति को लेकर आलोचना और तेज़ और तीखी हुई है। इसमें कोई दो राय नहीं है कि न्यूज़ मीडिया की साख में भी गिरावट आयी है, उस पर सवाल उठने लगे हैं और उसे विनियमित (रेगुलेट) करने की माँग ने भी ज़ोर पकड़ा है। यह माँग करने वालों में प्रेस परिषद के अध्यक्ष जस्टिस मार्कण्डेय काटजू सबसे मुखर रहे हैं।

लेकिन अब जस्टिस मार्कण्डेय काटजू चाहते हैं कि पत्रकारों के लिए डॉक्टरों, वकीलों और ऐसे ही दूसरे पेशों की तरह ही क़ानूनी तौर पर न्यूनतम शैक्षणिक योग्यता तय की जाये। उन्हें लगता है कि पत्रकारिता में आयी गिरावट, नैतिक विचलनों और भ्रष्ट गतिविधियों की जड़ में पत्रकारों में उच्च शिक्षा और प्रशिक्षण का अभाव और पत्रकारिता के पेशे में प्रवेश के लिए न्यूनतम शैक्षिक योग्यता और मानदण्डों (और प्रकारान्तर से लाइसेंस) का न होना है। इस समझ और चिन्ता के साथ उन्होंने प्रेस परिषद की एक समिति भी गठित कर दी है जो पत्रकारों के लिए न्यूनतम शैक्षिक योग्यता और अर्हताओं का सुझाव देगी। इस समिति को पत्रकारिता प्रशिक्षण संस्थानों की गुणवत्ता की पड़ताल करके उन्हें विनियमित करने के बारे में भी सिफ़ारिश करनी है।

जैसीकि उम्मीद थी कि जस्टिस काटजू के इस सुझाव और उसे अमली जामा पहनाने के लिए प्रेस परिषद की समिति गठित करने के फ़ैसले ने मीडिया में हंगामा

खड़ा कर दिया। उनके इस फ़ैसले की ख़ासी आलोचना हुई है और उसका मज़ाक़ उड़ाने से लेकर उसके मक़सद पर सवाल खड़े किये गये हैं। हालाँकि जस्टिस काटजू पर इन आलोचनाओं का कोई ख़ास असर हुआ नहीं दिखता है और वे अपनी राय पर डटे हुए हैं कि पत्रकारिता की महत्त्वपूर्ण भूमिका और ज़िम्मेदारी को देखते हुए उसके लिए क़ानूनी तौर पर न्यूनतम शैक्षणिक योग्यता तय की जानी चाहिए। गोया शैक्षिक डिग्री पत्रकारिता की सारी विकृतियों और समस्याओं का रामबाण इलाज हो।

लेकिन जस्टिस काटजू यह माँग करने वाले पहले जज नहीं हैं। प्रसंगवश यह उल्लेख करना ज़रूरी है कि बाबरी मस्जिद को ढहाये जाने की जाँच के लिए गठित जस्टिस लिब्रहान आयोग ने भी कुछ साल पहले दी अपनी रिपोर्ट में पत्रकारों के लिए लाइसेंस अनिवार्य करने की सिफ़ारिश करते हुए कहा था कि पत्रकारिता के उसूलों और आचार संहिता का उल्लंघन करने वाले पत्रकारों का लाइसेंस ज़ब्त कर लिया जाना चाहिए। एक अर्थ में जस्टिस काटजू और जस्टिस लिब्रहान की राय में कोई बुनियादी फ़र्क़ नहीं है। जस्टिस काटजू भी पत्रकारिता के लिए क़ानूनी तौर पर न्यूनतम शैक्षणिक योग्यता का प्रस्ताव करके परोक्ष तौर पर लाइसेंस की ही वकालत कर रहे हैं।

लेकिन सवाल यह है कि क्या न्यूज़ मीडिया और पत्रकारिता की सभी विकृतियों और विचलनों के लिए पत्रकार ज़िम्मेदार हैं? दूसरे, पत्रकारों के विचलनों और भ्रष्ट रवैये के लिए क्या उनकी कम शैक्षिक योग्यता ज़िम्मेदार है?

असल में, जस्टिस काटजू गाड़ी को घोड़े के आगे खड़ा कर रहे हैं। पत्रकारिता की बुनियादी समस्याओं ख़ासकर उसकी गुणवत्ता में आयी गिरावट, नैतिक विचलनों और भ्रष्ट गतिविधियों के लिए पत्रकारों से अधिक मीडिया कम्पनियों के स्वामित्व का मौजूदा ढाँचा और उनकी व्यावसायिक संरचना ज़िम्मेदार है। यह किसी से छुपा नहीं है कि अधिक से अधिक मुनाफ़ा कमाने और अन्य व्यावसायिक-आर्थिक-राजनीतिक निहित स्वार्थों को पूरा करने के उद्देश्य चलायी जा रही अधिकांश मीडिया कम्पनियों में पत्रकारों के पास अपनी स्वतन्त्र राय रखने या रिपोर्टिंग करने की आज़ादी बहुत सीमित है।

सवाल यह है कि जब मीडिया संस्थान ही भ्रष्ट हो, जैसाकि पेड न्यूज़ के मामले में हुआ है, तब पत्रकार के लिए न्यूनतम शैक्षणिक योग्यता और उसकी ईमानदारी के क्या मायने रह जाते हैं? जब कॉर्पोरेट मीडिया संस्थान अख़बार/चैनल को सिर्फ़ अपने मुनाफ़े को बढ़ाने और अपने दूसरे धन्धों को संरक्षित और

प्रोत्साहित करने का माध्यम समझता हो, पत्रकारिता का मतलब ख़बरों की बिक्री (पेड न्यूज़) मानता हो, विज्ञापनदाताओं को ख़ुश करने के लिए हल्की-फुल्की मनोरंजक 'फीलगुड' ख़बरों और अप-मार्केट पाठकों/दर्शकों के लिए सिनेमा-क्रिकेट-सेलेब्रिटीज को परोसने पर ज़ोर देता हो तो पत्रकार चाहे जितना पढ़ा-लिखा हो, जितना ईमानदार-साहसी-संवेदनशील हो, वह इस कॉर्पोरेट ढाँचे में क्या कर सकता है?

सच पूछिये तो पत्रकारिता के मौजूदा कॉर्पोरेट-व्यावसायिक मॉडल में पत्रकार की भूमिका और उसकी आज़ादी बहुत सीमित रह गयी है। इस कारण पत्रकारिता एक और प्रोफ़ेशन यानी नौकरी भर बनकर रह गयी है और मौजूदा ढाँचे के बने रहते जस्टिस काटजू का सुझाव रही-सही कसर भी पूरी कर देगा, डिग्री के साथ पत्रकारिता वास्तव में, क्लर्की बनकर रह जायेगी। दरअसल, जस्टिस काटजू यह भूल रहे हैं कि पत्रकारिता में वह जिन गुणों—ईमानदारी, मुद्दों की गहरी समझ, संवेदनशीलता, मानवीय मूल्यों के प्रति प्रतिबद्धता, साहस आदि को खोज रहे हैं, उनका डिग्री यानी औपचारिक शिक्षा से बहुत कम सम्बन्ध रह गया है।

हैरानी की बात नहीं है कि हाल के वर्षों में भ्रष्ट गतिविधियों और पत्रकारीय उसूलों और आचार संहिता के उल्लंघन के जो गम्भीर मामले सामने आये हैं, उनमें शामिल वरिष्ठ पत्रकारों के पास ऊँची डिग्रियाँ हैं। उदाहरण के लिए, नीरा राडिया टेप कांड में जिन पत्रकारों के नाम सामने आये, वे अनपढ़ नहीं हैं और उनमें से अधिकांश ने बड़े संस्थानों से ऊँची डिग्रियाँ हासिल की हुई हैं।

साफ़ है कि जस्टिस काटजू मर्ज़ का नहीं, लक्षण के इलाज का प्रस्ताव कर रहे हैं। असल मुद्दा मीडिया के राजनीतिक अर्थशास्त्र और उसके कॉर्पोरेट मॉडल का है लेकिन वे उसपर बोलने में न जाने क्यों हिचकिचाते हैं? उनकी निगाह इस ओर नहीं जाती है कि देश में मीडिया में संकेन्द्रण और अल्पाधिकार-एकाधिकार की प्रवृत्तियाँ बढ़ रही हैं जिससे लोकतन्त्र के स्वास्थ्य के लिए ज़रूरी सूचनाओं-विचारों की विविधता-बहुलता ख़तरे में है।

मुद्दा यह भी है कि पत्रकारों की आज़ादी की एक हद तक हिफ़ाज़त करने वाले श्रमजीवी पत्रकार क़ानून की भी कॉर्पोरेट मीडिया संस्थानों द्वारा खुलेआम धज्जियाँ उड़ाई जा रही हैं, उसे पत्रकारों को ठेके पर नियुक्त करने के ज़रिये बेमानी बना दिया गया है और पत्रकारों की नौकरी की सुरक्षा के लिए कोई संरक्षण नहीं है लेकिन जस्टिस काटजू उस पर चुप रहना पसन्द करते हैं। मुद्दा यह भी है कि यूनियन बनाने के संवैधानिक अधिकार के बावजूद ज़्यादातर कॉर्पोरेट मीडिया

संस्थानों में यूनियनें ख़त्म कर दी गयी हैं और पत्रकारों के लिए बोलने वाला कोई नहीं है। हालाँकि पत्रकारिता के विचलनों और विकृतियों से इसका गहरा सम्बन्ध है लेकिन जस्टिस काटजू इससे आँख चुराते रहे हैं।

क्या उन्हें इनका पता नहीं है? उम्मीद है कि उन्होंने ख़ुद प्रेस परिषद की ओर से पेड न्यूज़ की जाँच के लिए गठित समिति की रिपोर्ट ज़रूर पढ़ी होगी। ऐसा मानने के पीछे वजह यह है कि इस रिपोर्ट को ख़ुद जस्टिस काटजू ने प्रेस काउंसिल की ओर से सार्वजनिक किया क्योंकि उससे पहले की काउंसिल ने तो उस रिपोर्ट को तहखाने में डाल दिया था। इस समिति ने पेड न्यूज़ को रोकने के लिए दो महत्त्वपूर्ण सिफ़ारिशें की हैं। पहली, श्रमजीवी पत्रकार क़ानून को ईमानदारी से लागू किया जाये। दूसरे, पत्रकारों की नौकरी को पक्का और सुरक्षित किया जाये और उनके यूनियन बनाने के अधिकार की गारंटी की जाये।

साफ़ है कि पत्रकारिता की विकृतियों और विचलनों की जड़ में क्या है? जब अख़बार/चैनल का प्रबन्धन ख़ुद पेड न्यूज़ में संलग्न हो तो पत्रकार की व्यक्तिगत ईमानदारी का क्या मतलब रह जाता है? कहने की ज़रूरत नहीं है कि अगर मीडिया संस्थान ईमानदार, पत्रकारीय मूल्यों और आचार संहिताओं और लोकतान्त्रिक मूल्यों के प्रति प्रतिबद्ध हो तो वहाँ इस बात की सम्भावना बहुत कम होगी कि कोई भ्रष्ट, अनैतिक और मूर्ख पत्रकार घुस पाये या लम्बे समय तक टिक पाये। ऐसे भ्रष्ट और अनैतिक पत्रकारों के लिए वहाँ मनमानी करने की भी गुंजाइश कम होगी क्योंकि सांस्थानिक तौर पर वहाँ जाँच-पड़ताल की व्यवस्था एक अंकुश की तरह काम करेगी। लेकिन अगर संस्थान ख़ुद भ्रष्ट और पत्रकारीय नैतिकता को ठेंगे पर रखता है तो ईमानदार पत्रकार के लिए भी वहाँ ईमानदार बने रहना या टिके रहना मुश्किल है।

यही नहीं, अगर संस्थान ख़ुद भ्रष्ट है तो वहाँ वैसे ही पत्रकारों को आगे बढ़ाया जायेगा या बढ़ाया जाता है। कहने का तात्पर्य यह है कि आज न्यूज़ मीडिया की विकृतियों, विचलनों और भ्रष्टाचार का दायरा व्यक्तिगत पत्रकारों से बहुत आगे बढ़कर सांस्थानिक स्वरूप ले चुका है और उसका इलाज भी व्यक्तिगत नहीं बल्कि सांस्थानिक ही होना चाहिए। ऐसे में, असल मुद्दा यह है कि ईमानदार-साहसी-संवेदनशील पत्रकारों की आज़ादी की सुरक्षा कैसे की जाये? मीडिया के मौजूदा पूँजीवादी बिज़नेस मॉडल में अभिव्यक्ति की आज़ादी पत्रकार की नहीं, उसके मालिक की आज़ादी है। जब तक यह पत्रकार की आज़ादी नहीं बनेगी, कोई डिग्री या मानदण्ड पत्रकारिता के स्खलन को नहीं रोक पायेगी।

अफ़सोस और चिन्ता की बात यह है कि न्यूज़ मीडिया की विकृतियों, विचलनों और भ्रष्टाचार को मुद्दा बनाने के बावजूद जस्टिस काटजू इसे जिस तरह से पत्रकारों की शिक्षा, अपढ़ता और इसके इलाज के लिए न्यूनतम शैक्षिक योग्यता तक सीमित कर देते हैं, उसके कारण न सिर्फ़ असली अपराधियों को बच निकलने का मौक़ा मिल जा रहा है बल्कि न्यूज़ मीडिया की सफ़ाई में जिनकी सबसे महत्त्वपूर्ण भूमिका हो सकती है और जिन्हें संरक्षण और समर्थन की ज़रूरत है, वे पत्रकार ही कटघरे में खड़े दिखाई पड़ने लगते हैं। इससे इस लड़ाई में दोस्त के दुश्मन बनने और लड़ाई के कमज़ोर पड़ने का ख़तरा पैदा हो गया है।

हालाँकि कहने का आशय यह कतई नहीं है कि पत्रकारों को पढ़ने या उनके प्रशिक्षण की ज़रूरत नहीं है। निश्चय ही, पत्रकारिता में प्रतिभाशाली, पढ़े-लिखे, विभिन्न विषयों के विशेषज्ञ, संवेदनशील और गम्भीर लोगों की ज़रूरत है। लेकिन यहाँ भी समस्या सांस्थानिक ही है क्योंकि न्यूज़ मीडिया में मनोरंजन के बढ़ते बोलबाले और उसके दबाव में पत्रकारिता को हल्का-फुल्का बनाने का सांस्थानिक दबाव इस क़दर बढ़ता जा रहा है कि कॉर्पोरेट मीडिया को बहुत प्रतिभाशाली, पढ़े-लिखे और विशेषज्ञ पत्रकारों की ज़रूरत ही नहीं है।

दूसरे, वे अधिक पढ़े-लिखे और प्रतिभाशाली पत्रकारों को इसके लिए उचित वेतन और बेहतर सेवा शर्तें देने को भी तैयार नहीं हैं। ज़्यादातर मीडिया कम्पनियों का ध्यान गुणवत्ता के बजाय मात्रा पर है और इसके लिए उन्हें सस्ते और ज़्यादा मेहनत कर सकने वाले मशीन की तरह के पत्रकार चाहिए। अफ़सोस के साथ कहना पड़ता है कि एक पेशे के बतौर भी पत्रकारिता न तो वेतन के मामले में, न सेवा शर्तों के मामले में और सबसे बढ़कर पत्रकार के बतौर काम की सन्तुष्टि के मामले में इतनी आकर्षक रह गयी है कि वह प्रतिभाशाली युवाओं ख़ासकर उच्च शिक्षा-प्राप्त छात्रों को आकर्षित कर सके। लेकिन दूसरी ओर, कॉर्पोरेट मीडिया संस्थानों और दूसरी मीडिया कम्पनियों की शिकायत यह रहती है कि पत्रकारिता में प्रतिभाशाली युवा नहीं आ रहे हैं।

असल में, यह एक दुष्चक्र-सा बन गया है। लेकिन इस दुष्चक्र की शुरुआत मीडिया के कॉर्पोरेटीकरण की प्रक्रिया के साथ हुई, जब यह घोषित किया गया कि अख़बार किसी भी अन्य उत्पाद जैसे साबुन, टूथपेस्ट और डियोडोरेंट की तरह एक उत्पाद है। यही नहीं, यह भी कहा गया कि इस उत्पाद के उत्पादन और बिक्री के लिए सम्पादक और बहुत पढ़े-लिखे जानकार पत्रकारों की ज़रूरत नहीं है क्योंकि उसे बेचने के लिए मार्केटिंग की ज़्यादा बड़ी भूमिका और ज़रूरत है। नतीजा यह

हुआ कि बड़े कॉर्पोरेट मीडिया संस्थानों में एक ओर सम्पादक को महत्त्वहीन और मैनेजरों को प्रभावी बनाया गया और दूसरी ओर, अख़बारों से तेज़तर्रार, संवेदनशील और पढ़े-लिखे पत्रकारों को बाहर किया गया।

सम्भव है कि जस्टिस काटजू इस इतिहास से वाक़िफ़ न हों लेकिन यह सच्चाई न्यूज़ मीडिया को नज़दीक से देखने वाले सभी शोधकर्ताओं को मालूम है कि न्यूज़ मीडिया उद्योग में बेनेट कोलमैन एंड कम्पनी लिमिटेड ने 80 के दशक के आख़िरी वर्षों और 90 के दशक में अपने अख़बारों के कॉर्पोरेटीकरण की प्रक्रिया में एक ओर अख़बार को हल्का-फुल्का बनाना शुरू किया, फीलगुड पत्रकारिता के तहत पेज-3 से लेकर मीडियानेट और प्राइवेट ट्रीटी जैसे सन्दिग्ध तौर-तरीक़ों को आगे बढ़ाया और दूसरी ओर, 'टाइम्स ऑफ़ इंडिया' में सम्पादकों को अपमानित करने से लेकर प्रफुल्ल बिदवई और ए.एन. दास जैसे वरिष्ठ पत्रकारों को बाहर किया। जल्दी ही और मीडिया कम्पनियों ने भी इसी रास्ते को पकड़ा और 90 का दशक बीतते-बीतते यह प्रक्रिया पूरी हो गयी।

हैरानी की बात नहीं है कि पिछले दशक में जब इन्हीं कॉर्पोरेट मीडिया समूहों ने टीवी चैनल शुरू किये तो उनके सामने व्यावसायिक रूप से यह 'सफल' मॉडल पहले से मौजूद था। उन्हें बहुत सोचना-विचारना नहीं पड़ा। उनकी देखा-देखी बाक़ी न्यूज़ चैनल चलाने वाली कम्पनियों ने भी उसी रास्ते को पकड़ा। इसलिए न्यूज़ चैनलों में आज जो हल्कापन-भोंडापन और उथलापन दिखता है, वह किसी दुर्घटनावश नहीं है बल्कि वह एक बहुत सोची-समझी योजना और रणनीति का हिस्सा है। कॉर्पोरेट मीडिया में विज्ञापनों से होने वाली आय पर टिके मौजूदा व्यावसायिक मॉडल को यहीं पहुँचना था।

लेकिन जस्टिस काटजू इसे देखकर भी देखने को तैयार नहीं हैं। इसलिए मौजूदा स्थितियों से नाराज़गी और अपने ग़ुस्से के बावजूद इस लड़ाई में वे अक्सर डान क्विक्जोट की तरह दिखने लगते हैं।

*(अप्रैल, 2013)*

# न्यूज़ चैनलों का युद्धोन्माद और उसके ख़तरे

**टीआरपी के लिए फैलाये जा रहे युद्धोन्माद से सबसे अधिक फ़ायदा सैन्य हथियार निर्माता कम्पनियों और हथियारों के दलालों को होता है**

"युद्ध में सबसे पहला शिकार सत्य होता है।"

*ग्रीक नाटककार एस्खुलोस*

भारत और पाकिस्तान के बीच जम्मू-कश्मीर में नियन्त्रण रेखा पर साल की शुरुआत में हुई सैन्य झड़पों में दोनों पक्षों के सैनिकों के मारे जाने और एक भारतीय सैनिक का सिर काटने की बर्बर घटना के बाद से न्यूज़ मीडिया ख़ासकर न्यूज़ चैनलों ने पाकिस्तान के ख़िलाफ़ युद्धघोष का ऐलान करते हुए उसे सबक सिखाने की मुहिम सी छेड़ दी। चैनलों के बीच पाकिस्तान को कोसने और उसके ख़िलाफ़ कड़े क़दम उठाने (परोक्ष रूप से युद्ध छेड़ने) की माँग को लेकर एक होड़ सी शुरू हो गयी।

कोई एक सप्ताह से ज़्यादा समय तक चैनलों पर ऐसा युद्धोन्माद छाया और उसका राष्ट्रीय राजनीति ख़ासकर सरकार पर ऐसा असर और दबाव पड़ा कि मुम्बई में 26/11 के आतंकवादी हमले के बाद ठण्डे पड़ गये भारत-पाकिस्तान सम्बन्धों में पिछले कुछ महीनों में आयी गर्मजोशी फिर से पटरी से उतरती दिखाई पड़ने लगी है।

हालाँकि नियन्त्रण रेखा के कुछ क्षेत्रों में हुई सैन्य झड़पों पर प्रतिक्रिया व्यक्त करने में यूपीए सरकार ने शुरू में संयम बरता और परिपक्वता का परिचय दिया। लेकिन जब न्यूज़ मीडिया ख़ासकर चैनलों ने सैन्य झड़पों ख़ासकर दो भारतीय सैनिकों के बर्बरतापूर्ण तरीक़े से मारे जाने को भावनात्मक मुद्दा बनाना और उछलना शुरू किया और मौक़े का फ़ायदा उठाने के लिए शिव सेना-भाजपा जैसी धुर दक्षिणपन्थी और साम्प्रदायिक राजनीतिक पार्टियाँ मैदान में कूद पड़ीं तो सरकार पर तीखी प्रतिक्रिया व्यक्त करने का दबाव बढ़ने लगा। इसका नतीजा यह हुआ कि

न सिर्फ़ वायुसेना अध्यक्ष और सेनाध्यक्ष ने पाकिस्तान के ख़िलाफ़ तीखे बयान दिये बल्कि प्रधानमन्त्री को भी मैदान में उतरना पड़ा।

यही नहीं, हाल के महीनों में दोनों देशों के बीच सम्बन्धों को सामान्य बनाने के लिए क्रिकेट मैच से लेकर लेखकों-पत्रकारों-कलाकारों की आवाजाही को बढ़ावा दिया गया था, उस प्रक्रिया को भी इंडियन हाकी लीग में खेलने आये पाकिस्तानी खिलाड़ियों को वापस भेजने, दिल्ली के भारत रंग-महोत्सव में पाकिस्तानी नाट्य टीम को मंटो का नाटक खेलने से रोक देने और 15 जनवरी से दोनों देशों के 65 साल से अधिक उम्र के नागरिकों को तुरन्त और उदार वीज़ा देने की व्यवस्था को स्थगित कर देने जैसे फ़ैसलों से गहरा धक्का लगा है। महीनों और वर्षों की कोशिशों के बाद भारत-पाक सम्बन्ध एक क़दम आगे बढ़ते हैं और सीमा पर झड़प जैसी ताज़ा घटना और उसके बाद भड़काये गये युद्धोन्मादी माहौल में कई क़दम पीछे चले जाते हैं।

इसमें एक सुनियोजित पैटर्न को साफ़ देखा जा सकता है। सीमा के दोनों ओर ऐसी साम्प्रदायिक-प्रतिक्रियावादी और निहित स्वार्थी ताक़तें हैं जो भारत-पाकिस्तान सम्बन्धों को सामान्य नहीं होने देना चाहती हैं। दोहराने की ज़रूरत नहीं है कि जैसे पाकिस्तान में भारत विरोध की राजनीति करने वाली कट्टरपन्थी मज़हबी पार्टियाँ और उसपर फलने-फूलने वाले जेहादी तत्त्व हैं, वैसे ही भारत में भी भाजपा से लेकर शिव सेना जैसे राजनीतिक दल और संघ परिवार से जुड़े संगठन हैं जिनकी साम्प्रदायिक वैचारिकी और राजनीति की धुरी पाकिस्तान विरोध और इस बहाने मुस्लिम समुदाय को निशाना बनाने पर टिकी है।

लेकिन वे अकेले नहीं हैं। ख़ुद सरकार और सत्ता प्रतिष्ठान के अन्दर ख़ासकर रक्षा, विदेश और गृह मन्त्रालयों में ऐसे तत्त्वों की संख्या अच्छी-ख़ासी है जिनके हित पाकिस्तान या चीन से दोस्ती से ज़्यादा उनसे टकराव से जुड़े हुए हैं। यही नहीं, ऐसे मौक़ों पर युद्धोन्माद और तनाव का फ़ायदा उठाने में कांग्रेस से लेकर समाजवादी पार्टी जैसे मध्यमार्गी राजनीतिक दल भी सक्रिय हो जाते हैं। आश्चर्य नहीं कि जैसे-जैसे एलओसी पर तनाव बढ़ा और चैनलों ने उसे हवा दी तो यूपीए ख़ासकर कांग्रेस ने भी पाकिस्तान को कड़े क़दम की धमकी देना शुरू कर दिया और समाजवादी पार्टी के रामगोपाल यादव तो युद्धघोष करने तक पहुँच गये।

कहने की ज़रूरत नहीं है कि ये सभी बयान घरेलू राजनीति को ध्यान में रखकर दिये गये जिन्हें मीडिया और चैनलों ने ख़ूब उछाला। असल में, पत्रकार

पी.साईंनाथ के चर्चित कथन 'अकाल को सभी पसन्द करते हैं' को उधार लेकर कहें तो युद्धोन्माद को सरकार, राजनीतिक दलों, सैन्य प्रतिष्ठान से लेकर मीडिया तक सभी पसन्द करते हैं। उसमें सबके अपने-अपने फ़ायदे हैं। देशभक्ति और युद्धघोष के शोर-शराबे में न सिर्फ़ आम जनता से जुड़े ज़रूरी और बुनियादी मुद्दे पीछे धकेल दिये जाते हैं बल्कि लोगों को भावनात्मक रूप से भी बेवकूफ़ बनाना आसान हो जाता है। साफ़ है कि युद्धोन्माद के इस खेल में सिर्फ़ आम जनता हारती है जबकि बाक़ी सभी विजेता होते हैं। यह भी कि यह बात सरहद के दोनों ओर लागू होती है।

आश्चर्य नहीं कि मौक़े-बेमौक़े युद्धोन्माद भड़काने की कोशिशें होती रहती हैं। निश्चय ही, इन कोशिशों का सबसे बड़ा मंच कॉर्पोरेट न्यूज़ मीडिया ख़ासकर चैनल बनते हैं। यह सही है कि युद्धोन्माद के लिए केवल या अकेले कॉर्पोरेट मीडिया या न्यूज़ चैनल ज़िम्मेदार नहीं हैं। लेकिन यह भी उतना ही सही है कि वे युद्धोन्माद के खेल में महत्त्वपूर्ण भागीदार (स्टेकहोल्डर) हैं क्योंकि उन्माद पैदा करने और उसे फैलाने में उनकी बड़ी भूमिका होती है। उनके सक्रिय सहयोग और भागीदारी के बिना युद्धोन्माद पैदा करना और उसे टिकाये रखना सम्भव नहीं है। यह और बात है कि इसके लिए उन्हें पत्रकारिता के आदर्शों और मूल्यों की कुर्बानी देनी पड़ती है। इस प्रक्रिया में सबसे पहले सच और तथ्यों की बलि चढ़ाई जाती है। तथ्यों को तोड़ना-मरोड़ना पड़ता है। कहानियाँ गढ़नी पड़ती हैं और इसके लिए ख़बर और विचार का घालमेल करना पड़ता है।

ताज़ा मामला भी इसका अपवाद नहीं है। इस बार भी कॉर्पोरेट मीडिया ख़ासकर न्यूज़ चैनलों ने एलओसी पर कथित तनाव, सैन्य झड़पों और सैनिकों के मारे जाने और उनमें से एक भारतीय सैनिक का सिर काटे जाने की 'ख़बरों' को जिस तरह से आधे-अधूरे, आधे सच-आधे गल्प और सनसनीखेज बनाकर और बढ़ा-चढ़ाकर पेश किया, उसमें पत्रकारिता के कुछ बुनियादी उसूलों जैसे तथ्यपरकता, वस्तुनिष्ठता, सन्तुलन और अनुपात का बहुत कम ध्यान रखा गया। उदाहरण के लिए, चैनलों ने 8 जनवरी को एलओसी पर मेंधर सेक्टर में पाकिस्तानी सेना के हमले में दो भारतीय सैनिकों के मारे जाने ख़ासकर एक सैनिक का सिर काटने की बर्बरतापूर्ण कार्रवाई को ख़ूब उछाला और उसे 'राष्ट्रीय अपमान' का मुद्दा बना दिया।

निश्चय ही, सैनिकों की मौत ख़ासकर उनमें से एक सैनिक का सिर काटने की घटना बर्बरतापूर्ण, दुखद और चिन्ता की बात है। यह अन्तर्राष्ट्रीय क़ानूनों और

जेनेवा कन्वेंशन का भी उल्लंघन है। पाकिस्तान के इनकार के बावजूद इस मुद्दे पर भारत की सरकार और सेना दोनों को अपनी चिन्ताओं और नाराज़गी से उसे ज़रूर अवगत कराना चाहिए था और सीमा पर तनाव और सैन्य झड़पों को रोकने की गम्भीर राजनयिक पहल करनी चाहिए थी। लेकिन क्या यह सचमुच में इतनी बड़ी घटना थी या उसे इतनी बड़ी घटना बनाया गया जिसे लेकर देश के अन्दर दायें बाजू की शिव सेना और भाजपा जैसी पार्टियों और कॉर्पोरेट न्यूज़ मीडिया ख़ासकर चैनलों ने पाकिस्तान को सबक सिखाने के लिए उसके ख़िलाफ़ युद्धघोष करना शुरू कर दिया?

अगर इस मामले से जुड़े तथ्यों, सन्दर्भों और परिप्रेक्ष्यों को ग़ौर से देखें तो ऐसा लगता है कि कॉर्पोरेट मीडिया के एक हिस्से ख़ासकर एक बड़े अंग्रेज़ी न्यूज़ चैनल ने वैचारिक और बिज़नेस हितों को ध्यान में रखकर सुनियोजित तरीक़े से यह युद्धोन्माद गढ़ा और बनाया जिसमें जल्दी ही कुछ प्रतियोगिता और कुछ पिछलग्गू की तरह बाक़ी न्यूज़ चैनल भी शामिल हो गये। उदाहरण के लिए, इन तथ्यों पर ग़ौर करिये जिन्हें जान-बूझकर या तो अनदेखा किया गया, दबाया गया या अंडर-प्ले किया गया। जैसे, न्यूज़ चैनलों में ये तथ्य उस प्रमुखता से नहीं रखा गया कि एलओसी पर ताज़ा झड़पों की शुरुआत 8 जनवरी को दो भारतीय सैनिकों के मारे जाने से नहीं बल्कि 6 जनवरी को एक पाकिस्तानी सैनिक के मारे जाने और एक को गम्भीर रूप से घायल करने से हुई।

इसी तरह न्यूज़ चैनलों ने इस तथ्य को पूरी तरह से दबा दिया कि दोनों देशों के बीच सैनिकों का सिर काटने की घटना पहली बार नहीं हुई है। इससे पहले भी ऐसी घटनाएँ हुई हैं और सबसे शर्मनाक बात यह है कि सैनिकों का सिर काटने जैसी बर्बर कार्रवाई के आरोप दोनों देशों की सेनाओं पर लगते रहे हैं। इस बारे में 'द हिन्दू' (10 जनवरी) में प्रवीण स्वामी ने एक विस्तृत रिपोर्ट (http://www.thehindu.com/news/national/runaway-grandmother-sparked-savage-skirmish-on-loc/article4291426.ece?homepage=true) में इस तथ्य की ओर इशारा किया है।

उनसे पहले कारगिल युद्ध के दौरान चर्चित हुई पत्रकार बरखा दत्त ने भी प्रतिष्ठित पत्रिका 'हिमाल' में लिखे एक लेख (http://www.thehoot.org/web/home/searchdetail.php?sid=487&pg=2) में इस तथ्य का उल्लेख किया है। सवाल है कि अगर चैनल इन तथ्यों को भी उसी प्रमुखता और शिद्दत के साथ रखते तो क्या देश में इस हद तक युद्धोन्माद भड़कता?

इसी तरह एलओसी पर ताज़ा तनाव और झड़पों को ऐसे पेश किया गया, जैसे वहाँ युद्ध छिड़ गया हो। लेकिन इस तथ्य को बहुत सफ़ाई के साथ नज़रअन्दाज़ कर दिया गया कि दोनों देशों के बीच एलओसी पर वर्ष 2003 से युद्ध-विराम है और पिछले दस वर्षों में युद्ध-विराम के उल्लंघन के मामलों के बावजूद एलओसी पर न सिर्फ़ अपेक्षाकृत अधिक शान्ति है बल्कि सैन्य झड़पों में मरने वाले सैनिकों की संख्या में भी काफ़ी कमी आयी है। कश्मीर में घुसपैठ कम हुई है और आतंकवादी हमलों और मुठभेड़ों में मरने वाले सुरक्षाकर्मियों और आम नागरिकों की संख्या घटी है। दोनों देशों के बीच इस सीमित शान्ति का फ़ायदा कश्मीर के लोगों और भारतीय सेना के साथ-साथ पाकिस्तान और उसकी सेना को भी हुआ है। 'इंडियन एक्सप्रेस' (19 जनवरी) में शेखर गुप्ता ने इस तथ्य की ओर विस्तार (http://www.indianexpress.com/news/national-interest-on-the-loc-in-fact/1061720/) से इशारा किया है।

साफ़ है कि युद्धोन्माद पैदा करने के लिए सबसे पहली कुर्बानी सच की दी जाती है। ताज़ा मामले में भी जिस तरह से ख़बरों के साथ तोड़-मरोड़ की गयी, ख़बर और विचार का फ़र्क़ ख़त्म कर दिया गया, उन्हें एक ख़ास विचार और एंगल के साथ लिखा-पेश किया गया, उसमें सच और तथ्यों को युद्धोन्माद पैदा करने के उद्देश्य से आधे-अधूरे और चुनिन्दा तरीक़े से रखा गया। इक्का-दुक्का अपवादों को छोड़कर अधिकांश चैनलों पर इस मामले से जुड़ी ख़बरों और रिपोर्टिंग को देखकर यह साफ़ लग रहा था कि 'ख़बरें' पहले से तय एजेंडे और एंगल के तहत बनाई जा रही हैं। उन्हीं पहलुओं को उछाला जा रहा है जिनसे पाकिस्तान के ख़िलाफ़ कड़े क़दम (मतलब युद्ध) की लाइन को आगे बढ़ाया जा सके।

रही-सही कसर चैनलों के स्टूडियो में अहर्निश चलने वाली चर्चाओं/बहसों के कार्यक्रमों ने पूरा कर दिया जहाँ उन रिटायर्ड सैन्य अधिकारियों और रक्षा विशेषज्ञों का बोलबाला था जो हार्ड-लाइनर माने जाते हैं और जो युद्ध की वकालत में आगे रहते हैं। यह सही है कि कुछ चैनलों पर तर्क, संयम और विवेक की बातें करने वाले पत्रकार विशेषज्ञ, जनरल और रक्षा विशेषज्ञ भी बुलाये गये लेकिन आमतौर पर उन्हें या तो बोलने का कम मौक़ा दिया गया या असहज तथ्य सामने लाने या प्रश्न उठाने पर बीच में रोकने की कोशिश की गयी। इसी तरह कई चैनलों पर सन्तुलन के नाम पर पाकिस्तान के पूर्व सैन्य अधिकारियों को बुलाया गया लेकिन ज़्यादातर मौक़ों पर उनकी उपस्थिति को स्टूडियो युद्ध के लिए इस्तेमाल किया गया यानी भारतीय और पाकिस्तानी सैन्य अधिकारियों के बीच तू-तू, मैं-मैं को प्रोत्साहित किया गया।

लेकिन युद्धोन्माद पैदा करने और फैलाने में अंग्रेज़ी न्यूज़ चैनल 'टाइम्स नाऊ' और उसके एंकर-सम्पादक अर्नब गोस्वामी सबसे आगे रहे। अगर यह कहा जाये तो ग़लत नहीं होगा कि उन्होंने एजेंडा और लाइन तय की और ज़्यादातर चैनलों ने टीआरपी खोने के डर से कमोबेश उसका अनुकरण किया। चाहे वह ख़बरों के चयन, उनके एंगल और प्रस्तुति का मामला हो या फिर स्टूडियो चर्चाओं/बहसों की लाइन का—'टाइम्स नाऊ' आगे-आगे और बाक़ी चैनल पीछे-पीछे। 'टाइम्स नाऊ' की स्टूडियो बहसों में आमतौर पर बहस कम होती है और एकतरफ़ा शोर ज़्यादा होता है। इसबार भी स्टूडियो बहसों में बुलाये गये सैन्य अधिकारियों और रक्षा विशेषज्ञों ने एकतरफ़ा कड़े क़दम के पक्ष में माहौल बनाया। उनकी बातचीत से ऐसा लगता रहा कि जैसे युद्ध के अलावा और कोई विकल्प नहीं है।

लेकिन अधिकांश दर्शकों को मालूम नहीं होगा कि चैनलों और अख़बारों में छाये इन जनरलों और रक्षा विशेषज्ञों में से कई के सम्बन्ध उन देशी-विदेशी हथियार निर्माता कम्पनियों से हैं जिनके हित युद्ध या युद्धोन्माद में निहित हैं? इनमें से कई उनके लिए काम करते हैं और उनके कंसल्टेंट और एजेंट हैं। लेकिन चैनल और अख़बार दर्शकों को यह सच्चाई कभी नहीं बताते हैं जो साफ़ तौर पर न सिर्फ़ हितों के टकराव (कनफ्लिक्ट ऑफ़ इंटरेस्ट) का मामला है बल्कि दर्शकों-पाठकों के साथ धोखा है। ऐसे ही एक रक्षा विशेषज्ञ मारूफ रज़ा हैं जो 'टाइम्स नाऊ' पर लगभग बिना नागा एक स्वतन्त्र रक्षा विशेषज्ञ के बतौर मौजूद रहते हैं।

लेकिन चैनल उनके बारे में यह नहीं बताता कि वे और उनकी कम्पनी मारूफ रज़ा एंड एसोसिएट्स कई हथियार निर्माताओं, आपूर्तिकर्ताओं और डीलरों के लिए कंसल्टेंट या प्रतिनिधि के बतौर काम करते हैं। इस बारे में मुम्बई के एक दर्शक ने पिछले साल न्यूज़ ब्रॉडकास्टर्स एसोसिएशन को शिकायत की और एनबीए की जस्टिस जे.एस. वर्मा के नेतृत्व वाली एन.बी.एस.ए. ने इस शिकायत को सही पाया। जस्टिस वर्मा ने अपने फ़ैसले (http://www.nbanewdelhi.com/pdf/16_ORDER%20NO%2014%20DT.25.10.12.pdf) में कहा था कि दर्शकों को यह जानकारी दी जानी चाहिए और यह हितों के टकराव का मामला बनता है।

लेकिन लगता नहीं है कि इस फ़ैसले का 'टाइम्स नाऊ' या दूसरे चैनलों पर कोई असर पड़ा है जिनके स्टूडियो में बैठकर भारत-पाकिस्तान सम्बन्धों का भविष्य वे कथित रक्षा विशेषज्ञ और रिटायर जनरल तय कर रहे हैं जो बड़ी विदेशी हथियार कम्पनियों के लिए काम कर रहे हैं या उनके धन से चलने वाले थिंक टैंकों में काम कर रहे हैं। असल में, युद्धोन्माद और फ़ौज-फांटे और हथियारों पर बेतहाशा बढ़ते

ख़र्च के बीच गहरा सम्बन्ध है। उल्लेखनीय है कि भारत हथियारों की ख़रीद पर हर साल विशाल रकम ख़र्च कर रहा है। चालू वित्तीय वर्ष 2012-13 में भारत का कुल रक्षा बजट 1.93 लाख करोड़ रुपये है जिसमें अकेले हथियारों की ख़रीद का बजट 79,579 करोड़ रुपये है। यह इस साल के स्वास्थ्य और शिक्षा के कुल बजट से भी ज़्यादा है।

यही नहीं, 2007-11 के बीच वैश्विक तौर पर सैन्य हथियारों के कुल आयात का 10 फ़ीसदी अकेले भारत ने आयात किया। भारत ने पिछले दशक में लगभग 50 अरब डॉलर हथियारों की ख़रीद पर ख़र्च किया और इस दशक में यह बढ़कर 100 अरब डॉलर हो जायेगा। साफ़ है कि वैश्विक तौर पर भारत सैन्य हथियारों के बहुत बड़े और लुभावने बाज़ार के रूप में उभरा है।

नतीजा, दुनिया भर की हथियार निर्माता कम्पनियाँ और उनके एजेंट भारत में लुभावने सौदों को लपकने के लिए सक्रिय हैं। इनमें से अधिकांश हथियार निर्माता कम्पनियों और डीलरों ने रिटायर्ड सैन्य अधिकारियों और पूर्व नौकरशाहों को अपने प्रतिनिधि, एजेंट और सलाहकार के रूप में नियुक्त कर रखा है। इनमें से कई पूर्व जनरल, एयर मार्शल और एडमिरल न्यूज़ चैनलों पर रक्षा विशेषज्ञों के रूप में युद्धोन्माद फैलाते देखे जा सकते हैं।

साफ़ है कि युद्ध के साथ किसके हित जुड़े हैं? याद रहे कि हथियारों की ख़रीद में सबसे ज़्यादा भ्रष्टाचार है यानी कमीशन मिलता है। अगर न्यूनतम 10 फ़ीसदी कमीशन भी मान लिया जाये तो अनुमान लगाना कठिन नहीं है कि पिछले दशक में 5 अरब डॉलर (27100 करोड़ रुपये ) का कमीशन किन 'देशभक्तों' की जेब में गया है? आश्चर्य नहीं कि नेताओं, नौकरशाहों से लेकर सैन्य अधिकारियों और कॉर्पोरेट मीडिया तक सभी युद्धघोष करते रहते हैं। उल्लेखनीय है कि हर ऐसे युद्धघोष के बाद रक्षा ख़ासकर हथियारों की ख़रीद का बजट बढ़ जाता है। 'टाइम्स ऑफ़ इंडिया' (20 जनवरी) की एक रिपोर्ट से यह सन्देह और मज़बूत हो रहे हैं कि कहीं ताज़ा युद्धोन्माद और सैन्य झड़पों के पीछे हथियार लाबी की भूमिका तो नहीं है?

इस रिपोर्ट के मुताबिक़, वित्त मन्त्रालय ने कुछ सप्ताह पहले इस साल के रक्षा बजट में हथियारों की ख़रीद के लिए आवंटित 79579 करोड़ रुपये में 10000 करोड़ रुपये यानी कोई 12 फ़ीसदी और रक्षा मन्त्रालय के राजस्व बजट में 5 से 10 फ़ीसदी की कटौती का फ़ैसला किया था जिससे सेना और रक्षा मन्त्रालय ख़ुश नहीं थे। एलओसी पर हालिया सैन्य झड़पों के बाद एक बार फिर से रक्षा मन्त्रालय ने

वित्त मन्त्रालय पर कटौती का फ़ैसला वापस लेने का दबाव बनाना शुरू कर दिया है। इससे अगले बजट में भी रक्षा बजट बढ़ाने का दबाव बन गया है। सवाल है कि हथियारों की ख़रीद पर ख़र्च होने वाली भारी धनराशि अगर स्वास्थ्य-शिक्षा के साथ भूखमरी-कुपोषण को ख़त्म करने पर ख़र्च होती तो क्या उससे देश ज़्यादा मज़बूत और सुरक्षित नहीं होता?

लेकिन युद्ध की भाषा बोल रहे चैनलों में ऐसे सवालों के लिए कोई गुंजाइश नहीं है। इसके उलट वे हमेशा रक्षा बजट ख़ासकर हथियारों की ख़रीद के बजट में बढ़ोतरी की जोर-शोर से वकालत करते दिखाई देते हैं। इसके बिना देश की सुरक्षा को ख़तरे में बताया जाता है। 'टाइम्स नाऊ' ऐसी मुहिम का अगुवा रहता है। लेकिन सबसे अधिक हैरानी की बात यह है कि अधिकांश चैनल आँख मूँदकर इसी लाइन का अनुसरण करते हैं। वे इस लाइन से अलग हटकर कुछ भी अलग करने का जोख़िम उठाने की कोशिश नहीं करते हैं। उनकी तुलना में अख़बारों में युद्धोन्माद के बावजूद कुछ हद तक विविधता दिखाई दी और कुछ ऐसी रिपोर्टें छपीं जिससे कुछ तथ्य सामने आये और युद्धोन्माद का बुलबुला फूटा।

हालाँकि 'टाइम्स नाऊ' और अर्नब गोस्वामी के लिए यह नयी बात नहीं है। उनकी पहचान दक्षिणपन्थी-हार्डलाइनर चैनल और एंकर-सम्पादक के रूप में बन चुकी है। वे कई मामलों में रूपर्ट मर्डोक के अमेरिकी न्यूज़ चैनल 'फॉक्स न्यूज़' की तरह हैं जो अमेरिकी राजनीति में दक्षिणपन्थी एजेंडे को बहुत आक्रामक तरीक़े से आगे बढ़ाता है। 'टाइम्स नाऊ' भी उसी तरह संवेदनशील मुद्दों पर जनभावना को उभारने और उस पर सवारी करने के खेल में माहिर हो चुका है। ख़ासकर पाकिस्तान के मामले में उसकी आक्रामकता आम दिनों में भी युद्धोन्माद तक पहुँच जाती है। मज़े की बात यह है कि 'टाइम्स नाऊ' उसी बेनेट कोलमैन एंड कम्पनी लिमिटेड का चैनल है जो पाकिस्तानी मीडिया समूह 'डॉन' के साथ मिलकर पिछले कुछ सालों से दोनों देशों के बीच दोस्ती के लिए 'अमन की आशा' अभियान चला रहा है।

यह सही है कि चैनलों के इस युद्धोन्मादी रवैये में नया कुछ नहीं है और वे पहले भी ऐसे सभी मौक़ों पर युद्धोन्मादी भाषा बोलते रहे हैं। तथ्य यह है कि देश में उपग्रह टीवी पहली बार खाड़ी युद्ध के दौरान आया और चर्चित हुआ। लेकिन कारगिल युद्ध जैसे टीवी चैनलों के लिए हुआ था। एक मायने में कारगिल भारत का पहला लाइव टीवी युद्ध था। इस युद्ध को टीवी ने हाथों-हाथ लिया और युद्ध के दौरान देश के शुरुआती निज़ी-न्यूज़ चैनलों ख़ासकर 'स्टार न्यूज़' और दूरदर्शन

पर प्रसारित होने वाले निजी टीवी न्यूज़ कार्यक्रम 'आज तक' ने अपनी पहचान बनायी।

कहने की ज़रूरत नहीं है कि कारगिल युद्ध के दौरान निजी चैनलों और दूरदर्शन पर युद्ध के लाइव प्रसारण ने न सिर्फ़ देश में युद्धोन्माद भड़काने में मदद की और तत्कालीन एनडीए सरकार को उसका राजनीतिक लाभ उठाने का मौक़ा दिया बल्कि न्यूज़ चैनलों ने भी दर्शक और लोकप्रियता बटोरने के लिए उसका जमकर इस्तेमाल किया। उसके बाद से अधिकांश नये-पुराने चैनलों ने पाकिस्तान विरोध को एक तरह से अधिक से अधिक टीआरपी बटोरने की रणनीति के बतौर इस्तेमाल किया है। आश्चर्य नहीं कि चाहे सीमा पर होने वाली झड़पें हों या देश के अन्दर होने वाले आतंकवादी हमले/बम विस्फोट–चैनलों ने इक्का-दुक्का अपवादों को छोड़कर अधिकांश मामलों में उसे पाकिस्तान के ख़िलाफ़ युद्धोन्माद भड़काने के एक मौक़े की तरह इस्तेमाल किया है। यहाँ तक कि चैनलों पर दोनों देशों के बीच क्रिकेट मैच भी युद्ध में बदल दिया जाता है।

आमतौर पर माना जाता है कि चैनल युद्धोन्माद इसलिए भड़काते हैं क्योंकि उससे उन्हें सबसे अधिक टीआरपी मिलती है। यह किसी से छुपा नहीं है कि न्यूज़ चैनलों के बीच न सिर्फ़ आपस में अत्यधिक प्रतियोगिता और गलाकाट होड़ है बल्कि उन्हें दर्शकों के लिए मनोरंजन/खेल/सिनेमा/म्यूज़िक चैनलों से भी प्रतिस्पर्द्धा करनी पड़ती है। यह एक तथ्य है कि टीवी के कुल दर्शकों में सिर्फ़ 8 फ़ीसदी के आसपास दर्शक ही न्यूज़ चैनल देखते हैं। लेकिन जब भी कोई बड़ी घटना होती है या संकट की स्थिति पैदा होती है तो न्यूज़ चैनलों के दर्शकों की संख्या बहुत बढ़ जाती है। इस कारण न्यूज़ चैनलों का निहित स्वार्थ बड़े संकट और घटनाओं के साथ जुड़ गया है।

नतीजा, वे हमेशा बड़ी घटनाओं या संकटों की तलाश में रहते हैं। इस खोज में वे कई बार छोटी घटनाओं को भी बढ़ा-चढ़ाकर पेश करते हैं, अनुपातबोध (सेन्स ऑफ़ प्रोपोर्शन) गँवा देते हैं और उसे सनसनीखेज बनाने के लिए उसमें तोड़-मरोड़ करते हैं। कहने की ज़रूरत नहीं है कि युद्ध या उसकी आशंका से बड़ा संकट या घटना और कोई नहीं सकती है। यही कारण है कि चैनल ऐसी किसी भी छोटी या बड़ी घटना को एक मौक़े की तरह लपकते हैं जिसमें युद्ध या सैन्य टकराव की आशंका मौजूद हो और उसे उन्माद की हद तक ले जाते हैं। संयोग से भारत-पाकिस्तान के बीच स्थायी तनाव और सरहद के दोनों ओर मौजूद साम्प्रदायिक-जेहादी तत्त्वों की अति सक्रियता उनके लिए सबसे मुफीद साबित होती है।

लेकिन यह सबके लिए ख़ासकर भारतीय उपमहाद्वीप के लिए ख़तरे की घण्टी है। दो परमाणुशक्ति से लैस देशों के बीच स्थायी तनाव न सिर्फ़ इस उपमहाद्वीप के लिए बल्कि दोनों देशों के हितों और बेहतर भविष्य के लिए ख़तरनाक है क्योंकि इन दोनों देशों के बीच युद्ध कोई विकल्प नहीं है। लेकिन दोनों देशों के बीच आपसी मसलों के हल और स्थायी शान्ति के लिए जिस अनुकूल माहौल की ज़रूरत है, उसे बिगाड़ने के खेल में दोनों ओर के साम्प्रदायिक-जेहादी ताक़तों, निहित स्वार्थी तत्त्वों, हथियार लाबी और साम्राज्यवादी शक्तियों के साथ-साथ जाने-अनजाने न्यूज़ मीडिया ख़ासकर न्यूज़ चैनल भी शामिल हो जाते हैं।

ख़ासकर न्यूज़ चैनल जिस तरह से परोक्ष-अपरोक्ष युद्धोन्माद पैदा करते हैं, उससे उन्हें अधिक दर्शक और टीआरपी भले मिल जाती हो लेकिन उसका सबसे ज़्यादा फ़ायदा साम्प्रदायिक-जेहादी शक्तियों, हथियार लाबी और साम्राज्यवादी ताक़तों को होता है और सबसे अधिक नुक़सान दोनों देशों की जनता को होता है। यही नहीं, जिस तरह से एलओसी पर हालिया घटनाएँ हुई हैं और युद्धोन्माद से स्थिति और बिगड़ी है, उससे यह आशंका बढ़ गयी है कि ऐसे माहौल में कई बार स्थितियाँ हाथ से निकल सकती हैं और वास्तविक युद्ध भी छिड़ सकता है। इस युद्ध के नतीजे क्या हो सकते हैं, यह अनुमान लगाना कठिन नहीं है। चिन्ता की बात यह है कि न सिर्फ़ न्यूज़ मीडिया ख़ासकर चैनल इस ख़तरे को नहीं समझ पा रहे हैं बल्कि आमतौर पर देश में भी इस ख़तरे को लेकर ज़रूरी सजगता और सक्रियता नहीं है।

लेकिन इस ख़तरे को कम करके नहीं देखना चाहिए। दुनिया में न्यूज़ मीडिया का इतिहास बताता है कि कई बार युद्धोन्माद अन्ततः वास्तविक युद्ध में भी तब्दील हो गये हैं। उदाहरण के लिए, 1898 में विलियम आर. हर्स्ट ने अपने अख़बार में आधी सच्ची-आधी झूठी, सनसनीखेज और भड़काऊ ख़बरें छापकर अमेरिका को स्पेन के साथ युद्ध में धकेल दिया था। इस प्रसंग में यह क़िस्सा अमेरिकी पत्रकारिता के सबसे चर्चित प्रसंगों में से एक है कि 1897 में जब हर्स्ट के अख़बार के रिपोर्टर ने क्यूबा से तार भेजकर सूचना दी कि 'यहाँ सब कुछ सामान्य है। कोई तनाव नहीं है और युद्ध के कोई आसार नहीं हैं' तो हर्स्ट ने जवाबी तार में उसे कहा कि 'तुम मुझे तस्वीरें भेजो, मैं युद्ध करा दूँगा।' और ऐसा ही हुआ। 1898 में उसके अख़बार ने अमेरिका और स्पेन के बीच युद्ध करा ही दिया।

लेकिन यह आख़िरी घटना नहीं थी। उसके बाद भी अमेरिका के हर युद्ध में वहाँ का न्यूज़ मीडिया शासक वर्गों के साथ 'एम्बेडेड' रहा है और युद्ध के पक्ष में

जनमत बनाने का काम करता रहा है। यही नहीं, युद्ध के लिए अमेरिकी जनता का समर्थन जुटाने के वास्ते कॉर्पोरेट मीडिया तथ्यों को तोड़ने-मरोड़ने से लेकर सफ़ेद झूठ बोलने तक का काम करता रहा है जिसके कारण न सिर्फ़ अमेरिकी हमले के शिकार देशों और उनकी जनता को भारी नुक़सान उठाना पड़ा बल्कि ख़ुद अमेरिकी जनता को भी नुक़सान झेलना पड़ा।

वियतनाम युद्ध इसकी एक बड़ी मिसाल है। माना जाता है कि अगर अमेरिकी न्यूज़ मीडिया ने अमेरिकी जनता को वियतनाम के बारे में सच्चाई युद्ध के पहले या शुरुआती वर्षों में बता दी होती तो अमेरिकी जनमत बहुत पहले ही युद्ध के ख़िलाफ़ हो गया होता और उस स्थिति में दोनों देशों को जानमाल का वह नुक़सान नहीं उठाना पड़ता जो युद्ध के लम्बा खींचने के कारण उन्हें उठाना पड़ा।

यह एक बड़ा सबक है कि एक युद्धोन्मादी न्यूज़ मीडिया देश के हितों के लिए कितना घातक हो सकता है। भारत का कॉर्पोरेट न्यूज़ मीडिया और चैनल भी इस प्रवृत्ति के अपवाद नहीं हैं। इसे समय रहते पहचानना और उससे निपटने की तैयारी करना आज की बहुत बड़ी चुनौती बन गयी है। इसे अनदेखा करना बहुत घातक हो सकता है और देश और पूरे उपमहाद्वीप को इसकी भारी क़ीमत चुकानी पड़ सकती है।

*(फ़रवरी, 2013)*

# चैनलों से नाराज़ क्यों है सरकार?

### न्यूज़ चैनलों के रेगुलेशन की सरकार की मंशा में खोट है

भ्रष्टाचार के गम्भीर आरोपों और चौतरफ़ा आलोचनाओं से घिरी यूपीए सरकार ने न्यूज़ चैनलों की नकेल कसने की तैयारी शुरू कर दी है। सूचना एवं प्रसारण मन्त्रालय की ओर से कैबिनेट में पास एक ताज़ा प्रस्ताव में नये न्यूज़ चैनल शुरू करने के लिए मौजूदा नियमों को और कड़ा करने और मौजूदा चैनलों के लाइसेंस के पुनर्नवीनीकरण की प्रक्रिया सशर्त करने का फ़ैसला किया गया है। इस नये प्रस्ताव के मुताबिक़, नये न्यूज़ चैनल शुरू करने के वास्ते अपलिंकिंग और डाउनलिंकिंग का लाइसेंस लेने के लिए सम्बन्धित कम्पनी की निवल सम्पत्ति तीन करोड़ रुपये से बढ़ाकर 20 करोड़ रुपये कर दी गयी है। इसके बाद हर नये चैनल के लिए 5 करोड़ की अतिरिक्त रकम ज़रूरी होगी।

यही नहीं, न्यूज़ चैनलों के लिए यह भी शर्त लगा दी गयी है कि लाइसेंस मिलने के एक साल के अन्दर चैनल शुरू हो जाना चाहिए। इसके साथ ही, न्यूज़ चैनलों के लिए दो करोड़ रुपये की परफार्मेंस बैंक गारंटी की शर्त लगा दी गयी है जो एक साल के अन्दर चैनल न शुरू होने की स्थिति में ज़ब्त कर ली जायेगी। इसके अलावा मौजूदा चैनलों के लाइसेंसों का दस वर्षों में पुनर्नवीनीकरण करना होगा। इसके लिए सबसे महत्त्वपूर्ण शर्त यह होगी कि सम्बन्धित चैनल के ख़िलाफ़ केबल नेटवर्क क़ानून में उल्लिखित कार्यक्रम और विज्ञापन कोड के उल्लंघन के पाँच या उससे अधिक मामलों में कार्रवाई न हुई हो। अगर ऐसा हुआ है तो चैनल का लाइसेंस रद्द किया जा सकता है।

कहने की ज़रूरत नहीं है कि इन प्रस्तावों और संशोधनों पर चैनलों की ओर से बहुत तीखी प्रतिक्रिया आयी है। चैनलों ने इसे अभिव्यक्ति की आज़ादी के लिए ख़तरा बताते हुए असंवैधानिक, मनमाना और एकतरफ़ा करार दिया है। उनकी यह

भी शिकायत है कि सरकार ने इस फ़ैसले के ज़रिये चैनलों द्वारा स्थापित स्व-नियमन की उस व्यवस्था पर सीधा आघात किया है जिसकी ख़ुद सरकार ने प्रशंसा की है। चैनलों का आरोप है कि केबल क़ानून में उल्लिखित कार्यक्रम और विज्ञापन कोड के उल्लंघन के मामलों का फ़ैसला सूचना एवं प्रसारण मन्त्रालय के अफ़सरों के हाथ में होगा जिसमें मनमानी की काफ़ी गुंजाइश होगी।

चैनलों का यह भी आरोप है कि केन्द्र सरकार इस फ़ैसले के ज़रिये उन्हें सबक सिखाने और उन पर अंकुश लगाने की तैयारी कर रही है। इसकी वजह यह है कि सरकार अपनी मौजूदा राजनीतिक मुश्किलों के लिए काफ़ी हद तक न्यूज़ मीडिया ख़ासकर चैनलों को ज़िम्मेदार मानती है। सरकार के कई मन्त्रियों और कांग्रेस के नेताओं ने न्यूज़ चैनलों से अपनी नाराज़गी का कई मौक़ों पर खुलकर इजहार भी किया है। यहाँ तक कि ख़ुद प्रधानमन्त्री ने भी अपनी सरकार के प्रति मीडिया ख़ासकर न्यूज़ चैनलों की आलोचना करते हुए कहा था कि मीडिया एक साथ 'आरोपकर्ता, जाँचकर्ता और जज' तीनों की भूमिका निभाने की कोशिश कर रहा है।

इसमें कोई दो राय नहीं है कि पिछले कई महीनों से मीडिया ख़ासकर कुछ प्रमुख न्यूज़ चैनलों के भ्रष्टाचार विरोधी अभियान के कारण यूपीए सरकार की काफ़ी राजनीतिक फजीहत हुई है। यही नहीं, सरकार को यह भी लगता है कि चैनल विपक्ष के भ्रष्टाचार विरोधी मुहिम को न सिर्फ़ हवा दे रहे हैं बल्कि वे इस मुहिम में एक सक्रिय खिलाड़ी बन गये हैं। कई मन्त्रियों और कांग्रेसी नेताओं के मुताबिक़, चैनलों ने अन्ना हजारे और बाबा रामदेव जैसे भ्रष्टाचार और कालाधन विरोधी आन्दोलनों को खड़ा किया है। उन्हें यह लगता है कि अगर चैनलों ने एकतरफ़ा तरीक़े से इन आन्दोलनों को उछाला और कांग्रेस और सरकार को खलनायक की तरह पेश नहीं किया होता तो सरकार की इतनी किरकिरी नहीं होती।

स्वाभाविक तौर पर इसे लेकर सरकार में बौखलाहट है। हालाँकि मीडिया ख़ासकर न्यूज़ चैनलों के भारी विरोध के बाद सूचना एवं प्रसारण मन्त्री अम्बिका सोनी ने वायदा किया है कि सरकार लाइसेंस के पुनर्नवीनीकरण के लिए कार्यक्रम और विज्ञापन कोड के उल्लंघन के मामलों की जाँच और उन पर किसी फ़ैसले पर पहुँचने की प्रक्रिया में चैनलों के स्व-नियमन व्यवस्था का ध्यान रखेगी और इस बारे में कोई भी फ़ैसला उनसे चर्चा के बाद ही होगा। इसके बावजूद यह तथ्य है कि सरकार ने इन प्रस्तावों और संशोधनों को वापस नहीं लिया है।

साफ़ है कि वह न्यूज़ चैनलों को अपने 'तौर-तरीक़े ठीक करने' (मतलब चुप रहने और भ्रष्टाचार विरोधी मुहिम से दूर रहने) का सन्देश देने की कोशिश कर

रही है। वह चैनलों पर दबाव बनाने और उन्हें 'रास्ते पर लाने' के लिए मन बना चुकी है। अपलिंकिंग और डाउनलिंकिंग गाइडलाइन्स और नये न्यूज़ चैनल शुरू करने के लिए प्रस्तावित नयी शर्तों के बारे में केन्द्रीय कैबिनेट के ताज़ा फ़ैसले को इसी परिप्रेक्ष्य में देखना चाहिए। यही नहीं, वह ऐसे मौक़े और मुद्दे के इन्तज़ार में है जब चैनलों को पकड़ा और सबक सिखाया जा सके। आश्चर्य नहीं होगा, अगर आने वाले महीनों में कुछ चैनलों को कार्यक्रम और विज्ञापन कोड के उल्लंघन के लिए निशाना बनाया जाये।

इस मामले में सरकार की मंशा साफ़ है। इस बारे में किसी को कोई सन्देह नहीं होना चाहिए। उसका एकमात्र मक़सद न्यूज़ चैनलों को अंकुश में रखना है। अलबत्ता इसके लिए वह बहाना चैनलों की मनमानी, सनसनीखेज, बेतुके और बे-सिरपैर के कंटेंट के अलावा पत्रकारीय नैतिकता और मूल्यों के खुले उल्लंघन को बना रही है। यह सच है कि सरकार को यह मौक़ा ख़ुद चैनलों ने दिया है। सरकार चैनलों की इस कमज़ोर नस को जानती है। वह जानती है कि चैनल कोई दूध के धुले नहीं हैं। उसे पता है कि अधिकांश न्यूज़ चैनलों के बारे में आम लोगों और उनके दर्शकों की राय क्या है?

असल में, अधिकांश न्यूज़ चैनलों ख़ासकर हिन्दी न्यूज़ चैनलों ने आपसी गलाकाट होड़ में टीआरपी हासिल करने के लिए पत्रकारिता की मर्यादाओं और मूल्यों का जिस तरह से मज़ाक़ उड़ाया है, उसके कारण उनके न्यूज़ चैनल होने पर भी उँगलियाँ उठने लगी थीं। यही नहीं, दर्शकों में उनकी विश्वसनीयता और साख भी कमज़ोर हुई है। धीरे-धीरे वे मज़ाक़ के विषय बनने लगे हैं। 'रण' और 'पीपली लाइव' जैसी फ़िल्में इस बात का सबूत हैं कि पापुलर कल्चर में लोग न्यूज़ चैनलों को किस तरह से देखने लगे हैं। इसके अलावा, पिछले कुछ वर्षों में न्यूज़ चैनल चलाने के बिज़नेस में जिस तरह के लोग और कम्पनियाँ आयी हैं, उनके चाल-चरित्र, उद्देश्यों और तौर-तरीक़ों के बारे में जितना कहा जाये, कम है।

तथ्य यह है कि इस समय देश में कुल 745 केबल और सैटेलाइट चैनलों को प्रसारण के लिए लाइसेंस मिला हुआ है जिसमें कोई 366 चैनलों को 'समाचार और सम-सामयिक' चैनलों के बतौर लाइसेंस मिला हुआ है जबकि बाक़ी 379 गैर समाचार चैनलों की श्रेणी में आते हैं। साफ़ है कि कुल केबल और सैटेलाइट चैनलों में लगभग आधे समाचार चैनल हैं। यह एक हैरान करने वाली संख्या है। दुनिया के किसी भी देश में इतने न्यूज़ चैनल नहीं हैं। अगर यह मान भी लिया जाये कि इसमें कई चैनलों ने लाइसेंस भले न्यूज़ चैनल के बतौर लिया हो लेकिन वे 24×7

न्यूज़ चैनल नहीं हैं, उनके यहाँ न्यूज़ के एकाध बुलेटिन भर हैं और वे वास्तव में इन्फोटेनमेंट चैनल हैं, इसके बावजूद यह संख्या कई कारणों से हैरान करने वाली है।

सबसे बड़ा सवाल यह है कि उनका बिज़नेस मॉडल क्या है? उनमें किनका धन लगा है और वे चल कैसे रहे हैं? ये सवाल इसलिए ज़रूरी हैं कि इनमें से अधिकांश न्यूज़ चैनलों की आमदनी और राजस्व का कोई ज्ञात स्रोत नहीं दिखाई पड़ता है। ज़ाहिर है कि आय का कोई स्रोत न होने के बावजूद इन चैनलों का चलना एक आश्चर्य है। इसका यह मतलब भी है कि इन्हें चलाने वाले किन्हीं और कारणों से इन्हें चला रहे हैं। यह किसी से छुपा नहीं है कि न्यूज़ चैनल बिज़नेस में कई चिट फंड, रीयल इस्टेट, शराब आदि के धन्धे करने वाली कम्पनियों से लेकर प्रभावशाली नेताओं/अफ़सरों ने पैसा लगाया है और उनका मक़सद पैसा कमाने से ज़्यादा अपने वैध-अवैध धन्धों को एक तरह का संरक्षण देना और सत्ता के केन्द्रों में अपनी पहुँच और हैसियत बढ़ाना है। इनमें से कई ब्लैकमेल और अन्य तरह के अपराधों में भी संलग्न पाये गये हैं।

ज़ाहिर है कि इसका असर न्यूज़ चैनलों के कंटेंट से लेकर उनके कामकाज के तरीक़ों में भी दिखता है। इससे न्यूज़ चैनलों की दुनिया में एक अजीब तरह की अराजकता दिखाई पड़ती है। इससे दर्शकों में न्यूज़ चैनलों को लेकर खिन्नता, क्षोभ और नाराज़गी बढ़ी है। यही नहीं, इस अराजकता, मनमानी और निहित स्वार्थी तत्त्वों के कारण न्यूज़ चैनलों ख़ासकर न्यूज़ ब्राडकास्टर्स एसोसिएशन (एनबीए) की ओर से प्रस्तावित स्व-नियमन की व्यवस्था भी बहुत कारगर सिद्ध नहीं हो पायी है।

इसके कारण हाल के वर्षों में मीडिया समीक्षकों, बुद्धिजीवियों और सिविल सोसायटी के कुछ संगठनों की ओर से चैनलों के रेगुलेशन की माँग भी ज़ोर पकड़ने लगी है। कहने की ज़रूरत नहीं है कि सरकार चैनलों के इन्हीं अतिरेकों और विचलनों के ख़िलाफ़ आम दर्शकों के बीच बने नकारात्मक मूड का फ़ायदा उठाने की कोशिश कर रही है।

निश्चय ही, न्यूज़ चैनलों के रेगुलेशन की ज़रूरत से इनकार नहीं किया जा सकता है। लेकिन रेगुलेशन का मतलब चैनलों की सम्पादकीय आज़ादी और उनकी अभिव्यक्ति की स्वतन्त्रता पर अंकुश लगाना नहीं है। रेगुलेशन का मतलब यह भी नहीं है कि सारी ताक़त सरकार और नौकरशाहों के हाथ में हो और वे चैनलों का कंटेंट तय करने लगें।

रेगुलेशन का मतलब सरकार और मीडिया उद्योग दोनों से स्वतन्त्र और स्वायत्त एक ऐसे जनतान्त्रिक निकाय का गठन है जो अभिव्यक्ति की आज़ादी

और नागरिकों के जानने के अधिकार को सुनिश्चित करने के लिए पारदर्शी तरीक़े से चैनलों के कामकाज की निगरानी करे, उनके पत्रकारीय विचलनों-अतिरेकों पर अंकुश लगाये, ज़रूरत पड़ने पर दण्डात्मक कार्रवाई भी करे और सबसे बढ़कर टीवी उद्योग में बहुलता और विविधता की गारंटी के लिए कुछ बड़े मीडिया समूहों के बढ़ते वर्चस्व और एकाधिकार पर अंकुश लगाये।

लेकिन सच्चाई यह है कि सरकार ख़ुद न्यूज़ चैनलों के रेगुलेशन को लेकर बहुत ईमानदार और गम्भीर नहीं है। अगर वह ईमानदार और गम्भीर होती तो इन आधे-अधूरे और तदर्थ फ़ैसलों, मनमाने नियमों और चैनलों के रेगुलेशन के अधिकार अपने हाथ में रखने के बजाय वास्तव में एक स्वतन्त्र और स्वायत्त मीडिया रेगुलेशन प्राधिकरण के गठन की दिशा में आगे बढ़ती। लेकिन ऐसी मंशा नहीं है। सच पूछिये तो उसे न्यूज़ चैनलों के पत्रकारीय अतिरेकों-विचलनों से कोई ख़ास शिकायत नहीं है। न्यूज़ चैनल जब तक सिनेमा, क्रिकेट, सेलेब्रिटीज, कामेडी और क्राइम दिखाते रहे, राखी सावंत के लटकों-झटकों और नाग-नागिन के रहस्य में मस्त रहे और सनसनी के लिए टुटपुँजिया 'ख़बरों' के साथ खिलवाड़ करते रहे, सरकार को कोई परेशानी नहीं हुई।

कहने का मतलब यह कि जब तक न्यूज़ चैनलों ने दर्शकों को उलझाए और सुलाये रहे, सरकार को उनसे कोई समस्या या शिकायत नहीं थी। लेकिन जैसे ही चैनलों ने भ्रष्टाचार-घोटालों के मामलों का भण्डाफोड़ और उन्हें उछालना शुरू किया और अन्ना हजारे को भ्रष्टाचार विरोधी मुहिम का हीरो बना दिया, सरकार का सिंहासन हिलने लगा और उसकी चिन्ता और नाराज़गी बढ़ने लगी। उसे चैनलों की अराजकता, मनमानी और अतिरेक-विचलन दिखाई देने लगे और रेगुलेशन की ज़रूरत महसूस होने लगी।

इसके बाद भी सच्चाई यही है कि सरकार अभी भी चैनलों के स्वतन्त्र और स्वायत्त रेगुलेशन व्यवस्था के लिए तैयार नहीं है। अगर ऐसा नहीं होता तो वह मनमाने तरीक़े से कार्यक्रम और विज्ञापन कोड के उल्लंघन की निगरानी और दण्डित करने का अधिकार अपने हाथों में रखने की कोशिश नहीं करती। साफ़ है कि उसकी असली मंशा चैनलों की मौजूदा भ्रष्टाचार विरोधी मुहिम पर अंकुश लगाने और उन्हें क़ाबू में रखने की है। लेकिन इसके साथ ही यह भी उतना ही बड़ा सच है कि नये प्रावधानों का विरोध कर रहे चैनल भी कोई अभिव्यक्ति की आज़ादी की हिफ़ाज़त के लिए नहीं लड़ रहे हैं और न ही उनकी प्रतिबद्धता दर्शकों के जानने के अधिकार की रक्षा करने में है।

तथ्य यह है कि उनके मालिकों के लिए यह एक धन्धा भर है जिसके अलग-अलग मक़सद हैं। उनमें से कई की पूँछ कई कारणों से सरकार के पाँवों तले दबी है। आश्चर्य नहीं होगा, अगर उनमें से कई जल्दी सुधरे हुए दिखाई दें, कुछ अपने स्वर मद्धिम कर लें और कुछ सरकार का गुणगान करने लगें। सरकार ने सन्देश दे दिया है और देखना है कि इसमें कितने टिकते हैं?

*(नवम्बर, 2011)*

# सुधार नहीं, टीवी रेटिंग व्यवस्था का विकल्प खोजिये

**समस्या टीआरपी व्यवस्था में है जो व्यावसायिक टेलीविज़न और उसके मुनाफ़े के साथ अभिन्न रूप से जुड़ी है**

बहुतेरे विश्लेषक ही नहीं, सम्पादक भी टेलीविज़न चैनलों पर कंटेंट के गिरते स्तर और उससे जुड़ी अधिकांश समस्याओं के लिए उनकी रेटिंग की मौजूदा व्यवस्था को ज़िम्मेदार मानते हैं। चैनलों में यह आम धारणा है और बहुत हद तक सही है कि टीवी कार्यक्रमों की लोकप्रियता मापने के लिए इस्तेमाल होने वाली टेलीविज़न रेटिंग प्वाइंट्स (टीआरपी) की मौजूदा व्यवस्था के कारण चैनलों, प्रसारकों और कार्यक्रम निर्माताओं पर अधिक से अधिक रेटिंग बटोरने का दबाव बहुत ज़्यादा बढ़ गया है। इस कारण वे कार्यक्रमों की गुणवत्ता से अधिक रेटिंग बढ़ाने के टोटकों पर ध्यान देते हैं। इसका नतीजा यह हो रहा है कि सभी व्यावसायिक यहाँ तक कि सार्वजनिक चैनलों पर भी बिना किसी के अपवाद के रेटिंग के लिहाज़ से सफल कार्यक्रमों की नक़ल से लेकर सफल विषयों के दोहराव, सतही, छिछले और अश्लील कार्यक्रमों की बाढ़ सी आ गयी है।

यही नहीं, हाल के वर्षों में चैनलों और कार्यक्रम निर्माताओं में अधिक से अधिक टीआरपी बटोरने की ऐसी अन्धी होड़ शुरू हुई है कि उसमें सामाजिक-मानवीय मूल्यों, नैतिकता, पत्रकारीय एथिक्स और मूल्यों की सबसे अधिक अनदेखी हो रही है। सबसे अधिक हैरानी की बात यह है कि चैनलों की इस प्रतियोगिता से कार्यक्रमों की गुणवत्ता में बेहतरी नहीं आ रही है जबकि माना यह जाता है कि प्रतियोगिता से गुणवत्ता में सुधार आता है। उल्टे हो यह रहा है कि चैनलों के कार्यक्रमों में नयापन, प्रयोग, सुरुचि और विविधता के लिए जगह लगातार कम होती जा रही है। इस मामले में चैनल और कार्यक्रम निर्माता जोख़िम लेने और प्रयोग करने के बजाय टीआरपी के तयशुदा फार्मूलों पर चलना पसन्द करते हैं।

यही कारण है कि टीआरपी मापने की मौजूदा व्यवस्था को लेकर शिकायतें बढ़ती ही जा रही हैं। सार्वजनिक मंचों से लेकर संसद तक में इस मुद्दे पर बहस हुई और हो रही है। इन शिकायतों के कारण ही पिछले कुछ वर्षों में दूरसंचार नियामक आयोग—ट्राई और सूचना तकनीक मन्त्रालय की संसदीय स्टैंडिंग कमिटी ने इस व्यवस्था की जाँच-पड़ताल की और उनकी रिपोर्टें भी आ चुकी हैं। लेकिन इसके बावजूद व्यवस्था में कोई ख़ास बदलाव नहीं आया है। पिछले वर्ष सूचना एवं प्रसारण मन्त्रालय ने टीआरपी की मौजूदा व्यवस्था की समीक्षा और उसमें सुधार के उपाय सुझाने के लिए फिक्की के महासचिव अमित मित्र की अध्यक्षता में एक उच्च स्तरीय समिति का गठन किया था जिसने अपनी रिपोर्ट इस साल जनवरी के दूसरे सप्ताह में पेश कर दी है।

इस रिपोर्ट में समिति ने टीआरपी की मौजूदा व्यवस्था में कई बड़ी गड़बड़ियों और खामियों की बात स्वीकार की है और माना है कि इसमें सुधार की ज़रूरत है। समिति ने टीआरपी व्यवस्था में सिर्फ़ दो निजी कम्पनियों ख़ासकर ए.सी-निएल्सन/टैम के दबदबे और एकाधिकार पर चिन्ता प्रकट करने के अलावा टीआरपी के सैम्पल आकार की अपर्याप्तता, पारदर्शिता और विश्वसनीयता के अभाव जैसे मुद्दों को उठाया है। समिति ने सबसे अधिक ज़ोर मौजूदा टीआरपी व्यवस्था में रेटिंग की माप के लिए इस्तेमाल किये जा रहे सैम्पल साइज़ को बढ़ाने पर दिया है। समिति के मुताबिक़, भारत जैसे देश के आकार और विविधता के मुक़ाबले टीआरपी की मौजूदा सैम्पल साइज काफ़ी सीमित और कम है।

समिति के अनुसार, 50 करोड़ से ज़्यादा दर्शकों की पसन्द का वास्तविक आकलन सिर्फ़ 8000 पीपुल मीटर से नहीं किया जा सकता है। भारत में टीवी रेटिंग के व्यवसाय की सबसे बड़ी और लगभग एकाधिकार की स्थिति रखनेवाली कम्पनी टैम के मुताबिक़, देश में कुल 22.3 करोड़ घर हैं जिनमें से कुल 13.8 करोड़ घरों में टीवी है। इनमें से 10.3 करोड़ टीवी घरों में केबल और सैटेलाइट उपलब्ध है जबकि दो करोड़ टीवी घरों में डिजिटल टीवी उपलब्ध है। इसी तरह, देश में कुल टीवी घरों में 6.4 करोड़ शहरी इलाक़ों में और सात करोड़ ग्रामीण क्षेत्रों में हैं। लेकिन इससे अधिक हैरानी की बात क्या होगी कि जिस टीवी रेटिंग के आधार पर चैनलों और उनके कार्यक्रमों की लोकप्रियता का आकलन किया जाता है, उसके 8000 पीपुल मीटरों में एक भी मीटर ग्रामीण क्षेत्रों में नहीं है?

यही नहीं, पूरे जम्मू-कश्मीर, असम को छोड़कर पूरे उत्तर-पूर्व में कोई पीपुल मीटर नहीं है। इसका अर्थ यह हुआ कि इन क्षेत्रों के दर्शकों की पसन्द कोई मायने

नहीं रखती है। लेकिन उससे भी अधिक चौंकाने वाली बात यह है कि अधिकांश पीपुल मीटर देश के आठ बड़े महानगरों तक सीमित हैं जहाँ कुल 2690 मीटर लगे हुए हैं। इस तरह, सिर्फ़ आठ महानगरों में कुल पीपुल मीटर्स के 33.6 प्रतिशत लगे हुए हैं। इसमें भी दिल्ली और मुम्बई में कुल टीवी मीटर्स के 13.5 फ़ीसदी मीटर्स लगे हुए हैं जबकि इन दोनों शहरों में देश की सिर्फ़ दो प्रतिशत आबादी रहती है। इसी तरह, देश के पश्चिमी हिस्सों ख़ासकर गुजरात (अहमदाबाद सहित) और महाराष्ट्र (मुम्बई छोड़कर) में कुल पीपुल मीटर्स के 19 फ़ीसदी मीटर्स लगे हुए हैं।

टीवी रेटिंग की मौजूदा व्यवस्था में जहाँ अकेले पुणे में 180 पीपुल मीटर्स लगे हुए हैं, वहीं पूरे बिहार में सिर्फ़ 150 मीटर्स लगे हैं। इसी तरह, दिल्ली में कुल 540 पीपुल मीटर्स लगे हैं, वहीं पूरे मध्य प्रदेश और छत्तीसगढ़ में कुल 450 मीटर्स लगे हैं।

ज़ाहिर है कि टीआरपी की मौजूदा व्यवस्था में इस तरह की भारी विसंगतियाँ हैं। आश्चर्य नहीं कि टीआरपी व्यवस्था की जाँच करते हुए ट्राई ने भी स्वीकार किया था कि " रेटिंग की मौजूदा व्यवस्था मुख्यतः केबल घरों पर आधारित है। चूँकि केबल घरों की बड़े पैमाने पर अंडर रिपोर्टिंग होती है, इसलिए 8000 घरों पर आधारित रेटिंग की व्यवस्था अत्यधिक अपर्याप्त है। इसके अलावा चूँकि लगभग 60 फ़ीसदी टीवी सेट्स अभी भी ब्लैक एंड व्हाइट हैं, जिनसे दर्शकों की पसन्द के बारे में सही अनुमान लगा पाना बहुत सन्देहास्पद है। इसी तरह, चैनलों की मौजूदगी भी देश के सभी क्षेत्रों में एक समान नहीं है। इस सबसे रेटिंग की मौजूदा प्रविधि की सीमाएँ अस्पष्ट होती हैं। इसका नतीजा यह हो रहा है कि जिन चैनलों की ग्रामीण इलाक़ों या दर्शकों के कुछ हिस्सों में अधिक पैठ होगी, वे रेटिंग की मौजूदा व्यवस्था में नुक़सान में रहते हैं। मुख्यतः शहरी दर्शक ही चैनलों की रेटिंग और उनके कार्यक्रमों का शेड्यूल तय कर रहे हैं।"

इसके अलावा, समिति टीवी उद्योग की इन शिकायतों से भी सहमत दिखती है कि टैम और ए-मैप की मौजूदा रेटिंग व्यवस्था में पारदर्शिता और विश्वसनीयता का भी अभाव है। सैम्पल की गोपनीयता के नाम पर रेटिंग एजेंसियों की मौजूदा व्यवस्था में उनके आँकड़ों की शुद्धता की जाँच और उस प्रक्रिया का मूल्यांकन सम्भव नहीं है। टैम पर यह आरोप अक्सर लगते रहे हैं कि उसके द्वारा बरती जानेवाली गोपनीयता के आवरण में उसके आँकड़ों को बड़े प्रसारक प्रभावित करते हैं। यह भी आरोप लगते रहे हैं कि पीपुल मीटर्स के पैनल की जानकारी कुछ बड़े चैनलों/

प्रसारकों को मुहैया कर दी जाती है जो उसका फ़ायदा सम्बन्धित दर्शकों की पसन्द को मैनीपुलेट करके उठाते हैं।

यही नहीं, रेटिंग एजेंसियों के स्वामित्व और उनमें क्रॉस मीडिया निवेश के कारण हितों के टकराव (कनफ्लिक्ट ऑफ़ इंटरेस्ट) के सवाल भी उठते रहे हैं। यह सवाल इसलिए महत्त्वपूर्ण है कि अगर टीवी रेटिंग एजेंसी में प्रसारकों या विज्ञापन एजेंसियों का प्रत्यक्ष या अप्रत्यक्ष शेयर होगा या टीवी रेटिंग एजेंसी की प्रसारकों, कार्यक्रम निर्माता कम्पनियों या विज्ञापन एजेंसियों में हिस्सेदारी होगी तो निश्चय ही, हितों का टकराव होगा और उससे रेटिंग की विश्वसनीयता प्रभावित होगी। इसके अलावा, समिति ने इस चिन्ता का भी उल्लेख किया है कि रेटिंग व्यवसाय में एकाधिकार की स्थिति के कारण पीपुल मीटर की क़ीमत बहुत अधिक है। रिपोर्ट के अनुसार, एक पीपुल मीटर की क़ीमत लगभग डेढ़ लाख रुपये है। आरोप है कि पीपुल मीटर की इस अत्यधिक क़ीमत के ज़रिये सम्बन्धित कम्पनी अपनी विदेशी पैरेंट कम्पनी को अनुचित तरीक़े (ट्रांसफर प्राइसिंग) से लाभ पहुँचा रही है।

समिति ने इस मुद्दे पर भी चिन्ता ज़ाहिर की है कि टीआरपी के आँकड़ों को जारी करने की अवधि और बारम्बारता (फ्रीक्वेंसी) को हर मिनट, हर घण्टे, हर दिन और हर सप्ताह करके उसे शेयर बाज़ार की तरह बना दिया गया है। उल्लेखनीय है कि अभी टैम मीडिया साप्ताहिक आधार पर जबकि ए-मैप दैनिक आधार पर टीआरपी रेटिंग जारी करते हैं। इसके कारण, चैनलों और कार्यक्रम निर्माताओं पर हर सप्ताह रेटिंग में आने वाले उतार-चढ़ाव के अनुसार अपनी रणनीति में बदलाव करना पड़ता है। प्रसारकों और कार्यक्रम निर्माताओं पर न सिर्फ़ टीआरपी में बढ़त को बनाये रखने और कमी को सुधारने का दबाव रहता है बल्कि उनके पास कार्यक्रमों में प्रयोग करने की कोई गुंजाइश भी नहीं रह जाती है।

सच यह है कि इस प्रक्रिया में वे एक तरह से टीआरपी के ग़ुलाम बन जाते हैं। किसी एक सप्ताह की टीआरपी के आधार पर किसी कार्यक्रम की गुणवत्ता तय होने लगती है। कार्यक्रम निर्माताओं के पास कोई स्वायत्तता नहीं रह जाती है। ऐसे अनेक उदाहरण हैं जब टीआरपी में गिरावट के कारण किसी कार्यक्रम की कहानी की दिशा, उसके पात्रों के चरित्र चित्रण या प्रस्तुति में उलटफेर करना पड़ा है।

इसी तरह, टीआरपी की दृष्टि से सफल कार्यक्रमों की नक़ल या प्रतिरूप सभी चैनलों पर छा जाते हैं जिसका सबसे पहला शिकार विविधता और बहुलता होती है। यही कारण है कि कई समाचार चैनलों के सम्पादक यह माँग करते रहे हैं कि जैसे

अख़बारों की पाठक संख्या का सर्वेक्षण हर छह महीने पर आता है, उसी तरह से टीवी चैनलों की रेटिंग भी छह महीने पर आनी चाहिए। ख़ुद समिति के मुताबिक़, इससे अनावश्यक रूप से एयरटाइम का जिन्सीकरण होता है और इससे प्रसारक और विज्ञापनदाता दोनों तात्कालिक टीआरपी बढ़ोतरी के पीछे भागने लगते हैं।

लेकिन समिति ने टीआरपी व्यवस्था की इस अपर्याप्तता और विसंगतियों का समाधान सैम्पल साइज को बढ़ाने में खोजा है। समिति ने सिफ़ारिश की है कि अगले पाँच वर्षों में पीपुल मीटर्स की संख्या को बढ़ाकर तीस हज़ार तक ले जाया जाये। समिति के मुताबिक़ इन अतिरिक्त 22 हज़ार मीटर्स को लगाने का ख़र्च लगभग 660 करोड़ रुपये आयेगा जिसे टीवी उद्योग से एक सालाना फ़ीस के रूप में वसूला जा सकता है। समिति ने टैम और अन्य रेटिंग एजेंसी को टीवी उद्योग से जुड़े प्रसारकों, विज्ञापन दाताओं और विज्ञापन एजेंसियों का प्रतिनिधित्व करने वाली संस्था ब्राडकास्ट आडिएंस रिसर्च काउंसिल—बार्क की निगरानी में लाने की भी सिफ़ारिश की है।

समिति ने इसके अलावा, केबल, टेरेस्ट्रियल, डी.टी.एच., आई.पी.टीवी और अन्य तकनीकों को भी टीआरपी के दायरे में लाने की सिफ़ारिश की है। समिति का मानना है कि रेटिंग की घोषणा प्रतिदिन के बजाय साप्ताहिक आधार पर ही होनी चाहिए और बार्क चाहे तो इसे पाक्षिक भी कर सकता है। समिति ने यह भी सिफ़ारिश की है कि हितों का टकराव टालने के लिए रेटिंग एजेंसियों, प्रसारकों, विज्ञापनदाताओं और विज्ञापन एजेंसियों के बीच क्रॉस मीडिया निवेश नहीं होना चाहिए।

समिति ने टीआरपी व्यवस्था की निगरानी के लिए गठित की जानेवाली संस्था—बार्क में एक उच्च स्तरीय समिति गठित करने की भी सिफ़ारिश की है जिसमें विशेषज्ञों, नागरिक समाज के प्रतिनिधियों को शामिल किया जाना चाहिए। समिति ने टीआरपी संग्रह की पूरी प्रक्रिया और उसके नतीजों को सार्वजनिक करने की भी सिफ़ारिश की है ताकि उन्हें स्वतन्त्र रूप से जाँचा-परखा जा सके।

सवाल यह है कि क्या इन सिफ़ारिशों से टीआरपी के कारण पैदा होने वाली कई बुनियादी समस्याएँ और गड़बड़ियाँ दूर हो जायेंगी? निश्चय ही, सिर्फ़ टीआरपी मीटर्स की संख्या को चौगुना कर देने और उसमें ग्रामीण क्षेत्रों और अन्य उपेक्षित राज्यों को भी शामिल कर लिए जाने भर से न तो टीआरपी का अवांछित दबाव कम होने वाला है और न ही उसके दबाव के कारण कंटेंट के स्तर पर होने वाली गड़बड़ियाँ दूर होने वाली हैं। उल्टे इस बात की आशंका अधिक है कि मीटर्स की

संख्या बढ़ने से उसे और ज़्यादा महत्त्व मिलने लगेगा जिसके कारण कार्यक्रमों के फार्मेट से लेकर उसके स्वरूप, सिक्वेंस और ट्रीटमेंट में टीआरपी की घुसपैठ और बढ़ जायेगी।

असल में, टीआरपी व्यवस्था के साथ सबसे बुनियादी समस्या यह है कि यह व्यावसायिक टेलीविज़न और उसके मुनाफ़े के साथ अभिन्न रूप से जुड़ी व्यवस्था है। व्यावसायिक टेलीविज़न मुनाफ़े के लिए चलता है और फ़िलहाल, प्रसारकों के मुनाफ़े का मुख्य स्रोत विज्ञापनों से होने वाली आय है। स्वाभाविक तौर पर विज्ञापनदाता उस चैनल या कार्यक्रम को ज़्यादा और ऊँची क़ीमत पर विज्ञापन देता है जिसके पास सबसे अधिक दर्शक होते हैं। कहा भी जाता है कि टीवी के कार्यक्रमों के पीछे मुख्य उद्देश्य अधिक से अधिक दर्शक जुटाकर विज्ञापनदाताओं को बेच देना होता है। यही नहीं, विज्ञापनदाता यह भी देखता है कि उसके दर्शक समाज के किन वर्गों से आते हैं। ज़ाहिर है कि उनकी प्राथमिकता उन दर्शकों की होती है जिनके पास इतनी क्रयशक्ति है कि वे उन उत्पादों और सेवाओं को ख़रीद पायें।

टीआरपी के मौजूदा ढाँचे में बड़े महानगरों और समृद्ध राज्यों में अधिक पीपुल मीटर्स का लगा होना इसी ज़रूरत को पूरा करने के लिए है। वास्तव में, टीआरपी व्यवस्था उन विज्ञापन दाताओं के लिए ही बनाई गयी है जो चाहते हैं कि विज्ञापन पर ख़र्च होने वाला उनका पैसा बेकार न जाये। लेकिन सबसे अधिक हैरानी की बात यह है कि इस समिति ने टीआरपी की मौजूदा व्यवस्था में कई बड़ी कमियों और गड़बड़ियों की शिकायतों को सही मानते हुए भी समाधान की बहुत सीमित और सतही पेशकश की है। यह टीआरपी की मौजूदा व्यवस्था के अन्दर ही कुछ प्रक्रियागत सुधारों के ज़रिये उसे और सशक्त और प्रभावी बनाने की कोशिश है।

आश्चर्य नहीं कि समिति ने टीआरपी के कंटेंट पर पड़ने वाले नकारात्मक प्रभावों पर सिवाय इसके कुछ नहीं कहा है कि चैनल कंटेंट के मामले में स्व-नियमन और अनुशासन का पालन करें। लेकिन सवाल है कि जब तक चैनल मुनाफ़े के लिए विज्ञापन और उससे जुड़े टीआरपी पर आश्रित हैं तो स्व-नियमन की परवाह कौन करता है? ज़ाहिर है कि इससे रेटिंग की तानाशाही कमज़ोर नहीं पड़ेगी।

इस पूरी बहस की सबसे बड़ी त्रासदी यही है। दरअसल, उसे टीवी रेटिंग की व्यवस्था से कोई शिकायत नहीं है। उसे सिर्फ़ टैम की रेटिंग प्रणाली की कमियों-खामियों से शिकायत है। लेकिन समस्या सिर्फ़ टैम की रेटिंग तक सीमित नहीं है बल्कि इस तरह की किसी भी रेटिंग व्यवस्था की यह अन्तर्निहित विकृति है जिसका

उद्देश्य विज्ञापनदाताओं के लिए टार्गेट आडिएंस खोजना है। याद रहे, इस रेटिंग व्यवस्था का मूल मक़सद विज्ञापनदाता के लिए उन दर्शकों की तलाश है जिनके पास उसके उत्पादों/सेवाओं को ख़रीदने की सामर्थ्य है। ज़ाहिर है कि जब तक समृद्ध और उपभोक्ता दर्शकों की पसन्द-नापसन्द को ध्यान में रखकर रेटिंग होगी और उसे आकर्षित करने के लिए कार्यक्रम बनाये जायेंगे, रेटिंग के दलदल से बाहर निकलना सम्भव नहीं है। चाहे टैम हो या बार्क—समस्या हल होने वाली नहीं है। असल में, मूल मुद्दा टैम का नहीं, टीवी रेटिंग का विकल्प खोजने का है या कहें कि विज्ञापन आय पर निर्भर टीवी को विज्ञापनों और मुनाफ़े की जकड़बन्दी से बाहर निकालने का है।

*(फ़रवरी, 2011)*

# प्रसारण नियमन पर सरकार और प्रसारकों का खेल

## ज़रूरत सरकारी नियन्त्रण और प्रसारकों के प्रभाव से पूरी तरह से मुक्त एक स्वतन्त्र, पारदर्शी, नियम आधारित, लोकतान्त्रिक और प्रभावी नियमन प्राधिकरण की है

पिछले दिनों सूचना एवं प्रसारण मन्त्रालय ने काफ़ी शिकायतों के बाद दो मनोरंजन चैनलों—सोनी और इमैजिन टीवी को उनके कार्यक्रमों क्रमशः 'बिग बॉस' और 'राखी का इंसाफ़' को नोटिस जारी करते हुए उन्हें रात में 11 बजे के बाद दिखाने का आदेश जारी किया। यही नहीं, न्यूज़ चैनलों को भी समाचार और अन्य कार्यक्रमों में इन दोनों टीवी शो की क्लिपिंग्स न दिखाने की हिदायत दी। जैसीकि आशंका थी कि इस फ़ैसले को चैनलों ने तुरन्त मुम्बई हाई कोर्ट में चुनौती दी जिसपर कोर्ट ने स्थगनादेश जारी कर दिया।

कोई महीने भर हो गये और मामला अब भी कोर्ट में है। कोई नहीं जानता कि कोर्ट का फ़ैसला पहले आयेगा या ख़ुद कार्यक्रम ही अपनी निश्चित अवधि पूरा करके समाप्त हो जायेगा। नतीजा, अश्लीलता, द्विअर्थी संवादों, गालियों और निजता के अधिकारों के उल्लंघन जैसी शिकायतों के बावजूद ये दोनों कार्यक्रम अपने नियत समय यानी 9 बजे रात्रि के प्राइम टाइम पर उसी अन्दाज़ में दिखाये जा रहे हैं। इस पूरे प्रकरण ने एक बार फिर चैनलों के नियमन यानी कंटेंट रेगुलेशन के व्यापक सवाल को उठा दिया है। इस प्रकरण ने यह साबित कर दिया है कि चैनलों के नियमन की एक स्वतन्त्र, स्थायी, पारदर्शी, नियम आधारित और प्रभावशाली व्यवस्था का कोई विकल्प नहीं है।

ऐसी व्यवस्था नहीं होने के कारण न सिर्फ़ सरकार यानी सूचना एवं प्रसारण मन्त्रालय को मनमाने तरीक़े से निर्देश जारी करने के क़ानूनी अधिकार मिले हुए हैं

बल्कि चैनलों को भी मनमानी करने और ग़लती करके भी बच निकलने का रास्ता मिला हुआ है। इसके अलावा यह व्यवस्था पूरी तरह से तदर्थ, अपारदर्शी और कुछ नौकरशाहों की मनमर्ज़ी पर टिकी हुई है और चैनल इस तदर्थवाद की सीमाओं का पूरा फ़ायदा उठा रहे हैं। कहने की ज़रूरत नहीं है कि इस तदर्थ व्यवस्था को बदलने और इसकी जगह एक नयी और मुकम्मल व्यवस्था की माँग काफ़ी सालों से हो रही है।

लेकिन चैनलों के दबाव और कुछ सरकार के अनमनेपन के कारण ऐसी स्वतन्त्र, प्रतिनिधिमूलक, पारदर्शी, नियम आधारित और प्रभावी व्यवस्था आज तक नहीं बन पायी है। निश्चय ही, प्रसारण क्षेत्र के नियमन का मामला एक ऐसा क्लासिक मामला है जहाँ पिछले एक दशक से ज़्यादा समय से नियमन की चर्चाओं, बहसों, कोर्ट और संसद के हस्तक्षेप और इस सम्बन्ध में कई विधेयकों के मसौदे तैयार करने के बावजूद सरकार आज तक नया क़ानून बनाने में नाकाम रही है। निश्चय ही, यह ताक़तवर और प्रभावशाली प्रसारकों की लाबीइंग की जीत है। यहाँ तक कि 2007 में यूपीए सरकार ने भारतीय प्रसारण नियमन प्राधिकरण (बीआरएआई) विधेयक को कैबिनेट में पास करके भी संसद में पेश करने से पहले वापस ले लिया। इससे प्रसारकों की ताक़त और पहुँच का अन्दाज़ा लगाया जा सकता है।

लेकिन दूसरी ओर, यह भी उतना ही सच है कि ख़ुद सरकार भी नहीं चाहती है कि ऐसी कोई पारदर्शी व्यवस्था बने जिसमें चैनलों को नियन्त्रित करने के अधिकार उसके हाथ से निकाल जायें। मौजूदा तदर्थ स्थिति का फ़ायदा उठाकर सरकार प्रसारकों की लगाम अपने हाथ में रखना चाहती है जिससे उसे उनके साथ सीधे डील करने में कोई दिक्कत नहीं आये। सरकार चाहे जिस रंग और विचारधारा की हो, वह राजनीतिक तौर पर प्रभावी न्यूज़ मीडिया से सीधे डीलिंग और मोलतोल का स्पेस अपने पास रखना चाहती है। यही नहीं, पिछले कुछ वर्षों के अनुभव से यह भी स्पष्ट है कि सरकार नियमन के मुद्दे को एक ऐसे हथियार की तरह भी इस्तेमाल करती है, जिसे गाहे-बगाहे दिखाकर और उसकी चर्चा छेड़कर प्रसारकों को डराने और अपने अनुकूल करने में आसानी होती है।

असल में, प्रसारक ख़ासकर बड़े चैनल समूह नियमन के पक्ष में नहीं हैं। उनका मानना है कि भारतीय चैनल कुछ अपवादों को छोड़कर बहुत संयमित और स्वस्थ मनोरंजन को बढ़ावा देते हैं। चैनलों के मुताबिक़ तमाम आलोचनाओं के बावजूद तथ्य यह है कि चैनल के कंटेंट में बहुतेरे सकारात्मक पक्ष हैं। पहला, भारतीय चैनल सूचनाओं के विशाल भण्डार हैं जो देश, दुनिया, विज्ञान, कला,

स्वास्थ्य, बिज़नेस और खेलों के बारे में दर्शकों को उपयोगी सूचनाएँ पहुँचाते हैं। दूसरा, चैनल लोगों की जागरूकता बढ़ाने में लगे हैं जिसके कारण दहेज, बाल विवाह, जातियों, क्षेत्रों, भाषा और समुदाय के आधार पर भेदभाव जैसी कुरीतियाँ कम हो रही हैं। तीसरा, टीवी उद्योग न सिर्फ़ नयी प्रतिभाओं को आगे बढ़ाता है बल्कि उसमें दस लाख लोगों को रोज़गार भी मिला हुआ है।

वे यहीं नहीं रुकते। उनके मुताबिक़, टीवी की संस्कृतियों के भूमण्डलीकरण में बहुत बड़ी भूमिका है और चैनलों के कारण आज भारत दुनिया भर में बहुत दिलचस्पी के साथ देखा जा रहा है। और पाँचवें, चैनल एक अखिल भारतीय दृष्टिकोण से काम करते हैं और भारतीय दर्शकों की मनोरंजन सम्बन्धी विविधतापूर्ण ज़रूरतों को पूरा करते हुए देश को उसी तरह जोड़ते हैं, जैसे—भारतीय रेल।

आप चाहें तो टीवी उद्योग के इन दावों पर सवाल कर सकते हैं लेकिन चैनल इसी आधार पर नियमन का विरोध करते रहे हैं और उनका तर्क रहा है कि नियमन से टीवी उद्योग की सृजनात्मकता, स्वतन्त्रता, स्वायत्तता और विकास पर नकारात्मक असर पड़ेगा। इसके अलावा वे नियमन प्रयासों का इस आधार पर भी विरोध करते रहे हैं कि उनकी स्वतन्त्र नहीं बल्कि सरकारी नियमन की कोशिश की जा रही है।

इन तर्कों और राजनीतिक दबाव के ज़रिये बड़े प्रसारक किसी स्वतन्त्र नियमन को रोकने में कामयाब रहे हैं। लेकिन सबसे बड़ा सवाल यह है कि जब प्रसारण एक उद्योग और बिज़नेस है तो कौन सा ऐसा बिज़नेस है जिसके नियमन की कोई स्वतन्त्र और स्वायत्त व्यवस्था नहीं है? ज़ाहिर है कि प्रसारकों के इस तर्क में कोई दम नहीं है कि प्रसारण क्षेत्र में कोई स्वतन्त्र नियमन नहीं होना चाहिए। एक बिज़नेस के तौर पर उनके नियमन के साथ-साथ लोगों के मानस को प्रभावित करने की उनकी क्षमता को देखते हुए यह नियमन और भी ज़रूरी हो जाता है।

लेकिन प्रसारकों की इस शिकायत में दम है कि अभी तक नियमन के आड़ में सरकार परोक्ष रूप से चैनलों की लगाम अपने हाथ में ही रखने की कोशिश करती रही है। इक्का-दुक्का अपवादों को छोड़ दिया जाये तो सरकार ने अब तक प्रसारण क्षेत्र के नियमन के लिए जो भी प्रयास किये हैं, उनमें सीधे या परोक्ष रूप से कमान अपने हाथ में रखने की मंशा को साफ़ देखा जा सकता है।

इसमें कोई दो राय नहीं है कि नियमन का अर्थ किसी भी रूप में अभिव्यक्ति की स्वतन्त्रता पर अंकुश लगाना या उसे मनमाने तरीक़े से नियन्त्रित करना नहीं है। नियमन के किसी भी स्वरूप का केन्द्रबिन्दु बिना किसी अपवाद के अभिव्यक्ति की

स्वतन्त्रता की रक्षा और उसे संरक्षण होना चाहिए। यही नहीं, नियमन के नाम पर अभिव्यक्ति की आज़ादी को सीमित या बाधित करने का ज़रूर विरोध होना चाहिए।

लेकिन इसका अर्थ यह भी नहीं है कि प्रसारण क्षेत्र के किसी भी क़िस्म के नियमन की ज़रूरत नहीं है। तथ्य यह है कि दुनिया के सभी विकसित उदार पूँजीवादी लोकतन्त्रों में मीडिया ख़ासकर प्रसारण क्षेत्र का नियमन अब एक स्थापित और स्वीकार्य विचार बन चुका है। अमेरिका से लेकर स्वीडन तक सभी देशों में नियमन की व्यवस्था वर्षों से काम कर रही है और प्रसारण उद्योग के साथ सामंजस्य भी बैठ चुका है। इस मामले में भारतीय प्रसारकों ख़ासकर कुछ बड़े विदेशी प्रसारकों द्वारा अभी भी एक स्वतन्त्र, स्वायत्त, पारदर्शी और नियम आधारित नियमन का परोक्ष विरोध हैरान करने वाला है।

लेकिन हाल के वर्षों में चैनलों में बढ़ती हिंसा, अश्लीलता, द्विअर्थी संवादों, अनैतिक व्यवहार, महिला विरोधी रुझान और लफंगई को प्रोत्साहन के कारण जैसे-जैसे उन पर दबाव बढ़ रहा है, चैनलों ने स्वतन्त्र नियमन को रोकने के लिए स्व-नियमन का कोरस गाना शुरू कर दिया है। ख़ासकर पिछले कुछ महीनों में नियमन के पक्ष में बनते सार्वजनिक जनमत के कारण जब से चैनलों को यह लग गया है कि अब वे नियमन को नहीं रोक पायेंगे, तब से चैनल बहुत गम्भीरता और जोर-शोर से स्व-नियमन की बातें करने लगे हैं। इसमें कोई दो राय नहीं है कि स्व-नियमन से बेहतर कोई भी व्यवस्था नहीं हो सकती है। लेकिन आज स्व-नियमन की बातें करने वाले चैनल इसे सिर्फ़ स्वतन्त्र नियमन की व्यवस्था को रोकने के बहाने के रूप में इस्तेमाल कर रहे हैं।

सच पूछिये तो स्वतन्त्र नियमन की शायद ऐसी माँग ही नहीं उठती, अगर चैनलों ने स्व-नियमन का ईमानदारी से पालन किया होता। ऐसा नहीं है कि चैनलों को नहीं पता है कि 1995 के केबल नेटवर्क्स रेगुलेशन क़ानून के तहत कार्यक्रम कोड और विज्ञापन कोड पहले से ही मौजूद हैं। यही नहीं, अब तक उनसे स्व-नियमन की अपीलें ही की जा रही थीं। लेकिन पिछले कुछ वर्षों के अनुभव से साफ़ ज़ाहिर है कि एक अत्यधिक प्रतिस्पर्धी टीवी बाज़ार में स्व-नियमन लगभग असम्भव होता जा रहा है।

तथ्य यह है कि चैनलों ने स्व-नियमन को अपनी सुविधा के अनुसार पारिभाषित करके अपनी मनमानी को उचित ठहराना शुरू कर दिया है। यही नहीं, पिछले कुछ महीनों के अनुभव से भी स्पष्ट है कि चैनलों के बीच टीआरपी की गलाकाट होड़ में सबसे पहली बलि स्व-नियमन की ही चढ़ती है।

स्व-नियमन की वास्तव में क्या स्थिति है, इसका अन्दाज़ा इस तथ्य से लगाया जा सकता है कि तीस से अधिक समाचार चैनलों की संस्था न्यूज़ ब्रॉडकास्टर्स एसोसिएशन—एनबीए ने जिस धूमधाम के साथ सुप्रीम कोर्ट के पूर्व मुख्य न्यायाधीश जस्टिस जे.एस. वर्मा की अध्यक्षता में स्व-नियमन की एक अन्तर चैनल व्यवस्था कायम की और अपने कोड जारी किये, वह पहले ही टेस्ट में लड़खड़ा गयी। हुआ यह कि जस्टिस वर्मा ने पहली ही शिकायत में इंडिया टीवी को आचार संहिता के उल्लंघन का दोषी पाया और उसपर एक लाख रुपये का जुर्माना ठोंक दिया लेकिन चैनल ने माफ़ी माँगने और जुर्माना चुकाने के बजाय तुरन्त एनबीए छोड़ने का ऐलान कर दिया। बाद में किसी तरह मान-मनुहार करके इंडिया टीवी को ऐसा न करने के लिए मनाया गया। इससे पता चलता है कि न्यूज़ चैनल स्व-नियमन की अपनी ही व्यवस्था की कितनी कद्र करते हैं?

यही नहीं, उसके बाद भी इंडिया टीवी पर दिन और रात समाचारों और समसामयिक कार्यक्रमों के नाम पर जो दिखाया जाता है, वह किसी से छुपा नहीं है। अफ़सोस की बात यह है कि इंडिया टीवी परिघटना अब सिर्फ़ इंडिया टीवी तक सीमित नहीं है बल्कि आज तक और स्टार न्यूज़ समेत अधिकांश प्रमुख चैनल उसकी नक़ल करने में जुटे हैं। सम्भव है कि यह उनके स्व-नियमन की लक्ष्मण रेखा के दायरे में आता हो लेकिन समाचार चैनलों से यह सवाल ज़रूर पूछा जाना चाहिए कि क्या वे सचमुच स्व-नियमन की भावना का ईमानदारी से पालन कर रहे हैं? दूसरे, यह नियमन का मुद्दा भले न हो लेकिन समाचार चैनलों में जो कुछ और जैसे दिखाया जाता है, उसपर गम्भीर सवाल हैं।

इसलिए मौजूदा दौर में स्व-नियमन की व्यवस्था कारगर हो पायेगी, इसे लेकर गम्भीर सवाल हैं। यहाँ यह उल्लेख करना भी ज़रूरी है कि दिल्ली हाई कोर्ट के हस्तक्षेप के बाद सूचना एवं प्रसारण मन्त्रालय ने कंटेंट नियमन के लिए कोई दो साल पहले टीवी उद्योग, नागरिक समाज और मन्त्रालय के अधिकारियों के सहयोग से एक विस्तृत गाइडलाइन तैयार की थी, लेकिन सबकी सहमति से तैयार उस गाइड लाइन को आज भी लागू नहीं कराया जा सका है। कहने की ज़रूरत नहीं है कि इसके लिए प्रसारकों की लाबी और सरकार की मौजूदा तदर्थ व्यवस्था में छिपे निहित स्वार्थ सबसे महत्त्वपूर्ण कारण हैं।

इधर एक बार फिर नियमन की चर्चाएँ शुरू हो गयी हैं। ज़ाहिर है कि सबसे अधिक बातचीत कंटेंट रेगुलेशन की ही हो रही है लेकिन टीवी उद्योग का अनमनापन और सरकार पर दबाव डालकर इसे रुकवाने की कोशिशें भी शुरू हो गयीं हैं।

ऐसी हर कोशिश का नागरिक समाज और आम दर्शकों की ओर से विरोध होना चाहिए। साथ ही, यह भी माँग उठानी चाहिए कि स्व-नियमन के किसी पिटे हुए मॉडल की बजाय वास्तव में, सरकारी नियन्त्रण और प्रसारकों के प्रभाव से पूरी तरह से मुक्त एक स्वतन्त्र, पारदर्शी, नियम आधारित, व्यापक और प्रभावी नियमन प्राधिकरण बनाया जाना चाहिए। इसके लिए होनी वाली चर्चा में आम दर्शकों और नागरिक समाज की अधिकतम सम्भव भागीदारी के लिए खुली और लोकतान्त्रिक चर्चाएँ होनी चाहिए। इससे कम कुछ भी स्वीकार नहीं किया जाना चाहिए।

लेकिन नियमन को लेकर चल रही बहस में उसके एक पक्ष की बिल्कुल चर्चा नहीं हो रही है जबकि वह सबकी जड़ में है। यह मुद्दा है, प्रसारण उद्योग में मालिकाने के स्वरूप और उद्योग में कुछ ही खिलाड़ियों के बढ़ते दबदबे का है। इसके कारण शुरू हुई तीखी प्रतियोगिता के कारण न सिर्फ़ चैनलों के कंटेंट पर नकारात्मक असर पड़ रहा है बल्कि हितों के टकराव की भी स्थिति पैदा हो गयी है। हो यह रहा है कि कुछ बड़े देशी-विदेशी प्रसारकों का न सिर्फ़ अधिकांश चैनलों के मालिकाने पर कब्ज़ा है बल्कि कार्यक्रम निर्माण कम्पनियों और वितरण के विभिन्न प्लेटफ़ॉर्म—एमएसओ, केबल, डीटीएच पर भी उनका ही कब्ज़ा है।

पूरी दुनिया ख़ासकर विकसित उदार पूँजीवादी लोकतन्त्रों में इसे प्रसारण के क्षेत्र में बहुलता और विविधता को बनाये रखने की ज़रूरत के विरुद्ध माना जाता है। इसे नियन्त्रित करने के लिए इन देशों में क्रॉस मीडिया प्रतिबन्धों को नियमन का अनिवार्य हिस्सा माना जाता है। लेकिन हैरानी की बात यह है कि भारत में अभी भी इस मुद्दे को नियमन का सवाल नहीं माना जा रहा है। जबकि कंटेंट नियमन से ज़्यादा बड़ा और ज़रूरी मुद्दा मालिकाने के नियमन का है ताकि प्रसारण उद्योग में एकाधिकार और अल्पाधिकार (ओलिगोपोली) की स्थिति पैदा होने से रोकी जा सके।

***(जनवरी, 2011)***

## खण्ड-च

# चैनलों की पत्रकारिता

# व्हाट्सऐप का सैन्यीकरण और न्यूज़ चैनल

## लिंचिंग की परिघटना मध्ययुगीन हिंसा और बर्बरता की पुनर्वापसी है जिसे चैनल वैधता दे रहे हैं

ऐसा लगता है कि 'सूचना क्रान्ति' और 'डिजिटल इंडिया' के नारों और दावों के बीच अफ़वाहों, झूठी 'ख़बरों' (फ़ेक न्यूज़) और कु-सूचनाओं प्रचार (डिसइन्फार्मेशन) की बाढ़ सी आ गयी है और देश के कई इलाक़ों में उससे संचालित और उकसाई गयी भीड़ का राज चल रहा है। ऐसा नहीं है कि अफ़वाहें पहले नहीं फैलती या फैलाई जाती थीं लेकिन पिछले कुछ सालों/महीनों में इन अफ़वाहों-फ़ेक न्यूज़ और कुसूचनाओं की संख्या, तीव्रता और प्रसार में जिस तेज़ी से बढ़ोतरी हुई है, वैसा पहले कभी नहीं देखा गया है।

ये अफ़वाहें-फ़ेक न्यूज़ सोशल मीडिया ख़ासकर व्हाट्सऐप के ज़रिये जंगल की आग की तरह फैल या फैलाई जा रही हैं। यह देश के अनेक शहरों, क़स्बों से लेकर गाँवों तक में बेचैनी, दुश्चिन्ता, साम्प्रदायिक घृणा और बदले की भावना से भरी ग़ुस्साई भीड़ पैदा कर रही है। यह वह अन्धी और ख़ूनी भीड़ है जो कभी गौ-रक्षक बनकर किसी मुस्लिम पशुपालक या व्यापारी या फिर किसी मुसलमान को गौ-मांस रखने के नाम पर और कभी बच्चा चोर या बच्चा उठाने के नाम पर किसी भी अनजान और निर्दोष को दिन-दहाड़े पीट-पीटकर मारने में हिचक नहीं रही है।

इस पूरी परिघटना में निहित हिंसा की बर्बरता और जघन्यता के लिए अंग्रेज़ी में एक शब्द है : "लिंचिंग"। हिन्दी में इसकी भयावहता को व्यक्त करने के लिए उपयुक्त शब्द नहीं है। कई मायनों में, लिंचिंग की यह परिघटना मध्ययुगीन हिंसा और बर्बरता की पुनर्वापसी है। भीड़ की हिंसा की ऐसी बर्बर घटनाएँ हाल के वर्षों/महीनों में तेज़ी से बढ़ी हैं। शायद ही कोई दिन ऐसा गुज़रता हो जिस दिन देश के किसी हिस्से से ऐसी लोमहर्षक घटना की रिपोर्ट न आती हो।

देश में लिंचिंग की इन बढ़ती घटनाओं को दुनिया भर के न्यूज़ मीडिया ने न सिर्फ़ नोटिस किया है बल्कि उसकी व्यापक रिपोर्टिंग हुई है और चिन्ता ज़ाहिर करते हुए आप-एड लेख भी छपे हैं। भारतीय न्यूज़ मीडिया के एक हिस्से ख़ासकर कई प्रमुख अंग्रेज़ी अख़बारों और न्यूज़ पोर्टल्स ने भी इसे गम्भीरता से लिया है, उसकी विस्तार से रिपोर्टिंग की है और फालो-अप रिपोर्टें छापी हैं। पुलिस/प्रशासन की लापरवाही और मिली-भगत से लेकर सरकार में बैठे राजनेताओं-राजनीतिक दलों की सक्रिय भागीदारी की भूमिका को एक हद तक उजागर करने की कोशिश की है। लिंचिंग की ख़तरनाक होती परिघटना को व्यापक राजनीतिक सन्दर्भों में स्पष्ट करने और उसके सामाजिक-आर्थिक-राजनीतिक परिणामों की चर्चा करते हुए सम्पादकीय और आप-एड लेख छापे हैं।

लेकिन आश्चर्यजनक रूप से न्यूज़ चैनलों के बड़े हिस्से ने न सिर्फ़ इन्हें अनदेखा किया है और कई मामलों में उसकी सिर्फ़ एक आपराधिक घटना की तरह रिपोर्टिंग की है बल्कि लिंचिंग की परिघटना के राजनीतिक पहलू पर पर्दा डालने और उसके पीछे सक्रिय राजनीतिक समूहों को प्राइम टाइम (शाम 4 से 10 बजे तक) चर्चाओं/बहसों में बैठाकर और उन्हें लिंचिंग की घटनाओं को इस या उस बहाने सही ठहराने का मौक़ा देने की कोशिश की है।

यही नहीं, अधिकांश चैनलों ने लिंचिंग की इन घटनाओं पर आयोजित प्राइम टाइम चर्चाओं/बहसों में विषयों/मुद्दों की फ्रेमिंग/एंगल से लेकर उसमें शामिल भागीदारों का चुनाव तक ऐसे किया है जिसमें धार्मिक उन्माद और नफ़रत की साम्प्रदायिक राजनीति को न सिर्फ़ बचाव करने और एक तरह की वैधता हासिल करने का मौक़ा मिल रहा है बल्कि उसका व्यापक प्रसार हो रहा है।

असल में, अधिकांश न्यूज़ चैनलों पर बिलानागा जिस तरह से हर शाम/रात प्राइम टाइम चर्चाओं/बहसों में हिन्दू-मुस्लिम ध्रुवीकरण को और गहरा और तीखा करने वाले विषयों/मुद्दों का चुनाव किया जाता है, उसके सवालों और बहस/चर्चा की फ्रेमिंग/एंगल में साम्प्रदायिक राजनीति की सोच को शामिल किया जाता है और सबसे बढ़कर इन चर्चाओं में उग्र-ज़हरीले साम्प्रदायिक विचारों/कुतर्कों को पेश करने का मौक़ा दिया जाता है, उसके कारण देश का सामाजिक-राजनीतिक माहौल साम्प्रदायिक रूप से लगातार ज़हरीला और ध्रुवीकृत हुआ है।

चैनलों की इन बहसों/चर्चाओं के ज़रिये यह माहौल (नैरेटिव) बनाया गया है कि देश में हिन्दू ख़तरे में हैं, उन्हें दबाया या उनके हक़ छीने जा रहे हैं, उनके ख़िलाफ़ भेदभाव हो रहा है, उनकी क़ीमत पर मुसलमानों/ईसाइयों को आगे बढ़ाया जा रहा है और देश के अन्दर और बाहर उन्हें ख़त्म करने की साज़िश रची जा रही है।

कहने की ज़रूरत नहीं है कि इस नैरेटिव का इस्तेमाल दक्षिणपन्थी हिन्दुत्ववादी उग्र साम्प्रदायिक ताक़तें अपने ज़हरीले प्रचार में कर रही हैं। जब न्यूज़ चैनलों और उससे बाहर सार्वजनिक मंचों पर इतना आक्रामक और भड़काऊ साम्प्रदायिक प्रचार चल रहा है तो यह अनुमान लगाना मुश्किल नहीं है कि अनौपचारिक नेटवर्क और कार्यकर्ताओं/नेताओं के ज़रिये व्यक्ति से व्यक्ति और समूहों में कितना ज़हरीला साम्प्रदायिक अभियान चलाया जा रहा होगा। इस ज़हरीले प्रचार के सैकड़ों-हज़ारों उदाहरण सोशल मीडिया प्लेटफ़ॉर्मों—फ़ेसबुक और ट्विटर और बन्द मेसेंजर एप्प्स जैसे व्हाट्सऐप पर देखे जा सकते हैं। इसके ज़रिये वे देश के बड़े हिस्से में साम्प्रदायिक ध्रुवीकरण और गोलबन्दी की राजनीति को आगे बढ़ा रहे हैं।

इससे पूरे देश के बड़े हिस्से में भय, अविश्वास, नफ़रत और उन्माद का जो माहौल बन गया है, वह लिंचिंग के लिए न सिर्फ़ ज़मीन तैयार कर रहा है, अफ़वाहों को वैधता और फैलने में मदद कर रहा है बल्कि भीड़ को संगठित करने और उकसाने में भी मदद कर रहा है। हालाँकि सतही तौर पर देखने पर ऐसा लग सकता है और जैसाकि तर्क भी दिया जा रहा है कि देश भर में हो रही लिंचिंग की ये घटनाएँ ऐसी छिटपुट घटनाएँ हैं जो देश में पहले भी होती रही हैं और इतने बड़े देश में ऐसी घटनाएँ असामान्य नहीं हैं। इसकी सारी ज़िम्मेदारी अफ़वाहों पर डाल दी जा रही है। कहा जा रहा है कि इन अफ़वाहों के पीछे शरारती और समाजविरोधी तत्त्व हैं और उनके तेज़ प्रसार के लिए सोशल मीडिया ख़ासकर व्हाट्सऐप ज़िम्मेदार है और साथ ही, यह स्थानीय पुलिस-प्रशासन की नाकामी है।

इसमें कोई दो राय नहीं है कि कुछेक अपवादों को छोड़कर भीड़ की हिंसा-लिंचिंग की इन सभी घटनाओं में यह साफ़ दिखाई दिया कि पुलिस कभी अनजान और अनुपस्थिति रही या जान-बूझकर अनजान और ग़ैर-हाजिर रही, कई बार देखकर भी अनदेखा किया और मूकदर्शक बनी रही या फिर कुछ मामलों में हत्यारी भीड़ के साथ खड़ी रही और उसकी मदद की। एक हद तक यह भी सच है कि लिंचिंग की घटनाओं में अफ़वाहों की भूमिका थी और उन्हें फ़ैलाने में व्हाट्सऐप की मदद ली गयी। लेकिन यह पूरा सच नहीं है। लिंचिंग की इन घटनाओं को एक बड़े और व्यापक राजनीतिक-सामाजिक सन्दर्भ और परिप्रेक्ष्य में देखने की ज़रूरत है।

सच यह है कि वर्ष 2014 के बाद लिंचिंग की घटनाओं में न सिर्फ़ भारी वृद्धि हुई है बल्कि उनमें एक स्पष्ट पैटर्न, समानता, योजनाबद्धता और निश्चित उद्देश्य दिखाई पड़ता है। यहाँ ग़ौर करने की बात यह है कि लिंचिंग ख़ासकर संगठित गौरक्षकों के समूह की ओर से हुई लिंचिंग की घटनाएँ न सिर्फ़ पूर्वनियोजित थीं बल्कि उनमें स्थानीय पुलिस की भूमिका मूकदर्शक से लेकर भागीदार तक की रही है

और आरोपियों को राजनीतिक संरक्षण और शह हासिल रही है। यह भी देखा गया कि गौरक्षकों या उनसे इतर भीड़ को इकट्ठा करने की अगुवाई हिन्दुत्ववादी संगठनों/समूहों के कार्यकर्ताओं/नेताओं ने की। भीड़ के निशाने पर ज़्यादातर मामलों में अल्पसंख्यक समुदाय के लोग ख़ासकर मुसलमान रहे हैं।

यह किसी से छुपा नहीं है कि गौरक्षकों की इस ख़ूनी भीड़ को केन्द्रीय और राज्य सरकार के कई मन्त्रियों, सांसदों, विधायकों और नेताओं के दबे-खुले संरक्षण से लेकर दक्षिणपन्थी हिन्दुत्ववादी संगठनों और समूहों की ओर से खुला समर्थन मिलता रहा है। यहाँ तक कि कई मामलों में सत्तारूढ़ पार्टी के नेताओं और सांसदों/विधायकों ने लिंचिंग के आरोपियों के लिए क़ानूनी मदद जुटाने से लेकर उनके लिए स्थानीय जनता को गोलबन्द करने की मुहिम चलाई है। इससे भीड़ की हिंसा को एक वैधता मिली है। इस भीड़ को कोई डर नहीं है। वह ख़ुद को संविधान, क़ानून-व्यवस्था और पुलिस-प्रशासन से ऊपर समझती है।

आश्चर्य नहीं कि इससे देश में भय, अविश्वास और उन्माद का एक ऐसा माहौल बना है जिसमें भीड़ की हिंसा का दायरा फैलता/बढ़ता जा रहा है। यह अब सिर्फ़ अल्पसंख्यकों ख़ासकर मुसलमानों को निशाना नहीं बना रही है बल्कि कोई भी अनजान व्यक्ति उसका शिकार बन सकता है। यह आग किस क़दर ख़तरनाक होती जा रही है, इसका अन्दाज़ा इस तथ्य से लगाया जा सकता है कि पिछले एक साल में बच्चा चोर और बच्चों को उठानेवालों के बारे में फैलाई गयी अफ़वाहों के कारण देश के अलग-अलग राज्यों में ग़ुस्साई भीड़ ने सिर्फ़ शक के बिना पर अब तक 30 लोगों को पीट-पीटकर मार डाला है। पुलिस इनके सामने नि:सहाय साबित हुई है।

'इंडियन एक्सप्रेस' की रिपोर्ट के मुताबिक़, इन मारे गये लोगों में ज़्यादातर निर्दोष प्रवासी मज़दूर या कमज़ोर वर्गों से आते हैं। उनमें से अधिकांश हिन्दू थे। कुछ खाते-पीते मध्यवर्गीय सवर्ण घरों के भी थे। कुछ प्रोफ़ेशनल्स भी थे। हालत यह हो गयी है कि अगर आप किसी इलाक़े में बाहर से आये हैं, शाम के बाद लौट रहे हैं, कोई ग़लत सड़क पकड़ ली है, किसी से रास्ता पूछ लिया या किसी बच्चे को टॉफी/चाकलेट या खाने का कोई सामान देने की कोशिश की तो आपको बच्चा उठानेवाले गिरोह का सदस्य समझा जा सकता है और फिर आनन-फानन में इकट्ठा हुई भीड़ आपको पीट-पीटकर मार सकती है। ख़ून की प्यासी यह भीड़ कोई भी सफ़ाई सुनने को तैयार नहीं है।

लेकिन क्या लिंचिंग की ये भयावह घटनाएँ सिर्फ़ झूठी और शरारतपूर्ण अफ़वाहों के अनियन्त्रित और तीव्र प्रसार के कारण हो रही हैं? चूँकि ज़्यादातर मौक़ों पर ये अफ़वाहें व्हाट्सऐप के ज़रिये फ़ैली और फैलाई गयीं, इसलिए क्या इसकी सारी

ज़िम्मेदारी ख़ासकर व्हाट्सऐप और कुछ अन्य सोशल मीडिया प्लेटफ़ॉर्म्स की है, जैसाकि केन्द्र और राज्य सरकारें और कॉर्पोरेट न्यूज़ मीडिया का एक बड़ा हिस्सा कह रहा है? यह सच है कि लिंचिंग की अनेक हालिया घटनाओं में झूठी अफ़वाहों की बड़ी भूमिका है। यह भी कि इनके तीव्र और व्यापक प्रसार और भीड़ को इकट्ठा करने और उकसाने में व्हाट्सऐप का इस्तेमाल किया गया।

लेकिन यह आधा-अधूरा सत्य है। असल सवाल यह है कि इन झूठी अफ़वाहों को लोग सच क्यों मान रहे हैं? समाज में इस क़दर अविश्वास, नफ़रत, ग़ुस्सा और हिंसा किसने फैलायी जिसके कारण लोग अफ़वाहों को भी सच मान ले रहे हैं और किसी भी अनजान की जान लेने पर उतारू हो जा रहे हैं? आम लोगों—युवाओं, ग्रामीणों, बेरोज़गारों, कम पढ़े-लिखे और ग़रीबों को हिंसक भीड़ में कौन बदल रहा है? देश में वो कौन-सी परिस्थितियाँ बनी हैं जिसमें लोगों के विवेक, तर्क और संवेदना पर भीड़ की घृणा, झूठ, ग़ुस्सा और हिंसा हावी होती जा रही है?

लोगों में पुलिस-प्रशासन पर विश्वास क्यों नहीं रह गया है? आख़िर भीड़ में क़ानून को हाथ में लेने की हिम्मत कहाँ से आयी है? लिंचिंग के कितने मामलों में अपराधियों और उनके मास्टरमाइंड्स पर मुक़दमा चला और सज़ा हुई है? लिंचिंग के आरोपियों को माला कौन पहना रहा है, जाँच को कौन प्रभावित कर रहा है और कौन उनके क़ानूनी ख़र्चे उठा रहा है?

तात्पर्य यह कि इन दिनों व्हाट्सऐप के जिस सैन्यीकरण (विपनाईजेशन) की ख़ूब चर्चाएँ हो रही हैं, उसके असली सैनिक और जेनरल कौन हैं? ये और ऐसे ही अनेक सवाल हैं जिनके उत्तर में पूरा सच छिपा है। लेकिन ये सवाल मुख्यधारा के न्यूज़ मीडिया ख़ासकर न्यूज़ चैनलों में कहीं नहीं हैं।

ऐसे में, उनसे लिंचिंग के मामलों की ज़मीनी जाँच-पड़ताल करने, उसके असली अपराधियों और उनके राजनीतिक-प्रशासनिक संरक्षणकर्ताओं का पर्दाफ़ाश करने की उम्मीद करना ही बेकार है। लेकिन न्यूज़ चैनलों से यह उम्मीद ज़रूर थी कि वे देश भर में फ़ैल रही झूठी अफ़वाहों के ख़िलाफ़ लोगों को सतर्क और जागरूक करने और पुलिस-प्रशासन को नींद से जगाने का अभियान चलायेंगे। यहाँ भी निराशा ही हाथ लगी। किसी न्यूज़ चैनल ने इसे ज़रूरी नहीं समझा और न ही कोई पहल की कोशिश की।

इसके उलट न्यूज़ मीडिया के बड़े हिस्से ख़ासकर न्यूज़ चैनलों और हिन्दी समेत कई भाषायी अख़बारों में उस समय भी अहर्निश साम्प्रदायिक और ज़हरीला कुप्रचार चलता रहा जब लिंचिंग की घटनाओं में बढ़ोतरी हो रही थी। टीआरपी के शीर्ष पर बैठे न्यूज़ चैनलों के बड़े हिस्से ने लिंचिंग के लिए अनुकूल माहौल

तैयार करने वाले और साम्प्रदायिक ध्रुवीकरण में मदद करने वाले फ़र्ज़ी (फ़ेक) हिन्दू-मुस्लिम मुद्दों को उछालना जारी रखा है। दोहराने की ज़रूरत नहीं है कि देश में सार्वजनिक विमर्श का साम्प्रदायिकीकरण करने की वर्षों से जारी अभियान की एक परिणति लिंचिंग के मामलों में भयावह बढ़ोतरी में दिखाई दे रही है।

दरअसल, व्हाट्सऐप का सैन्यीकरण एक संगठित साम्प्रदायिक प्रोपेगंडा अभियान का हिस्सा है जिसके तहत लम्बे समय से फ़ेक न्यूज़, अफ़वाहों और कुप्रचार का इस्तेमाल किया जा रहा है। यह भी किसी से छुपा नहीं है कि इस अभियान के तहत पिछले कुछ वर्षों में दक्षिणपन्थी-साम्प्रदायिक हिन्दुत्ववादी दलों/संगठनों/समूहों ने नये माध्यमों (सोशल मीडिया से लेकर व्हाट्सऐप तक) की ताक़त को समझते हुए उनके इस्तेमाल में प्रवीणता हासिल की है और उसके लिए आईटी सेल और साइबर योद्धाओं की विशाल फ़ौज तैयार की है।

सच पूछिये तो आईटी सेल और साइबर योद्धाओं के लिए व्हाट्सऐप इस ज़हरीले साम्प्रदायिक प्रोपेगंडा का सबसे महत्त्वपूर्ण और ताक़तवर हथियार बन गया है जिसका आज औद्योगिक स्तर पर संगठित और सुनियोजित इस्तेमाल हो रहा है। 'डिजिटल इंडिया' प्रोजेक्ट के सबसे बड़े राजनीतिक लाभार्थी ये आईटी सेल और साइबर योद्धा ही हैं। लेकिन कॉर्पोरेट न्यूज़ मीडिया का बड़ा हिस्सा इस सच्चाई को जानते हुए भी उसपर पर्दा डालने की कोशिश करता है। इसकी बड़ी वजह यह है कि कॉर्पोरेट न्यूज़ मीडिया का बड़ा हिस्सा साम्प्रदायिक हिन्दुत्ववादी ज़हरीले प्रोपेगंडा अभियान के साथ जाने-अनजाने ख़ुद को नत्थी (एम्बेड) कर चुका है।

इसमें कोई दो राय नहीं है कि इस ज़हरीले साम्प्रदायिक माहौल को बनाने-बढ़ाने और फ़ैलाने में सबसे अधिक ज़िम्मेदारी और जवाबदेही दक्षिणपन्थी-साम्प्रदायिक हिन्दुत्ववादी राजनीतिक दलों/संगठनों/समूहों की है जिसकी वजह से समाज में परस्पर अविश्वास, बेचैनी, नफ़रत, ग़ुस्सा और हिंसा का ज़हरीला माहौल बना है। लेकिन इसके साथ न्यूज़ मीडिया के बड़े हिस्से ख़ासकर न्यूज़ चैनलों को भी देश में ऐसा ज़हरीला साम्प्रदायिक माहौल बनाने वालों के वैचारिक एजेंडे को आगे बढ़ाने में मदद करने में अपनी नैतिक ज़िम्मेदारी भी लेनी पड़ेगी जिसमें लिंचिंग की संस्कृति न सिर्फ़ फल-फूल रही है बल्कि उसे एक राजनीतिक-सामाजिक वैधता भी मिल रही है।

क्या लिंचिंग के बढ़ते मामलों के लिए व्हाट्सऐप को ज़िम्मेदार ठहराने वाला न्यूज़ मीडिया और न्यूज़ चैनल अपने अन्दर झाँकने के लिए भी तैयार हैं?

*(अगस्त, 2018)*

# उच्च शिक्षा की दुर्दशा बनाम हनीप्रीत, पद्मावती और साम्प्रदायिक प्रचार

**न्यूज़ चैनलों की पत्रकारिता वास्तविक मुद्दों से ध्यान भटकाने के लिए भावनात्मक, छिछले और फ़र्ज़ी मुद्दे या विवाद गढ़ने में माहिर हो गयी है**

वैसे तो हम विज्ञापनों और प्रचार के युग में साँसें ले रहे हैं जिसमें छवियों का यथार्थ या वास्तविकता से बहुत कम सम्बन्ध रह गया है लेकिन देश को विश्वगुरु बनाने और देश में ऑक्सफोर्ड और हार्वर्ड जैसे वैश्विक स्तर के विश्वविद्यालय स्थापित करने के दावों और अहर्निश प्रचार का ज़मीनी वास्तविकता से कितना सम्बन्ध है? देश के वैश्विक महाशक्ति बनने के दावों के शोर के बीच हमारे विश्वविद्यालयों और कॉलेजों यानी उच्च शिक्षा की वास्तविक स्थिति क्या है? मौजूदा दौर को दुनिया में ज्ञान युग भी कहा जा रहा है जिसमें आर्थिक विकास में उच्चतर ज्ञान और आइडिया का महत्त्व ज़मीन, श्रम, पूँजी से भी अधिक माना जा रहा है। सवाल यह है कि इस ज्ञान युग में हमारे ज्ञान केन्द्रों की सेहत कैसी है?

अगर आपने एनडीटीवी-इंडिया पर देश में उच्च शिक्षा की बदतर स्थिति पर रवीश कुमार की यूनिवर्सिटी सीरीज़ देखी होगी तो इन सवालों को उठाने का आशय समझ गये होंगे। इस यूनिवर्सिटी सीरीज़ ने देश में ख़ासकर उत्तर, पूर्वी और मध्य भारत के ज़्यादातर विश्वविद्यालयों/कॉलेजों की जिस बदतर और बीमार स्थिति का तथ्यपूर्ण विवरण पेश किया है, वह अगर आप देश और उसके भविष्य से सचमुच प्रेम करते हैं तो भयावह और स्तब्ध करने वाला है। डेढ़ महीने से अधिक समय से जारी इस सीरीज़ से यह साफ़ पता चलता है कि देश में उच्च शिक्षा को किस संगठित तरीक़े से बर्बाद और ध्वस्त किया जा रहा है।

हालाँकि इसमें न तो कुछ नया है और न ही कुछ छिपा है। कॉलेजों/विश्वविद्यालयों की यह दुर्गति एक दिन, सप्ताह, महीने या साल में नहीं हुई है

बल्कि विभिन्न रंगों की केन्द्र और राज्य सरकारों के साथ-साथ उच्च शिक्षा प्रशासन की सालों की उपेक्षा, लापरवाही, भ्रष्टाचार, अनियमितताओं और ग़लत नीतियों के कारण हुई है। लेकिन इस सीरीज़ का महत्त्व यह है कि इसने उच्च शिक्षा के नाम पर देश और युवाओं के भविष्य के साथ हो रहे इस आपराधिक खिलवाड़ को उजागर करने के साथ-साथ उसे राष्ट्रीय विमर्श और बहस में लाने की एक ज़िद्दी और ज़रूरी कोशिश की है।

यह और बात है कि जब रवीश कुमार और एनडीटीवी-इंडिया एक ज़िद के साथ डेढ़ महीने से ज़्यादा वक़्त से लगभग हर दिन यूनिवर्सिटी सीरिज़ के तहत विश्वविद्यालयों/कॉलेजों की बदहाली, बीमारी और दुर्गति की कहानियाँ दिखा रहे थे, उस दौरान देशभक्त और राष्ट्रवादी न्यूज़ चैनलों से लेकर सबसे तेज़ और आपको आगे रखने वाले चैनलों तक सभी बलात्कार के आरोपों में सज़ायाफ्ता गुरमीत राम रहीम के कारनामों और उसकी शिष्या हनीप्रीत की कहानियाँ रस ले-लेकर दिखा रहे थे जिसमें एक विकृत क़िस्म के दर्शन रतिसुख का भाव साफ़ दिखता था। ये वही न्यूज़ चैनल थे जो कुछ महीनों पहले तक राम रहीम के भक्त थे और मुग्ध भाव से बाबा की भक्ति में जुटे थे। टॉप न्यूज़ एंकरों में बाबा के इंटरव्यू लेने की होड़ मची रहती थी।

ऐसा नहीं है कि इस दौरान न्यूज़ चैनलों को शिक्षा की अन्दरूनी स्थिति की पड़ताल करने का अवसर नहीं मिला। उच्च शिक्षा न सही लेकिन स्कूली शिक्षा की छानबीन करने का अवसर था जब गुड़गाँव के रयान इंटरनेशनल स्कूल में सात साल के स्कूली छात्र प्रद्युम्न की नृशंस हत्या की ख़बर आयी। लेकिन चैनलों के लिए यह सिर्फ़ एक सनसनीखेज और भावनात्मक अपमार्केट क्राइम स्टोरी थी। इन चैनलों ने इस दुखद और त्रासद घटना का 24×7 कवरेज किया लेकिन उसका असली मक़सद स्कूली शिक्षा के निजीकरण और बाज़ारीकरण के बीच बच्चों की सुरक्षा, अच्छा प्रदर्शन करने के तनाव और उनके शारीरिक-मानसिक स्वास्थ्य की बेहतर देखभाल जैसे सवालों को उठाना नहीं बल्कि स्कूल जाने वाले लाखों बच्चों के अभिभावकों के डर और बेचैनी को भुनाना था।

यही नहीं, जब रवीश और एनडीटीवी-इंडिया हमारे विश्वविद्यालयों और कॉलेजों में अध्ययन-अध्यापन की बद से बदतर होती स्थिति, शिक्षकों की कमी और अतिथि और तदर्थ अध्यापकों की असुरक्षा, दयनीय आर्थिक स्थिति और शोषण और दूसरी शैक्षिक ढाँचागत सुविधाएँ जैसे लाइब्रेरी, प्रयोगशाला, हॉस्टल,

शौचालय आदि की खस्ता हालत की रिपोर्टें दिखा रहे थे और यह समीक्षा लिखे जाने तक वे यूनिवर्सिटी सीरीज़ के 24 एपिसोड दिखा चुके हैं, उस समय बाक़ी न्यूज़ चैनल हनीप्रीत के चटपटे क़िस्सों और रयान स्कूल के प्रद्युम्न मर्डर केस के मामले में हिस्टीरिया पैदा करने और स्कूल ड्राइवर को हत्यारा घोषित करने (इस बीच सीबीआई ने उसे निर्दोष बता दिया है) के बाद फ़िल्म पद्मावती को लेकर शुरू हुए विवाद को भड़काने और उससे खेलने में जुट गये हैं।

ऐसा लगता है कि न्यूज़ चैनलों ने अर्थव्यवस्था की कमज़ोर हालत, रोज़गार के बढ़ते संकट, सार्वजनिक शिक्षा और स्वास्थ्य जैसी बुनियादी सुविधाओं की बदतर होती स्थिति जैसे वास्तविक मुद्दों से बचने और लोगों को ध्यान भटकाने की कला में मास्टरी हासिल कर ली है। यही नहीं, न्यूज़ चैनल किसी भी मामूली, सतही और छिछले मुद्दे को एक भावनात्मक और ध्रुवीकृत करने वाले विवाद में बदलने की कला में भी माहिर हो गये हैं। आश्चर्य नहीं कि इन दिनों देश में न्यूज़ चैनलों के स्टूडियो भावनात्मक मुद्दों पर विवादों को उकसाने, भड़काने और फैलाने के असली मंच बन गये हैं। विवादों को भड़काने का ठेका भले बाहर से आता हो लेकिन उसकी स्क्रिप्ट तैयार करने, कलाकारों को जुटाने, उसके सृजनात्मक मंचन और निर्देशन का काम न्यूज़ चैनलों का इन-हाउस प्रोडक्शन है।

फ़िल्म पद्मावती को लेकर शुरू हुआ विवाद न्यूज़ चैनलों की इस कला का ताज़ा प्रमाण है। इस विवाद को न्यूज़ चैनलों ने जिस तरह हाथों-हाथ लिया है और राजपूत गौरव के कथित संरक्षकों की हिंसक धमकियों को सुर्ख़ियाँ बनाने और उसे उछालने से लेकर उन्हें स्टूडियो में ससम्मान बैठाने और हर तरह की बकवास और दकियानूसी बातें करने की छूट दी है, वह एक पैटर्न को दिखाता है। न्यूज़ चैनलों के उत्साह और क्रियेटिविटी का आलम यह है कि पद्मावती विवाद को भुनाने के लिए कोई चित्तौड़गढ़ के क़िले में स्टूडियो बनाकर उसे इतिहास साबित करने में जुटा है और कोई राजस्थान की रानियों को जयपुर के चमकते राजमहल में इकट्ठा करके पद्मावती और राजपूती जौहर का गौरव गान कर रहा है।

यह न्यूज़ चैनलों का ही प्रताप है कि फ़िल्म पद्मावती का हिंसक विरोध और फ़िल्म कलाकारों का नाक-कान काटने का ऐलान कर रही करणी सेना का नाम घर-घर में पहुँच गया है। करणी सेना के प्रमुख लोकेन्द्र सिंह कालवी न्यूज़ चैनलों पर छाये हुए हैं। एक न्यूज़ चैनल ने कालवी को न सिर्फ़ एक घण्टे का एयर टाइम दिया बल्कि चैनल के स्टूडियो में उनसे सवाल-जवाब के लिए तीन महिला एंकरों

को बैठा दिया। इससे प्रेरणा लेकर उत्तर भारत के कई हिस्सों में करणी सेना के प्रतिरूप उग आये हैं जो खुलेआम फ़िल्म पद्मावती के कलाकारों का सर काटने पर इनाम घोषित कर रहे हैं। चैनल यह सब पूरे जोश और उत्साह से दिखा रहे हैं।

न्यूज़ चैनलों का मक़सद साफ़ है—इस विवाद से एयर टाइम को सस्ते में भरना, टीआरपी बटोरना और असली मुद्दों से लोगों का ध्यान भटकाना। यहाँ यह याद दिलाना भी ज़रूरी है कि कई मौक़ों पर फ़िल्मों के ऐसे विरोध पूर्व प्रायोजित थे जिससे आम लोगों को छोड़कर सबको फ़ायदा होता है। जैसे फ़िल्म को सस्ती लेकिन ज़बरदस्त पब्लिसिटी मिल जाती है, राजनीतिक पार्टियों/नेताओं और करणी सेना जैसे हवाई संगठनों की राजनीतिक चमक जाती है, सरकारों को बुनियादी मुद्दों और अपनी नाकामियों से लोगों का ध्यान भटकाने में आसानी हो जाती है और न्यूज़ चैनलों को सस्ते में टीआरपी मिल जाती है। आश्चर्य नहीं कि आज 'आहत भावनाओं' का एक संगठित उद्योग बन चुका है और न्यूज़ चैनल उसके सक्रिय स्टेकहोल्डर बन गये हैं।

पद्मावती विरोध के मामले में सच्चाई क्या है, यह कुछ सप्ताहों में सामने आ जायेगी लेकिन फ़िलहाल तो न्यूज़ चैनल इस विवाद के प्रेक्षक भर नहीं बल्कि सक्रिय खिलाड़ी बने नज़र आ रहे हैं। इसका एक सबूत यह भी है कि फ़िल्म के निर्माताओं और निर्देशक संजय लीला भंसाली ने केन्द्रीय फ़िल्म प्रमाणन बोर्ड (सीबीएफसी) के सर्टिफिकेशन से पहले टीवी न्यूज़ चैनलों के दो प्रमुख सम्पादकों को फ़िल्म दिखाकर उन्हें सन्तुष्ट करने की कोशिश की है कि इस फ़िल्म में राजपूती गौरव और रानी पद्मिनी के मान-सम्मान के साथ कोई छेड़छाड़ नहीं की गयी है। क्या यह न्यूज़ चैनलों के बढ़ते न्यूसेंस वैल्यू का प्रमाण नहीं है क्योंकि उनके पास किसी भी विवाद को भड़काने की ताक़त आ गयी है?

जब यह अंक आपके हाथों में होगा, सम्भव है न्यूज़ चैनलों पर पद्मावती विवाद जारी हो या करणी सेना और उस जैसे कुछ और संगठनों को फ़िल्म दिखाने और पर्दे के पीछे के मोलतोल के बाद उसे रिलीज करने का सर्टिफिकेट मिल जाये और चैनल को कोई अगला 'आहत भावना' विवाद मिल जाये और वे उसमें व्यस्त हो जायें। इतना तय है कि वे एनडीटीवी-इंडिया और रवीश कुमार की तरह यूनिवर्सिटी सीरीज़ या देश में सार्वजनिक स्वास्थ्य सेवाओं की बदहाली और निजी अस्पतालों की लूट पर अस्पताल सीरीज़ या किसानों की आत्महत्याओं पर कोई किसान सीरीज़ या नोटबन्दी और जीएसटी की मार से लड़खड़ाये छोटे-मँझोले

उद्योगों पर कोई जीएसटी सीरीज़ शुरू नहीं करने जा रहे हैं। वे पद्मावती या हनीप्रीत सीरीज़ जैसी ही कोई नयी सीरीज़ को सृज लेंगे।

यह भी कहना मुश्किल है कि रवीश कुमार और एनडीटीवी-इंडिया फिर भी अपनी ज़िद पर डटे रहेंगे और यूनिवर्सिटी सीरीज़ जारी रहेगी। बड़ा सवाल यह है कि इतनी शिद्दत से लेकिन तथ्यपूर्ण रिपोर्टों के ज़रिये देश के विश्वविद्यालयों की बदहाली और दुर्गति की कहानियाँ सामने लाने के बावजूद सत्ता प्रतिष्ठान के साथ-साथ पक्ष-विपक्ष के राजनीतिक दलों, नेताओं और सिविल सोसायटी संगठनों की चुप्पी के क्या मायने हैं?

रवीश कुमार ने एक हद तक अपना काम कर दिया है। नक्कारखाने में तूती की तरह ही सही लेकिन यूनिवर्सिटी सीरीज़ ने उच्च शिक्षा की अन्दरूनी हालत और बदहाली को देश के एजेंडे पर लाने की कोशिश की है। रवीश कुमार ने यह साबित किया है कि उच्च शिक्षा और यूनिवर्सिटियों/कॉलेजों की बदहाली प्राइम टाइम न्यूज़ का मुद्दा बन सकती है और उसे लगातार तीन सप्ताह से अधिक समय तक दिखाया जा सकता है।

यह आज के दौर की पत्रकारिता के लिए भी सबक है। कल्पना कीजिए कि अगर अधिकांश न्यूज़ चैनल एनडीटीवी-इंडिया की तरह ही यूनिवर्सिटी सीरीज़ या अस्पताल सीरीज़ या किसान सीरीज़ या बेरोज़गारी सीरीज़ या अर्थव्यवस्था सीरीज़ दिखाने लगें तो एक सप्ताह में ही केन्द्र और राज्यों के शिक्षा मन्त्रियों या दूसरे सम्बन्धित मन्त्रियों को जवाब देना और दो सप्ताह में मुख्यमन्त्रियों और प्रधानमन्त्री को बोलना पड़ जायेगा। सरकारों पर सुधारात्मक कार्रवाई करने का दबाव बढ़ जायेगा। ज़ाहिर है कि इसका फ़ायदा आम लोगों को, युवाओं, किसानों, छोटे उद्यमियों आदि को होगा। लेकिन न्यूज़ चैनल जब इन वास्तविक मुद्दों और सवालों को अनदेखा करते हैं तो सरकारें तो ख़ुश होती हैं लेकिन उसकी क़ीमत कौन चुकाता है? वही आम आदमी जिसके हितों का पैरोकार होने का दावा ये न्यूज़ चैनल करते हैं।

इसका नतीजा क्या हो रहा है? जाने-माने अमेरिकी बुद्धिजीवी और मीडिया अध्ययन के विशेषज्ञ नोम चोमस्की ने लिखा है कि व्यापक जन समुदाय को पता नहीं होता कि देश में क्या चल रहा है और उन्हें यह भी पता नहीं होता कि उन्हें क्या पता नहीं है। कहने की ज़रूरत नहीं है कि सत्ता प्रतिष्ठान के लिए यह सबसे मुफीद स्थिति है। यह सत्ता और दूसरे ताक़तवर समूहों के हित में है कि लोग अन्धकार में

रहें और कभी जान भी न पायें कि वे अन्धकार में हैं। कॉर्पोरेट न्यूज़ मीडिया और उसका अहर्निश प्रोपेगंडा इस स्थिति को बनाये रखने का सबसे कारगर औज़ार है। भारतीय न्यूज़ मीडिया भी इस नियम का अपवाद नहीं है।

असल में, यह मुख्यधारा की भारतीय कॉर्पोरेट पत्रकारिता ख़ासकर न्यूज़ चैनलों की 'पत्रकारिता' का 'अन्धकार काल' है। इस दौर में हिन्दी और अंग्रेज़ी के अधिकांश राष्ट्रीय न्यूज़ चैनल देश में 'साम्प्रदायिक ध्रुवीकरण ब्रिगेड' के अगुवा प्रचार दस्ता बन गये हैं। वे न सिर्फ़ लोगों को सांस्थानिक झूठ, सच की तरह परोसने में जुटे हैं, सत्ता के भोंपू बन गये हैं बल्कि लोगों को अँधेरे में रखने के लिए और उनका ध्यान वास्तविक मुद्दों से भटकाने के लिए ऐसे भावनात्मक, छिछले और फ़र्ज़ी मुद्दे या विवाद गढ़ने में माहिर हो गये हैं जिनसे लोगों को साम्प्रदायिक आधार पर विभाजित और ध्रुवीकृत किया जा सके।

सच यह है कि वे लोगों के बीच साम्प्रदायिक विभाजन की खाई को बढ़ाने और नफ़रत की राजनीति को लोगों के बीच स्वीकार्य बनाने के अहर्निश अभियान में जुटे हैं। अधिकांश न्यूज़ चैनल जाने-अनजाने और कुछ जान-बूझकर इस्लामोफोबिया फैलाने में जुटे हैं। ये चैनल किसी-न-किसी बहाने भारतीय समाज को साम्प्रदायिकता की धीमी आँच में खदकाते रहना चाहते हैं। इसका सबूत यह है कि चैनलों पर बिना नागा कभी लव-ज़िहाद, कभी गौ-रक्षा, कभी राम मन्दिर, कभी तीन तलाक, कभी मदरसों, कभी घर वापसी, कभी राष्ट्रवाद, कभी दाउद और कभी इस्लामी आतंकवाद जैसे मुद्दे छाये हुए हैं जिनके ज़रिये कभी सीधे और कभी परोक्ष रूप से हिन्दू समुदाय में मुसलमानों के ख़िलाफ़ ज़हर भरा जा रहा है और मुस्लिम समुदाय को राजनीतिक-सामाजिक रूप से अलगाव में डालने की कोशिश चल रही है।

यह किसी से छुपा नहीं है कि जाने-अनजाने हर दिन—शाम और रात को चैनल दक्षिणपन्थी-हिन्दूवादी-बहुसंख्यकवादी राजनीति और वैचारिकी के जिस विषैले साम्प्रदायिक प्रचार और एजेंडे को आगे बढ़ा रहे हैं, उसके कारण भारतीय समाज में साम्प्रदायिक ध्रुवीकरण और विभाजन की दरारें बढ़ती और गहराती जा रही हैं। ऐसा लगता है कि जैसे देश को साम्प्रदायिक आधारों पर गृहयुद्ध में झोंकने की तैयारी चल रही है। यह राष्ट्रीय विपदा और त्रासदी को न्यौता है। लेकिन सबसे अधिक चिन्ता की बात यह है कि उग्र दक्षिणपन्थी-साम्प्रदायिक राजनीति के इस प्रोजेक्ट में न्यूज़ चैनलों का बड़ा हिस्सा जान-बूझकर शामिल हो गया है।

लेकिन इस साम्प्रदायिक विभाजन और ध्रुवीकरण के इस राजनीतिक प्रोजेक्ट को लोगों की रोज़ी-रोटी और बेहतर जीवन के सवाल उठाने वाले प्रगतिशील और रैडिकल राजनीतिक प्रोजेक्ट के ज़रिये ही रोका जा सकता है। उसके लिए प्रगतिशील और रैडिकल पत्रकारिता आज के दौर की सबसे बड़ी ज़रूरत बन गयी है जो देश में उच्च शिक्षा या सार्वजनिक स्वास्थ्य सुविधाओं की बदहाली, बेरोज़गारों के दर्द या खेती-किसानी की त्रासदी आदि विषयों को मुद्दा बनाकर लोगों की आँखें खोलने की कोशिश करे और उन्हें बताये कि वे साम्प्रदायिक राजनीति की क्या क़ीमत चुका रहे हैं। इस प्रगतिशील और रैडिकल पत्रकारिता को साहस के साथ साम्प्रदायिक प्रचार का तथ्यों और तर्कों से मुक़ाबला करने और झूठ को सच बनाकर बेचने का पर्दाफ़ाश करने की चुनौती को भी उठाना पड़ेगा।

आज देश को एक नहीं, सैकड़ों-हज़ारों रवीश कुमारों और प्रगतिशील-रैडिकल पत्रकारीय उपक्रमों की ज़रूरत है जिनमें सच और ज़रूरी मुद्दों को पहचानने की क्षमता, उसे कह सकने का विवेक और साहस, उसे प्रभावी तरीक़े से कहने की कला और कौशल, उस सच को आम आदमी तक पहुँचाने की बुद्धिमत्ता और विरोध और गाली-गलौज को समझदारी से झेलने का धैर्य हो। इसके बिना देश जिस विपदा और त्रासदी की ओर बढ़ रहा है, वह देश को बहुत भारी पड़ने वाली है।

***(दिसम्बर, 2017)***

# ‘उत्तर सत्य’ और फ़ेक न्यूज़ के दौर में नोटबन्दी

**न्यूज़ चैनलों के लिए यह भक्ति और रीतिकाल का दौर है जिसमें क्रिटिकल रिपोर्टिंग बीते दिनों की बात हो गयी है**

एनडीए सरकार का नोटबन्दी या विमुद्रीकरण का फ़ैसला इन दिनों न्यूज़ चैनलों सहित समूचे न्यूज़ मीडिया में सुर्ख़ियों में है। पिछले महीने की आठ तारीख को जब ख़ुद प्रधानमन्त्री नरेन्द्र मोदी ने ‘राष्ट्र के नाम सन्देश’ में यह ऐलान किया कि उस दिन रात 12 बजे से 1000 और 500 रुपये के प्रचलित नोट क़ानूनी रूप से मान्य नहीं रह जायेंगे, उसके बाद से यह फ़ैसला और उससे जुड़ी हुई ख़बरें न्यूज़ चैनलों की सुर्ख़ियों, बुलेटिनों और प्राइम टाइम चर्चाओं/बहसों में छायी हुई हैं। ऐसा लगता है जैसे देश में नोटबन्दी के अलावा और कुछ नहीं हो रहा है। चैनलों और अख़बारों में 90 प्रतिशत से भी ज़्यादा जगह नोटबन्दी से जुड़ी ख़बरों और चर्चाओं को मिल रही है।

असल में, नोटबन्दी के इस फ़ैसले से करोड़ों लोग, उनकी आजीविका, व्यापार-उद्योग-धन्धे, खेती-किसानी और पूरी अर्थव्यवस्था प्रभावित हुई है। फ़ैसले के दस दिनों बाद यह टिप्पणी लिखे जाने तक महानगरों से लेकर छोटे शहरों, क़स्बों और गाँवों में बैंकों के आगे पुराने नोट बदलने, जमा कराने या नये नोट निकालने के लिए लम्बी क़तारें लगी हुई हैं। देश भर में बैंकों/एटीएम के आगे कई-कई घण्टों-दिनों तक क़तार लगाये लाखों लोग परेशान हैं। इनमें पुरुष और महिलाएँ, युवा और बुजुर्ग, बीमार और विकलांग, किसान और मज़दूर के साथ-साथ मध्यम और निम्न मध्यमवर्गीय सभी वर्गों-समुदायों के लोग शामिल हैं। व्यापार, छोटे-मँझोले उद्योगों और कारोबार पर बुरा असर पड़ा है।

ऐसे में, न्यूज़ चैनलों और अख़बारों से यह स्वाभाविक अपेक्षा की जाती है कि वे इस फ़ैसले, उसके राजनीतिक-आर्थिक निहितार्थों, तात्कालिक और दूरगामी

प्रभावों और लोगों की मुश्किलों को व्यापक कवरेज देंगे। दोहराने की ज़रूरत नहीं है कि न्यूज़ चैनलों सहित पूरे न्यूज़ मीडिया ने इस मुद्दे की 24×7 ('सैचुरेशन' की हद तक) कवरेज की है। कवरेज की मात्रा को लेकर शायद ही कोई शिकायत हो। लेकिन अफ़सोस की बात यह है कि इस कवरेज ख़ासकर न्यूज़ चैनलों की कवरेज की गुणवत्ता के बारे में यही बात नहीं कही जा सकती है। एक बड़े मुद्दे की कवरेज में न्यूज़ चैनलों ने एक बार फिर निराश किया।

ऐसा लगता है कि न्यूज़ मीडिया ख़ासकर चैनलों ने अपनी स्वतन्त्रता, वस्तुनिष्ठता, तथ्यों की शुद्धता के प्रति आग्रह और प्रतिबद्धता और आलोचनात्मक समझ को ताखे पर रख दिया है और चैनलों का भक्ति और रीतिकाल साथ-साथ चल रहा है। हालाँकि यह आज नहीं हुआ है बल्कि यह प्रक्रिया लम्बे समय से जारी है। कुछ हद तक यह उसके डीएनए में शामिल रहा है। आश्चर्य नहीं कि नोटबन्दी पर न्यूज़ चैनलों की कवरेज में यह एक बार और साबित हुआ। नतीजा, इस कवरेज में न सिर्फ़ बहुत कुछ अनदेखा रह गया या जान-बूझकर अनदेखा किया गया बल्कि इक्का-दुक्का अपवादों को छोड़कर ज़्यादातर न्यूज़ चैनल एक बार फिर 'राजा का बाजा' बजाते नज़र आये।

हैरानी की बात नहीं है कि इस फ़ैसले के ऐलान के बाद उस रात प्राइम टाइम पर चैनलों में इस फ़ैसले को "ऐतिहासिक, साहसिक, मास्टरस्ट्रोक, गेम-चेंजर" बताने से लेकर "कालेधन के ख़िलाफ़ युद्ध, ब्लैकमनी पर सर्जिकल स्ट्राइक" आदि भारी-भरकम विशेषणों से नवाज़ा गया। चैनलों में बढ़-चढ़कर इस फ़ैसले के गुणगान करने की होड़-सी लग गयी। उस शाम ऐसा लगा जैसे देश रातों-रात बदल जानेवाला है।

उस रात चैनलों के स्टार एंकरों, रिपोर्टरों और विशेषज्ञों ने जो और जितना कहा, उसे यहाँ दोहराना सम्भव नहीं है लेकिन उसका लब्बोलुआब यह था कि यह कालेधन और भ्रष्टाचार से लेकर फ़र्ज़ी नोट छापने वाले पाकिस्तान और उसका इस्तेमाल करने वाले आतंकवादियों के ख़िलाफ़ निर्णायक मुहिम और उनके अन्त की शुरुआत है। चैनलों ने इसका पूरा श्रेय प्रधानमन्त्री नरेन्द्र मोदी के राजनीतिक साहस और कालेधन के ख़िलाफ़ लड़ाई में उनकी प्रतिबद्धता को दिया।

अगली सुबह अख़बारों की सुर्ख़ियों और रिपोर्टों में भी मोटे तौर पर यही कथानक (नैरेटिव) छाया हुआ था। चैनलों पर अगले दिन और रात भी यही नैरेटिव जारी रहा। उस दिन और रात लगभग सभी चैनलों पर ऐसी रिपोर्टें दिखाई गयीं जिनमें कालाधन रखने वालों की घबराहट का ज़िक्र था और यह भी कि कैसे वो कालेधन

यानी अवैध हो चुके नोटों को ठिकाने लगाने के लिए बीती रात देर तक सोना या प्रॉपर्टी ख़रीदने या बट्टे में नोट बदलने में लगे रहे। इसके साथ ही चैनलों पर आम लोगों की प्रतिक्रियाएँ (वाक्स पाप्स) दिखाई गयीं जिनमें लोग इस फ़ैसले की प्रशंसा और स्वागत करते हुए दिखाये गये।

कहने की ज़रूरत नहीं है कि जाने-अनजाने ये रिपोर्टें, वाक्स पाप्स और चर्चाएँ पहले दिन से गढ़ी गयी नैरेटिव को और मज़बूत बनाती रहीं। चैनलों में इस नैरेटिव के इर्द-गिर्द कथाएँ गढ़ने और यहाँ तक कि गल्प रचने की होड़ लगी हुई थी। यूँ तो चैनलों के शब्दकोश (डिक्शनरी) या पत्रकारीय मूल्यों में सन्तुलन शब्द या मूल्य कभी नहीं रहा है। लेकिन हाल के महीनों में तथ्यों की अनदेखी और अफ़वाहों/गल्पों को 'ख़बर' बना देने का भी दौर शुरू हो गया है। यह नोटबन्दी की कवरेज में भी यह दिखाई पड़ा।

उदाहरण के लिए, ज़ी-न्यूज़ पर प्राइम टाइम में उसके स्टार एंकर और सम्पादक सुधीर चौधरी ने रिज़र्व बैंक की ओर से जारी होने वाले 2000 रुपये के नये नोट में 'स्टेट ऑफ़ द आर्ट नैनो टेक्नॉलोजी' के इस्तेमाल और उसमें 'नैनो जीपीएस चिप' लगे होने की जानकारी दी जो 'ज़मीन के 120 मीटर नीचे गाड़े जाने' या 'सात तालों में बन्द' किये जाने पर भी सैटेलाइट को सिग्नल भेजेगा और 'उस नोट को उसके सीरियल नम्बर के साथ ट्रैक किया जा सकता है।'

यह एक कोरा गल्प था जो सोशल मीडिया और व्हाट्सऐप पर चलने वाली लंतरानियों से ज़्यादा कुछ नहीं था। लेकिन एक प्रमुख न्यूज़ चैनल के प्राइम टाइम कार्यक्रम में इसे बिना किसी छानबीन और पुष्टि के 'एक्सक्लूसिव ख़बर' बनाकर चला दिया गया। इस गप्प के असर का अन्दाज़ा इस तथ्य से लगाया जा सकता है कि एक वायरल वीडियो में नम्बर एक हिन्दी चैनल की टाप न्यूज़ एंकर पूरे आत्मविश्वास के साथ इस 'नैनो जीपीएस चिप' गल्प को दोहराती नज़र आती हैं जिसे न्यूज़रूम में उनके सहयोगी मुग्ध भाव से सुन रहे हैं।

जैसे इतना ही काफ़ी नहीं था। जब नये नोटों की कमी की ख़बरें आने लगीं तो अपने दर्शकों को आगे रखने का दावा करने वाले चैनल पर ब्रेकिंग न्यूज़ दिखाई गयी और रिपोर्टर का फ़ोनो हुआ कि वायुसेना के पाँच अत्याधुनिक मालवाहक-ग्लोबमास्टर सैन्य विमानों को नयी करेंसी की ढुलाई के लिए लगाया गया है।

उसके बाद कुछ और चैनलों ने यह 'ख़बर' यानी ब्रेकिंग न्यूज़ दिखाई लेकिन जल्दी ही वह ग़ायब भी हो गयी। ज़ाहिर है कि यह 'ख़बर' भी गप्प थी जिसे बिना किसी पुष्टि और छानबीन के दिखाया गया। ये कुछ उदाहरण हैं। ऐसी अनेक आधी

सच्ची-आधी झूठी 'ख़बरें' चैनलों पर दिखाई दीं और फिर ग़ायब हो गयीं। नोटबन्दी के पक्ष में अनेक सरकारी दावों या बयानों को चैनलों ने बिना किसी छानबीन, जाँच-पड़ताल और पुष्टि किये अपनी स्वतन्त्र रिपोर्टों की तरह दिखाना शुरू कर दिया। कहने की ज़रूरत नहीं है कि किसी भी चैनल ने इन अपुष्ट, निराधार और तथ्यहीन यानी पूरी तरह झूठी और आधी सच्ची-आधी झूठी 'ख़बरें' दिखाने के बाद उसे आगे की बुलेटिनों में भूल सुधारने की ज़रूरत नहीं समझी। माफ़ी माँगने की बात बहुत दूर है।

इस तरह आपका चैनलों के 'उत्तर सत्य' युग और फ़ेक न्यूज़ की दुनिया में स्वागत है। चौंकिए मत, यह वह दौर है जिसे दुनिया भर में उत्तर सत्य (पोस्ट ट्रुथ) युग कहा जा रहा है। आश्चर्य नहीं कि पिछले महीने ही ऑक्सफोर्ड डिक्शनरी ने कई शब्दों के बीच से 'पोस्ट ट्रुथ' (Post Truth) शब्द को वर्ष 2016 के शब्द के रूप में चुना है। ऑक्सफोर्ड डिक्शनरी के मुताबिक़, यह एक विशेषण है जिसका अर्थ है, "एक ऐसी परिस्थिति जिसमें जनमत बनाने में वस्तुनिष्ठ तथ्यों की तुलना में निजी विचारों और भावनाओं का प्रभाव ज़्यादा होता है।" इसका तात्पर्य यह हुआ कि अब 'सत्य' की क़ीमत नहीं रह गयी है और न ही किसी को उसकी परवाह है। तथ्यों के मुक़ाबले निजी सोच और भावनाएँ ज़्यादा महत्त्वपूर्ण हो गयी हैं।

असल में, 'उत्तर सत्य' परिघटना के बारे में चर्चा ब्रेक्जिट और अमेरिकी राष्ट्रपति चुनावों में डोनाल्ड ट्रंप की जीत के बाद तेज़ हो गयी है। माना जा रहा है कि ब्रेक्जिट के पक्ष में अभियान चलाने वाले नेताओं से लेकर डोनाल्ड ट्रंप के चुनाव अभियान में जिस धड़ल्ले से सफ़ेद झूठ के इस्तेमाल से लेकर आधी सच्ची-आधी झूठी सूचनाओं और तथ्यों को तोड़ने-मरोड़ने के ज़रिये जो संगठित प्रचार अभियान चलाया गया और लोगों ने उसपर भरोसा किया, उससे ऐसा लगता है कि सत्य बेमानी हो गया है। ऐसा नहीं है कि हिलेरी क्लिंटन ने झूठ या तथ्यों को तोड़ने-मरोड़ने की कोशिश नहीं की लेकिन ट्रंप उनसे इस खेल में बहुत आगे थे।

दरअसल, तथ्यों को तोड़ने-मरोड़ने का यह खेल इतना संगठित, सुनियोजित और औद्योगिक स्तर पर पहुँच चुका है कि उसमें सफ़ेद झूठ को भी सच की तरह पेश कर दिया जा रहा है और इस 'सूचना युग' में लोगों का बहुत बड़ा हिस्सा उसे सच मानकर स्वीकार कर ले रहा है। आश्चर्य नहीं कि 'उत्तर सत्य' युग में फ़ेक या फ़र्ज़ी 'न्यूज़' का तेज़ी से विस्तार और प्रसार हो रहा है। इसके लिए ख़ासकर न्यू या सोशल मीडिया का इस्तेमाल किया जा रहा है जहाँ से वह आसानी से मुख्यधारा के न्यूज़ मीडिया में भी जगह बना ले रहा है। उदाहरण के लिए, अमेरिकी चुनावों

के दौरान कई फ़ेक न्यूज़, वास्तविक ख़बरों की तरह चल पड़ी और लोगों में फ़ैल गयी। जैसे, पोप ने ट्रंप का समर्थन किया है या हिलेरी क्लिंटन 'इस्लामिक स्टेट' को हथियारों से लैस कर रही हैं।

अमेरिकी वेबसाइट बजफीड के संस्थापक क्रेग सिल्वरमैन के मुताबिक़, लोकप्रिय सोशल मीडिया प्लेटफ़ॉर्म—फ़ेसबुक पर इस साल अगस्त से 8 नवम्बर के बीच फ़ेक न्यूज़ या फ़र्ज़ी समाचारों को सबसे ज़्यादा 87 लाख शेयर, कमेंट्स या प्रतिक्रियाएँ मिलीं जबकि उसी दौरान मुख्यधारा के समाचार माध्यमों के समाचारों को 73 लाख शेयर, कमेंट्स और प्रतिक्रियाएँ मिलीं। इसे पता चलता है कि फ़ेक न्यूज़ को कितने बड़े पैमाने पर स्वीकार्यता मिलने लगी है। लेकिन यह सिर्फ़ अमेरिकी राष्ट्रपति चुनावों या ब्रेक्जिट तक सीमित परिघटना नहीं है बल्कि यह एक नयी और स्थायी होती प्रवृत्ति या ट्रेंड का सूचक है।

ज़ाहिर है कि भारत भी इसका अपवाद नहीं है। भारत में भी यह प्रक्रिया 2014 के चुनाव अभियान से संगठित रूप में शुरू हुई और जेएनयू देशद्रोह प्रकरण में एक नयी ऊँचाई पर पहुँच गयी। अब यह एक स्थायी परिघटना बन चुकी है। इसका ताज़ा उदाहरण है नोटबन्दी की कवरेज। इसमें जिस तरह से कपोल-कल्पनाओं (नैनो जीपीएस चिप), अफ़वाहों (नमक की किल्लत) और अपुष्ट सूचनाओं (ग्लोबमास्टर से नये नोटों की ढुलाई) को 'ख़बर' बना दिया गया या आधी सच्ची-आधी झूठी जानकारियों, तथ्यों को तोड़ने-मरोड़ने से लेकर सरकार और सत्तारूढ़ पार्टी के 'स्पिन' के मुताबिक़ 'ख़बरें' बनायी और गढ़ी गयीं, चर्चाओं-बहसों को संचालित किया गया, उसे देशभक्ति और देश की सुरक्षा से जोड़ दिया गया, उससे साफ़ है कि सूचना और धारणा प्रबन्धन और सहमति निर्माण की तकनीक कितनी महीन और उम्दा तकनीक बन गयी है।

दोहराने की ज़रूरत नहीं है कि इस फ़ैसले के अनुकूल कथानक (नैरेटिव) गढ़ने के लिए आधे-अधूरे तथ्यों और जानकारियों के आधार पर बड़े-बड़े दावे 'ख़बर' बनाकर पेश किये जाने लगे। उदाहरण के लिए, इससे कालाधन ख़त्म हो जायेगा, फ़र्ज़ी नोटों का धन्धा बन्द हो जायेगा, आतंकवाद की कमर टूट जायेगी, महँगाई कम होगी और अर्थव्यवस्था तेज़ी से आगे बढ़ेगी आदि-आदि। 'आज तक' के संस्थापक सम्पादक एस.पी. सिंह कहा करते थे कि जिस भी 'ख़बर' के आख़िर में 'गा-गे-गी' लगा हुआ हो, वह 'ख़बर' नहीं, प्रचार या पीआर है। लेकिन न्यूज़ चैनलों पर नोटबन्दी के बारे में शुरू में चलने वाली 90 फ़ीसदी से ज़्यादा 'ख़बरें' ऐसी ही थीं।

इससे ऐसा लग रहा था गोया न्यूज़ चैनल सरकार के बाजा या भोंपू बन गये हैं। इक्का-दुक्का चैनलों और कुछ अंग्रेज़ी अख़बारों को छोड़कर ज़्यादातर चैनलों/अख़बारों की रिपोर्टों और सरकारी प्रेस रिलीज़ में ज़्यादा फ़र्क़ नहीं रह गया था। चैनलों ने इस फ़ैसले के सन्दर्भ में कालेधन, फ़र्ज़ी नोटों, आतंकवाद पर क़ाबू जैसे सरकारी दावों की तथ्यों के आधार पर छानबीन या जाँच-पड़ताल करने, उसके विभिन्न पहलुओं और पक्षों को सामने लाने, इस फ़ैसले के राजनीतिक-आर्थिक-सामाजिक-राष्ट्रीय सुरक्षा पृष्ठभूमि और सन्दर्भ को सामने रखने, इसपर स्वतन्त्र विशेषज्ञों की राय पेश करने से लेकर उसके निहितार्थों का खुलासा करने के बजाय ज़्यादातर अतिरंजित और प्रोपेगंडा फ़िल्म की तरह रिपोर्टिंग की।

हालाँकि फ़ैसले के तीसरे-चौथे दिन से चैनलों पर यह नैरेटिव कुछ बदलना शुरू हुआ लेकिन उसमें भी ज़्यादा ज़ोर लोगों ख़ासकर शहरी इलाक़ों में बैंकों/एटीएम के आगे घण्टों से क़तारों में लगे मध्यवर्गीय/निम्न मध्यमवर्गीय और कुछ हद तक कमज़ोर वर्गों के लोगों की परेशानियों/तकलीफ़ों की रिपोर्टें थीं। इसके बाद छठे-सातवें दिन से बाज़ारों और कारोबार पर पड़ रहे असर की रिपोर्टें आनी शुरू हुईं। नवें-दसवें दिन से कुछ चैनलों पर बड़े महानगरों/शहरों के पास के ग्रामीण इलाक़ों में किसानों/श्रमिकों की मुश्किलों की रिपोर्टें भी आनी शुरू हुईं। लेकिन इन रिपोर्टों में भावनाएँ/ड्रामा ज़्यादा थीं लेकिन इस फ़ैसले की बारीकी से जाँच-पड़ताल करने वाली तथ्यपूर्ण-शोधपूर्ण रिपोर्टें फिर भी नहीं आयीं।

यही नहीं, इन रिपोर्टों का एंगल यह बनाया गया जिनमें इस फ़ैसले से प्रभावित लोग अपनी मुश्किलों और जलालतों की शिकायतें करने के बावजूद इस फ़ैसले की तारीफ़ करते दिखाई पड़े। असल में, इस फ़ैसले के इर्द-गिर्द जो नैरेटिव बनाया गया और उसमें कालेधन से निपटने के सवाल को जिस तरह से राष्ट्रीय सुरक्षा और देशभक्ति से जोड़ दिया गया, उसमें आलोचना के लिए गुंजाइश नहीं के बराबर रह गयी थी। अनुमान लगाना मुश्किल नहीं है कि जब चारों ओर ख़ासकर न्यूज़ चैनलों और न्यूज़ मीडिया में यह शोर हो कि यह एक 'ऐतिहासिक, साहसिक' फ़ैसला है, 'मास्टरस्ट्रोक' है, उस शोर में कितने लोग इससे अलग सोचने या बोलने का साहस कर पायेंगे।

बीबीसी के पूर्व महानिदेशक जान बर्ट ने 70 के दशक में कहा था कि टीवी माध्यम में समझदारी के ख़िलाफ़ एक जन्मजात पूर्वाग्रह है। असल में, न्यूज़ चैनलों की सबसे बड़ी समस्या यह है कि वे सूचनाओं से ज़्यादा विचारों, तथ्यों से ज़्यादा भावनाओं, जानकारी से ज़्यादा दृश्यों (विजुअल्स) और समझदारी से ज़्यादा ड्रामा

पर ज़ोर देते हैं। वे हर मुद्दे/विषय को घटना बना देते हैं और उसे एक घटना की तरह रिपोर्ट करते हैं। घटना पर ज़्यादा ज़ोर देने और उसे प्रमुख बना देने से चैनलों की उसके पीछे की राजनीतिक-आर्थिक-सामाजिक प्रक्रियाओं की खोजबीन करने में दिलचस्पी नहीं रह जाती है।

लेकिन कोई भी घटना हवा या शून्य में नहीं होती। उसकी न सिर्फ़ कई परतें होती हैं बल्कि उसके पीछे अनेक राजनीतिक-आर्थिक-सामाजिक प्रक्रियाओं की भूमिका होती है। घटनाएँ इन प्रक्रियाओं का ही नतीजा होती हैं। इन प्रक्रियाओं को अनदेखा करके सिर्फ़ घटना और व्यक्तियों पर फोकस करने से लोगों को कुछ आधी-अधूरी और कच्ची-पक्की सूचनाएँ और जानकारियाँ ज़रूर मिल जाती हैं लेकिन वह समझदारी नहीं बन पाती जिसके बिना एक सुचिन्तित राय बनाना मुश्किल है। इससे एक ऐसी अन्तर्विरोधी स्थिति बनती है जिसमें आम नागरिकों पर 24×7 सूचनाओं की बमबारी है लेकिन उनमें जानकारी, जागरूकता और समझदारी का उतना ही अभाव है। इससे पूर्वाग्रहों को जड़ जमाने में मदद मिलती है।

हैरानी की बात नहीं है कि नोटबन्दी पर चैनलों की 24×7 कवरेज की बमबारी के बावजूद इस मुद्दे पर आम लोगों में समझदारी और जागरूकता का अभाव दिखाई दे रहा है। आम लोगों का एक बड़ा हिस्सा इस मुद्दे को तथ्यों के बजाय अपने पूर्वाग्रहों के आधार पर देख-समझ रहा है। कहने की ज़रूरत नहीं है कि यह स्थिति उन ताक़तवर निहित स्वार्थी तत्वों के सबसे मुफीद बैठती है जिन्हें न सिर्फ़ फ़ेक न्यूज़ को भी फैक्ट न्यूज़ बनाकर पेश करने और घटनाओं के मायनों को स्पिन करने का मौक़ा मिल जाता है बल्कि सूचना/धारणा प्रबन्धन में आसानी हो जाती है। नोटबन्दी पर न्यूज़ मीडिया ख़ासकर न्यूज़ चैनलों की कवरेज और उससे बनी नैरेटिव इसकी ताज़ी मिसाल है।

उत्तर सत्य युग और फ़ेक न्यूज़ के दौर में और उम्मीद भी क्या की जा सकती है? यहाँ सवाल पूछना जुर्म और आलोचना करना देशद्रोह है। यहाँ देशभक्ति का मतलब सत्ता के साथ सहमति और समर्पण है।

*(दिसम्बर, 2016)*

# कश्मीर की रिपोर्टिंग का पैमाना क्या हो?

**राष्ट्रवाद के नाम पर संकीर्ण, ग़ैर-समावेशी और अनुदार राष्ट्रवाद को आगे बढ़ाया जा रहा है जो राष्ट्रीय हितों को सबसे ज़्यादा नुक़सान पहुँचा रहा है**

कश्मीर घाटी पिछले ढाई महीने से स्थानीय लोगों के ग़ुस्से, असन्तोष, हिंसा और प्रतिहिंसा की आग में झुलस रही है। हालाँकि विरोध प्रदर्शनों-बन्द-कर्फ्यू-हिंसा-मौतों का दुष्चक्र कश्मीर घाटी के लिए नया नहीं है लेकिन इस बार हालात बद से बदतर होते जा रहे हैं। हिंसा और अशान्ति का यह नया चक्र कश्मीर घाटी के कोकरनाग इलाक़े में 8 जुलाई को सुरक्षा बलों के साथ हुए एनकाउंटर में प्रतिबन्धित चरमपन्थी संगठन—हिज़बुल मुजाहिदीन के स्थानीय 'कमांडर' 22 वर्षीय बुरहान मुज़फ़्फ़र वानी के मारे जाने के बाद से शुरू हुआ है। वानी की मौत के बाद शुरू हुए विरोध प्रदर्शनों की आग में कश्मीर घाटी उबल रही है।

पिछले ढाई महीने से भी ज़्यादा समय से जारी विरोध प्रदर्शनों, बन्द, कर्फ्यू और हिंसा में यह टिप्पणी लिखे जाने तक 86 नागरिक मारे गये हैं और 7000 से ज़्यादा घायल हुए हैं। रिपोर्टों के मुताबिक़, इनमें से ज़्यादातर घायल और मौतें प्रदर्शनकारियों ख़ासकर पत्थरबाज़ी कर रहे युवा प्रदर्शनकारियों और पुलिस और सुरक्षा बलों के साथ टकराव और उग्र प्रदर्शनकारियों को क़ाबू में करने के लिए पुलिस और सुरक्षा बलों की ओर से की गयी फायरिंग या पैलेट गन और आँसू गैस के इस्तेमाल और लाठी चार्ज में हुई है। इस हिंसा में सुरक्षा बलों और जम्मू-कश्मीर पुलिस के दो जवान मारे गये हैं जबकि 4000 से ज़्यादा घायल हुए हैं।

कहने की ज़रूरत नहीं है कि कश्मीर पिछले ढाई-तीन महीने से न्यूज़ मीडिया-अख़बारों और न्यूज़ चैनलों की सुर्ख़ियों में है। यह स्वाभाविक भी है। कश्मीर समस्या के जटिल इतिहास और राजनीतिक पेंच, उसकी रणनीतिक भू-राजनीतिक स्थिति

और पाकिस्तान और अन्य वैश्विक ताक़तों की उसमें गहरी दिलचस्पी के कारण यहाँ के राजनीतिक घटनाक्रम और उथल-पुथल में देशी-विदेशी न्यूज़ मीडिया की गहरी दिलचस्पी रहती है और उन्हें अच्छी-ख़ासी कवरेज भी मिलती रही है।

आश्चर्य नहीं कि कश्मीर घाटी में मौजूदा अशान्ति और उथल-पुथल की रिपोर्टें, विश्लेषण और उस पर राजनीतिक टिप्पणियाँ और विचार मुख्यधारा के राष्ट्रीय न्यूज़ मीडिया—अख़बारों और न्यूज़ चैनलों से लेकर घाटी के स्थानीय न्यूज़ मीडिया में छायी हुई हैं। इनमें वैश्विक न्यूज़ मीडिया भी गहरी दिलचस्पी ले रहा है।

यही कारण है कि मोटे तौर पर कश्मीर की ताज़ा अशान्ति, हिंसा और विरोध प्रदर्शनों की स्थानीय और राष्ट्रीय न्यूज़ मीडिया में कवरेज की मात्रा (क्वांटिटी) को लेकर कोई शिकायत नहीं है। लेकिन कश्मीर के घटनाक्रम की इस कवरेज की गुणवत्ता को लेकर न सिर्फ़ गम्भीर सवाल उठ रहे हैं बल्कि ख़ुद न्यूज़ मीडिया के अन्दर और उससे बाहर राजनीतिक दलों और सिविल सोसायटी में बहस तेज़ हो गयी है। इस लिहाज़ से कश्मीर की इस कवरेज और कंटेंट के एंगल, सुर, लहजे और प्रस्तुति को लेकर एनडीटीवी की वरिष्ठ एंकर बरखा दत्त और टाइम्स नाऊ के सम्पादक-एंकर अर्नब गोस्वामी के बीच हुई तीखी बहस के अलावा कश्मीर में तैनात आईएएस अफ़सर शाह फैज़ल की 'इंडियन एक्सप्रेस' में छपी टिप्पणी का उल्लेख करना ज़रूरी है।

यही नहीं, मुख्यधारा के राष्ट्रीय न्यूज़ मीडिया ख़ासकर न्यूज़ चैनलों में कश्मीर के मीडिया कवरेज, उसके कंटेंट, एंगल और सुर-लहजे को लेकर जहाँ कश्मीर घाटी में भारी नाराज़गी और आपत्तियाँ हैं, वहीं मुख्यधारा के मीडिया के अन्दर और ख़ासकर बाहर सोशल मीडिया में कश्मीर की रिपोर्टिंग को लेकर 'देशभक्ति बनाम देश से गद्दारी' और 'राष्ट्रवादी पत्रकार बनाम पाकिस्तान और आतंकवाद समर्थक पत्रकार' की बहस छिड़ गयी है जो बहस कम और गाली-गलौज ज़्यादा दिख रही है। इससे मुख्यधारा के राष्ट्रीय न्यूज़ मीडिया के सम्पादकों और पत्रकारों पर दबाव है कि वे कश्मीर की रिपोर्टिंग और प्राइम टाइम चर्चाओं में अपनी देशभक्ति और राष्ट्रवाद को साबित करें।

हालाँकि पत्रकारों और सम्पादकों पर यह दबाव नया नहीं है। इसके अनेक उदाहरण हैं। यह दबाव 1975 की इमरजेंसी के समय से बढ़ने लगा था जो 1980 के दशक में पंजाब और असम समस्या और आतंकवाद के उभार के दौर में और ज़्यादा तेज़ी से बढ़ा। पिछले दो दशकों में यह एक स्थायी परिघटना बन गया है।

लेकिन इधर के वर्षों/महीनों में यह दबाव न सिर्फ़ एक सुनियोजित अभियान में बदल गया है बल्कि सोशल मीडिया और चैनलों से लेकर और सड़कों पर 'भीड़ की हिंसा' को प्रोत्साहित करता दिखता है।

इस साल जेएनयू विवाद में अति-राष्ट्रवादी न्यूज़ चैनलों के एक समूह ने जिस तरह से उदार और वाम बुद्धिजीवियों और पत्रकारों-सम्पादकों पर 'अफज़ल समर्थक गैंग', 'पाकिस्तान समर्थक' और 'आतंकवादियों के हमदर्द' होने का लेबल चस्पां कर दिया और उनके ख़िलाफ़ दुष्प्रचार अभियान चलाया, वह इस तरह के अभियान का एक उदाहरण है।

कश्मीर के मामले में ताज़ा प्रकरण इस प्रवृत्ति का विस्तार भर है। एक बार फिर से कश्मीर की कवरेज और इस मसले पर सरकारी/आधिकारिक लाइन से अलग राय रखनेवाले को निशाना बनाया जा रहा है। दोहराने की ज़रूरत नहीं है कि 'टाइम्स नाऊ', 'ज़ी-न्यूज़' और 'न्यूज़ एक्स-इंडिया न्यूज़' जैसे न्यूज़ चैनल राष्ट्रवाद और देशभक्ति के स्व-घोषित चैम्पियन बन गये हैं।

ख़ुद को 'राष्ट्रवादी और देशभक्त' बताने वाले इन चैनलों ने उन चैनलों/अख़बारों और उनके एंकर/सम्पादक/रिपोर्टरों को 'पाकिस्तान समर्थक', 'बुरहान समर्थक', 'आतंकवादियों के हमदर्द', 'भारतीय सेना के विरोधी', 'मानवाधिकार के नाम पर आतंकवादियों का बचाव करने वाले' घोषित कर दिया है जो कश्मीर के ताज़ा घटनाक्रम की रिपोर्टिंग और विश्लेषण में आधिकारिक लाइन पर उँगली उठा रहे हैं या केन्द्र/राज्य सरकार की नाकामियों और असंवेदनशीलता पर सवाल उठा रहे हैं या कश्मीर के आम लोगों के ग़ुस्से, निराशा, पीड़ा को सामने ला रहे हैं या उग्र प्रदर्शनकारियों पर अत्यधिक पुलिस बल ख़ासकर पैलेट गन के इस्तेमाल और उसके नकारात्मक प्रभाव को रिपोर्ट कर रहे हैं।

एनडीटीवी की एंकर बरखा दत्त और टाइम्स नाऊ के अर्नब गोस्वामी के बीच कश्मीर कवरेज को लेकर शुरू हुई तीखी बहस को इस पृष्ठभूमि में ही देखा जाना चाहिए। हालाँकि यह पहली बार नहीं था जब अंग्रेज़ी के सबसे ज़्यादा लोकप्रिय (टीआरपी के आधार पर) न्यूज़ चैनल—टाइम्स नाऊ के सम्पादक-एंकर अर्नब गोस्वामी ने उदार/वाम बुद्धिजीवियों और पत्रकारों-सम्पादकों पर देश के हितों के साथ गद्दारी या अनदेखी करने या पाकिस्तान/आतंकवादियों के प्रति हमदर्दी रखने या मानवाधिकार की आड़ में सेना/सुरक्षा बलों को बदनाम करने जैसे आरोप लगाये हों लेकिन यह शायद पहली बार था जब उन्होंने ऐसे 'छद्म धर्मनिरपेक्ष' और

‘पाकिस्तान/आईएसआई समर्थक’ बुद्धिजीवियों/पत्रकारों और मीडिया समूहों के ख़िलाफ़ कार्रवाई की माँग की।

हालाँकि अर्नब गोस्वामी की इस लगभग नियमित हो चुकी अतिरेकपूर्ण, भावुक, आक्रामक, नाटकीय और एकतरफ़ा भड़ास पर अब ज़्यादा प्रतिक्रियाएँ नहीं होती हैं और लोगों ने इसे गोस्वामी की ख़ास शैली मान लिया है। लेकिन इसमें कोई दो राय नहीं है कि गोस्वामी के प्रशंसकों की अच्छी-ख़ासी संख्या है और टीवी न्यूज़ चैनलों में उनकी आक्रामक और नाटकीय शैली के खुले-छिपे अनेक मुरीद हैं। उनकी राजनीतिक और वैचारिक लाइन भी स्पष्ट है—वे उग्र अनुदार दक्षिणपन्थी रुझान के साथ मौजूदा केन्द्र सरकार की राजनीतिक/आधिकारिक लाइन को आगे बढ़ाते हैं। हालाँकि बीच-बीच में कुछ सामाजिक मुद्दों पर उदार लाइन भी लेते हैं। लेकिन मूलतः वे खाते-पीते शहरी मध्य और उच्च मध्य वर्ग के अनुदार-दक्षिणपन्थी हिस्से की भाषा बोलते हैं।

टाइम्स नाऊ पर सप्ताह में पाँच दिन तक रोज़ शाम को 9 बजे से 10.30 या 11 बजे तक चलने वाले उनके प्राइम टाइम शो ‘न्यूज़ आवर’ को उनके आलोचक ‘कंगारू कोर्ट’ बताते हैं जहाँ गोस्वामी किसी भी मामले पर ख़ुद मुक़दमा पेश करने, गवाही देने, जिरह करने से लेकर फ़ैसला देने तक का काम करते हैं। उनके शो में कई राजनीतिक दलों के प्रवक्ता, नेता, रिटायर्ड अफ़सर, सेलिब्रिटी और पत्रकार बैठते हैं लेकिन उनका मुख्य काम शोर-शराबा करना या गोस्वामी जूरी के सदस्य की तरह उनकी हाँ में हाँ मिलाना या गोस्वामी का एकालाप सुनना है।

इस मामले में अर्नब गोस्वामी का शो और शैली इतनी परिचित और जानी-पहचानी हो चुकी है कि उसमें हैरान होने वाली कोई बात नहीं रह गयी है। अनेक लोगों को ऐसा लगने लगा है कि शो के दौरान गोस्वामी का ग़ुस्सा, आक्रामक तेवर, तीखे बोल और ऊँची आवाज़ जैसे एक पूर्व निर्धारित स्क्रिप्ट का हिस्सा हों।

आश्चर्य नहीं कि कश्मीर की कवरेज को लेकर गोस्वामी के ताज़ा भड़ास पर भी ज़्यादातर उदार पत्रकारों/सम्पादकों और बुद्धिजीवियों ने कोई प्रतिक्रिया नहीं की। लेकिन लगता है कि कश्मीर से नियमित रिपोर्टें करने वाली एनडीटीवी की वरिष्ठ एंकर बरखा दत्त के सब्र का बाँध टूट गया। बरखा दत्त ने न सिर्फ़ गोस्वामी को ऐसी माँग करने के लिए आड़े हाथों लिया बल्कि अपने एक फ़ेसबुक पोस्ट में यह तक कह दिया कि उन्हें शर्म आती है कि वे उसी पेशे/उद्योग (पत्रकारिता) में हैं जिसमें गोस्वामी हैं जो पत्रकारों का मुँह बन्द करने की माँग कर रहे हैं। बरखा दत्त ने एक

ब्लॉग में गोस्वामी की माँग को बड़बोलापन और मैकार्थीवाद का उदाहरण बताते हुए लिखा कि उसमें एक अधिनायकवादी राजनेता के रवैये की झलक दिखाई देती है जिसे चुनौती देने का काम न्यूज़ मीडिया का है।

बरखा ने इस मुद्दे पर पत्रकार समुदाय की चुप्पी पर हैरानी ज़ाहिर करते हुए लिखा कि कल्पना कीजिए कि एक पत्रकार वास्तव में सरकार से न्यूज़ मीडिया के एक हिस्से को बन्द करने की माँग कर रहा है, उन्हें ग़लत तरीक़े से आईएसआई के एजेंट और आतंकवाद के समर्थक के रूप में पेश कर रहा है और उनके ख़िलाफ़ कार्रवाई करने और उनपर मुक़दमा चलाने की माँग कर रहा है और हम राजनीतिक रूप से सही दिखने की कोशिश में दयनीय चुप्पी साधे बैठे हैं। बरखा ने गोस्वामी पर तथ्यों को तोड़-मरोड़ कर पेश करने से लेकर उनपर दोहरा रवैया बरतने का आरोप लगाया है।

लेकिन इससे इतर बरखा दत्त ने अपने ब्लॉग में कश्मीर की कवरेज को लेकर कुछ महत्त्वपूर्ण प्रश्न उठाये हैं जिनपर गम्भीर चर्चा ज़रूरी है। इन पंक्तियों का लेखक बरखा दत्त का प्रशंसक नहीं है और अतीत में नीरा राडिया प्रकरण में उनकी भूमिका की तीखी आलोचना कर चुका है। इसके बावजूद कश्मीर में ताज़ा अशान्ति और वहाँ के घटनाक्रम की रिपोर्टिंग को लेकर बरखा दत्त की ओर से उठाये गये मुद्दों पर चर्चा को ज़रूरी मानता है। दत्त ज़ोर देकर कहती हैं कि यह उनका (पत्रकारों का) बुनियादी अधिकार है कि वे आज़ादी और ईमानदारी के साथ और बिना इसकी चिन्ता किये रिपोर्ट कर सकें कि उन्हें भारतीय सेना का दुश्मन या आतंकवाद से सहानुभूति रखने वाला घोषित कर दिया जायेगा।

दत्त के अनुसार, यह पत्रकारों का दायित्व है कि वे सत्य को उसकी सम्पूर्ण बुनावट में प्रस्तुत करें जिसका अर्थ होता है कि न्यूज़ स्टोरी के सभी पक्ष उसमें हों और उन तथ्यों/जानकारियों को दबाने/छुपाने की कोशिश न की गयी हो जिनका सामना करना असहज करने वाला या तकलीफ़देह हो। बरखा के मुताबिक़, ऐसा न करना कायरता होगी, रिपोर्टिंग नहीं। अफ़सोस की बात यह है कि कश्मीर के मौजूदा हालात की रिपोर्टिंग और उस पर होने वाली प्राइम टाइम चर्चाओं में न तो सभी पक्ष दिखते हैं और न ही सत्य अपनी पूरी बुनावट में सामने आ पा रहा है। साथ ही, कश्मीर के बारे में असहज करने वाली या तकलीफ़देह जानकारियों/तथ्यों पर पर्दा डालने की कोशिश भी की जा रही है।

इसका सबसे बड़ा सबूत है—कश्मीर के मौजूदा हालात पर मुख्यधारा के राष्ट्रीय न्यूज़ मीडिया और स्थानीय न्यूज़ मीडिया की रिपोर्टिंग, विश्लेषण और

चर्चाओं के बीच व्यापक अन्तर का होना। अगर आप कश्मीर में श्रीनगर से छपने वाले अख़बारों की रिपोर्टिंग, समाचार विश्लेषण और चर्चाओं की तुलना दिल्ली के ज़्यादातर अख़बारों/न्यूज़ चैनलों की रिपोर्टिंग और चर्चाओं से करें तो यह साफ़ दिखाई पड़ता है कि तथ्यों से लेकर एंगल और प्रस्तुति से लेकर विश्लेषण तक में काफ़ी फ़र्क़ है। ऐसा क्यों है? क्या यह सिर्फ़ इसलिए है क्योंकि घाटी से छपनेवाले अख़बारों पर स्थानीय लोगों और आतंकी/उग्रवादी समूहों का दबाव है? या, इसकी वजह यह है कि वे घटनास्थल के ज़्यादा क़रीब हैं और उनकी सभी पक्षों और स्रोतों तक पहुँच है?

इसका उत्तर देना मुश्किल है। लेकिन यह स्पष्ट है कि कश्मीर के मौजूदा हालात के बारे में इक्का-दुक्का दिल्ली और श्रीनगर के न्यूज़ मीडिया की रिपोर्टों और विश्लेषण से ज़मीनी स्थिति के बारे में काफ़ी अलग और बहुत हद तक अन्तर्विरोधी तस्वीर उभरती है। ऐसा क्यों है? इसकी कई वजहें हैं। पहली बात यह है कि किसी भी कनफ्लिक्ट या टकराव/संघर्ष की रिपोर्टिंग में सत्य तक पहुँचना आसान नहीं होता है। कहते हैं कि किसी भी युद्ध या उस जैसे संघर्ष/टकराव में सत्य पहला शिकार होता है। ऐसे में, कश्मीर जैसे राजनीतिक-सामाजिक रूप से अत्यन्त जटिल और लम्बे समय से जारी कनफ्लिक्ट की स्वतन्त्र, तथ्यपूर्ण, वस्तुनिष्ठ और सन्तुलित रिपोर्टिंग तो और भी मुश्किल है।

दूसरे, अगर श्रीनगर के न्यूज़ मीडिया पर स्थानीय जनमत और ताक़तवर समूहों का दबाव है तो दिल्ली के मुख्यधारा के न्यूज़ मीडिया पर भी राष्ट्रीय सुरक्षा-हितों को ऊपर रखने और राष्ट्रवादी भावनाओं के साथ चलने जैसे कई दबाव हैं। फिर, धारा के विरुद्ध तैरने का जोख़िम कौन लेता है? लेकिन न्यूज़ मीडिया के सामने यही चुनौती है। आख़िर स्वतन्त्र न्यूज़ मीडिया को एक उदार लोकतन्त्र की ज़रूरी शर्त क्यों माना जाता है? इसीलिए कि स्वतन्त्र न्यूज़ मीडिया और उससे मिलने वाली विश्वसनीय सूचनाएँ नागरिकों को निर्णय लेने और अपना मत बनाने में मदद करती हैं। नागरिकों का सच्चाई जानने का अधिकार सबसे ऊपर है। इसके बिना अभिव्यक्ति की आज़ादी का कोई अर्थ नहीं है और लोकतन्त्र बेमानी है।

यह सम्भव है कि कई बार सच्चाई बहुत तकलीफ़देह हो, असहज करने वाली हो या मुश्किल में डालने वाली हो। लेकिन क्या सच्चाई से मुँह चुराने से वह बदल जायेगी? दुनिया का इतिहास ऐसे उदाहरणों से भरा पड़ा है जिसमें अनेक देशों/समाजों ने कहीं राष्ट्रवाद और राष्ट्रीय हितों के नाम पर, कहीं जनहित के नाम पर और कहीं सामाजिक-आर्थिक-धार्मिक सुरक्षा के नाम पर सच्चाई पर पर्दा डालने

या उसे छुपाने या नकारने की भारी राजनीतिक-सामाजिक-आर्थिक-नैतिक क़ीमत चुकाई है। दूर क्यों जायें, ख़ुद अविभाजित पाकिस्तान ने पूर्वी पाकिस्तान (अब बांग्लादेश) में जो किया, उसे देशवासियों से छुपाया और उसकी क़ीमत चुकाई, वह किसी से छुपा नहीं है।

कहने की ज़रूरत नहीं है कि सच को छुपाना तात्कालिक रूप से किसी राष्ट्र-समाज या सरकार को भले फ़ायदेमन्द दिखे लेकिन दीर्घकाल में यह राष्ट्र-समाज के लिए बिना किसी अपवाद के नुक़सानदेह ही होता है। किसी भी राष्ट्र-समाज के दीर्घकालिक हित सच्चाई की बुनियाद पर ही खड़े हो सकते हैं। सच्चाई ही उसे राजनीतिक-नैतिक ताक़त देती है। झूठ की बुनियाद पर खड़ा राष्ट्र लम्बे समय तक टिक नहीं सकता है। ध्यान रहे, सच जाने बग़ैर कोई राष्ट्र-समाज सही फ़ैसला नहीं कर सकता है। और अगर फ़ैसला सही नहीं है तो स्थिति कैसे बेहतर हो सकती है? यही नहीं, ग़लत फ़ैसले को बदलने या सुधारने के लिए भी सच का पता चलना ज़रूरी है।

हालाँकि पत्रकारिता में यह बहस बहुत पुरानी है कि पत्रकार को सत्य के साथ खड़ा होना चाहिए या राष्ट्र को प्राथमिकता देनी चाहिए? लेकिन वास्तव में यह बहस बेमानी, भ्रामक विकल्प पेश करने वाली और घोड़े को गाड़ी के आगे खड़ी करने की तरह है। सत्य और राष्ट्र के बीच कोई टकराव नहीं है और न ही वे एक-दूसरे के विरोधी हो सकते हैं। पत्रकार का पहला दायित्व सत्य के प्रति है और उनकी ज़िम्मेदारी नागरिकों को सत्य से अवगत करना है। इस दायित्व को ईमानदारी और स्वतन्त्र तरीक़े से पूरा करके ही वह राष्ट्र की वास्तविक सेवा कर सकता है। पत्रकारों से किसी भी राष्ट्र की यही अपेक्षा होती है कि वे उसके नागरिकों को तथ्यपूर्ण, वस्तुनिष्ठ, सन्तुलित और निष्पक्ष रिपोर्ट करेंगे ताकि वे सही फ़ैसले कर सकें।

कश्मीर भी इसका अपवाद नहीं हो सकता है और न होना चाहिए। कश्मीर के मौजूदा हालात की स्वतन्त्र, तथ्यपूर्ण, वस्तुनिष्ठ, सन्तुलित और उसकी सम्पूर्णता में रिपोर्टिंग और विश्लेषण ज़रूरी है ताकि यह पता चल सके कि वहाँ वास्तव में ज़मीनी हालात कैसे हैं? ऐसे हालात क्यों और कैसे पैदा हुए हैं? कश्मीर के आम लोग ख़ासकर छात्र-युवा इतने नाराज़ क्यों हैं? इस नाराज़गी और ग़ुस्से की वजह क्या है? इसके राजनीतिक-सामाजिक-आर्थिक-सांस्कृतिक कारण क्या हैं? केन्द्र और राज्य सरकार के साथ राष्ट्रीय और क्षेत्रीय राजनीतिक दलों की कश्मीर नीति

की नाकामी की क्या वजहें हैं? कश्मीर में समाधान का रास्ता क्या है? इसे लेकर आम लोगों से लेकर विभिन्न राजनीतिक दलों और दूसरे पक्षों की राय क्या है?

ज़ाहिर है कि इन सवालों के उत्तर स्वतन्त्र, तथ्यपूर्ण, वस्तुनिष्ठ और सम्पूर्ण रिपोर्टिंग और विश्लेषण से ही मिल सकते हैं। यह विभिन्न दबावों से मुक्त एक स्वतन्त्र न्यूज़ मीडिया ही कर सकता है। यही नहीं, एक जनतान्त्रिक, खुला और समावेशी न्यूज़ मीडिया वह मंच बन सकता है जिसमें किसी कनफ्लिक्ट में शामिल सभी पक्ष अपनी बात रख सकते हैं, अपनी शिकायतें और पीड़ा साझा कर सकते हैं, समाधान के रास्ते सुझा सकते हैं और बहस-चर्चा के ज़रिये किसी सर्वमान्य समझौते पर पहुँच सकते हैं। वे विभिन्न पक्षों के बीच संवाद और चर्चा का रास्ता भी खोल सकते हैं। दोहराने की ज़रूरत नहीं है कि किसी भी लोकतन्त्र में जटिल से जटिल और गम्भीर से गम्भीर राजनीतिक-सामाजिक कनफ्लिक्ट के समाधान का रास्ता बातचीत और समझौते से ही निकलता है।

लेकिन अफ़सोस की बात यह है कि कश्मीर के मामले में कुछेक अपवादों को छोड़कर मुख्यधारा के न्यूज़ मीडिया ख़ासकर उन कथित 'राष्ट्रवादी' और 'राष्ट्रीय हितों के पहरेदार' न्यूज़ चैनलों ने जैसी एकतरफ़ा और पूर्वाग्रहस्त रिपोर्टिंग की है और विषैली प्राइम टाइम चर्चाएँ की हैं, उससे स्थिति सुधरने और बेहतर होने के बजाय और बिगड़ी है। यहाँ उस युवा कश्मीरी आईएएस अफ़सर शाह फैज़ल की चेतावनी पर ग़ौर करने की ज़रूरत है जिसे मुख्यधारा का राष्ट्रीय न्यूज़ मीडिया 'अच्छे' कश्मीरी होने के 'पोस्टर ब्वॉय' के रूप में पेश करता रहा है। फैज़ल ने 'इंडियन एक्सप्रेस' में लिखी अपनी एक टिप्पणी में चेताया है कि मुख्यधारा के न्यूज़ चैनलों पर हर घण्टे कश्मीर पर होने वाली आक्रामक और भड़काऊ प्राइम टाइम चर्चाएँ/बहसें, कश्मीर को देश से एक मील और पश्चिम की ओर ढकेलती जा रही हैं।

फैज़ल ने न्यूज़ मीडिया के एक समूह की ओर इशारा करते हुए लिखा है कि वे अपने कारोबारी रणनीति के तहत कश्मीर में भारत के विचार को ग़लत तरीक़े से पेश कर रहे हैं। दूसरी ओर, बाक़ी देश को कश्मीर के बारे में झूठी जानकारी दे रहे हैं। फैज़ल के मुताबिक़, ऐसा प्रतीत होता है कि इन चैनलों का मक़सद लोगों को भड़काना है, उनका कवरेज चुनिन्दा है और उनका उद्देश्य राज्य सरकार की मुश्किलों को और बढ़ाना है।

वे लिखते हैं कि इन चैनलों और उनके शोर-शराबे भरे न्यूज़रूम का सबसे बुरा पक्ष यह है कि वे अपनी टीआरपी को राष्ट्रीय हित की तरह बेच रहे हैं और

युवाओं के लाशों पर कारोबार कर रहे हैं। फैज़ल लिखते हैं कि कश्मीर तो छोड़िये, इस समय भारत के लिए सबसे बड़ी चुनौती यह है कि वह इस राष्ट्रीय मीडिया के कब्ज़े से राष्ट्रीय हितों को किस तरह छुड़ाये और अपने पड़ोसियों और लोगों से संवाद स्थापित करे।

फैज़ल की चेतावनी है कि ज़ी-न्यूज़, टाइम्स नाऊ, न्यूज़ एक्स और आज तक जैसे चैनल उस अभियान की अगुवाई कर रहे हैं जो भारत को एक संवाद आधारित देश से मूर्ख और अतार्किक राष्ट्र बनाने पर तुला है। शाह फैज़ल की इस चेतावनी को गम्भीरता से सुने जाने और उस पर चर्चा करने की ज़रूरत है।

चैनलों की प्राइम टाइम चर्चाएँ और बहसें जिस तरह से शोर-शराबे, विषैली भाषा, संकीर्ण विचारों, ध्रुवीकृत राजनीति का मंच बन गयी हैं, वह खुले संवाद और विचार-विमर्श को नहीं बल्कि पूरे राष्ट्रीय विमर्श को संकीर्ण और प्रदूषित बना रही हैं। उसमें ऐसा लगता है कि कश्मीर घाटी में सभी ख़ासकर सड़कों पर उतरकर विरोध कर रहे युवा भारत के दुश्मन, पाकिस्तान समर्थक, आतंकवादी और आईएसआईएस के समर्थक हैं और घाटी में हो रहे प्रदर्शन पाकिस्तान प्रायोजित हैं।

कहने की ज़रूरत नहीं है कि इस तरह राष्ट्रवाद के नाम पर जिस संकीर्ण, ग़ैर-समावेशी और अनुदार राष्ट्रवाद को आगे बढ़ाया जा रहा है, उससे राष्ट्रीय हितों को सबसे ज़्यादा नुक़सान पहुँच रहा है। कई चैनल जान-बूझकर राष्ट्र और सरकार/सत्तारूढ़ पार्टी और उनके हितों को एक-दूसरे का पर्याय साबित करने पर तुले हैं। दरअसल, इन 'राष्ट्रवादी' चैनलों की राष्ट्र की परिभाषा इतनी संकीर्ण, ग़ैर-समावेशी और अनुदार है कि उसमें भारत जैसे एक विविधतापूर्ण और बहुलतावादी राष्ट्र के आइडिया को फलने-फूलने के लिए बहुत कम जगह है। यह सच है कि राष्ट्रवादी चैनल जिस तरह के संकीर्ण और अनुदार भारत के विचार को आगे बढ़ा रहे हैं, उससे कश्मीर में भारत का दावा कमज़ोर हो रहा है। वहाँ सड़कों पर बढ़ते प्रतिरोध में लोगों के अलगाव, नाराज़गी और हताशा को महसूस किया जा सकता है।

आश्चर्य नहीं कि राष्ट्रवादी चैनलों की कश्मीर पर आक्रामक रिपोर्टिंग और चर्चाएँ घाटी में लोगों को और उत्तेजित कर रही हैं। कई रिपोर्टें यह बताती हैं कि इन चैनलों की उत्तेजक रिपोर्टिंग और चर्चाओं के कारण कश्मीर घाटी में राष्ट्रीय मीडिया की विश्वसनीयता नहीं के बराबर रह गयी है। लोग इन राष्ट्रवादी चैनलों से बहुत नाराज़ हैं। हालाँकि यह सिर्फ़ कश्मीर में ताज़ा उभार की रिपोर्टिंग के कारण नहीं हुआ है बल्कि यह पिछले कई वर्षों से जारी प्रक्रिया का नतीजा है।

यह राष्ट्रीय न्यूज़ मीडिया के लिए चिन्ता की बात होनी चाहिए क्योंकि कश्मीर में विश्वसनीयता खोने का अर्थ है कि उनके घाटी और बाक़ी देश के बीच पुल बनने की सम्भावना का ख़त्म होना। इसके साथ ही कश्मीर के लोग ख़बरों के लिए राष्ट्रीय मीडिया से इतर मीडिया और स्रोतों की तलाश करेंगे।

इसके नतीजों की कल्पना करना मुश्किल नहीं है। कश्मीर में जो हो रहा है, उससे साफ़ है कि पानी सिर के ऊपर से गुज़र रहा है। इसकी काफ़ी कुछ ज़िम्मेदारी राष्ट्रीय मीडिया के राष्ट्रवादी हिस्से की भी है क्योंकि कश्मीर में सिर्फ़ केन्द्र और राज्य सरकार और दूसरी लोकतान्त्रिक संस्थाएँ ही विफल नहीं हुई हैं बल्कि मुख्यधारा का राष्ट्रीय न्यूज़ मीडिया भी नाकाम रहा है। देश के लिए यह चिन्ता की बात है। लेकिन क्या राष्ट्रवादी मीडिया में यह चिन्ता कहीं दिखती है?

*(अक्तूबर, 2016)*

# प्राकृतिक आपदा की रिपोर्टिंग की शर्म

**प्राकृतिक आपदाओं को कवर करने के लिए अतिरिक्त संवेदनशीलता, समझदारी, जानकारी और तैयारी के साथ विशेष प्रशिक्षण और अनुभव की भी ज़रूरत होती है**

भारतीय न्यूज़ मीडिया ख़ासकर न्यूज़ चैनल एक बार फिर ग़लत कारणों से अन्तर्राष्ट्रीय सुर्ख़ियों में हैं। 25 अप्रैल को नेपाल में आये ज़बरदस्त भूकम्प के बाद वहाँ कवरेज करने पहुँचे भारतीय न्यूज़ मीडिया ख़ासकर न्यूज़ चैनलों के एक बड़े हिस्से के असंवेदनशील और कई मामलों में ग़ैर-ज़िम्मेदाराना कवरेज से नेपाली नागरिकों के अच्छे-ख़ासे हिस्से में गुस्सा भड़क उठा। उनकी शिकायत थी कि भारतीय मीडिया ख़ासकर न्यूज़ चैनलों का कवरेज न सिर्फ़ असंवेदनशील, सनसनीखेज, ग़ैर-ज़िम्मेदार और बचकाना था बल्कि भारत के बचाव और राहत कार्यों का अतिरेकपूर्ण प्रचार था।

कुछ इस हद तक कि वहाँ राहत और बचाव का जो भी काम हो रहा है, वह भारत कर रहा है। नेपाल ख़ुद राहत और बचाव का काम करने में अक्षम है। यह भी कि भारत न होता तो इस भयंकर भूकम्प के बाद नेपाल का हाल कितना बुरा होता? साफ़ है कि यह जले पर नमक छिड़कने की तरह था। यह सही है कि नेपाल जिस मानवीय त्रासदी और संकट से गुज़र रहा था, वह अभूतपूर्व और अत्यन्त गम्भीर थी। यह भी सही है कि वह एक छोटा और ग़रीब मुल्क है जिसके लिए अकेले इतनी बड़ी प्राकृतिक त्रासदी से निपटना सम्भव नहीं था।

लेकिन इसका मतलब यह नहीं है कि इस संकट में एक स्वतन्त्र और सम्प्रभु राष्ट्र के रूप में उसकी कोई गरिमा और प्रतिष्ठा नहीं है। सच यह है कि नेपाल की राजनीति और समाज के बारे में थोड़ा भी जानने वाले जानते हैं कि नेपाल अपनी आज़ादी, गरिमा और प्रतिष्ठा को लेकर अत्यधिक संवेदनशील, सतर्क और मुखर

देश है। हाल के वर्षों में अनेक ऐसी घटनाएँ हुई हैं जिनमें किसी भारतीय नेता या सेलिब्रिटी के विवादास्पद बयान के बाद नेपाल में सार्वजनिक विरोध और आन्दोलन हुए हैं। इन बयानों में नेताओं या सेलिब्रिटीज़ की जाने-अनजाने में नेपाल के प्रति अज्ञानता से लेकर 'बड़े भाई' वाला या नेपाली नागरिकों के लिए हिकारत की भावना का इज़हार था जिसे लेकर नेपाल में काफ़ी ग़ुस्सा दिखाई पड़ा।

लेकिन लगता है कि इन घटनाओं को रिपोर्ट करने वाले और नेपाल की इस संवेदनशीलता से वाक़िफ भारतीय न्यूज़ मीडिया और न्यूज़ चैनलों ने कोई सबक नहीं सीखा। नतीजा, भूकम्प कवर करने पहुँचे भारतीय न्यूज़ मीडिया और ख़ासकर न्यूज़ चैनलों के कवरेज के तौर-तरीक़ों और उसके कंटेंट को लेकर नेपाली लोगों ख़ासकर शहरी मध्यवर्ग के सब्र का बाँध टूट गया। नेपाली मीडिया और सिविल सोसायटी में भारतीय न्यूज़ चैनलों के कवरेज की आलोचना होने लगी और 4 मई आते-आते ट्विटर पर #GoHomeIndianMedia (भारतीय मीडिया वापस जाओ) हैशटैग ट्रेंड करने लगा। यह भारतीय न्यूज़ मीडिया के लिए किसी तमाचे से कम नहीं था।

लेकिन इसके लिए पाकिस्तान-आईएसआई, चीन या नेपाली माओवादी या कोई और नहीं बल्कि ख़ुद भारतीय मीडिया ख़ासकर न्यूज़ चैनल ज़िम्मेदार थे। उनके कवरेज के तौर-तरीक़ों और रिपोर्टों से ऐसा नहीं लगा कि भारतीय न्यूज़ मीडिया के बड़े हिस्से और उसके ज़्यादातर रिपोर्टरों/पत्रकारों को भूकम्प जैसी प्राकृतिक आपदा को कवर करने की कोई ट्रेनिंग या अनुभव है। कहने की ज़रूरत नहीं है कि प्राकृतिक आपदाओं को कवर करने के लिए न सिर्फ़ अतिरिक्त संवेदनशीलता, समझदारी, जानकारी और तैयारी की ज़रूरत होती है बल्कि उसके लिए विशेष प्रशिक्षण और अनुभव की भी ज़रूरत होती है।

इसकी वजह यह है कि प्राकृतिक आपदाएँ ख़ासकर नेपाल जैसे भयावह भूकम्प अपने साथ ऐसी मानवीय त्रासदी और संकट लेकर आते हैं जिसमें पीड़ित लोगों को राहत और बचाव के साथ सबसे अधिक ज़रूरत सूचनाओं की होती है। पीड़ित लोगों के साथ-साथ दूर बैठे लोगों की निगाहें और कान भी समाचार माध्यमों की तरफ़ लगे होते हैं। संकट और त्रासदी से प्रभावित लोगों के साथ दुनिया भर के ख़ासकर देशवासियों और पड़ोसियों की गहरी भावनाएँ जुड़ी होती हैं। आश्चर्य नहीं कि बड़ी प्राकृतिक आपदाओं के वक़्त न्यूज़ मीडिया ख़ासकर न्यूज़ चैनलों/रेडियो के दर्शकों/श्रोताओं और पाठकों की संख्या कई गुना बढ़ जाती है। लोग ताज़ा हालात के बारे में जानना चाहते हैं।

असल में, समाचार की सबसे ज़्यादा ज़रूरत संकट के समय ही होती है। इससे जहाँ एक ओर संकट में फँसे और प्रभावित लोगों को उससे निपटने और उसका सामना करने में आसानी होती है, वहीं दूसरी ओर, बाक़ी लोगों के लिए यह एक सबक और ख़ुद को ऐसे किसी भी संकट का सामना करने के लिए तैयार करना होता है। ज़ाहिर है कि ऐसे संकट और त्रासदी के समय न्यूज़ मीडिया की ज़िम्मेदारी बहुत ज़्यादा बढ़ जाती है क्योंकि उससे उसके दर्शकों-श्रोताओं-पाठकों की अपेक्षाएँ भी बहुत ज़्यादा बढ़ जाती हैं। इसीलिए प्राकृतिक आपदाओं को कवर करने के लिए न सिर्फ़ न्यूज़रूम में अतिरिक्त तैयारी की जाती है बल्कि रिपोर्टिंग के लिए भी अनुभवी रिपोर्टरों को भेजा जाता है।

ऐसी स्थिति में, निश्चय ही, रिपोर्टिंग आसान नहीं होती है। यही नहीं, रिपोर्टिंग करते हुए यह भी ध्यान रखना होता है कि रिपोर्टर की मौजूदगी से राहत और बचाव के कामों में कोई दिक्कत नहीं हो। दोहराने की ज़रूरत नहीं है कि ऐसी स्थिति में सबसे पहली प्राथमिकता राहत और बचाव होती है। दूसरी ओर, संकट और त्रासदी का सामना कर रहे लोगों के साथ अतिरिक्त संवेदनशीलता, समझदारी और मानवीय व्यवहार की अपेक्षा होती है। यह न्यूज़ मीडिया और उसके रिपोर्टरों की परिपक्वता, संवेदनशीलता, अनुभव, कौशल और कठिन परिस्थितियों में काम करने की क्षमता की भी परीक्षा होती है।

लेकिन अफ़सोस और चिन्ता की बात यह है कि भारतीय न्यूज़ मीडिया का बड़ा हिस्सा इस परीक्षा में फेल हो गया। यही नहीं, उसकी नाकामी न सिर्फ़ ख़ुद और सभी भारतीयों के लिए शर्म का विषय बन गयी बल्कि उसके कारण भारत के राहत-बचाव दलों के अच्छे काम पर भी पानी फिरने की स्थिति पैदा हो गयी। असल में, भारतीय न्यूज़ मीडिया ख़ासकर न्यूज़ चैनलों ने जिस तरह से नेपाल के भूकम्प को कवर किया, उससे ऐसा लग रहा था कि वे प्राकृतिक आपदा की विभीषिका और उसकी मानवीय त्रासदी को कवर करने नहीं बल्कि आपदा पर्यटन पर पहुँचे हैं। इस कवरेज में असंवेदनशीलता, नासमझी और अज्ञानता के साथ-साथ तैयारी और अनुभव की कमी साफ़ दिख रही थी।

इस कवरेज में संवेदनशीलता और समझदारी नहीं, सनसनी और शोर ज़्यादा था। इसमें ज़रूरी सूचनाएँ और जानकारियाँ कम और हवाबाज़ी ज़्यादा थी। ख़ासकर न्यूज़ चैनलों ने तो हद कर दी। भूकम्प के अगले दिन तक काठमांडू में भारतीय न्यूज़ चैनलों के रिपोर्टरों और कैमरामैनों की भीड़ जमा हो गयी। इसके साथ ही, उनके बीच ब्रेकिंग न्यूज़ से लेकर एक्सक्लूसिव की होड़ शुरू हो गयी। सबसे पहले ख़बर

देने और घटनास्थल से रिपोर्ट करने के दावों के बीच न्यूज़ चैनलों की होड़ जल्दी ही जानी-पहचानी टीआरपी दौड़ में पतित होने लगी।

इसके साथ ही कवरेज को ज़्यादा से ज़्यादा सनसनीखेज बनाने के लिए उसमें नाटकीयता के सभी तत्त्वों जैसे फ़िल्मी संगीत, सीसीटीवी के फुटेज, अनुप्रास अलंकार और विशेषणों से लैस शीर्षक और सुपर/एस्टन, डेस्क पर 'कल्पना-सृजनात्मकता' से सजी कापी और हाँफते-उत्तेजित रिपोर्टरों के पीटूसी का छौंक लगाने की होड़ शुरू हो गयी।

नेपाली मूल की लेखक सुनीता शाक्य के मुताबिक़, "भारतीय मीडिया और रिपोर्टर कुछ इस तरह से व्यवहार कर रहे थे, गोया वे किसी पारिवारिक धारावाहिक की शूटिंग कर रहे हों।" (http://ireport.cnn.com/docs/DOC-1238314) न्यूज़ चैनलों की रिपोर्टिंग से नाराज़ कई नेपाली और भारतीय आलोचकों के मुताबिक़, चैनलों के रिपोर्टर पीड़ित लोगों से बचकाना सवाल कर रहे थे और उसमें अत्यधिक असंवेदनशीलता थी। उनका व्यवहार ऐसा था जिससे लग रहा था कि उन्हें भूकम्प की विभीषिका और त्रासदी से दुखी, शोक और तकलीफ़ में डूबे लोगों से ज़्यादा 'एक्सक्लूसिव' रिपोर्टों, इंटरव्यूज़ और नाटकीय विजुअल्स की तलाश थी।

उसमें ड्रामा के एलिमेंट ज़्यादा थे और तथ्यों/सूचनाओं की भरपाई कृत्रिम भावुकता से की जा रही थी। (रोंजन बैनर्जी, http://scroll.in/article/725067/gohomeindianmedia-was-an-international-disaster-waiting-to-happen और http://www.firstpost.com/world/gohomeindianmedia-heres-why-nepalis-are-mad-as-hell-at-the-indian-press-2225958.html)

आरोप यह भी है कि चैनलों की अति-सक्रियता के कारण राहत-बचाव के कामों में भी बाधा पड़ रही थी। चैनलों और उनके रिपोर्टरों और कैमरामैनों की भीड़ राहत-बचाव के काम में लगे कर्मियों और उनके अधिकारियों को काम से हटाकर उनसे जिस तरह से इंटरव्यू कर रहे थे, उसकी वजह से निश्चित ही राहतकर्मियों का ध्यान भंग हो रहा था। राहत और बचाव के काम पर असर पड़ रहा था। दूसरे, कुछ चैनलों/अख़बारों की रिपोर्टिंग में एक बार फिर वैज्ञानिक तथ्यों के बजाय अतार्किक और अन्धविश्वास फैलानेवाले कथित चमत्कारों को प्रमुखता दी गयी। जैसे, ज़बरदस्त भूकम्प के बावजूद पशुपतिनाथ मन्दिर को कोई ख़ास नुक़सान नहीं पहुँचा। ये चैनल ऐसी ही रिपोर्टिंग उत्तराखण्ड के केदारनाथ बाढ़ और भू-स्खलन के दौरान कर चुके हैं।

लेकिन भारतीय न्यूज़ चैनलों के कवरेज में सबसे ज़्यादा नाराज़गी इस बात से थी कि उसमें चैनल राहत-बचाव के कामों की रिपोर्टिंग करते हुए भारतीय बचाव दलों और ख़ासकर भारतीय सेना और वायुसेना के साथ-साथ प्रधानमन्त्री नरेन्द्र मोदी की त्वरित पहल को कुछ इस तरह पेश करने लगे कि उसमें अपनी पीठ ख़ुद थपथपाने और ढिंढोरा पीटने जैसा लगने लगा। इस कवरेज में प्रचार और पीआर बहुत ज़्यादा और साफ़-साफ़ दिख रहा था। संकट और त्रासदी में किसी भी अच्छे पड़ोसी से सहायता की उम्मीद की जाती है लेकिन इस सहायता में हमेशा यह ध्यान रखना पड़ता है कि वह दिखे नहीं, उसका ढिंढोरा न पीटा जाये और जिसकी मदद क़ी जा रही है, उसके सम्मान और गरिमा को ठेस नहीं लगे।

लेकिन अफ़सोस यह कि भारतीय न्यूज़ मीडिया ख़ासकर चैनलों ने इस बुनियादी उसूल का ध्यान नहीं रखा। न्यूज़ मीडिया ख़ासकर चैनलों के एक बड़े हिस्से ने भूकम्प के बाद राहत-बचाव कार्यों की रिपोर्टिंग के नाम पर भारत के राहत-बचाव कार्यों का ऐसे प्रचार किया, जैसे वहाँ भारत के अलावा और राहत-बचाव टीमें नहीं थीं। इस रिपोर्टिंग का मुख्य स्वर यह था कि अगर भारत नहीं होता तो नेपाल में राहत-बचाव कार्य चलाने की क्षमता नहीं थी या भारत ने राहत-बचाव के लिए ख़ज़ाना खोल दिया है या कई न्यूज़ चैनलों ने भारतीय वायुसेना/सेना और प्रधानमन्त्री नरेन्द्र मोदी को ऐसे 'रैम्बो' रक्षक की तरह पेश किया जो अकेले ही सारे राहत-बचाव का नेतृत्व कर रहे हों।

साफ़ है कि यह तथ्यपूर्ण, वस्तुनिष्ठ और सन्तुलित रिपोर्टिंग के बजाय पीआर रिपोर्टिंग ज़्यादा थी। इसमें नेपाल के प्रति जाने-अनजाने एक पूर्वाग्रह और भारत के 'बड़े भाई' (बिग ब्रदर) रवैये को महसूस किया जा सकता था। चाहे-अनचाहे या अति-उत्साह में या फिर जानते-बूझते भारत के राहत-बचाव को बढ़ा-चढ़ाकर दिखाने और नेपाल के ख़ुद के राहत-बचाव कार्यों को अनदेखा करने और उसे उसके नाक़ाबिल बताने की प्रवृत्ति हावी थी। आरोप है कि भारतीय मीडिया का बड़ा हिस्सा भारत सरकार और सेना के साथ नत्थी (एम्बेडड) था जोकि राहत-बचाव दल के साथ वायुसेना के विमानों और हेलीकाप्टर से वहाँ पहुँचा था। यही नहीं, ये मीडिया टीमें सेना की राहत-बचाव टीमों के साथ-साथ चल रही थीं। पत्रकार/कैमरामैन सेना के हेलीकॉप्टर के साथ उड़ रहे थे और उसके गुण गा रहे थे।

यही नहीं, कुछ चैनलों ने इस त्रासदी और संकट के बीच विवाद के छिछले मुद्दे खोज निकाले। इन चैनलों ने पाकिस्तान पर आरोप लगाया कि उसने राहत

सामग्री में 'बीफ मसाला' भेजा है जो हिन्दू बहुल नेपाल की धार्मिक भावनाओं को चोट पहुँचाने वाला है। इन चैनलों ने इसे उछालने की कोशिश की लेकिन नेपाल सरकार और वहाँ की सिविल सोसायटी के ठण्डे रवैये के कारण सफल नहीं हो पाये। इसी तरह राहत-बचाव कार्यों में चीन की सक्रियता के कथित उद्देश्यों पर भी दबी-छुपी ज़ुबान में उँगली उठाने की कोशिश की गयी। यहाँ तक कि नेपाली राजनीतिक दलों ख़ासकर माओवादी नेताओं की कथित 'निष्क्रियता' को निशाना बनाया गया।

ज़ाहिर है कि स्वाभिमानी नेपाली लोगों को यह सब पसन्द नहीं आया। इसकी प्रतिक्रिया ट्विटर पर #GoHomeIndianMedia (गोहोमइंडियनमीडिया) और नेपाली समाचार माध्यमों में तीखी आलोचना के रूप में सामने आयी। अफ़सोस की बात यह है कि भारतीय न्यूज़ मीडिया ख़ासकर न्यूज़ चैनलों के एक बड़े हिस्से के इस ग़ैर-ज़िम्मेदार रवैये के कारण एक ओर जहाँ भारत के राहत-बचाव कार्यों के प्रति नेपाली जनता में आमतौर पर प्रशंसा भाव होने के बावजूद उसकी ख़ासी किरकिरी हो गयी। वहीं दूसरी ओर, भारतीय न्यूज़ मीडिया के एक हिस्से की बेहतर और साफ़-सुथरी रिपोर्टिंग पर भी पानी फिर गया। इससे भारतीय न्यूज़ मीडिया की नेपाल में ही नहीं, दुनिया भर में भद्द पिट गयी।

हालाँकि भारतीय न्यूज़ मीडिया के लिए किसी बड़ी प्राकृतिक आपदा को रिपोर्ट करने का यह पहला मौक़ा नहीं था। भारत छोटी-बड़ी प्राकृतिक आपदाओं से जूझता ही रहता है। यहाँ तक कि पिछले डेढ़-दो दशकों में भारत में कच्छ (गुजरात), लातूर (महाराष्ट्र) और टिहरी-गढ़वाल (उत्तराखण्ड) में बड़े भूकम्प आये। तमिलनाडु में सुनामी की यादें अब भी ताज़ा हैं। उड़ीसा-आन्ध्र प्रदेश में चक्रवात नयी बात नहीं है। इसके अलावा बाढ़, भू-स्खलन, सूखा और बादल फटने की आपदाएँ आम हैं। इसके बावजूद हैरानी की बात है कि भारतीय न्यूज़ मीडिया ख़ासकर न्यूज़ चैनलों में प्राकृतिक आपदाओं को रिपोर्ट करने की तमीज़ नहीं बनी है। उनमें वह तैयारी, विशेषज्ञता और संवेदनशीलता नहीं दिखाई पड़ती है जोकि इतने अनुभवों के बाद आ जानी चाहिए थी।

यही नहीं, ऐसा लगता है कि भारतीय न्यूज़ मीडिया ख़ासकर चैनलों ने प्राकृतिक आपदाओं को कवर करने के दौरान हुई अपनी पिछली ग़लतियों से भी कुछ नहीं सीखा है। ज़्यादा दूर जाने की ज़रूरत नहीं है। पिछले साल कश्मीर घाटी में आयी भारी बाढ़ की रिपोर्टिंग के दौरान भी न्यूज़ मीडिया ख़ासकर चैनलों ने ऐसी ही ग़लतियाँ की थीं। उस दौरान भी उन पर असंवेदनशील व्यवहार, कुछ ख़ास

क्षेत्रों पर ज़्यादा ज़ोर देने, सनसनीखेज और घबराहट पैदा करने वाली रिपोर्टिंग के अलावा राहत और बचाव के कामों में जाने-अनजाने बाधा डालने के अलावा सेना के बचाव-राहत कार्यों के अतिरेकपूर्ण कवरेज या पीआर करने का आरोप लगा था। कश्मीर घाटी में भी चैनलों की इस तरह की असन्तुलित और असंवेदनशील रिपोर्टिंग का खासा विरोध हुआ था।

इसके पहले उत्तराखण्ड की केदारनाथ घाटी में आयी भीषण बाढ़ के कवरेज के दौरान भी चैनलों ने 'एक्सक्लूसिव' के नाम पर ऐसा ही हड़बोंग मचाया था और सनसनीखेज रिपोर्टिंग की थी। लेकिन लगता नहीं कि इन हालिया अनुभवों से चैनलों ने कोई सबक सीखा। नेपाल में भी वे वही ग़लतियाँ दोहराते नज़र आये। उन्हें इसका ख़ामियाज़ा भी चुकाना पड़ा। नेपाल से उन्हें 'बड़े बेआबरू' होकर निकलना पड़ा। सवाल यह है कि भारतीय न्यूज़ मीडिया ख़ासकर न्यूज़ चैनल एक जैसी ही ग़लतियाँ क्यों दोहरा रहे हैं? क्या यह एक ग़लती भर है या एक पैटर्न बनता जा रहा है?

ये कोई मामूली और असावधानीवश हुई ग़लतियाँ नहीं हैं। इनमें एक निश्चित पैटर्न साफ़ देखा जा सकता है जिसका चैनलों के स्वामित्व के ढाँचे, उनके बिज़नेस मॉडल और न्यूज़रूम की आन्तरिक संरचना के साथ सीधा सम्बन्ध है। न्यूज़ मीडिया और ख़ासकर चैनलों के बिज़नेस मॉडल में सारा ज़ोर विज्ञापन राजस्व पर है। विज्ञापनदाता की नज़र चैनल के दर्शकों की संख्या और उनके प्रोफाइल पर होती है जिसका मापक टीआरपी है। दोहराने की ज़रूरत नहीं है कि चैनल टीआरपी के लिए कुछ भी करने को तैयार रहते हैं। यह किसी से छुपा नहीं है कि चैनलों को इस 'टैब्लायडीकरण' की ओर ले जाने में टीआरपी की सबसे प्रमुख भूमिका है।

टीआरपी के लिए चैनल अच्छी पत्रकारिता के उसूलों की क़ीमत पर सनसनी और नाटकीयता पर ज़ोर देने से लेकर दर्शकों के 'लोवेस्ट कमान डिनोमिनेटर' को छूने में भी संकोच नहीं करते हैं। इसके लिए वे प्राकृतिक आपदाओं को लेकर लोगों में बैठे डर और 'अज्ञात के भय' को भुनाने की कोशिश करते हैं। असल में, लोगों को संकट के समय में समाचारों की सबसे ज़्यादा ज़रूरत होती है। इन समाचारों के ज़रिये ही लोग 'अज्ञात के भय' से बेहतर तरीक़े से निपट पाते हैं। यही कारण है कि संकट जितना बड़ा होता है, समाचारों की माँग उतनी ही ज़्यादा होती है। प्राकृतिक आपदाएँ ख़ासकर भूकम्प वे परिघटनाएँ हैं जिनको लेकर लोगों में सबसे ज़्यादा उत्सुकता, घबराहट और डर का भाव होता है।

यही कारण है कि चैनल प्राकृतिक आपदाओं की कवरेज में इतनी दिलचस्पी लेते हैं। इसमें कोई बुराई या आपत्ति की बात नहीं है। लेकिन मुश्किल यह है कि

ज़्यादातर न्यूज़ मीडिया ख़ासकर न्यूज़ चैनल लोगों में प्राकृतिक आपदाओं को लेकर वैज्ञानिक चेतना, समझदारी, संवेदना, तैयारी और बचाव के प्रति शिक्षित करने के बजाय टीआरपी के लिए लोगों को डराने, चौंकाने, उनमें घबराहट और अन्धविश्वास फैलाने की कोशिश करते हैं। उन्हें लगता है कि इससे उनके दर्शक उनसे बँधे रहेंगे। हैरानी की बात नहीं है कि नेपाल में भूकम्प की कवरेज में भी डराने का भाव ज़्यादा था।

उदाहरण के लिए, नेपाल के भूकम्प के बहाने दिल्ली सहित देश के कई शहरों में बड़े भूकम्प से निपटने की तैयारियों का जायज़ा लेने और लोगों के साथ-साथ सरकार को सक्रिय करने का यह अच्छा मौक़ा था। लेकिन इस जायज़ा लेने के नाम पर दिल्ली सहित कई शहरों में होने वाली तबाही की आशंका को ऐसे पेश किया गया कि लोग उससे शिक्षित होने के बजाय डर और घबरा जायें। हालाँकि एनडीटीवी-इंडिया पर रवीश कुमार ने भूकम्प से निपटने की दिल्ली जैसे शहरों की तैयारियों और समस्याओं पर कुछ बहुत सूचनाप्रद और समझदारी बढ़ाने वाली चर्चाएँ और कार्यक्रम किये। लेकिन रवीश जैसे कुछ अपवादों को छोड़कर ज़्यादातर भारतीय न्यूज़ चैनलों ख़ासकर हिन्दी चैनलों ने जैसे अपनी भूलों से कोई सबक न सीखने की कसम खा रखी है।

इसका नतीजा हमारे सामने है। नेपाल में भारतीय न्यूज़ मीडिया ख़ासकर न्यूज़ चैनलों की जो किरकिरी हुई है, वह सिर्फ़ उनकी शर्मिन्दगी नहीं है बल्कि पूरे देश के लिए शर्म की बात है। समय आ गया है जब न्यूज़ मीडिया प्राकृतिक आपदाओं को कवर करने को लेकर गम्भीर और संवेदनशील रवैया अख़्तियार करे। इसके लिए न्यूज़ चैनलों के संगठन—न्यूज़ ब्रॉडकास्टर्स एसोसिएशन और उनके सम्पादकों के संगठन—ब्रॉडकास्ट एडिटर्स एसोसिएशन को पहल करके न सिर्फ़ प्राकृतिक आपदाओं को कवर करने का पूरा मैन्युअल और आचार संहिता तैयार करनी चाहिए बल्कि उसके लिए पत्रकारों को विशेष रूप से प्रशिक्षित भी करना चाहिए।

नेपाल में #GoHomeIndianMedia के शर्मनाक अनुभव के बाद भारतीय न्यूज़ मीडिया के पास यह एक मौक़ा है। हालाँकि उसके पास बहुत विकल्प नहीं हैं और उसके स्वामित्व के मौजूदा ढाँचे और बिज़नेस मॉडल के रहते उसमें बहुत सुधार की उम्मीद भी नहीं है। लेकिन उसके पास एक अवसर है जब वह कम-से-कम प्राकृतिक आपदाओं की रिपोर्टिंग में सुधार के लिए पहल कर सकता है। आख़िर इससे न जाने कितने लोगों का जीवन-मरण जुड़ा हुआ है।

***(जून, 2015)***

# सम्पर्क/पहुँच पत्रकारिता या पीआर पत्रकारिता?

## सम्पर्क/पहुँच पत्रकारिता की खातिर जवाबदेही पत्रकारिता हाशिये पर ढकेल दी गयी है

राजधानी दिल्ली की न्यूज़ मीडिया में इन दिनों एक शिकायत कभी दबे और कभी खुले तौर पर सुनाई दे रही है कि प्रधानमन्त्री नरेन्द्र मोदी के नेतृत्व में बनी राष्ट्रीय जनतान्त्रिक गठबन्धन (एनडीए) सरकार पत्रकारों से दूरी बना कर चल रही है। इस शिकायत के मुताबिक़, इस सरकार में सूचना के महत्त्वपूर्ण स्रोतों जैसे मन्त्रियों/वरिष्ठ अधिकारियों/मन्त्रालयों तक पत्रकारों की पहुँच (एक्सेस) और सम्पर्क बहुत सीमित और कुछ मामलों में प्रतिबन्धित तक हो गये हैं। मन्त्री और उच्च अधिकारी पत्रकारों से मिलने में परहेज़ करते हैं, पत्रकारों की मन्त्रालयों में पहुँच सीमित हो गयी है और मन्त्री और अधिकारी पत्रकारों को 'आन या ऑफ़ रिकॉर्ड' सूचनाएँ/जानकारियाँ देने के लिए तैयार नहीं हैं।

मीडिया रिपोर्टों के मुताबिक़, पत्रकारों की पहुँच को सीमित और नियन्त्रित करने के लिए कई मन्त्रालयों में सीसीटीवी कैमरा लगाने से लेकर वरिष्ठ अधिकारियों और मन्त्रियों को पत्रकारों से बात न करने की हिदायत दी गयी बताते हैं। इस कारण मन्त्रालयों और उनके नीति निर्माताओं में पत्रकारों से मिलने, बात करने और 'ख़बरें' देने को लेकर एक अघोषित भय का माहौल है। यहाँ तक कि ख़ुद प्रधानमन्त्री पत्रकारों/सम्पादकों से दूरी बरत रहे हैं। पत्रकारों/सम्पादकों के एक हिस्से को इस बात से भी नाराज़गी है कि प्रधानमन्त्री मोदी अपने विदेशी दौरों में पत्रकारों/सम्पादकों के दल को लेकर नहीं गये। इस तरह सरकार के इर्द-गिर्द एक 'लौह दीवार' (आयरन कर्टेन) खड़ा करने के आरोप लगाये जा रहे हैं।

नतीजा, पत्रकारों की पहुँच पर घोषित-अघोषित पाबन्दियों के कारण न्यूज़ मीडिया में ऐसी ख़बरों का लगभग टोटा सा पड़ गया है जिसमें सरकार के अन्दर

विभिन्न मुद्दों पर चल रही चर्चाओं, नीति-निर्माताओं की सोच और रुख, कामकाज के तौर-तरीक़ों, नीतिगत से लेकर रुटीन फ़ैसलों की प्रक्रियाओं में आनेवाली रुकावटों, खींचतान और दबावों, आन्तरिक राजनीतिक हलचलों, सत्ता संघर्ष जैसी ख़बरें हुआ करती थीं।

कहने की ज़रूरत है कि इनमें से ज़्यादातर ख़बरें सरकार के अन्दर से 'लीक' या 'प्लांट' की जाती थीं जो अक्सर आपसी महत्त्वाकांक्षाओं या हितों या नीतिगत मतभेदों और टकरावों के कारण पत्रकारों को दी जाती थीं। कई बार सरकार के अन्दर एक-दूसरे के ख़िलाफ़ हिसाब-किताब बराबर करने, कई बार लोगों की प्रतिक्रिया जानने और अनेक बार छवि चमकाने के लिए पीआर ख़बरें भी 'प्लांट' की जाती रही हैं।

लेकिन नयी सरकार के आने के बाद से पत्रकारों की सीमित और बाधित पहुँच के कारण ऐसी ख़बरें कम हुई हैं। ऐसा नहीं है कि सरकार न्यूज़ मीडिया को सूचनाएँ नहीं दे रही है। तथ्य यह है कि एनडीए सरकार और उसके मन्त्री और ख़ुद प्रधानमन्त्री तक आधिकारिक तौर पर ख़ूब सूचनाएँ दे रहे हैं। प्रेस इन्फार्मेशन ब्यूरो (पी.आई.बी) के ज़रिये विभिन्न मन्त्रालयों से हर दिन दर्जन भर से ज़्यादा आधिकारिक विज्ञप्तियाँ जारी होती हैं। ख़ुद प्रधानमन्त्री से लेकर अधिकांश मन्त्री और उनके मन्त्रालय सोशल मीडिया—ट्विटर और फ़ेसबुक के ज़रिये सूचनाएँ देते रहते हैं। लेकिन ये वे सूचनाएँ हैं जो सरकार लोगों तक पहुँचाना चाहती है और जिसमें समाचार से ज्यादा प्रचार होता है।

इसके साथ ही, यह सूचना देने के तरीक़े में एक बुनियादी बदलाव की ओर भी संकेत है। वह यह कि सरकार से लोगों तक पहुँचने वाली सूचनाओं के प्रवाह में जहाँ पहले पत्रकार सबसे प्रमुख और कई मामलों में एकमात्र माध्यम (मेडिएटर) थे, वहाँ अब सरकार सोशल मीडिया और अपने जन-सम्पर्क संसाधनों का इस्तेमाल प्रमुख माध्यम के रूप में कर रही है। न्यूज़ मीडिया यानी पत्रकारों को सीधे सूचनाएँ नहीं मिल रही हैं या 'सेनिटाइज्ड' सूचनाएँ मिल रही हैं। पत्रकार एक तरह से द्वितीयक (सेकेंडरी) माध्यम बनकर रह गये हैं। मीडिया रिपोर्टों के मुताबिक़, एनडीए सरकार पत्रकारों से इसलिए दूरी बनाकर चल रही है क्योंकि वह स्टिंग ऑपरेशन से लेकर सूचनाओं के 'लीक' होने से होने वाली राजनीतिक फज़ीहत और बदनामी से बचना चाहती है।

इसका परिणाम यह हो रहा है कि सरकार और उसके मन्त्रियों, उनके कामकाज आदि को लेकर राजनीतिक और मीडिया हलकों में अफ़वाहें ख़ूब चल

रही हैं। हालत यह हो गयी कि कुछ अख़बारों ने इनमें से कुछ अफ़वाहों को 'राजनीतिक गपशप' और कुछ को बाकायदा ख़बरों की तरह छापना शुरू कर दिया है। अपने बारे में चल रही ऐसी ही एक 'अफ़वाहनुमा ख़बर' का खण्डन करने के लिए ख़ुद गृहमन्त्री राजनाथ सिंह और उनके साथ प्रधानमन्त्री को आगे आना पड़ा। इसका दूसरा नतीजा यह हुआ है कि आम लोगों को सरकार के अन्दर चल रही हलचलों और विभिन्न मुद्दों पर उसकी सोच और कामकाज की बहुत कम जानकारी मिल पा रही है।

हालाँकि एनडीए सरकार सरकारी कामकाज में ज़्यादा पारदर्शिता और जवाबदेही का वायदा करके सत्ता में आयी थी। लेकिन न्यूज़ मीडिया या पत्रकारों की सूचनाओं के प्रमुख स्रोतों तक पहुँच को बाधित या नियन्त्रित करके इसके उल्टा कर रही है। एक जीवन्त और गतिशील लोकतन्त्र में सूचनाओं का स्वतन्त्र और निर्बाध प्रवाह ज़रूरी है। 'क्रिटिकल' सूचनाएँ लोकतन्त्र की जीवनरेखा होती हैं। इसके बिना सरकारों को मनमानी करने से रोकना या उसकी गड़बड़ियों पर अंकुश लगाना या उसके कई नीति निर्णयों की सार्वजनिक पड़ताल और जवाबदेही तय करना मुश्किल हो जायेगा क्योंकि सरकार केवल पीआर और 'सैनिटाइज्ड' सूचनाएँ ही लोगों तक पहुँचने देने चाहती है।

लेकिन न्यूज़ मीडिया की सूचनाओं के प्रमुख स्रोतों तक पहुँच को बाधित, नियन्त्रित या प्रबन्धित (मैनेज) करने से ऐसी क्रिटिकल सूचनाओं का लोगों तक पहुँच पाना मुश्किल होने लगता है। यह एक तरह से आम लोगों के जानने के अधिकार की लोकतान्त्रिक भावना के भी प्रतिकूल है। इसका तीसरा परिणाम यह हो रहा है कि सरकार के अन्दर से 'वास्तविक ख़बरों' के सामने न आने के कारण सरकार की जवाबदेही तय करना भी सम्भव नहीं है।

लार्ड नार्थक्लिफ ने समाचार की परिभाषा देते हुए एक बहुत दिलचस्प बात कही थी कि, 'समाचार वह है जिसे कहीं कोई दबाने या छुपाने की कोशिश कर रहा है, बाक़ी सब विज्ञापन/प्रचार है।' जाने-माने सम्पादक और प्रसारक एस.पी. सिंह भी कहा करते थे कि जिस भी ख़बर के आख़िर में 'गा-गे-गी' लगा हो, वह समाचार नहीं, प्रचार है।

लेकिन सूचना के प्रमुख स्रोतों तक पत्रकारों की पहुँच सीमित या बाधित होने के कारण न्यूज़ मीडिया में इन दिनों वास्तविक ख़बरें कम और प्रचार ज़्यादा दिख रहा है। यही नहीं, सत्ता के प्रमुख स्रोतों तक पत्रकारों की पहुँच सीमित और बाधित होने के कारण वे मन्त्रियों/अधिकारियों से उपलब्ध जानकारियों की पुष्टि भी नहीं

कर पा रहे हैं। उनसे प्रमुख घटनाओं/मुद्दों/नीतियों/फ़ैसलों पर उनकी राय नहीं जान पा रहे हैं। उनसे सार्वजनिक महत्त्व के विभिन्न मुद्दों पर सवाल-जवाब नहीं कर पा रहे हैं जबकि न्यूज़ मीडिया की यह प्रमुख भूमिका है कि वह सत्ता के स्वतन्त्र निगरानीकर्ता (मानिटर) के बतौर उसके कामकाज, नीतियों, कार्यक्रमों और फ़ैसलों की पड़ताल करे, उन पर सवाल उठाये और जवाबदेही तय करे।

लेकिन न्यूज़ मीडिया में उठ रहे इन सवालों और चिन्ताओं से सहमत होते हुए भी बड़ा सवाल यह है कि क्या एनडीए सरकार के पहले न्यूज़ मीडिया- चैनल और अख़बार अपनी स्वतन्त्र निगरानीकर्ता की भूमिका निभाते हुए सत्ता के गलियारों से वास्तविक ख़बरें लोगों तक पहुँचा रहे थे? क्या वे सरकार में बैठे मन्त्रियों/अफ़सरों से उनके कामकाज के बारे में सवाल-जवाब कर रहे थे? क्या वे प्रभावशाली और ताक़तवर लोगों की जवाबदेही तय करने की कोशिश कर रहे थे? जब न्यूज़ मीडिया या पत्रकारों की सत्ता के शीर्ष पदों पर बैठे मन्त्रियों/अफ़सरों तक सीधी पहुँच थी और वे प्रधानमन्त्री के साथ विदेशी दौरों पर जाया करते थे तो उस दौरान क्या ख़बरें प्रचार कम और समाचार ज़्यादा होती थीं?

अफ़सोस के साथ कहना पड़ता है कि जब पत्रकारों की सत्ता के गलियारों में अच्छी-ख़ासी पहुँच थी तो उस दौरान भी स्थिति कोई ज़्यादा अच्छी नहीं थी। ख़बरों से ज़्यादा पी.आर. का ही बोलबाला था। कारण यह कि पत्रकारों का एक बड़ा हिस्सा सत्ता के शीर्ष पर बैठे मन्त्रियों/अफ़सरों पर कुछ ज़्यादा ही आश्रित हो गया था। उनसे मिलनेवाली ख़बरों और कई बार सत्ता-सुख के लिए वे सत्ता के गलियारों की ज़्यादा ही गणेश परिक्रमा करने लगे थे। पत्रकार वास्तविक और तीखी ख़बरें लिखने से डरते थे क्योंकि उससे उन्हें सम्बन्धित मन्त्री/अफ़सर के नाराज़ होने और पहुँच के ख़त्म होने का डर सताता था। एनडीटीवी के वरिष्ठ एंकर और पत्रकार रवीश कुमार इसे 'लुटियन पत्रकारिता' कहते हैं जिसका आशय पत्रकारों के लुटियन दिल्ली के सत्ता प्रतिष्ठानों पर अति निर्भरता और उससे आगे न देखने की प्रवृत्ति से है।

नतीजा यह कि सम्पर्क/पहुँच पत्रकारिता (एक्सेस जर्नलिज़्म) सत्ता और सरकार के अन्दर की ख़बरों के नाम पर 'प्लांट' की हुई ख़बरें ज़्यादा दे रहा था जिसमें पीआर ख़बरों से लेकर मन्त्रियों/अफ़सरों के हितों को आगे बढ़ाने वाली, एक मन्त्री/नेता की दूसरे मन्त्री/नेता के ख़िलाफ़ हिसाब-किताब बराबर करने वाली और लोगों की प्रतिक्रिया जानने के लिए लिखी गयीं ख़बरें शामिल थीं।

सच यह है कि उस दौरान पत्रकार/सम्पादक सत्ता के कुछ ज़्यादा ही नज़दीक पहुँच गये थे। इस पहुँच या नज़दीकी को बनाये रखने के लिए वे आमतौर पर स्व-सेंसरशिप और वास्तविक ख़बरों की बलि तक चढ़ाने लगे थे। कुछ पत्रकार इतना नज़दीक पहुँच गये कि वे 'स्टाकहोम सिंड्रोम' के शिकार हो गये थे जिसमें वे भी उन मन्त्रियों/नेताओं/अफ़सरों की तरह सोचने लगे थे जिनके वे नज़दीकी थे और उनके प्रवक्ता की तरह व्यवहार करने लगे थे।

यही नहीं, यह सम्पर्क या पहुँच पत्रकारिता (एक्सेस जर्नलिज़्म) यहाँ तक पहुँच गयी कि कई पत्रकार/सम्पादक नेताओं/पार्टियों के बीच समझौते कराने से लेकर उनके लिए लाबीइंग तक करने लगे थे। इस पहुँच की क़ीमत में उनसे निर्देश लेकर ख़बरें और सम्पादकीय/स्तम्भ लिखने लगे थे। नीरा राडिया प्रकरण इस सम्पर्क पत्रकारिता के पतन का प्रमाण है जिसमें कई वरिष्ठ पत्रकार/सम्पादक रिलायंस और टाटा जैसे दो बड़े समूहों के लिए कॉर्पोरेट पीआर और लाबीइंग करने वाली नीरा राडिया से निर्देश लेते पाये गये थे। ज़ाहिर है कि वे अपनी पहुँच का इस्तेमाल वास्तविक ख़बरों को सामने लाने के लिए नहीं बल्कि 'ख़बरों को तोड़ने-मरोड़ने और उन्हें मैनेज' करने के लिए कर रहे थे या फिर स्वेच्छा से इस्तेमाल हो रहे थे।

ऐसा नहीं है कि सम्पर्क पत्रकारिता के ज़रिये महत्त्वपूर्ण ख़बरें बिल्कुल नहीं आ रही थीं। कभी-कभार ऐसी ख़बरें आ जाती थीं लेकिन वे अपवाद की तरह ज़्यादा आती थीं, नियम की तरह नहीं। कुल मिलाकर, सम्पर्क पत्रकारिता पीआर पत्रकारिता में बदल गयी थी। कई मामलों में यह एक तरह से 'सुस्त और लापरवाह' पत्रकारिता (लेजी जर्नलिज़्म) का भी नमूना था जिसमें पत्रकार लुटियन दिल्ली के सत्ता के गलियारों से बाहर देखने और ख़बरों के स्रोतों को बढ़ाने और ख़बरों की पूरी छानबीन और जाँच-पड़ताल करने की ज़रूरी मेहनत करने को भी तैयार नहीं थे।

कहने की ज़रूरत नहीं है कि इसका फ़ायदा सत्ता प्रतिष्ठान में बैठे ताक़तवर और प्रभावशाली लोगों और हित समूहों ने उठाया और न्यूज़ मीडिया के पाठक, दर्शक और श्रोता वास्तविक ख़बरों से वंचित रहे।

लेकिन यह समस्या कहीं ज़्यादा गहरी है। सम्पर्क पत्रकारिता को दलाली (लायजनिंग) तक पहुँचाने में अख़बारों के मालिकों और प्रबन्धन की बड़ी भूमिका रही है। असल में, न्यूज़ मीडिया के स्वामित्व के मौजूदा ढाँचे और उसके बढ़ते कॉर्पोरेटीकरण की प्रक्रिया में सम्पर्क पत्रकारिता को जन-सम्पर्क (पीआर) पत्रकारिता ही बनना था। अख़बारों और चैनलों के मालिकों और प्रबन्धन ने सम्पादकीय

और प्रबन्धन/विज्ञापन/राजस्व के बीच की विभाजन रेखा को बहुत पहले ही ख़त्म कर दिया था।

इस विभाजन को ख़त्म करते हुए अख़बारों और चैनलों के मालिकों/प्रबन्धन ने पत्रकारों/सम्पादकों से अपने और समाचार माध्यम के रसूख का इस्तेमाल करके अख़बार/चैनल के लिए विज्ञापन से लेकर दूसरे स्रोतों से राजस्व लाने की अपेक्षा करने के साथ-साथ उनसे अपने अन्य धन्धों और कारोबारों के लिए लाइसेंस/कोटा/परमिट की व्यवस्था से लेकर ज़मीन कब्ज़ाने और उन्हें राजनीतिक-प्रशासनिक संरक्षण दिलाने में लायजनिंग करवाना शुरू कर दिया था।

एक दौर ऐसा आया कि सम्पादक से लेकर नेशनल ब्यूरो में संवाददाता के चुनाव तक में उसका सबसे बड़ा गुण सत्ता प्रतिष्ठान में उसकी ऊपर तक पहुँच और सम्पर्क बन गये। ख़ासकर उन अख़बारों/चैनलों में जिनके और भी धन्धे/कारोबार थे या जो और भी धन्धों/कारोबारों में घुसना चाहते थे। ऐसे अख़बारों/चैनलों ने उन सम्पादकों और रिपोर्टरों को आगे बढ़ाया जो उनके धन्धों/कारोबारों को आगे बढ़ाने और फैलाने में मन्त्रियों/नेताओं/अफ़सरों से लायजनिंग करने में माहिर थे। ज़ाहिर है कि लायजनिंग में लगे अख़बार/चैनलों और उनके सम्पादक/रिपोर्टरों के लिए सत्ता प्रतिष्ठान के बारे में वास्तविक और क्रिटिकल ख़बरें करना सम्भव नहीं था। यहाँ तो लेनदेन के तहत पीआर ख़बरें ही हो सकती थीं।

हैरानी की बात नहीं है कि इस प्रक्रिया में राजधानी दिल्ली से लेकर राज्यों की राजधानियों तक और फिर कमिश्नरी-ज़िले तक सम्पर्क पत्रकारिता का एकमात्र अर्थ लायजनिंग और पीआर पत्रकारिता हो गया। उदाहरण के लिए, अधिकांश राज्यों में स्थानीय अख़बार/चैनल राज्य सरकारों ख़ासकर मुख्यमन्त्रियों के भोंपू बन गये हैं और पत्रकारिता का अर्थ लायजनिंग और पीआर हो गया है।

ऐसा नहीं है कि इसके अपवाद नहीं हैं लेकिन वे अपवाद भर हैं। पत्रकारिता की मुख्यधारा में सम्पर्क पत्रकारिता अपने मीडिया मालिकों के लिए लायजनिंग करती हुई जहाँ पहुँच गयी है, वहाँ राजनेताओं और अफ़सरों से उसकी अत्यधिक नज़दीकी जनहित के प्रतिकूल हो गयी है। असल में, अख़बारों/न्यूज़ चैनलों से यह अपेक्षा की जाती है कि वे जनहित में सत्ता प्रतिष्ठान की अन्दर और बाहर से पूरी खोज-ख़बर लेंगे, उसके कामकाज के बारे में क्रिटिकल ख़बरें देंगे और उसकी जवाबदेही तय करेंगे।

इस कारण पत्रकारिता में सम्पर्क पत्रकारिता (एक्सेस जर्नलिज़्म) और जवाबदेही पत्रकारिता (एकाउंटिबिलिटी जर्नलिज़्म) दोनों तरह की पत्रकारिता के

लिए जगह है। लेकिन सम्पर्क पत्रकारिता का मूल उद्देश्य भी जनहित में सत्ता प्रतिष्ठान की जवाबदेही तय करना होना चाहिए। इस अर्थ में, सम्पर्क पत्रकारिता को जवाबदेही पत्रकारिता के मातहत होना चाहिए। लेकिन भारत में पिछले कुछ दशकों में सम्पर्क पत्रकारिता हावी होती चली गयी है, उसका स्वरूप बदलकर लायजनिंग/पीआर पत्रकारिता होता चला गया है और नतीजे में, जवाबदेही पत्रकारिता हाशिये पर ढकेल दी गयी है।

हालाँकि यह केवल भारत तक सीमित परिघटना नहीं है। दुनिया के कई और विकसित देशों में सम्पर्क पत्रकारिता के नाम पर पत्रकारों/सम्पादकों/मीडिया संस्थानों के सत्ता प्रतिष्ठान और नेताओं/मन्त्रियों/अफ़सरों के बहुत क़रीब पहुँच जाने के आरोप लगते रहे हैं। ब्रिटेन में फ़ोन हैकिंग के बाद प्रेस की भूमिका की जाँच के लिए गठित जस्टिस लेवेसन आयोग की रिपोर्ट में यह कहा गया है कि प्रेस राजनेताओं के ज़रूरत से ज़्यादा क़रीब पहुँच गया है जिसका जनहित पर प्रतिकूल असर पड़ रहा है। इसी तरह अमेरिका और कई अन्य देशों में भी यह शिकायत बढ़ रही है। इससे न्यूज़ मीडिया की साख और विश्वसनीयता को चोट पहुँची है।

लेकिन यह अनायास नहीं हो रहा है। असल में, सम्पर्क पत्रकारिता के पीआर पत्रकारिता में तब्दील होने की बुनियादी वैचारिक-संरचनागत वजह उदार पूँजीवादी लोकतन्त्र में न्यूज़ मीडिया की वह अवस्थिति है जिसमें उससे उस व्यवस्था को सुचारु रूप से चलाने के लिए उसके पक्ष में वैचारिक-राजनीतिक 'सहमति के निर्माण' की अपेक्षा की जाती है।

नोम चोमस्की और एडवर्ड हरमन का न्यूज़ मीडिया का प्रोपेगंडा मॉडल आम लोगों तक सूचनाएँ पहुँचने से पहले उनके जिन फ़िल्टरों से पास करने की अनिवार्यता की बात करता है, उनमें ख़बरों का स्रोत भी एक प्रमुख फ़िल्टर है। इसके तहत ख़बरों के लिए उन स्रोतों को प्रमुखता दी जाती है जो आधिकारिक और ताक़तवर पदों पर बैठे हैं। वहीं ख़बरें बनाते हैं। वही ख़बरों की पुष्टि करते हैं। किसी भी ख़बर में उनकी प्रत्यक्ष या अप्रत्यक्ष भागीदारी ज़रूरी है। उनके बिना ख़बर बनने की सम्भावना बहुत कम हो जाती है।

ऐसा लगता है कि सम्पर्क पत्रकारिता की धारा इसी फ़िल्टर की उपज है। इसलिए हैरानी की बात नहीं है कि सम्पर्क पत्रकारिता, पत्रकारिता की मुख्यधारा बन गयी और अन्ततः लायजनिंग/पीआर पत्रकारिता में स्खलित होती जा रही है। लेकिन इस परिघटना के बुनियादी कारणों को समझे बिना कई मीडिया विश्लेषकों और सम्पादकों को मोदी सरकार के पत्रकारों की पहुँच को सीमित या बाधित करने

के प्रयासों में एक उम्मीद की भी किरण दिख रही है। उन्हें लगता है कि इससे राजनेताओं के कुछ ज़्यादा ही क़रीब पहुँच गयी पत्रकारिता में बदलाव आयेगा, पत्रकार लुटियन दिल्ली से बाहर के स्रोतों की ओर भी देखेंगे, सुस्त पत्रकारिता की बजाय फील्ड पत्रकारिता को बढ़ावा मिलेगा और जवाबदेही की पत्रकारिता के दिन फिरेंगे।

लेकिन न्यूज़ मीडिया के मौजूदा स्वामित्व के ढाँचे और उसकी वैचारिक-संरचनागत अवस्थिति में क्या यह सचमुच सम्भव है?

## सन्दर्भ


1. http://www.business-standard.com/article/economy-policy/powermin-puts-media-under-lens-entry-meetings-restricted-114091200010_1.html
2. Starkman, Dean (2014). The great story. CJR. http://www.cjr.org/feature/the_great_story.php?page=all
3. Panneerselvan, AS (2014). Access and accountability, Hindu. http://www.thehindu.com/opinion/Readers-Editor/access-and-accountability/article6388735.ece
4. Vij, Shivam (2014). Why Modi's denial of access to journalists is good news for journalism, Scroll.in http://scroll.in/article/669472/Why-Modi%2527s-denial-of-access-to-journalists-is-good-news-for-journalism/

# लादेन की मौत पर बावले होते चैनल

### अमेरिकी भोंपू बनते भारतीय समाचार मीडिया को ख़बरों की विश्वसनीयता की परवाह नहीं रह गयी है

एक अमेरिकी कमाण्डो ऑपरेशन में मारे जाने के एक पखवाड़े बाद भी अल कायदा के मुखिया ओसामा बिन लादेन से जुड़ी ख़बरें देशी-विदेशी समाचार मीडिया की सुर्ख़ियों में बनी हुई हैं। उस कमाण्डो ऑपरेशन, बिन लादेन और पाकिस्तानी शहर एबटाबाद में उसके छुपने के ठिकाने, उसकी जीवन-शैली और उसके ख़तरनाक मंसूबों के बारे में हर दिन कुछ नयी, सनसनीखेज और चटपटी ख़बरें (या कहानियाँ) अख़बारों में छप और न्यूज़ चैनलों पर दिखाई जा रही हैं। इन 'ख़बरों' को छापने और दिखाने को लेकर देशी अख़बारों और न्यूज़ चैनलों में भी होड़ लगी हुई है। ख़ासकर ओसामा के 'सीक्रेट्स' और उसे छुपाकर रखने में पाकिस्तान की भूमिका का पर्दाफ़ाश करने को लेकर अपने अख़बारों और न्यूज़ चैनलों का उत्साह देखने लायक है।

आश्चर्य नहीं कि न्यूज़ चैनलों ख़ासकर हिन्दी चैनलों पर तो जैसे ओसामा पुराण शुरू हो गया है। कोई भी न्यूज़ चैनल पीछे नहीं रहना चाहता है। नतीजा, बिना नागा हर दिन ओसामा के बारे में कुछ सच्ची-कुछ झूठी, कुछ कच्ची-पक्की, कुछ सुनी-सुनाई ख़बरें और आधे घण्टे के विशेष कार्यक्रम धड़ल्ले से चल रहे हैं। वैसे भी अपने न्यूज़ चैनलों का ख़बरें/कहानियाँ गढ़ने में कोई सानी नहीं है। ख़बरों को फ़ैलाने और तानने की कला में उनका कोई जवाब नहीं है। इसका ताज़ा प्रमाण यह है कि लादेन की भले ही मौत हो चुकी हो लेकिन चैनलों पर वह अब भी अपनी सनसनीखेज कहानियों के साथ ज़िन्दा है। लगता नहीं कि न्यूज़ चैनल उसे जल्दी मरने देंगे।

लेकिन न्यूज़ चैनलों से ज़्यादा अमेरिका और राष्ट्रपति ओबामा नहीं चाहते हैं कि लादेन की कहानी जल्दी समाप्त हो जाये। उन्हें इस कहानी को अगले राष्ट्रपति चुनावों तक ज़िन्दा रखना है। यही कारण है कि घरेलू और अन्तर्राष्ट्रीय मीडिया को लादेन के बारे में विभिन्न अमेरिकी स्रोतों से खुदरा भाव से ख़बरों/कहानियों की सप्लाई हो रही है। नतीजा यह कि अमेरिकी मीडिया ऑपरेशन ओसामा को इतनी कवरेज दे रहा है कि पिछले चार साल के सारे रिकॉर्ड टूट गये हैं। प्यू रिसर्च सेंटर की एक रिपोर्ट के मुताबिक़, जनवरी'2007 से जब से सेंटर ने अमेरिकी मीडिया में ख़बरों की साप्ताहिक मानिटरिंग शुरू की है, इतनी ज़्यादा कवरेज किसी भी मुद्दे को नहीं मिली है।

यह सही है कि ओसामा बिन लादेन का मारा जाना एक बड़ी ख़बर है लेकिन वह इतनी भी बड़ी ख़बर नहीं है कि उसे इतने दिनों तक और इतनी ज़्यादा कवरेज दी जाये। सच यह है कि राजनीतिक और रणनीतिक दृष्टि से लादेन न सिर्फ़ बहुत कमज़ोर और अप्रासंगिक हो चुका था बल्कि अल कायदा के संचालन में भी उसकी भूमिका बहुत सीमित रह गयी थी। यही नहीं, अरब जगत में लोकतान्त्रिक उभार ने लादेन और अल कायदा को और अधिक अप्रासंगिक बना दिया था। अलबत्ता, उनके अप्रासंगिक होने से सबसे ज़्यादा परेशानी ख़ुद अमेरिका को थी क्योंकि अमेरिकी सत्ता प्रतिष्ठान उनके डर के ज़रिये ही अपनी जनता को क़ाबू में रखता रहा है।

इसलिए लादेन के मरने के बाद भी ओबामा प्रशासन उसका और अल कायदा का डर ज़िन्दा रखेगा। इसलिए हैरानी नहीं होगी, अगर ऑपरेशन में मारे गये लादेन की तस्वीरें जारी करने से इनकार कर रहा अमेरिकी सत्ता प्रतिष्ठान अगले कुछ महीनों में किसी बड़े अमेरिकी अख़बार/ चैनल को वे तस्वीरें लीक कर दे। आख़िर अमेरिकी 'पराक्रम' की इस कहानी को अगले कई महीनों तक ज़िन्दा रखना राष्ट्रपति ओबामा की राजनीतिक ज़रूरत है। लेकिन इसके साथ ही, अल कायदा का डर बनाये रखकर ही 'पराक्रमी राष्ट्रपति' अपने लिए दोबारा वोट माँग पायेंगे। इसके लिए ज़रूरी है कि न सिर्फ़ लादेन प्रकरण ज़िन्दा रहे बल्कि अल कायदा के पुनर्संगठित होने और उसके नये नेतृत्व और उनकी आतंकी योजनाओं की सच्ची-झूठी कहानियाँ मीडिया के ज़रिये लोगों तक पहुँचती रहें।

यही कारण है कि लादेन के मारे जाने और अल कायदा के ज़िन्दा होने की कहानी को एक टीवी धारावाहिक की तरह परोसा जा रहा है। राष्ट्रपति ओबामा की

पीआर मशीनरी जानती है कि ओसामा के मारे जाने लेकिन अल कायदा के डर को बनाये रखने के लिए ख़बरें/कहानियाँ कैसे गढ़नी और कब, कैसे और कहाँ लीक और प्लांट करनी हैं। उसे यह भी अच्छी तरह से पता है कि ऐसी सनसनीखेज ख़बरों/कहानियों के लिए घरेलू और अन्तर्राष्ट्रीय मीडिया में कितनी ज़बरदस्त भूख है। उनके बीच ऐसी 'एक्सक्लूसिव' ख़बरों के लिए होड़ रहती है जिसका फ़ायदा सरकारी पीआर मशीनरी उठाती रही हैं।

ऑपरेशन लादेन भी इस प्रवृत्ति का अपवाद नहीं है। नतीजा सबके सामने है। लादेन के मारे जाने के बाद से अमेरिकी मीडिया और अन्तर्राष्ट्रीय मीडिया में ऐसी ख़बरों/कहानियों की बाढ़ सी आयी हुई है। भारतीय समाचार मीडिया भी इस होड़ में पीछे नहीं है जहाँ अमेरिकी मीडिया और अमेरिकी स्रोतों से आ रहे जूठन को छापने और दिखाने में पीछे नहीं रहना चाहता है। आश्चर्य नहीं कि इनमें से अधिकांश 'ख़बरें' अमेरिका और अमेरिकी स्रोतों से आ रही हैं। कुछ ख़बरें पाकिस्तान और मध्य पूर्व के देशों से भी आ रही हैं। लेकिन ज़्यादातर ख़बरों या कहानियों की आपूर्ति अमेरिकी स्रोतों से ही हो रही है। इन स्रोतों में अमेरिकी मीडिया भी शामिल है।

लेकिन अमेरिकी मीडिया का भी मूल स्रोत अमेरिकी सत्ता प्रतिष्ठान के मुख्य केन्द्र—व्हाइट हाउस, विदेश और रक्षा मन्त्रालय, सी.आई.ए/एफ.बी.आई. जैसी ख़ुफ़िया एजेंसियाँ हैं। कहने का अर्थ यह कि अधिकांश ख़बरें आधिकारिक अमेरिकी स्रोतों से मिल रही सूचनाओं और जानकारियों पर आधारित हैं। लेकिन सबसे चौंकाने वाली बात यह है कि इन आधिकारिक स्रोतों से निकली ख़बरों में से 90 फ़ीसदी ख़बरों में स्रोत की पहचान छुपाई गयी है यानी स्रोत ने आन द रिकॉर्ड नहीं बताया है। इसके बावजूद ऐसी ख़बरें बिना अन्य स्रोतों से जाँच-पड़ताल और छानबीन किये धड़ल्ले से चल रही हैं।

कहने की ज़रूरत नहीं है कि ऐसी अधिकांश ख़बरों/कहानिय्रों में अमेरिकी कमाण्डो ऑपरेशन जेरोनिमो, लादेन के छुपने की जगह, एबटाबाद की उस बिल्डिंग, उसकी जीवनशैली, परिवार, पत्नी/पत्नियों, शौक़, उसकी आतंकी योजनाओं से लेकर अल कायदा के अगले नेतृत्व आदि के बारे में अपुष्ट, अन्तर्विरोधी, आधारहीन, एकतरफ़ा और तथ्यों को तोड़-मरोड़कर पेश किया जा रहा है। साथ ही, इन ख़बरों/कहानियों को ख़ूब बढ़ा-चढ़ाकर छापा और दिखाया जा रहा है।

ऐसा लगता है कि जैसे अमेरिकी सत्ता प्रतिष्ठान ने लादेन के मारे जाने के बाद एक ज़बरदस्त पीआर अभियान छेड़ दिया है। अफ़सोस और चिन्ता की बात यह है

कि हमेशा की तरह एक बार फिर अमेरिकी कॉर्पोरेट मीडिया के साथ-साथ भारतीय मीडिया भी जाने-अनजाने इस अमेरिकी वैश्विक पीआर अभियान का औज़ार बन गया है।

इसका सबूत यह है कि अधिकांश अख़बार/न्यूज़ चैनल इन ख़बरों/कहानियों को बिना किसी जाँच-पड़ताल और छानबीन के छाप और दिखा रहे हैं। अच्छी पत्रकारिता का यह बुनियादी सिद्धान्त है कि किसी भी ख़बर की विश्वसनीयता के लिए ज़रूरी है कि न सिर्फ़ उसके स्रोत की पहचान स्पष्ट होनी चाहिए बल्कि किसी एकल स्रोत से मिलने वाली ख़बर की हमेशा दूसरे-तीसरे स्रोत से पुष्टि और जाँच-पड़ताल करनी चाहिए। ख़ासकर अगर ख़बर विवादास्पद हो तो अतिरिक्त सावधानी बरतनी चाहिए। यही नहीं, जहाँ तक सम्भव हो, गुमनाम (एनानिमस) स्रोत यानी ऐसे स्रोत से बचना चाहिए जो अपनी पहचान उजागर करने के लिए तैयार नहीं है।

लेकिन इसके साथ यह भी सही है कि कई बार स्रोत की पहचान छुपाना ज़रूरी हो जाता है। ख़ासकर अगर पत्रकार और उसके स्रोत को पर्याप्त आशंका हो कि स्रोत का नाम उजागर होने से स्रोत के जीवन, परिवार और रोज़गार को गम्भीर ख़तरा है, उस स्थिति में स्रोत का नाम छुपाना सही है। लेकिन अगर स्रोत का नाम छुपाना ज़रूरी हो तो यह सुनिश्चित किया जाना चाहिए कि उस स्रोत से मिल रही जानकारी की अन्य सम्बन्धित स्रोतों से क्रास-चेक और पड़ताल की जाये। उनकी प्रामाणिकता की पुष्टि के लिए प्रासंगिक तथ्य और काग़ज़ात जुटाने की भी कोशिश होनी चाहिए। साथ ही, यह कोशिश भी होनी चाहिए कि उस ख़बर से प्रभावित पक्ष को भी अपना पक्ष रखने का पर्याप्त मौक़ा दिया जाये। यही नहीं, गुमनाम स्रोतों से मिलनेवाली ऐसी ख़बरों को अत्यधिक महत्त्व देने से भी बचना चाहिए।

सच पूछिये तो गुमनाम स्रोतों पर आधारित ख़बरों से आमतौर पर बचना चाहिए क्योंकि इसके ख़तरे बहुत हैं। बहुत दिन नहीं हुए, जब अमेरिका में इराक़ युद्ध से पहले इराक़ में जनसंहार के हथियारों की मौजूदगी के बारे में और गुआंतन्माओ में क़ैदियों को प्रताड़ित करने के लिए कुरान की प्रतियाँ टायलेट में बहाने के मामले में न्यूज़वीक की गुमनाम स्रोतों पर आधारित रिपोर्टों के बाद अमेरिकी समाचार मीडिया की काफ़ी फज़ीहत हुई थी। उस समय अमेरिकी मीडिया में काफ़ी बहस चली थी। उस बहस के बाद अधिकांश समाचार माध्यमों ने यह तय किया था कि वे गुमनाम स्रोतों पर आधारित ख़बरों से बचेंगे या ऐसी ख़बरों के प्रति अतिरिक्त सावधानी बरतेंगे।

लेकिन लगता है कि अमेरिकी समाचार माध्यमों ने वह सबक जल्दी ही भुला दिया। यही कारण है कि वहाँ के मीडिया में ऑपरेशन ओसामा के बाबत गुमनाम स्रोतों पर आधारित एकतरफ़ा और पीआर ख़बरें बिना किसी रोकटोक के छप और दिख रही हैं। वहीं से अपने अख़बार और न्यूज़ चैनल भी बिना किसी संकोच के ख़बरें उठा और परोस रहे हैं। कहने की ज़रूरत नहीं है कि अपना देशी न्यूज़ मीडिया विदेशी ख़ासकर अमेरिकी/ब्रिटिश अख़बारों और न्यूज़ चैनलों को विश्वसनीयता का पैमाना मानता है जबकि उनकी पक्षधरता और पूर्वाग्रह किसी से छुपे नहीं हैं। वैसे भी भारतीय समाचार माध्यमों में 80 प्रतिशत ख़बरें गुमनाम स्रोतों यानी विश्वस्त सूत्रों, आधिकारिक सूत्रों, उच्च-पदस्थ सूत्रों पर ही आधारित होती हैं।

नतीजा यह कि ओसामा के मारे जाने के मामले में भी देशी न्यूज़ मीडिया अमेरिकी मीडिया और स्रोतों से आ रही आधी सच्ची-आधी झूठी ख़बरों को अपने अति उत्साह में थोड़ा और नमक-मिर्च लगाकर छापने-दिखाने में जुटा हुआ है। मज़े की बात यह है कि इन स्रोतों की विश्वसनीयता का हाल यह है कि ओसामा के मारे जाने और ऑपरेशन जेरोनिमो के बारे में शुरू से ही परस्पर विरोधी, गढ़ी हुई और तथ्यों को तोड़-मरोड़ पेश करने वाली जानकारियाँ दी गयीं और दुनिया भर के मीडिया ने आँख मूँदकर उसे छापा और दिखाया। उदाहरण के लिए, ऑपरेशन ओसामा के तुरन्त बाद जो आधिकारिक ब्रीफिंग हुई, उसे 24 घण्टे के अन्दर बदल दिया गया। पहले कहा गया कि ओसामा ने अपनी पत्नी के पीछे छुपने और हथियार उठाने की कोशिश की जिसके बाद कमाण्डोज ने उसे गोली मार दी।

फिर यह बताया गया कि ओसामा निहत्था था। उसने कोई प्रतिरोध नहीं किया। एक ब्रीफिंग में कहा गया कि गोलीबारी में उसकी पत्नी भी मारी गयी। फिर कहा गया कि उसकी पत्नी के पैर में गोली मारी गयी। इसी तरह बताया गया कि ऑपरेशन के दौरान तीन (कुछ ख़बरों में चार) लोग मारे गये जिसमें लादेन का कुरियर और कुरियर का भाई, लादेन का बेटा खालिद भी शामिल हैं। फिर कहा गया कि उसका मारा गया बेटा खालिद नहीं हमजा है। उसके बाद फिर ख़बर आयी कि हमजा वहाँ से भागने में कामयाब हो गया है। कैसे? किसी को पता नहीं। यह भी पता नहीं कि वहाँ उसके कितने बेटे और पत्नियाँ मौजूद थीं? क्योंकि बाद में यह ख़बर भी चली कि उसकी तीन पत्नियाँ पाकिस्तानी हिरासत में हैं।

इसी तरह, शुरुआती ख़बरों में बताया गया कि वह 'मिलियन डॉलर (यानी लगभग 4.5 करोड़ रुपये) की आलिशान कोठी' में रह रहा था। यह भी कि ओसामा

उस शानदार हवेली में तमाम आधुनिक सुख-सुविधाओं के साथ बहुत ठाठ से रह रहा था। लेकिन सच यह है कि वह कथित हवेली किसी भी तरह से न तो आलीशान थी और न ही वहाँ ओसामा ठाठ से रह रहा था। उस हवेली के जो भी विजुअल्स और विवरण आये हैं, उनसे कहीं से भी नहीं लगता है कि वह 4.5 करोड़ का बंगला है और उसमें सभी आधुनिक सुख-सुविधाएँ उपलब्ध थीं।

तात्पर्य यह कि ऑपरेशन जेरोनिमो और ओसामा बिन लादेन के मारे जाने के बारे में इतनी अन्तर्विरोधी, तथ्यहीन, भ्रामक और अस्पष्ट ख़बरें छपी और दिखाई गयी हैं कि कहना मुश्किल है कि उस ऑपरेशन के बारे में सामने आये अनेक ब्यौरों में सबसे तथ्यपूर्ण और सही ब्यौरा कौन-सा है? यही नहीं, सफ़ाई देने के लिए जितने ब्यौरे आये, उनसे कहानी सुलझने के बजाय और उलझती चली गयी।

मज़े की बात यह है कि शुरुआती 72 घण्टों में आये सभी ब्यौरे किसी न किसी बड़े अमेरिकी अधिकारी के हवाले से आये। उदाहरण के लिए, सी.आई.ए. के मुखिया लियोन पनेटा, राष्ट्रपति ओबामा के मुख्य सुरक्षा सलाहकार जान ब्रेनन और राष्ट्रपति भवन (व्हाइट हाउस) के प्रवक्ता जे कार्नी के आधिकारिक विवरणों में काफ़ी अन्तर और विसंगतियाँ थीं।

कहने की ज़रूरत नहीं है कि ओबामा प्रशासन इस ऑपरेशन के बारे में जितना बता रहा था, उससे ज़्यादा छुपाने की कोशिश कर रहा था। ओसामा के मारे जाने के बारे में बहुत कुछ ऐसा है जो अभी सामने नहीं आया है। यही नहीं, इस ऑपरेशन के जितने तरह के आधिकारिक विवरण आये हैं, उससे एक बात तो साफ़ है कि ओबामा प्रशासन की सच्चाई बताने में कोई रुचि नहीं है।

सम्भव है कि वह सच आने वाले महीनों या सालों में सामने आये या शायद कभी सामने नहीं आ पाये लेकिन इतना तय है कि पूरे सच के सामने आने तक मीडिया के ज़रिये लोगों को काफ़ी दिनों तक नयी-नयी कहानियाँ सुनने को मिलती रहेंगी। मज़े की बात यह है कि ये कहानियाँ भी ओबामा प्रशासन के अधिकारियों के हवाले से ही आ रही हैं लेकिन फ़र्क़ यह है कि इनमें से ज़्यादातर ख़बरें बिना स्रोत की पहचान उजागर किये आ रही हैं।

यह कहने का आशय कतई नहीं है कि गुमनाम स्रोतों से आ रही सभी ख़बरें पूरी तरह से ग़लत या झूठ हैं। उनमें से कई ख़बरों में कुछ सच्चाई हो सकती है। लेकिन समस्या यह है कि इस सच्चाई के इर्द-गिर्द झूठ का तानाबाना इस क़दर बुना जाता है कि उसमें उस सच्चाई के मायने बदल जाते हैं। इस सन्दर्भ में सबसे

महत्त्वपूर्ण बात यह है कि ऐसी अधिकांश ख़बरें किसी न किसी मक़सद के साथ प्लांट की जाती हैं। इसके लिए चुनिन्दा तौर पर सूचनाएँ लीक करने से लेकर ऑफ़ द रिकॉर्ड ब्रीफिंग का जमकर इस्तेमाल किया जाता है। दोहराने की ज़रूरत नहीं है कि अमेरिकी प्रशासन अपने राजनीतिक, रणनीतिक और कूटनीतिक फ़ायदों के लिए समाचार मीडिया के इस्तेमाल में महारत हासिल कर चुका है।

अमेरिकी कॉर्पोरेट मीडिया कई कारणों से बहुत सहजता के साथ अमेरिकी सत्ता प्रतिष्ठान के इस खेल में शामिल हो जाता है। हालाँकि अब यह हैरान करने वाली बात नहीं रह गयी लेकिन चिन्तित ज़रूर करती है कि भारतीय न्यूज़ मीडिया भी जाने-अनजाने इस खेल का हिस्सा बनता जा रहा है। वह भी बिना यह सोचे-समझे और जाँचे-परखे उन्हीं ख़बरों/कहानियों को छापने/दिखाने में लगा है जो अमेरिकी सत्ता प्रतिष्ठान अपने रणनीतिक और राजनीतिक हितों के तहत आगे बढ़ा रहा है।

हालाँकि यह कोई नयी बात नहीं है। भारतीय न्यूज़ मीडिया का एक हिस्सा काफ़ी लम्बे समय से अमेरिकी सत्ता प्रतिष्ठान का भोंपू बना हुआ है। यही नहीं, हाल के वर्षों में जैसे-जैसे भारतीय शासक वर्ग अमेरिकी खेमे के क़रीब होता गया है, उसके साथ ही, भारतीय कॉर्पोरेट मीडिया का एक प्रभावशाली हिस्सा अमेरिकी मीडिया कम्पनियों के साथ व्यावसायिक गठजोड़ के ज़रिये जुड़ता गया है।

स्वाभाविक तौर पर इसका असर उनकी विश्व दृष्टि पर भी पड़ा है जो काफ़ी हद तक दुनिया को अमेरिकी चश्मे से देखने लगे हैं। चाहे वह अफ़ग़ानिस्तान और इराक़ पर हमले का मामला रहा हो या फिलिस्तीन का मसला या फिर अब लीबिया पर हमला–भारतीय मीडिया काफ़ी हद तक अमेरिकी सत्ता प्रतिष्ठान के सुर में बोलने लगा है। लादेन मामले में भी यही हो रहा है।

नतीजा यह कि लादेन, अलकायदा और ख़ासकर पाकिस्तान को लेकर देशी न्यूज़ चैनलों और अख़बारों में चल रही कई ख़बरों से किसी और के नहीं बल्कि अमेरिकी हित पूरे हो रहे हैं। इन ख़बरों के ज़रिये अमेरिका और ओबामा प्रशासन देश के अन्दर ऐसा जनमत बनाने जा रहे हैं जिससे उन्हें इस उपमहाद्वीप में अपनी सैन्य उपस्थिति और आर्थिक हितों को आगे बढ़ाने में मदद मिले।

असल में, ओसामा के मारे जाने और उसके बाद पैदा हुए राजनीतिक हालात के मद्देनज़र अमेरिका दक्षिण एशिया में अपनी उपस्थिति और मज़बूत करना चाहता है। लेकिन उसकी मुश्किल यह है कि पाकिस्तान और अफ़ग़ानिस्तान में अमेरिका विरोधी भावनाएँ बढ़ती जा रही हैं। ऐसे में, वह बहुत चतुराई के साथ

भारत-पाकिस्तान के बीच मतभेद बढ़ाने की कोशिश कर रहा है ताकि दोनों के बीच तनाव बना रहे। उस स्थिति में रणनीतिक रूप से दोनों देश अमेरिका को अपने पाले में रखना चाहेंगे। इससे उसकी स्वीकार्यता बढ़ेगी। दूसरे, वह दोनों देशों के बीच मध्यस्थ की भूमिका निभाने का नाटक करता हुआ अपने हित आगे बढ़ाता रहेगा।

लेकिन यह भी सच है कि इस बारीक़ खेल में दोनों देशों के शासक वर्ग भी शामिल हैं। यह खेल उनकी राजनीतिक और रणनीतिक ज़रूरतों के मुफीद भी है। यह किसे पता नहीं है कि अपनी ग़लतियों और कमियों का ठीकरा एक-दूसरे पर फोड़ने में भारतीय और पाकिस्तानी शासक वर्गों का कोई जवाब नहीं है। लादेन के मारे जाने के कुछ दिनों बाद ही जिस तरह से भारत और पाकिस्तान के बीच तू-तू,मैं-मैं शुरू हो गयी है और दोनों देशों के बीच तनाव बढ़ा है, उसमें दोनों देशों के मीडिया की भूमिका को नज़रअन्दाज़ नहीं किया जा सकता है।

ख़ासकर भारतीय न्यूज़ चैनलों ने जिस तरह से अमेरिका से प्रेरणा लेकर पाकिस्तान के अन्दर घुसकर कथित आतंकवादी शिविरों को उड़ाने और मोस्ट वांटेड आतंकवादियों को मारने की पैरवी शुरू कर दी, उसे ख़ुद सेनाध्यक्ष सिंह ने अपने बचकाने बयान से हवा दे दी। उससे अमेरिकी कार्रवाई के बाद अपनी ही जनता को सफ़ाई देने में व्यस्त पाकिस्तानी हुकूमत और सेना को भारत विरोधी भावनाएँ भड़काने का मौक़ा मिल गया। आश्चर्य नहीं कि इसके बाद से दोनों देश एक-दूसरे को चेतावनियाँ देने में लगे हैं। निश्चय ही, इससे सबसे अधिक खुशी अमेरिका को हो रही है। कहाँ अन्तर्राष्ट्रीय क़ानूनों के ख़िलाफ़ पाकिस्तान के अन्दर अपनी एकतरफ़ा सैन्य कार्रवाई के लिए वह और उसके पाकिस्तानी मित्र कठघरे में थे और कहाँ अब भारत-पाकिस्तान आपस में तू-तू,मैं-मैं कर रहे हैं?

इस स्थिति को पैदा करने में अपने न्यूज़ मीडिया ख़ासकर न्यूज़ चैनलों की भी महत्त्वपूर्ण भूमिका है। आश्चर्य की बात नहीं है कि अपने न्यूज़ मीडिया में लादेन मामले से जुड़ी अधिकांश ख़बरें पाकिस्तान विरोधी भी हैं। न्यूज़ चैनलों के लिए तो यह जैसे पाकिस्तान के ख़िलाफ़ अन्ध राष्ट्रवादी भावनाएँ भड़काने के एक और मौक़े की तरह आया है। यही कारण है कि लादेन की मौत के बाद न्यूज़ चैनलों पर पाकिस्तान विरोधी ख़बरें सबसे अधिक चली हैं। इनमें लादेन/अल कायदा/तालिबान से लेकर भारत विरोधी आतंकवादियों को संरक्षण देने में पाक सेना और आई.एस. आई. की भूमिका और पाकिस्तान के एक 'आतंकी राज्य' या 'विफल राज्य' में बदलने जैसी ख़बरें शामिल हैं।

इनमें से काफ़ी ख़बरें ऐसी हैं जो प्रोपेगंडा का हिस्सा हैं। हालाँकि इनमें कुछ सच्चाई भी होती है लेकिन उन्हें इतना मिर्च-मसाला लगाकर पेश किया जाता है कि उनका सच दब सा जाता है। कहने की ज़रूरत नहीं है कि इन ख़बरों का एकमात्र मक़सद दोनों पड़ोसी देशों के बीच तनाव बनाये रखना और इस बहाने देशी-विदेशी निहित स्वार्थी तत्त्वों के हितों को पूरा करना होता है। यही कारण है कि इन ख़बरों/रिपोर्टों और उन पर आधारित स्टूडियो चर्चाओं में कभी भी ऐसे असुविधाजनक सवाल नहीं पूछे जाते जिनसे इन निहित स्वार्थों का पर्दाफ़ाश होता हो।

असल में, न्यूज़ चैनलों पर होने वाली इन चर्चाओं में ही असली खेल होता है। यहीं सत्ता प्रतिष्ठान के स्पिन डॉक्टर्स और पीआर मशीनरी ख़बरों को अपने हिसाब से तोड़ती-मरोड़ती और उनके मायने निकालती है। हैरानी की बात नहीं है कि इन टीवी चर्चाओं में रिटायर्ड सैन्य अफ़सर, ख़ुफ़िया एजेंसियों के अफ़सर, डिप्लोमैट और उनके साथ नत्थी रक्षा-सुरक्षा बीट कवर करने वाले पत्रकार हावी रहते हैं।

चैनल इस बात की पर्याप्त सावधानी रखते हैं कि चर्चा में आमन्त्रित विशेषज्ञों में बहुमत उनका हो जो चर्चा में सत्ता प्रतिष्ठान की सोच को आगे बढ़ाएँ। यही लोग चर्चा का एजेंडा और दिशा तय करते हैं। आमतौर पर इन चर्चाओं में विरोधी विचार रखनेवालों को नहीं बुलाया जाता है या अगर बुला भी लिया गया तो उन्हें बोलने या अपनी बात कहने का मौक़ा नहीं दिया जाता है। उनकी बात को बात-बात पर काटने की कोशिश से लेकर ऐसे अप्रासंगिक सवाल पूछे जाते हैं कि वे अपनी बात नहीं कह सकें।

लादेन मामले में भी न्यूज़ चैनलों पर यही नज़ारा था। अधिकांश चर्चाओं में अपवादस्वरूप शायद किसी ने अमेरिकी कार्रवाई पर सवाल उठाया हो अन्यथा आम सुर अमेरिकी कमाण्डो कार्रवाई के प्रति प्रशंसा का था। सभी चैनल अमेरिकी पराक्रम की गाथायें सुनाने में लगे थे। उनके हौसले की दाद देने में जुटे थे। अमेरिकी कमाण्डो दस्ते—सील के शौर्य, साहस और क्षमता की बलैयां ली जा रही थीं। इसी का तार्किक विस्तार यह था कि भारत को भी ऐसी कार्रवाई करने की सलाह दी जाने लगी। लेकिन इसके क्या परिणाम हो सकते हैं, यह बात आमतौर पर चर्चा से ग़ायब रही। सच पूछिये तो न्यूज़ चैनलों का वश चलता तो वे कब का भारत-पाकिस्तान में युद्ध करा चुके होते!

*(जून, 2011)*

# चैनलों के भूगोल में देश से बाहर दुनिया नहीं है

### चैनलों की विदेशी मामलों की रिपोर्टिंग अमेरिकी चश्मे पर निर्भर है

पिछले दिनों दुनिया भर के समाचार मीडिया में समूचे अरब जगत ख़ासकर मिस्र में तानाशाही के ख़िलाफ़ जनतन्त्र की बहाली के लिए लाखों लोगों के सड़क पर उतरने की ख़बरें सुर्ख़ियों में छायी रहीं। पूरी दुनिया ने देखा कि कोई अठारह दिनों तक मिस्र की राजधानी काहिरा में लाखों लोग तब तक डटे रहे, जब तक 30 वर्षों से आतंक और दमन के ज़रिये राज कर रहे राष्ट्रपति होस्नी मुबारक ने इस्तीफ़ा नहीं दे दिया। इससे पहले, मिस्र के पड़ोसी देश ट्यूनीशिया में भी ऐसे ही जन विद्रोह के कारण तानाशाह राष्ट्रपति बेन अली को देश छोड़कर भागना पड़ा। इन दोनों घटनाओं के बाद अरब जगत के अन्य देशों में भी तानाशाहियों के ख़िलाफ़ लोगों का ग़ुस्सा फूट पड़ा है और परिवर्तन का दबाव बढ़ता जा रहा है।

कहने की ज़रूरत नहीं है कि अरब जगत में दशकों से जमी तानाशाहियों के ख़िलाफ़ खुले जन विद्रोह और उससे उठी परिवर्तन की यह लहर हाल के वर्षों की सबसे बड़ी और महत्त्वपूर्ण राजनीतिक परिघटनाओं में से एक है। इस राजनीतिक उथलपुथल का न सिर्फ़ इस इलाक़े की राजनीति पर गहरा असर पड़ा है बल्कि इससे वैश्विक राजनीति भी ज़रूर प्रभावित होगी। यही नहीं, इस आँधी से भारत समेत दक्षिण एशिया भी अछूते नहीं रहने वाले हैं। स्वाभाविक तौर पर अरब जगत और ख़ासकर मिस्र की घटनाओं और हलचलों में दुनिया के साथ-साथ भारत के लोगों की भी गहरी दिलचस्पी है।

इसके कारण स्पष्ट हैं। अरब जगत और ख़ासकर मिस्र के साथ भारत के गहरे राजनीतिक, आर्थिक, सामाजिक और सांस्कृतिक सम्बन्ध रहे हैं। इसके अलावा, अरब जगत में होने वाले इन राजनीतिक-सामाजिक परिवर्तनों का भारत

समेत इस पूरे इलाक़े की मुस्लिम राजनीति और समाज पर भी असर पड़ना तय है। ऐसे में, स्वाभाविक तौर पर आम भारतीयों में भी यह जानने की उत्सुकता है कि अरब जगत में क्या, कहाँ, कब, कैसे और सबसे बढ़कर क्यों हो रहा है? मिस्र की इस उथलपुथल के पीछे कौन लोग हैं, उनकी सोच क्या है और वे क्या चाहते हैं? आम पाठक और दर्शक इन घटनाओं के राजनीतिक, सामाजिक और आर्थिक मायने समझना चाहते हैं? वे यह भी समझना चाहते हैं कि इन घटनाओं का भारत पर क्या असर पड़ेगा?

ज़ाहिर है कि इस सबके बारे में लोग अपने समाचार माध्यमों ख़ासकर भारतीय अख़बारों और चैनलों से जानना चाहते हैं। यह स्वाभाविक अपेक्षा है। यह अपेक्षा इसलिए भी स्वाभाविक है क्योंकि भारतीय समाचार मीडिया भारत को न सिर्फ़ एक उभरती हुई महाशक्ति मानता है बल्कि वैश्विक नेतृत्व की भी आकांक्षा रखता है। ऐसी महत्त्वाकांक्षा रखने वाले देश के समाचार मीडिया में दुनिया की बड़ी और महत्त्वपूर्ण घटनाओं की व्यापक कवरेज के साथ अन्तर्राष्ट्रीय ख़बरों में ज़्यादा से ज़्यादा दिलचस्पी की उम्मीद रखना ग़लत नहीं है। यह इसलिए भी ज़रूरी है क्योंकि दुनिया भर की घटनाओं और राजनीतिक-आर्थिक हलचलों के बारे में हर देश ख़ासकर बड़े और प्रभुत्वशाली देशों के मीडिया का अपना नज़रिया और पूर्वग्रह हैं। उन पर पूरी तरह से भरोसा नहीं किया जा सकता है।

यही नहीं, आस-पड़ोस की घटनाओं का सीधा असर देश पर भी पड़ रहा है। चाहे वह पाकिस्तान हो या अफ़ग़ानिस्तान या चीन या नेपाल, श्रीलंका, बांग्लादेश या फिर ईरान और पश्चिम एशिया के अन्य देश हों, इन देशों में होने वाली घटनाएँ भारत की राजनीति, अर्थव्यवस्था, समाज और आम जन जीवन को सीधे प्रभावित करती हैं। लेकिन अफ़सोस की बात यह है कि जब एक ओर भारतीय अर्थव्यवस्था अधिक से अधिक भूमण्डलीकृत हो रही है, मध्य और उच्च मध्यवर्ग बेहतर अवसरों की तलाश में अधिक-से-अधिक विदेशों की ओर रुख कर रहा है और इस कारण लोगों में देश से बाहर क्या हो रहा है, यह जानने की भूख बढ़ती जा रही है, उस समय भारतीय समाचार मीडिया बहिर्मुखी होने के बजाय अन्तर्मुखी होता जा रहा है। अन्तर्वस्तु के मामले में वह वैश्वीकृत होने के बजाय अधिक से अधिक स्थानीकृत होता जा रहा है।

इस सन्दर्भ में सबसे ज़्यादा हैरानी की बात यह है कि भारत में भूमण्डलीकरण और उदारीकरण की असली मीडिया सन्तान–24 घण्टे के टीवी समाचार चैनलों ख़ासकर हिन्दी समाचार चैनलों में आमतौर पर अन्तर्राष्ट्रीय ख़बरें न के बराबर

होती हैं। विदेशों की ख़बरों में उनकी दिलचस्पी सिर्फ़ पाकिस्तान और उसके बाद अमेरिका तक सीमित है। हिन्दी समाचार चैनलों में अन्तर्राष्ट्रीय ख़बरों के प्रति उपेक्षा और उदासीनता को देखकर ऐसा लगता है कि उनके लिए भारत से बाहर दुनिया नहीं है। इन चैनलों के लिए विदेश का मतलब आमतौर पर पाकिस्तान और अमेरिका है। यह और बात है कि पाकिस्तान की कवरेज भी बहुत एकांगी, भ्रामक और युद्धोन्माद से भरपूर है। यही नहीं, वैश्विक महाशक्ति बनने का ख़्वाब देख रहे भारतीय टीवी चैनलों को देखकर नहीं लगता कि अमेरिका और पाकिस्तान के अलावा भी दुनिया में कोई पौने दो सौ देश हैं।

ऐसे में, अफ्रीका, लातिन अमेरिका, पश्चिम और पूर्व एशिया के कवरेज की तो बात ही दूर है, इन चैनलों में दक्षिण एशियाई और अन्य पड़ोसी देशों की भी बहुत सीमित, सतही और एकांगी कवरेज होती है। हैरानी की बात नहीं है कि समाचार चैनलों ख़ासकर हिन्दी चैनलों में मिस्र के जन-विद्रोह की कवरेज भी अपेक्षा से कहीं कम और गुणात्मक रूप से बहुत कमज़ोर थी। एक तो अरब जगत ख़ासकर ट्यूनीशिया से शुरू हुई परिवर्तन की इस लहर और मिस्र के जन उभार के प्रति चैनलों का रुख आम तौर पर ठण्डा और उदासीनता भरा था। ऐसा लगता है कि शुरू में उन्होंने न सिर्फ़ इस उभार का महत्त्व समझने में देर की बल्कि जब समझा भी तो उसमें अक्ल से ज़्यादा नक़ल हावी थी। नतीजा, उनकी कवरेज में सतही घटनाओं पर ज़्यादा ज़ोर था और उसके लिए ज़िम्मेदार प्रक्रियाओं की छानबीन सिरे से ग़ायब थी।

यही नहीं, शुरुआत में अधिकांश चैनलों ने कहीं न कहीं मिस्र के जन उभार को एक ऐसी समस्या की तरह देखा जिसके कारण वहाँ काम करने वाले और घूमने गये भारतीय पर्यटक फँस गये हैं। इस कारण, उनकी शुरुआती कवरेज में फोकस उन भारतीयों को सुरक्षित वापस लाने और कुछ हद तक अरब जगत की उथल-पुथल की वजह से पेट्रोलियम की क़ीमतों में वृद्धि पर था।

यह कहने का अर्थ यह नहीं है कि ये ख़बरें नहीं थीं। लेकिन निश्चय ही, बड़ी ख़बर यह नहीं थी। बड़ी ख़बर थी, अरब जगत और उसके केन्द्र मिस्र में तीस सालों की होस्नी मुबारक तानाशाही के ख़िलाफ़ जन विद्रोह का भड़कना और उसका आसपास के देशों में फैलना। लेकिन भारतीय चैनल इसे थोड़ी देर से समझ पाये और जब तक समझे तब तक यह ख़बर दुनिया भर के मीडिया में छा चुकी थी।

इसके बाद हड़बड़ी में कुछ चैनलों जैसे स्टार न्यूज़, एनडीटीवी 24×7, आज तक आदि ने अपने संवाददाता मिस्र की राजधानी काहिरा भेजे लेकिन उनकी

रिपोर्टिंग का स्तर कुछ वैसे ही था, जैसे एक अनजान जगह पर पैराशूट से आपको उतार दिया गया हो और आप न वहाँ की भाषा जानते हैं, न संस्कृति और न राजनीति। नतीजा यह कि उनकी 'एक्सक्लूसिव' रिपोर्टिंग न सिर्फ़ रुटीन और घटना प्रधान रिपोर्टिंग तक सीमित रही बल्कि अपनी अन्तर्वस्तु में सीएनएन और बीबीसी की नक़ल ज़्यादा लग रही थी। रिपोर्टिंग की इस सीमा और विकलांगता की भरपाई इन स्टार रिपोर्टरों ने ड्रामा और उत्तेजना से पूरी करने की कोशिश की।

यह और बात है कि उनके ड्रामे और उत्तेजना पैदा करने की कोशिश पर हँसी ज़्यादा आ रही थी। उन्होंने यह भी जताने की कोशिश की कि गोया तहरीर चौक पर लाखों की भीड़ के बीच वे अकेले रिपोर्टर हों और यह भी कि कैसे सुरक्षा बलों को छकाते हुए वे रिपोर्टिंग कर रहे हैं। इसके बावजूद यह मानना पड़ेगा कि ऐसे चैनलों ने उन चैनलों की तुलना में ज़्यादा साहस और उत्साह का परिचय दिया जिन्होंने इसकी भी ज़रूरत नहीं समझी। मिस्र और अरब जगत की ताज़ा उथल-पुथल की कवरेज को लेकर अधिकांश चैनलों की उदासीनता न सिर्फ़ बनी रही बल्कि इसकी सीमित कवरेज के लिए भी वे विदेशी चैनलों और बहुराष्ट्रीय न्यूज़ एजेंसियों जैसे ए.पी. और रायटर्स पर निर्भर बने रहे। ज़ाहिर है कि उसमें कुछ भी नया या अलग नहीं था।

हैरानी की बात यह है कि मिस्र और अरब जगत के ताज़ा हालत की सबसे सटीक रिपोर्टें अल जजीरा चैनल पर आ रही थीं लेकिन भारतीय चैनलों ने अज्ञात कारणों से उससे एक दूरी बनाये रखी। यहाँ यह ज़िक्र ज़रूरी है कि भारत सरकार ने अल जजीरा को भारत में डाउन लिंक की इजाज़त नहीं दी है।

उल्लेखनीय है कि अल जजीरा पिछले कुछ वर्षों में न सिर्फ़ मध्य पूर्व के सबसे प्रभावी और वैकल्पिक क्षेत्रीय आवाज़ के रूप में उभरा है बल्कि उसने अन्तर्राष्ट्रीय कवरेज में सीएनएन और बीबीसी के वर्चस्व को भी चुनौती दी है। इस बार भी उसने मिस्र के कवरेज में सीएनएन और बीबीसी को पीछे छोड़ दिया। उसने न सिर्फ़ मिस्र और अन्य अरब देशों के जन उभार की स्पॉट और इवेंट रिपोर्टिंग बेहतर की बल्कि सरकारों के अन्दर की हलचलों की अन्दरूनी ख़बरें भी सबसे पहले दीं। यही नहीं, इन घटनाओं के विश्लेषण में भी अल जजीरा ने एक क्षेत्रीय और वैकल्पिक परिप्रेक्ष्य पेश किया।

लेकिन भारतीय चैनलों ने अल जजीरा से आ रही ख़बरों और पक्ष को भी जगह देने के बजाय पश्चिमी एजेंसियों और चैनलों पर अधिक भरोसा किया। स्वाभाविक तौर पर इसका असर टीवी चर्चाओं पर भी दिखाई पड़ा। कई चैनलों

ने मिस्र के जन उभार पर पन्द्रह दिनों में एकाधिक बार चर्चा भी कराई लेकिन इन अधिकांश चर्चाओं का दायरा बहुत सीमित और स्तर बहुत छिछला था। इन चर्चाओं की सबसे ख़ास बात यह थी कि उनका वैचारिक दायरा अरब जगत और मिस्र को लेकर विकसित पश्चिम देशों ख़ासकर अमेरिका की सोच और चिन्ताओं से परिचालित था। आश्चर्य की बात नहीं है कि इन चर्चाओं में भी वही सवाल उठ रहे थे, वही बातें हो रही थीं और वही चिन्तायें ज़ाहिर की जा रहीं थीं जो सीएनएन या बीबीसी पर की जा रही थीं।

सबसे ज़्यादा चिन्ता मुस्लिम ब्रदरहुड और उसकी भूमिका को लेकर व्यक्त की जा रही थी। कुछ ऐसी तस्वीर पेश की जा रही थी, गोया मिस्र के पूरे जन उभार के पीछे केवल मुस्लिम ब्रदरहुड हो और मुबारक के सत्ता से हटते ही वह सत्ता में आ जायेगा। यही नहीं, उसे एक ऐसे कट्टरपन्थी इस्लामी संगठन की तरह पेश किया जा रहा था जिसके सत्ता में आते ही मिस्र ईरान की तरह कट्टर इस्लामी राज्य बन जायेगा। लेकिन मुस्लिम ब्रदरहुड के इस खलनायिकीकरण के बावजूद सच यह है कि वह मिस्र के सबसे पुराने राजनीतिक दलों में एक है। दशकों से दमन झेल रहा है।

यही नहीं, यह तथ्य भी बहुत कम जगहों पर आया कि ट्यूनीशिया और मिस्र दोनों ही जगहों पर आन्दोलन में श्रमिक वर्ग की बहुत बड़ी भूमिका थी। सच यह है कि श्रमिक वर्ग ने इस उभार को संगठित करने और उसे काहिरा से बाहर ले जाने के अलावा मुबारक हुकूमत को ठप्प करने में महत्त्वपूर्ण भूमिका निभायी। यह भी कि इसमें मुस्लिम ब्रदरहुड से कहीं अधिक सक्रियता के साथ और भी दर्जनों छोटे-बड़े संगठन और राजनीतिक दल और आम नौजवान, बेरोज़गार, नागरिक शामिल थे।

लेकिन इन सभी तथ्यों का ज़िक्र कहीं नहीं था या हाशिये पर था या फिर इस रूप में था, गोया पूरा उभार मध्यवर्गीय युवाओं तक सीमित हो। इस कारण अधिकांश चैनलों पर मिस्र के जन विद्रोह की बड़ी तस्वीर और आम छवि बहुत एकांगी थी। हालाँकि अपवादस्वरूप इक्का-दुक्का अलग आवाज़ें भी सुनाई पड़ीं लेकिन मुख्य सुर अमेरिकी समझ और हितों से ही बना था। जो इक्का-दुक्का आवाज़ें अलग थीं, वे चैनलों के अन्दर से नहीं बल्कि बाहर से आ रही थीं।

कुल मिलाकर, इन टीवी चर्चाओं और उनकी रिपोर्टिंग से एक बात साफ है कि भारतीय चैनलों के पास दुनिया को देखने का अपना कोई स्वतन्त्र और वैकल्पिक नज़रिया और वैचारिकी नहीं है और वे दुनिया को मूलत: अमेरिकी चश्मे से देखते हैं। वैसे यह बात कमोबेश पूरे भारतीय समाचार मीडिया के लिए भी सही

है कि भूमण्डलीकरण और उदारीकरण की प्रक्रिया ने उसके वैचारिक परिप्रेक्ष्य का काफ़ी हद तक अमेरिकीकरण कर दिया है।

कहने की ज़रूरत नहीं है कि इसके लिए बुनियादी रूप से चैनलों के स्वामित्व का ढाँचा और उनका कारोबारी मॉडल ज़िम्मेदार है। उदारीकरण और भूमण्डलीकरण के गर्भ से निकले अधिकांश निजी चैनल शेयर बाज़ार में लिस्टेड कम्पनियाँ हैं जिनमें बड़ी देशी और विदेशी (मुख्यत: अमेरिकी) पूँजी लगी हुई है। इन कम्पनियों का मुनाफ़ा विज्ञापन से आता है और अधिकांश विज्ञापनदाता कम्पनियों के हित कहीं-न-कहीं से अमेरिकी पूँजी और कम्पनियों से जुड़े हैं। यह भी किसी से छुपा नहीं है कि भारतीय शासक वर्गों ने राजनीतिक-आर्थिक और रणनीतिक तौर पर 'राष्ट्रीय हितों' को अमेरिका के साथ नत्थी कर दिया है। स्वाभाविक तौर पर कॉर्पोरेट मीडिया इस गठजोड़ का प्रवक्ता है और यह उसके कवरेज और विश्लेषण में भी दिखाई पड़ता है।

लेकिन आज के भारतीय समाचार मीडिया और उसकी अमेरिकापरस्ती को देखकर कौन कह सकता है कि कोई चार दशक पहले सांस्कृतिक साम्राज्यवाद और सूचनाओं के एकतरफ़ा प्रवाह के ख़िलाफ़ नयी अन्तर्राष्ट्रीय सूचना व्यवस्था की माँग करने वाले तीसरी दुनिया के देशों में भारत अगली क़तार में खड़ा था? सत्तर के दशक में बहुराष्ट्रीय समाचार एजेंसियों की भूमिका और उनकी रिपोर्टिंग में तीसरी दुनिया के देशों की तोड़मरोड़ कर पेश की गयी छवियों के ख़िलाफ़ न सिर्फ़ पूरी दुनिया में विरोध की तीखी आवाज़ें उठी थीं बल्कि तीसरी दुनिया के देशों ने मिल-जुलकर तय किया था कि वे एक-दूसरे देश की कवरेज के लिए अपनी राष्ट्रीय समाचार एजेंसियों के बीच सहयोग को बढ़ावा देंगे।

इसके पीछे उद्देश्य यह था कि तीसरी दुनिया के देशों की स्वतन्त्र और पूर्वाग्रह मुक्त कवरेज सुनिश्चित हो। लेकिन उस लक्ष्य को कब का भुला दिया गया। इसी का नतीजा है कि आज मिस्र की ख़बरों के लिए हम बहुराष्ट्रीय समाचार एजेंसियों और सीएनएन और बीबीसी जैसे अमेरिकी-ब्रिटिश चैनलों के भरोसे हैं।

दूसरी बात यह है कि अधिकांश चैनल समाचार-शिक्षा-नागरिक-जनतन्त्र मॉडल के बजाय मूलत: पूँजीवाद-समाचार-मनोरंजन-विज्ञापन मॉडल पर खड़े हैं। नतीजा, अन्तर्राष्ट्रीय ख़बरों में उनकी कोई ख़ास दिलचस्पी नहीं है। जो थोड़ी-बहुत दिलचस्पी है, वह अमेरिका और हॉलीवुड स्टारों तक सीमित है। ये और ऐसी ही बहुतेरी पीआर ख़बरें उन्हें बड़ी आसानी से बहुराष्ट्रीय एजेंसियों से मिल जाती हैं।

लेकिन कुछ अपवादों को छोड़कर अन्तर्राष्ट्रीय ख़बरों की स्वतन्त्र कवरेज में उनकी बिल्कुल दिलचस्पी नहीं है। चैनलों की अन्तर्राष्ट्रीय घटनाओं की स्वतन्त्र कवरेज में दिलचस्पी न होने की एक बड़ी वजह यह भी है कि उन्हें यह न सिर्फ़ बहुत ख़र्चीला लगता है बल्कि निरर्थक ख़र्च लगता है। उनकी समझ यह है कि विदेशों की ख़बरें टीआरपी नहीं देतीं, इसलिए बाहर विदेशों में संवाददाता रखने का कोई फ़ायदा नहीं है।

लेकिन यह एक अतार्किक और ग़लत समझ है। यह सही है कि चैनलों पर जिस तरह से चलताऊ और हल्के तरीक़े से बहुराष्ट्रीय एजेंसियों की फीड पर आधारित ख़बरें दिखाई जाती हैं, उनमें दर्शकों की कोई रुचि नहीं है। लेकिन इस आधार पर यह निष्कर्ष निकालना बिल्कुल ग़लत है कि दर्शक अन्तर्राष्ट्रीय ख़बरें नहीं देखना चाहते हैं और उनकी इन ख़बरों में दिलचस्पी नहीं होती है। आख़िर बीबीसी रेडियो के उन करोड़ों श्रोताओं के बारे में क्या कहेंगे जो शहरों से अधिक सुदूर गाँवों में भारत के साथ-साथ दुनिया भर की ख़बरें बड़ी दिलचस्पी से सुनते रहे हैं। यह मानने का कोई कारण नहीं है कि अगर चैनल दुनिया की महत्त्वपूर्ण ख़बरें अपने संवाददाताओं के ज़रिये और स्वतन्त्र तरीक़े से दिखाएँ तो उसे दर्शक नहीं मिलेंगे।

लेकिन अगर कोई ख़बर चाहे वह देश की हो या विदेश की, उसे चलताऊ और छिछले तरीक़े से पेश किया जायेगा तो उसे दर्शक क्यों देखेंगे? असल में, भारतीय चैनलों ख़ासकर हिन्दी चैनलों में अन्तर्राष्ट्रीय ख़बरों के प्रति उदासीनता कई रूपों में सामने आती है। अधिकांश चैनलों में अन्तर्राष्ट्रीय ख़बरों के प्रति गहरी अरुचि का नतीजा यह है कि उनके यहाँ अलग से कोई विदेश डेस्क नहीं है। जहाँ है वहाँ भी सबसे महत्त्वहीन डेस्क है। यह उदासीनता यहाँ तक पहुँच गयी है कि कई चैनलों में विदेश मन्त्रालय को नियमित तौर पर कवर करने के लिए अलग संवाददाता तक नहीं हैं।

ऐसे में, यह उम्मीद करना बेकार है कि चैनल विदेशों में अपने संवाददाता नियुक्त करेंगे। इसलिए यह तथ्य हैरान नहीं करता है कि किसी भी भारतीय चैनल ने दुनिया के महत्त्वपूर्ण देशों में अपने संवाददाता नहीं नियुक्त किये हैं।

अलबत्ता, इससे बड़ी-बड़ी बातें करने वाले चैनलों की दयनीयता ज़रूर उजागर होती है। लेकिन इस कारण अन्तर्राष्ट्रीय घटनाओं और हलचलों की उनकी कवरेज भी उतनी ही दयनीय दिखती है। कहने की ज़रूरत नहीं है कि जब आपके

पास अरब जगत को कवर करने के लिए उन देशों में स्वतन्त्र संवाददाता नहीं होंगे तो उस कमी की भरपाई ए.पी. और रायटर्स जैसी बहुराष्ट्रीय एजेंसियों की फीड या मिस्र जैसे हालात में बीच में संवाददाता भेजकर नहीं पूरी की जा सकती है। आख़िर मिस्र जैसे हालात में अचानक एक संवाददाता को भेज दिया जाये जिसके पास न तो स्थानीय सम्पर्क हैं, न उस देश के इतिहास-भूगोल-राजनीति और अर्थनीति का गहरा ज्ञान है तो उससे आप और क्या अपेक्षा कर सकते हैं?

आश्चर्य नहीं कि 'लौट के बुद्धू घर को आये' की तर्ज़ पर अधिकांश चैनलों के मिस्र गये संवाददाता वहाँ से हड़बड़ी और बीच में ही लौट आये जबकि तहरीर चौक पर लाखों लोग मौजूद थे और वे बिना मुबारक की विदाई के लिए लौटने के लिए तैयार नहीं थे। मज़े की बात यह है कि जब अठारह दिनों बाद आख़िरकार मुबारक ने इस्तीफ़ा देने का ऐलान किया तो वहाँ किसी भारतीय चैनल का संवाददाता मौजूद नहीं था। क्या वे चैनल अठारह दिनों तक भी इन्तज़ार नहीं कर सकते थे? साफ़ है कि जो चैनल अठारह दिन इन्तज़ार नहीं कर सकते, उनसे यह अपेक्षा करना बेकार है कि वे उन देशों की स्वतन्त्र कवरेज के लिए वहाँ अपने संवाददाता नियुक्त करेंगे।

कहने की ज़रूरत नहीं है कि अन्तर्राष्ट्रीय ख़बरों के लिए विदेशी चैनलों पर निर्भर रहना भारतीय दर्शकों की मजबूरी है। ऐसे में, यह अपेक्षा करना एक आकाशकुसुम की उम्मीद करना है कि भारत का भी कोई अपना अल जजीरा होगा। अभी तो हिन्दी के दर्शकों को इंडिया टीवी नुमा चैनलों से ही काम चलाना होगा।

***(मार्च, 2011)***

# खण्ड-छ

# चैनलों की अन्दरूनी दुनिया और पत्रकार

# कैसे होगी पत्रकारों की सुरक्षा?

## एक भ्रष्ट-अपराधी तन्त्र में पत्रकारों और व्हिसल-ब्लोवरों की जान हमेशा ख़तरे में रहेगी

क्या भारत पत्रकारों के लिए असुरक्षित देश बनता जा रहा है जहाँ उनपर अपराधियों-कारोबारियों-अफ़सरों-नेताओं के संगठित गिरोह की ओर से हमले और उत्पीड़न की घटनाएँ बढ़ रही हैं? क्या देश में पत्रकारों की जान सस्ती हो गयी है क्योंकि उनके उत्पीड़न के लिए ज़िम्मेदार अपराधियों पर आमतौर पर कोई कार्रवाई नहीं होती है और वे बेख़ौफ़ छुट्टा घूमते हैं? क्या पत्रकारों को ताक़तवर हित समूहों (पुलिस-प्रशासन सहित) की ओर से चुप करने की संगठित कोशिश हो रही है? क्या उनपर सच को सामने न लाने और ख़ासकर भ्रष्टाचार/अनियमितताओं का भंडाफोड़ न करने का दबाव बढ़ता जा रहा है और इसके लिए उन पर हमले बढ़ रहे हैं?

अफ़सोस और चिन्ता की बात यह है कि इनमें से सभी का उत्तर 'हाँ' है। असल में, हाल के महीनों में पूरे देश ख़ासकर उत्तर प्रदेश-मध्य प्रदेश में जिस तरह से दो ज़िला स्तरीय पत्रकारों की जलाकर हत्या की घटना सामने आयी है, मध्य प्रदेश के व्यापम घोटाले की जाँच के लिए गये 'आज तक' के पत्रकार अक्षय सिंह की रहस्यमय मौत हुई है और पत्रकारों के उत्पीड़न के मामले सामने आये हैं, उससे पत्रकारों की सुरक्षा का मुद्दा एक बार फिर बहस में है। अन्तर्राष्ट्रीय संगठन—कमिटी फार प्रोटेक्शन ऑफ़ जर्नलिस्ट्स (सीपीजे) के मुताबिक़, भारत उन देशों की सूची में 13वें स्थान पर है जहाँ पत्रकारों के ख़िलाफ़ हुए हमलों और उत्पीड़न के मामलों में गुनहगारों को उन्मुक्ति मिली हुई है।

इससे अन्दाज़ा लगाया जा सकता है कि दुनिया के सबसे बड़े लोकतन्त्र, अभिव्यक्ति की आज़ादी और मुक्त प्रेस का दावा करने वाले देश में पत्रकारों की

सुरक्षा की स्थिति कितनी नाज़ुक और परेशान करने वाली है। इसकी पुष्टि भारतीय प्रेस परिषद् (पीसीआई) की एक उपसमिति की पत्रकारों की सुरक्षा पर जारी ताज़ा रिपोर्ट से भी होती है। इस रिपोर्ट के मुताबिक़, वर्ष 1990 से 2015 के बीच ढाई दशकों में 80 पत्रकारों की हत्या हुई है। पत्रकारों पर शारीरिक हमलों और उनके उत्पीड़न की रिपोर्टें तो सैकड़ों में हैं। लेकिन अधिक अफ़सोस और चिन्ता की बात यह है कि पत्रकारों के उत्पीड़न के अधिकांश मामलों में स्थानीय पुलिस और प्रशासन सीधे या परोक्ष रूप से शामिल पाया गया है।

उदाहरण के लिए उत्तर प्रदेश के शाहजहाँपुर के स्वतन्त्र पत्रकार जागेन्द्र सिंह की हत्या के मामले को लीजिए जिसमें सीधे स्थानीय पुलिस पर आरोप है कि उसने जागेन्द्र पर किरोसीन छिड़ककर ज़िन्दा जला दिया। जागेन्द्र के परिवार का आरोप है कि उनकी हत्या के पीछे ज़िले के एक दबंग नेता और उत्तर प्रदेश सरकार के एक वरिष्ठ मन्त्री का हाथ है और पुलिस ने उन्हीं के कहने पर इस जघन्य हत्या को अंजाम दिया। कहने की ज़रूरत नहीं है कि जागेन्द्र का मामला अपवाद नहीं है। समाचार रिपोर्टों के मुताबिक़, पिछले साल देश भर में पत्रकारों पर हमले और उत्पीड़न के 74 फ़ीसदी मामले अकेले उत्तर प्रदेश में दर्ज किये गये।

लेकिन पत्रकारों पर हमलों और उत्पीड़न के मामले में उत्तर प्रदेश सभी राज्यों से आगे भले हो लेकिन देश के किसी राज्य में स्थिति बेहतर नहीं है। आश्चर्य नहीं कि प्रेस परिषद ने 'पत्रकारों की सुरक्षा' से सम्बन्धित ताज़ा रिपोर्ट में अनुशंसा की है कि पत्रकारों की सुरक्षा सुनिश्चित करने के लिए एक सख़्त क़ानून बनाया जाये जिसमें पत्रकारों पर हमले या उनके उत्पीड़न को संज्ञेय अपराध बनाया जाये और सख़्त सज़ा का प्रावधान किया जाये। इसमें पत्रकारों पर हमलों और उत्पीड़न के सभी मामलों को विशेष अदालतों में भेजने और चार्जशीट दाखिल होने के एक साल के अन्दर फ़ैसला सुनाने की अनुशंसा की गयी है।

प्रेस परिषद् ने यह भी सिफ़ारिश की है कि पत्रकारों की हत्या के मामले की जाँच स्वत: सीबीआई के पास भेज देनी चाहिए। उसने पत्रकारों पर हमलों के मामलों की जाँच प्रेस परिषद/अदालत की निगरानी में स्पेशल टास्क फ़ोर्स से कराने को कहा है। पीसीआई ने मारे गये पत्रकारों के परिवारजनों को 10 लाख और घायलों को 5 लाख का मुआवज़ा देने की सिफ़ारिश भी की है।

वह यह भी चाहती है कि केन्द्र सरकार एक अतिरिक्त सचिव स्तर के अधिकारी, प्रेस परिषद की ओर से नामांकित एक सदस्य और पत्रकार संगठनों के

प्रतिनिधियों की उच्च-स्तरीय समिति गठित की जाये। इसी तरह राज्यों में भी एक ऐसी उच्च-स्तरीय समिति के गठन को कहा है जो पत्रकारों पर हमलों और उनके उत्पीड़न के मामलों की जाँच की निगरानी कर सके।

सवाल उठ सकता है कि पत्रकारों की सुरक्षा को इतना महत्त्व क्यों दिया जाये? वे आम नागरिकों से किस तरह अलग हैं? यह भी कि जब आम नागरिक असुरक्षित है और संगठित अपराध की घटनाएँ बढ़ रही हैं तो पत्रकारों के लिए विशेष सुरक्षा और उन पर हमलों/उत्पीड़न के मामलों को अलग से देखने की माँग का क्या औचित्य है? सवाल यह भी है कि अगर पत्रकारों को आम नागरिकों की तुलना में अधिक और विशेष सुरक्षा मिलने लगे तो क्या वे आम नागरिकों की सुरक्षा और उनके ख़िलाफ़ बढ़ रहे आपराधिक मामलों को लेकर सक्रिय और संवेदनशील रह पायेंगे? क्या विशेष सुरक्षा की माँग उन्हें आम नागरिकों से दूर नहीं कर देगी?

यही नहीं, जब आमतौर पर राजनेताओं-अफ़सरों के संरक्षण में अपराधी-माफिया तत्त्वों का सामाजिक जीवन में दबदबा बढ़ता ही जा रहा है, सार्वजनिक सम्पत्ति और ख़ज़ाने की लूट आम है और इस सबके बीच जब आम नागरिकों की सुरक्षा की कोई गारंटी नहीं है तो ऐसे माहौल में पत्रकार कैसे सुरक्षित रह सकते हैं ख़ासकर वे पत्रकार जो अपराध और भ्रष्टाचार का पर्दाफ़ाश करने में जुटे हैं? याद रहे कि हाल के वर्षों में सिर्फ़ पत्रकारों पर ही नहीं बल्कि दर्जनों भ्रष्टाचार विरोधी-सूचना के अधिकार (आरटीआई) कार्यकर्ताओं पर भी प्राणघातक हमले हुए हैं, कइयों की हत्या कर दी गयी है या बुरी तरह से ज़ख़्मी कर दिया गया है।

दोहराने की ज़रूरत नहीं है कि पत्रकारों पर हुए हमलों की तरह इन हमलों के पीछे भी राजनेताओं-अफ़सरों के संरक्षण में चलने वाले अपराधी-माफिया गिरोहों का हाथ रहा है। यही नहीं, ऐसे अनेक मामले हैं जिनमें ख़ुद पुलिस-प्रशासन पर किसी आपराधिक गिरोह की तरह पत्रकारों और भ्रष्टाचार विरोधी-आरटीआई कार्यकर्ताओं को धमकाने, उन्हें फ़र्ज़ी मामलों में फँसाने और जेल में डालने, उनपर हमले करने और कई मामलों में हत्या कराने तक के संगीन आरोप हैं। जैसे हाल में शाहजहाँपुर में पत्रकार जागेन्द्र को जलाकर मारने के मामले में दिखाई पड़ा। इससे साफ़ है कि पत्रकारों पर हमलों और उनके उत्पीड़न में ख़ुद पुलिस-प्रशासन की भूमिका सन्दिग्ध और सवालों के घेरे में रही है।

सवाल यह उठता है कि क्या उस पुलिस-प्रशासन से पत्रकारों की सुरक्षा की अपेक्षा की जा सकती है जो या तो ख़ुद पत्रकारों के उत्पीड़न और उनपर हमलों में सीधे-सीधे शामिल है या जिसके संरक्षण में फलने-फूलने वाले अपराधी/

माफिया गिरोह उन हमलों के सूत्रधार हैं? हालाँकि पुलिस-प्रशासन से सुरक्षा की माँग बिल्कुल जायज़ है और यह उनकी क़ानूनी ज़िम्मेदारी भी है जिसके लिए उन्हें जवाबदेह बनाया जाना चाहिए लेकिन हाल के अनुभवों से यह साफ़ है कि पुलिस-प्रशासन और राजनेताओं-अफ़सरों से यह उम्मीद करना बेकार है कि वे उन पत्रकारों या व्हिसल-ब्लोवर को सुरक्षा देंगे जो भ्रष्टाचार, अनियमितताओं और सार्वजनिक धन की लूट का पर्दाफ़ाश करने की कोशिश करते हैं।

ऐसे में, इस बात के बहुत कम आसार हैं कि राजनीतिक नेतृत्व प्रेस परिषद् की सिफ़ारिश के मुताबिक़ पत्रकारों की सुरक्षा के लिए अलग से कोई क़ानून बनाने की पहल करेगा। लेकिन अगर ऐसा कोई सख़्त क़ानून बन भी गया तो उसे अमल में लाने की ज़िम्मेदारी जिस पुलिस-प्रशासन पर होगी, उससे क्या इसे लागू कराने की उम्मीद की जा सकती है? असल में, एक भ्रष्ट-अपराधी तन्त्र में उन पत्रकारों और व्हिसल-ब्लोवरों की जान हमेशा ख़तरे में रहेगी और उन्हें उत्पीड़न झेलना पड़ेगा जो उसका खुलासा करने या आवाज़ उठाने की कोशिश करेंगे। एक मायने में यह इस पेशे के साथ जुड़ा हुआ जोख़िम है जो एक भ्रष्ट-अपराधी तन्त्र में और संगीन और ख़तरनाक हो जाता है।

दरअसल, ये हमले पत्रकारों और व्हिसल-ब्लोवरों को डराने और उनका मुँह बन्द कराने के लिए किये जा रहे हैं। अगर पत्रकार और व्हिसल-ब्लोवर भ्रष्टाचार-लूट खसोट, अनियमितताओं और संघर्ष के इलाक़ों (कनफ्लिक्ट ज़ोन) में सुरक्षा बलों और उग्रवादियों दोनों की ओर से होने वाले मानवाधिकार हनन के मामलों से आँखें मूँद लें तो उन पर हमले नहीं होंगे या उनका उत्पीड़न नहीं होगा। अफ़सोस और चिन्ता की बात यह है कि ज़्यादातर पत्रकारों और उनके मीडिया संस्थानों ने इस सन्देश को समझते हुए यथार्थ के साथ न सिर्फ़ संगति और सहमति बैठा ली है बल्कि कई उसके लाभार्थियों में शामिल हो गये हैं।

असल में, देश और काफ़ी हद तक राज्यों की राजधानियों से दूर ज़िलों, क़स्बों और तहसीलों और ख़ासकर कश्मीर-उत्तर पूर्व और मध्य भारत में संघर्ष के इलाक़ों (कनफ्लिक्ट ज़ोन) में स्थानीय पत्रकार सबसे ज़्यादा असुरक्षित हैं। वे बहुत मुश्किल भरी स्थितियों में काम करते हैं। आमतौर पर उन्हें न तो स्थायी वेतनभोगी पत्रकारों की तरह वेतन मिलता है, न ही उन्हें कवरेज के लिए कोई सुविधा मिलती है। उन्हें बहुत मामूली वेतन या रिटेनरशिप में गुज़ारा करना पड़ता है। कइयों को बिल्कुल मुफ़्त में काम करना पड़ता है। उनमें से अधिकांश को मीडिया संस्थान

परिचय पत्र भी नहीं देते हैं। उनमें से ज़्यादातर का पत्रकारिता में कोई शिक्षण-प्रशिक्षण भी नहीं है।

लेकिन इसके साथ ही यह भी सच है कि हाल के वर्षों में जिस तरह से क्षेत्रीय अख़बारों और न्यूज़ चैनलों का विस्तार हुआ है और ज़िला संस्करण प्रकाशित होने लगे हैं और ज़िलों की ख़बरों की माँग बढ़ी है, उसके कारण समाचार संस्थानों का उनके बिना काम भी नहीं चल सकता है। अख़बारों के स्थानीय संस्करणों और क्षेत्रीय न्यूज़ चैनलों की सफलता में उनकी बहुत बड़ी भूमिका है। इसके बावजूद उनकी स्थिति में कोई सुधार नहीं आया है और आज भी उन्हें बँधुआ मज़दूर की तरह ही समझा जाता है। आश्चर्य नहीं कि समाचार संस्थानों में न सिर्फ़ उनकी कोई क़दर नहीं है बल्कि उन्हें उनके हाल पर छोड़ दिया गया है।

यही नहीं, ज़्यादातर समाचार संस्थानों ने उनकी मजबूरी का फ़ायदा उठाकर उन्हें विज्ञापन एजेंट में बदल दिया है। उनकी मामूली तनख़्वाह भी इसपर निर्भर करती है कि उन्होंने कितना विज्ञापन वसूल किया। यहाँ तक कि देश के सबसे ज़्यादा बिकने का दावा करने वाले अख़बारों और बिना किसी अपवाद के सभी क्षेत्रीय चैनलों में ज़िला स्तर के स्थानीय रिपोर्टरों को सालाना विज्ञापन का टारगेट दिया जाता है।

इस टारगेट को पूरा करने के लिए ज़ाहिर है कि उन्हें ज़िला प्रशासन और ताक़तवर हित समूहों के साथ समझौते करने पड़ते हैं। इस प्रक्रिया में ख़ुद का ख़र्च चलाने के लिए थानों से लेकर सरकारी कार्यालयों तक और आला अफ़सरों से लेकर सांसदों-विधायकों-मुखियाओं तक और ठेकेदारों-कारोबारियों से लेकर माफियाओं तक की दलाली और जी-हुजूरी करनी पड़ती है।

यह एक कड़वी सच्चाई है कि आज ज़िले/क़स्बे के स्तर की स्थानीय पत्रकारिता का बड़ा हिस्सा न सिर्फ़ भ्रष्ट-अपराधी तन्त्र के साथ साँठ-गाँठ कर चुका है बल्कि ठेकेदारी-दलाली-पैरवी और ब्लैकमेल में शामिल है। लेकिन इसके लिए सिर्फ़ उन पत्रकारों को दोषी ठहराना उचित नहीं होगा। वास्तव में, इसके लिए वे समाचार संस्थान सबसे ज़्यादा ज़िम्मेदार हैं जिन्होंने भ्रष्टाचार-ब्लैकमेल और समझौते को संस्थाबद्ध कर दिया है। सच पूछिये तो वे इस सांस्थानिक भ्रष्ट व्यवस्था के शिकार हैं। अगर ऐसा नहीं होता तो दलाली-ब्लैकमेल और ग़लत धन्धों में शामिल पत्रकार क्या समाचार संस्थानों में टिक सकते हैं?

असल में, ज़िला स्तर के स्थानीय पत्रकारों के पास बहुत कम विकल्प हैं। उन्हें अगर उन अख़बारों/चैनलों में काम करना है तो उनकी शर्तें स्वीकार करनी

पड़ती हैं। लेकिन इसका यह अर्थ कतई नहीं है कि यहाँ भ्रष्ट और दलाली में लिप्त पत्रकारों का बचाव करने या उनके कारनामों पर पर्दा डालने की कोशिश की जा रही है। बहुतेरे मामलों में यह सिर्फ़ मजबूरी नहीं बल्कि एक सोचा-समझा चुनाव भी हो गया है।

यही नहीं, ऐसे कथित पत्रकारों की संख्या भी कम नहीं है जो पहले से तमाम तरह के अवैध धन्धों और ग़ैर-क़ानूनी गतिविधियों में शामिल रहे हैं और जिन्होंने सिर्फ़ अपने बचाव और 'प्रेस' के रसूख का इस्तेमाल करने के लिए पत्रकार का चोला पहन लिया है। चिन्ता की बात यह है कि उनमें से कइयों को बड़े-मँझोले समाचार संस्थानों का संरक्षण भी प्राप्त है।

लेकिन इसका मतलब यह नहीं है कि स्थानीय स्तर पर ईमानदार और साहसी पत्रकार नहीं हैं या सब बिक गये हैं। यह सही है कि उनकी संख्या उँगलियों पर गिनी जा सकती है। मुश्किल यह है कि ईमानदारी और निष्ठा से काम करने वाले पत्रकारों को न सिर्फ़ सत्ता से संरक्षण प्राप्त राजनेताओं-अफ़सरों-कारोबारियों-माफियाओं के संगठित गिरोह का कोपभाजन बनना पड़ता है बल्कि उन्हें भ्रष्ट और समझौतापरस्त समाचार संस्थानों में भी या तो जगह नहीं मिलती है या हाशिये पर रखा जाता है या फिर उनकी भ्रष्टाचार-अनियमितताओं और लूट-खसोट को उजागर करने वाली ख़बरों को जगह नहीं दी जाती है। कभी जगह मिल भी गयी और पत्रकार को निशाना बनाया गया तो उनके समाचार संस्थान उनके साथ खड़े नहीं होते।

इस पूरे दुष्चक्र का एक और महत्त्वपूर्ण पक्ष यह है कि हाल के वर्षों में ज़िला और स्थानीय स्तर पर विकास के लिए आने वाले धन में जिस तेज़ी से बढ़ोतरी हुई है, उससे ज़्यादा तेज़ी से उसकी लूट बढ़ी है। इस लूट पर फलने-फूलने वाला जन-प्रतिनिधियों-अफ़सरों-ठेकेदारों/कारोबारियों-अपराधियों का गठजोड़ और मज़बूत हुआ है। उसमें कोई लोकलाज और डर-भय नहीं है क्योंकि लूट का पैसा ऊपर तक जा रहा है और उसे सीधे सत्तारूढ़ पार्टी के आलाकमान और मुख्यमन्त्रियों/मन्त्रियों तक का संरक्षण मिला हुआ है। इस कारण उसका दुस्साहस बहुत बढ़ गया है। उसकी लूट को उजागर करने और उसपर उँगली उठानेवाले पत्रकारों या व्हिसल-ब्लोवरों को रास्ते से हटाने के लिए वे किसी हद तक जा सकते हैं। इसका अन्दाज़ा पत्रकार जागेन्द्र के मामले से लगाया जा सकता है।

दूसरी ओर, जन-प्रतिनिधियों-अफ़सरों-ठेकेदारों/कारोबारियों-अपराधियों के गठजोड़ को पत्रकारों को निशाना बनाने का साहस इसलिए भी हो रहा है क्योंकि

हाल के वर्षों में इस भ्रष्ट गठजोड़ के साथ साँठ-गाँठ के कारण समाचार संस्थानों और पत्रकारों की साख गिरी है और उन्होंने आम जनता का विश्वास खोया है। इसके कारण पत्रकारों पर हमला करके बच निकलने में आसानी हो गयी है। हैरानी की बात नहीं है कि चाहे पत्रकार जागेन्द्र की हत्या का मामला हो या मध्य प्रदेश में पत्रकार संदीप की हत्या का—पुलिस-प्रशासन की ओर से उनके पत्रकार होने पर सवाल उठाने से लेकर उनकी चरित्र हत्या तक की कोशिशें की गयीं।

साफ़ है कि क्षेत्रीय और ज़िला/क़स्बे स्तर की पत्रकारिता और पत्रकार इस समय ज़बरदस्त दबाव में है जब वहाँ अख़बारों/चैनलों के पाठक/दर्शक और उसके साथ उनका बाज़ार बढ़ रहा है। यह वह पाठक/दर्शक वर्ग है जिसे 'आकांक्षाओं से भरा वर्ग' (एशपिरेशनल क्लास) कहा जा रहा है और जिसकी 'विकास' की बड़ी आकांक्षाएँ हैं। वह राजनीतिक रूप से सक्रिय और जागरूक वर्ग है। उनमें जानने की ज़बरदस्त भूख है। उसकी स्थानीय अख़बारों/चैनलों से बड़ी अपेक्षाएँ हैं। यही वह समय है जब भारतीय राज्य एक ओर ज़िलों में विकास योजनाओं के नाम पर बड़े पैमाने पर धन भेज रहा है जिसकी जमकर लूट हो रही है और दूसरी ओर, निजी क्षेत्र को जल-जंगल-ज़मीन-खनिज आदि सार्वजनिक सम्पदा को लूटने की खुली छूट मिल गयी है।

कहने की ज़रूरत नहीं है कि इस समय एक सजग, सतर्क और सक्रिय स्थानीय समाचार मीडिया की बड़ी ज़रूरत है जो न सिर्फ़ भ्रष्टाचार-अनियमितताओं और विकास योजनाओं और सार्वजनिक सम्पदा की लूट का पर्दाफ़ाश करे बल्कि जन-प्रतिनिधियों और अफ़सरों की जवाबदेही सुनिश्चित करे। इससे सबसे ज़्यादा फ़ायदा ज़ाहिर है कि आम लोगों को है। इसलिए यह ज़रूरी है कि इस भ्रष्टाचार को उजागर करने वाले पत्रकारों को न सिर्फ़ पूरी सुरक्षा मिले बल्कि उन्हें भ्रष्ट और समझौतापरस्त न्यूज़ मीडिया के बरअक्स वैकल्पिक मीडिया मंच—चाहे वह कोई छोटा अख़बार/पत्रिका हो, स्थानीय वेबसाइट हो या फ़ेसबुक पर पेज—खड़ा करने में मदद दी जाये।

यही नहीं, इसके साथ ही पत्रकार की मौजूदा सीमित परिभाषा को भी चुनौती दी जानी चाहिए। बड़े-मँझोले अख़बारों/चैनलों के पत्रकारों को ही 'पत्रकार' क्यों माना जाये जबकि नये वेब माध्यम न सिर्फ़ तेज़ी से फ़ैल रहे हैं बल्कि उनकी लोकप्रियता भी बढ़ रही है। सच यह है कि बड़े-मँझोले अख़बारों और चैनलों में जितनी ही समझौतापरस्ती और भ्रष्ट-अपराधी तन्त्र के साथ साँठ-गाँठ बढ़ती जा रही है, उतना ही वैकल्पिक माध्यमों की माँग और ज़रूरत बढ़ती जा रही है। इसके

कारण आने वाले दिनों में स्थानीय स्तर पर ऐसे वैकल्पिक सूचना/न्यूज़ माध्यमों की संख्या बढ़ेगी, खोजी या भण्डाफोड़ पत्रकारिता का ज़ोर बढ़ेगा क्योंकि उसके बिना उसके होने का कोई औचित्य नहीं होगा लेकिन इसके साथ ही उन पर हमले भी बढ़ेंगे।

इसलिए ज़रूरी है कि पत्रकारों और व्हिसल-ब्लोवरों की सुरक्षा के बारे में गम्भीरता से सोचा जाये। लेकिन उनकी सुरक्षा सिर्फ़ एक अलग क़ानून बनाने से या पुलिस के भरोसे नहीं हो सकेगी। असल में, विशेष सुरक्षा की माँग एक रक्षात्मक माँग है। ज़रूरत आक्रामक होने और लड़ाई को उनके मैदान में ले जाने की है। इसके लिए सबसे बेहतर उपाय यह है कि भ्रष्टाचार और लूट-खसोट के पर्दाफ़ाश की रिपोर्टें अधिक-से-अधिक और इतने अधिक समाचार माध्यमों में छपें/प्रसारित हों कि उनका मुँह बन्द करना नामुमकिन हो जाये। आख़िर कितने पत्रकारों की जान लेंगे और कितनों का मुँह बन्द करेंगे?

इससे बड़े-मँझोले अख़बारों/चैनलों पर भी समझौते से बाहर आने का दबाव बढ़ेगा। यह क्षेत्रीय/स्थानीय पत्रकारिता की साख को बहाल करने और लोगों का विश्वास जीतने का भी एकमात्र रास्ता है। इसके साथ ही वैकल्पिक माध्यमों और व्हिसल-ब्लोवरों के बीच आपसी सहयोग बढ़ाने और एक-दूसरे के साथ मिलकर काम करने की भी ज़रूरत है क्योंकि यह लड़ाई सिर्फ़ पत्रकारों की सुरक्षा की नहीं है बल्कि लोकतन्त्र और लोगों के सच जानने के अधिकार को बचाने की लड़ाई है।

*(अगस्त, 2015)*

# मुद्दा क्यों है सम्पादक की ऊँची तनख़्वाह?

**सम्पादकों की ऊँची तनख़्वाहों का सम्बन्ध उनकी स्वतन्त्रता और पत्रकारिता में पारदर्शिता और जवाबदेही से है**

क्या पत्रकारों या सम्पादकों की तनख़्वाह, भत्ते और उनकी कुल आमदनी का उनकी पत्रकारिता से कोई सम्बन्ध है? क्या किसी सम्पादक के कामकाज की समीक्षा करते हुए उसके सालाना वेतन-भत्ते और आमदनी को ध्यान में रखा जाना चाहिए? क्या सम्पादकों को मैनेजरों की तरह ऊँची तनख़्वाहें/भत्ते मिलने चाहिए? इन प्रश्नों के उत्तर में 'इंडियन एक्सप्रेस' के पूर्व प्रधान सम्पादक शेखर गुप्ता का कहना है कि पत्रकारों/सम्पादकों को ऊँची तनख़्वाहें मिलनी चाहिए। उनका प्रति-प्रश्न है कि पत्रकारों को अमीर क्यों नहीं होना चाहिए? उनका मानना है कि सम्पादकों/पत्रकारों की तनख़्वाह/आय से उनकी पत्रकारिता को नहीं तौला जाना चाहिए।

कहने की ज़रूरत नहीं है कि ऐसा सोचनेवाले पत्रकारों/सम्पादकों में शेखर गुप्ता अकेले नहीं हैं बल्कि कहना चाहिए कि उनकी राय से सहमति रखनेवाले पत्रकारों/सम्पादकों की संख्या अच्छी-ख़ासी है। उल्लेखनीय है कि राजनीति और संस्कृति पर केन्द्रित अंग्रेज़ी मासिक पत्रिका 'कारवान' (दिसम्बर'14) के मीडिया अंक में 'कैपिटल रिपोर्टर' शीर्षक से सम्पादक/पत्रकार शेखर गुप्ता पर एक लम्बा प्रोफाइल फीचर छपा है जिसमें उनके पत्रकारीय जीवन के विकास, उनके कामकाज और विचारों का विस्तृत ब्यौरा दिया गया है।

इस आलेख के मुताबिक़, 'इंडियन एक्सप्रेस' में प्रधान सम्पादक/सीईओ रहे शेखर गुप्ता का 2009 से 2014 के बीच औसतन सालाना वेतन पैकेज लगभग 10 करोड़ रुपये का था। आलेख के मुताबिक़, गुप्ता को वर्ष 2009-2010 में 'कैपिटल गेन्स' से 36.67 करोड़ रुपये की आमदनी हुई थी।

इस आलेख के अनुसार, दिल्ली और गुड़गाँव की महँगी कालोनियों/इलाक़ों में शेखर गुप्ता के कई मकान और फ़ार्म हाउस हैं। 'कारवान' ने शेखर गुप्ता की ऊँची तनख़्वाह और आमदनी को परोक्ष रूप से मुद्दा बनाते हुए उनके रसूख और ताक़तवर लोगों से सम्बन्धों को उनके वैचारिक रुझान और उससे प्रभावित उनकी पत्रकारिता से जोड़ा है। हालाँकि गुप्ता इस आकलन से सहमत नहीं हैं और वेब न्यूज़ पोर्टल 'स्क्रालडाटइन' के साथ एक इंटरव्यू में उन्होंने इस धारणा पर सवाल उठाते हुए पूछा है कि पत्रकारों को मैनेजरों की तरह ऊँची तनख़्वाहें/भत्ते क्यों नहीं मिलने चाहिए?

इसी सिलसिले में मीडिया वेबसाइट 'द हूट' में परंजाय गुहा ठाकुरता और ए बैनर्जी ने 'टाइम्स ऑफ़ इंडिया' (बेनेट कोलमैन एंड कम्पनी लिमिटेड) समूह में मालिकों, प्रबन्धकों और वरिष्ठ सम्पादकों की ऊँचे वेतन/भत्तों और पैकेज पर विस्तृत टिप्पणी लिखी है। इस टिप्पणी के अनुसार, वर्ष 2013-14 में टाइम्स समूह के मालिकों में दोनों भाइयों—प्रबन्ध निदेशक विनीत जैन को कुल 46.38 करोड़ रुपये और वाइस चेयरमैन और प्रबन्ध निदेशक समीर जैन को 37.52 करोड़ रुपये और माँ और कम्पनी की चेयरपर्सन इन्दु जैन को 15.53 करोड़ रुपये का भुगतान किया गया। दूसरी ओर, 'टाइम्स ऑफ़ इंडिया' के सम्पादक जयदीप बोस का सालाना पैकेज 1.94 करोड़ रुपये का था।

इन आलेखों के छपने के बाद से पत्रकारिता जगत में सम्पादकों के ऊँचे वेतन और आमदनी का मुद्दा बहस का मुद्दा बन गया है। मज़े की बात यह है कि मालिकों और मैनेजरों के पैकेज पर न के बराबर चर्चा हो रही है जबकि सम्पादकों की आमदनी और सम्पत्ति पर ख़ूब सवाल उठाये जा रहे हैं। हालाँकि यह बहस मुख्यधारा के कॉर्पोरेट न्यूज़ मीडिया (अख़बारों/न्यूज़ चैनलों) में नहीं बल्कि सोशल मीडिया, मीडिया वेबसाइटों और वेब न्यूज़ पोर्टलों पर चल रही है। लेकिन मुख्यधारा के कॉर्पोरेट न्यूज़ मीडिया में इस बहस को नज़रअन्दाज़ करने के बावजूद सोशल मीडिया, न्यूज़ पोर्टलों और मीडिया वेबसाइटों के बढ़ते प्रभाव के कारण शेखर गुप्ता जैसे रसूखदार सम्पादक को इन सवालों का जवाब देना पड़ रहा है।

यह सिर्फ़ संयोग नहीं है कि कॉर्पोरेट न्यूज़ मीडिया में मालिकों, प्रबन्धकों और सम्पादकों की ऊँची तनख़्वाहों/भत्तों का मुद्दा ऐसे समय में उठा है जब सम्पादक नाम की संस्था की नैतिक सत्ता क्षीण हुई है, वह मृतप्राय और सवालों (नीरा राडिया प्रकरण आदि) के घेरे में है, मुख्यधारा की कॉर्पोरेट पत्रकारिता की साख कमज़ोर

हुई है और पत्रकारों के सत्ता और कॉर्पोरेट्स के साथ नज़दीकी सम्बन्धों को लेकर गम्भीर सवाल उठ रहे हैं।

उल्लेखनीय है कि पिछले कुछ वर्षों में पत्रकारिता में पारदर्शिता और जवाबदेही सुनिश्चित करने के लिए सम्पादकों/पत्रकारों से निर्वाचित जन प्रतिनिधियों, मन्त्रियों और राजनेताओं, सरकारी अधिकारियों की तरह अपनी सम्पत्ति सार्वजनिक करने की माँग ज़ोर पकड़ रही है।

यह भी संयोग नहीं है कि यह मुद्दा ऐसे समय में उठा है जब समाचार-पत्र उद्योग में पत्रकारों के लिए मजीठिया वेतन आयोग की सिफ़ारिशों को लागू करने की माँग को दबाने और उसे रफा-दफा करने में मालिकों/मैनेजरों के साथ सम्पादक भी जुटे हैं। यही नहीं, जिस टाइम्स समूह में मालिकों/मैनेजरों के साथ चुनिन्दा सम्पादकों को करोड़ों का सालाना पैकेज है, वह पत्रकारों के लिए मजीठिया वेतन आयोग और उसकी सिफ़ारिशों के ख़िलाफ़ मुहिम चलाने में सबसे आगे था। यह भी संयोग नहीं है कि मालिकों/मैनेजरों/सम्पादकों की तनख़्वाहों और पैकेज का मुद्दा उस समय बहस में आया है जब दुनिया भर में बड़े बैंकों-वित्तीय संस्थाओं और दूसरी बड़ी कम्पनियों के मालिकों और उनके शीर्ष मैनेजरों के ऊँचे वेतन-भत्तों और बोनस का मुद्दा बहस में है।

ज़ाहिर है कि इतने संयोग नहीं हो सकते। इन सभी के बीच गहरा सम्बन्ध है। ऐसे में, मालिकों/मैनेजरों के साथ-साथ सम्पादकों और पत्रकारों के वेतन, भत्तों और सम्पत्ति के पत्रकारिता से रिश्ते की पड़ताल न सिर्फ़ ज़रूरी हो जाती है बल्कि उसपर न्यूज़ मीडिया में गम्भीर बहस की ज़रूरत है। इसमें कोई दो राय नहीं है कि यह एक जटिल मुद्दा है जिसके कई पहलू और पक्ष हैं और जिसे सिर्फ़ काले-सफ़ेद में बाँटकर नहीं देखा जा सकता है। यह भी ठीक है कि पत्रकारिता में बहस और चर्चा के लिए और भी कई ज़रूरी और महत्त्वपूर्ण मुद्दे हैं। लेकिन इसका अर्थ यह नहीं है कि इस मुद्दे को कालीन के नीचे दबा-छुपाकर रखा जाये या इसे चर्चा के लायक न माना जाये।

आख़िर यह बहस या चर्चा का मुद्दा क्यों नहीं है? शेखर गुप्ता का तर्क है कि मुक्त बाज़ार अर्थव्यवस्था में न्यूज़ मीडिया कम्पनियों को अपने सम्पादकों और पत्रकारों का वेतन/भत्ता तय करने का पूरा अधिकार है। निजी क्षेत्र में वेतन/भत्ते योग्यता के आधार पर तय होते हैं और यह उस कम्पनी का अधिकार है कि वह किसे कितना वेतन/भत्ता देना चाहती है। गुप्ता का यह कहना ठीक है कि बाज़ार अर्थव्यवस्था में किसी न्यूज़ मीडिया कम्पनी को सम्पादक चुनने से लेकर उसकी

सेवा शर्तें और वेतन पैकेज तय करने का अधिकार है। आमतौर पर वेतन पैकेज न्यूज़ मीडिया कम्पनी प्रबन्धन और सम्पादक पद पर नियुक्त पत्रकार के बीच के मोलतोल से तय होता है।

यह तथ्यत: सही है। यही हो रहा है लेकिन क्या यह क़ानूनी रूप से भी पूरी तरह से सही है? निश्चय ही, नहीं। तथ्य यह है कि देश में श्रमजीवी पत्रकार क़ानून है जिसे इस देश की संसद ने पास किया है और जिसके तहत सरकार हर दस साल में एक वरिष्ठ जज की अध्यक्षता में समाचार-पत्रों के पत्रकारों और कर्मचारियों का वेतनमान तय करने के लिए आयोग गठित करती है।

ध्यान रहे कि देश में सरकारी कर्मचारियों के अलावा पत्रकारिता ही एकमात्र पेशा है जिसके लिए सरकार वेतनमान तय करती है। यह क़ानून आज़ादी के तुरन्त बाद बना था और इस विचार से निकला था कि लोकतन्त्र में लोगों को सूचना देने और जनमत निर्माण में पत्रकारिता की भूमिका बहुत महत्त्वपूर्ण है। इसके लिए पत्रकारों की आज़ादी सुनिश्चित करना ज़रूरी है और उसमें वेतन और सेवाशर्तों की भूमिका सबसे अहम है।

उल्लेखनीय है कि श्रमजीवी पत्रकार क़ानून तकनीकी तौर पर केवल समाचार-पत्रों और उसमें कार्यरत पत्रकारों पर लागू होता है और न्यूज़ चैनलों के अलावा वेब पोर्टलों के पत्रकार उसके दायरे से बाहर हैं। इसकी वजह यह है कि जब यह क़ानून बना था, उस समय टीवी और वेब नहीं थे। इस क़ानून के मुताबिक़, वार्षिक टर्नओवर के आधार पर विभिन्न श्रेणी के समाचार-पत्रों में अलग-अलग पदों पर कार्यरत पत्रकारों का वेतनमान सरकार द्वारा गठित आयोग तय करता है जिसमें समाचार-पत्र मालिकों और पत्रकारों के प्रतिनिधि भी होते हैं। यह आयोग ही वेतनमान की सिफ़ारिश करता है। कोई समाचार-पत्र चाहे तो उस वेतनमान से ज़्यादा दे सकता है लेकिन उससे कम नहीं दे सकता है।

कहने की ज़रूरत नहीं है कि समाचार-पत्रों के मालिकों ने श्रमजीवी पत्रकार क़ानून को कभी पसन्द नहीं किया। उन्होंने उसे ख़त्म करने या निष्प्रभावी बनाने के लिए कोई कसर नहीं उठा रखी है। केन्द्र और राज्य सरकारों ने भी दबे-छिपे उनकी मदद की है। आश्चर्य नहीं कि पिछले कई वेतन आयोगों—बछावत से लेकर मणिसाना की सिफ़ारिशें घोषित और काग़ज़ी तौर पर तो लागू कर दी गयीं लेकिन सच यह है कि 90 फ़ीसदी अख़बारों ने उसे लागू नहीं किया या आधे-अधूरे तरीक़े से लागू किया।

नतीजा, आमतौर पर पत्रकार बहुत मामूली तनख़्वाहों और बदतर सेवाशर्तों पर काम करने के लिए मजबूर किये जाते रहे। स्ट्रिंगरों और मुफ्फसिल पत्रकारों को वेतन या पारिश्रमिक के नाम पर प्रशिक्षित श्रमिकों के लिए घोषित न्यूनतम मज़दूरी से भी कम पर काम करना पड़ा।

यही नहीं, पिछले दो दशकों में समाचार-पत्रों सहित समूचे न्यूज़ मीडिया उद्योग में ठेके पर नियुक्तियों का ऐसा सिलसिला शुरू हुआ कि इस क़ानून और वेतनमानों को बेमानी बना दिया गया। इसी दौर में समाचार-पत्र उद्योग में सुसंगठित रूप से पत्रकारों की ट्रेड यूनियनों को ख़त्म किया गया। इसके साथ ही उनकी सामूहिक मोलतोल की क्षमता ख़त्म हो गयी। समाचार-पत्र कम्पनियों से सीख लेकर टीवी न्यूज़ कम्पनियों ने चैनलों में सभी नियुक्तियाँ ठेके पर कीं और चैनलों में कभी ट्रेड यूनियन नहीं बनने दिया।

यह सही है कि इस दौर में ख़ासकर टीवी न्यूज़ चैनलों के आने के बाद शुरुआत के चार-पाँच वर्षों (2003-07) तक दिल्ली, मुम्बई और ऐसे कुछ बड़े शहरों और राजधानियों के पत्रकारों की तनख़्वाहों में सुधार हुआ, उनका वेतन पहले की तुलना में बढ़ा और साथ ही, पत्रकारिता में अवसर भी बढ़े। लेकिन मोटे तौर पर इसके साथ ही यह भी सच है कि पत्रकारों के वेतन में सुधार और बढ़ोतरी का ज़्यादा फ़ायदा कुछ बड़ी न्यूज़ मीडिया कम्पनियों और उनके पत्रकारों को हुआ है। इसमें भी ज़्यादा फ़ायदा ऊपर के पदों पर कार्यरत चुनिन्दा पत्रकारों को हुआ जिनकी भूमिका और काम काफ़ी हद तक मैनेजरों की तरह बना दिये गये।

लेकिन दूसरी ओर समाचार-पत्रों और न्यूज़ चैनलों के विस्तार के बावजूद देश के ज़्यादातर अख़बारों/चैनलों और मँझोले और छोटे शहरों के अलावा ज़िला मुख्यालय पर काम करने वाले पत्रकारों और स्ट्रिंगरों के वेतन में बहुत मामूली सुधार और बढ़ोतरी हुई। यही नहीं, पिछले तीन-चार सालों में ख़ासकर 2007-08 के बाद आम पत्रकारों के वेतन/भत्तों में वृद्धि की रफ़्तार न सिर्फ़ कम हुई है बल्कि छँटनी के कारण रोज़गार पर संकट आया है।

असल में, वैश्विक आर्थिक संकट के प्रभाव में लड़खड़ाई भारतीय अर्थव्यवस्था का असर न्यूज़ मीडिया उद्योग पर भी पड़ा है। इसके कारण पिछले दशक में पत्रकारों के वेतन-भत्तों में हुए सुधार के मामले में जो कुछ हासिल हुआ था, वह धीरे-धीरे ख़त्म या बेमानी होता जा रहा है। कुछ अपवादों को छोड़ दिया जाये तो बड़े अख़बारों/न्यूज़ चैनलों से लेकर मँझोले/छोटे अख़बारों/न्यूज़ चैनलों

के न्यूज़रूम में पत्रकारों के वेतन/भत्तों में आये ठहराव या गिरावट के कारण बेचैनी का माहौल है।

लेकिन ज़्यादातर न्यूज़ मीडिया कम्पनियों का तर्क है कि उनकी आर्थिक स्थिति अच्छी नहीं है और उनका मुनाफ़ा घटा है या वे घाटे में चल रही हैं। इसलिए वे पत्रकारों के वेतन में अपेक्षित वृद्धि करने के लिए तैयार नहीं हैं।

इसी तर्क के आधार पर समाचार-पत्र उद्योग और उसके लाबी संगठन इंडियन न्यूज़पेपर्स सोसायटी (आईएनएस) और बड़े अख़बार समूहों ख़ासकर टाइम्स ऑफ़ इंडिया, आनन्द बाज़ार ने मजीठिया वेतन आयोग को लागू न करने के लिए अभियान चलाया। अख़बारों में विज्ञापन दिये गये कि अगर पत्रकारों और अन्य कर्मचारियों को मजीठिया वेतन आयोग की सिफ़ारिशों के मुताबिक़ वेतन दिये गये तो समाचार-पत्र दिवालिया और बन्द हो जायेंगे। केन्द्र सरकार पर दबाव बनाने से लेकर समाचार-पत्र कम्पनियाँ मजीठिया वेतन आयोग को लागू करने से रोकने के लिए सुप्रीम कोर्ट तक गयीं। इसके लिए उन्होंने सुप्रीम कोर्ट में श्रमजीवी पत्रकार क़ानून की वैधता तक को चुनौती दी।

हालाँकि सुप्रीम कोर्ट ने समाचार-पत्र कम्पनियों की दलील को ख़ारिज कर दिया और मजीठिया लागू करने का आदेश दिया लेकिन सच यह है कि किसी समाचार-पत्र कम्पनी ने इसे ईमानदारी से लागू नहीं किया। अधिकांश ने इसे लागू करने से बचने की तिकड़में निकाल लीं और कुछ ने काग़ज़ी और आधे-अधूरे तौर पर लागू करने की तरकीबें खोज लीं। यह कहा जाये तो ग़लत न होगा कि समाचार-पत्र उद्योग ने केन्द्र और राज्य सरकारों की परोक्ष मदद से मजीठिया वेतन आयोग की सिफ़ारिशों को दफ़न कर दिया।

किसी ने यह सवाल नहीं पूछा कि जब समाचार-पत्र उद्योग इतने गम्भीर 'आर्थिक संकट' का सामना कर रहा है और इस आधार पर उनके लिए आम पत्रकारों के वेतन में अपेक्षित और उपयुक्त वृद्धि करने में मुश्किल हो रही है तो मालिकों और सीईओ समेत सम्पादक को आसमान छूता वेतन कैसे मिल रहा है?

आख़िर मालिकों/सीईओ और सम्पादकों के वेतन/भत्तों/बोनस और कुल मुआवज़े और उसी कम्पनी में काम करने वाले अधिकांश पत्रकारों के वेतन/भत्तों और कुल मुआवज़े में कोई तार्किक और नैतिक सम्बन्ध होना चाहिए या नहीं? क्या मुक्त बाज़ार अर्थव्यवस्था के तर्क से अतार्किक वेतन पैकेज को उचित ठहराया जा सकता है?

यह सवाल इसलिए महत्त्वपूर्ण है क्योंकि हाल के वर्षों में ख़ासकर हालिया वैश्विक आर्थिक संकट के बाद बड़े बैंकों/वित्तीय और अन्य कम्पनियों के सीईओ और दूसरे बड़े अफ़सरों के भारी-भरकम वेतन पैकेज और मनमाने बोनस पर नियन्त्रण लगाने की बहस तेज़ हो गयी है। कहा जा रहा है कि मुक्त बाज़ार अर्थव्यवस्था का यह अर्थ नहीं है कि कम्पनी के मालिक और सीईओ अपने वेतन पैकेज और मुआवज़े मनमाने तरीक़े से तय करें।

यहाँ तक कि कई उदार मुक्त बाज़ार अर्थव्यवस्था वाले देश निजी क्षेत्र की कम्पनियों के सीईओ के वेतन और मुआवज़े तय करने या उसे रेगुलेट करने की दिशा में बढ़ रहे हैं। लेकिन मुद्दा सिर्फ़ यह नहीं है कि मालिकों/सीईओ और सम्पादकों के ऊँचे वेतन और मुआवज़ों को रेगुलेट किया जा सकता है या नहीं बल्कि न्यूज़ मीडिया उद्योग के सन्दर्भ में ख़ासकर सम्पादकों और पत्रकारों के वेतन/भत्तों के मामले का नैतिक पक्ष कहीं ज़्यादा महत्त्वपूर्ण है। दरअसल, पत्रकारों और सम्पादकों के वेतन/भत्तों और कुल आय का उनकी पत्रकारिता से इस अर्थ में गहरा सम्बन्ध है कि उसका परोक्ष या सीधा असर उनकी स्वतन्त्रता और प्रोफ़ेशनल शुचिता पर पड़ता है।

दुनिया भर के अनुभवों से यह साफ़ है कि पत्रकारों को बहुत कम वेतन और बहुत ज़्यादा वेतन दोनों उन्हें उनकी स्वतन्त्रता, वस्तुनिष्ठता और प्रोफ़ेशनल शुचिता से समझौता करने के लिए मजबूर कर सकते हैं। यह किसी से छुपा नहीं है कि ज़िलों, मुफ्फसिलों और छोटे शहरों की पत्रकारिता में भ्रष्टाचार, ब्लैकमेल और दलाली की सबसे बड़ी वजह पत्रकारों को बहुत कम या नहीं के बराबर वेतन मिलना है।

यह कहना ग़लत नहीं होगा कि इन पत्रकारों को इनके अख़बारों/चैनलों ने अनुचित तौर-तरीक़े अपनाने, भ्रष्ट बनने और ब्लैकमेल/दलाली के लिए बाध्य किया है। कई अख़बारों में ज़िला/मुफ्फसिल संवाददाताओं को अतिरिक्त कमाई के लिए विज्ञापन जुटाने के काम में भी लगा दिया गया है जहाँ उन्हें कई समझौते करने पड़ते हैं।

कुछ अख़बारों/चैनलों ने अपने संवाददाताओं को यह कहते हुए अख़बार/चैनल का परिचयपत्र दे दिया है कि वे अपनी कमाई का जुगाड़ ख़ुद करें। साफ़ है कि पत्रकारों को कम वेतन या न के बराबर वेतन का मतलब उन्हें सांस्थानिक रूप से समझौते करने और बिकने के लिए मजबूर करना है। लेकिन इसका अर्थ यह

नहीं है कि अगर पत्रकारों को ऊँची तनख़्वाहें मिलने लगें तो यह उनकी ईमानदारी और स्वतन्त्रता की गारंटी होगी।

सच यह है कि बहुत ऊँची तनख़्वाहें भी पत्रकारों को अपनी स्वतन्त्रता से समझौते के लिए मजबूर करती हैं। असल में, पत्रकारों/सम्पादकों को ऊँची तनख़्वाहें देकर उनका मुँह बन्द कर दिया जाता है। उनके लिए ऊँची तनख़्वाह को लात मारना मुश्किल हो जाता है। ऊँची तनख़्वाहों के ज़रिये उन्हें ऐसी जीवन शैली का आदती बना दिया जाता है जिसे छोड़ना उनके लिए मुश्किल हो जाता है।

हैरानी की बात नहीं है कि बड़ी कॉर्पोरेट न्यूज़ मीडिया कम्पनियों में सम्पादक नाम की संस्था के अवसान या क्षरण के बावजूद इन दिनों किसी सम्पादक के नीतिगत या वैचारिक मुद्दों पर इस्तीफ़े की ख़बरें नहीं आती हैं। मीडिया अकादमिक रॉबर्ट मैकचेस्नी ने अमेरिकी न्यूज़ मीडिया में ऊँची तनख़्वाहों के प्रभाव का आकलन करते हुए लिखा है कि एक दौर में राज्य का दबाव और धौंस-धमकी पत्रकारों/सम्पादकों को झुका नहीं पायी, वह लक्ष्य न्यूज़ मीडिया के कॉर्पोरेटीकरण के बाद पत्रकारों ख़ासकर सम्पादकों को मैनेजरों की तरह ऊँची तनख़्वाहें देकर हासिल कर लिया गया। भारतीय न्यूज़ मीडिया ख़ासकर बड़े अख़बारों/चैनलों के सन्दर्भ में भी यह आकलन काफ़ी हद तक लागू होता है।

इसलिए शेखर गुप्ता मानें या न मानें लेकिन ऊँची तनख़्वाहों और पैकेज के दबाव से इनकार नहीं किया जा सकता है। सवाल यह है कि पहले उस ऊँची तनख़्वाह और पैकेज को हासिल करने के लिए और फिर उसे बचाये रखने के लिए क्या सम्पादकों और पत्रकारों को समझौते नहीं करने पड़ते हैं? यह ठीक है कि कुछ सम्पादक और पत्रकार इसके अपवाद हो सकते हैं।

लेकिन अपवाद कभी नियम नहीं होते। इसी तरह क्या किसी पत्रकार/सम्पादक की सम्पत्ति का उसकी घोषित आय से ज़्यादा होना यह सन्देह नहीं पैदा करता है कि यह उसके समझौतों का नतीजा हो सकती है? यह सन्देह बेवजह नहीं है। पत्रकारिता में भी भ्रष्टाचार, ब्लैकमेल और दलाली के अलावा ख़बरों की ख़रीद-फ़रोख्त का धन्धा बढ़ा है।

इस कारण सम्पादकों को सरकारी अफ़सरों, जजों और निर्वाचित जन प्रतिनिधियों की तरह अपनी सम्पत्ति की सार्वजनिक घोषणा क्यों नहीं करनी चाहिए? क्या पत्रकारिता में पारदर्शिता और जवाबदेही सुनिश्चित करने के लिए पत्रकारों ख़ासकर सम्पादकों को उत्तरदायी नहीं बनाना चाहिए? अगर न्यूज़ मीडिया सरकारी

अफ़सरों, जन प्रतिनिधियों और जजों से अपनी सम्पत्ति की सार्वजनिक घोषणा की माँग करता है तो उसे ख़ुद ऐसा क्यों नहीं करना चाहिए?

इसके अलावा ऊँची तनख़्वाहों ख़ासकर करोड़ों के पैकेज और कम्पनी में सम्पादकों को शेयर देने का एक और नैतिक-वैचारिक पक्ष यह है कि भारत जैसे ग़रीब और विकासशील देश में ऊँची तनख़्वाहें एक तरह की अश्लीलता हैं और ग़ैर-बराबरी बढ़ाने वाली हैं।

इसमें हितों का टकराव भी है क्योंकि सम्पादक की अगर न्यूज़ मीडिया कम्पनी में शेयर हिस्सेदारी है तो उसके लिए समाचारों और विचारों की स्वतन्त्रता की तुलना में कम्पनी के हित ज़्यादा ज़रूरी लगने लग सकते हैं। वह अख़बार या चैनल में सम्पादकीय मूल्यों और स्वतन्त्रता की रक्षा और उन्हें बुलन्द रखने के लिए लड़ेगा या वह कम्पनी के व्यावसायिक हितों की हिफ़ाज़त करेगा?

यहाँ यह-तर्क नहीं चलेगा कि न्यूज़ मीडिया कम्पनी के व्यावसायिक हितों और पत्रकारिता के मूल्यों में कोई टकराव नहीं होता है। यह टकराव एक सच्चाई है और असली सवाल यह है कि इस टकराव में सम्पादक का पक्ष क्या है? क्या ऊँचे वेतन पैकेजवाला सम्पादक सत्य के पक्ष में खड़ा होने का साहस कर सकता है?

यही नहीं, ऊँची तनख़्वाहों के कारण सम्पादक का वर्ग चरित्र भी बदल जाता है। उसकी पक्षधरता बदल सकती है। सम्भव है कि उसके लिए ग़रीबों और कमज़ोर लोगों के मुद्दे उतने महत्त्वपूर्ण नहीं रह जायें। ग़रीब तो छोड़िये, उसके और न्यूज़रूम के दूसरे पत्रकारों के बीच कितनी दूरी हो जाती है। लेकिन पत्रकारिता का उद्देश्य कमज़ोर और हाशिये पर पड़े लोगों और जिनकी आवाज़ नहीं सुनी जाती है, उनकी आवाज़ उठाना है। क्या यह सिर्फ़ संयोग है कि ऊँचे पैकेज के पक्षधर ज़्यादातर पत्रकार/सम्पादक नव उदारवादी अर्थनीति और मुक्त बाज़ार अर्थव्यवस्था के मुखर समर्थक हैं जिसमें ग़रीबों की आवाज़ के लिए कोई जगह नहीं है?

यह सिर्फ़ संयोग नहीं है कि सभी बड़े कॉर्पोरेट न्यूज़ मीडिया समूह खुलकर मुक्त बाज़ार अर्थव्यवस्था, नव उदारवादी अर्थनीति और आर्थिक सुधारों का समर्थन करते हैं और उसमें इस सोच से असहमति रखने वाले किसी पत्रकार का ऊँचे वेतन पैकेज के साथ सम्पादक के पद तक पहुँचना सम्भव नहीं है।

इस तरह कॉर्पोरेट न्यूज़ मीडिया के मौजूदा ढाँचे की इस विसंगति को छुपा पाना मुश्किल है कि एक ओर सम्पादक को कम्पनी के सामान्य पत्रकारों की तुलना में 1:180 के अनुपात में वेतन पैकेज मिलता हो और दूसरी ओर देश में ज़्यादातर

पत्रकारों को मामूली या न्यूनतम वेतन में गुजारा करना पड़ता हो। यही नहीं, कॉर्पोरेट न्यूज़ मीडिया कम्पनियाँ अपनी पूरी ताक़त पत्रकारों के लिए मजीठिया वेतन आयोग की सिफ़ारिशों को लागू न करने की तिकड़में खोजने में ख़र्च कर देती हैं।

ऐसे में, सम्पादकों के आसमान छूते वेतन पैकेज के मुद्दे पर शुरू हुई बहस में आम पत्रकारों के वेतन/भत्ते और सेवाशर्तों के मुद्दे को जोड़कर उसपर बहस न सिर्फ़ चलनी चाहिए बल्कि बहुत ज़रूरी हो गयी है। यह सम्पादक नाम की संस्था के साथ-साथ पत्रकारिता के भविष्य के लिए भी ज़रूरी बहस है। इसे अब और अनदेखा नहीं किया जा सकता है।

*(जनवरी, 2015)*

# एक सितारे का पतन

**कोई पत्रकार जब ख़ुद को पत्रकारिता के आदर्शों, सरोकारों और उद्देश्यों से बड़ा मानने लगता है तो उसके फिसलन और विचलनों की शुरुआत हो जाती है**

विडम्बना देखिए कि मुख्यधारा की कॉर्पोरेट पत्रकारिता और उसके नैतिक विचलनों के ख़िलाफ़ आवाज़ उठाने वाली और ख़ुद को वैकल्पिक पत्रकारिता के साथ जोड़ने वाली पत्रिका 'तहलका' के प्रधान सम्पादक तरुण तेजपाल अपनी ही एक युवा रिपोर्टर के साथ बलात्कार और यौन उत्पीड़न के गम्भीर आरोपों में जेल में हैं। यही नहीं, युवा रिपोर्टर की शिकायत पर त्वरित, उचित और क़ानून के मुताबिक़ कार्रवाई न करने, मामले को दबाने और लीपापोती करने की कोशिश के आरोप में 'तहलका' की प्रबन्ध सम्पादक शोमा चौधरी को भी इस्तीफ़ा देने के लिए मजबूर होना पड़ा है।

हालाँकि तेजपाल पर लगे आरोपों पर फ़ैसला कोर्ट में होगा और उन्हें अपने क़ानूनी बचाव का पूरा हक़ है लेकिन इस मामले में तेजपाल ने ख़ुद अपना स्टैंड जिस तरह से कई बार बदला है और पहले पश्चात्ताप के ऐलान के बाद अब उस युवा रिपोर्टर पर सवाल उठा रहे हैं, उसे लेखिका अरुंधती राय ने ठीक ही 'दूसरा बलात्कार' कहा है। हैरानी की बात नहीं है कि तेजपाल प्रकरण सामने आने और उससे सख़्ती से निपटने में पत्रिका प्रबन्धन की नाकामी के बाद 'तहलका' के आधा दर्जन से ज़्यादा पत्रकारों ने इस्तीफ़ा दे दिया है।

इस बीच, 'तहलका' की फंडिंग और ख़ासकर तेजपाल के व्यावसायिक लेनदेन को लेकर भी गम्भीर सवाल उठने लगे हैं। इस कारण एक संस्थान और पत्रिका के रूप में 'तहलका' के भविष्य पर भी गम्भीर सवाल उठने लगे हैं। इसमें कोई दो राय नहीं है कि 'तहलका' के संस्थापक तरुण तेजपाल पर लगे

यौन उत्पीड़न और बलात्कार के आरोपों और सन्दिग्ध व्यावसायिक लेनदेन और सम्बन्धों के कारण पत्रिका की साख को गहरा धक्का लगा है और उससे उबरना आसान नहीं होगा।

यही नहीं, 'तहलका' पर जिस तरह से चौतरफ़ा हमले हो रहे हैं, उसमें पत्रिका के लिए टिके रहना ख़ासकर अपने युवा और वरिष्ठ पत्रकारों को पत्रिका के साथ खड़े रहने और इन हमलों का मुक़ाबला करने के लिए तैयार करना बड़ी चुनौती बन गया है। यह सच है कि 'तहलका' की भण्डाफोड़ और आक्रामक पत्रकारिता से नाराज़ और चिढ़ी राजनीतिक ताक़तों और निहित स्वार्थी तत्त्वों ख़ासकर भगवा ब्रिगेड ने इस मौक़े का फ़ायदा उठाते हुए 'तहलका' पर हमले तेज कर दिये हैं।

यह किसी से छुपा नहीं है कि एनडीए सरकार के कार्यकाल में रक्षा सौदों में दलाली के मामले के भण्डाफोड़ के बाद भाजपा को जितनी शर्मिन्दगी उठानी पड़ी थी और उसके राष्ट्रीय अध्यक्ष बंगारू लक्ष्मण से लेकर तत्कालीन रक्षा मन्त्री जार्ज फर्नांडीज को इस्तीफ़ा देना पड़ा था, उस चोट को वे कभी भुला नहीं पाये।

यही नहीं, इसके बाद भी गुजरात के 2002 के दंगों के आरोपियों की स्टिंग ऑपरेशन के ज़रिये पहचान करवाने, उनके ख़िलाफ़ सबूत इकट्ठा करने और उन्हें सज़ा दिलवाने में 'तहलका' की साहसिक पत्रकारिता की भूमिका किसी से छुपी नहीं है। यह भी तथ्य है कि 'तहलका' के खुलासों से बौखलाई तत्कालीन एनडीए सरकार ने उसे बर्बाद करने में कोई कोर-कसर नहीं उठा रखा।

इसके अलावा भगवा संगठन हमेशा से ये आरोप लगाते रहे हैं कि 'तहलका' कांग्रेस समर्थक, पूर्वाग्रह-ग्रसित और हिन्दू विरोधी है और केवल भाजपा या दूसरी भगवा ताक़तों के भ्रष्टाचार, घोटालों और अपराधों को सामने लाने की कोशिश करता है। लेकिन सच यह है कि 'तहलका' ने कोयला खान आवंटन घोटाले से लेकर महाराष्ट्र सिंचाई घोटाले तक कई ऐसे घोटालों का पर्दाफ़ाश किया है जिसके निशाने पर कांग्रेस और उसके समर्थक दल रहे हैं।

इसके बावजूद तरुण तेजपाल ने जब अपनी कनिष्ठ सहयोगी के यौन उत्पीड़न और बलात्कार के आरोपों पर ख़ुद को धर्मनिरपेक्ष बताते हुए इसे साम्प्रदायिक ताक़तों की साज़िश बताने की कोशिश की तो यह साफ़ था कि वे ख़ुद को बचाने के लिए धर्मनिरपेक्षता की आड़ ले रहे हैं। ऐसा करते हुए वे न सिर्फ़ एक बहुत कमज़ोर और अनैतिक तर्क पेश कर रहे हैं बल्कि साम्प्रदायिकता के ख़िलाफ़ धर्मनिरपेक्षता की लड़ाई को भी कमज़ोर कर रहे हैं।

आख़िर साम्प्रदायिक शक्तियों को 'तहलका' के ख़िलाफ़ पलटवार करने का मौक़ा किसने दिया? क्या तरुण तेजपाल और शोमा चौधरी को मालूम नहीं था कि 'तहलका' और उसकी पत्रकारिता जिन ऊँचे आदर्शों, मूल्यों और प्रतिमानों की कसौटी पर राजनेताओं, अफ़सरों से लेकर बाक़ी दूसरे ताक़तवर लोगों को कसती रही है, उसी कसौटी पर उसे भी खरा उतरना होगा?

ख़ासकर तब जब आप ताक़तवर और प्रभावशाली लोगों की अनियमितताओं और अपराधों का पर्दाफ़ाश करने में लगे हों और उनसे जवाबदेही माँग रहे हों, यह याद रखना चाहिए कि आपसे कहीं ज़्यादा जवाबदेही माँगी जायेगी और ऊँची कसौटियों पर कसा जायेगा। सवाल यह है कि एक ओर 'तहलका' महिलाओं के यौन उत्पीड़न और बलात्कार के मामले ज़ोर-शोर से उठा रहा था, सोनी सोरी से लेकर मनोरमा देवी जैसे अनेक मामलों पर अभियान चला रहा था और यहाँ तक कि गोवा के जिस थिंक-फेस्ट के दौरान तरुण तेजपाल पर अपनी कनिष्ठ सहयोगी के साथ बलात्कार और यौन उत्पीड़न के आरोप लगे हैं, वहाँ भी एक सत्र यौन उत्पीड़न और बलात्कार पीड़ितों के संघर्ष पर था लेकिन तरुण तेजपाल को अपनी सहयोगी पत्रकार, मित्र की बेटी और अपनी बेटी की दोस्त पर सख़्त विरोध के बावजूद दो बार यौन हमला करने का साहस कहाँ से आया?

ऐसा लगता है कि तेजपाल जिन सरोकारों और उद्देश्यों की पत्रकारिता को आगे बढ़ाने का दावा कर रहे थे, वे उन उद्देश्यों और सरोकारों से ख़ुद को बड़ा मान बैठने की भूल कर बैठे। उन्हें यह मुग़ालता हो गया कि वे ख़ुद जनहित की पत्रकारिता के पर्याय बन गये हैं। यह भी कि वे जैसे चाहेंगे, जनहित को पारिभाषित करेंगे और मुद्दे, सरोकार और उद्देश्य उनके पीछे चलेंगे। कहने की ज़रूरत नहीं है कि जैसे ही कोई व्यक्ति ख़ुद को उन आदर्शों, मूल्यों, सरोकारों और उद्देश्यों से बड़ा और अहम मानने लगता है जिससे उसे पहचान और सम्मान मिला है, उसके फिसलन और विचलनों की शुरुआत हो जाती है।

तेजपाल भी इसके अपवाद नहीं हैं। मीडिया से आ रही रिपोर्टों से साफ़ है कि तेजपाल के फिसलन और विचलनों की शुरुआत बहुत पहले हो गयी थी जब उन्होंने बड़ी पूँजी की कॉर्पोरेट पत्रकारिता के जवाब में वैकल्पिक और जनहित पत्रकारिता को आगे बढ़ाने के नाम पर सन्दिग्ध उद्योगपतियों और व्यवसायियों से समझौते करने शुरू कर दिये। 'तहलका' के लिए आर्थिक संसाधन जुटाने के नाम पर तेजपाल ने नैतिक रूप से सन्दिग्ध उपक्रम शुरू किये, जैसे व्यवसायियों के

साथ हाथ मिलाये और ख़ुद और परिवार के दूसरे सदस्यों के साथ पैसे और सम्पत्ति बनाई, वह वैकल्पिक और सरोकारी जनहित की पत्रकारिता के मूल्यों और आदर्शों के कहीं से भी अनुकूल नहीं थे।

यही नहीं, तेजपाल के कुछ पूर्व सहयोगियों का आरोप है कि उन्होंने कुछ खोजी रिपोर्टें जैसे गोवा में अवैध खनन से सम्बन्धित रिपोर्ट को प्रकाशित होने से रोक दिया और बदले में गोवा सरकार और खनन कम्पनियों से अनुचित फ़ायदा उठाया। गोवा के कुछ वरिष्ठ और सम्मानित पत्रकारों ने गोवा में नियमों को तोड़कर बने तेजपाल के बंगले और सम्पत्ति पर गम्भीर सवाल उठाये हैं। कहने की ज़रूरत नहीं है कि इन आरोपों में अगर ज़रा भी दम है तो यह तेजपाल पर लगे बलात्कार और यौन उत्पीड़न के आरोपों से कम गम्भीर नहीं हैं। साफ़ है कि 'तहलका' के घोषित आदर्शों और सरोकारों के विपरीत नैतिक विचलन की शुरुआत बहुत पहले ही हो चुकी थी और उसके लिए सबसे अधिक ज़िम्मेदार ख़ुद तेजपाल थे।

अफ़सोस और चिन्ता की बात यह है कि वैकल्पिक पत्रकारिता के दावों के बावजूद 'तहलका' का ख़ुद का सांस्थानिक ढाँचा इतना लोकतान्त्रिक और पारदर्शी नहीं था कि उसमें तेजपाल की महत्त्वाकांक्षाओं और उसके कारण उनके नैतिक विचलनों पर अंकुश लगाया जा सकता। ऐसा लगता है कि तेजपाल 'तहलका' को एक प्राइवेट लिमिटेड कम्पनी की तरह चला रहे थे जिसमें 'तहलका' की जनहित पत्रकारिता के घोषित उद्देश्य और सरोकार पीछे चले गये थे और निजी हित ज़्यादा महत्त्वपूर्ण और प्रभावी हो गये थे।

इसकी वजह यह थी कि 'तहलका' के घोषित उद्देश्यों और सरोकारों को सितारा (स्टार) समझने के बजाय तेजपाल ख़ुद को स्टार समझने लगे थे और सरोकारों की मार्केटिंग और कारोबार में लग गये थे। उसकी स्वाभाविक परिणति अनैतिक समझौतों और विचलनों में ही होनी थी।

लेकिन सफलता की चमक ने उनकी और उनके समर्थकों की आँखों पर पट्टी बाँध दी थी। अनुमान लगाना मुश्किल नहीं है कि तेजपाल जिस फिसलन भरे रास्ते पर बढ़ रहे थे लेकिन दूसरी ओर, 'तहलका' के साहसी, प्रतिबद्ध और मेहनती युवा पत्रकारों के सरोकारी और खोजी रिपोर्टों के कामों की चमक से उसे ढँकने में कामयाब हो रहे थे, उससे उन्हें भ्रम हो गया था कि उन्हें रोकने वाला और उन पर सवाल उठाने वाला कोई नहीं है।

ज़ाहिर है कि इस दुस्साहस को अपनी बेटी के समान कनिष्ठ सहयोगी पर यौन हमले जैसे नैतिक और आपराधिक स्खलन में पतित होना ही था। कहने की

ज़रूरत नहीं है कि तरुण तेजपाल जैसे सितारे का इस तरह से पतित होना वैकल्पिक और जनहित की पत्रकारिता और दूसरे मानवीय मूल्यों, आदर्शों और सरोकारों के लिए एक बड़ा धक्का है।

लेकिन इसके साथ ही यह उन सभी लोगों के लिए एक सबक भी है जो बड़ी पूँजी की समझौता-परस्त पत्रकारिता के मुक़ाबले ग़रीबों, कमज़ोर और बेआवाज़ लोगों के हक में बेहतर मानवीय आदर्शों, सरोकारों और उद्देश्यों की वैकल्पिक पत्रकारिता करना चाहते हैं। निस्सन्देह, तेजपाल के पतन का सबसे बड़ा सबक यह है कि उद्देश्य और सरोकार बड़े होते हैं न कि उनके लिए काम करने का दावा करने वाला पत्रकार-सम्पादक।

दूसरे, आप जिन सिद्धान्तों, मूल्यों और आदर्शों के पालन की अपेक्षा दूसरों से करते हैं, उन पर सबसे पहले आपको ख़ुद खरा उतरना होगा। इसके बिना आप लोगों का भरोसा नहीं जीत सकते हैं। तीसरे, सरोकारों और आदर्शों की मार्केटिंग और कारोबार का मतलब फिसलन और विचलन की शुरुआत है और जिसका अन्त बहुत त्रासद होता है।

चौथे, वैकल्पिक पत्रकारिता के लिए सांस्थानिक ढाँचा भी वैकल्पिक होना चाहिए। अगर 'तहलका' का ढाँचा इतना व्यक्ति केन्द्रित और अलोकतान्त्रिक नहीं होता तो संस्थान में सुप्रीम कोर्ट के विशाखा फ़ैसले के मुताबिक़ कार्यस्थल पर यौन उत्पीड़न से निपटने की ज़्यादा सक्रिय और पारदर्शी व्यवस्था होती।

पाँचवाँ और सबसे महत्त्वपूर्ण यह कि बड़ी पूँजी की कॉर्पोरेट पत्रकारिता के मुक़ाबले वैकल्पिक और सरोकारी पत्रकारिता को उसी बड़ी पूँजी और कॉर्पोरेट समूहों की मदद से खड़ा नहीं किया जा सकता है। इन दोनों में एक स्वाभाविक हितों का टकराव है जिससे बच पाना असम्भव है और जिसमें अन्ततः बड़ी और कॉर्पोरेट पूँजी के हित ही भारी पड़ते हैं।

लेकिन सवाल यह है कि क्या तरुण तेजपाल के विचलनों और अपराध की सज़ा 'तहलका' को दी जानी चाहिए? निश्चय ही, तेजपाल पर लग रहे आरोपों पर क़ानूनी फ़ैसला आना बाक़ी है और उन्हें बचाव करने का पूरा हक़ है। यही नहीं, इस मामले की कई न्यूज़ चैनलों और अख़बारों में जिस तरह से सनसनीखेज तरीक़े और एक परपीड़क आनन्द और चटखारे के साथ रिपोर्टिंग की गयी, उनकी मंशा भी किसी से छुपी नहीं है।

लेकिन आरोपों की गम्भीरता और साक्ष्यों को देखते हुए इस सच्चाई को अनदेखा नहीं किया जा सकता है कि तेजपाल पर लगे आरोपों से 'तहलका' की

साख पर असर पड़ा है। तरुण तेजपाल और 'तहलका' जिस तरह से एक-दूसरे के पर्याय बन गये थे, उसमें पत्रिका के लिए ख़ुद को उस दाग से बचा पाना आसान नहीं है। सबसे अधिक अफ़सोस की बात यह है कि यह एक ऐसी त्रासदी है जिसकी तेजपाल से अधिक क़ीमत 'तहलका' और उसके प्रतिबद्ध पत्रकारों को चुकानी पड़ रही है।

दोहराने की ज़रूरत नहीं है कि साख और विश्वसनीयता हासिल करने में बरसों लग जाते हैं लेकिन एक बड़ी भूल और ग़लती उसे मिनटों में मिट्टी में मिला सकती है। इस तथ्य के बावजूद कि 'तहलका' ख़ासकर हिन्दी संस्करण में युवा और प्रतिबद्ध पत्रकार पत्रिका की साख को बनाये रखने के लिए कटिबद्ध हैं, पत्रिका के लिए आने वाले महीने चुनौती के होंगे। उनके लिए यह परीक्षा की घड़ी है और निश्चय ही, उन्हें यह साबित करने का मौक़ा दिया जाना चाहिए कि 'तहलका' का तेजपाल से अलग भी अस्तित्व है और वह वैकल्पिक पत्रकारिता के उन आदर्शों, सरोकारों और उद्देश्यों के लिए पहले से कहीं ज़्यादा प्रतिबद्ध है।

ख़ासकर 'तहलका' पर हो रहे उन दक्षिणपन्थी-प्रतिक्रियावादी और भगवा ताक़तों के हमलों का पर्दाफ़ाश ज़रूर किया जाना चाहिए जो इस मौक़े का इस्तेमाल न सिर्फ़ 'तहलका' बल्कि दूसरे सभी प्रगतिशील और जनोन्मुखी वैकल्पिक पत्रकारिता के प्रयोगों को निशाना बनाने के लिए कर रहे हैं। इसके साथ ही, न्यूज़ मीडिया ने तेजपाल प्रकरण में जिस तरह से उन्मत्त (हिस्टरिकल) मीडिया ट्रायल चलाने की कोशिश की है, उससे इस आशंका को बल मिल रहा है कि वह 'भीड़ न्याय' (लिंच मॉब) मानसिकता को आगे बढ़ा रहा है। यह कहने का आशय कतई नहीं है कि न्यूज़ मीडिया को ऐसे मामलों की रिपोर्टिंग नहीं करनी चाहिए या उसे दबाने-छुपाने की कोशिश करनी चाहिए।

इसके उलट ऐसे मामलों में न्यूज़ मीडिया से अतिरिक्त संवेदनशीलता और सक्रियता की अपेक्षा की जाती है। आरोपी जितना ताक़तवर और प्रभावशाली हो, न्यूज़ मीडिया को उतने ही साहस और प्रतिबद्धता के साथ सच को सामने लाने की कोशिश करनी चाहिए। लेकिन इसका अर्थ यह भी नहीं है कि रिपोर्टिंग में पत्रकारिता के बुनियादी उसूलों—तथ्यों की पुष्टि, वस्तुनिष्ठता, सन्तुलन और अनुपातबोध का ध्यान नहीं रखा जाये। इस रिपोर्टिंग का उद्देश्य यह होना चाहिए कि सच सामने आये, यौन हिंसा की पीड़िता को न्याय मिले और अपराधी चाहे जितना बड़ा और रसूखदार हो, वह बच न पाये।

लेकिन इसके साथ ही यह भी ज़रूरी है कि यौन हिंसा के मामलों की रिपोर्टिंग में पूरी संवेदनशीलता बरती जाये। जैसे पीड़िता की पहचान गोपनीय रखी जाये और बलात्कार के चटखारे भरे विवरण और विस्तृत चित्रीकरण से हर हाल में बचा जाये। उसे सनसनीखेज बनाने के लोभ से बचा जाये। लेकिन अफ़सोस की बात यह है कि न्यूज़ मीडिया के एक बड़े हिस्से में ठीक इसका उल्टा हो रहा है। इस मामले को जिस तरह से सनसनीखेज तरीक़े से पेश किया जा रहा है और 'भीड़ का न्याय' (लिंच मॉब) मानसिकता को हवा दी जा रही है, उससे सबसे ज़्यादा नुक़सान न्याय का ही हो रहा है।

यही नहीं, न्यूज़ मीडिया की रिपोर्टिंग और चैनलों की प्राइम टाइम बहसों से ऐसा लग रहा है कि यौन उत्पीड़न और हिंसा के मामले में ख़ुद न्यूज़ मीडिया के अन्दर सब कुछ ठीक-ठाक है और न्यूज़ मीडिया में एकमात्र 'सड़ी मछली' तेजपाल थे। तेजपाल मामले में चैनलों और अख़बारों की अति सक्रियता कहीं उसी चोर भाव से तो नहीं निकल रही है जिसमें झाँसा देने के लिए चोर ख़ुद बहुत ज़ोर-शोर से चिल्लाता है? क्या न्यूज़ मीडिया के शोर के पीछे भी यही वजह है?

सच यह है कि बाकी न्यूज़ मीडिया में भी महिला पत्रकारों को उतना ही यौन उत्पीड़न झेलना पड़ता है जितना अन्य किसी भी प्रोफ़ेशन में झेलना पड़ता है। ख़ासकर हाल के वर्षों में जैसे-जैसे न्यूज़ मीडिया विशेषकर चैनलों में महिला कर्मियों की संख्या बढ़ी है, यौन उत्पीड़न की घटनाएँ भी बढ़ी हैं।

लेकिन ज़्यादातर मामलों में न्यूज़ मीडिया संस्थानों के अन्दर के सामन्ती माहौल और पुरुषवादी वर्चस्व के कारण महिला पत्रकारों/कर्मियों के लिए उसे उठाना और न्याय पाना लगभग मुश्किल है। न्यूज़ मीडिया संस्थानों का प्रबन्धन और नेतृत्वकर्ता सम्पादक शिकायतों को सुनने के लिए तैयार नहीं होते और उसे दबाने और छुपाने में कोई कोर-कसर नहीं उठा रखते हैं। सच यह है कि न्यूज़ मीडिया के अन्त:पुर में कई तेजपाल हैं और उनके बारे में प्रबन्धन सहित बहुतों को जानकारी है लेकिन उन पर कोई कार्रवाई नहीं होती है।

सच पूछिये तो तेजपाल प्रकरण इस मामले में भी एक टेस्ट केस है कि कितने अख़बारों और चैनलों में कार्यस्थल पर यौन उत्पीड़न और हिंसा के मामलों से तुरन्त और सक्षम तरीक़े से निपटने और पीड़ितों को संरक्षण और न्याय दिलाने की सांस्थानिक व्यवस्था है? क्या न्यूज़ मीडिया ने इसकी कभी आडिट की? तथ्य यह है कि इस मामले में पहले सुप्रीम कोर्ट के विशाखा निर्देशों और बाद में क़ानून बनने

के बावजूद ज़्यादातर अख़बारों और चैनलों में कोई स्वतन्त्र, सक्रिय और प्रभावी यौन उत्पीड़न जाँच और कार्रवाई समिति नहीं है या सिर्फ़ काग़ज़ों पर है।

क्या तेजपाल प्रकरण से सबक लेते हुए न्यूज़ मीडिया अपने यहाँ यौन उत्पीड़न के मामलों से ज़्यादा तत्परता, संवेदनशीलता और सख़्ती से निपटना शुरू करेगा और अपने संस्थानों में प्रभावी और विश्वसनीय व्यवस्था बनायेगा? इस पर सबकी नज़र रहनी चाहिए।

***(जनवरी, 2014)***

# चैनलों के अन्दर की दुनिया

**कामकाज की बदतर स्थितियों के कारण न्यूज़ चैनलों में काम करने वाले पत्रकारों के जीवन की मोमबत्ती दोनों सिरों से जल रही है**

"चैनल में काम करना ईंट-भट्ठे पर काम करने जैसा लगता है। या कोयले के इंजन का ड्राइवर जैसे गर्मी में आग के सामने कोयला डालता था, बिना रुके...इस डर से कि इंजन बन्द हो जायेगा...वैसा ही अनुभव कराता है तथाकथित न्यूज़ रूम... पत्रकारिता त्याग माँगती है लेकिन ऐसा त्याग क्या कि एक सैनिक बॉर्डर पर नहीं... बल्कि अपने ही बैरक में गोली का शिकार हो जाये।"

"*न्यूज़रूम का माहौल :* भेड़-बकरी चराने वाले जैसे चीख़ते हैं ...जानवरों को हाँकने में वैसा ही कुछ बॉस चीख़ते हैं...जैसे चीख़कर ही जूनियर के कान में आवाज़ पहुँचाई जा सकती हो...क्या चीख़-चिल्लाकर ही काम किया जा सकता है?...क्या ऐसे अम्बियंस में काम कर सकना लम्बे समय तक सम्भव है ?... न्यूज़ रूम और बॉस की नज़र में अपनी ब्रांडिंग करने का सबसे आसान तरीक़ा चीख़ना-चिल्लाना...अधिकांश लोग अपनी जानकारी और लिखने की कला को छोटा समझने लगे हैं और चीखने-चिल्लाने को बड़ा...काश, मैं भी चीख़ सकता... की भावना आ रही है लोगों में...लगातार न्यूज़ परोसने के दबाव के नाम पर न्यूज़ रूम को टॉर्चर रूम बनाया जा रहा है।"

***—एक न्यूज़ चैनल में कार्यरत युवा रिपोर्टर***

"मैं अपने-आपको रोज़ जलील होते देखता हूँ तो लगता है कि शायद सभी को ये सब सहना होता होगा, पर फिर लगता है कि शायद हमने ही पढ़ाई नहीं की होगी। ऐसे ही हमें भर्ती कर लिया गाली सुनने के लिए...मैं अपना विश्वास खो रहा हूँ...

शायद ये इलेक्ट्रॉनिक मीडिया का विनोद कापडी कल्चर है जो कुछ चैनलों के ख़ून में बस चुका है और टीआरपी नामक अस्पताल में हमारा इलाज तो सम्भव नहीं..."

**चैनल छोड़ चुके एक युवा पत्रकार की व्यथा जो उसने मीडिया स्टडीज ग्रुप के सर्वेक्षण के दौरान बतायी।**

ये कुछ बानगियाँ हैं जो बताती हैं कि आज न्यूज़ चैनलों के अन्दर काम करने वाले पत्रकारों की क्या स्थिति है? चैनलों में ऐसी आप-बीतियों की कमी नहीं है। आप चैनलों के पत्रकारों से न्यूज़रूम के अन्दर कामकाज की परिस्थितियों के बारे में पूछिये और सम्भावना यह है कि लगभग 60 से 75 प्रतिशत टीवी पत्रकारों से आपको ऐसी ही शिकायतें और आपबीती सुनने को मिले।

इसमें कोई शक नहीं है कि न्यूज़ चैनलों के बीच गलाकाट प्रतियोगिता के कारण न्यूज़रूम के अन्दर पत्रकारों पर ख़ासा दबाव और तनाव रहता है लेकिन यह दबाव और तनाव हाल के वर्षों में जिस तरह से बढ़ा है, उसका सीधा असर पत्रकारों के स्वास्थ्य और कामकाज पर भी पड़ रहा है।

हालाँकि न्यूज़ चैनलों के अन्दर के इस दमघोंटू माहौल के बारे में टीवी पत्रकारों ख़ासकर युवा पत्रकारों के बीच कानाफूसियाँ बहुत दिनों से होती रही हैं। लेकिन पिछले महीने जब मैंने फ़ेसबुक, गूगल-बज और आईआईएमसी के पूर्व छात्र ग्रुप मेल पर टीवी पत्रकारों से उनके वेतन, सेवाशर्तों और कामकाज की परिस्थितियों के बारे में उनकी राय माँगी तो विभिन्न चैनलों के अनेक टीवी पत्रकारों ने लिखित और मौखिक रूप में जो बताया, वह कई मामलों में भयावह और रोंगटे खड़े कर देने वाला और अधिकांश मामलों में चिन्तित और परेशान करने वाला है। उसकी कुछ बानगियाँ ऊपर दी हैं और जगह की कमी के कारण कई छोड़नी पड़ रही हैं।

असल में, चैनलों के स्क्रीन पर दिखने वाली ख़बरों, रिपोर्टों और कार्यक्रमों, चैनलों के नज़रिये और प्रस्तुति को लेकर जितनी चर्चा होती है, उसका एक प्रतिशत भी चैनलों के अन्दर की दुनिया और उसके पत्रकारों की स्थिति पर चर्चा नहीं होती है। जबकि चैनलों के अन्दर के माहौल और पत्रकारों के वेतन और अन्य सेवाशर्तों का उनके कामकाज पर सीधा असर पड़ता है। आख़िरकार ये गेटकीपर (पत्रकार) ही चैनलों की व्यापक सम्पादकीय लाइन के तहत रोज़ाना ख़बरों के चयन से लेकर उनकी प्रस्तुति का फ़ैसला करते हैं। ऐसे में, इस तथ्य से इनकार नहीं किया जा सकता है कि उनकी मानसिक और शारीरिक स्थिति निश्चित ही उनके कामकाज को प्रभावित करती है।

इसके बावजूद चैनलों के अन्दर न्यूज़रूम के माहौल और उसमें कार्यरत पत्रकारों के वेतन और सेवाशर्तों को चर्चा के लायक नहीं समझा जाता है। न्यूज़ मीडिया में इसे लेकर जिस तरह की ख़ामोशी और अनदेखा करने की प्रवृत्ति दिखाई पड़ती है, वह एक तरह की 'षड्यन्त्रपूर्ण चुप्पी' है। कुछ चुनिन्दा चैनलों को छोड़ दिया जाये तो अधिकांश चैनलों में पत्रकारों की स्थिति अच्छी नहीं है और उन्हें भारी तनाव और दबाव में काम करना पड़ता है। वेतन और सेवाशर्तों के मामले में भी स्थिति दिन पर दिन बिगड़ती जा रही है। ख़ासकर 2008-09 की आर्थिक मन्दी के बाद हुई छँटनियों के कारण काम का बोझ बढ़ता जा रहा है। लेकिन इस पर चर्चा और सुधार के बजाय चैनलों का प्रबन्धन यहाँ तक कि कई सम्पादक भी मौजूदा स्थितियों का बचाव करते और उसे जायज़ ठहराते दिख जाते हैं।

सच यह है कि न्यूज़ चैनलों के पत्रकारों के वेतन, भत्तों, सेवाशर्तों आदि में गम्भीर विषमताएँ और विसंगतियाँ हैं। वेतन और सेवाशर्तों के मामले में कोई एकरूपता या समानता नहीं है। आमतौर पर अंग्रेज़ी न्यूज़ चैनलों में पत्रकारों का वेतन और सेवाशर्तें हिन्दी और दूसरी भाषाओं के न्यूज़ चैनलों की तुलना में बेहतर हैं।

लेकिन ऐसा नहीं है कि अंग्रेज़ी न्यूज़ चैनल में सब कुछ बेहतर ही है। वहाँ भी काम के घण्टों, काम के बोझ और छुट्टियों आदि के मामले में कोई आदर्श स्थिति नहीं है। यही नहीं, कई अंग्रेज़ी चैनलों ख़ासकर सबसे बड़बोले अंग्रेज़ी चैनल में कामकाज का माहौल बहुत दमघोंटू और तनावपूर्ण है। बात-बात पर गाली-गलौज और अपमानित करने की शिकायतें भी आती रहती हैं।

लेकिन हिन्दी न्यूज़ चैनलों में स्थिति और ख़राब है। यह सही है कि कुछ बड़े मीडिया समूहों के न्यूज़ चैनलों में पत्रकारों का वेतन तुलनात्मक रूप में ठीक-ठाक है। लेकिन तथ्य यह भी है कि वेतन वृद्धि के मामले में पिछले दो-ढाई सालों में स्थिति बिगड़ी है। छोटे-बड़े सभी चैनलों ने 2008-09 की आर्थिक मन्दी को बहाना बनाकर न सिर्फ़ वेतन वृद्धि नहीं की बल्कि बड़े पैमाने पर घोषित-अघोषित छँटनी की और काम का बोझ बढ़ा दिया। 'स्टाफ रैशनालाइजेशन' के नाम पर नयी भर्तियाँ नहीं हो रही हैं या इक्का-दुक्का भर्तियाँ हो रही हैं। यही नहीं, बड़े और सफल चैनलों में भी निचले और मँझोले स्तर की भर्तियों में वेतन पहले की तुलना में कम हो गया है।

तर्क यह दिया जा रहा है कि न्यूज़ चैनलों में यह 'वेतन के रैशनालाइजेशन' का दौर है। इसके मुताबिक़, शुरुआती दौर में टीवी पत्रकारों ख़ासकर प्रशिक्षित

पत्रकारों की कमी के कारण पत्रकारों को प्रिंट मीडिया की तुलना में काफ़ी ऊँची तनख़्वाहें मिलीं। उस समय बार्गेनिंग की शक्ति टीवी पत्रकारों के पक्ष में झुकी हुई थी।

लेकिन प्रबन्धकों के अनुसार, यह स्थिति ज़्यादा दिनों तक नहीं चल सकती थी क्योंकि इससे मीडिया उद्योग में वेतन के मामले में एक तरह का 'डिस्टार्शन' पैदा हो गया था। कहने की ज़रूरत नहीं है कि आर्थिक मन्दी ने न्यूज़ चैनलों के मालिकों और प्रबन्धकों को इस कथित 'डिस्टार्शन' को सुधारने का मौक़ा दे दिया जिसका उन्होंने जमकर फ़ायदा उठाया है।

आज अधिकांश न्यूज़ चैनलों यहाँ तक कि कुछ बड़े न्यूज़ चैनलों ने भी 'कम लोगों और कम वेतन' के मॉडल को अपना लिया है। इसमें चैनल कम-से-कम पत्रकारों को रख रहे हैं, उन पर काम का बोझ बढ़ाया जा रहा है, उन्हें कम वेतन दिया जा रहा है और सेवाशर्तें दिन पर दिन बिगड़ती जा रही हैं। अधिकांश चैनलों में इस मॉडल के तहत टॉप पर कुछ चुनिन्दा पत्रकारों/सम्पादकों को ऊँची तनख़्वाहें दी जा रही हैं जबकि निचले और मँझोले स्तर पर कम-से-कम वेतन दिया जा रहा है। ख़ासकर निचले स्तर पर वेतन बहुत कम है जबकि सबसे अधिक काम उनसे ही लिया जाता है। यही नहीं, रिपोर्टिंग के लिए फील्ड विजिट आदि पर भी ख़र्चों में काफ़ी कटौती की गयी है।

हालत कितनी ख़राब है, इसका अन्दाज़ा इस तथ्य से लगाया जा सकता है कि कई चैनलों ख़ासकर ई.टीवी मॉडल के चैनलों और ए.एन.आई. मार्का न्यूज़ एजेंसियों में पत्रकारों का वेतन एंट्री लेवल पर पाँच हज़ार से लेकर आठ हज़ार तक है। यही नहीं, उनसे तीन साल का बॉण्ड भरवाया जाता है। उन्हें नियुक्ति-पत्र नहीं दिया जाता। छुट्टियाँ नहीं मिलती हैं। छुट्टियाँ ख़ासकर बीमारी आदि के कारण लम्बी छुट्टी का मतलब नौकरी से छुट्टी है। आमतौर पर न्यूनतम 10 घण्टे और अधिकतम 14-15 घण्टे तक काम करवाया जाता है। समय पर वेतन मिलता नहीं है। पी.एफ. आदि नहीं कटता है। मेडिकल आदि की सुविधा नहीं है। कैंटीन में ढंग का खाना नहीं मिलता। नतीजा, अधिकांश पत्रकारों को गम्भीर बीमारियाँ जकड़ लेती हैं।

असल में, चैनलों में लगभग सौ फ़ीसदी नियुक्तियाँ कांट्रेक्ट यानी ठेके पर होती हैं। इस तरह उनकी नौकरी की कोई सुरक्षा नहीं है। चैनलों के कर्मियों के लिए अख़बारों की तरह कोई वेतन आयोग नहीं है और न ही वहाँ नियुक्तियाँ श्रमजीवी पत्रकार क़ानून के तहत होती हैं। इस मामले में टीवी पत्रकारों को वे

सीमित क़ानूनी अधिकार भी हासिल नहीं हैं जो अख़बारों और न्यूज़ एजेंसियों के पत्रकारों को प्राप्त हैं।

हालाँकि अब धीरे-धीरे अख़बारों में भी अधिकांश नियुक्तियाँ ठेके पर होने लगी हैं लेकिन अभी भी कई संस्थानों में श्रमजीवी पत्रकार क़ानून और वेतन आयोग लागू है और वहाँ पत्रकारों को कुछ हद तक जॉब सेक्यूरिटी है। लेकिन चैनलों में कोई जॉब सेक्यूरिटी नहीं है। आश्चर्य नहीं कि ढाई साल पहले कई छोटे-बड़े चैनलों ने एक झटके में सैकड़ों लोगों की छँटनी कर दी थी।

ज़ाहिर है कि इस सबका असर न्यूज़ चैनलों के कंटेंट पर भी दिख रहा है। ख़ासकर हिन्दी चैनलों में जहाँ न सिर्फ़ रिपोर्टिंग का दायरा घटता जा रहा है बल्कि उसका स्केल भी कम होता जा रहा है, प्रोग्रामिंग ख़ासकर डेस्क पर तैयार कार्यक्रमों पर ज़ोर बढ़ता जा रहा है। नतीजा, सबके सामने है। कार्यक्रमों के नाम पर सिनेमा, क्रिकेट और भूत-पिशाच, अजब-गजब और नाग-नागिन का बोलबाला है। इसी तरह, रिपोर्टिंग क्राइम और प्रेस कॉन्फ्रेंस आदि तक सीमित हो गयी है। अधिकांश राज्यों में न्यूज़ चैनलों ने अपने ब्यूरो आदि बन्द कर दिये हैं। चैनल अप्रशिक्षित स्ट्रिंगरों के भरोसे चल रहे हैं जो ख़ुद भी मामूली भुगतान के कारण भाँति-भाँति के धन्धे करने को मजबूर हैं।

यही नहीं, सेवाशर्तों और कामकाज के माहौल के मामले में बड़े और छोटे चैनलों में कोई ख़ास फ़र्क़ नहीं रह गया है। सच यह है कि चैनलों के अन्दर जूनियर सहकर्मियों से गाली-गलौज की भाषा में बात करने और बात-बात पर उनका अपमान करने की सामन्ती संस्कृति बड़े हिन्दी चैनलों से ही शुरू हुई और देखते-देखते हर जगह छा गयी।

आज इस मामले में कुछ अपवादों को छोड़ दिया जाये तो अधिकांश चैनलों में न्यूज़रूम में ग़ैर-ज़रूरी शोर-शराबा, हंगामा और चीख़-चिल्लाहट आम बात हो गयी है। कई सम्पादक आतंक के प्रतीक बन चुके हैं। उनकी 'प्रोफ़ेशनल ख्याति' पीछे छूट चुकी है और न्यूज़रूम में डराने-धमकाने और बदतमीजी में उनकी शोहरत हर ओर फ़ैल चुकी है।

जैसे इतना ही काफ़ी न हो, चैनलों के भीतर अन्दरूनी गुटबाज़ी, खींचतान और उठापटक भी ख़ूब है। सम्पादकों यानी बॉस की लल्लो-चप्पो के आगे कई बार काम और क़ाबिलियत बेमानी हो जाते हैं। ख़ासकर हिन्दी न्यूज़ चैनलों में स्थिति बहुत ख़राब है। सम्पादकों के 'अपने गैंग बन चुके हैं।' वे एक साथ एक चैनल से

दूसरे चैनल में जाते हैं। इस कारण किसी टीवी पत्रकार के लिए बॉस की स्वामीभक्ति उसका सबसे बड़ा गुण बन चुकी है।

आश्चर्य नहीं कि न्यूज़रूम की इस हिंसक और लिजलिजेपन की संस्कृति में कई संवेदनशील पत्रकार ख़ुद को अनफिट महसूस करने लगे हैं। ऐसे कई टीवी पत्रकारों को जानता हूँ जिन्होंने न्यूज़ चैनलों की स्थितियों से परेशान और हताश होकर टीवी पत्रकारिता छोड़ दी और कुछ ने पत्रकारिता ही छोड़ दी।

महिला पत्रकारों की स्थिति और ख़राब है। उनसे भी पुरुषों की ही तरह बल्कि ख़ुद को साबित करने के लिए उनसे अधिक काम करने की अपेक्षा की जाती है। उन्हें अलग से कोई सुविधा नहीं दी जाती है। यहाँ तक कि उनके लिए क़ानूनन ज़रूरी प्रावधानों का भी ध्यान नहीं रखा जाता है। यौन उत्पीड़न की शिकायतों के बावजूद अधिकांश चैनलों में इसके लिए अलग से कोई सेल नहीं बनाया गया है। उन्हें रात्रि या भोर की पाली में कई बार पिक अप की सुविधा नहीं मिलती है।

यही नहीं, चैनलों में इन दबावों और तनावों के कारण पत्रकारों के स्वास्थ्य पर भी बहुत बुरा असर पड़ रहा है। पत्रकार अनिल चमडिया के नेतृत्व में मीडिया स्टडीज ग्रुप ने कोई दो साल पहले मीडिया में काम करने वाले पत्रकारों के कामकाज की परिस्थितियों और उनके स्वास्थ्य का हाल जानने के लिए सर्वेक्षण किया था जिसके नतीजे बहुत चौंकाने वाले थे।

इस सर्वेक्षण के मुताबिक़, क़रीब 12 फ़ीसदी पत्रकार अपनी अनियमित दिनचर्या और काम के तनाव आदि के कारण डायबिटीज के शिकार हैं। कम्प्यूटर पर लगातार काम करने के कारण लगभग 14 फ़ीसदी पत्रकार आर्थोपीडिक यानी पीठ दर्द और आर्थराइटिस आदि से पीड़ित हैं। क़रीब 12 फ़ीसदी को आँखों की बीमारी है। क़रीब 62 फ़ीसदी पत्रकारों को खाने का समय या समय पर खाने का मौक़ा नहीं मिलता है, इसके कारण 13 फ़ीसदी को पाचन सम्बन्धी परेशानियों का सामना करना पड़ रहा है।

इस सर्वेक्षण के मुताबिक़, लगभग 62 फ़ीसदी पत्रकारों को हर दिन आठ घण्टे या उससे अधिक काम करना पड़ता है जिसका असर यह हुआ है कि उनमें से कोई 11 फ़ीसदी मानसिक बीमारियों जैसे डिप्रेशन आदि का शिकार हो गये हैं। क़रीब 14 फ़ीसदी को हृदय सम्बन्धी और बी.पी. की समस्या से जूझना पड़ रहा है। लेकिन सबसे अधिक तकलीफ़ की बात यह है कि उनमें से 48 फ़ीसदी पत्रकारों को इन बीमारियों के इलाज के लिए पर्याप्त समय नहीं मिल पाता है। इसकी वजह छुट्टी न मिल पाना है। इस सर्वेक्षण के अनुसार, 11 फ़ीसदी पत्रकारों को कोई साप्ताहिक

अवकाश भी नहीं मिलता। केवल 17 फ़ीसदी पत्रकारों को सप्ताह में दो दिन की छुट्टी का सौभाग्य मिलता है।

हालाँकि यह सर्वेक्षण प्रिंट और टीवी सहित सभी तरह के माध्यमों में काम करने वाले पत्रकारों पर किया गया था। लेकिन टीवी न्यूज़ चैनलों के पत्रकारों से ख़ुद की बातचीत के आधार पर कह सकता हूँ कि चैनलों में हालत और ख़राब हैं। ऐसे कई टीवी कर्मियों को जानता हूँ जो बहुत कम उम्र में बी.पी. और डायबिटीज सहित स्पांडिलाईटिस जैसी बीमारियों/समस्याओं के शिकार हो गये हैं। इनमें से कई मेरे छात्र रहे हैं। कुछ को मजबूरी में नौकरियाँ तक छोड़नी पड़ी हैं।

निश्चय ही, इसके लिए काफ़ी हद तक चैनलों के अन्दर की स्थितियाँ और कामकाज का माहौल ज़िम्मेदार है। कई बार ऐसा लगता है कि न्यूज़ चैनलों में काम करने वाले पत्रकारों के जीवन की मोमबत्ती दोनों सिरों से जल रही है।

इसके बावजूद इस पर चर्चा करने के बजाय चैनलों के प्रबन्धक और कई सम्पादक यह कहकर इसे ग्लैमराइज करने की कोशिश करते हैं कि न्यूज़ चैनलों में काम करने का दबाव और तनाव ही टीवी पत्रकारिता का असली एक्साइटमेंट है। लेकिन यह एक्साइटमेंट अब जानलेवा होने लगा है। ज़ाहिर है कि यह न टीवी कर्मियों के लिए अच्छा है और न चैनलों के लिए। अगर यह स्थिति नहीं सुधरी तो चैनलों के लिए योग्य और प्रतिभाशाली पत्रकारों को आकर्षित करना मुश्किल होने लगेगा। यही नहीं, इसका असर चैनलों के कंटेंट पर भी पड़ेगा। यह आम दर्शकों के लिए इसलिए भी गहरी चिन्ता का कारण होना चाहिए।

समय आ गया है जब इस मसले पर टीवी पत्रकारों और न्यूज़ चैनलों के प्रबन्धकों के बीच खुलकर बातचीत हो जिसमें सरकार और पत्रकार यूनियनों के लोग भी हिस्सा लें। सरकार अपनी ज़िम्मेदारी से नहीं बच सकती है। पहली बात तो यह है कि टीवी पत्रकारों को भी श्रमजीवी पत्रकार क़ानून के दायरे में लाया जाये और उनकी तनख़्वाहें भी अख़बारों के पत्रकारों और ग़ैर-पत्रकारों के वेतन आयोग के द्वारा तय की जायें। इसके अलावा चैनलों में पत्रकारों को अपनी यूनियन बनाने का अधिकार भी मिलना चाहिए। यह ठीक है कि आज अधिकांश पत्रकार संगठन और यूनियनें अप्रभावी हो चुकी हैं या प्रबन्धन के हाथ की कठपुतली बन चुकी हैं लेकिन इसके बावजूद अधिकांश अख़बारी प्रतिष्ठानों में यूनियनें हैं।

लेकिन क्या यह आश्चर्य की बात नहीं है कि किसी भी न्यूज़ चैनल में पत्रकारों की कोई यूनियन नहीं है? सवाल है कि क्या चैनल श्रम क़ानूनों से ऊपर हैं? अगर

नहीं तो उनमें सभी श्रम क़ानूनों और श्रमजीवी पत्रकार क़ानून की खिल्ली क्यों उड़ाई जा रही है? यहाँ यह कहना ज़रूरी है कि ये बहुत महत्त्वपूर्ण सवाल हैं। इन्हें अनदेखा नहीं किया जा सकता है। मीडिया अगर लोकतन्त्र का चौथा खम्भा है तो उसके अन्दर क्या चल रहा है और उसके कर्मियों का क्या हाल है, यह हम सबकी चिन्ता का विषय होना चाहिए। यह चुप्पी अब टूटनी चाहिए क्योंकि अगर हमने ख़बर देने वालों की ख़बर नहीं रखी तो उनकी ख़बर और कौन लेगा?

***(अगस्त, 2011)***